当代世界学术名著

法学译丛·刑法系列

刑法讲义总论

新版第 2 版

[日] 大谷实 著

黎宏 译

中国人民大学出版社

译者序

本书是日本目前最畅销的刑法学教科书之一，本书作者大谷实教授是当今日本刑法学界的代表性学者之一，曾任同志社大学教授、日本司法考试考查委员、日本学术会议会员、法制审议会委员等要职，现任学校法人同志社理事长。

大谷刑法学的特点是，从犯罪的本质是违反社会伦理规范的法益侵害行为的立场出发，意图超越当代日本刑法学中所存在的行为无价值论和结果无价值论之争，实现二者的有机结合。

众所周知，在日本刑法学界，长期以来就存在两种不同观点的根本对立。早先，这种对立体现为有关犯罪本质上的客观主义和主观主义之争。客观主义将犯罪的外部行为和作为结果的实际损害以及危险的大小作为刑法评价对象，相反地，主观主义则将犯罪的外部行为和作为结果的实际损害当中所体现出来的行为人的性格、人格、动机等反社会性作为刑法的评价对象。进入上个世纪60年代之后，以修改刑法讨论为契机，传统的客观主义和主观主义之争便销声匿迹了，取而代之的是所谓结果无价值论和行为无价值论之争。这场争论，堪称日本战后刑法学领域当中，影响最大、持续时间最长的学派之争，几乎所有的学者都被卷入其中。争议的起点，虽说源自对刑事违法性理解的不同，但实际影响却并不局限于违法性的理解，在构成要件论、责任论等问题上，也形成了尖锐的对立。

结果无价值论，以认为违法性的本质在于侵害或者威胁法益的法益侵害说为基础，以"结果"为中心，考虑行为是否违法即是否具有社会危害性。这种见解的思考方式是，首先考虑行为对被害人造成了什么样的危害结果，然后由此出发，追溯该结果是由谁的、什么样的行为所引起的，由此来判断行为是否具有社会危害性。打个比方来说，就好像是将一部纪录片倒过来看，从结尾回溯所发生的事件的全过程。所谓"无价值"，就是"从刑法的立场来看，没有价值"，"违反刑法所意图保护的价值"。所谓结果无价值论，就是说"该行为引起了结果（侵害法益），所以，被评价为没有价值"。它是从被害人的角度来分析行为的违法性的见解。

结果无价值论的根据是：第一，刑法的根本目的在于保护法律所保护的利益即法益，而不是维持社会伦理规范；第二，从刑法适用谦抑的原则出发，只能把在客观上侵害或者威胁了法益的行为认定为违法，而没有侵害法益或者根本就没有威胁法益危险的行为，则不能被认定为违法；第三，在价值多元的现代社会，将是否背离社会伦理规范作为违法性的判断标准的话，会模糊刑法和伦理道德的调整范围，违反罪刑法定原则；第四，行为人的故意、过失等主观要素对法益侵害的判断没有影响，应当将其考虑为"责任"问题，而且，这样做的一个最直接的好处是，能将违法判断和责任判断明确地区分开来，在犯罪认定上，具有其合理性。

相反地，行为无价值论，以认为违法性的本质在于违反法秩序的规范违反说为基础，以"行为"为中心，考虑行为是否违法。这种见解的思考方式是，首先考虑行为人出于什么样的意图、实施了什么样的行为，然后再考虑该行为引起了什么样的结果，也就是按照时间的发展顺序来考察行为的进程。仍以上述看纪录片的情形打比方的话，就是按照片子的正常顺序，从头开始观看事件的发生、发展以及最终结果的全过程，因此，行为无价值，就是"因为该行为违反了社会一般人的观念即伦理规范，因而被评价为无价值"，即它是从加害人即行为人（而不是被害人）的角度来分析行为的违法性的见解。

但是，完全抛开结果无价值不管的行为无价值论，和认为行为是行为人的主观恶性的外在表现，只要有体现行为人主观恶性的危害行为，就能考虑行为人的行为是否构成犯罪的主观主义刑法并无二致，而且，就刑法中所规定的、因为造成了某种具体结果所以构成犯罪的结果犯而言，行为无价值的考虑，明显是不妥当的，有违反罪刑法定原则之嫌，因此，在日本，纯粹的行为无价值论极为罕见，更多的是以结果无价值为基础，同时也一并考虑行为形态、行为人的主观要素等行为无价值因素的所谓"二元论"或者说是"折中说"。按照这种观点，刑法上的实质违法性，是违反社会伦理规范（或者偏离社会相当性）的法益侵害或者危险。

大谷刑法学的核心，从分类上看，当属上述"二元论"的范畴。这一点，从其有关犯罪本质问题的叙述当中，就能窥豹一斑。他说："我认为，刑法的目的是通过保护法益来维持社会秩序。侵害法益的行为无非是对实现这一目的来说有害的行为，所以，刑法上的有害行为，是侵害法益或威胁法益的行为，所谓社会意义上无价值的行为就是这种行为（结果无价值论）"。"但是，刑法是以社会伦理规范为基础的，被称为犯罪的行为，仅仅对法益有侵害或危险还不够，还必须违反了社会伦理规范。因此，离开社会伦理规范来把握犯罪本质的法益保护主义的见解并不妥当，必须根据社会伦理主义来对法益保护主义进行修正。这样说来，所谓犯罪，就是违反社会上的一般人当然应当遵守的社会伦理规范的侵害法益的行为，以及具有侵害法益的危险的行为"，并力图通过上述见解，消除法益侵害说和社会伦理规范说之间的对立。

这种"二元论"的根据是：第一，虽说刑法的目的在于保护法益，但是，从中并不能推导出犯罪的本质就是侵害或者威胁法益的结论来；第二，刑法是以刑罚制裁为后果的法律，和采用损害赔偿或者行政处分等手段保护法益的民事法、行政法之间具有极大的不同，因此，不应当把所有的侵害法益的行为都看作为违法，而只应将"违反社会伦理规范"的侵害法益行为看作为违法；第三，结果无价值论重视刑法所具有的面向法官的评价规范的一面，而忽视了其作为面向社会一般人的命令、禁止的行为规范的一面，因而不妥；第四，在违法性的判断当中，有时候，不考虑行为人的主观要素的话，就难以做出准确的结论来，特别是目的犯、倾向犯、表现犯的场合，不考虑行为人的特定目的、特定的内心倾向以及心理过程等所谓超过的主观要素，就无法判断其上述行为是否成立犯罪。

这样说来，在日本，所谓行为无价值论和结果无价值论之争，实际上是在违法性的判断上，是坚持结果无价值的"一元论"，还是坚持在结果无价值之外，还要考虑行为无价值的"二元论"之间的对立，纯粹的行为无价值论和结果无价值论之间的对立并不存在。就历来的学说和判例所主张的观点来看，"二元论"占据优势地位，特别是在近年来，通过一系列的刑事立法，"二元论"有进一步巩固的趋势。当然，这和日本现实的社会局势、刑事立法体系以及历来的社会观念等因素有关，这里不加多述。

大谷教授的这套刑法教科书的初版于1987年在日本成文堂出版公司面世，迄今为止，已经历时20载。中间屡经修改，内容不断丰富，观点日臻成熟，格式愈加完美，成为当代日本刑法学界的代表性教科书。本书的2000年版，已经译者翻译成中文，由法律出版社于2003年出版。当时，笔者擅自做主，将原著中的注释等枝蔓内容悉数删除。这种做法，虽然降低了本书的出版成本，迎合了中国读者的阅读习惯，但是，也大大地降低了原书的学术性，破坏了原书的整体风貌。故在无论是内容还是形式均与 2000 年版具有极大不同的 2007 年版教科书出版之后，原书作者大谷实教授特地将该书寄送给我，希望能够在维持原书风貌的情况下，对 2000 年版的译本进行修订。这样，便有了大谷教授 2007 年版教科书的中文译本的问世。

在修订本书的过程当中，承蒙我指导的硕士研究生杨延军同学通阅全稿，并提出不少宝贵建议；在版权转让过程当中，日本成文堂出版公司法人代表阿部耕一、总经理土子三男、编辑部长本乡三好提供了极大的帮助；在编辑出版的过程中，中国人民大学出版社的编辑们进行了富有效率的筹划和校订。在此谨记上述各位，一并致以衷心的谢忱。

受译者的能力所限，书中难免会有不尽如人意之处，欢迎大家不吝批评指教！

译者
2007 年 12 月　于日本横滨

新版第 2 版序

本次修订，虽说主要目的是将排版格式由竖排改为横排，但也借此机会，增加了一些近年来引人注目的重要判例，并尝试对一些旧判例进行了替换。另外，鉴于近年来刑事立法以及学说的动向正在发生重大变化，再次对本书全部内容进行审阅，对叙述的内容以及表达进行彻查，对一些不准确或者不合适的地方进行了修订。作为教科书，如果诸位觉得本书内容恰如其分的话，则是作者的望外之喜。

修改之际，在我的研究室里深造、现在同志社大学法学部担任兼职教师的绪方步小姐对判例和学说的整理竭诚鼎力襄助；成文堂的董事长阿部耕一、经理土子三男以及编辑部的诸位提供了关照。在此谨记上述诸位，一并致以谢诚。

大谷实

2007 年 3 月

初版序

本书是和拙著《刑法讲义各论》相对应的。在本书中，笔者也采用了吸收最新展开的理论，结合司法实践，进行系统论述的方法。另外，在刑法学中，目前，以"是行为无价值还是结果无价值"的问题为中心，存在根本上的对立，我从仅凭上述任何一方的观点都难以解释现行刑法的立场出发，在理论上作了一些尝试。作为刑法理论，虽说无论从哪一种立场出发，都能够主张其正当性，但是，我认为，既然刑法总论也是刑法解释论，则其理解就不能离开现行刑法和支撑现行刑法的国民的法律感情。

从以上立场出发，我对刑法总论中的问题进行全面解说，并表明了自己的观点。但是，在解释的各个结论上，很多都是遵循了现有的学说、判例的见解，这恐怕难逃缺乏独创性之评，但是，大胆的提议也并非完全没有，而且在做这种提议的时候，也修改了若干我过去所发表的见解。对此，各位读者如果能发表批判意见的话，则是我的荣幸。

本书得以问世，受到了许多人的帮助，特别是法务省刑事局的检察官场纯男先生和河村博先生给予了很多的指点。本书中，不少地方是根据他们二人的提醒而修改的。帮助撰写各论的同志社大学副教授赖川晃、冲绳国际大学副教授三宅孝之、京都产业大学副教授藤冈一郎、大谷大学讲师青木纪博、京都法学院讲师川本哲郎以及同志社大学大学院法学研究科的研究生松原久利等，也直接或者间接地参与了本书的工作。另外，成文堂的总经理阿部耕一先生以及成文堂的编辑部长土子三男先生，在本书的出版过程中，也给予了充满诚意的鼓励和帮助。在此谨记以上各位，以志谢忱。

作者

1986 年 3 月

凡 例

一、判例

1. 引用判例的略称，按照以下举例

(1) 大判大 4、10、28 刑录 21、1475→大审院判决大正 4 年 10 月 29 日大审院刑事判决录第 21 辑第 1745 页。

(2) 最判（决）昭 27、12、25 刑集 6、12、1387→最高裁判所判决（决定）昭和 27 年 12 月 25 日最高裁判所刑事判例集第 6 卷第 12 号第 1387 页。

(3) 东京高判昭 30、5、19 高刑集 8、4、568→东京高等裁判所判决昭和 30 年 5 月 19 日高等裁判所刑事判例集 8 卷 4 号 568 页。

（在原文引用大审院判例的时候，将片假名变换为了平假名，并加入了适当的标点符号。）

2. 略语

刑录	大审院刑事判决录
刑集	大审院刑事判例集，最高裁判所刑事判例集
裁判例集	最高裁判所裁判集刑事
高刑集	高等裁判所刑事裁判集
裁特	高等裁判所刑事裁判特报
判特	高等裁判所刑事判决特报
东时	东京高等裁判所刑事裁判决时报
一审刑集	第一审刑事裁判例集
下刑集	下级裁判所刑事判例集
裁时	裁判所时报
刑月	刑事裁判月报
判时	判例时报
判夕	判例タイムズ

新闻	法律新闻
评论	法律评论

二、法令

法令的简称按照一般的用法。另外,《修改刑法草案》简写为"**草案**"。

三、杂志、学说

杂志,除了ジュリスト简称为"**ジュリ**",法学セミラー简称为"**法セ**",法学教室简称为"**法教**"之外,其他都不用略称。另外,二次以上出现的著作作者以及论文的执笔者的名字,在第二次以后,只是标明"姓氏"。学说,以"文献"栏的作者名加以引用。

四、教科书

各论 大谷实《新版刑法讲义各论》(第2版,2007)
判例讲义 大谷实编《判例讲义刑法》Ⅰ总论(2001),Ⅱ各论(2002,悠悠社)
青柳 青柳文雄《刑法通论Ⅰ总论》(1967,泉水堂)
浅田 浅田和茂《刑法通论》(2005,成文堂)
阿部 阿部纯二《刑法总论》(1997,日本评论社)
井田 井田良《刑法总论的理论构造》(2005,成文堂)
植松 植松正《再订刑法概论Ⅰ总论》(1974,劲草书房)
内田 内田文昭《改订刑法Ⅰ(总论)》(补正版,2002,青林书院)
大越 大越义久《刑法总论》(第2版,1996,有斐阁)
大塚 大塚仁《刑法概说(总论)》(第3版,1995,有斐阁)
小野 小野清一郎《新订刑法讲义总论》(增补版,1950,有斐阁)
香川 香川达夫《刑法讲义(总论)》(第3版,1995,成文堂)
柏木 柏木千秋《刑法总论》(1982,有斐阁)
川端 川端博《刑法总论讲义》(第2版,2006,成文堂)
吉川 吉川经夫《改订刑法总论》(改订版,1972,法律文化社)
木村、阿部 木村龟二、阿部纯二《增补刑法总论》(1978,有斐阁)

木村（光）　木村光江《刑法》（1997，东京大学出版会）
齐藤　齐藤金作《刑法总论》（改订版，1955，有斐阁）
齐藤信治　齐藤信治《刑法总论》（第5版，2003，有斐阁）
齐藤信宰　齐藤信宰《刑法讲义》（总论）（第3版，2006，成文堂）
佐伯　佐伯千仞《刑法讲义》（总论）（1944，弘文堂），《刑法总论》（4订版，1981，有斐阁）
佐久间　佐久间修《刑法讲义》（总论）（1997，成文堂）
庄子　庄子邦雄《刑法总论》（新版，1981，青林书院）
曾根　曾根威彦《刑法总论》（第3版，2000年，弘文堂）
泷川　泷川幸辰《犯罪论序说》（改订版，1947，有斐阁；复刻版，1981，法律文化社）
立石　立石二六《刑法总论》（第2版，2006，成文堂）
团藤　团藤重光《刑法纲要总论》（第3版，1990，创文社）
内藤　内藤谦《刑法讲义总论》（上）（1983），（中）（1987），（下）Ⅰ（1991），（下）Ⅱ（2002，有斐阁）
中　中义胜《讲述刑法总论》（1980，有斐阁）
中野　中野次雄《刑法总论概要》（第3版补订版，1997，成文堂）
中山　中山研一《刑法总论》（1982，成文堂）
西田　西田典之《刑法总论》（2006，成文堂）
西原　西原春夫《刑法总论》（1977，成文堂）
野村　野村稔《刑法总论》（补订版，1998，成文堂）
林　林干人《刑法总论》（2000，东京大学出版社）
平野　平野龙一《刑法总论》Ⅰ（1972），Ⅱ（1976，有斐阁）
平场　平场安治《刑法总论讲义》（1952，有信堂）
福田　福田平《全订刑法讲义》（第4版，2004，有斐阁）
福田、大塚　福田平、大塚仁《刑法总论》Ⅰ（1979），Ⅱ（1982，有斐阁）对谈刑法总论（上）、（中）、（下）（1987，有斐阁）
藤木　藤木英雄《刑法讲义总论》（1975，弘文堂）
前田　前田雅英《刑法总论讲义》（第4版，2006，东京大学出版会）
牧野　牧野英一《刑法总论上卷》（1958），下卷（1959，有斐阁），《日本刑法》上卷（重订版，1937，有斐阁）
町野　町野朔《刑法总论讲义Ⅰ》（第2版，1995，信山社）
松宫　松宫孝明《刑法总论讲义》（第3版，2004，成文堂）
宫本　宫本英修《刑法大纲》（1935，弘文堂，复刻版，1985，成

山口 山口厚《刑法总论》(补订版,2005,有斐阁)
山中 山中敬一《刑法总论Ⅰ、Ⅱ》(1999,成文堂)
裁职研 裁判所职员综合研修所《刑法总论讲义案》(3订版,1998,司法协会)

五、注释书、讲座、判例解说、判例研究等

ポケット 小野清一郎、中野次雄、植松正、伊达秋雄《刑法(ポケット注释全书)》(第3版增补,1989,有斐阁)
注释 团藤重光编《注释刑法总则(1)—(3)》(1964—1969),补卷(1)(2)(1974、1976,全卷复刊版,1991,有斐阁)
大コン 大塚仁、河上和雄、佐藤文哉、石田佑纪编《大コソメソタール》(1)—(13)(第2版,1994—2004,青林书院)
刑事法讲座 日本刑法学会编《刑事法讲座》(1)—(7)(1952—1954,有斐阁)
刑法讲座 日本刑法学会编《刑法讲座》(1)—(6)(1963—1964,有斐阁)
现代刑法讲座 中山研一、西原春夫、藤木英雄、宫泽浩一编《现代刑法讲座》(1)—(5)(1977—1982,成文堂)
刑罚法大系 石原一彦、佐佐木史郎、西原春夫、松尾浩也《现代刑罚法大系》1—7卷(1977—1982,日本评论社)
刑法基本讲座 阿部纯二、板仓宏、内田文昭、香川达夫、川端博、曾根威彦《刑法基本讲座》第1卷(1992—1994,法学书院)
现代展开Ⅰ、Ⅱ 芝原邦尔、堀内捷三、町野朔、西田典之编《刑法理论的现代展开总论》Ⅰ(1988),Ⅱ(1990,日本评论社)
现代刑法论争Ⅰ 植松正、川端博、曾根威彦、日高义博《现代刑法论证Ⅰ》(第2版,1997,劲草书房)
エキサイティング 大谷实、前田雅英《エキサイティング刑法(总论)》(1999,有斐阁)
刑事判例评释集 刑事判例研究会《刑事判例评释集》第1—第50卷(1941—2000,有斐阁)
刑法判例研究1 长岛敦、臼井滋夫《刑法判例研究1》(1966,大学书房)

刑法判例研究 2　臼井滋夫、前田宏、木村荣作、铃木义男《刑法判例研究 2》（1968，大学书房）

刑法判例研究 3　臼井滋夫、木村荣作、铃木义男《刑法判例研究 3》（1975，大学书房）

判例刑法研究　藤永幸治、河上和雄、龟山继夫《刑法判例研究》（1981，东京法令出版）

判例刑法研究　西原、宫泽、阿部、板仓、大谷、芝原编《判例刑法研究》1—8 卷（1980—1983，有斐阁）

刑法的基本判例　芝原邦尔编《刑法的基本判例》（1989，有斐阁）

百选Ⅰ　芝原邦尔、西田典之、山口厚编《刑法判例百选Ⅰ总论》（第 5 版，2003，有斐阁）

百选Ⅱ　芝原邦尔、西田典之、山口厚编《刑法判例百选Ⅱ总论》（第 5 版，2003，有斐阁）

刑法的争点　西田典之、山口厚编《刑法的争点》（第 3 版，2000，有斐阁）

目 录

第一编　刑法的基础

第一章　刑法和刑法学 …………………………………… 3
　一、刑法的意义 ………………………………………… 3
　二、刑法的社会机能 …………………………………… 6
　三、刑法和社会伦理规范 ……………………………… 9
　四、刑法学 ……………………………………………… 11

第二章　近代刑法学的历史 ……………………………… 13
　第一节　启蒙时期的刑法理论 ………………………… 13
　　一、西洋中世纪刑法的特征 ………………………… 13
　　二、启蒙思想和刑法理论 …………………………… 13
　　三、启蒙思想和刑事立法 …………………………… 15
　第二节　近代刑法学的展开 …………………………… 16
　　一、报应刑论 ………………………………………… 16
　　二、古典学派和近代学派 …………………………… 18
　　三、学派之争及其终结 ……………………………… 20
　　四、20世纪的刑事立法 ……………………………… 22
　第三节　我国的历史展开 ……………………………… 24
　　一、到旧刑法为止 …………………………………… 24
　　二、旧刑法、现行刑法 ……………………………… 25
　　三、第二次世界大战以后 …………………………… 27

第三章　刑法理论 ………………………………………… 32
　第一节　犯罪理论 ……………………………………… 32
　　一、犯罪论的基础 …………………………………… 32
　　二、犯罪的本质 ……………………………………… 34
　第二节　刑罚理论 ……………………………………… 36

一、有关刑罚理念的对立 ………………………………… 36
　　　二、刑罚的本质 …………………………………………… 37
　　　三、刑罚的机能 …………………………………………… 39
　　　四、刑罚的种类 …………………………………………… 42
第四章　刑法的渊源和解释 ………………………………………… 44
　第一节　罪刑法定原则 …………………………………………… 44
　　　一、意义和沿革 …………………………………………… 44
　　　二、罪刑法定原则的内容 ………………………………… 46
　第二节　刑法的渊源 ……………………………………………… 48
　　　一、法律原则 ……………………………………………… 48
　　　二、刑罚法规内容妥当的原则（实体的正当程序原则）…… 52
　第三节　刑法解释 ………………………………………………… 56
　　　一、禁止类推解释 ………………………………………… 56
　　　二、类推解释的许可 ……………………………………… 59
第五章　刑法的适用范围 …………………………………………… 60
　第一节　刑法的时间适用范围 …………………………………… 60
　　　一、时间适用范围的意义 ………………………………… 60
　　　二、犯罪后法律变更刑罚的场合 ………………………… 62
　　　三、限时法 ………………………………………………… 65
　第二节　刑法的空间适用范围 …………………………………… 67
　　　一、概说 …………………………………………………… 67
　　　二、空间适用范围 ………………………………………… 68
　　　三、外国判决的效力 ……………………………………… 72
　　　四、犯人的引渡 …………………………………………… 73
　第三节　刑法对人的适用范围 …………………………………… 73
　　　一、意义 …………………………………………………… 73
　　　二、适用上的例外 ………………………………………… 74
　第四节　刑法对事的适用范围 …………………………………… 75

第二编　犯罪

第一章　犯罪论 ……………………………………………………… 79
　第一节　犯罪的概念 ……………………………………………… 79
　　　一、犯罪的意义 …………………………………………… 79
　　　二、犯罪的成立条件 ……………………………………… 80

三、排除犯罪性的事由 …………………………………… 82
　　四、犯罪的本质 …………………………………………… 83
第二节　犯罪论的体系 ………………………………………… 85
　　一、犯罪论体系的意义 …………………………………… 85
　　二、犯罪要素的体系化 …………………………………… 86
　　三、形式的犯罪论和实质的犯罪论 ……………………… 87
　　四、犯罪的种类 …………………………………………… 89
第三节　行为 …………………………………………………… 90
　　一、概说 …………………………………………………… 90
　　二、有关行为的各种学说 ………………………………… 91
　　三、刑法中的行为 ………………………………………… 93

第二章　构成要件 ………………………………………………… 97
　第一节　构成要件的概念 ……………………………………… 97
　　一、构成要件的意义 ……………………………………… 97
　　二、构成要件的机能 ……………………………………… 101
　　三、构成要件的种类 ……………………………………… 103
　第二节　构成要件要素 ………………………………………… 105
　　一、构成要件符合性和构成要件要素 …………………… 105
　　二、客观的构成要件要素 ………………………………… 107
　　三、主观的构成要件要素 ………………………………… 116
　　四、构成要件要素的分类 ………………………………… 120
　　五、构成要件的解释 ……………………………………… 122
　第三节　构成要件符合性 ……………………………………… 124
　　第一款　实行行为的意义 …………………………………… 124
　　　一、构成要件符合性的意义 …………………………… 124
　　　二、实行行为 …………………………………………… 124
　　第二款　不作为犯 …………………………………………… 126
　　　一、概说 ………………………………………………… 126
　　　二、不真正不作为犯的成立要件 ……………………… 133
　　第三款　间接正犯 …………………………………………… 141
　　　一、正犯和共犯 ………………………………………… 141
　　　二、间接正犯的要件 …………………………………… 142
　　　三、间接正犯的成立范围 ……………………………… 143
　　　四、亲手犯 ……………………………………………… 147

第四款 故意 …… 148
一、故意的概念 …… 148
二、故意的成立要件 …… 149
三、未必的故意 …… 154
四、故意的种类 …… 156
五、事实错误排除故意 …… 159

第五款 过失 …… 175
一、概说 …… 175
二、过失犯的成立要件 …… 178
三、过失的种类 …… 186
四、过失的竞合 …… 187
五、结果加重犯 …… 190

第六款 因果关系 …… 192
一、因果关系的意义和机能 …… 192
二、因果关系的理论 …… 194
三、因果关系的判断方法 …… 199
四、判例的态度 …… 207
五、不作为的因果关系 …… 210

第三章 排除犯罪性事由 …… 212
第一节 排除违法性事由 …… 212
第一款 违法性的概念 …… 212
一、违法性的意义 …… 212
二、违法性的实质 …… 213
三、违法要素 …… 217
四、违法性的判断 …… 221

第二款 排除违法性 …… 224
一、排除违法性的意义 …… 224
二、排除违法性事由的种类 …… 225

第三款 正当行为 …… 227
一、概说 …… 227
二、法令行为 …… 228
三、劳动争议行为 …… 229
四、业务行为 …… 232
五、其他正当行为 …… 233

第四款　正当防卫 …… 252
一、概说 …… 252
二、正当防卫的成立条件 …… 254
三、防卫过当 …… 266
四、假想防卫 …… 268
五、《盗犯等防止法》中的特别规定 …… 271

第五款　紧急避险 …… 272
一、概说 …… 272
二、紧急避险的成立条件 …… 274
三、避险过当、假想避险 …… 279

第二节　排除责任事由 …… 280

第一款　责任的概念 …… 280
一、责任的意义 …… 280
二、责任的本质 …… 283
三、责任要素 …… 287
四、责任判断 …… 288

第二款　责任能力 …… 290
一、责任能力的意义 …… 290
二、无责任能力、限定责任能力 …… 292
三、原因自由行为 …… 299

第三款　作为责任要素的故意和过失 …… 306
一、故意 …… 306
二、过失 …… 307

第四款　违法性意识的可能性 …… 308
一、违法性意识的意义 …… 308
二、有关违法性意识的学说 …… 309
三、违法性意识的可能性 …… 312
四、违法性错误 …… 314

第五款　期待可能性 …… 321
一、期待可能性的意义 …… 321
二、根据期待可能性而排除、减轻责任的事由 …… 323
三、期待可能性的判断标准 …… 324
四、期待可能性的错误 …… 326

第四章　构成要件的修正形式 …… 327

第一节　未遂犯 ································· 327
第一款　概说 ································· 327
一、犯罪实行的阶段类型 ······················· 327
二、预备罪、阴谋罪以及未遂犯的处罚根据 ········ 330
第二款　未遂犯 ································ 330
一、概说 ··································· 330
二、未遂犯的成立条件 ························· 331
三、对未遂犯的处罚 ·························· 338
第三款　不能犯 ································ 338
一、不能犯的意义和种类 ······················· 338
二、不能犯和未遂犯的界限 ····················· 340
第四款　中止犯 ································ 349
一、概说 ··································· 349
二、中止犯的成立条件 ························· 351
三、预备罪、阴谋罪的中止 ····················· 357
四、对中止犯的处罚 ·························· 358
第二节　共犯 ··································· 358
第一款　共犯和正犯 ····························· 358
一、共犯的意义和种类 ························· 358
二、正犯和共犯的区别 ························· 361
三、共犯的处罚根据 ·························· 363
四、共犯的本质 ······························ 365
五、共犯的从属性 ···························· 368
第二款　共同正犯 ······························· 372
一、概说 ··································· 372
二、实行共同正犯的成立条件 ··················· 373
三、共谋共同正犯 ···························· 387
四、处分 ··································· 393
第三款　教唆犯 ································ 394
一、教唆犯的成立要件 ························· 394
二、教唆犯的各种类型 ························· 400
三、处分 ··································· 401
第四款　帮助犯（从犯） ························· 401
一、帮助犯的成立条件 ························· 401

二、帮助犯和共同正犯、教唆犯的区别 …………………… 405
　　三、帮助犯的各种类型 …………………………………… 406
　　四、处分 ………………………………………………… 408
　第五款　共犯和身份 ……………………………………… 408
　　一、概说 ………………………………………………… 408
　　二、真正身份犯和共犯 …………………………………… 413
　　三、不真正身份犯和共犯 ………………………………… 415
　第六款　共犯的相关问题 ………………………………… 418
　　一、不作为和共犯 ………………………………………… 418
　　二、共犯的错误 …………………………………………… 420
　　三、共犯和未遂 …………………………………………… 424
　　四、共犯的竞合、罪数 …………………………………… 430
第五章　罪数 …………………………………………………… 431
　第一节　犯罪的个数 ………………………………………… 431
　　一、概说 ………………………………………………… 431
　　二、本来一罪 …………………………………………… 433
　第二节　科刑一罪 …………………………………………… 440
　　一、概说 ………………………………………………… 440
　　二、观念竞合 …………………………………………… 441
　　三、牵连犯 ……………………………………………… 445
　　四、有关科刑一罪的诸问题 ……………………………… 448
　第三节　并合罪 ……………………………………………… 451
　　一、意义、要件 …………………………………………… 451
　　二、处分 ………………………………………………… 452
　　三、单纯数罪 …………………………………………… 454

第三编　刑罚和保安处分

第一章　刑罚的体系 …………………………………………… 457
　第一节　刑罚和刑罚权 ……………………………………… 457
　　一、刑罚的本质和机能 …………………………………… 457
　　二、刑罚权 ……………………………………………… 457
　第二节　刑罚的种类 ………………………………………… 459
　　一、概说 ………………………………………………… 459
　　二、死刑 ………………………………………………… 459

三、自由刑 ··· 463
　　　四、财产刑 ··· 464
第二章　刑罚的适用 ··· 467
　第一节　法定刑及其加减 ··· 467
　　　一、法定刑与其轻重 ··· 467
　　　二、法定刑的加重、减轻 ··· 468
　　　三、累犯、惯犯 ··· 469
　　　四、自首、坦白、自白 ··· 470
　　　五、酌量减轻 ··· 471
　　　六、加减规定 ··· 472
　第二节　刑罚的裁量、宣告、免除 ··································· 473
　　　一、量刑 ·· 473
　　　二、刑罚的宣告、免除 ··· 476
第三章　刑罚的执行和缓期执行 ··· 478
　第一节　刑罚的执行 ·· 478
　　　一、概说 ·· 478
　　　二、死刑的执行 ··· 478
　　　三、自由刑的执行 ·· 479
　　　四、财产刑的执行 ·· 480
　第二节　刑罚的缓期执行 ··· 480
　　　一、刑罚缓期执行的意义 ··· 480
　　　二、宣判缓期执行的条件 ··· 480
　　　三、缓期执行的撤销 ··· 482
　　　四、缓期执行的效力 ··· 482
　第三节　假释 ··· 483
　　　一、假释的意义 ··· 483
　　　二、假出狱 ·· 483
　　　三、假出场 ·· 484
第四章　刑罚的消灭 ··· 485
　　　一、消灭刑罚权的事由 ··· 485
　　　二、犯人死亡、法人消灭 ··· 485
　　　三、恩赦 ·· 485
　　　四、时效 ·· 486
　　　五、刑罚的消灭 ··· 488

第五章　保安处分 …………………………………………… 490
一、保安处分的意义和沿革 ……………………………… 490
二、保安处分的基础 ……………………………………… 492
三、保安处分和刑罚的关系 ……………………………… 493
四、现行法上的保安处分 ………………………………… 494
五、我国的保安处分问题 ………………………………… 495
六、对心神丧失者等的医疗观察 ………………………… 497
七、保护处分 ……………………………………………… 499

刑法讲义总论

第一编
刑法的基础

- 第一章　刑法和刑法学
- 第二章　近代刑法学的历史
- 第三章　刑法理论
- 第四章　刑法的渊源和解释
- 第五章　刑法的适用范围

第一编 刑法的基础

第一章
刑法和刑法学

一、刑法的意义

1. 刑法的概念

所谓刑法，就是有关犯罪和刑罚的法律。所谓犯罪，正如杀人罪、盗窃罪或者放火罪一样，是侵害人们社会生活的行为当中，成为刑罚处罚对象的部分（实质意义上的刑法）。所谓刑罚，正如死刑、徒刑、监禁、罚金一样，是对犯罪实施的国家制裁。规定犯罪和刑罚的法令（法律、政令、敕令、太政官布告、省令）是刑罚法规，其数量现在将近八百件，其中心，是六法全书当中，被作为《刑法》所收录的法律（形式意义上的刑法）。

刑法的定义 很多教材下定义说"刑法，是有关犯罪和刑罚（乃至保安处分）的法律"。所谓保安处分，是针对将来具有犯罪危险的人，为了防卫社会，根据法院的命令所强制实施的去除其危险性的治疗、改造等措施的制度。在外国的立法当中，有的在刑法典当中，规定了保安处分，但日本刑法当中，没有这种规定。另外，也有定义说"刑法，就是有关刑罚的法律"，但这并不妥当。[1]

《刑法》，受欧洲大陆的影响，在明治40年（1907年）所制定、公布，第二年开始实施。这部法律，尽管随着时代的发展，被屡次修改，但在制定之后的近九十年间，没有太大的根本性变动。为了将《刑法》条文改为现代用语，使之通俗易懂，1995年制定、公布了《部分修改

---

[1] 前田，2页。

刑法的法律》，并于同年6月1日起实行，这样，就实现了对《刑法》的全面修改。修改后的法律就是现在的刑法，这部法律，系统地规定了有关犯罪和刑罚的基本内容，采用了法典的体裁，因此，也被称为"刑法典"。

法典 是将和各个部门法有关的基本事项按照编章结构，系统化为一个成文法的法律文件。法典中的条文，形成整体的国家法秩序的体系，在目的和手段、普遍和特殊的关系上，相互密切联系，按照一定顺序加以排列和分配。我国的基本法典，有宪法、民法、商法（含公司法）、刑法、民事诉讼法、刑事诉讼法，等等。

现行刑法典分为第一编"总则"和第二编"犯罪"（分则）。其中，"总则"是对刑法典和刑法典以外的法律所规定的犯罪都适用的共同规定，相反地，"犯罪"（分则）是有关杀人、抢劫、诈骗等个别犯罪的规定。本书所讨论的刑法总论，以现行刑法典的"总则"为中心，以分析犯罪的一般成立要件和刑罚的一般要素为目的。与此相对，刑法各论，除了讨论第二编"犯罪"中规定的杀人罪、盗窃罪等个别犯罪之外，还以探讨后述的、众多的特别刑法上的犯罪为目的。

2. 刑法的目的

刑法，尽管是对犯罪人科处死刑和徒刑之类的残酷刑罚的法律，但在其目的上，则有①为了维持社会秩序的见解（社会秩序维持说）和②为了保护法律所保护的生活利益即法益的见解（法益保护说）之间的对立。社会秩序维持说所说的社会秩序，使构成社会的个人和团体等各种势力和元素处于安定、和谐状态。对于国民生活而言，最为重要的，就是社会生活在一定秩序之下保持安定，生命、自由以及财产之类的生活利益不被侵害，人们能够安全、放心地延年度日。社会秩序的稳定状态是社会生活的基础，国家正是从维持社会秩序是法律政策上最重要的事情的认识出发，不惜使用刑罚这种残酷的制裁来镇压犯罪。[1]

相反地，法益保护说主张，刑法的目的在于保护个人的生活利益乃至法益，近年来，成为有力学说。[2] 确实，在如今的以个人尊严为价值基础的社会当中，保护个人生活利益，毫无疑问是最为重要的。而且，

---

[1] 福田，3页；大塚，5页；佐久间，5页。另外，前田，4页。
[2] 平野Ⅰ，1页；曾根，2页；西田，29页；浅田，11页；井田，8页；山口，3页。

不保护国民的生活利益,社会秩序就难以被维持。因此,成立犯罪,侵害或者威胁法益必不可少。但是,应当说,并不是保护法益自身重要,通过保护生活利益来维持社会秩序才是刑法的最终目的。在此意义上讲,没有必要对所有侵害或者威胁法益的行为都作处罚,只要对偏离社会秩序框架的侵害、威胁法益行为进行处罚,就足够了。

3. 刑法的分类

刑法可以分为刑法典及其他刑罚法规。刑法典是所有的刑罚法规的基础,所以,又称为一般刑法(普通刑法)。与此相对,刑法典以外的刑罚法规被称为特别刑法。特别刑法,根据其规定宗旨的不同,又可以分为狭义的特别刑法和行政刑法(行政取缔法规)。前者,如《有关处罚暴力行为等的法律》,具有附属于刑法典、对刑法典起补充作用的特点,其规定的犯罪,大部分也和刑法典中规定的犯罪一样,以违反普遍的道德规范的行为为内容。而后者,如《道路交通法》,其所规定的行为不一定是道德上要受到谴责的行为,而仅仅是出于行政取缔的目的而将其规定为犯罪的情况。

狭义的特别刑法和行政刑法的区别是相对的、不断变动的。前者如"实施……的,处……"一样,采用了和刑法典相同的规定形式;后者,在法律的前半部分采用"必须实施……"或"不得实施……"的形式,先规定有关命令、禁止的规范(行为规范),后半部分则是"罚则"内容,其中,通常是以"违反……条的,处……"的形式规定刑罚法规。

4. 刑法的规范

刑法在规定犯罪和刑罚的场合,通常采用"杀人的,处死刑、无期徒刑或3年以上有期徒刑"(第199条)的形式,即,首先规定相当于犯罪的行为,然后规定与此相对应的刑罚。规定"杀人的"即前半部分是法律要件,规定"处死刑、无期徒刑或3年以上有期徒刑"的后半部分是法律效果。必须注意这一条文中包含有两种不同性质的规范:一种是以"不得杀人"为内容,以一般国民为对象的禁令(禁止规范、命令规范),另一种是以对违反该禁令而杀人的人,法院必须处以死刑、无期徒刑或3年以上有期徒刑为内容,以法官为对象的禁令。前者是行为规范,后者是裁判规范。

行为规范,以"必须实施……"或"不得实施……"之类的国家的命令、禁止为内容,裁判规范就是对法院或法官的命令或禁止。那么,行为规范和裁判规范之间是什么关系呢?我们再看一下"杀人的,处死刑、无期徒刑或3年以上有期徒刑"的规定吧!仅从本条文来看,其中并没有写明"不得杀人",所以,可以说,它是以法院为对象,命令对杀人者,必须判处死刑、无期徒刑或 3 年以上有期徒刑,而不得判处其他刑罚的规定。换句话说,刑法规范,在一方面,具有作为裁判规范的特征。

但是,国民是以刑罚法规的存在来规范自己的行为的,这是毫无疑问的;同时,在理论上看,认为该条文中也包含有作为裁判规范的前提即"不得杀人"的刑法上的行为规范的见解也是有其合理性的。不以对国民的行为规范,而仅以裁判规范为根据来说明处罚的合法性,从国民的一般法律感情来看,也是不允许的。从这种意义上讲,刑法在另一方面也具有行为规范的特征。这一点从前面所说的在行政取缔法规中,先规定"不得实施……"的行为规范的规定,而后规定"处……"的裁判规范的情况也能看出。只是,刑法上的行为规范基本上是和社会伦理规范一致的,所以不再在刑罚规范中明文规定"不得实施……"之类的行为规范,而仅规定有关裁判规范的内容。

这样,和刑法上的行为规范和社会伦理规范一致的犯罪被称为自然犯(刑事犯)。与此相对,和行政取缔法规一样在社会伦理上是中性的,但由于行政取缔的需要而将其规定为犯罪的情形,就是法定犯(行政犯)。

法定犯的自然犯化 一方面,刑法典中规定有密葬非正常死者罪(第 192 条)之类的、为了实现行政取缔目的而设计的犯罪,另一方面,在行政取缔法规中,也规定有《道路交通法》上所规定的酒后驾车罪(第 65 条第 1 款)之类的、在道德上也逐渐受到否定评价的犯罪(法定犯的自然犯化),因此,自然犯和法定犯的区别也是相对的。

二、刑法的社会机能

刑法,通过防止犯罪和保障个人基本人权来实现维持、发展社会秩序的目的,该目的通过刑法的社会机能来实现。所谓刑法的社会机能,是指刑法在社会上应当具有的机能和固有的作用,分为规制机能和维持社会秩序机能。

1. 规制机能

所谓规制机能,是规制国民行动的机能。刑法具有通过将一定的行为规定为犯罪,对该行为科处一定刑罚,表示该行为在法律上是不允许的机能,同时,还具有不要实施该种行为的命令机能。前者是评价机能,后者是决定机能。刑法通过这些机能,规制国民不要实施犯罪,以达到防止犯罪的目的。

2. 维持社会秩序机能

刑法在具有规制机能的同时,也具有维持、发展社会秩序的维持社会秩序机能。所谓维持社会秩序机能,是指使构成社会的元素(个人和团体)之间的相互关系处于安定状态,以利于社会发展的机能。它可分为保护法益机能和保障人权机能。

(1) 保护法益机能 所谓法益是法律所保护的利益,如杀人罪的保护法益是人的生命。在某种意义上讲,所有的法律都是以保护法益为目的的,但是,刑法在使用刑罚这种最残酷的制裁手段对法益进行保护的一点上具有特色。有力见解认为,刑法的维持、发展社会秩序的目的,可以通过保护国家道义的方式来实现。[1] 但是,在最大限度地尊重个人的"生命、自由及追求幸福的权利"(宪法第 13 条)的现代社会中,保护个人的"生命和生活"是法律价值的本原,个人的生活利益得不到保护,社会就会不可避免地陷入混乱状态。所以,对个人利益的直接或间接保护,对于维持社会秩序来说是必不可少的。

国家为了维持社会秩序,制定民法或商法等法律,形成整体的法秩序以保护法益,所有的法律都以保护法益为其任务。但是,刑法是以刑罚这种残酷的制裁作为手段的,不能轻易使用,只有在使用其他法律不足以对法益进行保护的场合,才将该侵害法益的行为作为犯罪进行处罚,由此而彻底实现对社会秩序的维护。刑法和其他的法的这种关系,被称为刑法的辅助性。刑法在使用以剥夺生命或自由为内容的刑罚这种强有力的手段来实现对法益的保护的一点上,具有和其他的法律不同的独特的保护法益的机能。法益保护机能可以分为一般预防机能和特别预防机能。所谓一般预防机能,是让社会上的一般人远离犯罪的机能;所谓特别预防机能,是让特定的犯罪人将来不要实施同样的罪行的机能。

(2) 保障人权机能 所谓保障人权机能,是指通过明确地将一定的行为作为犯罪,对该行为科处一定刑罚,来限制国家行使刑罚权,由此使一般国民和罪犯免受刑罚权的任意发动而引起的灾难的机能,也叫保

---

[1] 小野,18 页;团藤,37 页。

障自由机能。保障人权机能也称"人权大宪章机能",即刑法①是善良市民的人权大宪章,②是罪犯的人权大宪章,③是囚犯的人权大宪章。[1]

(3) 谦抑原则　和保障人权机能相关,谦抑原则也应当受到重视。所谓谦抑原则是指,刑法不应将所有的违法行为都作为其对象,而应将不得已才使用刑罚的场合作为其对象的原则。[2]正如所谓"最好的社会政策就是最好的刑事政策"(李斯特语)一样,仅靠刑法手段是不能抑制犯罪的。而且,刑罚是剥夺人的生命、自由、财产的极为残酷的制裁,因此,只应看作为防止犯罪的"最后手段(ultima ratio)"(刑法的补充性)。刑罚规制不应渗透到生活领域的每一个角落,只应控制在维持社会秩序所必需的最小限度之内(刑法的不完全性)。另外,即便行为人实施了犯罪,但如果不是为了保护法益而迫不得已的话,就应该基于宽容精神,尽量不动用刑罚(刑法的宽容性)。这样,谦抑原则是以刑法的补充性、不完全性和宽容性为内容的刑事立法和刑法解释的原理。

(4) 维持社会秩序和保障人权之间的关系　刑法中的维持社会秩序和保障人权的关系,在刑法的机能和目的上,历来被认为是处于二律背反的关系。重视维持社会秩序机能的话,保障人权的方面就会削弱,相反地,重视保障人权的话,就会忽视对社会秩序的维持。但是,由于刑法的终极目的是维持社会秩序,所以,这种理解并不正确。

处于二律背反关系的并不是维持社会秩序和保障人权,而是保护法益和保障人权,其二者处于重视保障人权的话,就会招致犯罪的增加,不能对法益进行保护,相反地,重视保护法益的话,就不能指望对人权进行保障的矛盾关系之中。重视保障人权而轻视保护法益,或者相反地轻视保障人权而强化法益保护,都会使国民对秩序失去信赖,招致难以维持社会秩序的结果。因此,只有在调和二者,使二者发挥作用的时候,刑法才能充分发挥其维持社会秩序的机能。因此,如何协调保护法益和保障人权之间的关系,以维持社会秩序就成了刑法学上最重要的课题。

---

[1] 木村,87页。
[2] 宫本,16页;平野:《刑法概说》(1977年),16页;大塚,7页;齐藤信治,38页;山中,48页。

三、刑法和社会伦理规范

1. 社会伦理规范和刑法的关系

社会伦理规范,作为规范对社会的行为或社会成员相互之间的行为的规则,是以社会上一般所承认的人的良心为基础的规范的总体,因此,以特定的意识形态或宗教教义为根据的"道德"或"社会伦理",和这里所说的社会伦理规范不同。[1] 如刑法通过规定"杀人的"(第199条)或"盗窃他人财物的"(第235条)的规定,向国民昭示"不许杀人"或"不许盗窃他人财物"之类的行为规范,这种刑法规范和规制人的行为的社会伦理规范(道德)之间具有密切的关系。另外,正如所谓"法是道德的最低限度"一样,刑法上的所谓犯罪大多数也是为道德所不许可的行为。

但是,刑法和社会伦理规范在以下方面不同:第一,社会伦理规范虽然也和刑法一样,作为社会规范,具有规制机能,但在其是不被国家权力机关所承认的规范的一点上和刑法不同。第二,社会伦理规范是以人的良心为基础的规范,因此,社会伦理规范中的正邪善恶取决于人的内心态度,相反地,刑法是通过保护法益来实现维持社会秩序目的的规范,所以,正与不正、合法与违法,都取决于是否具有侵害或威胁法益的行为即人的外部态度。第三,社会伦理规范在违反该规范就会遭到世人的谴责和社会的制裁方面,也可以说具有强制力,但是,在绝对不会受到以国家强制力为保障的刑罚制裁的一点上,和刑法不同,因此,不能将刑法和社会伦理规范混为一谈。刑法对虽然违反社会伦理规范,但从保护法益的立场来看没有必要加以处罚的行为,不能规定为犯罪,相反地,对于即便在社会伦理上看是中性的行为,但从保护法益的角度来看,有必要加以处罚的场合,必须将其规定为犯罪。

非犯罪化(decriminalization) 所谓非犯罪化,是指将迄今为止作为犯罪处罚的行为在刑法上不作为犯罪,不予以处罚,包括将历来作为犯罪进行处罚的行为改处罚款之类的行政处罚的场合。如在德国,为了停止对轻微犯罪等科处刑罚,就将这些犯罪从刑法

---

[1] 大谷实:"刑法和社会伦理",法教120号52页。

中予以删除,而作为违反秩序法的行为予以行政处罚,这也是非犯罪化的一种表现形式。非犯罪化,在第二次世界大战之后全面推行刑法改革的英国、美国、德国等欧美国家成为问题,它以价值多元化的宽容社会理念(自由社会)为背景,在20世纪的50、60年代,认为以基督教的道德观念为基础的犯罪(如成人间基于合意的同性恋行为、近亲相奸行为、堕胎行为等)都是无被害人的犯罪(victimless crimes),主张将这些犯罪从刑法中删除。这种动向,对于我国战后的刑法修改讨论也有影响,有人主张应当将散发淫秽物罪(刑法第175条)、赌博罪(刑法第185条)等非犯罪化。刑法和道德应当严格区分开来,仅以强制推行某种道德为目的的犯罪是不应当作为犯罪的,但是,在我国,这种犯罪极少,最多也只限于赌博罪而已。

2. 刑法的社会伦理机能

刑法和社会伦理规范必须严格区分,但这只是基于不能仅将国家道义或社会伦理作为根据,判断某种行为是犯罪的宗旨而言的,绝不意味着刑法和社会伦理规范完全没有关系。如前所述,刑法的目的是通过刑罚手段保护法益,以维持社会秩序,因此,为了将某种行为作为犯罪进行处罚,首先,要求该行为必须对法益具有侵害或危险。但是,为了实现维持社会秩序的目的,犯罪和刑罚必须同时立足于国民的健康的道义观。换句话说,只有以人类历史长河中所孕育出来的社会伦理以及道义报应观念为基础,刑法的各种机能才能有效地发挥作用。[1] 因此,那种认为刑法中不应该导入道义或社会伦理观念,而只应该从保护法益的必要性、有效性的角度来把握刑法的机能的观点,是误读了刑法机能的见解。根据上述分析,我们能得出如下结论:

第一,成为犯罪的行为[2],不单是对法益具有侵害或危险,还必须是违反社会上一般所公认的道德即社会伦理规范的行为。对于这种见解,有如下批判,即①社会伦理是多元的,选择其中一种混入法律判断,是权威主义的表现,②社会伦理的观念过于抽象,等等。但是,企业伦理或交通道德之类的为一般人所接受的常识或良知在社会上是赫然

---

[1] 长岛敦:《犯罪防止和犯罪人的处遇》(1984年),246页。
[2] 平野,22页;前田,3页。另外,前田雅英:"相对的报应刑论",法教128号49页。

存在的。另外,所谓社会伦理有可能被理解为是以战前的天皇制之下的道义观等特定的意识形态为根据的观念,但是,社会伦理,正如社会一般观念或社会公认的观念一样,是为社会一般人所广泛认同的健康的道义观念,而不是受一部分人所支配的道义观。无论如何,只有将违反社会伦理规范的行为作为犯罪,刑罚才具有感召力,才能为维持社会秩序作贡献。

第二,成为犯罪的行为,在该行为是行为人具有打消实施该行为的念头的自由而竟然实施该行为的意义上,是能够对行为人进行道义上的谴责的行为。虽然有的学者认为可以不以这种意思自由为根据,而仅应以对于防止犯罪来说有意义为根据来说明刑罚正当化的理由,但是,只有对具有道义责任的行为人进行处罚,才能使一般人和罪犯接受刑罚是合乎正义的观念,才能发挥一般预防和特别预防的效果,才能保护法益并进而达到维持社会秩序的目的。因此,近年来,虽然必须将道德因素从刑法中完全剔除的见解逐渐有力,但是,这种观点并不妥当。

第三,违反行政取缔法规的犯罪(行政犯),是将社会伦理上中性的行为规定为犯罪的情况,从即便不违反社会伦理规范的行为也被作为犯罪看待的一点上,似乎可以对上述观点表示疑问,但是,尽管在其被犯罪化的时候,可以将其看成是在社会伦理上中性的行为,一旦该行为被作为行政取缔法规上的犯罪被规定下来,它就和应当遵守法律这种社会伦理规范结合起来了,所以,行政犯也并非和社会伦理规范无缘。

四、刑法学

1. 刑法解释学

刑法学,一般来说,是以规定犯罪、刑罚或刑事责任等的法律为研究对象的领域。严格来讲,它包括广、狭二义。狭义的刑法学就是刑法解释学。它是指用解释的方法对刑法规范的意义进行系统认识的学问,一般分为刑法总论和刑法各论。刑法总论以研究各个具体犯罪和刑罚所共同的问题为主要内容,而刑法各论在研究各个具体犯罪固有的成立条件以阐明其处罚范围的同时,还以研究各个具体犯罪的相互关系及区别为内容。刑法解释学,不单单是以阐述刑法规范的内容为己任的认识活动,而是从一定的立场或角度出发,以刑法规范为根据,探讨真正值得处罚的行为,在不侵犯犯人的人权的前提之下科处适当的刑罚,以给一般人提供行动的准则,并因此而实现一般预防和特殊预防的效果,为刑法所具有的维持、发展社会秩序的目的而服务的实践活动。

2. 基础刑法学

广义刑法学,除了刑法解释学之外还包括基础刑法学。基础刑法学是作为刑法解释学的基础的学科,包括刑法哲学、刑法史学、比较刑法学、犯罪学及刑事政策学等。刑法哲学是考察犯罪及刑罚的哲学基础的学问。刑法史学是研究刑法的历史发展过程的学问。比较刑法学是以比较研究国家间或英美法系和大陆法系之类的不同法律体系的刑法为内容的学问。尽管上述学科具有不同的研究领域,但是,作为刑法解释学的对象的现行刑法却是在上述领域的研究成果的基础上所制定的。如果将刑法解释学称作为临床医学的话,则上述其他领域就是基础医学了。从这一角度出发,有关犯罪和刑罚的实证科学的犯罪学(Kriminologie; criminology; criminologie),以及以犯罪学为基础的犯罪对策学即刑事政策学也是刑法学的重要基础,应包括在广义的刑法学的范围之内。另外,将犯罪学和刑事政策学放在一起研究的学问被称为刑事学。[1]

3. 刑事法学

为了使刑法充分地发挥其作用,有必要将犯罪调查、提起公诉、审判到执行的全过程有机地联系起来考虑。这种以刑法的执行机关为主体所进行的刑法实现过程被称为刑事司法(criminal justice)。将与这一过程有关的刑法、刑事诉讼法以及犯罪人处遇法一并称为刑事法。

其中,刑事诉讼法是对已经发生的犯罪,规定搜查、审判等对犯人科处刑罚的程序的法律;犯罪人处遇法,包括规定有对受刑人的矫正处遇方法的《有关刑事设施以及受刑人处遇的法律》等以及以对在刑事设施之外的犯罪人以及不良少年的保护为目的而规定的《少年法》等在内。刑法、刑事诉讼法以及犯罪人处遇法,尽管各自性质不同,但互相联系,形成刑事法的有机整体,共同为防止犯罪、维持社会秩序作出贡献。将上述法律作为不可分割的一体加以认识的学问领域,可以被称为"刑事法学"[2]。另外,由于刑法典分为总则和分则加以规定,所以,正如前述,刑法解释学,尽管在教学上被分为刑法总论和刑法各论,但两者之间必须有机地结合起来加以考察,这是不言自明的。

---

[1] 大谷实:《刑事政策讲义》(第4版,1996年),3页。
[2] 大谷实:《刑事法入门》(第5版,2005年),8页。

第二章
近代刑法学的历史

第一节 启蒙时期的刑法理论

一、西洋中世纪刑法的特征

刑法的历史，可以追溯到公元前1700年的《汉谟拉比法典》。虽然古希腊的柏拉图和亚里士多德已经展开了一些刑法思想，古代中国的孔子和孟子对此也有大量的讨论，但是，现代刑法理论的基础，则是启蒙初期所形成的古典学派。

从中世纪到近代初期，西欧各国的封建王权刑法，被当时的政治权力所严重支配。作为当时法律、宗教不分的反映，刑法深入到犯人的内心，进行干涉性处罚（干涉性）。由于犯罪和刑罚没有被法律明确地规定出来，所以，刑罚权被肆意行使（肆意性），在适用上根据身份的不同而有区别（身份性）。而且，刑罚的内容，以火烧或者釜蒸之类的死刑，以及烙印、切断手足之类的非人道的身体刑为中心，极尽残酷之能事（残酷性）。[1]

这一时期的刑法所具有的干涉性、肆意性、身份性、残酷性这样四个特征，在迄至当时为止的刑法上都或多或少地有所体现，但是，尤以西洋中世纪的刑法为甚。这标志着，在西欧社会，启蒙思想家们着手改革刑法的时机成熟了。

二、启蒙思想和刑法理论

1. 贝卡利亚

---

[1] 泷川幸辰：《刑法史的某个断面》（1933年），73页。

启蒙时期，排除中世纪的非合理主义思想，展开合理的刑法理论的代表性刑法学者是意大利的贝卡利亚（Cesare Beccaria，1738—1794）。他以英国的霍布斯（Thomas Hobbes，1588—1679）、洛克（John Locke，1632—1704），法国的卢梭（Jean Jacqes Rousseau，1712—1778）等启蒙思想家的社会契约论为基础，在1764年写了题为《论犯罪与刑罚》（Dei delitti e delle pene，1764）的著作，对欧洲产生了重大影响。他认为，当时的刑事裁判混乱无序，刑罚过于残酷，因此，从刑罚权的基础完全在于社会契约的立场出发，主张法律必须从宗教当中解放出来，只有法律才能规定犯罪和刑罚（罪刑法定原则）。另外，犯罪的轻重，只能根据犯罪所引起的权利侵害或者社会损害来衡量（客观主义）。刑法的目的在于使一般人远离犯罪（一般预防主义），超过该种必要限度的犯罪是不正当的，死刑原则上不应认可。这样，他意图通过贯彻合理主义、理性主义，来抵抗中世纪刑法的干涉性、肆意性、身份性、残酷性。贝卡利亚也因此被称为"近代刑法学的鼻祖"[1]。

2. 一般预防论——费尔巴哈

启蒙时期的刑法理论之花，在德国也开始绽放。费尔巴哈（Anselm V. Feuerbach，1775—1833）继承了后述的康德的思想，主张法律和道德严格区分，认为犯罪的本质是侵害权利，刑法只有在防止侵害权利的范围之内，才能被正当化。他还认为，人都在理性地计算快乐和痛苦，将犯罪所得到的快乐（＝利益）和因此而受到的不快（＝刑罚）相比较，在后者大于前者的时候，就不会选择犯罪。如果法律中明确规定"实施某种行为，就要受到某种处罚"的话，就会在心理上强制一般人不要实施某种犯罪，从而达到预防犯罪的目的。这种见解就是所谓心理强制说。因此，他提倡国家事先以法律将犯罪和刑罚向国民预告，从而预防犯罪的一般预防论。

费尔巴哈的刑法理论，明确了以下三点：第一，法和伦理（道德）的严格区分，即法在其性质上由于只是对外部发生作用，所以，对处于内部的宗教和伦理问题就不应当干涉，意图排除中世纪刑法的干涉性；第二，根据心理强制说，在"无法无罪，无法无罚"的法谚之上，树立罪刑法定原则，并为其提供理论基础，以防止刑罚权的任意行使，排除中世纪刑法的任意性；第三，通过犯罪的本质在于侵害权利、"犯罪的

---

[1] 贝卡利亚（风早八十二，风早二页 译）：《论犯罪与刑罚》（1938年）。

尺度是犯罪所产生的社会损害"的命题，主张罪刑均衡，意图排除中世纪刑罚的残酷性。

费尔巴哈的刑法理论，支配了 19 世纪前半时期的德国刑法学，之后，作为古典学派的刑法理论，对近代刑法理论产生了极大影响。因此，费尔巴哈被称为"近代刑法学之父"。

边沁 启蒙思想所具有的社会改革特征在边沁（Jeremy Bentham，1748—1832）身上体现得最为明显。他受法国的启蒙思想家的影响，锐意进行社会改革，作为改革的方法，就是进行"立法"。关于他对法律改革的贡献，有评价说，边沁以后的法律改革中，无一不受他的影响。作为启蒙主义思想家，他也主张功利主义。在刑法方面，他和费尔巴哈一样，也坚持以心理强制说为基础的一般预防论，但是，他认为，仅仅为了威吓犯罪人而处罚还不够，对受刑人，为了防止其再犯，还必须进行必要的教育和矫正措施。刑罚，只有在综合考虑了①儆戒（example）；②改造（reformation）；③隔离（incapacitation——为了防止再犯而剥夺犯罪人的能力，包括死刑在内）；④对被害人的赔偿（compensation）；⑤刑罚经济（economy）这五种因素的时候，才能被正当化。[1]

三、启蒙思想和刑事立法

1. 法国

在 18 世纪中叶以后的西欧诸国，根据启蒙思想进行刑法改革成为一般风气。首先，法国革命之后所制定的《法国刑法典》，作为启蒙思想的直接反映而有名。1776 年，贝卡利亚的名著《论犯罪与刑罚》被译成了法语，产生了巨大的反响，《人权宣言》（1789 年）将该主张吸收进来，并最终促成在 1791 年制定了《法国刑法典》。这部刑法典在采取自由主义的原则的同时，虽然也限制法官的自由裁量，力求处罚的平等和缓和刑罚，但是，仍然太过革新，因此，在边沁的影响之下，之后于 1810 年制定了《拿破仑刑法典》。这部刑法中，虽然自由主义的倾向稍有后退，重视犯罪预防，但是，仍然重视罪刑法定原则或者处罚平等

---

[1] 大谷实：《刑事责任论的展望》（1983 年），196 页。

原则，因此，《拿破仑刑法典》成为整个19世纪西欧各国的刑事立法的典范，我国旧刑法也是以其为范本而制定的。

2. 德国

在德国，专制君主弗里德里希大帝废除了加洛林纳时代的以刑讯逼供和死刑为中心的刑罚制度，准备制定新刑法典，但是，1794年他去世之后所制定的《普鲁士刑法》完全取代了中世纪的刑法。在这以后，费尔巴哈成为立法的指导者，经他之手所制定的1813年《拜仁刑法典》，成为之后的德国刑法的范本。1871年的《德国刑法典》，正如后述，虽然在思想基础方面和前述刑法有所不同，但基本上继承了《拜仁刑法典》的内容。这部刑法典以自由主义的法治国思想为基础，对之后各国的刑事立法产生了影响。我国现行刑法典，在很大程度上也吸收了《德国刑法典》的内容。

3. 英国

在欧洲大陆，受启蒙思想的影响，各国纷纷制定新的刑法典，可是在英国，尽管边沁极力鼓吹刑法法典化，但直到现在也还没有制定出一部统一的刑法典。但是，实际上，在边沁的合作者罗弥里（Samuel Romily，1757—1818）的努力之下，普通法中"不协调、不合理、过于矛盾和野蛮"的刑法内容被逐渐废除，在罗伯特·皮尔于1882年就任内务大臣之后，就几乎被一扫而光。与此同时，其还着手进行在某种程度上已经停滞的制定成文法工作。之后，即便在英国，刑法原则上也是以成文法为准。

第二节 近代刑法学的展开

一、报应刑论

1. 康德和黑格尔

与继承康德的法思想，以心理强制说为基础，提倡一般预防论的费尔巴哈相对，德国的观念论的代表人物康德（Immanuel Kant，1724—1804）本人主张绝对的报应刑论。他认为，犯罪是由作为理性存在的人所实施的，刑罚是正义的要求，只有在人基于自己的自由意思而犯了罪的场合，才能受到处罚。因为，不是自己目的的话，就不能成为对理性的最高实践原理。而且，作为科刑原理，只能是同态复仇。康德在主张犯罪和刑罚均衡的同时，还以预防刑使人格成为手段为由，彻底拒绝费尔巴哈提倡的预防刑，倡导个人主义的刑罚观。

追随康德的黑格尔（Wilhelm Friedrich Hegel，1770—1831）主张国家主义的辩证的报应刑论。按照他的观点，犯罪是对法的否定，刑罚是对犯罪的再否定，如此，法就是恢复正义的手段，刑罚在其为对行为人所施加的、与犯罪具有同等价值的恶害的意义上，属于报应。科处刑罚是理性，是国家的权力，犯罪人基于自由意志而实施犯罪，该意思只要不为国家所否定，犯罪人的理性就不会恢复。因此，受刑是罪犯的权利，也是将其作为理性人的表现，而费尔巴哈所主张的心理强制说，无异于向狗挥舞拐杖进行吓唬。

黑格尔的见解，在他死后对德国刑法学产生了巨大的影响。被称作为黑格尔学派的人得势，在刑法学界，黑格尔学派的人也君临天下[1]，在 19 世纪的 40 年代到 70 年代，达到了其他人难以企及的程度。这种国家主义色彩浓厚的刑法学之所以风靡一时，主要是以民族主义的统一国家构想为背景。国家是最高的道义形态，民族必须在其之下团结起来的意识形态是其基础。但是，在客观上实施了违法行为，但只要不是基于自由意思而实施的，就不能受到处罚的一点上，无疑可以说，该理论是限制国家刑罚权的理论。黑格尔学派的刑法理论，最终催生了不能在道义上加以谴责的客观行为，就不能作为犯罪予以处罚的客观主义和责任主义的刑法理论。

2. 宾丁

以绝对报应刑论为基础的刑法理论，在宾丁（Karl Bingding，1841—1920）手上大致形成。他以分析实体法的构造为根据，将刑罚法规和由此而推导出来的规范严格区分，展开其法律报应刑论。认为，犯罪是违反规范。即便制定有刑罚法规，但是违反该规范的行为并不马上就成立犯罪。刑罚规范只是规定了国家和犯人之间的法律关系而已，如果不违反作为其前提的规范的话，就不成为犯罪。所谓规范，是为了保全社会共同利益，而指向具有行为能力的人的行为的禁止或者命令，是刑罚法规的前提，但包含在刑罚法规之中。因此，只有具有违反这种规范的行为，才会引起刑罚权的发动。这种学说被称为规范说（Normen Theorie）。刑罚，是对作为规范的否定的犯罪的否定，目的是维护法律

---

[1] 参见山口邦夫：《19 世纪德国刑法学研究》（1979 年），113 页。

即国家的权威。因此，犯罪对秩序的侵害越严重，相应地，犯人所应受到的处罚也就越严厉（客观主义）。宾丁正是从对法秩序的侵害的角度出发，主张报应刑的（法律报应刑论）。

宾丁的规范说，之后，对 M. E. 迈耶（Max Ernst Mayer，1875—1923）、毕尔克迈耶（Karl Birkmeyer，1847—1923）、贝林格（Ernst Beling，1866—1932）等对近代德国刑法学的形成具有贡献的学者，产生了巨大影响。这些学者在采用罪刑法定原则的同时，立足于客观主义，肯定自由意志，主张报应刑论的一点上，具有共同之处。从这种立场出发，他们对于建立刑法学的体系，将组成犯罪的要素、概念等精密化的一点上，对于近代刑法学的形成作出了巨大贡献。[1]

二、古典学派和近代学派

1. 古典学派（旧派）的特征

刑法学中，将启蒙时期的刑法理论和以报应刑论为基础的刑法理论，合并称为古典学派。两者的共同点在于，均认为犯罪是人的理性的产物，犯罪的本质应当从客观行为中寻求，重视罪刑均衡。为了与后来出现的实证主义的刑法理论相区别，后人将其一并概括为古典学派。但是，以费尔巴哈为中心的启蒙时期的刑法理论和以宾丁为中心的主张报应的刑法理论之间，具有相当大的差别。

前者立足于功利主义的相对主义的立场，从一般预防的角度出发，将刑法体系化，相反地，后者的基础是，对基于恶意实施的行为科处作为报应的刑罚的时候，就是实现正义的绝对主义观念。由于这些思想是基于不同的思想、社会背景而形成的，都具有自由主义的一面，所以，前者以个人自由主义为基础，而后者则在为维护国家权威而利用刑法的方面，特征比较明显，具有国家自由主义的特征。前者被称为前期古典学派（前期旧派），后者则被称为后期古典学派（后期旧派）。

2. 近代学派（新派）

（1）意大利学派　进入 19 世纪后期，资本主义发达，与此相应，犯罪特别是累犯增加，古典学派的刑法理论作为犯罪对策就显得软弱无力。实证地分析犯罪现象，谋求犯罪对策的实证学派就应运而生了。

---

[1] 木村龟二编：《刑法学入门》（1957 年），56 页。

第一编 刑法的基础

龙布罗梭（Cesare Lombroso，1835—1909）是意大利的医生。他使用人类学的方法，着眼于精神病人和犯罪人的身体特征特别是头盖骨的形态，认为具有一定身体特征的人，生来就是犯罪人即"天生犯罪人"（delinquente nato），并用返祖理论即认为由于具有在生物学上进化迟钝的恶劣特性，不能适应社会，命中注定是要实施犯罪的观点对其进行说明。

菲利（Enrico Ferri，1856—1929），继承了龙布罗梭的人类学研究方法，对天生犯罪人说的不足进行补充，认为犯罪是由于生物原因、物理原因以及社会原因所综合引起的，因此，自由意思论是"幻想"，以此为前提的报应刑论毫无意义。但是，既然犯罪人也是作为社会的一员在生活，那么，就必须对社会所施加的侵害承担责任，提倡为了防卫社会而承受处分的地位就是刑法责任的社会责任论。同时，提出为了防止社会免受犯罪的侵害，必须完善社会政策；为了防止行为人反复实施犯罪，对其必须适用作为刑罚的替代的制裁措施。他在1921年所起草的《意大利刑法草案》（菲利草案）中，就没有使用"刑罚"的观念。[1]

（2）李斯特　立足于实证主义的方法论，将近代学派的主张提高到法律学，提高到刑法学高度的，是德国的李斯特（Franz V. Liszt，1851—1919）。

［1］行为人主义　他提倡"刑法目的观念"，认为刑罚具有国家的性质，在本能的、冲动的报应中难以完全表达出来，应当受必要性和合目的性的支配（目的刑论），根据这种观念，他和古典学派特别是和当时占支配地位的后期古典学派相抗衡。按照他的观点，刑法是通过施加剥夺犯罪人的自由的恶害来实现防止犯罪的目的的，即刑法以"防止法益侵害来保护法益"为目的（保护刑论）。由于刑罚必须为防止犯罪的目的服务，因此，必须以反复犯罪的危险性的强弱为基准对犯罪人进行分类，正如要对机会犯、偶犯使用威吓刑，对可以改造的罪犯使用教育刑，对不能改造的罪犯使用终身刑、死刑，以消除其社会危害性一样，刑罚必须个别化（特别预防主义），即"应当受处罚的不是行为，而是行为人"（主观主义）。

［2］意思决定论　他根据意思决定论，将犯罪原因分为个人原因和社会原因。主张对由于社会原因所引起的犯罪，要根据社会政策处理。

1　牧野英一：《刑法中的法治国思想的展开》（1931年），311页。

"最好的社会政策就是最好的刑事政策"的口号讲的就是这个意思。另一方面，在由于个人原因而引起的犯罪人中，重要类型是可以改造的人，惯犯就属于这种类型，对于他们，直到人身危险性消失为止，不使用不定期刑进行改造的话，就不会有效果。刑罚不一定要求具有道德，只要是为了不危害他人而进行的重返社会的改造就可以了（改造刑）。在此限度之内，刑罚和保安处分之间没有本质差别。如果刑罚以行为人的性格为对象的话，则可以说，在实施犯罪以前进行预防性地科刑反倒更合理一些。但是，在实施犯罪以前，难以对行为人的危险性格进行判断，因此，以危险性格作为处罚根据的话，就有侵犯人权的危险。刑法的机能中，也有防止个人免受国家权力侵害的一面，因此，"相反地，刑法是犯罪人的大宪章"。能够科处刑罚的，只限于犯罪人的危险性在犯罪行为中体现出来的场合（犯罪征表说）。这种以李斯特为代表的实证学派的立场被称为近代学派（新派）。[1]

三、学派之争及其终结

1. 毕尔克迈耶和李斯特

近代学派中有各种各样的立场，将其分类的话，可以做如下概括：

第一，在主张应当处罚的不是行为而是行为人的一点上是主观主义（行为人主义），在主张责任就是具有社会危险性的人处于应当承担社会防卫处分的地位的一点上是社会责任论，因此，其以认为犯罪行为虽然是处罚的要件，但它只是认识行为人的反社会性的一个材料而已的犯罪征表说为前提。

第二，立足于刑罚不是报应，而是改造、教育，认为刑罚的目的必须是矫正行为人的反社会性，使其重返社会的目的刑主义。由于其将矫正犯人的危险性格看作为刑罚的主要目的，所以，主张采用刑罚和保安处分之间没有本质区别的一元主义。

第三，采用认为刑罚是改造犯人，使其将来不再犯罪的手段的特别预防刑论，并说费尔巴哈等所主张的对一般人的刑罚的预防效果（一般预防），不是刑罚的直接目的。近代学派以特别预防论为基础，主张从防卫社会的立场出发，建立刑法学的体系。

---

[1] 牧野英一：《刑法和社会思潮》（1921年），251页。

第一编 刑法的基础

不用说,近代学派的主张,和古典学派特别是绝对报应刑论之间是水火不相容的。由于近代学派的见解在 20 世纪初的德国、瑞士、奥地利等的刑法改革中占据了主导地位,所以,新、旧两派之间就展开了被称为"学派之争"的论争。

这一论争,主要在德国的毕尔克迈耶和李斯特之间展开。毕尔克迈耶坚持康德所提出的命题,即"正因为实施了犯罪行为,所以才受到处罚;如果没有实施犯罪行为,就不应受到处罚",主张不采取报应刑论的话,就不能维持罪刑法定原则、客观主义、行为主义,并以自由意思论为基础论述犯罪人的道义责任和报应刑,说以性格的危险性为中心的社会防卫论和道义责任论之间势不两立,另外,他还认为绝对的报应刑论是自古以来就存在的,不能和目的刑思想妥协。相反地,李斯特认为,应当将刑法从本能的报应之中解放出来,而以目的刑思想为依据,而且也应当从这一立场出发展开刑法修改运动,主张"立法就是妥协",因此,他认为应当将上述两派思想加以折中,在立法上加以反映。但是,毕尔克迈耶认为,采用目的刑思想就意味着废除了刑法自身,所以,他反对上述观点。这种理论上的对立,尽管在形式或者内容上存在差别,但在德国以外的其他西欧诸国也存在,当然,也对我国具有影响。[1]

2. 学派对立的终结

学派对立最为明显的情形,体现在 20 世纪初的刑法改革运动之中,其中,性格危险性和道义责任之间该如何协调,尤有争议。由于古典学派从防止犯罪的立场出发,也意识到必须考虑犯人的人身危险性,所以,两派之间迅速达成妥协。从与我国关系极深的德国刑法学来看,就有在正当报应的范围之内,承认一般预防和特别预防目的并存的并合说,同时,M. E. 迈耶主张分配说,认为刑罚的本质在于报应,虽然在立法阶段上是报应、在裁判阶段上是法的确认处于支配地位,但在行刑阶段则要以特别预防的理念作为指导,即试图克服上述学派之间的对立。同样,站在客观主义的立场上,但试图接纳近代学派主张的还有麦兹格(Edmund Mezger,1883—1962),他认为,尽管刑法是犯罪人的大宪章,但为了保护社会利益,就必须以预防刑为基础,并将李斯特的见解作为其刑法理论的支柱。

---

[1] 参见大塚仁:《刑法中新旧两派的理论》(1957 年),23 页。

这样，以古典学派为基础的折中说或者并合说成为有力学说，同时，孔拉西（Eduard Kohlrausch，1874—1948）、施密特（Eberhard Schmidt，1891—1977）等以近代学派的立场为基础而提倡的刑法理论对这种对立也起到了扬弃的作用。但是，不管在哪一种主义之中，由于都以行为主义、客观主义为前提，因此，其差别只是在于行为背后所潜在的性格或者人格，在多大程度上应当成为刑法评价的对象而已。后面将要叙述的麦兹格和波科曼（Paul Bockelmann，1908—1987）所倡导的人格责任论、威尔泽尔（Hans Welzel，1904—1977）所倡导的目的行为论，也都是为了消除新、旧两派的对立而提出的理论。

上述学派之争，使人意识到刑法和刑罚的目的的理解是多元的，因此，人们试图从对责任采用刑罚，而对危险性则采用保安处分这种二元主义的立场出发，在立法上解决这一问题。进入 20 世纪 20 年代之后，在西欧，新旧两派的争论逐渐熄火，特别是在德国，以魏玛时代的社会国家论为背景，在行刑上强调回归社会的思想，因此，近代学派成为立法的指导。但由于纳粹政权控制了学界，纳粹刑法学的兴起，所以，这种争论最终平息下来。另外，李斯特希望从超国家的立场出发研究刑法，和比利时的普林斯（Adolphe Prince，1845—1919）以及荷兰的哈麦尔（G. Anton van Hamel，1842—1917）一道，于 1889 年设立了国际刑事法协会（Internationale Kriminalistische Vereinigung（IKV）；union internationale de droit penal），在李斯特去世之后，该学会的后身——国际刑法学会（association internationale de droit penal＝AIDP）于 1924 年创立。超越了学派对立的诸多学者的参与，也是导致学派之争熄火的原因之一。

四、20 世纪的刑事立法

1. 到第二次世界大战为止

随着古典学派和近代学派的学说之间的对立的终结，修改刑法运动便活跃起来。

（1）刑罚和保安处分　近代学派最重要的主张是，根据作为对象的犯罪人的性格的危险性，采取预防犯罪的措施。因此，一方面，对于传统刑法，主张应当将性格的危险性考虑进来，进行具体展开，认为在认定成立犯罪和量刑的时候，不仅要考虑外部能够认识的客观的犯罪行为和结果，而且还要考虑行为人的主观性格。

第一编　刑法的基础

另一方面，从防止犯罪的立场来看，即便对不可能进行伦理谴责的犯罪人，从社会安全的考虑出发，也必须采取一定的强制措施，因此，对于不能科处刑罚的精神病人等犯罪人，法院可以出于社会安全的需要，以危险性为根据，对其科处保安上的措施，即具体提议设立保安处分制度。瑞士的卡尔·施妥斯（Carl Stoos，1849—1934）从这种立场出发，世界上首次提议在《瑞士刑法草案》（第1稿）中设立保安处分制度。

从德国的情况来看，1871年的《德国刑法典》，如前所述，是以由黑格尔学派的人所主倡的绝对报应刑论为基础的，因此，随着近代学派的兴起，修改刑法运动便蓬勃地展开起来了。从20世纪初开始到纳粹刑法为止，公布了数个吸收了近代学派的主张的刑法草案。根据1933年11月24日公布的《有关危险的惯犯以及保安处分的法律》，对刑法做了部分修改，在对危险惯犯处以重刑的同时，还创设了保安处分。之后，随着根据行为人的性格而改善待遇的改造、教育理念的立法在西欧诸国被广泛认可，对少年犯罪实行特别对待的立法也被普及。

（2）新古典学派　综合来看20世纪初的刑事立法，可以说基本上采用了以古典学派的行为主义的刑法理论为基础，同时，吸收近代学派的行为人主义的见解的立场。在学说上，过去一样的尖锐对立已经不复存在，都是在站在某一个阵营的立场上谋求妥协，或者试图调和新、旧两派学说之间的对立，而谋求建立一种新的理论。[1] 新古典学派或者说是相对的报应刑论者，一方面认为犯罪是道德上的恶，应当通过报应刑来恢复正义；另一方面，认为为了防止犯罪，必须采取合理手段，试图从古典学派的立场出发借鉴吸收近代学派的成分。相反地，在法国提倡的新社会防卫论，则是从近代学派的立场出发意图接近古典学派的立场。这种调和两派的方法，在立法上也是多种多样的，如德国的"对于责任而言采用刑罚，对于危险性而言采用保安处分"的二元主义是其表现之一。

新社会防卫论　法国的安塞尔（Marc Ancel，1902—1990）是主要提倡者。新社会防卫论一方面立足于近代学派的社会防卫论，

---

[1] 参见内藤谦："刑法学说史（一）外国"，《现代刑法讲座》1卷，137页。

另一方面，又肯定自由意思，是主张在犯罪人的处罚上，要积极利用自由意思中所体现出来的责任观念，提倡以犯罪人的人格尊严为基础的人道主义的社会防卫论。[1]

（3）刑罚一元论　一方面，在英国，对惯犯，1948年创设了以预防关押以及矫正训练为主要内容的保安处分（1967年被废除）。相反地，在美国，以考虑危险性为基础的刑罚一元主义的不定期刑则被广泛适用。美国的不定期刑制度的起源，可以追溯到1869年密歇根州制定的"对妓女可以判处3年以下的不定期拘禁"的法律，因此，它虽然与新、旧两派的争议并没有直接关系，但是，可以说是在刑法中加入了特别预防的考虑。另一方面，《法国刑法典》以及后述的《日本刑法典》，则是在刑种的选择以及量刑上考虑特别预防，既没有采取二元主义也没有采取不定期刑的考虑。因此，虽说新、旧两派的折中体现为多种形式，但是，在20世纪初到第二次世界大战之后的一段时期内，以自由主义的法治国思想为基调，适应新刑事政策思想的发展成为刑事立法的主要内容，可以说，这一时期是以刑法理论上的古典学派为基础，逐渐渗透近代学派的主张的时期。

2. 第二次世界大战以后

联合国1948年所通过的《世界人权宣言》，以及成为世界各国宪法原理的尊重个人的精神，对刑法内容的理解也有显著的影响。将无被害人的犯罪从刑法的范畴中除去的非犯罪化立法运动在蓬勃展开，同时，在人道主义的旗帜下，废除残酷刑和刑讯逼供，缓和和慎用刑罚等也成为各国刑事立法的指针。

第三节　我国的历史展开

一、到旧刑法为止

德川幕府成立之后，国内秩序安定，幕府法便成为统一法律，镰仓时代的武家法大致完成。该刑法是以习惯法为主要内容的野蛮法，在德川幕府时代的初期，依然是威慑、残酷的刑法。但随着长时间的和平时

---

[1] 安塞尔（吉川经夫 译）：《新社会防卫论》（1968年）。

期的维持，刑罚适用逐渐变得宽缓。在德川幕府的后期，虽然编纂了集判例和习惯法于一体的《法律汇编》，但在刑法方面，八代将军吉宗的《公事方御定书》（下卷）（1742 年）即《御定书百条》最为重要。它既是武家刑法的集大成，也是之后的幕府刑法的基础。

武家法承认了责任能力、故意和过失的区别等责任观念，大量废除了残酷刑，对死刑也限制适用。特别是关押囚犯的场所的出现，被评价为近代自由刑的萌芽。这些政策，很大程度上是取之于江户时代的儒学、国学学者的刑法思想。另外，虽然连坐制度还存在，但是，已经有人指出这种制度不合理。特别是本居宣长（1730—1801）主张宽刑主义，荻生徂徕（1666—1728）、中井履先（1732—1817）等在提倡自由刑的必要性方面，引人注目。

二、旧刑法、现行刑法

1. 旧刑法的制定

明治元年（1868 年）制定了《暂行刑律》，1871 年制定了《新律纲领》。虽然 1874 年对该法进行了修改，改名为《改定律例》，但是，这种修改不仅不适合新时代，而且在这一时期，要求修改和欧美各国之间所签订的不平等条约的呼声高涨，接受西洋法就成为必要。这样，1880 年制定了具有西洋近代刑法色彩的旧刑法，同年以太政官布告第 36 号发布实施。以这一刑法的制定为契机，我国刑法以及刑法学就完全走上了西洋化的道路。箕作麟祥等政府官员根据欧洲最为完备的《拿破仑刑法典》，向和我国具有友好关系的法国学习，之后，明治政府招聘时任巴黎大学教授的法国人波索纳德（Gustave Emile Boissonade，1825—1910）担任法律顾问，负责编纂刑法。以他所起草的草案为基础，制定了总数为 420 条的旧刑法。这一部法律，是以《拿破仑刑法典》为范本而制定的，其中第 2 条规定了罪刑法定原则，在思想上，是以启蒙主义的自由主义思想为基础的。

在旧刑法时代，我国的刑法理论由宫城浩藏、井上正一等跟随波索纳德学习的人展开。当时的法国刑法学特别是法国新古典学派的理论体系占据了主导地位。新古典学派一方面认为，犯罪是社会的恶害，刑法的目的就是除去这种恶害，即看重刑法所具有的功利性质的目的主义，另一方面，认为犯罪是道义上的恶，意图根据报应来恢复正义。我国近代的刑法理论，就是以新古典学派为出发点的。[1]

2. 现行刑法的制定到战争结束为止

旧刑法在施行当年就开始受到批判，法务省内部也有要求修改的意见。在二十多年以后，就制定了现行刑法。

（1）现行刑法的背景和特征　旧刑法制定之后的社会背景，与其说是要求自由主义的刑法，还不如说是要求预防犯罪的刑法。另外，帝国宪法是以和日本一样，实行君主立宪政体的普鲁士德国的宪法为范本制定的，因此，我国的法学研究也向德国倾斜。这样，受德国刑法以及刑法学的影响，大量吸收了近代学派的主张的现行刑法作为法律第45号在1907年4月22日被公布，并于1908年10月1日起开始施行。但是，现行刑法虽然受到了德国刑法的影响，但是和1871年的德国刑法不同，它从社会防卫的立场出发，大胆地引进了特别预防的考虑。在扩大了法官的自由裁量权，使其可以根据行为人的性格量刑的同时，还通过创设缓期行刑制度等，大量吸收了近代学派的主张。现行刑法不仅是以立法形式克服德国当时新、旧两派对立的结果，也是当时世界上史无前例的独特刑法。

（2）学界的状况　在现行刑法的制定过程中，19世纪末期的自由主义的见解为镇压犯罪所需要的合目的性的刑法理论所取代，一方面维持了行为主义、客观主义，另一方面，引进了为近代学派所极力推崇的行为人主义、主观主义的刑法理论。因此，在德国所展开的新旧两派的对立，在我国也以尖锐对立的形式展开。近代学派的阵营，以胜本堪三郎（1890—1920）、牧野英一（1878—1970）、宫本英修（1882—1944）、木村龟二（1897—1972）等各位博士为代表，在古典学派的阵营中，大场茂马（1869—1920）、小野清一郎（1891—1986）、泷川幸辰（1891—1962）等博士参加了论战。[2]

（3）《修改刑法假案》　以以上学界的状况为背景，同时考虑大正末期以来"本土的淳风美俗、忠孝以及其他道义"，根据新的刑事政策，修改制定"防止犯罪"的刑法的讨论也在不断展开，结果就是制定了一部《修改刑法假案》，其思想基础是当时的国家主义和社会防卫主义。之后，由于第二次世界大战的爆发，该"假案"便不了了之。其间，虽然在1921年进行了刑法修改，1941年在部分修改刑法之际，也增设了

1　参见小野清一郎：《刑罚的本质及其他》（1955年），428页。
2　内藤，77页。

第一编 刑法的基础

"对安宁秩序的犯罪"的一章，并进行了其他种种强化罚则的措施，但这些修改都是将《修改刑法假案》中的内容吸收进来而已。这一时期的刑法思想，虽然依旧受新旧两派对立的影响，但提倡以国家主义的思想为基础，维持推进我国的淳风美俗的刑法思潮占主导地位，因此，呈现出和西欧的学派对立稍稍不同的情形。[1]

三、第二次世界大战以后

1. 立法动向

1946年制定了《日本国宪法》，为了与平等、尊重人权原则等新宪法中的精神相应，我国也进行了刑法修改，但是，由于我国刑法比较先进，所以，要求从根本上对刑法进行变革的呼声比较弱，除了在1947年根据《部分修改刑法的法律》对刑法进行了修改以外，对于刑法，并没有像刑事诉讼法那样进行全面修改。被修改的条款，主要是删除了对皇室的犯罪（第73~76条）以及妻子的通奸罪（第183条），增设了有关损害名誉罪中的事实证明的规定（第230条之2）。[2]

昭和20年代的刑法学研究也是处于战前的延长线上，对刑法学的战后总结并没有充分展开。但是，随着保障人权精神的普及，主观主义刑法理论衰退，重视罪刑法定原则的客观主义刑法理论取得了完全的支配地位。同时，在罪犯的处遇方面，强化了教育改造措施，经过1953年和1954年的修改，扩充了缓期执行制度等措施等罪犯处遇方面的规定（第25条到第26条之3）。在昭和30年代，通过1958年（第105条之2、第197条之4、第208条之2）、1960年（第235条之2）和1964年（第225条之2）的部分修改，充实了分则的有关规定，1968年修改了有关数罪并罚的规定（第45条）和完善了业务过失致人死亡罪的法定刑（第211条），1980年修改了有关行贿受贿罪的规定（第197条第2款、第197条之2、第197条之3第3项、第197条之4），1987年增设了有关计算机的犯罪以及国外犯的规定（第7条之2、第157条第1款、第158条第1款、第161条之2第1项、第2项、第3项、第264条之2、第258条）以及国外犯的概括性规定（第4条之2），上述修改都是为了适应社会形势的发展变化而作出的。1991年，又通过了有关提高罚金

---

[1] 参见中山研一：《现代刑法学的课题》（1970年），25页。
[2] 参见中野次雄：《逐条修改刑法研究》（1948年）。

数额的修改,对刑法分则中所规定的财产刑进行了大幅度的变更。

2. 学派之争的状况

以以上状况为背景,我国的刑法学派之争,就主要是以客观主义刑法理论为中心而展开,如木村龟二博士,放弃了其一直坚持的主观主义刑法学的立场,而试图从目的行为论的观点出发,消除新、旧两派之间的差别。同时,团藤重光博士(1913—)也试图从旧派的立场出发,展开人格责任论,以向行为人刑法接近。另外,佐伯千仞博士(1907—2006)也从特别预防论的立场出发,提倡保障人权的客观主义刑法理论。

刑法理论由上述代表战后刑法学的学者所展开,在昭和30年代的前半,刑法学界的基本趋势是,以古典学派的见解为基础,然后加入近代学派的主张来构建其刑法理论。但是,随着战后修改刑法工作的展开,产生了社会伦理主义和法益保护主义之间的对立,该对立一直延续到现在。主张社会伦理主义的见解认为,犯罪的本质是违反社会伦理规范,刑罚的本质是道义报应。相反地,法益保护主义的见解认为,犯罪的本质是侵害、威胁法益,刑罚的本质是以抑制侵害法益为目的的抑制刑或者说是目的刑。现代刑法理论,是以上述两个基本观念的对立为基础而展开的。

3. 战后的修改刑法工作

《日本国宪法》之下的刑法修改工作,在昭和30年代到40年代之间,热火朝天地展开。

(1) 两个草案 全面修改刑法的工作,起始于法务省1956年所设置的刑法修改筹备会。该筹备会在1971年公布了《修改刑法准备草案》。之后,1973年法务大臣就修改刑法向法制审议会进行了咨询,该审议会1974年提出了《修改刑法草案》。该草案的主要内容是:第一,立足于罪刑法定原则,从明确处罚界限的立场出发,创设了必要的条文;第二,从贯彻责任原则的立场出发,进行了必要的修改;第三,对犯罪人的刑罚以及其他刑事处分进行全面的检讨,修改了法定刑,增设了保安处分制度;第四,考虑到目前的犯罪状况以及国民的要求,全面修改了刑法分则中的各个构成要件和法定刑,以适应现代社会中的犯罪化需要。

(2) 对《修改刑法草案》的批判 但是,《修改刑法草案》遭到了以日本律师协会以及刑法研究会为中心的学者的批判,说该草案提倡犯罪化、严罚化、国家利益优先等落后于时代要求的刑事政策。

法务省根据上述批判，除将该草案之中遭受批判较多的部分进行修改之后，以代案的形式于1976年6月作为法务省刑事局案公布之外，还在1981年发表了决定对该草案进行大幅度修改的《当前修改刑法工作的方针》，其具体内容可以分为四个方面：第一，草案中和现行刑法相同内容的规定，"按照草案的规定宗旨"，保留现行法的规定；第二，对于新设规定和修改规定，仅只规定大家一致同意的内容；第三，对于新设以及修改的规定，赞成、反对意见明显对立的部分，仍按照现行法的规定；第四，除了进行必要的修改之外，法定刑原则上遵循现行法的规定；第五，对于保安处分，对草案中的内容进行全面修改。

日本律师协会的态度和刑法研究会 日本律师协会从《修改刑法草案》扩大和加重刑罚处罚，新设保安处分等，与保护人权相比，实际上是采取了治安优先的态度出发，认为在目前，重要的是将刑法用语改为现代用语，并在明显必要的最小限度的范围之内进行修改，根据这种意见，该协会推出了《现行刑法的现代用语化·日本律师协会案》（载于1984年的《正义和自由》第35卷第3号）。

刑法研究会是在文部省1970年科学研究经费资助的《对修改刑法草案的批判研究》课题之下所组成的共同研究小组。其成果有，平场安治、平野龙一主编：《修改刑法研究1》（1972年）、《修改刑法研究2》（1973年）、《刑法修改—刑法修改案批判》（1972年）。另外，该研究会还在1983年发布了《刑法修改试行草案》。其内容基本上是维持现行法的内容，和日本律师协会的草案接近。[1]

4. 刑事立法的活跃

另一方面，适应新时代的刑法全面修改也已经成为必要。自从1956年在法务省设立刑法修改筹备会以来，先后公布了《修改刑法准备草案》（1961年）、《修改刑法草案》（1974年）等，提议增设新的犯罪、修改法定刑、增加保安处分等，但由于当时的政治局势和观念的对

---

[1] 参见佐伯千仞：《修改刑法的概括性批判》（1975年）；吉川经夫：《修改刑法23讲》（1979年）；小暮得雄、吉田敏雄："现代社会和刑法修改（1）"，《刑罚法大系1》（1984年），233页；土屋真一："现代社会和刑法修改（2）"，《刑罚法大系1》，281页；大谷实："刑法修改工作的经过和今后的方向"，ジュリ852号142页以下。

立，所以，没有得到舆论的支持，全面修改刑法没有成为现实。但是，在 1995 年部分修改刑法（法律 91 号）当中，以刑法条文简易化的形式，对刑法进行了全面修改，同时，删除了有关聋哑人（第 40 条）以及尊亲属加重处罚的规定（第 200 条等）。之后，修改刑法活动蓬勃展开，以至于现在这一段时间被称为"刑事立法的活跃时期"。

具体来说，2001 年，刑法典中新增一章，创立了"有关支付用卡电磁记录的犯罪"（第 18 章之 2）。同年，也考虑到交通事故被害人的强烈愿望，新设了将情节严重的业务过失致人死伤罪的情形予以重罚的危险驾驶致人死伤罪（第 208 条之 2），与此相应，将情节轻微的业务过失致人死伤罪免除刑罚。

2004 年，在刑法总则当中，将有期徒刑、有期监禁的上限从 15 年提高到 20 年（第 12 条、第 13 条），同时，将加重有期刑场合的上限从 20 年提高到了 30 年（第 14 条）。另外，修改了凶恶犯罪（杀人、伤害、强奸等）的法定刑，增设了集团强奸罪（178 条之 2）。2005 年，新设了买卖人身罪（第 22 条之 2）、将被诱拐者等移送所在国罪（第 226 条之 3），意图完善侵害人身自由罪的刑罚。2006 年，对迄今为止法定刑当中只规定有自由刑的盗窃罪（第 235 条）以及妨害公务罪（第 95 条）的处罚进行修改，作为选择刑，新设了"50 万日元以下罚金"[1]。

上述之外，《为了对应犯罪的国际化、组织化以及情报处理的高度化而部分修改刑法的法律》眼下正在国会的审议当中，该法案一旦通过，就要对妨害强制执行罪、散布淫秽物品罪等进行修改，另外，还要增设有关不当指令电磁记录的犯罪（第 19 章之 2）。另外，就有组织犯罪处罚法而言，正在考虑增设正引发深刻讨论的"共谋罪"。

5. 今后的学说动向

如前所述，战后刑法学的动向，可以说是对古典学派和近代学派的扬弃，但是，对最近的学说进行俯瞰，可以这样说，以行为原则为前提，在重视罪刑法定原则以及责任原则的一点上相互共通，历来的根本主义之间的对立已经烟消云散。取而代之的是，新一轮的以社会伦理乃至社会秩序观为核心、合理把握犯罪和刑罚的立场，和从保护法益为核心的抑制犯罪的立场出发、机能性地考虑刑罚的立场之间的对立。前者

---

[1] 大谷实："关于最近的刑事立法"，同志社法学 57 卷 2 号 279 页。

重视犯罪的侵害法益结果以及行为的反社会性乃至反秩序性,相反地,后者重视结果的侵害法益性,这样,当今的刑法学,可以说是以维持社会伦理乃至社会秩序主义(行为无价值论)和保护法益主义(结果无价值论)的对立为中心而展开。

但是,在今后的刑法学的展开当中,最为重要的应当是,犯罪和刑罚必须在取得国民理解的基础上加以确立。将什么样的侵害法益行为作为犯罪,对该行为处以什么样的刑罚,能够为保护国民的人权、保护法益作出贡献,能够为社会的安定提供保障,这是最大的课题。因为,偏离国民的规范意识的犯罪和刑罚,最终难以实现维持社会秩序的刑法目的。在此意义上讲,重新让国民参与司法而采用的陪审员制度[1],在展望日本刑事司法的未来方面,具有意义。

---

  1 陪审员制度,根据 2004 年通过的《有关陪审员参加刑事审判的法律》(法律第 63 号)而设立,将一直实行到 2009 年为止。

第三章
刑法理论

刑法理论是有关犯罪和刑罚的基础理论。其中，有关犯罪的是犯罪理论，有关刑罚的是刑罚理论。

前面已经说明了刑法理论的历史发展，如果将作为其核心的古典学派和近代学派的刑法理论加以整理的话，可以看出，古典学派认为，刑法评价的中心是犯罪行为，在犯罪论上，坚持客观主义（行为主义）、实在（现实）主义；在刑罚理论上，前期古典学派主张的是一般预防论，后期古典学派主张的是报应论。而近代学派将刑法评价的中心放在行为人身上，在犯罪论上坚持主观主义（行为人主义）、征表主义；在刑罚论上，坚持特别预防主义（改善、教育刑论）。刑法理论，就是在这种完全互相对立的立场的相互角力之下展开的。以下，在说明上述各种概念的同时，阐述作为本书的基础的刑法理论。

第一节 犯罪理论

一、犯罪论的基础

1. 非决定论和决定论

在犯罪论中，最初的出发点是有关人的意志的决定论和非决定论的对立。所谓非决定论认为，人的意志不受因果法则的支配，可以根据理性的判断进行选择，也称意志自由论。与此相对，决定论认为，人的意志自由不过是幻想而已，人的行动受遗传因素和社会因素的支配，也称意志决定论。后期古典学派以非决定论为基础，认为刑事责任的根据在于：行为人尽管可以根据自由意志打消实施犯罪的念头，但却竟然实施了犯罪行为，这就成为追究其刑事责任的根据。近代学派认为，犯罪是受环境和素质所决定的人的必然行为，犯罪行为是行为人的社会危险性

第一编 刑法的基础

的表征,具有该种社会危险性的人应当处于接受社会的防卫处分的地位,这就是犯罪的本质。

非决定论,现在被作为相对的意志自由论而被提倡。相对的意志自由论认为,人的意志既受环境和素质影响,也为人自己所决定。[1] 决定论现在被作为柔软的决定论而被提倡。它承认意志受因果法则的支配,而不是受环境和素质支配的,受意志和价值所决定之物就是自由意思。[2]

2. 客观主义和主观主义

它是有关刑法的评价对象的对立。刑法中的客观主义认为,犯罪的本质只能从犯人的外部行为或结果中寻求。由于其将犯罪看作为能够从外部认识的行为,所以,又被称为行为主义。主观主义认为,行为人的内部要素即反复实施犯罪行为的意思或性格的危险性,或者说,虽然现在还没有实施犯罪行为,但具有将来实施犯罪的社会危险的性格就是犯罪的本质。由于其从行为人的内部性格上来把握犯罪,所以,又被称为行为人主义。[3]

3. 实在主义和征表主义

它是有关犯罪行为的意义的对立。所谓实在主义〔现实主义(Realistik)〕,是指将作为外部事实的行为即现实成立的事实作为刑法评价的对象的见解。相反地,将主观主义的考虑贯彻到底的话,犯人的外部行为就变得不必要,完全应该将犯人的性格或内心的事实作为刑法的评价对象,只不过这些内心事实可以通过客观行为来认识而已。因此,所谓征表主义(Symptomaitik),是将犯罪行为作为认识犯人的内心事实的征表而看作为刑法的评价对象的见解。现实主义和客观主义相连,征表主义和主观主义相关。现实主义认为,作为现实的外部事实而表现出来的行为自身在刑法上具有独立的意义,与此相对,征表主义认为,行为的存在理由在于,它不过仅是认识行为人的内心事实即危险性的手段而已。

4. 社会伦理主义和法益保护主义

---

[1] 团藤,34页;庄子,58页;福田,20页;大塚,47页;内藤,112页;西原,391页;藤木,82页;曾根,154页;野村,71页。

[2] 佐伯,237页;平野龙一:《刑法基础》(1966年),19页;内田,223页;前田,33页;齐藤信治,26页;松宫,158页。

[3] 木村龟二:《刑法解释的诸问题1卷》(1939年),91页。

它是刑法到底是为了保护什么，才将某种行为作为犯罪的见解方面的对立。社会伦理主义认为，刑法的机能在于通过对法益的保护来维持社会伦理，犯罪的本质是违反社会伦理规范。[1] 由于重视行为的反规范性、反社会性，所以也被称为行为无价值论。而法益保护主义认为，刑法的机能就是保护法益，犯罪的本质是对法益的侵害和威胁。[2] 由于重视结果的法益侵害性，所以，也被称为结果无价值论。这种对立虽然和古典学派与近代学派之间的对立没有直接关系，但是，社会伦理主义是以以报应主义为立足点的后期古典学派为出发点的，相反地，法益保护主义则以前期古典学派的学说为出发点。[3]

二、犯罪的本质

1. 相对的意志自由论

那么，对于上述犯罪理论的基本对立，该如何考虑才妥当呢？

首先，该如何考虑非决定论和决定论的对立呢？非决定论是以每个人都平等地具有自由意志的所谓理性人为前提的，主张人的意志不受任何因果律支配的绝对自由意志论，但是，人是在遗传素质和社会环境的制约之下实施行为的，绝对的自由意志，除了菲利所说的幻想之外，恐怕是不存在的。与此相对，近代学派从宿命论的立场出发，认为犯罪的原因在于素质和环境，但这也不妥当。虽然不存在不受任何因素影响的意志，但人在受制于遗传素质和社会环境的同时，作为有理性的存在，在一定程度上对素质和环境具有能动作用，具有主动地选择自己行动的自由，可以控制因果法则。所以，相对的意志自由论妥当。

对于这种观点，批判意见认为，自由意志的存在是没有办法证明的。但是，人们从虽然受制于身外之物但还是能够作出判断的经验看出，人们至少是具有自主决定的自由意志的，所以说，每个人正是在这种自由意志的基础上，自觉意识到对自己行为的责任，所以，社会秩序才得以维持下来。

相对的意志自由论，尽管不具有自然科学意义上的完全的实证证明，但是，它是以一般人的信念为基础的，从这一意义上来讲，它也比

---

[1] 团藤，14页。
[2] 平野，43页。
[3] 内藤，（上）38页。

决定论更具科学性。[1] 这样说来，犯罪论，应当在人虽然受制于环境和素质但仍然具有自主决定的意志自由，即相对的意志自由论的基础上展开。

相对的意志自由论和因果支配 相对的意志自由论，虽说以自由意志的存在为基础，但认为在一定场合下，应完全否认自由意志。正如精神病，在由于一定的素质原因或者行为环境异常等特殊环境的场合，应当说具有意志决定的法则性。另外，即便在意志自由未被完全否定的场合，也承认素质或者环境对意志自由的制约作用。因此，尽管有观点认为，站在非决定论的立场的话，不能合乎法则地说明犯罪原因，但是，这种观点是不对的。

2. 修正的法益保护主义

能够根据目的、价值来控制因果法则的人，按照自己的自由意志而实施了犯罪行为，这正是对其施加道义上的谴责的根据。

（1）行为主义、客观主义 这样，犯罪在本质上必须是行为，因此，犯罪理论必须建立在行为主义、客观主义以及现实主义的基础之上。换句话说，认为犯罪是行为人的社会危险性的征表的征表主义不妥，行为人主义、主观主义也必须加以否定。当然，也不能忘记，行为也并不单是抽象的自由意志的产物，而是在遗传因素和社会环境因素的影响之下，行为人自主决定实施的。

人格的犯罪理论 这种观点认为，由于行为主义和行为人主义都有其短处，所以，应以此二者为基础，从犯罪是行为人人格主体的现实化的观点出发，研究犯罪的本质。[2] 的确，行为不能离开人格而存在，但是，性格和人格不仅难于区别，而且行为人人格的主体现实化的意义也并不明确，因此，至少在犯罪理论上，应当以引起犯罪行为的相对的意志自由论为基础。

犯罪行为虽然是对行为人进行刑法谴责的基础，但是，刑法谴责，

---

1 团藤，35 页；福田，20 页；大塚，47 页；内藤，（上）112 页；西原，388 页；川端，38 页；曾根，155 页；西田，18 页；浅田，271 页。
2 团藤，39 页；大塚，47 页；佐久间，32 页。

也并不能单以行为人基于自由意志而实施了犯罪行为这一点为基础。被称为犯罪的行为如果在社会意义上不是无价值（准确地说，应当是"反价值"）的话，就不能作为刑法谴责的基础。那么，什么样的行为是社会意义上无价值的行为呢？在这一点上，存在社会伦理主义和法益保护主义之间的对立。

（2）法益保护主义的修正　我认为，刑法的目的是通过保护法益来维持社会秩序。侵害法益的行为无非是对实现这一目的来说有害的行为，所以，刑法上的有害行为，是侵害法益或威胁法益的行为，所谓社会意义上无价值的行为就是这种行为（结果无价值论）。因此，只要不是侵害法益，或者是对法益造成了危险的行为，即便是违反社会伦理规范的行为，也不能作为刑法上的违法行为。因此，以法益保护主义为核心来把握犯罪的本质的见解是正确的。但是，刑法是以社会伦理规范为基础的，所以，被称为犯罪的行为，仅仅对法益有侵害或危险还不够，还必须违反了社会伦理规范。因此，离开社会伦理规范来把握犯罪本质的法益保护主义的见解并不妥当，必须根据社会伦理主义来对法益保护主义进行修正。这样说来，所谓犯罪，就是违反社会上的一般人当然应当遵守的社会伦理规范的侵害法益的行为，以及具有侵害法益的危险的行为。

第二节　刑罚理论

一、有关刑罚理念的对立

关于刑罚理念，有绝对主义、相对主义、折中主义之间的对立。绝对主义以绝对的报应刑论为内容，将刑罚作为对过去犯罪的报应，主张①刑罚是对恶的反动，②动和反动之间必须均衡，③因为是对恶的反动，所以，其内容必须是恶害。相对主义，以目的刑论为内容，认为刑罚是为了防止将来的犯罪而科处的，所以，刑罚只有在对防止犯罪来说必要且有效的范围内才是合理的。目的刑论，根据其目的内容的不同，可以分为一般预防论和特别预防论。一般预防论认为，处罚犯人是为了威慑社会上的一般人，使其不致犯罪。特别预防论认为，处罚犯人是为了改造、教育犯人自身，防止其将来再犯罪。折中主义，以相对的报应刑论为内容，主张为使刑罚正当化，首先必须满足正义的要求，同时，刑罚对于防止犯罪来说必须是必要且有效的，应当在报应刑的范围内实现一般预防和特别预防的目的。

刑罚论的历史展开 刑罚的理念,具有从一般预防论到绝对报应刑论、特别预防论,以及将上述学说进行综合的综合说的变迁过程。

(1)一般预防论 近代刑罚论,虽然是以批判中世纪的不合理、残忍的刑罚,提倡刑罚的合理化和缓和化的近代初期的启蒙思想为出发点的,但是,启蒙主义的刑法以及刑罚思想,是经由"近代刑法学的鼻祖"贝卡利亚以及"近代刑法学之父"费尔巴哈等而形成的。尽管他们的主张之中具有细小的差别,但都提倡以一般预防论为内容的相对主义,以实现刑罚的合理化和缓和化。

(2)绝对报应刑论 康德同样从启蒙立场出发追求人的理性,认为用刑罚消灭犯罪,让犯人承担全部责任是正义的要求,因为刑罚只能因为犯人实施了犯罪才能适用,所以,同态复仇才是法的内容,这就是绝对报应刑论的主张。黑格尔从辩证法的立场出发,主张只要不对犯人施加与犯罪同样大小的恶害,被破坏的法和正义就不能被恢复的绝对主义,对19世纪的德国刑法理论产生了极大的影响。

(3)特别预防论 以产业革命所导致的犯罪的增加和科学主义为时代背景,从近代学派的立场出发,产生了以特别预防论为基础的相对主义。李斯特以社会防卫为目的,认为应当处以刑罚的是犯罪人的社会危险性,为了特别预防,应当适用改造、威吓、无害化的方法(社会防卫论,改造、教育刑论)。菲利在1921年起草《意大利刑法草案》的时候,之所以舍弃"刑罚"概念而使用"制裁"用语,就是考虑到了特别预防论。

(4)综合说 报应刑论和特别预防论,在20世纪的欧洲刑法修改事业中互相对立,但是,随着报应刑论者承认以刑罚改造犯罪人的必要性的观念之后,两者之间迅速趋向融合,这样,综合说就成为通说。

二、刑罚的本质

1. 目的刑主义和报应原理

刑罚是国家制度,所以,对于防止犯罪、维持社会秩序这一国家目的来说，它必须是必要、有效的，换句话说，合目的性和有效性是刑罚权的法律根据。因此，将满足正义要求自身作为刑罚正当化根据的形而上学的绝对主义是不能认可的。但是，认为人类历史长河中所孕育出来的罪与罚的观念，已经成为一般国民的道义上的信念，作为对已经发生的犯罪行为的报应而对犯人施加痛苦（刑罚）即对恶行的反动的考虑，即便在现在的文明社会中也存在，没有这种观念的话，社会秩序就难以维持的见解并不过分。即便站在将刑罚作为实现目的的手段的目的刑的立场上，也不能否定报应原理。违反国民信念的相对主义，反而会招致国民对法秩序的不信任，致使刑法的维持社会秩序的终极目的难以实现。

2. 综合主义

另一方面，报应刑论和一般预防论、特别预防论之间并不一定是互相对立的。刑罚只有以报应原理为基础，才合乎正义，才会对犯人的理性产生作用，才会使犯人自主地形成规范意识，也才会促使一般国民形成规范意识，产生一般预防和特别预防的效果。最近，从"国民认可"的刑罚的观点出发，提倡实质的报应的见解[1]极为有力，其内容和上述立场是一致的。

这样，在报应刑的基础上，考虑一般预防和特别预防，也是完全可能的。报应感情的满足，一般预防、特别预防的各个机能的实现，应当在维持社会秩序这一更高层次的目的上进行整合。提倡这种观念的见解被称为"综合说"。

对综合说的批判 主张综合说的学者认为，在刑罚中不能排除绝对主义的因素，刑罚的本质依然是报应，目的仍然在于一般预防和特别预防，但是，这几乎就是"加法"式的刑罚论。报应、一般预防以及特别预防，最终应当在通过保护法益来维持社会秩序的功利目的之内加以统一。

3. 二元主义

认为刑罚虽然必须以作为国民感情或社会一般观念而存在的报应观念为基础，但作为报应的基础的，是对行为人实施了法律上所不允许的

---

[1] 前田，34页。

行为的道义上的谴责，所以，刑罚的内容必须以恶害、痛苦为本质要素。而且，第一，犯罪的大小应当和刑罚的量相适应，这就是所谓均衡原则。法定刑和犯罪类型，宣告刑和该具体犯罪轻重特别是责任的大小之间，必须均衡。第二，刑罚是在尽管可以遵从法律的要求但却没有遵从的意义上所施加的谴责，这一点和保安处分有本质区别，所以，刑罚和保安处分二元论的观点是正确的。刑罚，本质上必须是对过去的犯罪的责任，只有以此为基础才能被正当化。[1]

分配说 分配说认为，刑罚的理念，不能在正义或者合目的性的某一种立场之下进行统一理解，而应根据刑罚在各个阶段上的不同理念进行分配。M. E. 迈耶认为，刑罚，根据其与立法者、法官以及行刑官等各个国家机关的关系，可以分为刑罚的法定（法定刑）、刑罚的量定（宣告刑）以及刑罚的执行（执行刑）这样三个阶段，由于在各个不同阶段上的理念分别是报应、法的确认、目的刑，所以，难以发现刑罚的一贯理念。[2] 尽管立足于报应原理的相对主义的刑罚的机能，根据各个阶段的性质的不同而发现方法有异，但无论如何，都应以综合说作为一贯的理念。

三、刑罚的机能

刑罚，在是对犯罪的谴责形式的一点上，属于报应，但这并不是刑罚的目的，刑罚的目的是通过报复机能、一般预防机能以及特别预防机能，实现防止犯罪，最终达到维持社会秩序的结果。

1. 报复机能

所谓报复机能，是指满足报应感情的机能。刑罚具有，通过审判的宣告和被现实执行，来缓和社会一般人对具体犯罪的义愤，并抚慰受害人的心理上的痛苦的机能。不适当考虑这一机能而行使刑罚权的话，就会伤害一般国民对法秩序和刑罚制度的信赖，即便该种做法能够有效地防止犯罪，但从维持社会秩序的角度来看，也不应当允许。反之，适当运用这一机能的话，就会提高社会一般人对刑罚的信赖，鼓励社会公众参与到防止犯罪的活动中来，间接地起到强化防止犯罪的效果。

---

[1] 团藤，468 页。
[2] 藤木，19 页。

2. 一般预防机能

所谓一般预防机能，是指防止社会上的一般人陷入犯罪的机能。一般预防机能中，有通过在刑罚法规中预告刑罚，威慑一般人，使其远离犯罪的机能（心理强制），以及通过审判和执行的威慑作用，使一般人远离犯罪的机能（以儆效尤）。

一般预防论，以费尔巴哈等提倡的理性人为基础，它以人是在合理地计算了痛苦和快乐之后采取行动的见解为前提。有人认为，这种见解在当今已被科学所完全否定。的确，犯罪在许多时候并不是基于合理的计算，而是由于机会和冲动的原因所引起的。但是，基于计算的场合也不少。另外，刑罚的威慑也能成为停止犯罪的诱因，这在经验上很容易被肯定。有的见解认为，最有效的一般预防犯罪的方法是，提高起诉率和迅速有效地给予处罚，但是，这种预防效果只有在以刑罚的一般预防效果为前提的时候，才可能发挥出来，因此，上述理由并不能成为否定一般预防效果的理由。虽说不能提倡一惩百戒的重罚主义，但是，合适的一般预防机能的考虑，对于预防犯罪来说，也是极为重要的。

一般预防论的复兴　随着所谓回归社会思想的后退，20世纪60年代后半以来，以美国为中心，一般预防论的研究繁荣，并采用了实证的、统计的研究方法，但是，到目前为止，包括死刑在内的刑罚的威慑力的证明，并不十分充分。这样说来，一般预防的效果，并不是以科学的数据为基础的。但是，虽说不能仅以其有效性为根据而将刑罚正当化，但是，也不能因此而忽视刑罚的一般预防机能。

认为仅仅根据一般预防效果就能使刑罚正当化的一般预防论已经不存在，现在的一般预防论，被放到抑制刑论当中去了。抑制刑论认为，刑罚在具有抑制犯罪效果的时候被正当化，刑罚在根据其威慑力控制一般人的行为的同时，还根据使犯罪人回归社会的处遇，实现特别预防。[1] 因为，成为"妥当的抑制刑"，就要求"均衡原则"，在此限度之内，抑制目的就能实现，这样说来，其在实质上和本书所采用的折中主义没有什么两样。[2]

---

[1] 平野，20页；平野：《刑法概说》（1977年），10页。
[2] 所一彦："抑制刑和自由意思"，平野古稀（上），59页。

3. 特别预防机能

所谓特别预防机能，是指防止特定的犯罪人（或者说受刑人）将来犯罪的机能。其中，包含：第一，通过科处刑罚的苦痛，惩罚犯人，唤醒其自觉守法意识的规范意识觉醒机能；第二，通过执行自由刑，将犯人与社会隔离，使其暂时或永久性地丧失再犯的可能性的隔离机能；第三，通过刑罚改造、教育犯人，使其重返社会的教育、改造机能。

人是受环境和素质所决定的、具有自主决定意识的相对自由意志的主体，因此，刑罚具有通过对其过去的犯罪进行谴责，使犯人自觉地意识到其责任，加紧改造，自觉地形成不致再蹈犯罪覆辙的人格的指导、促进机能。特别预防论是从决定论的立场出发所提倡的，主张不需要谴责契机（根据）的改造，但是，由于存在有限范围内的人格主体性，所以，应当根据心理学、精神医学等行为科学的指导，实施追求诉诸人格上的自觉改造的自由刑。这样，才能够将刑罚变成为以报应原理为基础的教育刑。

4. 各个机能之间的关系

刑罚具有报复机能、一般预防机能以及特别预防机能，那么，各个机能之间是什么样的关系呢？

（1）禁止残酷刑　宪法第36条规定："绝对禁止公务人员实施残酷刑"。它意味着，不仅在法律规定的刑罚即法定刑的领域内，而且在裁判所宣告的刑罚以及现实所执行的刑罚的各个领域内，禁止实施残酷刑。[1] 所谓残酷刑，就是"以不必要的精神、肉体上的痛苦为内容的、在人道立场上看属于残酷的刑罚"[2]，换句话说，是一般人在感情上难以忍受的反人道的刑罚，因此，仅仅是以施加痛苦为目的的同态复仇式的刑罚，是为宪法所不容许的。反之，对于维持社会秩序而言必要且有效，并且以社会的报应观念为基础的适当刑罚，当然是为宪法所容许的，并且也是人道的刑罚。

（2）尊重个人　同时，宪法第13条规定："所有的国民，作为个人，受到尊重。"其宗旨在于，承认个人人格中的本源性的价值，尽可能平等地重视每一个具体的活生生的个人，这一宗旨当然也适用于每一个犯罪人。从这一立场来看，刑罚虽然是为维持社会秩序这一功利目的而服务的，但是，完全将个人人格作为手段，或完全否定犯人人格的科

---

[1] 最大判昭30、4、6刑集9卷4号663页。
[2] 最大判昭23、6、30刑集2卷7号777页；最决昭60、7、19判时1158号28页。

刑则是不允许的。因此，以对犯罪的谴责的具体形式即报应为限度，在此范围内追求一般预防，并改造犯罪人的折中主义是妥当的。

(3) 三个机能的折中　刑罚具有报复机能、一般预防机能以及特别预防机能，必须在分别适当考虑这些机能的基础上规定刑罚，宣告刑罚，并执行刑罚，在刑罚的各个阶段上保持上述三个机能之间的调和，但是，又要注意根据立法、法律适用以及具体的法的现实化的各个阶段上的机能的不同，在刑罚的理念或机能上，着力点也不应相同。即，在立法阶段，应当考虑罪刑均衡原则，其着重点在于一般预防；在定罪量刑阶段，虽然也具有确认法律的一般预防的效果的一面，但也不能忽视对再犯的可能性的预测，应当特别强调对犯人的报复机能；在法律的具体实现的行刑阶段，应当重点考虑如何在宣告刑的范围内，实现防止犯人再犯罪行的特别预防。

我们承认刑罚的一般预防和特别预防的机能，并将其作为刑罚权的根据。但是，这些机能并不是建立在实验科学的基础之上的，可以说，什么样的法定刑或宣告刑具有一般预防的效果，什么样的处罚能够有效地改造犯人，使其重返社会，认识还相当模糊。目的刑论，虽然从合目的性和有效性中寻求刑罚的根据，但现在并不可能仅以有效性作为科处刑罚的唯一根据。因此，如果尽管没有效果，但仍在抑制犯罪的名义之下而施加强制性刑罚的话，就不能不说，该行刑是反人道的。所以，预防目的的追求应以社会中所存在的报应为限度，即便在这一意义上来讲，折中说也是妥当的。所以，结论是，刑罚，只有在罪刑均衡的限度内，对于一般预防和特别预防来说，是必要的场合，才能说是妥当的。

犯罪的事后处罚机能　山中，44 页。主张犯罪的事后处理机能，即"之所以科处刑罚，就是为了恢复被侵害的法规范的动摇，面向将来维持法秩序"，我认为，这种见解是妥当的。

四、刑罚的种类

1. 刑罚的分类

刑罚，根据其剥夺利益的种类，可以分为生命刑、身体刑、自由刑、名誉刑、财产刑等。①生命刑是剥夺犯人的生命的刑罚，死刑相当于此；②身体刑是对犯人的身体加以伤害的刑罚，刺字、杖刑、鞭刑等相当于此；③自由刑是剥夺犯人的自由的刑罚，它以流放、限制居住、拘禁等为内容；④名誉刑，是剥夺犯人的名誉的刑罚，以停止或剥夺公民权为内容；⑤财产刑，是剥夺财产的刑罚，罚金、没收财产等相当于此。在古代，生命刑、身体刑是刑罚的中心，但随着文明的进步，这种情况就逐渐受到了限制，废止死刑的国家不断增加，身体刑在发达国家中也被废除。另外，作为自由刑的替代，在有些国家中出现了以无报酬的劳动为内容的社会服务命令，因此，总体来看，刑罚呈现出缓和的趋势。

2. 现行法上的刑罚

我国现行刑法中，共设置了作为生命刑的死刑，作为自由刑的徒刑（原文为"惩役"——译者注）、监禁（原文为"禁锢"——译者注）、拘留，作为财产刑的罚金、罚款（原文为"科料"——译者注）、没收财产等7种刑罚（第9条），没有规定身体刑和名誉刑。另外，现行刑法上还将主刑和附加刑作了区别。所谓主刑，是其自身可以独立适用的刑罚，死刑、徒刑、监禁、拘留、罚金、罚款就相当于此；附加刑是只有在宣判主刑时才能科处的刑罚，没收就相当于此。

行政处罚 即便是因为违法行为而科处的痛苦，在形式上没有作为刑罚而规定的还有行政处罚，它具有四种形态。第一是惩戒或者惩罚，《国家公务员法》第82条以下所规定的对违反义务的惩戒处分（免职、停职、减薪、警告）等就属于此；第二是罚款，民法第84条中对此作了规定；第三是监置，《有关维持法庭等的秩序的法律》第2条中规定有这种情况；第四是限制资格，《学校教育法》第9条，《公职选举法》第11条中有这样的规定。由于这些规定不是刑罚，所以，即便和刑罚并科也不违反宪法第39条后段的规定（禁止二重处罚）。但是，行政处罚在也剥夺对象的利益的一点上，和刑罚并没有实质上的差别，所以，有必要参照刑事程序，进行保证人权的处理。

第四章
刑法的渊源和解释

第一节 罪刑法定原则

一、意义和沿革

1. 意义

所谓罪刑法定原则，就是什么样的行为是犯罪，对其应当给予什么样的处罚，事先必须以成文的法律进行明确规定的刑法基本原则，通常，用费尔巴哈所使用的拉丁语来表述，即"法无明文规定不为罪，法无明文规定不处罚"（Nullun crimen sine lege und nulla poena sine lege）。和罪刑法定原则相对立的原则是罪刑擅断原则，它是指犯罪和刑罚在事前并不加以明文规定，什么样的行为是犯罪，应当予以什么样的处罚，由国家机关（独裁君主）加以判断的原则，在法国大革命之前，这一原则在各专制国家均处于支配地位。[1]

2. 沿革

罪刑法定原则，经过英国、美国、法国等的发展，通过旧刑法的规定，进入我国。

（1）西欧 罪刑法定的历史沿革，可以追溯到13世纪。

［1］从《大宪章》到《人权宣言》 罪刑法定原则的渊源，可以追溯到古代英国的《大宪章》（1215年），其中，第39条规定，"……不根据合法的程序，并且不根据国家法律规定的话"，不得处罚。之后，英国的《权利请愿书》（Petition of Rights，1628）以及《权利法案》（Bill of Rights，1689）等继承了该规定，之后，传播到北美，1774年，

---

[1] 木村龟二："罪刑法定原则"，《刑事法讲座》1卷，33页。

第一编　刑法的基础

以费城为主的诸州所制定的《权利宣言》中确认了这一原则,并最终在《美国宪法》中被明文规定下来。该法规定了"任何人,未经适当的法律程序(due process of law),其生命、自由以及财产不受剥夺"(修正案第5条［1791年］)的"合法程序"条款,以及"不得制定任何形式的事后法"(第1条第9款［1788年］)的禁止"事后法"(ex post facto law)的条款。在英美法中,是在刑事程序方面采用罪刑法定原则的,而在欧洲大陆,则将其作为实体刑法上的原则。经过1789年的法国《人权宣言》,1810年的《拿破仑刑法典》中明文规定了该原则。经过上述变迁,罪刑法定原则成为了近代刑法的基本原则。

　　[2]罪刑法定原则的动摇　但是,罪刑法定原则在集权主义的国家被藐视。如1926年的旧《俄罗斯苏维埃刑法》就规定,"有害社会的行为,在本法典中没有被直接规定的场合,有关其责任的根据以及处罚范围,比照本法典中最相类似的犯罪处理"(第16条)。另外,纳粹时代的《德国修改刑法》也规定,"……实施了根据刑罚法规的基本思想以及健全的民族感情应当予以处罚的行为的人,应受处罚。在不存在对该行为直接适用的刑罚法规的场合,根据对该行为最合适的条款,处罚该行为"(1935年修改刑法第2条),否定了作为罪刑法定原则重要内容之一的禁止类推解释原则。从此可以看出,在集权主义或者独裁专制的国家,对罪刑法定原则往往采取否定态度。

　　[3]罪刑法定原则的确立　第二次世界大战结束之后,1949年的《德国基本法》中重新规定了罪刑法定原则,1960年的《俄罗斯苏维埃刑法》也承认了这一原则。除了独裁主义的国家之外,在现在,罪刑法定原则已经成为多数国家刑法的基本原则。《世界人权宣言》(1948年)也规定:"任何人,不得因为实施了行为时,国内法或者国际法上没有规定为犯罪的作为或者不作为而被宣布为有罪。而且,不得被科处比实施犯罪行为时的刑罚更重的处罚"(第11条第2款)。另外,根据联合国大会在1966年通过,1976年生效的《国际人权条约B条约》(即《公民权利和政治权利国际公约》)第15条的规定可知,罪刑法定原则也已经为国际法所承认。

　　(2)日本　最初明文规定罪刑法定原则的是旧刑法。该法模仿《拿破仑刑法典》,规定"法无正条规定者,无论何种行为,不得处罚"(第2条)。但是,由于当时没有议会制度,所以,所谓"法律",实质上就是指行政命令。但是,随着之后制定的帝国宪法中规定"日本国臣民非以法律规定,不受逮捕、监禁、讯问、处罚"(第23条)的内容,罪刑法定原则就成为了宪法原则。现行刑法虽然没有规定罪刑法定原则，但从当时的帝国宪法的规定来看，这一原则也当然被维持。

在近代学派的兴起以及从大正末期向昭和时期过渡时期的国家主义的倾向之中，学界盛行轻视罪刑法定原则的风气。但是，在第二次世界大战终结之后，罪刑法定原则再次得到普遍强调。另外，《日本国宪法》第31条以及第39条前段的规定中宣告了罪刑法定原则，而且，在第73条第6款的但书中规定，在为实施法律而制定政令的场合，没有法律授权，不得制定处罚罚则。这和帝国宪法时代所规定的概括性授权相比，更加贯彻了罪刑法定原则的宗旨。

现行刑法典和罪刑法定原则　仓富勇三郎等主编的《刑法沿革总览》（1922年）第2120页中写道，罪刑法定原则的规定"是解释上必须明确的原则，没有必要用成文规定，所以，将其删除"。但是，也有学者认为，现行刑法中的犯罪类型极为概括，法定刑的范围也很广，和罪刑法定原则的要求不相适合，所以，被删除掉了。[1] 另外，《修改刑法草案》以"没有法律规定，对任何行为，不得予以处罚"（第1条）的形式宣告了罪刑法定原则，以"法律上不受处罚的行为，不得以事后法进行处罚"（第2条第1款）的形式，规定了禁止溯及既往适用的原则。

二、罪刑法定原则的内容

1. 理论根据

历来认为，为罪刑法定原则提供理论基础的，是孟德斯鸠的三权分立论以及费尔巴哈的心理强制说。

（1）三权分立论和心理强制说　三权分立论认为，为了保障个人自由免受国家权力的任意侵害，有必要将立法、司法以及行政职能交由三个不同的机关分管，犯罪和刑罚由立法机关所制定的法律规定，法官只是机械地适用法律，类推就不用说了，连量刑也不允许。但是，刑法也必须解释，法官具有根据自己的判断来解释、适用法律的权限，因此，"法官只是表述法律之口"的见解，在现代社会中是不适合的。

---

[1]　吉川经夫："日本罪刑法定原则的沿革"，东京大学社会科学研究所编《基本人权研究4》（1973年），5页。

另一方面，按照费尔巴哈的心理强制说，有必要事先用法律规定犯罪和刑罚，以对一般人提供预告，所以，罪刑法定是心理强制说的必然要求。因此，心理强制说具有使个人能够预测其某种行为是否成立犯罪，从而保障其行动自由的机能。但是，心理强制说不仅不能对所有的犯罪都适用，而且其自身也并没有得到普遍认可，因此，不能将其作为罪刑法定原则的基础。

(2) 两个要求　现代的罪刑法定原则，应当说，是以自由主义为核心的尊重人权原则为基础的。即，即便在现代国家中，国家权力也仍然具有任意行使的危险，为了防止这种危险，在通过民主程序规定犯罪和刑罚的同时，为了保障个人自由，尊重人权，还必须明确规定什么是犯罪，只有在该预告的范围之内，才能进行处罚。

这样，罪刑法定原则，第一，是以什么是犯罪，对其应当予以什么样的处罚，必须由国民民主地决定的民主主义的要求为根据；第二，是以为了保障基本人权特别是自由权，必须在事先向国民明确规定犯罪和刑罚，从而使其能够预测自己的行为是否要受到处罚的尊重人权原则的要求（自由主义的要求）为根据。

从民主主义的要求出发，就会推导出犯罪和刑罚必须由国民的代表机关即国会所制定的法律加以规定的法律主义；从尊重人权的要求出发，就会推导出事先必须向国民明示什么是犯罪，以科处适当的刑罚（刑罚法规妥当的原则）的同时，不得适用事后法加以处罚的禁止事后法的原则。另外，在刑法理论上，罪刑法定原则和犯罪实在主义以及客观主义的立场相关。

2. 法律根据

刑法典中并没有明文规定罪刑法定原则。但是，《日本国宪法》第31条、第39条前段以及第73条第6款的但书中，都规定了罪刑法定原则。

该法第31条规定："任何人，未经法定程序，其生命、自由不受剥夺，也不得科处其他刑罚"。这一规定，不是说只要有合法程序就可以了，而是说，在该程序上所适用的实体法也必须在事前被法定，而且，该实体法的内容还必须是合适妥当的，即以"实体的正当程序"观念为前提。因此，该条款是说明犯罪和刑罚必须以狭义的法律加以适当规定的内容，是有关罪刑法定或者说是法律主义以及刑罚法规妥当原则的规定。另外，宪法第73条第6款但书规定："政令之中，除了具有法律授权的场合以外，不能设置罚则"，这实际上是对法律主义的补充。另一方面，宪法第 39 条前段规定："任何人，不得由于实行时的合法行为而承担刑事责任"，这明确地规定了禁止事后法的立场。另外，《国际人权条约 B 条约》规定："任何人，不得因为实施了行为时，国内法或者国际法上没有规定为犯罪的作为或者不作为而被宣布为有罪"，我国在 1983 年 8 月也参加了该条约，该条约从当年 9 月 21 日起开始具有国内法上的效力。这样，罪刑法定原则也具有法规上的根据。

3. 派生原则

罪刑法定原则，是犯罪和刑罚必须事先以明文的法律加以规定的原则，由此可以导引出以下五个派生原则：

第一是排除习惯法原则。它是从法律主义的原则中所推导出来的，要求犯罪和刑罚必须以法律形式加以明文规定，不能将习惯法作为刑法的渊源。第二是刑罚法规妥当原则。它是由实体的正当程序原则所推导出来的概念，是指刑罚法规，从保障人权的立场来看，在实体内容上必须是妥当的原则，其中，包括明确性原则和刑罚法规内容适当原则。第三是刑法不溯及既往的原则。它是从禁止事后法的原则中所推导出来的，是指刑罚法规只能对其施行之后的犯罪适用，不能对其施行之前的犯罪追溯适用的原则。第四是禁止类推解释的原则。尽管类推解释作为法律解释的方法之一被认可，但在刑法上，脱离刑罚法规肆意适用刑法的话，就会侵害个人自由，所以，必须禁止类推解释，而实施严格解释。第五是禁止绝对不确定刑原则。绝对不确定刑（不是"绝对不定期刑"），是指刑罚的内容和期间完全不确定的刑罚，这种刑罚的规定方式是违反罪刑法定要求的，因此，绝对要予以禁止。另外，关于上述派生原则的具体应用，在以下各个适当地方讲述。

第二节 刑法的渊源

一、法律原则

1. 意义

所谓刑法的渊源，是指刑法的存在形式，它是法官进行法律判断的依据。按照罪刑法定原则的要求，刑法的渊源只能是国会以法律形式制定的法律（宪法第 13 条），这一原则被称为法律原则。作为刑法的渊源的法律有很多，其代表是刑法典（1907 年法律第 45 号）。刑法典，如

第一编 刑法的基础

前所述,具有刑罚法规中的基本法的特点。另外,作为对法律原则的修正,也会委托其他法律制定处罚规则,这被称为罚则的授权。

2. 政令和罚则

将刑罚法规的内容完全委诸行政机关的话,就会违反罪刑法定原则,因此,宪法为了贯彻法律原则,规定除了有法律特别授权的场合之外,在政令中不得设置罚则,禁止对罚则进行概括授权,只承认特定授权。所谓特定授权,是指在罚则的创制上,在下位法律中具体、个别的授权。[1] 因为只要在法律中有具体的、个别的授权就够了,所以,可以根据政令授权在下位的法令或行政处分中设置罚则。[2] 超越了授权范围的刑罚法规无效。[3]

概括授权 概括性地授权其他机关根据法律创设罚则,就是概括授权。在帝国宪法之下,有规定"违反命令条款者根据各自的命令规定,处200日元以下罚金或者1年以下监禁"的法律(《有关违反命令条款的罚则》),根据这一规定,正如《警察犯处罚令》一样,以命令的形式设置了很多罚则。

作为授权罚则的一种,有空白刑罚法规,它是指在法律中大致规定作为处罚对象的行为的范围,而构成要件上的具体内容则交由政令以下的命令规定的刑罚法规。补充刑罚法规的空白部分的其他命令、行政处分就是补充规范。空白刑罚法规主要用于特别刑法,特别是行政取缔法规,但作为刑法典中的犯罪有违反中立命令罪。在空白刑罚法规被其他的法令,特别是法律授权的下位法律进行补充的场合,从法律原则的角度来看,因为受宪法第73条第6款但书的制约,所以,该授权必须是具体地、个别地加以特定。另外,在补充和废止补充规范的场合,存在限时法的问题。

猿拂事件 在和空白刑罚法规的关系上,"猿拂事件"具有重要意义。事情是这样的:在邮局工作的公务员因为在公营的布告栏中张贴选举海报,并大量向他人散发该海报的行为而被控实施了

---

1 最大判昭27、12、24刑集6卷11号1346页。
2 最大判昭25、2、1刑集4卷2号88页。
3 最判昭38、12、24裁时392、5认为,属于超越法律授权或者委任范围的情形,无效。

《国家公务员法》第102条第1款、第110条第1款第19项所规定的犯罪。《国家公务员法》第102条第1款规定:"职员……不得实施人事院规则所规定的政治行为",基于这种授权,《人事院规则》第14—7条中,具体规定了"政治行为"的内容,并规定,对违反者科处刑罚。这种对《人事院规则》的授权将成为惩戒处分对象的行为和作为刑罚对象的行为,一体加以规定,成为问题。尽管最高法院大法庭1974年11月6日(《刑集》第28卷第9号第393页)认为:"《国家公务员法》第102条第1款授权具体规定属于有损公务员的政治中立性的行为类型,从该条款的合理解释来看,是可以理解的","上述条款,可以说是和该法第82条所规定的惩戒处分以及该法第110条第1款第9项所规定的作为处罚对象的政治行为同样,是授权规定,因此,没有超过宪法所许可的授权范围",但是,仍有4名法官认为,对于作为罚则对象的行为内容,没有特意提示其标准,因此,是违宪无效的。[1]

3. 条例和罚则

如果说用政令规定刑罚必须受到限制的话,那么,条例中规定刑罚法规也是违反罪刑法定原则的。但是,《地方自治法》第14条第3款规定:"普通地方自治团体,除了法令中有特别的规定以外,在其所制定的条例中,对于违反该条例的人,可以设置判处2年以下的徒刑或监禁、100万日元以下的罚金、拘留、罚款或没收,以及5万日元以下的过料*之类的规定"。这一规定是对地方公共团体有关制定罚则的概括性授权的规定,因此,便有了是否违反宪法的问题。授权不受宪法第73条第6款但书规定的制约,另外,因为条例和政令以下的命令不同,是经过地方议会审议过的,类似于经过国会审议的法律性规范,所以,在条例中进行概括性授权并不违反罪刑法定原则,也不违反民主主义的要求。宪法,按照法律原则的要求,没有赋予地方公共团体刑事立法权,但是,如果法律的授权,在某种程度上是具体的、被限定的并且被认为是不违反法律原则的话,制定罚则就不违反宪法(第31条,第73条第6款但书)。

---

[1] 大谷:《判例讲义Ⅰ》,19页。
* "过料",指一种小额罚款。——译者注

第一编　刑法的基础

法律授权　最高法院大法庭1962年5月30日（《刑集》第16卷第5号第577页）对于根据《地方自治法》第14条第5项的规定，认为1950年大阪市条例68号即《取缔在街市等处劝诱卖淫等的条例》第2条第1款违反了宪法第31条的规定的主张，认为："虽说条例是法律以下的法令……但其也是由公开选举出来的议员所组成的地方公共团体的议会的决议而制定的自治立法，和政府机关制定的命令等在性质上不同，而和国民通过公开选举所选出的议员所组成的国会经过决议所制定的法律类似，因此，原判所述的'在以条例规定刑罚的场合，只要法律的授权是正当具体的、被限定的话，就足够的判断'是正确的"。另外，以条例的形式处罚和法律作为罚则对象的同一事项，或者予以更重的处罚，这是不允许的（最大判1975年9月10日《刑集》第29卷第8号第498页）。关于这一点，成问题的是《青少年成长保护条例》所规定的"奸淫"的处罚和猥亵、奸淫犯罪的关系。按照刑法第176条、第177条的规定，和13周岁以上对象自愿实施的猥亵、奸淫行为，不受处罚。但是《青少年成长保护条例》规定，和未满18周岁的对象自愿实施的性行为，一般也要予以处罚，因此，刑法和条例之间的冲突便成为问题。最高法院大法庭1985年10月23日（《刑集》第39卷第6号第413页）认为，刑法保护的是"性的自由"，而条例是为了保护青少年的健康成长，二者之间宗旨不同，因此，条例中的处罚"奸淫"行为的规定也并不违反宪法第31条的规定。[1]

4. 习惯、条理、判例

从法律原则的观点来看，习惯、条理、判例，由于其没有法律作为根据，所以，应否作为法律渊源，值得考虑。

（1）习惯、条理　所谓习惯，是人们在长年反复实施的过程中，作为社会规范而遵守的行为形式。所谓条理，就是事物的规律或人世间的道理。作为法律原则的归结，习惯以及条理不能作为刑法的直接的法律渊源（排除习惯法）。因为，既然作为刑罚法规的法律渊源必须以有法律规定为原则，那么，习惯、条理当然就不能作为法律渊源。"不违反公序良俗的习惯，在法无明文规定的事项上，和法律具有同等的效力"

---

[1] 芝原，百选，16页；大谷，判例讲义Ⅰ，21页。

(《法例》第 2 条）的规定，对于刑法不适用。

但是，在构成要件的内容或违法性、责任的判断根据等方面，不少情况下必须依据上述习惯。另外，排除习惯法，是新设置犯罪和刑罚的场合的原理，在刑罚法规的解释或违法性的判断上，习惯、条理对于刑罚法规具有补充的机能。[1] 正如在妨害水利罪中承认水利权必须按习惯来确认一样，刑法典自身也承认习惯是法律渊源之一。另外，作为社会变迁的结果，当某一刑罚法规丧失了其具体的妥当性的时候，就应当说，该刑罚法规失去了习惯法上的效力。这就是习惯法上的效力的废止。

（2）判例 判例在刑罚法规的范围内也成为刑法的渊源。所谓判例，是法院在解决某一具体事件时所作的法律性见解。历来的见解认为，从法律原则的角度出发，应当否定判例的法律渊源的意义。从法律渊源的宗旨出发，没有刑罚法规或者超越成文法规的范围的判例都不能作为法律渊源，这是当然的。但是，将刑罚法规的内容具体化，实际赋予其作为实定法的效力的是判例。因此，至少，只要认为判例具有一定的作为先例的约束力，就应当说，依照先前的判例不仅可以保持法律的稳定性，而且，根据所确立的判例，还可以让一般国民预测到什么样的行为是要受到处罚的行为。在这种意义上讲，承认判例是法律渊源也正是遵循罪刑法定的要求的。[2] 判例在成文法规的范围内具有法律渊源的特征。

二、刑罚法规内容妥当的原则（实体的正当程序原则）

1. 意义

刑罚法规内容妥当的原则也叫适当处罚的原则或实体适当原则，是指刑罚法规不仅在形式上，而且在内容上也必须合理的原则。它表明，宪法第 31 条所规定的适当程序原则不仅要求刑事程序要适当，而且刑事立法的实体内容也必须适当，符合宪法的要求。在刑罚法规的内容不具有作为刑罚法规的合理性的场合，就违反宪法第 31 条的规定，就无效。历来，罪刑法定原则，被看作为"法无明文规定不为罪，法无明文规定不处罚"的形式原则，所以，一般认为只要法律有规定，不管该规定的内容如何，都不违反罪刑法定原则。但是，罪刑法定原则，本来是

---

[1] 福冈高判昭 34、3、31 高刑集 12、4、337。
[2] 团藤，50 页；大塚，63 页；山中，63 页；川端，51 页。

基于尊重人权的原则而提出的,所以,要求对人权进行实质上的保障(实质的人权保障原则)。刑罚法规妥当原则,可以分为明确性原则和刑罚法规内容妥当的原则。

2. 明确性原则

所谓明确性原则,是指立法者对于刑罚法规的内容必须规定得明确、具体的原则。罪刑法定原则具有①对于一般人,事先适当地告知其成为刑罚对象的行为,让国民能够预测其行动后果的机能,和②防止法官等执行机关肆意动用刑罚,滥用刑罚权的机能。[1] 历来的学说都没有将明确性原则作为罪刑法定原则的内容加以讨论,但是,刑罚法规的内容不明确且模糊的时候,客观上就没有办法加以把握,这时候,应当说,该规定违反宪法第 31 条的规定,无效(不明确[模糊]就无效的理论,void-for-vagueness doctrine)。

与明确性的原则有关的就是明确性的判断基准问题。承认这一原则的根据在于,确保刑罚法规对国民的告知机能和防止法律执行机关的擅断专横,特别是前者尤为重要,所以,必须以具有通常的判断能力的人能够认识判断的程度作为判断明确性的基准。另外,明确性的原则,有的学说尽管也承认刑罚法规是国民的行为规范,但是,又认为,刑法本来是作为裁判规范而起作用的,所以,从刑法条文中明确推断出"合理的处罚范围"才是重要的。[2] 但是,按照这种学说的话,即便是刑罚法规中没有明确规定(告知)的行为,只要有处罚的合理性的话,就可以予以处罚,这明显是违反罪刑法定原则的。[3]

德岛市公安条例事件判决 判决中在刑罚法规明确性的问题上存在争论的判例很多,但是,最高法院根据明确性的原则而判定违宪的情况则还没有过。最高法院在 1975 年 9 月 10 日(《刑集》第 29 卷第 8 号第 489 页,"德岛公安条例事件")认为:(1)"之所以说不明确就违反宪法第 31 条,就无效,是因为,该规定对于具有通常的判断能力的一般人,没有提供识别应当禁止和不被禁止的行为之间的界限,因此,预先告知适用该刑罚法规的国民,什么样的

---

[1] 门田成人:"刑罚法规明确性的理论和'公正告知'的概念(1)(2)",岛大法学 34 卷 2、3 号。

[2] 前田,77 页;山中,77 页。

[3] 大谷实:"实质犯罪论和形式犯罪论",法教 158 号 18 页。

行为是刑罚的对象的机能就不起作用。另外，该法规的适用，依赖于执行法律的国家或地方公共团体机关的主观判断，流于肆意等，会产生重大的弊害"，明确地表明了该原则的根据，同时，还说明(2) 判断违宪的基准是："应当以在具有通常的判断能力的一般人的理解上，是否能够理解为在某一具体场合下，该种行为应当适用该条款——这样的标准来作决定"。该案件是这样的：条例中对准备游行的人规定，必须维护交通秩序，违反这一规定而举行游行的主办者必须受到处罚，上述规定是否明确，存有争议。最高法院的结论是，该条例是具有明确性的规定。[1] 另外，最高法院1996年2月13日的判决（《刑集》第50卷第2号第236页）也将"社会一般观念"、东京高等法院在1995年10月31日的判决（《判例时报》第1566号第134页）中还是以"具有通常的判断能力的一般人的理解"作为标准。

在刑罚法规的适用范围失之于宽泛，按照具有通常的判断能力的一般人的理解，也不能确定处罚范围的时候（过度宽泛），应当说，违反宪法第31条的规定。

刑罚法规的过泛性 《福冈县青少年成长保护条例》第10条第1款规定："任何人不得对青少年实施奸淫或猥亵行为，违反者处2年以下徒刑或10万日元以下罚金"。但是，这里所说的"奸淫"是否包括男女双方以结婚为前提、互相同意的性行为，便成问题。按照日本刑法第176条、第177条的规定，13周岁以上的男女基于相互同意而实施的猥亵或性行为不受处罚，但是，按照《青少年成长保护条例》，即便是基于同意，和不满18周岁的人发生性行为也必须受到处罚。前述最高法院1985年10月23日的判例认为，将"奸淫"广泛理解为和青少年发生的性行为时，便会将社会一般观念上难以考虑的处罚对象也包括在内，这种解释明显会失之过宽。所以，只能限定为从条文字面能够合理推导出的解释范围之内。也就是说，上述有关"奸淫"的规定，只有进行限定解释（缩小解释）时才是合乎宪法的。

---

[1] 大谷，判例讲义Ⅰ，20页；芝原，前揭百选Ⅰ（第5版），6页。

3. 刑罚法规内容妥当

所谓刑罚法规内容妥当，是指刑罚法规中所规定的犯罪和刑罚，在将该行为规定为犯罪上，具有合理根据，并且，该行为和该犯罪之间是均衡适当的原则。犯罪和刑罚即便在法律中被明确规定，但在其内容缺乏处罚的必要性和合理根据的时候，也是刑罚权的滥用，实质上是对国民的人权侵害。刑罚法规的内容是侵害宪法所保障的基本人权的内容的时候，由于其违反了宪法上的各项保障人权的规定，所以，只要在和该条款的关系上考虑违宪性的问题就够了。[1] 但是，即便是和宪法上保障人权的规定不直接冲突的场合，在刑罚法规中所规定的内容包含有欠缺处罚的必要性和合理根据的行为的时候，以及在规定有犯罪和刑罚明显失衡的不相当的法定刑的时候，违反宪法第 31 条（罪刑均衡原则）。

刑罚法规内容妥当的原则，应当在同刑法的机能特别是法益保护机能的关系上加以理解。换句话说，以应当保护的法益的存在为前提，以该法益是否具有用刑罚法规加以保护的必要，罪刑均衡是否得以维持作为判断的基准。

罪刑均衡的原则 最高法院在 1974 年 11 月 6 日（猿拊事件）认为："刑罚，是以国家职能为背景的最严峻的制裁，特别是在与基本人权有关的事项上设置罚则的时候，必须慎重考虑，这是毫无疑问的，刑罚法规在从罪刑均衡以及其他各种观点来看，明显不合理，无论如何不能被允许的时候，就必须进行违宪判断"。可见，最高法院也承认了罪刑均衡原则。

4. 禁止绝对不确定刑

绝对不确定的刑罚被禁止。所谓绝对不确定刑，是指如"实施……的，处刑"之类的刑种和刑罚幅度都不确定的场合，以及"实施……的，处有期徒刑"之类的只规定了刑种的场合的法定刑。两者在刑罚的规定上由于都过于抽象，所以，违反了法律原则。但是，"实施……的，处死刑、无期徒刑或者 3 年以上有期徒刑"之类的刑种和刑罚幅度都相对确定的相对不确定刑，则不违反罪刑法定原则的宗旨。从比较法的角度来看，几乎所有的立法都是采用相对不确定刑的方式。另外，在自由

---

[1] 如"差别处罚"，最判平 9、11、17 刑集 51、10、855。

刑方面，法院可以宣告不定期刑（如判处"5年以上9年以下有期徒刑"之类的只宣告上限和下限的情形）。宣告刑中的相对不定期刑，虽然不直接具有罪刑法定原则上的问题，但是"处1年以上有期徒刑"之类的宣告刑中的绝对不定期刑，由于在宣告刑罚阶段会埋没罪刑法定原则的宗旨，所以，不能认可。

第三节 刑法解释

一、禁止类推解释

1. 类推解释的意义

刑法解释应当以严格解释为基本，类推解释，从罪刑法定的角度出发，理应被禁止。一般意义上所说的类推，是指找出不同的两个事物间的共同之处，将其作为理由，符合某一事物的话，就推论其也符合另一事物。作为法律解释方法的类推解释或类推适用，是指法条所规定的内容，和该法条的适用上成为问题的、该法条中没有包含的事实之间，因为具有类似或共同之处，所以将有关前者的法条也适用于后者。如过失危险交通罪（第129条）所处罚的是过失引起火车来往危险的情形，以大型公交车也是大型交通运送工具为由，将其包含在"火车"中的解释，就是如此。

类推解释不是法律解释而是创造法律，如果将其作为刑法解释的话，就会将刑法中没有规定的事项也适用刑罚法规予以处罚，剥夺国民的预测行动后果的可能性，违反罪刑法定原则，特别是尊重人权原则的要求。[1] 即便具有处罚的合理根据，但没有刑罚法规的时候仍然加以处罚的话，就是类推解释，违反宪法第31条的规定，所以，这一问题不能通过解释而应通过立法加以解决。

类推解释肯定说 否定罪刑法定原则和允许类推解释有关。前面已经说过，过去的德国刑法（第2条）以及苏联刑法（第16条）就是其例。在我国，最初绝大多数学者主张禁止类推解释，但是，随着国家主义思想的兴起，在战前和战争期间，肯定类推解释的见

---

[1] 平川，百选Ⅰ（第5版），4页。

解成为通说。在战后，和强调保证人权相应，禁止说再次成为通说，但是，肯定说依然有力。

2. 刑罚法规解释的界限

类推解释虽然被禁止，但是扩张解释却是允许的。所谓扩张解释，是对用成文的语言所表示的固有概念尽可能地扩张其范围，进行解释的方法。为了贯彻罪刑法定原则的要求，原则上应当坚持只能根据日常用语的意义来理解法条内容的严格解释。

严格解释和判例　判例也认可禁止类推解释。最高法院在1965年3月19日的判决（《刑集》第9卷第3号第381页）中写道："根据《国家公务员法》第102条所制定的《人事院规则》第14—7条第5项中的所谓'特定的候选人'，是指'具有候选人地位的特定的人'，原判决中所说的包括'意图成为候选人的特定人'的见解，从法条用语的一般意义上看，是难以理解的"。另一方面，日本过去的《禁止携带枪炮刀剑类的法律》规定，除业务上的正当理由之外，禁止携带15厘米以下的匕首之类的物品。在行为人携带15厘米以上的短剑即匕首类的物品的案件中，原审法院认为，携带不满15厘米的匕首都受处罚，那么，携带15厘米以上的短剑更不用说应当受处罚了。于是，一审法院判处该人有罪。但是，最高法院在1956年4月30日（《刑集》第10卷第4号第520页）却否决了这一判决。[1] "之所以如此，是因为不允许类推，即便这样做会导致不合理的结果，但是，也不得不这样做"[2]。

但是，法条自身具有实现法律价值的性质，因此，在解释论中，也必须进行保护法益、维持社会秩序以及保障人权等内容的目的论的解释。即，既有缩小成文的日常用语的意义进行解释的场合，也有必须扩张其意义进行解释的场合。特别是在社会急剧变动的时候，为确保具体的妥当性，有必要扩张刑罚法规进行解释，扩大刑法的处罚范围，因此，扩张解释也是允许的。但是，从严格解释刑法的宗旨来看，应当说，即便对该行为具有处罚的必要性和合理性，并且，该行为也在法条

---

[1] 参照最大判31、6、27刑集10、6、921（火焰瓶不是爆炸物）。
[2] 植松，75页。

用语的可能解释的范围[1]之内,但是,如果该解释的内容脱离了一般国民可能预测的范围的话,这样的扩张解释就不允许。换句话说,扩张解释应当以一般人的预测的可能性为基准[2],超出了一般人的预测可能性的扩张解释是违反宪法第 31 条的规定的。

扩张解释和类推解释　两者虽然在理论上可以进行区别,但是,实际上却是相当困难的。而且,主张将扩张解释和类推解释加以区别,禁止类推解释却允许扩张解释的理解,实际上没有任何意义的见解也很有力。但是,采取类推解释的形式的时候,稍稍有一些脱离法条概念,而以处罚的必要性为优先的感觉,因为是违反罪刑法定原则要求的解释,所以,我认为承认禁止类推解释的原则,直至今日,依然有其意义。

作为参考的判例有:(1)用钩针捕鱼的行为是否触犯禁止用钩来捕捉鱼的规定的案例[3];(2)收受并赠送日本羚羊的鞣皮的行为,是否触犯禁止让渡和接受捕获的鸟兽的规定的案件[4];(3)将街头的妓女召集到溜冰场待命的行为是否触犯《防止卖淫法》第 12 条中的"使居住"的行为的案例[5];(4)照相复印的伪造行为是不是伪造文书的行为[6];(5)发射霰弹枪的行为是不是《有关保护鸟兽狩猎的法律》第 11 条第 3 款中所说的"猎捕"[7];(6)用洋弓射击野鸭,但是一支箭也没有射中的行为,是不是符合用弓箭"捕获"的行为。[8] 上述案例中,(3)(4)(5)(6)案例存有疑问。判例,在具有当罚性的行为和由于刑法规定不完备而处于对立紧张的关系的时候,尽可能地采取了处罚的必要性优先的立场。[9] 与此相反,对刑罚法规进行限制性解释的是(7),即,认为在温泉旅馆购置香烟,以备客人需要的行为,不是旧《香烟贩卖法》第 29 条第 2 款

1　山中,72 页。
2　町野,73 页。
3　大判昭 9、6、21 刑集 13、843。
4　最判昭 37、3、8 刑集 16、3、276。
5　最决昭 42、9、19 刑集 21、7、985。
6　最判昭 51、4、30 刑集 30、3、453。
7　最决昭 54、7、31 刑集 33、5、494。
8　最判平 8、2、8 刑集 50、2、221。
9　平川,百选Ⅰ(第 5 版),15 页;松尾,百选Ⅰ(第 4 版),5 页。

的"贩卖",和第 71 条后段的"准备贩卖"的案例。[1]

对于将刑法解释的界限求之于一般人的预测可能性的见解,有见解从罪刑法定原则实质化的观点出发,认为应当对①国民行动自由的利益,②防止滥用刑罚权的利益,③禁止当罚行为国民所能获得的利益,这样三点进行比较衡量,决定刑法解释的界限。[2] 确实,处罚的必要性,应当在当罚性之类的实质判断上,进行上述考虑,但是,在刑法解释的界限问题上,成为核心的是,一般国民理解该刑罚法规的命令、禁止能够将其作为行动标准这种行为规范的问题,这不是根据上述之类的实质考虑能够决定的问题。

二、类推解释的许可

关于对被告人有利的解释,由于其不受罪刑法定原则的制约,所以,将其作为一般的法律解释原理也是妥当的。另外,在后述的排除违法性事由或排除责任事由方面,即便没有法规,但有合理根据的场合,也能承认超法规的事由。

参考判例 大审院 1931 年 12 月 21 日(《刑集》第 10 卷第 803 页)撤销了行为人按照医生的电话请求,而不是按照处方笺,配发药品的行为违反旧《药剂师法》第 9 条("药剂师必须按照盖印的处方笺配发药品")的原判决,认为:"在上述条件下,即便实施如此类推解释,也丝毫不会有和上述立法精神相抵触之虞,因此,排除拘泥于条文用语细节的解释,并非不当"。但即便是这种场合,违反法律宗旨的类推,也还是不允许的。

---

[1] 最判昭 32、3、28 刑集 11、3、1275。
[2] 前田,63 页。另外,关于主张类推解释和扩张解释无法区分的见解,参见植松,72 页。

第五章
刑法的适用范围

日本国制定的刑罚法规，在什么范围内有效？这就是刑法的适用范围（刑法的效力）问题。刑法第一编总则第一章"通则"中，在刑法的适用范围上，对犯罪后刑罚具有变更场合的时间效力（第6条），犯罪实施场所方面的空间效力（第1条至第5条），以及适用刑法总则和其他法令的事项方面的事项适用范围（第8条），均作了规定。另外，宪法还规定有即便在日本国内现实地实施犯罪行为，但根据该行为人的身份，不能予以处罚场合的对人效力的问题（宪法第51条）。

第一节 刑法的时间适用范围

一、时间适用范围的意义

1. 刑法不溯及既往的原则

刑法的时间适用范围，就是刑法从生效开始到失效为止之间的效力范围。刑罚法规，对其施行之后的犯罪适用，不能对其施行之前的行为追溯适用，这就是刑法的不溯及既往的原则，或者叫禁止追溯处罚的原则。这一原则，从罪刑法定原则（尊重人权的要求）来说，是当然的结论，而且，宪法第39条前段规定："任何人，不对实施时的合法行为承担刑事责任"，这就是禁止事后法的规定，这一点在前面已经讲过。广泛承认刑法的溯及适用效力的话，就会损害法的安定性，不当地侵害个人自由。另外，即便在实施犯罪行为的时候刑法有效，但是在审判的时候刑法失效的场合，也不得处罚行为人（根据刑事诉讼法第337条第2款的规定免予起诉）。因为，对于某种行为，既然国家放弃刑罚权，则即便是过去作为犯罪的行为，也不应当对其追究。

判例不溯及既往原则的变更 最高法院似乎是采用了判例对法官没有法律上的约束力的立场[1]，但是，判例在实际上具有约束力，国民也在通过判例预测自己行为的法律效果，展开行动。在由于变更判例而剥夺了预测行动的可能性的时候，就会出现侵害国民行动自由，违反罪刑法定原则要求的结果，因此，对于判例也应当适用禁止溯及既往的原则。即，根据宪法第 39 条和刑法第 6 条的宗旨，法院变更判例，将迄今为止不处罚或者处罚较轻的行为变为要处罚或者处罚较重的罪的时候，应当宣告判例的变更是面向未来，而对该具体事件不适用。这就是所谓判例不溯及既往的变更。当然，作为先例，具有约束力的只是最高法院的判例，因此，只应就此认定禁止溯及既往的效力。[2] 另外，最高法院 1996 年 11 月 18 日（《刑集》第 50 卷第 10 号第 745 页）认为，将根据行为当时的最高法院的判例解释，应当认定为无罪的行为，通过变更判例而加以处罚的情形，并不违反宪法第 39 条的规定。确实，认为判例和立法具有相同的效果的观点，可以说是违反三权分立原则的，因此，就相信最高法院判例而行动的被告人而言，将其信任在责任的一点上加以考虑，可能就足够了（具体信赖说）。但是，由于生效判例具有和法律相同的预告机能，所以，和罪刑法定原则的要求相比，对其应当优先考虑。

2. 生效

在国会通过的法律，经过公布、施行，就可以适用。所谓"公布"，是指为了让一般国民了解已经通过的法律，就以一定方式将其置于国民能够知道的状态，其方法没有特别限定，以官报的形式实施即可。以官报形式公布法令的时期，由于要以一般人处于能够了解的状态为前提，所以，应当以人们能够阅读、购入登载该法令的官报的时间为准。所谓施行，是指法律规定的效力实际发生作用。刑法从施行时起开始适用。一般来说，法令中都特别规定有施行日期，但是，在该法令没有特别规定的场合，法令的施行时间，就是"自公布之日起满 20 日"（《法例》第 1 条）之后。实行时刑罚法规已经生效，但行为人不可能知道这一事

---

[1] 最大判昭 33、5、28 刑集 12、8、1718；最大判昭 49、5、29 刑集 28、4、114。
[2] 福田、大塚：总论Ⅰ，54 页；福田，41 页；大塚，67 页。反对，町野，45 页；西田，50 页；前田，67 页；山口，16 页。

实的场合,作为后述的不知法或者违法性意识可能性的问题处理。

二、犯罪后法律变更刑罚的场合

1. 第6条的宗旨

从刑法不溯及既往原则的宗旨来看的话,刑法适用,原则上以行为时有效的法即行为时法为准,但是,刑法第6条,对刑法不溯及既往的原则作了例外规定,即规定"犯罪后的法律变更了其刑罚者,适用轻刑"。这就是由于修改法律,使行为时法和裁判时法出现差异的场合,比较孰轻孰重(也称为"新旧比较"),在裁判时法的法定刑比行为时法的法定刑轻的场合,从接受适用的行为人的利益的角度出发,承认新法具有溯及力。因此,刑法第6条的规定,是为了更加彻底贯彻刑法不溯及既往原则,并不违反罪刑法定原则。所谓犯罪后,是指以犯罪行为即符合构成要件的行为时为标准,在此之后的意思。

在适用第6条的场合,新法和旧法的区别,其基准不是公布法律的时期,而是施行法律的时期。那么,在实行行为横跨法律变更的前后的场合,该如何处理呢?判例认为,对于继续犯[1]和包括一罪而言,实行行为横跨新旧两法的场合,就适用新法。对于科刑一罪而言,判例也是和上述情况同样处理的[2],但是,既然侵入住宅罪和盗窃罪可以区分开来,则应该将该犯罪分开考虑,分别适用刑法第6条,然后再适用刑法第54条。[3]对于共犯而言,尽管判例认为应当适用共犯行为(教唆、帮助行为)时存在的"旧法"[4],但是,在共同正犯的场合,应当适用正犯的实行行为终了时的法律。[5]

2. 法律变更刑罚

"法律",广泛地指一般刑罚法规,包括狭义的法律、政令以及其他命令在内[6](第8条)。法律,必须在裁判时已经施行。行为时法和裁判时法之间还存在中间时法,各自都规定有轻重不同的刑罚时,对于该中

---

1 最决昭27、6、23刑集6、8、1093。
2 大判明44、6、23刑录17、1311。
3 植松,88页;大塚,69页;内田,115页。
4 东京高判昭28、6、26高刑集6、10、1274(教唆犯);大阪高判昭43、3、12高刑集21、2、126(帮助犯)。
5 前田,66页。
6 最判昭24、9、1裁判刑集13、355。

间时法，也适用刑法第 6 条的规定，即适用处罚最轻的法律。

（1）"变更刑罚"　　是指为了加重或者减轻刑罚而实施的变更。关于变更刑罚的意义，有①是指主刑的变更，不包括作为附加刑的没收在内的见解[1]，和②只要在实质处罚上有变更，都应当看作为刑罚的变更的见解[2]之间的对立。由于刑法第 6 条是保护行为人利益的规定，所以，"变更刑罚"应当理解为，包括引起实质的处罚上的变更的所有场合在内，即②说妥当。因此，"变更刑罚"，应当是指变更对刑罚及其适用具有直接影响的实体法上的规定的所有场合，不仅指主刑、附加刑的变更，有关留置劳改场所期间的变更[3]、缓期执行条件的变更也属于"变更刑罚"。

有关变更刑罚的各种学说　　判例认为，有关缓期行刑的要件规定的变更，不是变更刑罚（最大判 1958 年 11 月 10 日《刑集》第 2 卷第 12 号第 1661 页）。但是，从本书的宗旨来看，它当然也包括在变更刑罚之内，况且"刑罚"也并不是只限定为主刑（通说）。植松正教授认为，如果说"宽容原理"是妥当规定的话，则也可以进行类推适用，连变更公诉时效的期间等也应当看作为变更刑罚，但是，行刑时效、作为诉讼条件的起诉的要否以及上述情况，和刑罚适用并没有什么直接关系，因此，应当说，其和刑法第 6 条的适用无关。[4] 最判 1967 年 5 月 19 日《刑集》第 21 卷第 4 号第 494 页也对公诉时效期间的溯及适用持消极态度。另外，在德国，认为规定对纳粹时代的犯罪行为的诉讼时效的期间可以对犯人进行不利变更的《时效期限算定法》是合宪的。保安处分是否刑法第 6 条所说的"刑罚"，有赞否两论，但是，对于犯人而言，保安处分在实质上也是和刑罚一样的不利处分，所以，肯定说妥当。但是，由于至少在现阶段，刑法中的"刑罚"没有包括保安处分在内，所以，在没有特别规定的场合，应当将其除外。

1　大判大 2、1、31 刑录 19、151。小野，68 页；佐伯，105 页；福田，41 页；前田，66 页。
2　木村，111 页；团藤，77 页；大塚，69 页；町野，42 页；前田，72 页；山中，98 页。
3　大判昭 16、7、17 刑集 20、425。
4　庄子，29 页；前田，66 页。反对，植松，89 页；平野，69 页；大塚，69 页；西田，30 页。

(2)"废止刑罚""变更刑罚"之中，还包括废止刑罚法规即废止刑罚的情况包括在内。废止刑罚之中，不仅包括刑罚法规的全部或者部分废止，还包括由于其下位的政令、部令的变更而引起的全部或者部分废止刑罚的场合。在废止刑罚的场合，根据《刑事诉讼法》第337条第2款，可以宣告免予起诉。另外，即便由于修改刑法而废止了刑罚法规（如废止了尊亲属伤害致死罪），但根据别的条文要受到处罚的场合，就应当看作为变更刑罚，而不应看作为废止刑罚。[1]

关于"废止刑罚"，有①虽然规定构成要件的刑罚法规的改废就是"废止刑罚"，但规定构成要件的法规自身并没有什么变化，而只是规定相当于其内容的事实的法令有修改或者废止的时候，不是"废止刑罚"的见解[2]；②不管改废刑罚法规的动机如何，由于改废法令而不可罚的时候，都是变更刑罚的见解[3]；③由于法律变更而导致法律见解发生变化的场合，就是废止刑罚，仅仅具有事实关系变化的时候，就不是"废止刑罚"的见解[4]之间的对立。

在构成要件的变更对废止刑罚等刑罚自身有直接影响的场合，按照刑法第6条的宗旨，应当考虑保护行为人的利益，另外，到底是刑罚法规的变更还是事实关系的变更难以区分，根据以上两个理由，在由于刑罚法规自身发生变更，引起构成要件发生变化，从而不能被处罚的场合，应当说是属于"废止刑罚"。因此，只要是对犯罪成立要件的变更或者刑罚废止具有影响，首先，不管是法律见解的变更还是事实关系的变更，其次，不管是刑罚法规自身的变更还是非刑罚法规的变更，最后，不管是否空白刑罚法规中的补充规范的变更，都应看作为变更刑罚，因此，②说妥当。

非刑罚法规的变更 按照本文的内容的话，只要构成要件的内容发生了变化，该行为在裁判时不符合构成要件，就应当适用刑法第6条以及刑事诉讼法第337条第2款。如旧民法规定，过继的父子之间，具有和父子之间一样的亲属关系，但是，民法修改之后，

---

1 最判平8、11、28刑集50、10、827。
2 团藤，80页；福田，45页。
3 大塚，70页；香川，52页；西原，41页；内田，71页；山中，99页；野村，57页；町野，80页。
4 前田，68页。

这一规定就没有了。因此，判例认为，在修改民法之前，杀害继父母的继子，即便在民法修改之后，只要尊亲属杀人罪的规定没有发生变化，就应当以尊亲属杀人罪加以处罚。[1]尽管有有力学说支持这一判例[2]，但是，在修改民法之后，杀害继父的行为是普通杀人罪，因此，上述情况应当看作为"刑罚变更"，所以，上述判例意见不值得支持。[3]

3. 行为时法、裁判时法

宪法第 39 条前段规定，对于实行的时候合法（或者违法）的行为，在事后制定将该种行为作为犯罪予以处罚的法律的时候，该法律不得溯及适用。但是，对已经在法律上作为犯罪的行为，尽管事后法律发生了变化，新法和旧法之间在刑的轻重上没有差别的场合，是应该适用旧法还是适用新法，成为问题。

学说上，有①新法更为合理，另外，刑法是裁判规范，所以，应当适用裁判时的新法（裁判时法）的裁判时法说[4]，和②禁止新法溯及适用是罪刑法定原则的归结，因此，应当适用旧法（行为时法）的行为时法说之间的对立。从刑法不溯及既往的原则以及刑法的行为规范性的角度来考虑，当然应当适用行为时法，另外，刑法的适用，是新法和旧法之中，何者应当看作为该事件的裁判规范的问题，因此，并不一定必然是新法，而且，新法也并不一定合理，从上述理由来看，行为时法说妥当。[5]

三、限时法

1. 意义

所谓限时法，就是规定有失效日期的法律。限时法有广、狭二义。在狭义上，是指正如"本法施行后 5 年内有效"（《有关重要产业规制的法律》附则第 2 款）一样的、明文规定有失效日期的法律。相反地，在广义上，正如为了"处理停战后的事态"（《物价统制令》第 1 条）一样

---

[1] 最判昭 27、12、25 刑集 6、12、1442。
[2] 团藤，81 页；庄子，34 页；福田，45 页；大塚，70 页。
[3] 植松，89 页；平野，72 页；藤木，57 页；内田，122 页；前田，68 页。
[4] 植松，86 页；佐伯，104 页；香川，18 页；中山，97 页。
[5] 大判昭 9、1、31 刑集 13、28。反对，藤木，56 页；中山，97 页。

的、对有效期限规定很模糊的法律，或者从法律性质来看，是为了处理临时事态的法律（临时法）。

关于限时法的有效期，德国刑法规定："只适用于特定时期的法律，即使该法律在审判时已失效，但仍可适用于在其有效期间实施的行为"（第2条第4款），即规定有追溯适用的效力。我国刑法规定，在犯罪后的法律废止了刑罚的时候，不予处罚（第6条），而没有像德国刑法一样，设置有有关追溯适用的一般规定，因此，只要法律中没有上述单个的明文规定，在刑罚废止之后是不能处罚的。

2. 限时法的理论

针对上述结论，有以下观点：①有学者主张，既然是限时法，那么，即便在有效期间经过之后，当然也应当对期间内的违反行为进行处罚。[1] 在行为时和裁判时之间由于有相当期间的差别，随着失效日期的临近，处罚的可能性实际上就会失去，作为罚则的意义就会丧失，因此，从限时法的性质来看，即便在该法失效后，对该期间发生的行为也应当予以处罚。另一方面，②有的人认为，废止刑罚法规的理由，要根据是否基于国家的法律见解的变更而加以区别，在法律见解发生变更的场合，不应当承认追溯适用的效力，但是，在仅仅是由于事实变化而导致的场合，则要承认追溯适用的效力，应当予以处罚，这被称为动机说。[2] 另外，还有人认为，③应当以构成要件的重要部分是否发生变化为基准，判断是否应当承认追溯适用的效力的构成要件重要部分说。[3] 以上三说被称为限时法的理论。

动机说 动机说将废止刑罚是由于有关该行为的可罚性的法律见解的变更而引起的场合，以及仅仅是由于事实的变化而引起的场合加以区别，认为在前者的场合，由于废止刑罚，所以，在此以前的行为也变得不处罚，在后者，依然应当予以处罚。即认为，废止刑罚，根据其动机的不同而应当区别对待。如规定禁止二人共骑装载有第二种发动机的摩托车的取缔法规，由于道路情况的改善而被废止的场合，就是由于事实的变化而导致的刑罚变化，仍然残存有可罚性的问题。但是，首先，在没有明文规定的情况下，违反刑法第6条的规定进行

---

1 小野，70页；江家，76页。
2 植松，84页；团藤，80页；藤木，60页。
3 前田，69页。

处罚，是违反罪刑法定原则的；其次，各个法规中，只要设置有关追溯效果的明文规定就够了；最后，法律见解的变更和事实关系的变更的区别是相对的，根据以上理由，应当说，动机说难以支持（通说）。这种意见，对于构成要件重要部分说也同样适用。

但是，既然成为处罚根据的刑罚法规已经失效，那么，就应当根据刑事诉讼法第 337 条第 2 款免予起诉，而不允许简单地认定例外。而且，实际上在各个法律之中，只要规定有"失效后的罚则的适用，遵循前例"之类的特别规定就够了。对于在限时法的有效期之内发生的违反行为，只要没有规定，即便在该期间经过之后，也必须予以处罚的经过规定，就应当看作为"刑罚废止"，免予起诉。

限时法和判例 最高法院 1957 年 10 月 9 日（《刑集》第 11 卷第 10 号第 2497 页）认为，实施了向根据大藏省命令被视为外国的奄美大岛走私货物的行为，之后由于修改了该命令而不再视为外国的场合，就是属于废止刑罚，所以，判处免予起诉。由于其是将事实变更也看作为废止刑罚的，所以，是对限时法理论的否定。相反地，最高法院 1962 年 4 月 4 日（《刑集》第 16 卷第 4 号第 345 页）认为，对于根据县公安委员会的规定而禁止的"二人共乘"行为，由于规定该行为的规定是在行为之后被废止的，不属于废止刑罚，所以，该行为具有可罚性。有见解认为，上述情况是有关事实变更的法律变更，而不是"从该地区的实际情况来看，处罚道路交通上的危险行为"的法律见解的变更，所以，可以认为具有追溯效果。这个判例是采用了和动机说相似的限时法理论。但是，即便在这种场合，由于"二人共乘"行为不受处罚，所以，也应当看作为刑罚废止，而不应承认其追溯效力。

第二节 刑法的空间适用范围

一、概说

1. 意义
所谓刑法的空间适用范围，就是刑法效力所及的地域，也称刑法的地域适用范围。规定空间适用范围的法规也称为国际刑法,但是,由于它也是规定日本国的刑法发挥效力的空间的法律,所以,也是国内法。作为本来意义上的国际刑法,有规定有关预防和镇压海盗行为,买卖奴隶,有关麻药、鸦片的秘密交易、劫机等的国际条约。另外,随着犯罪的国际化,交通手段日益发达,刑事案件的国际协助变得必不可少。同时,在各国刑法的适用范围上,和适用哪一个国家的刑法更为合理之类的国际私法中的准据法的问题一样,有必要从国际的立场来加以考虑。

2. 基本原则

关于刑法的空间适用范围,有属地原则、属人原则、保护原则和世界原则这样四个原则。①所谓属地原则,是指对本国领域内的犯罪,不管犯人的国籍如何,都适用本国刑法的原则;②所谓属人原则,是指本国公民在外国实施违反本国刑罚法规的行为的场合,适用本国刑法的原则;③所谓保护原则,是指从保护本国和本国公民利益的角度出发,对在国外实施的侵害本国或者本国公民利益的行为,不管犯人是本国公民还是外国人,一律适用本国刑罚法规的原则;④所谓世界原则,是指违反本国刑罚法规的行为,不管在什么地方实施的,一律适用本国刑法的原则。一般来说,各国法律往往采用以上述四个原则中某一个原则为中心,以其他原则为补充的原则。

二、空间适用范围

现行刑法原则上采用属地原则(第1条),而辅之以属人原则(第3条)以及保护原则(第2条,第3条之2,第4条)。

1. 属地原则

刑法第1条第1款规定,本法适用于所有在日本国内所实施的犯罪,明确地表明了属地原则的立场。

(1)犯罪地 所谓犯罪地,就是犯罪实施地,即符合构成要件的事实的一部分所发生的地方。犯罪地为日本国内的犯罪,被称为国内犯;犯罪地为日本国外场合的犯罪,被称为国外犯。[1] 只要有部分符合构成要件的事实存在,该场所就是犯罪地,因此,构成要件行为的实施地,

---

[1] 最判昭46、4、22刑集25、3、451。

构成要件结果的发生地以及二者之间的因果关系所经过的中间影响地，都应当看作为犯罪地。[1]

[1] 未遂、既遂的场合　未遂的场合，凡是具有发生结果的现实危险的地方，都是犯罪地。X为了杀死在日本国内的Y，而从国外给其邮寄有毒的威士忌，Y在喝到嘴中后吐出，即以未遂而告终的场合，适用日本刑法。[2] 对于预备来说，在处罚预备犯的场合，预备行为发生在日本国内的话，就是国内犯，但是，在不处罚预备犯的场合，即便在国内准备，而在国外实施实行行为，也不得作为国内犯。

[2] 共犯的场合　在实行共同正犯的场合，其中一个人的犯罪地为国内的场合，其他人的犯罪地，也常被认定为国内[3]，共谋共同正犯的场合，也同样处理。[4] 教唆犯以及帮助犯的犯罪地，除了教唆、帮助的场所之外，也包括正犯的犯罪地在内。但是，就正犯而言，只有自己本人犯罪的地方才是犯罪地。在正犯的行为在国外实施，而共犯行为在国内实施的场合，只有共犯是国内犯。

（2）日本国内　在日本国的国家领域即领土、领海、领空之内的，都是在日本国内。领海的范围是基线外侧12海里的范围；领空就是领土和领海的上方空间。日本国领域之内的外国大使、公使馆之内[5]，以及日本国的领海内的外国船舶内部，也都视为日本国内。

（3）旗国原则　刑法第1条第2款为了对属地原则进行补充，还规定了旗国原则。所谓旗国原则，是有关在国外航行中的本国船舶或者航空器之内所发生的犯罪，适用本国刑法的原则。因此，在日本国外的日本船舶或者日本航空器内所实施的犯罪，适用我国刑法。"日本船舶"或者"日本航空器"，只限于具有日本国籍的情况。当然，即便是没有船籍的船舶，但属于日本国民的船舶的时候，就是"日本船舶"[6]。船舶或者航空器在日本国内的时候，适用刑法第1条第1款。

1　遍在说（通说）。反对，辰井聪子："论犯罪地的决定（二、完）"，上智法学41卷3号273页（法益侵害说）。

2　平野，439页；山中，88页。反对，团藤，88页；香川，34页。

3　最判平6、12、9刑集48、8、576。川本：《判例讲义Ⅰ》，166页。名古屋高判昭63、2、19高刑集41、1、75。

4　东京地判昭56、3、10刑月13、3、299。

5　大判大7、12、16刑录24、1529。

6　最决昭58、10、26刑集37、8、1228。

提供淫秽画面图像　在日本国内通过美国的网站提供淫秽图片信息,使日本国内的不特定或者多数人能够通过上网浏览该图片信息的场合,在发送信息的阶段应当看作为散布(陈列)行为,所以,可以将该行为的"犯罪地"解释为在日本。另外,国内实施的在网络计算机内制作有淫秽画面的网页的行为,被认定为是公然散发淫秽物罪(东京地判1996年4月23日《判例时报》第929号第266页)。

2. 属人原则

日本国民在日本国外犯对有人居住建筑物放火、强奸、杀人、伤害、盗窃等犯罪的时候,适用我国刑法(第3条)。这一原则被称为属人原则或者积极的属人原则。相反地,所谓消极的属人原则,就是在犯罪的被害人为本国国民的时候,对该犯罪的犯人适用本国刑法的原则,也称为国家保护原则。我国过去曾采用这一原则,但是,从日本国宪法所采用的国际协调的观点来看,既然是在外国实施的犯罪,对其处罚就应该由该外国决定,基于这一宗旨,便废除了上述规定。

关于属人原则的根据,有①只要是日本国民,即便在国外,也应当遵守日本刑法的国家忠诚说,和②是在本国替外国处罚该在国外实施的应当受处罚的行为的代理处罚说之间的对立。但是,放任上述犯罪不管的话,就会扰乱我国国内的社会秩序,因此,应当从为维持我国的社会秩序,必须对上述犯罪予以处罚的一点上,说明属人原则的根据(社会秩序维持说)。而且,被当作为国外犯的犯罪,不一定要求外国即行为地的法律也将其规定为犯罪(通说)。[1] 所谓日本国民,是具有日本国籍的人。要求必须在行为时属于日本国民。

代理处罚说　代理处罚说以虽然是本国公民,但该人在国外的时候,因为应当服从该国的法律,所以,国外犯应当按照该国的法律进行处罚为前提。在该人未受处罚归国的时候,按照"本国人不引渡"的原则,代替该外国在本国对该犯罪进行处罚。按照这种观点的话,只有在行为地法也将该行为作为犯罪的场合,才能作为国外犯进行处罚。德国刑法第7条第2款虽然采用了代理处罚说,但我

---

[1] 反对,平野,440页;前田,86页;山中,90页。

第一编　刑法的基础

国刑法并没有要求考虑行为地法是否认为是犯罪,所以,尽管近年来主张这种见解的人逐渐增多,但是,其只是立法论上的主张而已。

3. 保护原则

在日本国之外,任何人实施内乱、外患、伪造货币、伪造公文、非法制作公电磁记录、伪造有价证券、伪造公章、公记号等罪的,都适用我国刑法。另外,关于渎职犯罪,只有日本公务员在国外实施的场合,才适用我国刑法。所谓保护原则,是对于众多的侵害本国利益的犯罪,不管犯人和犯罪地如何,都适用本国刑法的原则。刑法第2条以及第4条,一般认为是作为对属地原则的补充而规定了保护原则的内容,但是,由于刑法第4条规定"适用于日本国的公务员",所以,可以将其理解为是保护原则和属人原则的合并规定。[1]

在日本国外,日本国民以外的人对日本国民犯强奸罪、杀人罪、伤害罪、抢劫罪等重大犯罪的时候,从保护日本国民的立场出发,适用日本刑法。刑法第3条之2,作为将历来不被处罚的国民以外的人的国外犯加以处罚的规定,是保护原则的复兴,是2003年修改刑法时增设的条款。

修改的理由　1947年刑法修改之前,曾经规定"对于在帝国之外对帝国国民犯前款罪的外国人,亦同"(第3条第2款),但后来基于在日本国民成为犯罪被害人的场合,委托给犯罪地国加以处罚的考虑,将上述规定删除了。但是,在国外对日本国民人身进行犯罪的情形激增,考虑到①从保护国民的角度来看,将上述情形放置不管,并不妥当,②违反国民感情,③德国、法国等外国的立法当中,也规定有保护本国国民的规定,因此,从强化对生命、身体的保护的观点出发,重新恢复了修改之前的以人身犯罪为对象的保护原则。

4. 世界原则

所谓世界原则,是不考虑犯人国籍以及犯罪地,一律适用本国刑法的原则。刑法典自身还没有达到采用世界原则的程度,但是,在1987

1　平野,438页;内田,103页;前田,92页。理解为属人主义的见解,植松,91页;佐伯,99页;西原,45页等。理解为保护主义的见解,团藤,88页;福田,49页;大塚,78页等。

年部分修改刑法的时候,新设了对国外犯的概括性处罚规定,向世界原则迈进了一大步。国外犯的概括性处罚规定,是为了对付近年来不断发生的杀害外交官、占领在外使馆以及劫持人质等国际恐怖活动,根据参加《有关防止以及处罚针对国际范围内受保护者(包括外交官)的犯罪的条约》的需要,在以刑法第 2 条到第 4 条的规定不能处罚国外犯的时候,在条约要求的范围之内,适用刑法的规定。

刑法第 4 条第 2 款规定:"除了前三条规定的犯罪之外,无论何人,在日本国外犯本法第二编所规定的、根据条约即便在日本国外实施,但也应当予以处罚的犯罪的,一律适用本法"。根据这一规定,符合刑法分则各个犯罪的构成要件的行为,根据第 2 条至第 4 条的规定,在不能作为国外犯予以处罚的场合,在条约要求的范围之内,可以予以处罚。另外,本条是对国外犯的补充规定,在符合第 2 条到第 4 条规定的场合,就不适用本条。除此以外,《有关处罚劫持人质进行强要行为的法律》第 1 条、《有关处罚暴力行为等的法律》第 1 条之 2 的第 1 款、第 2 款所规定的各项犯罪,按照刑法第 4 条之 2 的规定,是有关处罚国外犯的规定(人质 5 条,暴力 1 条之 2 第 3 项)。

三、外国判决的效力

即便是在国外接受有效判决的人,对于其同一行为,还可以进行处罚。但是,犯人在国外已经执行所判刑罚的全部或者部分的时候,可以减轻或者免除其刑罚的执行。刑法第 5 条在明确宣告外国的刑事判决不具有"一事不再理"的效力的同时,对于刑罚,采用了必要折算原则。到 1947 年修改刑法时为止,减免刑罚都是酌量进行的,将其规定为必须折算的情况,表明在向世界原则靠近。另外,宪法第 39 条第 2 款所规定的禁止双重处罚原则只限于国内法的场合,对于已经接受外国法院的有效判决的人即便再次交付裁判,进行处罚,也不违反该条的规定。所谓减免刑罚执行,不是刑罚自身的减免,仅仅是减免被宣告的刑罚的执行。要在我国的刑罚执行的"减免"中反映出在外国已经执行刑罚的情况,具有困难,因此,法院在宣告刑罚的同时,应当在判决书中宣告减免刑罚的执行。[1]

---

1 最判昭 29、12、23 刑集 8、13、2288。团藤,92 页。

刑事判决的国际效力 外国判决的效力，可以分为承认刑事判决在国际范围内具有一事不再理效力的消极效力，和在本国承认外国判决的执行效力的积极效力。我国不承认外国判决的效力。在欧洲，由于对外国人的有罪判决的件数非常多，行刑由该外国人自己的国家实施的话更加方便，因此，1970年在荷兰签订了《有关刑事判决的国际效力的欧洲公约》。

四、犯人的引渡

刑法的空间效力范围，和裁判权所及的范围不同。裁判权，只要没有特别的条约限制，原则上只限于本国领域之内。因此，为了对在国外的犯罪人行使本国的裁判权，必须将该犯罪人引渡到本国，这就是所谓国际司法协助的问题。关于对逃亡犯罪人的引渡，有《逃亡犯罪人引渡法》(1933年)，对成为引渡对象的犯罪、引渡程序等都做了规定。引渡犯罪人是根据各国之间的条约进行的，其中规定有在缔约国双方都作为犯罪的情况下，互相约定引渡特定犯罪的犯罪人的义务的相互原则，以及政治犯不引渡的原则等。顺便说一下，和我国缔结引渡条约的，只有美国。在没有条约的场合，比照条约，根据国际礼仪来进行引渡。另外，以处理洛克希勒事件为契机，近年来，国际调查协助逐渐受到重视，我国也制定了《国际调查协助法》(2004年)，它和司法协助不同，以调查协助为目的。

第三节 刑法对人的适用范围

一、意义

所谓刑法对人的适用范围，是指应当适用刑法的人的范围。刑法第1条第1款和第2款规定"凡是在日本国以内犯罪的人"都适用本法，因此，只要符合时间、空间适用范围上的规定，不管是什么人，都适用刑法。但是，对于具有一定身份上的特殊情况的人，不适用刑法。这就是所谓发动刑罚权的身份障碍。

关于身份障碍的性质，有①是身份的排除处罚事由的见解[1]，②由于欠缺诉讼条件，所以才成为"诉讼障碍"而已的见解[2]，③根据身份障碍的性质，既有成为身份的排除处罚事由的场合，也有成为诉讼障碍的场合的见解（通说）之间的对立。正如以下所述，应当包括身份的排除处罚事由以及诉讼障碍两者在内，因此，③说妥当。

二、适用上的例外

1. 国内法上的例外

在国内法的关系上，成为动用刑罚权的身份障碍的，是天皇、摄政、参众两院的议员以及国务大臣。

（1）天皇、摄政　刑法对天皇没有做特别规定，但是，《皇室典范》第 21 条规定："摄政，其在任中，不受追诉"，因此，天皇在任的时候，不受追诉。所谓"不受追诉"，是指尽管刑法对天皇也适用，但是，考虑到天皇的地位，所以，不予处罚。另外，虽说天皇也只是在任的时候不受追诉，但实际上天皇不可能退位，所以，其实际上不可能受到追诉。[3] 摄政在任中尽管不受追诉，但是，对其追诉的权利并没有什么影响，所以，在其退任后，满足诉讼条件的话，就要被追诉。

（2）议员、大臣　参众两院的议员"在议院进行的演说、讨论以及表决，在院外不承担责任"（宪法第 51 条）。这一规定，是为了保障议员独立而不允许对其适用刑罚的规定，在此范围内，可以看作为身份的排除处罚事由。

国务大臣"在任时，未经内阁总理大臣的同意，不受追诉"（宪法第 75 条）。这种场合，是考虑到国务大臣的地位，在其在任的时候赋予的特权，但是，"这一规定，不妨害对其追诉的权利"（宪法第 75 条但书），对于国务大臣的行为，在其在任时，只是以内阁总理大臣的同意为追诉条件而已。

这样，无论上述哪一种情况，都可以适用刑法，只是，由于欠缺身份处罚事由或者欠缺诉讼条件，所以，才不处罚而已，因此，对上述人员，能够成立共犯就不用说了，还可以对上述人员实行正当防卫。

---

[1] 木村，123 页；庄子，44 页；大塚，81 页；佐久间，19 页。
[2] 佐伯，101 页；中山，103 页。
[3] 反对，庄子，47 页。

2. 国际法上的例外

在国际法上，由于身份而不能处罚的有两种情况：一是外国的元首、外交官、外交使节。按照国际惯例，这些人不受处罚，我国的裁判权不涉及他们。因此，这种场合下的身份障碍，可以看作为诉讼障碍。二是外国驻军的组成人员。根据《日美安全条约》，在日美军的成员、军属以及上述人员的家属违反日本刑法的时候，尽管日本国对他们具有裁判权，但是，在上述人员完全是对美国的财产或者安全实施犯罪，对美国军队的成员或者军属以及他们的家属的身体或者财产实施犯罪，以及由于执行公务中的作为或者不作为而造成犯罪的场合，美军当局具有优先裁判权，这种情况也应当看作为诉讼障碍。

第四节　刑法对事的适用范围

所谓刑法对事的适用范围，是指刑法应当适用的事项的范围。关于这一点，刑法第 8 条规定："本编规定，对于其他法令中的犯罪也适用。但是，其他法令中有特殊规定的场合，不在此限"。因此，刑法典的总则规定，对于其他法令中所规定的刑罚条款也适用。刑法总则本来是对刑法第二编即分则适用的一般原则，同时，它也是有关实体刑法的一般事项的规定，所以，在没有"特别规定的场合"，对所有的刑罚法规都适用。所谓"特别规定"，就是和刑法总则规定宗旨不同的规定，要求必须是明文规定。

根据特别规定所具有的例外，大致来说，可以分为以下四大类：第一是有关犯罪主体的规定。在刑法总则中，犯罪主体原则上只限于自然人，但是，在很多行政刑罚法规所规定的两罚规定中，规定有法人以及不具有法人资格的团体也要承担刑事责任的代罚规定，因此，在此范围之内，不适用刑法总则的规定。第二是有关违法性和责任的特别规定。有关正当防卫要件的扩张（如《盗犯等防止法》第 1 条的规定就是对刑法第 36 条规定的扩张）等就是其适例。第三是有关共犯的特别规定，即存在不适用共犯的例外规定。第四是有关刑罚的特别规定。即存在不适用裁量取消缓期执行制度的规定。这些特别规定，虽然主要是出于行政取缔的目的而设计的，但不论是作为立法论还是作为解释论，都不能无视刑法所固有的原理。

刑法讲义总论

第二编
犯罪

- 第一章 犯罪论
- 第二章 构成要件
- 第三章 排除犯罪性事由
- 第四章 构成要件的修正形式
- 第五章 罪数

第二编 犯 罪

第一章
犯罪论

第一节 犯罪的概念

一、犯罪的意义

1. 犯罪的实质意义

犯罪，在实质意义上，是由于侵害了社会生活上的利益而必须采取某种强制措施程度的有害行为。在此意义上讲，不管是精神病人的杀人行为还是儿童的盗窃行为，都是犯罪。在刑事政策学上，这种不能科处刑罚的有害行为也广泛地被作为犯罪而加以讨论。但是，在刑法学中，在达到一定程度的有害行为中，只有具有值得用刑罚这种制裁措施加以处罚性质的行为才是讨论的对象。这种行为就是当罚行为。

为使某种行为应当处罚，首先，该种行为必须是违反法秩序的行为。违反法秩序就是违法或者说是违法性。但是，行为仅仅违法还不值得用刑罚进行制裁。精神病人因为精神病发作而杀了人，所以要将其关进监狱，这显然是没有任何意义的。为了称得上是应当处罚，必须基于社会一般意识或社会通念上存在的报应观念，认为能够依据该行为，对该行为人进行谴责，追究其刑事责任。能够对行为人进行谴责就是责任或者说是有责性。

2. 刑法上的犯罪

应当处罚的行为是违法有责的行为，但并不是所有的当罚行为都能够作为犯罪予以处罚。国家从谦抑原则的角度出发，在应当处罚的行为中，仅将真正有处罚必要的行为抽象出来作为犯罪，并对其科处刑罚。另外，从罪刑法定原则的要求出发，必须事先将应当处罚的行为类型化，在刑罚法规中明确规定犯罪的构成要件。这种在刑罚法规中所规定的违法有责的行为类型就是构成要件。为将应当受到处罚的行为作为犯罪进行处罚,该行为必须符合构成要件。这样,符合构成要件而成为现实的刑罚对象的行为就是可罚行为。刑法上的犯罪,就是根据刑罚法规,值得处罚(可罚)的当罚行为。

二、犯罪的成立条件

1. 意义

所谓犯罪的成立条件,就是某一行为成立刑法上所规定的犯罪时所必须具备的要素,也即犯罪构成要素。前面已经说明,刑法上的犯罪是违法有责的行为,是符合刑法所规定的构成要件的行为,因此,成立犯罪,首先要有人的行为。其次,该行为必须是符合构成要件的违法、有责的行为。换句话说,成立犯罪,必须满足行为、构成要件符合性、违法性、责任(有责性)的各种要件。

2. 行为

犯罪,首先必须是行为,正如通常所说的"任何人不能因为思想而受到处罚"一样,思想,和人格一样是单纯的内心事实,不能成为犯罪。为了成立犯罪,必须具有存在于外部的客观事实即作为人的身体活动的行为。没有行为就没有犯罪的原则是行为主义。这样,行为就成为犯罪的基础。这种行为成立犯罪,必须具备以下三个要素。

3. 构成要件符合性

犯罪,首先必须是符合刑法分则以及其他刑罚法规中所规定的构成要件的行为。在以罪刑法定为原则的当今刑法之下,犯罪仅仅是当罚的反社会行为还不够,为了处罚某一行为,其必须符合刑罚法规所规定的构成要件。所谓构成要件,就是被刑罚法规所类型化了的违法、有责的行为。构成要件是违法有责行为的类型,因此,在进行违法或有责这种个别的、实质的判断之前,先进行该行为本来是不是违法并且有责行为的类型这种形式上的判断,将成为犯罪的行为和不成为犯罪的行为区分开来的做法是妥当的。

例如,我们考虑一下杀人罪的情况。刑法只规定了"杀人的"这一构成要件。这大约是从故意剥夺人的生命的行为就是违法有责的行为,值得处罚这种观点出发来进行规定的,因此,在判断是否成立犯罪的时候,必须判断:该行为从形式上看,是否属于法律预定必须予以处罚的"杀人行为"。如果符合"杀人"这一行为类型的话,通常,就有必要作为犯罪予以处罚。这样,符合构成要件的行为原则上就是违法有责的行为。与此相对，根据罪刑法定原则的要求，无论怎么样值得处罚的行为，只要不符合构成要件，就不能成为刑法上的犯罪。

4. 违法性

犯罪必须是具有违法性的行为。所谓违法性，实质上是指违反法秩序。法秩序是为了保护法益而形成的，不对法益造成侵害或危险的行为就不具有违法性。不对法益造成侵害或威胁，就没有违法性，也不成立犯罪的原则被称为法益侵害必不可少原则（法益保护原则）。但是，由于刑法是处罚维持社会秩序所必要的范围内的侵害或威胁法益的行为的法律，所以，不危害社会秩序的行为，换句话说，不违反社会伦理秩序的行为，在社会一般观念上所容允的侵害或威胁法益的行为，就是具有社会相当性的行为，没有必要予以处罚。因此，违法性就是违反社会伦理规范的法益侵害或威胁。

刑罚法规中所规定的各个构成要件，本来就是可罚行为的类型，因此，符合构成要件的行为，原则上就是违反法秩序的行为。但是，正如正当防卫而将人杀死的情形一样，即便具有符合"杀人"这一构成要件的侵害法益行为，但例外的并不违法的场合也是存在的。这种场合不成为犯罪。这样，成立犯罪，该行为除了符合构成要件以外，还必须具有违法性。

5. 责任

犯罪，必须是符合构成要件的违法行为，同时还必须是能够对行为人进行谴责，能够对行为人追究刑事责任的行为。责任也称为有责性，是指能够追究责任的性质。由于对因精神病而无法辨认善恶的行为人无法追究责任，所以，这种场合下不成立犯罪。"没有责任就没有刑罚"的原则就是责任原则。只要不是能够追究行为人责任的行为，即有责行为，就不成立犯罪。

这样，刑法中的所谓犯罪，是符合构成要件、违法且有责的行为，只有同时满足上述三个要素的行为才能成立犯罪。国家也才能对有关行为发动刑罚权。

客观处罚条件 有时候，即便成立犯罪，但是，动用刑罚权，还必须依赖于其他的一定的客观条件。这种一定的条件就是客观的处罚条件。如事前受贿罪中的成为公务员的事实（刑法第197条第2款），或者破产欺诈罪中，将"开始破产程序的决定被确定"作为处罚条件的场合（《破产法》第374条），都是如此。尽管这种场合是可罚行为,成立犯罪,但是,基于国家政策上的考虑,对其不予处罚。

三、排除犯罪性的事由

1. 意义

所谓排除犯罪性事由,是指排除成立犯罪的根据的事由。构成要件是违法有责行为的类型,因此,符合构成要件的行为原则上成立犯罪,但是,有的时候,即便行为完全符合构成要件,但也不成立犯罪。这种妨害成立犯罪的事由就是排除犯罪性的事由。其中,包括排除违法性的事由和排除责任的事由。

2. 排除违法性的事由

行为符合构成要件,原则上就具有违法性,但是,作为例外,也有排除违法性的场合。成为该种根据的事由就是排除违法性的事由。作为排除违法性的事由,有正当行为(第35条)、正当防卫(第36条)和紧急避险(第37条)。

3. 排除、减轻责任事由

符合构成要件且违法的行为,原则上就是有责任的违法行为,但是,例外地也有排除、减轻责任的场合。作为其根据的事由就是排除、减轻责任的事由,包括心神丧失、心神耗弱(第39条)、不具有违法性意识的可能性、不具有期待可能性,等等。

从以上来看,行为只要符合构成要件,原则上就成立犯罪。但是,在具有排除违法性或责任的特别事由即具有排除成立犯罪的事由的场合,作为例外,就应当否定成立犯罪。

身份的排除处罚事由 所谓身份的排除处罚事由,也称为一身性的排除刑罚事由,它是由于行为人的特殊身份关系而排除处罚的理由。如前述的由于天皇、摄政等身份而排除处罚的情况,就属于此。另外,刑法第244条第1款中所规定的配偶、直系血亲、同居亲属等之间的行为,虽然成立犯罪,但刑法基于一定的政策性理由,对他们排除处罚。关于这一点,在刑法各论中要详细论述,但要注意的是,由于身份而排除处罚的根据在于国家政策,因此,将其作为排除违法性或者排除责任的问题加以探讨的立场是不妥的(通说)。

四、犯罪的本质

1. 学说

所谓犯罪的本质，就是犯罪的本质特征。在启蒙运动以后的欧洲，从对权利的侵害中寻求犯罪的本质特征的费尔巴哈的权利侵害说占流行地位，但是进入 20 世纪以后，主张犯罪的本质在于侵害或威胁国家所保护的利益或财产的法益侵害说逐渐有力，占据了通说的地位。另一方面，主张犯罪的本质在于违反了以社会上妥当的宗教、道德、风俗等为内容的文化规范的文化规范违反说，以及主张犯罪的本质与其说是对法益进行侵害或威胁的结果无价值，倒不如说是违反义务的行为无价值更为重要的义务违反说也曾经被提及。但是，现在在我国，主要有①犯罪的本质是侵害或威胁法益的法益侵害说，和②虽然也注重法益侵害的一面，但是，说到底是违反社会伦理规范的社会伦理规范违反说之间的对立。

2. 犯罪的本质

在维持以将对个人的尊重作为价值本原的现代社会的秩序时，最重要的就是保护以个人的生活利益为中心的法益，国家也是从这一立场出发来形成法秩序的，因此，犯罪的本质，首先必须是侵害或威胁根据法秩序所保护的利益即法益的行为（侵害、威胁法益行为）。在此意义上，法益侵害说是基本妥当的。社会伦理规范违反说虽然也重视侵害法益的一面，但是，正如其将不伴有法益侵害的文身等行为也以违反伦理为由而看作为犯罪一样，该学说在将对社会伦理的保护自身也作为刑法的任务的一点上，显然是不妥的。

那么，法益侵害说是不是就十分妥当呢？本来，刑法之所以使用强有力的刑罚来保护法益，其目的在于维持社会秩序，对于该目的来说并不重要的法益侵害行为，只要使用民法中的损害赔偿之类的法律制裁就够了。因此，不能仅将法益侵害把握为犯罪的本质，换句话说，将侵害、威胁法益作为犯罪的本质特征的法益侵害说是不妥的。从维持社会秩序的观点来看，没有必要将所有的侵害法益的行为都作为犯罪，只要将从维持社会秩序的目的来看，不能放任不管的、应当予以刑罚处罚的行为作为犯罪就够了。

这里所谓的社会秩序，虽然是指构成社会的个人或团体等各种势力或各种要素之间的协调关系，但是，社会秩序，是以各个生活领域中所形成的一般妥当的社会伦理规范为基础而得以维持的。刑法所追求的，就是以这种社会伦理规范为基础的现实存在的社会秩序的维持和发展，而不是其之上的东西，也不是其之下的东西。即便实施了侵害法益的行为，只要不和这种社会伦理规范相抵触，就不仅不会侵害社会秩序，而且也不会唤起社会的处罚感情，即便对其放任不管也不用担心会扰乱社会秩序。这种社会伦理规范，是以人们的智慧为基础，作为社会中的人的生活方式而历史地形成的，并成为社会秩序的基础。总而言之，犯罪的本质就是违反社会伦理规范的法益侵害行为，违法性、责任甚至刑罚，都必须以这种社会伦理规范为基础。

对于将社会伦理规范作为犯罪的本质要素的见解，有如下批判：①将伦理自身作为刑法的保护对象；②在价值多元化的现代社会，以刑法强制推广某一种伦理，是权威主义的表现。的确，历来的伦理规范说，在为了维护特定的意识形态或国家道义，而将与个人生活利益无关的行为也作为犯罪的一点上，存在问题，因此，上述批判是有其妥当的一面的。但是，对于我的这种见解，上述批判则可以说是完全不对的。

第一，我的见解是以保护法益为前提的，以"没有法益侵害就没有犯罪"的原则为基础，因此，上述①种批判是不合适的；第二，我也承认伦理观念是多元化的，但是，这里所说的社会伦理规范，是社会一般人认为妥当的一般行为标准，而不是从若干伦理规范中所抽象出来的某一种伦理规范。关于其具体内容将在违法性论中进行展开，但是，我力图将犯罪的本质理解为违反社会伦理规范的侵害法益的行为，并根据这种见解，消除法益侵害说和社会伦理规范说之间的对立。

社会秩序的维持、法益保护、社会伦理规范　论述犯罪本质，要以刑法的目的为大前提。前面已经说过，现在的通说认为，刑法的目的在于保护法益，犯罪的本质在于侵害、威胁法益。相反地，我认为，刑法的目的在于维持社会秩序，实现这一目的，尽管保护法益必不可少，但保护法益自身并不是刑法的最终任务，因此，没有必要将与刑法目的不一致的侵害、威胁法益行为作为犯罪，而应当将对维持社会秩序来说有害的行为，换言之，违反社会伦理规范的侵害、威胁法益行为，作为犯罪的本质。

第二节 犯罪论的体系

一、犯罪论体系的意义

所谓犯罪论,是成立犯罪的一般理论。犯罪是由行为、构成要件、违法性以及责任这四个方面的要素所组成的,将这些犯罪要素按照一定的原理进行系统化之后的东西,就是犯罪论的体系。所谓体系,就是按照一定原理所组织起来的有关知识的统一体,在刑法学上,以刑法的目的、机能为基准,将对于实现该机能来说互相协调的知识进行统一化、组织化,这就是体系构成的任务。

因此,犯罪论的体系就是服务于一定目的的体系,即目的论的体系,所以,第一,它必须有利于明确划分成为犯罪的行为和不成为犯罪的行为之间的界限;第二,为认定犯罪提供统一的原理,并有利于防止在刑事司法中注入个人情感和任意性。[1] 本来,犯罪论的体系是实现刑法目的的体系,因此,随着刑法目的中重点的变迁,体系论也会发生变化,在此意义上讲,不可能有绝对唯一的犯罪论体系[2],但是,能满足上述两方面的机能,有利于对思想进行整理并确立概念的体系是最好的体系。

从体系性的思考向解决问题式的思考过渡 将和是否成立犯罪有关的问题全部列入体系性的框架之内,得出结论的方法,对于排除判断者的任意性来说,是最合适的方法。但是,偏重体系的话,就会过分拘泥于概念的明确化和体系的整合性,推导出游离于现实的结论来。这种倾向,在重视体系的德国刑法学中,尤为明显。[3] 因此,第二次世界大战以后,德国的刑法学者中开始出现对偏重体系的倾向进行反思的见解,在我国,也有学者在"从体系性的思考向解决问题式的思考演变"的气氛之下,强调同体系的整合性相比,应当更加尊重解决问题的具体的妥当性。[4] 但是,没有体系就不可能有学问,另外,在重视具体的妥当性的时候,也容易忽视刑法的

---

1 平野,88页;西原,62页。
2 柏木千秋:"犯罪论的体系",泷川还历上,276页。
3 座谈会:"德国刑法学的现状和评价",月刊313号36页。
4 平野龙一:《刑法基础》(1966年),225页。

保障机能。解决问题的思考，应只看作为对偏重体系的学问倾向提出的警示而已。

二、犯罪要素的体系化

1. 三分说还是四分说

成立犯罪，必须具有行为、构成要件、违法性以及有责性这四种要素或要件。对这些要素或要件的相互关系进行系统讨论，就是犯罪要素体系化的课题。关于犯罪要素的体系化，有①将行为作为犯罪论的基础，把构成要件符合性、违法性、责任作为犯罪的成立要件的三分说的立场[1]；②因为构成要件符合性的判断和违法性不可能分割开来，因此，将构成要件放入违法性之内，主张采取行为、违法性（不法）、责任的三分说的立场[2]；③赋予行为独立的体系性地位，主张采取行为、构成要件符合性、违法性、责任的四分说的立场[3]之间的对立。

为了以行为主义为基础来构筑犯罪论的体系，首先，应当从作为外部事实的行为中寻求犯罪即刑法的评价对象，而应当排除仅将人的思想、人的危险性当作为犯罪的"危险性刑法"。但是，在以罪刑法定原则为基础的刑法之中，犯罪必须是符合刑罚法规所规定构成要件的行为，和构成要件无关的"赤裸裸的行为"不是犯罪的要素或成立条件。[4]因此，主张采取行为、构成要件、违法性、责任的体系的③的见解是不妥的，而将行为作为刑法的评价对象，主张将其置于犯罪概念的基础或底部的①的见解是妥当的。

2. 形式性和实质性　构成要件，是将社会中所存在的无数的违法、有责的行为，根据社会一般观念，在法律上进行抽象化和类型化，从而为成为犯罪的行为提供形式上的"界限（框架）"，因此，判断行为是否成立犯罪，必须从构成要件符合性的判断开始。在罪刑法定原则的要求上，为了仅将作为犯罪而向国民预告了的行为进行处罚，防止出现将刑罚法规中没有预定的行为作为犯罪进行处罚的危险，另外，也为了防止将判断者的肆意性介入其中，所以，构成要件符合性的判断，必须是形

---

[1] 植松，佐伯，团藤，庄子，福田，大塚，吉川，香川，藤木，内田，前田等。
[2] 平野，中，西原，野村等。
[3] 泷川，平野，内藤，中山，曾根，山中等。
[4] 小野清一郎：《犯罪构成要件的理论》（1983年），54页；大塚，111页。

式的、类型的判断。因此，不承认构成要件的独立存在意义的②的见解是不妥当的。

构成要件是将违法、有责的当罚行为在法律上的类型，因此，构成要件既是违法行为的类型（违法类型），同时又是责任类型。只要是符合构成要件的行为，就可以推定同时具有违法性和责任。只要没有特别事情的存在，原则上成立犯罪。但是，在判断是否排除违法性，是否排除责任、违法性以及责任的程度的时候，必须采取实质的、具体的、非类型性的判断，因此，与构成要件符合性的判断是形式的、抽象的、非类型的判断相对，违法性以及责任的判断，必须是实质的、具体的、非类型性的（个别）的判断。

3. 违法性判断和责任判断

行为主义的犯罪论，采取针对现实行为而对行为人进行谴责、科处责任的形式，所以，即便在犯罪论的体系之中，也应当首先客观地把握行为自身，判断其违法性，之后对于该违法行为，也应当主观地把握其和行为人之间的关系，判断其责任。换句话说，在实质的判断上，应当采取最初从违法性的判断开始，之后转移到责任的判断方法。[1] 从这种立场出发，在构成要件符合性的判断之后，继续考虑是否存在排除违法性事由，之后再判断是否存在排除责任事由。违法性的程度以及责任程度的判断，是法官量刑时的基准的同时，对于可罚性的判断来说也是必要的。

综合上述，在犯罪论的体系问题上，在以刑法评价对象的行为为基础的同时，主张采取按照构成要件、违法性、责任的顺序来确定的方法的①的见解是妥当的。

三、形式的犯罪论和实质的犯罪论

1. 概论

承认构成要件的独立机能，以社会的一般观念为基础，将构成要件进行类型性地把握的犯罪论，通常被称为形式的犯罪论。本书是以形式的犯罪论为基础，将犯罪论进行体系化的，与此相对的就是实质的犯罪论。实质的犯罪论对形式的犯罪论进行批判，认为作为形式的犯罪论的

---

[1] 井田，1页认为："责任判断，不是和不法脱离的独立存在。其可以被称为'责任的不法关联性'"。

中心的犯罪的定型或类型的内容不明,因此,在形式的犯罪论中,追求保障人权保护国民利益的处罚范围难以适当划定,主张在刑罚法规的解释特别是构成要件的解释上,应当从处罚的合理性和必要性的观点,换句话说,应当从当罚性这一实质的观点出发来进行。按照这种观点,刑法是行为规范,但更应当是以法官为对象的裁判规范,即不外乎是为了导入实质的当罚性判断的规范,因此,罪刑法定原则中的明确性原则或刑法的严格解释原则并不重要,应当从处罚的必要性和合理性的立场出发,对刑罚法规或构成要件进行实质性的解释。[1]

2. 构成要件和形式性

实质的犯罪论在追求和刑法的目的、机能相对应的犯罪论的构成上,具有其正确的一面,但是,在以下诸问题上却有不妥之处:

第一,刑法的目的在于,通过告知国民什么样的行为是犯罪,什么样的行为不是犯罪来规制国民的行动,从而维持社会秩序,因此,刑法规范在成为裁判规范以前,首先应当是规制国民行动的行为规范。

第二,从保障人权的要求出发,行为的禁止或命令应当通过构成要件,以一般国民能够理解的形式明确地进行,只有违反该命令或禁止的人才应当受到处罚,因此,违背国民的一般预测的处罚是不允许的,而且,在构成要件的解释上,在进行处罚的必要性或合理性的实质判断之前,应当从具有通常的判断能力的一般人是否能够得出该种结论的角度出发,进行形式的判断。的确,构成要件的内容作为社会心理上的"定型",对其把握,历来具有抽象的倾向,因此,其内容不一定明确,对这一点应当进行反省,但是,这一问题,将在另外的地方再进行考察。

第三,毫无疑问,为了确保处罚的合理性和必要性,犯罪论也必须是目的论的体系,但是,正如历史上所出现的,从处罚的必要性和合理性的观点出发,将刑法作为滥用权力的正当借口的情况也屡见不鲜,因此,建立以构成要件所表示的行为框架或类型,换言之,从刑罚法规出发,以具有通常的判断能力的一般人能够理解的形式的行为类型为中心,只要是难以划入该种类型的行为,无论怎样具有处罚的合理性和必要性,也不能作为犯罪的体系就成为必要。以处罚的合理性、必要性为基准的实质的判断,只要在查清是符合构成要件之后,在违法性以及责

---

[1] 前田雅英:《现代社会和实质的犯罪论》(1992年),21页;前田,6页、45页。

任的阶段进行个别、具体判断就够了。[1]

四、犯罪的种类

犯罪的种类，可以从各种角度进行分类，如有关犯罪主体的身份犯、非身份犯，有关行为形态的实质犯、形式犯、结果犯、举动犯、侵害犯、危险犯等，以及有关修正构成要件的既遂犯、未遂犯等。这些都将在有关部分叙述，在此对以下犯罪类型进行解说。

1. 自然犯、刑事犯和法定犯、行政犯

自然犯，不是因为法律规定而是因为其性质违反伦理而被规定为犯罪的情形，也被称为刑事犯。法定犯，是因为被法律所禁止才成为犯罪的情形，在出于行政取缔的目的而被规定为犯罪的意义上，也被称为行政犯。如杀人罪、盗窃罪等，刑法分则中所规定的犯罪的绝大多数都是自然犯（刑事犯），道路交通法上的犯罪等，则是法定犯（行政犯）。但是，刑法典上的犯罪当中，也有基于行政取缔目的的犯罪（如密葬非正常死亡者罪［第192条］），相反地，行政犯当中，也有和社会伦理紧密相关的犯罪（如税法上的犯罪）。另外，正如道路交通法上的醉酒驾车罪（《道路交通法》第65条，第117条之2的第1项）一样，有些犯罪在其规定之初是出于行政取缔的目的，但之后逐渐地转化为了伦理上所谴责的犯罪。因此，自然犯和法定犯的区别，现在并不重要。

2. 政治犯和确信犯

扰乱国家的基本政治秩序或者以此为目的而实施的犯罪是政治犯或者国事犯，内乱罪（第77条）是其典型，由于这种犯罪是作为政治斗争的手段而实施的，因此，必须将其与一般犯罪区别对待。政治犯，考虑到其目的、动机、手段等方面，有必要对其名誉进行保护，同时，由于刑罚有可能被恶用为改变政治信仰的工具，因此，有必要对其采用"名誉拘禁"等和一般犯罪不同的独特刑罚。我国刑法在徒刑之外，还规定有监禁这种法定刑，就是出于这种宗旨。

所谓确信犯，就是以自己的道德、宗教或者政治信仰为决定动机的犯罪。这种犯罪人的动机崇高，而且确信自己的行为正确所以才实施犯罪，因此，刑罚恐吓以及改造都很困难，反伦理性的色彩也不浓厚。有

---

[1] 大谷实："形式犯罪论和实质犯罪论"，法教158号11页。另外，团藤，196页；内田，84页；曾根，56页；山口，27页；西田，60页。

见解认为，对确信犯必须采取和普通犯罪不同的特别处遇，但是，对确信犯的犯罪也能认可期待可能性，因此，在科处刑事责任的一点上，没有障碍，没有必要特别对待。当然，对于作为政治犯的确信犯，必须特别对待。

3. 自诉罪和非自诉罪

所谓自诉罪，就是作为追诉要件必须具有本人告诉的犯罪。其以外的犯罪，是非自诉罪。关于自诉罪的根据，有基于犯罪性质而尊重被害人的名誉的考虑和出于犯罪轻微的理由之分，将强奸罪（第180条）规定为自诉罪就是因为前者，而将损坏器物罪（第264条）规定为自诉罪，就是基于后者的考虑。

第三节 行为

一、概说

犯罪论毕竟是对行为人科处刑罚的理论，因此，作为刑法的判断对象的犯罪，可以说是作为行为主体的行为人自身，所以，就有了"应当处罚的，不是行为而是行为人"（李斯特）的说法。但是，没有行为，就没有行为人，另外，对行为人进行刑法评价的最确实的资料或根据，无非是在外部所显现的行为。为了处罚他人而将暧昧的东西作为根据，这是绝对不允许的。[1] 在犯罪论中成为考察对象的事实，首先必须是作为人的外部态度的"行为"。"任何人不能因为其思想而受到处罚（Cogitationis poenam nemo patitur.）"或"思想不纳税（Gedanken sind zollfrei.）"，说的就是这种道理。

这样，行为就是成为犯罪概念的基础的事实或基本要素。这一结论，已被犯罪是"符合构成要件、违法并且有责的行为"的定义所承认。另外，刑法上也规定"根据法令或正当业务的行为，不罚"（第35条）、"心神丧失者的行为，不罚"（第39条第1款），还有，刑罚法规也是将"杀人的"（第199条）行为作为犯罪的内容的，可见，上述结论也在现行法律上被认可。为了解释作为刑法对象的"行为"（行为论的限定机能），并将犯罪要素统一在"行为"之下（行为概念的统一机

---

[1] 植松，100页。

能），就展开了各种各样的行为理论。那么，和这些机能相称的"行为"，到底应该是什么样的概念呢？

二、有关行为的各种学说

1. 自然行为论

所谓自然行为论，是主张行为是基于意思的身体动静的学说。[1] 这一学说是传统的见解，也是现在的通说。由于其主张可以将行为把握为人的客观的身体活动和由此而产生的外界变动的自然的、物理的过程，因此，也称为自然行为论，另外，由于其认为只要具有和某种意思之间有因果关系的身体活动或外界变动的话，就可以说具有行为，因此，也被称为因果行为论。按照这种概念，行为是①由意思这种内心要素（有意性），和②物理上能够感知的身体动静这种外部要素（身体性）所组成的，因此，反射运动、睡眠中的身体动作、无意识动作等并非出于意思的身体活动，由于没有有意性，所以不是行为；思想和人格由于没有身体性，所以，也应当从刑法的评价对象中排除。

自然行为论认为，作为是身体的动，而不作为是身体的静，据此可以将单纯的意思从行为概念中排除掉，实现思想自身不受处罚的行为概念的限界机能，这是毫无疑问的。但是，彻底贯彻自然行为论的话，就应当说不作为是动的否定即静止，所以，在自然的、物理的意义上应当是"无"。如此的话，就不可能将动和静、肯定和否定在一个上位概念上加以统一，因此，这一概念，不能满足将作为犯、不作为犯、故意犯、过失犯等都作为行为加以统一的行为概念的统一机能。

2. 目的行为论

目的行为论认为行为是受目的支配的身体运动。这一学说在20世纪30年代在德国被提倡，第二次世界大战之后变得有力，在我国也获得了支持者。[2] 按照这种见解，对人的行为在存在论上进行考察的话，行为的本质就是，行为人设定一定目的，选择实现该目的的必要手段，并操纵、支配实现该目的的因果关系。因此，仅将行为作为有意思的东西加以把握的历来的自然行为论，在将意思内容仅作为行为

---

[1] 小野，93页；泷川，22页；藤木，70页。
[2] 木村，167页；平场，34页；福田，59页；阿部，64页；井田，27页。

因子，把它和外部事实分割开来的一点上，是不当的。刑法上的行为概念应当受制于存在论上的行为构造，目的的行为概念应当成为犯罪的基本。[1]

目的行为论在认为缺乏"目的性"这一主观要素和身体活动这一客观要素的时候，就不成其为行为的一点上具有限界机能，但是，过失犯中难以认定目的，另外，不作为中，也难以认定对因果关系的操纵和支配，因此，目的行为论也难以满足行为概念的统一机能。但是，目的行为论者认为，过失犯具有和故意不同意义的目的，另外，在不作为的行为性上，作为和不作为都是受目的行动力即按照行为人的目的而控制其意思的能力所支配的，在这一点上，尽管目的行为论在向认为行为被人的"行态"观念所包括的立场转变，但是，不同目的的身体活动，或者说，将行为和非行为这种相反的概念统一在一个目的行为概念之下，也差不多是对原有理论的放弃。[2]

3. 人格的行为论

人格行为论是认为行为是行为人人格的主体现实化的身体动静的学说。[3] 按照这种见解，行为是行为人人格主体现实化的现实活动，具有生物学和社会学的基础，是行为人的人格在一定场合下的主体表现。即在受环境和素质所决定的同时，在具体的行为环境之下，所显现出来的、基于行为人自身的意思活动的身体态度，可以看作为人格主体现实化的行为。因此，反射运动和绝对强制下的动作，都不是行为，但无意识的动作则可以成为行为。另外，主体的人格态度，也可以不作为以及过失的形态体现出来，因此，二者都可以包括在行为概念之内。

按照上述人格行为论的观点，不是人格主体现实化的身体动静也被排斥在外，因此，行为概念的限界机能也能实现。另外，作为、不作为以及故意行为、过失行为都能包括在"主体现实化"的身体动静之中，因此，统一机能也能满足。但是，"主体性"就是自由意思，结局上和"有责"是同等意思。因此，在行为概念事先替代了"责任"的意义上，很难说满足了行为的统一机能。

4. 社会行为论

社会行为论认为，行为是具有社会意义的人的身体的动静。这种

---

1 井田良：《犯罪论的现状和目的的行为论》（1995年），1页。
2 大塚：《刑法论集（1）》（1976年），41页。
3 团藤，104页；大塚，99页；佐久间，34页。

见解中，有将①行为看作为"某种具有社会意义的人的态度"的立场[1]，和②可以受意思支配的、具有某种社会意义的运动和静止的立场。[2]

社会行为论将行为概念从刑法价值的观点中解脱出来，而从社会意义的角度来构成行为，意图把握行为概念在存在论上的意义。但是，将意思要素从行为概念中加以排除的①的见解，将刑法上并不重要的无意识行为、睡眠中的动作等也作为刑法上的评价对象，难以满足行为概念的限界机能，因此，不妥。相反地，②的见解，将行为理解为具有社会意义的人的身体动静，可以将吃饭、睡觉这些没有社会意义的活动从行为中加以排除，而将行为限定为可以作为刑法评价对象的客观事实，同时，通过强调意思支配可能性，将自然现象和行为加以区别，并且，可以将单纯的反射运动和绝对强制下的动作从行为中加以排除，从这些方面来看，这一见解基本上是妥当的。

三、刑法中的行为

刑法也应该受到人类存在的基本构造的制约，因此，刑法上的行为，首先应当是社会生活上的人的行为。

1. 能够受意思支配

作为刑法上的行为，首先，必须能够受意思支配。

（1）和自然现象的区别 通过对在社会上生存的人的行为进行考察，可以看出，行为概念，首先是在和自然现象加以区别的意义上使用。自然现象完全受自然科学的因果法则支配，相反地，人类的行为，则是作为主体的行为人在有意支配因果法则，二者在这一点上有本质的不同。但是，人类具有根据意思选择因果法则的能力，在人的身体动静受具有一定内容的意思支配，换句话说，在属于根据意思而发动，具有一定方向的人的态度的时候，才具有作为人的行为的社会意义，并据此和自然现象区别开来。这种意思支配，既可以以积极的、指导因果法则的形式实施，也可以消极的、尽管可以支配但却不支配的方式实施，二者在都属于根据意思而支配的人的态度的一点上是相通的。

---

[1] 佐伯，145页；内藤，164页；板仓，81页；町野，117页；浅田，105页；平野，109页；前田，58页。

[2] 西原，74页；曾根，49页；野村，118页；山中，140页。

这样，成为行为，要求人的外部态度必须在意思支配的可能性的范围之内。即，所谓行为就是受人的意思支配的人的态度。[1] 由于意思支配的可能性是行为要件，因此，在尊重行为概念的存在论上的构造的同时，也可以弥补将行为看作为单纯的因果现象的自然行为概念的不足。另外，刑法评价的本质是通过行为对行为人的人格进行谴责，因此，行为概念也必须能够适应有关评价，通过将可以受意思支配作为要件，就能满足这一要求。

（2）忘却犯的行为　将可以受意思支配作为行为核心要素的结果，就是将不受意思支配的人的身体动作，如反射行为、绝对强制下的作为和不作为、睡眠中的动作等受自然的或生理的因果法则支配的身体动作，从刑法评价对象的行为中加以排除。另一方面，忘却犯的行为性，根据这种意思支配可能性的要件，也容易加以认定。如在母亲在睡眠中将婴儿压死的案例中，母亲的动作是睡眠中的动作，不能说是出于意思的行为。但是，在睡着时的那一时刻，让婴儿安然入睡以及将婴儿压死，都是意思可以支配的因果过程，母亲处于能够根据意思作用对上述情况进行选择的状态，因此，此刻可以说具有意思支配的可能性。[2]

2. 外部态度

成为刑法上的行为，其次，必须是人的外部态度。

（1）具有社会生活意义的人的态度　将人的外部态度作为行为要素，是从保障人权或行为主义的实际要求中推导出来的，但即便从存在论的立场即人类社会中作为事实而存在的基本构造出发，也能承认这一点。因为，单纯的意思或思想，不是社会生活上的人的行为。另一方面，在说是社会生活中的行为的场合，吃饭、睡觉之类的纯个人的身体运动，尽管能够被意思支配，但是，也被排除在行为之外。成为行为的人的外部态度，必须具有能够成为刑法评价对象的某种社会意义。

另外，在行为人的意思或内心态度体现在外部的场合，自然的、物理的观点就成为大致的基准，从这一基准来观察人的外部态度的话，就会发现其中包含行动和静止这样两种完全相反的形态。因此，人可以通过身体动作来变更因果发展趋势的形式，或者尽管可以根据意思来支配因果发展趋势，但却以放任不管的身体静止（不作为）的形式，来实现自己的意思。对社会中的人的行为进行观察的话，就会发现存在人以这

---

[1] 中野，22 页；西原，80 页。
[2] 西原，82 页。

种身体的动作和静止的形式，作为体现自己意思的具有社会生活意义的态度。

（2）统一机能和限定机能　自然行为论认为，这种实际存在的行为是基于意思的身体动静。但是，只要是从这种见解所主张的自然的、物理的角度来看的话，就不能将身体的动作和静止同等看待。人格行为论虽然认为行为的本质是人格主体的现实化，但是，在身体静止的场合，如在"不给婴儿喂奶"之类的、不为一定的身体动作的态度具有社会意义的场合，不正可以认定人格主体的现实化吗？即在人的外部态度具有社会意义的场合，才能作为社会生活中的人的行为加以认识，在不实施一定的具有社会意义的身体举动的时候，身体静止可以是和举动一样的人的外部态度即行为。具有社会意义的身体举动是作为，不实施这种举动的身体的静止是不作为。这样，行为就是人的意思可以支配的具有社会意义的外部态度（统一机能）。

关于"社会性"的意义，有①人的身体运动都具有社会意义的见解[1]，和②是指社会中对外界具有影响方向上的东西的见解[2]之间的对立。按照①的见解，纯粹的个人身体活动也是刑法的评价对象，在限定机能上不妥。因此，认为所谓社会性，是指对包括周围的人在内的社会，具有某种影响的性质的东西②说比较妥当（限定机能）。

（3）行为的定义

根据上述讨论，结论是"所谓行为，就是人的意思可以支配的具有社会意义的身体的外部态度（动静）"。因此，只要认可根据意思的因果法则的支配，或具有意思支配的可能性，即便是无责任能力人等保安处分的对象的外部态度，也是行为。

行为性成为问题的事例　被告人在自己家里和妻子就寝的时候，由于不安、烦躁而引起心理紧张，不能熟睡，处于浅睡状态的时候，梦见三个男子试图杀死自己而卡住自己的脖子，被告人极度恐惧，为了先发制人就用手猛掐住其中一个人的脖子，但被其所掐住脖子的实际上是自己的妻子，结果导致妻子窒息身亡。在这一案件中，大阪地方法院1962年7月24日（《下刑集》第4卷第7＝8号第696页）认为："只有根据自由意思所能支配的行为，才是判

---

[1] 佐伯，145页；西原，86页。
[2] 内藤，166页。

断有无刑罚法规中所规定的构成要件符合性的判断对象,上述不是出于自由意思的行为,且不说行为是否具有责任能力,连成为刑罚法规的对象的行为都说不上"。但是,杀害这一事实不是物理地、自然地发生的,而是基于被告人的意思发生的,因此,不应看作为否定行为性的事例。第二审的大阪高等法院1964年9月29日(判例集中没有刊登)认为行为人的行为是行为,但是,行为人没有责任能力。

第二编 犯 罪

第二章
构成要件

第一节 构成要件的概念

一、构成要件的意义

1. 意义

"构成要件"的用语，在司法实践和理论上一般都在使用，但是，什么是构成要件，并没有严格的法律上的定义，另外，刑法典中也没有条文使用这一用语。因此，关于构成要件的定义和机能就有各种各样的主张，但是，我认为，应当按照前述的刑法理论或犯罪论的目的、机能，对这一问题进行定义，这是毫无疑问的。从这种观点出发来做定义的话，"所谓构成要件就是刑罚法规中所规定的违法、有责的值得处罚的行为类型或定型"。如刑法第 199 条 "杀人罪，处死刑、无期徒刑或者 5 年以上有期徒刑"的规定当中，"杀人的"，就是构成要件。

在社会中，存在许多实质上违法、应当追究责任的当罚行为，但是，国家没有必要将其都作为犯罪加以处罚，而是从一定政策的角度出发，从当罚行为中选择一些应当处罚的行为，将其类型化，并用显示其法律特征的形式，规定为犯罪类型。例如，以杀人罪为例的话，毒杀、刺杀、枪杀、绞杀等，实际上有各种各样的杀人行为，但是，法律将这些形态进行抽象概括，以"杀人的"这种定型或类型加以规定。这种在刑罚法规中所规定的违法、有责的值得处罚的行为类型，就是构成要件。

刑法在刑罚法规中明确规定构成要件，还表明不符合该类型的行为就不予以处罚，据此，在满足罪刑法定原则的保障人权机能的同时，通过明确规定什么是犯罪，来规范国民的行动，抑制其产生犯罪的动机。为使某种行为成立犯罪，首先必须确认该种行为符合构成要件。

构成要件论 构成要件论来源于德语 Tatbestand。Tatbestand 是拉丁语 corpus delicti（罪体）的德译。罪体是指根据刑事程序所证明的犯罪事实，本来是诉讼法上的概念，但从 18 世纪末开始，变为指应当成为犯罪的行为以及结果，供排除法官的任意性使用。之后，费尔巴哈等将其发展为实体法上的要件，但是，现代构成要件论的真正展开，则是在 20 世纪以后的事情。

（1）最初展开构成要件论的是贝林格（Ernst Beling, 1866—1932）。他认为，只有符合类型的行为才是犯罪，构成要件中，不包括故意、过失等主观要素，另外，它也是和违法性、责任这种规范的、价值性的东西相独立的犯罪成立要件，是客观的、记述的、无价值的东西。贝林格在其晚年，还将构成要件和犯罪类型相区别，如杀人罪和过失致死罪虽然是不同的犯罪类型，但在其前提中，事先具有对人为断绝他人生命这种犯罪类型进行规制的观念上的指导形象，这就是构成要件，构成要件要素只限于客观的、记述的要素，而规范要素是表明违法、主观要素是表明责任的要素。根据这种对构成要件的概念的理解，贝林格试图排除法官的任意性，对罪刑法定原则进行实质化。但是，立法者是将当罚行为类型化之后设计为构成要件的，因此，和违法性、责任完全区别开来的构成要件是不可能存在的。

（2）之后的构成要件论，是围绕构成要件和违法、责任的关系而展开的。首先，M.E. 迈耶（Max Ernst Mayer, 1875—1923）承认贝林格主张的将构成要件和违法性要严格区分的立场，认为某种行为符合构成要件的话，该行为就具有表明违法性存在的迹象，构成要件是违法性的"认识根据"，两者之间是烟与火的关系，他认为，某种行为符合构成要件的话，就能推定具有违法性。麦兹格（Edmund Mezger, 1884—1962）更为极端，他认为，构成要件就是违法类型，符合构成要件的话，原则上就具有违法性，两者之间不仅仅是"认识根据"的关系，而完全是"存在根据"的关系，符合构成要件的行为，只要没有特别的排除违法事由，就具有违法性，而且，他还认为，规范要素以及主观要素，都是构成要件要素。麦兹格的价值性地考察构成要件的见解，在和贝林格的见解相对比的意义上，被称为新构成要件论，之后，在德国成为通说。

（3）我国的构成要件论，是昭和初年由小野清一郎和泷川幸辰从德国引进的。泷川博士最初借鉴贝林格的学说，之后主张麦

第二编 犯 罪

兹格等提倡的违法类型说。但是，构成要件是将值得处罚的行为类型化，作为犯罪类型，是立法者所创设的，因此，仅仅将其把握为违法类型是过于片面的，而必须是包括责任类型在内的犯罪类型。根据这种见解，小野博士最初尽管也受到了贝林格和M.E.迈耶的影响，但是，之后，他提出了自己独创的违法、责任类型说。[1]

2. 构成要件的内容

虽然构成要件是刑罚法规所规定的，但是，并非马上可以从刑罚法规用语的解释中明确构成要件的内容。前面已经说道，构成要件是为了通过保护法益来维持社会秩序而将一定的行为类型规定为犯罪的，并将此作为对一般国民的命令、禁止，以规制国民的行动。在这一点上，应当注意以下两方面：

第一，构成要件是以保护法益为目的的，因此，应当处罚的行为，必须是具有侵害法益的危险的行为。但是，侵害法益的危险并不是纯粹的科学危险或物理的危险，而是以具有通常的判断能力的一般人的理解即社会一般观念为基准所理解的、该构成要件中所预定的侵害法益的危险。一方面，只有根据社会一般观念上的危险，才有可能规制一般国民的行动；相反地，即便是科学的危险，如果对于一般国民来说是未知的危险，便也不是这里所说的侵害法益的危险。另一方面，在社会一般观念上的危险行为是否具有科学的危险，情况并不明确的场合，如果放任这种行为不管的话，就会对维持社会秩序产生弊害，因此，这里所说的危险，应当理解为社会一般观念上的危险。

第二，刑法是以谦抑原则为宗旨的，单说具有社会一般观念上的危险还不值得处罚，只有在不使用刑罚手段就不能防止法益侵害，换句话说，对于该刑罚法规所预定保护的法益，不仅具有侵害的危险，而且在一般国民看来，确实是值得处罚的行为，才能被考虑在构成要件之中。

这样，构成要件，是在社会一般观念看来，具有侵害法益的危险、并且值得处罚的行为的类型。因此，在刑罚法规的解释上，应当以法条为基础，从是否具有社会一般观念上的危险的角度来说明构成要件的内容。因此，在刑法解释上，既有必须做缩小解释的场合，也有必须做扩

---

[1] 小野清一郎：《犯罪构成要件的理论》（1935年），15页。

大解释的场合。

定型说 团藤博士认为,所谓构成要件是"刑罚法规所预想的定型"[1],但是,批判意见认为,定型的内容、实体并不明确。的确,如果仅仅将定型理解为社会一般观念或者社会心理上的概念的话,其内容就会极为模糊不清,出于对这一观念的反省,本书从侵害法益的危险这一点着眼,从社会一般观念上的危险的一点上寻求定型的实体内容。[2]

3. 构成要件和违法性、责任的关系

成立犯罪,行为必须具备符合构成要件、违法且有责的条件,但是,在构成要件和违法性、责任的关系方面,学说上历来存在对立。

(1) 学说的检讨　学说上,有①构成要件是和违法性、责任相独立的另外的犯罪成立要件的见解[3];②构成要件是违法类型的见解[4];③构成要件是违法类型的同时又是责任类型的见解[5]之间的对立。

刑罚法规中所规定的各个犯罪类型,是当罚行为即违法、有责且值得处罚的行为的类型,因此,构成要件既是违法类型又是责任类型的③的见解是妥当的。因此,只要是符合构成要件的行为,原则上就是违法、有责的行为。换句话说,构成要件是违法性和责任的认识根据,构成要件符合性具有推定违法性和责任的机能。麦兹格认为构成要件不是违法性的认识根据而是存在根据,但是,按照这种见解的话,构成要件只有在刑罚法规中被规定下来时,该行为才具有违法性,这样,构成要件和违法性之间就成了表里关系,构成要件的形式性或类型性的特征就会消失。

(2) 原则和例外　构成要件是违法、有责行为的类型,因此,符合构成要件的行为,原则上就具备违法性和有责性,只要不存在特别的排

1　团藤,22 页。
2　大谷,前揭法教 158 号 11 页。
3　内田,(上) 152 页;曾根,44 页。
4　木村,135 页;平野,99 页;福田,69 页;内藤,196 页;西原,133 页;中山,214 页;浅田,116 页;山口,28 页(可罚的违法类型);松宫,53 页。
5　小野,前揭犯罪构成要件的理论,19 页;佐伯,125 页;植松,105 页;庄子,87 页;大塚,118 页;吉川,74 页;香川,91 页;藤木,74 页;板仓,95 页;西田,69 页(可罚的违法、责任类型);前田,90 页;佐久间,28 页;山中,152 页。

除违法事由或排除责任事由,就构成犯罪。因此,首先,在违法性的阶段上,如果是符合构成要件的行为,就通过确认是否存在排除违法性事由的消极方法来确定违法性;其次,在责任阶段,如果是符合构成要件且违法的行为的话,就通过确认是否存在排除责任事由的消极方法来确定责任。另外,以违法、责任类型说为基础,主张即便符合构成要件,还必须积极判断有无责任的见解极为有力。[1] 按照这种见解的话,就会出现即便说构成要件是违法类型的同时也是责任类型,但责任类型不是责任的征表结果,因此,该主张几乎没有什么意义。[2]

对违法、责任类型说的批判 对于违法、责任类型说,批判意见认为,由于构成要件和责任是以违法行为为中介而连接起来的,因此,仅就违法行为来说,存在责任问题,所以,构成要件也是责任的类型化的见解,在理论上是不可能成立的。[3] 但是,构成要件在将违法性、责任这些要实质判断的因素从对象中除外的同时,又将能够与该判断连接起来的特征(要素)统一进行类型化,因此,倒不如说,在理论上,首先应当在违法的层面上考察构成要件,其次应当从责任的层面上考察违法行为。[4] 另外,有见解认为,由于构成要件和违法性具有不可分的关系,因此,构成要件不具有独立地位[5],但是,这种见解忽视了构成要件的类型性,并不妥当。

二、构成要件的机能

1. 理论机能

构成要件对于成立犯罪来说,具有什么样的理论机能呢?在构成要件是违法性和责任的类型的立场上,构成要件不仅指导违法性和责任的内容,而且也规制未遂犯、共犯以及罪数。即,构成要件是成立犯罪的第一要件,违法性和责任在其之后,因此,只要不符合构成要件,就不能对行为做违法性和有责性的判断。这样,只要是符合构成要件的行

---

[1] 团藤,270页;大塚,430页;佐久间,232页。
[2] 福田,69页。
[3] 西原,136页;阿部纯二,刑法的争点(第2版),27页。
[4] 佐伯,125页。
[5] 西原,68页;野村,83页。

为，原则上就可以肯定具有违法性和责任，构成要件具有推定违法性和责任的机能。这一机能是构成要件的推定违法性、责任的机能（征表机能）。另一方面，后述的未遂犯和共犯是基本的构成要件的修正形式，其内容也受构成要件的指导或制约。而且，与犯罪的个数有关的罪数也是以构成要件为基准加以确定的。这样，构成要件具有将成立犯罪所必要的要素进行体系化的功能。这便是构成要件的体系机能。

刑事诉讼法上的机能　构成要件，也具有将刑法和刑事诉讼法有机结合的作用。刑事诉讼法第335条第1款规定，有罪判决中，必须显示"有罪事实"，同条第2款规定，当事人提出"不成立犯罪的事由"的时候，法院对此必须作出判断。所谓有罪事实，就是符合构成要件的事实，检察官在一般场合下，只要证明该事实存在就够了，对于"不成立犯罪的事由"，在被告人提出质疑该事由存在的证据的时候，负有提出证据责任[1]，只要证明该证据不存在就够了。这样，构成要件不仅指导"有罪事实"，而且，也具有制约起诉书中所记载的"公诉事实"等的机能。这种机能被称为构成要件的诉讼法上的机能。[2]

2. 社会机能

构成要件在实现刑法的目的方面有着什么样的机能呢？有关这一点的机能，是构成要件的社会机能。

关于构成要件的社会机能或实际机能，可以分为保障自由机能和维持秩序机能。[3] 但是，从罪刑法定原则来看，无论是怎样值得处罚的行为，只要是刑罚法规中的构成要件上没有预定的行为，就不得予以处罚，因此，构成要件的社会机能，可以归结于保障人权机能或罪刑法定原则机能，维持秩序机能不过是其反射机能而已。

从这种观点来看，为了保障人权，就要求犯罪个别化、明确化。如行为即便在人为地断绝他人的生命一点上相同，但是，由于犯罪构成要件的事实不同而分别成立杀人罪、伤害致死罪、过失致死罪一样，必须实行犯罪个别化，构成要件必须具有能够进行个别化的机能。这一机能

1　西田，69页。
2　铃木茂嗣："构成要件的再构成"，《法学论丛》124卷5=6号61页。
3　大塚，120页等。

就是构成要件的个别化机能。

和个别化有关，还具有规制故意内容的机能。犯罪原则上必须出于故意，但是，由于故意的内容是对符合构成要件的客观事实的认识和实现的意思，因此，在结局上，决定成立故意所必要的事实范围的还是构成要件。构成要件具有规制故意内容的机能。这一机能被称为故意规制机能。

违法、责任类型说和共犯 西田教授认为，采用可罚的违法、责任类型说，在共犯当中也能确保构成要件的保障机能。[1] 如教唆犯人隐藏、毁灭其刑事案件证据的人，按照限制从属性说、最小限度从属性说，不得不成立教唆犯，因为"有关他人的刑事案件的证据"是责任要素。但是，一旦认可责任构成要件，正犯不可罚的话，共犯也不可罚，即便在共犯的处罚当中，还是能够划定处罚的界线。

三、构成要件的种类

1. 基本的构成要件、修正的构成要件

构成要件分为基本的构成要件和修正的构成要件。

（1）两者的意义 所谓基本的构成要件，正如"杀人的"一样，是在刑法分则或各种刑罚法规中，单个规定的构成要件。通常是单独犯，以既遂的形式规定。所谓修正的构成要件，是以基本的构成要件的存在为前提，将其进行修正之后所设计的犯罪类型，特指预备、阴谋罪、未遂犯以及共犯。刑法虽然将单独的行为人完全实现犯罪的场合（既遂）作为典型的犯罪加以规定，但在该犯罪行为的发展阶段上，没有达到既遂状态而应当受处罚的，还有预备罪、阴谋罪以及未遂犯等犯罪类型。另外，从数人参与的角度来看，还规定有两个以上的人共同实行犯罪的就是共同正犯，教唆他人实行犯罪的是教唆犯，帮助他人实行犯罪的是帮助犯等各种类型（第60条到第65条）。关于这些犯罪类型，有刑罚扩张事由说[2]或犯罪成立扩张事由说[3]之争，但是，作为扩张刑罚或者

---

1 西田，70页；山口，30页。

2 庄子，382页。

3 平野，307页。

成立犯罪的前提，必须具有基本的构成要件的修正形式，所以，将其称为构成要件的修正形式或修正的构成要件是妥当的。

（2）二者的关系　构成要件的修正形式通常规定在刑法总则（第43条、第44条）之中，但是，正如在规定基本的构成要件的法条中规定预备、阴谋一样，有的时候，也将其在分则法条中加以规定（如第78条、第88条、第113条、第201条、第237条）。这些犯罪类型，是在法律有特别规定场合，进行例外处罚的情况而已。修正的构成要件自身并没有作为完全的构成要件在刑罚法规中加以规定，所以，有必要根据解释来确定构成要件的内容。但是，作为其基础的还是基本的构成要件。虽然有见解认为应当从未遂犯和共犯的实质处罚根据中来确定其内容，但倒不如说，将基本的构成要件作为前提，在它们的关系之内来明确处罚范围。

修正的构成要件的例子　以杀人罪为例来看，杀人罪的基本的构成要件是"杀人"，但是，根据刑法第43条对杀人未遂罪的构成要件进行修正的话，就是"已经着手实行杀人行为而未得逞"。另外，根据刑法第60条的规定对杀人罪的共同正犯的构成要件进行修正的话，就是"二人以上共同杀人"。同样的情况，对预备、阴谋罪，教唆犯、帮助犯也适用。

2. 封闭的构成要件、开放的构成要件

所谓封闭的构成要件，是指由于刑罚法规中的构成要件在其规定上是完整的，因此，不需要法官加以补充的情况，又称为完结的构成要件。构成要件一般都是封闭的构成要件。所谓"开放"，是指对法官而言的开放。因此，在开放的构成要件中，仅有构成要件的形式上的符合还不够，还必须有法官的实质判断加以补充，才能确定构成要件符合性。[1]

开放的构成要件的主要情形是过失犯和不真正不作为犯。在过失犯中，如在规定"过失而致人死亡的"场合，法律上所要求的注意义务就只能由法官来确定。另外，在不真正不作为犯中，如，有作为义务的人出于杀人的故意而不给婴儿喂奶致使婴儿死亡的场合，便出现了不作为

---

[1] 内藤，198页认为"会认可根据法官的价值判断对构成要件进行补充"，从罪刑法定原则、明确性原则的角度提起了疑问。同旨，山中，170页。

的杀人问题，这时候，作为义务的有无以及范围的大小，就只能交由法官判断。在开放的构成要件成为问题的犯罪类型的场合，容易导入法官的任意性判断，损害构成要件的保障机能，因此，应当弄清楚该刑罚法规中所预定的行为的本质要素，这一点，应当从作为指导原理的社会一般观念的观点出发，对构成要件进行补充。

3. 消极的构成要件

构成要件是成立犯罪的要件，但是，正如刑法第109条第2款关于对自己所有的物放火时，以"前项的物属于自己所有的物时，处6个月以上7年以下的徒刑"的形式而规定构成要件，紧接其后的但书中规定"但是，没有公共危险的时候，不处罚"一样，一定要件和是否成立犯罪相关的时候，就是消极的构成要件。

4. 消极的构成要件要素理论

它是如尽管具有如符合杀人罪的构成要件的事实，但是在具有正当防卫之类的排除违法性事由的场合，就不符合杀人罪的构成要件之类的见解。认为构成要件是违法性的类型，所以，排除违法性事由也是构成要件要素，构成要件和违法性完全是一体的。的确，因为构成要件是违法、有责的当罚行为的类型，所以，也可以说构成要件符合性的判断是和违法性的判断紧密联系在一起的，但是，前者是形式的、类型性的判断，而后者是实质的、个别的判断。形式的类型并不马上表现实质，包含有例外，所以，构成要件符合性和违法性在判断的实质上不同。因此，在这一理论上成为问题的所谓消极的构成要件要素，应看作为排除违法性事由（通说）。[1]

第二节 构成要件要素

一、构成要件符合性和构成要件要素

1. 构成要件符合性

构成要件可以分为基本的构成要件和修正的构成要件，在此仅讨论基本的构成要件。

（1）符合性的判断 成立犯罪，首先行为必须符合构成要件。在判

---

[1] 中义胜：《假想防卫论》（1971年），19页。

断有无构成要件符合性时,必须分为①根据证据确定成为判断对象的社会事实,②确定成为判断基准的构成要件,③构成要件符合性的判断,这样三个阶段。也就是,构成要件符合性的判断,首先,根据证据确定在刑法上成为问题的事实,其次,用根据解释所确定的构成要件来衡量该事实,最后,判断该事实是否符合该构成要件所预定的行为。符合构成要件的事实就是犯罪事实。

(2)价值关系的事实判断 构成要件符合性的判断,毕竟也是和违法性、责任这样的法律评价相结合的和价值有关的判断,但是,在这一阶段应当和价值判断相脱离,而只抽象地、类型性地考虑该事实和构成要件所预定的行为是否一致。这种判断就是价值关系的事实判断。例如,甲杀死了乙。关于这一事实,如果确定有甲出于故意杀死了乙的事实,在有无构成要件符合性的判断上,重要的只是,该事实是否符合杀人罪的行为,至于甲是出于正当防卫而杀死了乙,还是由于精神病发作而杀死了乙,则并不重要。经过这种构成要件符合性的判断之后,该行为才成为法的评价对象,再经过具体的、实质违法性、责任的判断,就能确定罪责。

(3)"符合"和"充分满足" 在构成要件符合性上,有①除了"符合"之外,还应当认可"充分满足"的观念[1],和②不需要"充分满足"的观念[2]之间的对立。①说认为,存在完全符合基本的犯罪构成的事实的场合,就是"充分满足",而未遂犯的犯罪事实之类的,只是部分符合基本的构成要件的时候,就应称为"符合",但是,未遂犯在也是充分满足修正的构成要件的一点上和既遂犯的场合并没有什么区别,因此,没有特意使用"充分满足"观念的必要。

2. 构成要件要素

判断构成要件符合性,其前提是必须确定构成要件。所谓确定构成要件,是指用解释的方法解明刑罚法规中所规定的构成要件的内容。构成要件的确定,通过将构成其内容的各个要素抽象出来的方法进行。这些要素就是构成要件要素。本来,构成要件的确定,是和刑法分则中的各个条文有关的,但在此作为问题而提出的构成要件要素,是指各个构成要件中所共通的一般要素。构成要件要素,大体上可以分为客观要素和主观要素。客观的构成要件要素是其存在在外观上可以认识的要素,

---

[1] 小野,前揭犯罪构成要件的理论,251页;团藤,123页;吉川,70页;香川,94页。
[2] 大塚,119页;庄子,117页。

包括主体、对象、行为、行为状况、结果、行为和结果之间的因果关系等。主观的构成要件要素和行为人的内心有关,是其存在在外观上无法认识的要素,分为一般的主观要素和特殊的主观要素。

二、客观的构成要件要素

1. 行为主体

所谓行为主体,是指实施成为构成要件内容的行为的人即行为人。刑罚法规中规定的"实施……的人",这里的人就是指行为的主体,通常是指自然人。虽然只要是自然人就没有其他限制,但是,构成要件上也有例外的情况,这就是以一定身份为必要的犯罪。另外,对于规定处罚法人自身的刑罚法规而言,法人也能成为行为主体。

(1) 身份犯 所谓身份犯,是在构成要件上,行为主体只限于具有一定身份的人的犯罪。按照判例的解释,所谓身份,"不仅指男女的性别、内外国人的差别、亲属关系、公务员的资格之类的关系,而且指所有和一定的犯罪行为有关的犯人的人的关系即特殊地位或状态"[1],比一般用语的范围,解释得要广。

身份犯分为真正身份犯和不真正身份犯,前者如受贿罪,是指行为人必须具有一定身份才能构成的犯罪(构成的身份犯),后者如惯犯赌博罪,是指行为人由于具有一定身份而加重或减轻其法定刑的犯罪(加减的身份犯)。身份犯,特别是在刑法第 65 条的"共犯和身份"的问题上存在争议。另外,正如不携带驾驶执照罪(《道路交通法》第 121 条第 1 款第 10 项)一样,只有是构成要件中所规定的一定的主体才能实现的犯罪就是亲手犯。*

(2) 法人的犯罪能力 在行为主体方面,法人的犯罪能力成为问题。

[1] 意义 所谓犯罪能力,就是成为构成要件的行为主体的能力,即犯罪行为能力。关于犯罪能力,判例从"法人没有犯罪能力"(Societas delinquere non potest)的立场出发,否认法人具有犯罪能力,但是,随着企业等法人的社会活动范围的扩大,特别刑法尤其是行政刑法所规制的领域中,法人所实施的有害行为引人注目,使人们意识到有必

---

1 最判昭 27、9、19 刑集 6、8、1083。
* 原文为"自手犯"。——译者注

要对法人的违法活动进行刑事制裁，因此，许多法律中明文规定了法人处罚的条款。尽管法律中规定有对于从业人员的行为，处罚作为业主的法人的代罚规定，和处罚从业人员的同时也处罚法人的两罚规定，但是，关于这些规定的解释，即是否应当认可法人的犯罪能力，则历来具有肯定说和否定说之间的对立。

［2］**学说的对立** 否定说[1]的理由是：①法人是无血无肉的拟制存在，不具有作为刑法评价对象的行为能力；②责任是对行为人的人格进行的谴责，并非伦理上的实践主体的法人不具有承担责任的能力；③以自由刑为中心的现行刑罚体系不适合对法人进行处罚；④只要对法人机关即自然人进行处罚就够了，等等。因此，这种见解主张，应当坚持"法人没有犯罪能力"的原则，而特别法上的代罚规定和两罚规定中的刑罚（罚金），实质上是保安处分。[2]

肯定说的理由是：①法人也是按照机关的意思，作为机关而展开行动的，具有行为能力；②只要是按照法人的意思而实施行为，就可以对法人进行谴责；③只要规定有与法人相适应的财产刑，就不会产生处罚上的不合适；④为了抑制法人犯罪，有必要将法人自身作为处罚的对象，因此，针对代罚规定以及两罚规定，这种观点肯定法人的犯罪能力，认为现行法上所规定的罚金是刑罚，同时，作为立法论，主张在刑法典中也承认法人的犯罪能力。

折中说认为，行政刑法中，和违反道义的社会伦理规范方面相比，侵害合乎目的的政策性要求的特点更受重视，因此，在特别刑法中，可以肯定犯罪能力。[3]

判例的态度 大审院1925年11月25日（《刑集》第14卷第1217页）认为："法人是否具有犯罪能力，正如所述，虽说没有定论，但是，作为我国现行法的解释，应当是持否定意见。如果法人的机关即自然人以法人的名义实施犯罪行为，则以处罚该法人的自然人为正当，这是本院判例的主张。我国现行刑法认为，只有具有自然意思的责任能力人，才能成为应当科处刑罚的行为主体，这一点即便比照该法第38条至第41条的规定，也能确定无疑"。另一

---

1 小野，96页；泷川，17页；植松，118页；团藤，126页；庄子，96页。
2 团藤，126页；庄子，96页；松宫，56页。
3 福田，75页；大塚，150页。

方面，在最高法院时代，尽管没有从正面就此问题表明意见的判例，但是，最高法院1965年3月26日（《刑集》第19卷第2号第83页）认为："业主不能免除责任的理解是妥当的，这一点已经在法院的多个判决中加以说明，上述理解，对于本案的情况，即业主是法人，行为人不是其代表者，而是从业人员的场合，也当然推及适用"。既然将法人自身的刑事责任作为问题，则当然以法人自身具有犯罪能力为前提。

[3] 根据 那么，如何看待法人的犯罪能力呢？

第一，法人也和自然人一样，在社会中实施有意义的活动，这种法人活动，是受作为代表机关的自然人即从业人员的意思所支配或者说是可以支配的，因此，从"所谓行为就是人的意思可以支配的、具有社会意义的外部态度"的行为概念来看，可以将机关从业人员的行为看作为法人的行为，所以，说法人具有行为能力并无任何不当。

第二，法人是根据其固有的意思，作为社会现实中的存在而独立展开活动的，对于这种法人可以进行谴责，应当说，法人具有承担刑事责任的能力。

第三，虽然现行刑罚体系的中心是自由刑，不能对法人科处，但是，适合处罚法人的财产刑目前也存在，另外，通过目前作为行政处分的解散法人、停止营业等制裁，可以追究法人的违法行为的责任，为了防止法人犯罪，可以增设有效的制裁方法。而且，通过科刑，可以现实地指导法人的营业方针，今后不要实施构成犯罪的营业活动，因此，可以说，法人也具有感受刑罚的能力。

第四，在法人内部，机关的意思是集体决定的，其结果归于法人本身，因此，如果仅仅处罚作为个人的行为人的话，只会产生牺牲个人，而对法人则不疼不痒的结果，这样，就不能抑制法人自身的违法行为。所以，法人的犯罪能力，不仅在理论上，而且在刑事政策上也应当予以肯定。

这样，在特别刑法上的两罚规定等方面，应当承认法人自身的犯罪能力，承认法人自身的犯罪，同时，在立法政策上，对于刑法犯，也应当引进法人处罚制度。在英美法中，很久以前就承认法人的犯罪能力，对法人科处刑罚，但是在德国，依然否认法人的犯罪能力，对于法人的违法活动，仅仅科处作为行政处罚的秩序罚（ordnungsstrafe）。

[4] 现行法上的法人处罚　如上所述，虽说法人的犯罪能力在理念上应当予以肯定，但是，现行法上，处罚法人只限于在法律中特地设置有法人处罚的场合，因此，应当说，现行法只在以行政取缔为目的的刑罚法规中，承认法人具有犯罪能力。也就是说，现行刑法典没有承认法人处罚。但是，我认为根据现行刑法第8条的但书规定，应当肯定法人具有犯罪能力。

第一，法人处罚的形式　法人处罚的形式，有代罚规定（＝转嫁罚规定）、两罚规定以及三罚规定。代罚规定，是对于自然人即从业人员的违反行为，只处罚业主即法人的规定（如《禁止未成年人饮酒法》第4条第2款）；两罚规定，是对于从业人员的违法行为，在处罚该从业人员（行为人）本人的同时，也一并处罚业主即法人和自然人的规定（如《禁止卖淫法》第14条）；三罚规定，是就有关从业人员的违反行为，除了处罚该从业人员（行为人）本人之外，对其业主即法人和自然人以及该法人的代表人、中间管理人也予以处罚的规定（如《劳动基准法》第121条）。这些法人处罚规定，据说现在约有570多条，其中多半是两罚规定。

对于不具有法人资格的团体（非法人团体），判例认为，应当对该团体的构成人员即自然人进行处罚[1]，但是，近年来，对这种团体设置特别规定，以团体自身作为处罚对象的情况也不少（如《法人税法》第4条，《独占禁止法》第95条第2款）。之所以这么规定，是考虑到既然团体自身在独立从事社会活动，则当然应和法人同样处理。

犯罪能力否定说和法人处罚　否定说认为，上述法人处罚规定，是从行政目的这一政策立场出发，认为法人尽管没有犯罪能力，但是认为具有受刑能力的体现。但是，上述观点在将并非犯罪行为的主体作为受刑主体，无视处罚行为这一刑法基本原则方面，有不妥之处。另外，还有学者着眼于行政刑法的特殊性，对刑事责任进行修正，认为法人虽然没有行为能力，但是，仍然让其承担刑事责任的场合，就是两罚规定[2]，但这种见解仍然会受到前述同样的批判。判例可能是为了避免这种批判，将对法人科处的罚金、罚

1　大判大2、11、6刑录19、1136。
2　福田，74页。

第二编 犯 罪

款看作为行政处分[1]，但是，刑法第 9 条将罚金、罚款规定为刑罚，因此，这一判例解释是违反刑法第 9 条的规定的。

第二，两罚规定的处罚根据　关于业主处罚特别是两罚规定中法人处罚的根据，有①从行政取缔的目的出发，将从业人员的责任无过失地转嫁给法人的无过失责任说[2]；②拟制业主过失的过失拟制说[3]；③以对从业人员的选任、监督过失为根据的纯过失说[4]；④推定对从业人员的选任、监督具有过失的推定过失说[5]，等等。这些见解，都是以"……从业人员，在该法人或者自然人的业务上，犯前两条之罪的，除了处罚行为人以外，对该法人以及自然人科处各本条所规定的罚金"(《公害罪法》第 4 条)这种法人和行为人责任之间的互动为前提而考虑的，但是，1991 年采取了将两者之间的互动关系截断的方针，不仅承认法人选任、监督上的过失责任，而且还承认了法人自身的故意、过失责任，这样，就将使法人脱离其从业人员而受到独立处罚，1992 年又对两罚规定进行了一系列的修改。[6]

在承认法人过失的场合，考虑到从业人员在业务上所实施的行为也经常是在法人的选任、监督之下所实施的行为，对于从业人员的违反行为，应当说，推定业主具有过失，因此，④说妥当。[7] 所以，业主只有在能够提供破除该推定的事实即证明其不具有过失的证据的时候，才可以免除责任。[8]

第三，两罚规定的适用　两罚规定中的法人处罚，只有在以该法人的从业人员的违反行为为要件的场合，才有可能实施。关于两罚规定中

1　大判昭 15、9、21 新闻 4629、3。
2　牧野，上 96 页；宫本，35 页。
3　植松，123 页。
4　神山敏雄："两罚规定和业主的刑事责任"，《法学论坛》277 号 85 页；三井诚："法人处罚当中的法人行为和过失"，《刑法杂志》23 卷 1＝2 号 131 页。
5　庄子，97 页；野村，93 页；福田平：行政刑法（新版，1978 年），73 页；大塚，133 页。
6　关于两罚规定的存在方式，法制审议会刑事法部会在 1991 年就承认了切断和行为人责任之间的联动的做法，基于这一点，规定了《禁止垄断法》第 95 条。山本和昭："关于切断两罚规定中的业主的罚金额和对行为人的罚金额之间的联动"，判时 1402 号 3 页。
7　最大判昭 32、11、27 刑集 11、12、3113。参见村井，百选Ⅰ（第 4 版），8 页；川崎，判例讲义Ⅰ，25 页。
8　最大判昭 40、3、26 刑集 19、2、83。参见西田，百选Ⅰ（第 5 版），10 页；川崎，判例讲义Ⅰ，26 页。

的法人责任，有①包括对法人自身行为的责任以及对从业人员的选任、监督上的责任两方面的见解[1]，和②只有对从业人员的选任、监督上的责任的见解[2]之间的对立。如前所述，从业人员即行为人的违反行为和法人处罚之间虽然具有互动关系，但在处罚内容上，这种互动关系已经被截断，因此，①说妥当。

综合上述，首先，为了追究法人责任，必须具有从业人员的故意或者过失的违反行为。当然，不要求该违反行为一定是犯罪。其次，正如在虽然具有从工厂中排出有毒物的事实，但是，该事实是由谁的违反行为而引起的、不能特定的场合，法人整体上尽管具有客观的违反义务的事实，但是，在不能特定个别的违反义务的场合，就不能适用两罚规定。

法人处罚的动向 在以两罚规定为前提的法人处罚当中，法人处罚的范围不仅只能限定于过失犯，在违反行为人不能特定的场合，也不能追究法人的刑事责任，因此，超越机关的监督责任，以法人自身在治理体制的完善方面具有故意或者过失为中心，导入法人处罚的立法的所谓组织体犯罪论被有力提倡。[3]

2. 行为对象

所谓行为对象，就是作为行为对象所指向的人或物，如杀人罪中的"人"（第199条），盗窃罪中的"他人的财物"（第235条）等。关于行为对象，必须注意以下三点：

第一，行为对象和该刑罚法规中的保护客体不同。所谓保护客体，是刑罚法规根据其构成要件所保护的利益即法益，如杀人罪的行为对象是"人"，而保护客体是人的"生命"。另外，妨害执行公务罪（第95条第1款）的行为对象是作为"公务员"的人，而保护客体是公务。

第二，没有法益就没有犯罪，而没有行为对象却仍存在犯罪。例如，单纯脱逃罪，法律规定为"执行裁判而关押的既决犯或未决犯逃走的时候"（第97条），虽然该罪没有行为对象，但是该罪的保护客体是国家的关押作用。

---

1 中野次雄：《刑事法和裁判的诸问题》（1987年），16页；野村，93页。
2 伊东研佑："法人的刑事责任"，现代展开Ⅱ，129页。
3 川崎友已：《企业的刑事责任》（2005年）。

第二编 犯 罪

第三，行为对象和犯罪的被害人也要大致区分开来。犯罪的被害人是指遭受犯罪侵害的人，如盗窃罪的被害人除了占有者之外，还有财物的所有人，而杀人罪的被害人除了被杀的人本人之外，还包括被杀者的亲属。对于他们，国家除了具有救济制度（《犯罪被害人等给付金支给法》（1980 年））之外，还在刑事诉讼法中规定，他们享受告诉的权利（第 230 条）。

3. 行为状况

所谓行为状况或构成要件状况，是指成立构成要件中所规定的行为所需的一定状况。如违反中立命令罪中的"和外国交战之际"（第 94 条）、妨害灭火罪中的"火灾之际"（第 114 条）等就相当于此。在这些犯罪中，由于行为状况成为构成要件要素，因此，欠缺与此相当的犯罪事实的时候，就不符合构成要件。

4. 行为

这里的所谓行为，是指"杀"、"窃取"之类的、构成要件中所规定的行为，也即构成要件的行为。行为论中所讲述的行为，是指能够受意思支配的具有社会意义的人的外部态度，是作为刑法上的构成要件符合性的对象的社会事实的行为，但是，本处所讲的行为，是作为构成要件中所规定的构成要件要素的行为。

构成要件上的行为可以分为作为和不作为。刑法上的行为，应当以社会意义为基础来把握，从这种观点出发，将一定的身体运动作为基准来观察的话，人的外部态度，可以分为积极的举动和消极的静止（身体的动静）。为一定的身体运动就是作为，不为一定的身体运动就是不作为。

刑法上的作为，就是通过身体举动来实现犯罪，相反地，刑法上的不作为，并不仅仅是消极的静止，它是指违反法律上的作为义务而不为一定的身体运动。因此，不一定意味着身体的静止。例如，命令退去而不退去的不作为是重要的，但在其间也可能具有吵架、谈笑等作为。与作为和不作为的区别相对应，以作为形式规定构成要件上的行为场合的犯罪就是作为犯，以不作为形式规定构成要件上的行为的犯罪，如聚众不解散罪（第 107 条）、不退去罪（第 130 条后段），就是真正不作为犯。另一方面，正如母亲用不给婴儿喂奶的形式杀死婴儿一样，也存在以不作为实现作为犯的场合，这种在法律上期待为一定作为的人，由于不为该作为而实现作为犯的场合，就是不真正不作为犯。

5. 行为和结果

构成要件，通常是将发生一定结果作为构成要件要素加以规定的，这种构成要件要素就是构成要件结果。和构成要件结果相关，可以做如下分类：

(1) 结果犯、举动犯

所谓结果犯，是指作为构成要件要素，以在外界必须产生一定变动即结果为必要的犯罪。例如，杀人罪中的人的死亡，盗窃罪中转移对财物的占有便属于此。

[1] 结果加重犯　它是结果犯的一种，是指实施基本犯罪行为，但发生了严重结果，刑法将该严重结果作为犯罪构成要件，并就严重结果加重了法定刑的情形。故意伤害致死罪（第205条）是其典型例子。在实施暴行罪或伤害罪的场合，因为具有招致死亡的高度危险，考虑到其结果的重大性，所以，特别规定了较重的法定刑。

结果加重犯，在法律规定上通常采用"致使……的"形式规定构成要件结果，但是，没有采用这种形式的场合也存在，这一点需要注意（如抢劫致死罪［第240条后段］）。

[2] 举动犯　也叫单纯行为犯，是指只要具有作为构成要件的行为的人的外部态度就成立，而不要求发生一定结果的犯罪。例如，在伪证罪（第169条）中，只要行为人在宣誓之后进行虚假陈述，就马上符合构成要件，作为某种外界变化的结果不是构成要件要素。

(2) 实质犯、形式犯

所谓实质犯，是指将对刑罚法规中所保护的对象的法益造成实际侵害或威胁作为构成要件要素的犯罪，它又分为实害犯（侵害犯）和危险犯。所谓形式犯，是有关行政取缔法规中所规定的犯罪，是只要在形式上违反"具有驾驶执照的人，在驾驶汽车的时候，必须携带驾驶执照"（《道路交通法》第95条，第121条第1款第10项［不携带驾驶证罪］）之类的命令就构成，连发生侵害法益的抽象危险都不需要的犯罪。在行政取缔法规中，为了保护一定社会关系或法益，便命令或禁止一定的行为，只要在形式上违反了这种禁令或命令就对其予以处罚，这就是所谓直罚规定（《食品卫生法》第30条）。直罚规定，是有关间接地危及各种法规中所直接保护的法益的犯罪的规定，该种被规定的犯罪就是形式犯。

(3) 侵害犯、危险犯

所谓侵害犯，是指以侵害一定法益作为构成要件要素的犯罪，也称实害犯，杀人罪、盗窃罪等多种犯罪便属于这种类型。所谓危险犯，是指以对一定法益造成危险作为构成要件要素的犯罪。危险犯，根据其危险程度，可以分为抽象危险犯、准抽象危险犯和具体危险犯。

[1] 抽象危险犯　将在社会一般观念上认为具有侵害法益的危险的行为类型化之后所规定的犯罪，就是抽象危险犯，如违反《道路交通法》上所规定的限制速度的规定的犯罪，就属于此种情况，因为，在一般人看来，违反限速规定具有发生交通事故的危险。因此，一旦某种行为被禁止，在具体情况下，不论是否已发生某种危险，都应当认为该行为符合具体的犯罪构成要件，构成犯罪。伪证罪、对有人居住建筑物放火罪、毁坏名誉罪等都属于这种情况。

[2] 和形式犯的区别　关于抽象危险犯和形式犯的区别，有两种见解，一种见解认为，二者之间不应该有区别[1]，另一种意见认为，二者之间应该有区别。[2] 一般认为，不携带驾驶执照之类的抽象危险犯，是间接威胁法益的行为，因而是形式犯；而违反限制速度规定的犯罪之类的直接威胁法益的犯罪，是抽象危险犯。

[3] 准抽象危险犯　关于抽象危险犯中的危险的发生，有①将发生危险作为构成要件要素的见解[3]，②因为发生危险是拟制的，所以不是构成要件要素的见解[4]，③具有要求发生危险的场合和不要求发生危险的场合，前者是准抽象危险犯的见解[5]之间的对立。抽象危险犯，可以分为不以发生抽象危险为要件的犯罪，和从一般经验来看，尽管可能性极低，但也以有发生某种侵害法益的危险为必要的犯罪，因此，将后者作为准抽象危险犯的③说妥当。另外，形式犯、抽象危险犯（本来的抽象危险犯）以及准抽象危险犯，从构成要件的形式上并不能马上进行判别，必须根据构成要件的解释来确定。如遗弃罪和毁坏名誉罪等都是准抽象危险犯。

[4] 具体危险犯　是指以发生侵害法益的具体危险作为构成要件要素的犯罪。正如刑法第110条第1款规定："因而发生公共危险的"一样，在具体危险犯中，一般来说，条文中都以发生危险为要件。

（4）即成犯、状态犯、继续犯　根据犯罪成立时间和发生构成要件

1　庄子，109 页；内田，106 页；西田，79 页；山口，42 页。
2　团藤，130 页；福田，79 页；大塚，126 页。
3　大塚，127 页；内田，106 页。
4　泷川，43 页；木村，170 页；佐伯，138 页。
5　山口厚：《危险犯研究》（1982年），248 页。反对，山中，163 页。

结果乃至发生侵害法益的结果的关系,有即成犯、状态犯和继续犯之间的区别。

[1] 即成犯 是指随着构成要件结果的发生,出现法益侵害或者危险,犯罪也告既遂,之后,该侵害法益状态与行为人无关地继续存在的情形,杀人罪(第199条)、放火罪(第108条以下)就属于这种情况。

[2] 状态犯 对某种法益实施侵害之后,犯罪即告结束,但之后,由于行为人的干预,使对法益的不法侵害处于继续状态,但这种状态并不构成新的犯罪的情况,盗窃罪就是适例。犯人在盗窃取财之后,即便又实施运输、损坏、消费、销赃等行为,这种行为只要是在当初的犯罪构成要件所预定的范围之内,就不构成新的犯罪。这种情况就是不可罚的事后行为。但是,超出了当初的构成要件所预定的行为范围,又实施了新的违法行为的话,该行为就构成了别的犯罪。如盗窃犯人用自己所窃取到的存折骗取金钱的话,就另外构成诈骗罪。

[3] 继续犯 在构成要件结果发生的同时,就出现了侵害法益的情况,达到既遂状态,之后不法行为与不法状态处于继续状态的犯罪,如非法拘禁罪(第220条)、不保护罪(第218条)就属于这种情况。在犯罪持续期间,可以成立共犯,也可以对其进行正当防卫。

6. 行为和结果之间的因果关系

在结果犯中,行为和结果之间的因果关系成为构成要件要素。如以杀人罪为例,即便实施了杀人的实行行为,如果它和死亡的结果之间没有因果关系,也不成立杀人既遂罪。在构成要件中即便没有明确记载,但只要是结果犯,因果关系就常常成为构成要件要素。关于因果关系的具体内容,在后面的实行行为和结果的关系部分讲述。

三、主观的构成要件要素

1. 意义

所谓构成要件的主观要素(主观的构成要件要素),是指作为构成要件要素的行为人的内心态度。其中,包括作为故意、过失的一般主观要素,和作为目的犯中的目的、表现犯中的心理过程的特殊的主观要素。历来,在"违法是客观的、责任是主观的"的口号之下,行为人的内心态度被看作为了责任要素,另外,由于构成要件是违法性的征表或类型,因此,主观的构成要件要素原则上是不被认可的。另一方面,重视构成要件的罪刑法定机能的立场也认为,为了排除法官的任意性,构成要件要素原则上应仅限于客观要素。

但是，行为人的主观态度对行为的违法性的存在及程度具有影响的一点，已经被主观的违法要素理论所证明，而且也已经为一般所承认。另外，只要将构成要件作为违法性和责任的类型，就有必要将行为人的内心态度类型化，然后放进构成要件。有见解认为，在构成要件中导入主观要素，会损害构成要件的罪刑法定原则机能。我认为，只要主观要素也被类型化，则应当说，任意解释的担心应该说是很小的。

2. 一般的主观要素

所谓构成要件的一般主观要素，是指所有的构成要件都必不可少的主观要素，现行法上的故意和过失就属于这种情况。

(1) 作为构成要件要素的故意、过失　所谓故意，是指对犯罪事实即符合客观的构成要件事实有认识，并且实现该认识内容的意思。所谓过失，是指由于不注意而对违反注意义务的事实没有认识或没有形成反对动机，因而实施一定的作为或不作为。

(2) 故意和过失的关系　作为科处刑罚的条件的犯罪，必须是能够受到谴责的行为，因此，犯罪和行为人之间必须具有主观的连接。而且，几乎所有的犯罪，都是以故意和过失为构成要件要素的。但是，在确认是故意的时候，就不能认定过失，二者之间处于互相排斥的关系。一旦认定为故意，就没有成立过失的余地。

基于故意的犯罪就是故意犯，基于过失的犯罪就是过失犯。刑法第38条第1款规定："没有犯罪意思的行为，不罚。但是，法律有特别规定的场合，不在此限。"所以，犯罪原则上是故意犯，过失犯，正如"由于过失"（第122条、第209条）、"失火"（第116条）之类，只是在法律有例外规定的场合，才受到处罚而已。所以，所有的犯罪都必须具有故意或过失，没有的话，就不构成犯罪。

关于刑法第38条第1款但书"法律有特别规定场合"中的"特别规定"的见解，理论上有①是处罚过失的明文规定的见解（必要说），②即便没有明文规定，但从法律的目的、宗旨（确保行政取缔目的的有效性）出发，可以认为是处罚过失行为的场合，就包含在"特别规定"的范围之内的见解（不要说），③原则上必须具有明文规定，但是在该条文明显是包含有过失犯在内的场合，作为例外，即便没有明文规定，也能处罚过失行为的见解（折中说）的对立。从刑法第38条第1款以及罪刑法定原则的宗旨来看，主张以明文规定为必要的①说是妥当的。

"特别规定"和判例　大审院1913年11月5日(《刑录》第19辑第1121页)从确保行政取缔法规的效果的角度出发,认为:"只要能够看出法令规定的宗旨,不一定限于有明文规定的场合"(不要说),但在1914年12月24日(《刑录》第20辑第2615页)认为:"一定要以有特别规定为限"(必要说)。之后,大审院的判例中,必要说占主导地位[1],但是,最高法院在有关不作为犯的规定上,又恢复到了不要说的立场[2],对于作为犯也采取了不要说的立场。[3] 在行政刑罚法规中,过去曾经规定有连过失都不需要的犯罪(旧《印纸税法》第14条),并将这种情况视为"法律有特别规定场合"的一种,但是,从责任原则的立场来看,处罚无过失行为是不允许的。

(3) 故意、过失在犯罪论体系上的地位

在构成要件符合性、违法性以及责任的犯罪成立要件之中,故意、过失应当属于哪一个要件呢?如后所述,理论上有不同意见。故意、过失是行为人的应当受到谴责的心理状态,本来是属于责任条件或形式的责任要素之内的,所以,认为故意、过失完全属于责任要素的见解很有力。但是,正如杀人罪(第199条)和过失致死罪(第210条)的区别在于主观要素(故意、过失)的不同一样,故意、过失作为构成要件的主观要素,具有犯罪个别化的机能(通说)。[4]

问题在于,过失是不是仅是构成要件的主观要素?过失犯的构成要件中,正如"过失致人死亡"一样,通常没有明确规定构成要件的行为,刑法的"过失"这一文字表现中,应该说,包含有由于不注意而欠缺对犯罪事实的认识的心理态度,以及由于不注意而实施了一定的作为和不作为的外部态度(过失行为)的两个方面。[5] 在此意义上讲,故意、过失就是构成要件要素。因此,在确定构成要件的行为的时候,必须具

1　大判大7、5、17刑录24、593。松原,百选Ⅰ(第4版),106页。

2　最决昭28、3、5刑集7、3、506(从该取缔事件的本质来看,不仅故意不携带上述证明书的行为,连过失不携带的情况也包括在内的理解是妥当的)——违反《外国人登记法》事件。

3　最决昭57、4、2刑集36、4、503。本间,百选Ⅰ(第5版),98页;川本,判例讲义Ⅰ,45页。

4　福田,84页。

5　裁职研,55页。

第二编 犯　罪

有和故意犯不同的过失犯的固有行为的观念。而且，故意、过失对行为的危险性以及有无违反社会伦理规范的行为及其程度都有一定影响，因此，也和行为的违法性相关，从这一意义上讲，故意、过失作为主观的违法要素，也应当是违法要素。另外，现行刑法中，没有规定作为构成要件要素的故意的种类，但在过失犯上规定了①单纯过失，②业务过失，③重大过失，三种情况。

3. 特殊的主观要素

所谓构成要件的特殊主观要素，是指一般主观要素即故意、过失之外的、被类型化为构成要件要素的内心态度。其中，包括目的犯和表现犯。

（1）目的犯　正如内乱罪中的"扰乱宪法所规定的基本统治秩序"的目的（第77条）、伪造罪中的"行使目的"（第148条等）、营利诱拐罪中的"营利目的"（第225条）一样，是指以一定目的为主观的构成要件要素的犯罪。所谓目的犯中的"目的"，是实现一定事项的意欲。在通常的故意犯中，行为人只要对符合客观的构成要件要素的事实有认识就够了，但是，在目的犯中，仅有该种认识还不够，还必须具有超过这种认识的特别的意欲。这种主观要素被称为"主观的超过要素"或"超过的内心倾向"。另外，尽管在构成要件中明文规定目的的情况比较多，但正如刑法第150条中的"犯人及逃走的人的亲属为了上述人员的利益而实施的"一样，也存在仅有为了一定目的而实施某种行为的文字规定的场合，以及财产罪中的"不法占有的意思"之类的没有在法条上明文规定出来的场合。

（2）表现犯　是作为行为要素，必须有行为人的心理经过及状态表现的犯罪。关于表现犯，有的见解认为，由于内心的心理经过或状态和行为的法益侵害性之间没有关系，所以，应当否定这种犯罪形态的存在。[1] 但是，例如伪证罪（第169条），是证人通过陈述和自己所体验的经过不同的内容而扰乱国家的审判作用的犯罪，在此，证人是否作了违反记忆的陈述成为关键，因此，伪证罪就是表现犯。[2] 所以，将记忆内容这一心理状态和陈述这一外部行为相比较，就能判断出构成要件符合性。

---

[1] 平野，127页；内藤，219页；内田，265页；西田，83页；山口，90页；中山，241页。

[2] 佐伯，187页；植松，109页；内藤，133页；福田，84页；大塚，132页；香川，159页；西原，149页；曾根，76页；前田，47页。

倾向犯 所谓倾向犯，是指以行为人的心情或内心倾向为构成要件要素的犯罪。如即便是相当于对妇女身体进行强制猥亵的行为，如果行为人的内心没有满足性欲的意图或心理倾向，就不成立犯罪。通说和判例认为，由于强制猥亵罪是倾向犯，所以，强制猥亵的倾向就成了构成要件的主观要素，该主观要素影响强制猥亵罪的构成要件符合性的认定。[1] 但是，第一，如果是明确的意图就不用说了，内心倾向具有只能进入无意识世界才能判定的特征，将其导入到讲求明确性的法律中来，明显是不妥的。第二，猥亵行为的法益侵害性，不受主观要素的影响。因此，倾向犯的概念没有必要存在。

四、构成要件要素的分类

1. 记述的构成要件要素和规范的构成要件要素

（1）记述要素　指在构成要件要素存在与否的认定上，不用加入价值判断，仅凭法官的解释或认识活动就能确定的要素。"杀人的"中的"人"以及"杀"的行为，因为根据大致的事实认识活动就能认定，所以，是记述要素。但是，"人"是什么，"杀"的行为范围多大，这些看起来很明白的概念，也必须通过解释来确定，但是，人的开始时期，通说和判例是以胎儿部分露出母体为标准的，适用这一解释的时候，就没有必要进行特别的价值判断。这种要素就是记述要素。

（2）规范要素　指在构成要件要素存在与否的认定上，必须经过法官的规范的、评价的价值判断才能确定的构成要件要素。作为规范要素，包括有①"他人的财物"（第235条等）、妨害执行公务罪中的"职务行为的合法性"（第95条第1款）之类的和法的评价有关的概念，②"公共危险"（第109条第2款，第110条）、"虚伪申报"（第172条）、"欺骗他人"（第246条）之类的与认识上的评价有关的概念，③"淫秽"（第174条到第176条）、"毁损名誉"（第230条）之类的和社会一般的文化评价有关的概念。构成要件的行为，从罪刑法定原则的要求来看的话，应当尽量采用能够排除法官的肆意的记述要素来规定，但是，构成要件是将作为社会性存在的行为加以类型化的法律概念，因此，为

---

[1] 最判昭45、1、29刑集24、1、1；东京地判昭52、9、16判时670、254。

了适当对应复杂的社会现象，不可能完全将规范要素从刑法中排除出去。但是，规范的构成要件要素，从罪刑法定原则的角度来看绝不是值得提倡的，因此，在其确定上，必须以社会一般观念为基础，在尽可能地客观、严格地解释的同时，力求通过判例的蓄积，将其类型化。

2. 作为违法类型和责任类型的构成要件要素

从违法、责任类型的立场来看，可以将构成要件分为作为违法类型的要素和作为责任类型的要素。

（1）作为违法类型的要素　其中，可以分为客观的构成要件要素和主观的构成要件要素。

[1] 客观要素　违法性是指行为所具有的违反社会伦理规范的法益侵害或危险，所以，作为违法类型的构成要件要素就以构成要件的客观要素为中心。客观的构成要件要素即行为的外形上的要素，是行为主体、行为对象、行为状况、结果以及因果关系等，这些就是作为违法类型的构成要件要素。

[2] 主观要素　行为的违法性和行为人的主观方面并不是没有关系。如出于恶作剧的动机制作有名人的文书，不算是违法。只有出于行使的目的伪造他人名义的文书，才具有侵害公共信用的危险，具有违法性（法益侵害性）。因此，仅有符合客观的构成要件的事实说不上违法，有时候，正是由于存在超过客观要素范围的主观要素（超过的内心倾向），行为才构成违法。使行为具有违法性的主观要素被称为主观的违法要素，将其作为类型而加入到构成要件中的话，就成了特殊的主观的构成要件要素。目的犯中的目的、表现犯中的心理经过或状态都是特殊的主观的构成要件要素。

如前所述，关于故意、过失，有①是主观的违法要素的见解[1]，②是责任要素的见解[2]，③是违法性以及责任要素的见解[3]之间的对立。我认为，故意、过失，作为应当谴责的行为人的内心状态的类型，是责任的形式或种类，其在犯罪论体系中的地位，本来应当属于责任的范畴。但是，正如杀人罪和过失致死罪，由于都是以足以引起人的死亡的危险行为断绝人的生命的行为，在法益侵害性方面具有同等的价值，但

1　木村，204 页；西原，154 页；野村，103 页。
2　佐伯，246 页；平野，128 页；庄子，313 页；香川，229 页；内藤，220 页；中山，349 页；曾根，67 页；西田，68 页；前田，203 页；山口，87 页。
3　团藤，134 页；福田，82 页；大塚，178 页；藤木，211 页；井田，131 页。

是，在故意犯中，行为人的意思活动直接指向法益侵害，而过失犯中，行为人的意思活动并不直接指向法益侵害，仅仅是由于不注意而导致了犯罪事实的发生，因此，这两种行为在对社会一般人所具有的威胁（危险性）程度不仅类型上不同，而且行为自身对社会伦理规范的违反，或者说偏离社会相当性（行为无价值）的程度在类型上也不同。所以，故意、过失作为违法类型，也可以看作为构成要件要素。

（2）作为责任类型的要素

所谓责任，是指将违法行为和行为人的内心态度相连接，并据此对行为人进行谴责的东西。因此，作为责任类型的构成要件要素，原则上必须是主观的。在此意义上讲，故意、过失作为责任类型，也是构成要件要素。为了具有责任，行为人至少必须具有责任能力和故意、过失，这被称为狭义的责任原则。由于故意、过失作为责任形式或种类，也能被类型性地放在构成要件之中，因此，故意、过失作为责任类型也能看作为构成要件要素。另外，故意、过失之外，有时候也将客观要素作为责任类型，当作为构成要件要素，如将实施合法行为的期待可能性类型化的场合（如第152条的收到伪造货币后知情行使罪等），就相当于这种情况。

五、构成要件的解释

1. 构成要件的确定

按照罪刑法定原则的要求，立法者必须将刑罚法规规定得明确具体。这对于刑罚法规的中心内容即构成要件来说，也是理所当然的。另外，用记述要素对封闭的构成要件进行规定的场合，如在"杀人的"的这种杀人罪的构成要件的场合，要明确其构成要件的内容，就必须进行解释，只要是采用合理的方法进行解释，在确定构成要件的时候，掺入法官的任意性的危险性就比较少。

与此相对，有的情况下，在构成要件或构成要件要素的性质上，刑罚法规中所规定的犯罪类型的内容并不明确，只有等法官确定构成要件之后，才有可能被适用。这主要体现在开放的构成要件、修正的构成要件以及规范的构成要件之中。在上述情况中，都必须实质性地判断是不是有值得处罚的行为的存在。但是，这种判断，最终都必须以具有通常的判断能力的一般人的理解为基准，换句话说，必须根据社会一般观念来确定构成要件的内容，同时，将作为其基础的事实（能够记述性地或者说客观确定的事实）类型化，以满足罪刑法定原则的明确性原则的要求。[1]

2. 开放的构成要件的场合

开放的构成要件的确定，特别在过失犯和不真正不作为犯的场合，存在问题。刑法对于过失犯的构成要件，仅只规定有"过失伤害他人的"（第209条），或"失火……而烧毁财物的"（第116条）的字样，对于作为过失内容的客观的注意义务违反，并没有做特别的明确规定。因此，对于刑法所规定的过失犯的构成要件，法官必须经过解释来补充过失的具体内容，确定对该事实适用的构成要件。这种论述对不真正不作为犯同样适用。不真正不作为犯中的构成要件行为是违反作为义务的不作为，但是，该作为义务的内容以及范围并不明确，需要法官加以补充。

有一种见解认为，只要构成要件不明确，就不应该将过失或违反作为义务作为构成要件要素，而应该作为违法或责任要素。但是，前面已经说明，它们是不可缺少的构成要件要素。因此，在过失犯中应以与此相对应的故意犯，在不真正不作为犯中应以与此相对应的作为犯为基础，从发现何谓足以导致构成要件结果的类型性的危险行为的见地出发，确定构成要件，以力求明确化。

3. 规范的构成要件的场合

在构成要件的确定上，和开放的构成要件存有同样问题的是规范的构成要件要素。对于含有规范的构成要件要素的构成要件，法官必须根据法律的、文化的评价活动或认识判断来进行确定，因此，在此，避免法官肆意性的解释和适用的方法也成为必要。在法律评价活动的场合，由于是依照法律标准来进行判断的，对于解释、适用的客观性可以保证，问题较少，但是，在文化评价活动的场合，容易优先考虑法官的价值基准，因此，必须遵照社会一般人认为妥当的价值基准，客观地确定其构成要件要素。

4. 修正的构成要件的场合

作为构成要件的修正形式，刑法在总则中规定有未遂犯和共犯，在分则中规定有预备犯。关于未遂犯，规定"着手实行犯罪而未得逞的"（第43条），关于共犯，规定①"二人以上共同实行犯罪的"（共同正犯

---

[1] 关于通过法条解释加以明确化的见解，参见田宫裕："刑法解释的方法和界限"，平野古稀（上），33页。

[第 60 条]），②"教唆他人，使他人实行犯罪的"（教唆犯[第 61 条第 1 款]），③"帮助正犯的"（帮助犯[第 62 条第 1 款]），关于预备、阴谋犯，如以"以实施抢劫罪为目的，而实施预备行为的"（第 237 条），"进行内乱的预备或阴谋的"（第 78 条）之类的形式，在刑法分则的各个条款中加以规定。关于构成要件的修正形式，由于该构成要件的具体内容在刑罚法规中并没有作明确规定，因此，在这种场合，也必须由法官来确定构成要件。但是，上述规定都是以基本的构成要件为基础的，所以，应当在这种关系之中补充构成要件，离开了基本的构成要件，就无法确定修正的构成要件。

第三节 构成要件符合性

第一款 实行行为的意义

一、构成要件符合性的意义

成立犯罪，必须存在成为犯罪基础的行为。换句话说，只要不存在可以受意思支配的具有社会意义的身体动静，即便发生了犯罪结果，也不能开始有关是否成立犯罪的判断。所谓构成要件符合性，就是某一行为，符合个别构成要件。成立犯罪，首先，必须具有符合构成要件的行为。

符合构成要件的行为，可以分为客观方面和主观方面。在行为的客观方面，除了要确认是否存在主体、对象、行为以及行为状况之外，对于结果犯，还要考虑符合构成要件的结果以及行为和结果之间的因果关系。结果犯中的行为和结果并称为"所为"。在行为的主观方面，必须判断是否存在和故意行为、过失行为相对应的故意、过失——这种一般的主观的构成要件要素，以及和特殊的主观的构成要件要素相当的内心事实。

二、实行行为

1. 意义

成立犯罪，首先必须具有符合特定的构成要件的行为。这一行为就是实行行为。因此，在认定犯罪之际，首先就得考虑确定该实行行为。

确定实行行为，靠是否符合构成要件来决定，因此，就得判断该行为或事实在形式上是否充分满足法定的构成要件。另外，由于所有的构成要件都是以保护一定法益为目的而被法律规定出来的，因此，成为实行行为，仅在形式上满足构成要件要素还不够，还必须是具有实施该行为的话，通常就能引起该构成要件所预定的法益侵害结果程度类型的危险，换句话说，必须是具有侵害法益的现实危险的实质，在形式上和实质上都符合特定构成要件。

这样，所谓实行行为，是具有侵害法益的现实危险，在形式上和实质上都符合构成要件的行为。刑法第43条（未遂）、第60条（共同正犯）、第61条（教唆犯）等中所使用的"实行"，都是这一意义上的实行行为。另外，即便在形式犯或抽象危险犯中，行为只要没有该构成要件所预定的侵害法益的现实危险的实质，就不是实行行为。只是，在这些情况下，行为只要在形式上满足构成要件要素的话，原则上就具有该种构成要件中所要求的危险性，没有必要讨论其实质而已。

关于实行行为的内容的侵害法益的现实危险，有①指科学法则上的迫切危险的见解，和②行为时一般人所感受到的现实危险的见解之间的对立。由于构成要件是以社会一般观念或社会心理为基础的可罚行为的类型，向国民明确表示什么样的行为是犯罪，什么样的行为不是犯罪，因此，构成要件阶段的危险性，应当看作是：对于该行为自身，具有通常判断能力的社会一般人所感受到的客观危险性，所以，第②种见解妥当。本来，完全没有科学法则上的危险的话，一般人也不会感受到危险，因此，应当根据科学上的法则来严密认定"危险"，但是，危险的有无，最终还是应当根据一般人对客观危险的恐惧感来判定。从这种观点出发的话，故意、过失等主观的构成要件要素也要在危险性的判断中加以考虑，因此，故意行为和过失行为的实行行为，即便在行为的客观方面具有同样的危险，但作为实行行为，仍然有别。

实行行为的多样性 必须注意，"实行行为"一语，具有多种意义：(1) 不仅指符合基本的构成要件的行为，也包含符合修正的构成要件的行为在内；(2) 指除了构成要件结果和因果关系的构成要件行为；(3) 指作为犯罪事实的具体行为，等等。尽管符合预备、阴谋、教唆、帮助这些作为预备、教唆、帮助的修正的构成要件的行为也是实行行为，但是，将它们和刑法第43条等中的"实行"区别开来的话，更加方便一些，因此，本书中，将符合基本的构成要件的行为称为实行行为，而将除了未遂以外的修正的构成要件行为，称为预备行为、教唆行为、帮助行为。

2. 实行行为的形态

实行行为，根据其形态，可以做以下分类：①按照行为人的意志而实行犯罪的正犯，行为人亲自实行犯罪的就是直接正犯。直接正犯可以分为以作为形式实施的直接正犯和以不作为形式实施的不作为的直接正犯；②将他人作为工具加以利用而实行犯罪的间接正犯；③自己招致精神上的障碍而实施实行行为的原因自由行为。

上述客观方面的实行行为的形态，与主观方面的故意和过失相对应，可以将实行行为分为故意的作为犯、不作为犯，过失的作为犯、不作为犯。因此，在分析实行行为的内容的时候，首先，从行为的客观面开始，其次，再讲述故意、过失，这样更合乎理论体系一些，所以，在下面，我先讲述在实行行为的客观方面特别成为问题的不作为犯和间接正犯，然后再说明在主观方面成为问题的故意和过失，在弄清实行行为的内容之后，再讲述实行行为和结果之间的因果关系。

本来，原因自由行为，以及行为在性质上不可能导致结果发生的不能犯，也是实行行为的问题，将它们分别在本节中论述，是合乎体系的，但是原因自由行为和责任能力有关，另外，关于不能犯，其中心问题是和未遂犯的界限，因此，将它们分别在他处论述。而且，处于犯罪行为的准备阶段的预备罪、阴谋罪，以及着手实行犯罪但未发生结果的未遂犯也无非是实行行为的形态，但是，考虑到讲解基本的构成要件符合性不仅容易理解一些，而且也和刑法典的编排顺序一致，所以，另设一节，专门讲述未遂犯。

第二款　不作为犯

一、概说

1. 作为犯和不作为犯

所谓作为犯，是杀（第199条）、欺骗（第246条）之类的以作为即积极的身体活动所实施的犯罪。所谓不作为犯，是以不作为即消极的身体活动所实施的犯罪。不作为犯的原则形式是真正不作为犯。真正不作为犯，正如刑法第107条的聚众不解散罪、第130条后段所述的不退去罪一样,是指构成要件自身是以不作为的形式所规定的犯罪。作为犯,正如"不准杀人"、"不准盗窃"一样,在不遵守禁令就构成犯罪的意义上,是违反作为禁止规范的行为规范的犯罪,相反地,真正不作为犯,在不遵守"解散"、"退去"之类的命令而构成犯罪的意义上,是违反作为命令规范的行为规范的犯罪。

但是,以作为形式规定的犯罪中,有的也可以不作为的形式来实现。如母亲意图杀死婴儿,不给婴儿喂奶,让其饿死的就属于这种情况。这是不真正不作为犯。作为犯的实行行为是违反刑法的禁止规范而实行的,相反地,真正不作为犯是违反命令规范的犯罪,不真正不作为犯,在违反"不准杀人"之类的禁止规范的同时,也违反了"防止杀人结果的出现"的命令规范,因而构成犯罪。[1]

在确定实行行为的时候,尽管作为犯或真正不作为犯中也存在问题,但是,它们都可以通过对各个构成要件的解释来解决,相反地,不真正不作为犯是以作为形式所规定的,本来只应该认可作为的实行行为,但是也认可了与其正好相反的不作为的实行行为,因此,在不真正不作为犯中,应当在什么样的根据、要件、范围之内认定该构成要件的实行行为,成为重大课题。这也是将不真正不作为犯作为总论问题加以论述的原因。

行政取缔法规上的真正不作为犯　作为刑法犯的真正不作为犯,仅限于聚众不解散罪(第 107 条)、不退去罪(第 130 条后段)、不保护罪(第 218 条后段),但是,在行政取缔法规如《道路交通法》、《炸药类取缔法》、《噪音规制法》等中,则规定了许多不真正不作为犯。

2. 不作为犯的理论

不真正不作为犯的主要问题是根据构成要件的解释来确定实行行为,但是,另外也有若干理论问题。

(1) 不作为的行为性　不作为犯,从物理的、自然的角度来看,是"不为……"即"无",因此,就出现了和"为……"即"有"即作为不相容,不作为不是行为之类的见解。特别是,在第二次世界大战之后,在目的行为论中,出现了由于无法认定操纵、支配因果关系的目的行

---

[1] 西田,108 页;井田,33 页。

为，因此，不作为不是行为的见解。但是，由于行为是人的意思能够支配的具有社会意义的身体的外部态度（动或者静），因此，认可不作为的行为性不仅没有任何障碍，而且在日常生活中，一般也认为有的不作为可以看作为作为。

（2）不作为的因果性　关于不作为的因果关系将在别的地方再讨论，但在和实行行为的关系上，不作为作为活动是"无"，"无中不能生有"，因此，有的见解从不作为没有原因力的角度出发来否定不作为是实行行为。但是，不作为并不是"什么都不为"的绝对的"无"，而是不为一定的"被期待的作为"，从"如果实施该被期待的作为的话，就不会发生结果"的角度出发，可以认定因果关系，因此，承认不作为是实行行为也并没有什么不妥。

但是，在实行行为以及因果关系的认定上，作为和不作为之间有若干差异。作为的场合，由于其自身是包含有侵害法益危险的行为，所以，明显是实行行为，"没有前行为，就没有后结果"的条件关系容易被认定。相反地，不作为的场合，由于是以"如果实施被期待的行为的话，就能防止结果"的假定的因果关系为前提的，因此，如果没有防止（回避）结果的可能性，就不能说有实行行为，也不能确定作为因果关系的前提的条件关系。在确定不作为的实行行为的时候，必须考虑可能防止结果的要素。

（3）不作为和违法性　过去，曾经将不真正不作为犯作为违法性的问题来看待。真正不作为犯是对"解散"之类的命令的侵害，相反地，作为犯是对"不准杀人"之类的禁止命令的侵害。因此，通过规定禁止实施某种行为，就能明了实行行为的内容，而不真正不作为犯的场合，是没有明文规定应当做什么的场合，因此，不作为便成为问题，也正因为此，和通常的作为犯的场合不同，在判断构成要件符合性之前，必须积极地确认违法性，因为"不救助溺水儿童的行为，不能和将儿童推入水中的行为同等看待"。但是，在实质违法性阶段讨论不符合构成要件的行为，在体系上是不允许的，仅此，这种见解就不能受到支持。

另一方面，有见解认为，为了判断不作为犯的构成要件符合性，必须判明其所具有的违法性是和该构成要件所预定的程度、形态相一致的。[1] 也就是说，在不作为犯的构成要件符合性的判断上，必须实质性

---

[1] 团藤，148页；裁职研，66页；前田，123页。

地考虑违法性的程度、形态。

但是，和作为犯中一样，不真正不作为犯的构成要件也是命令规范，同样对国民具有规制机能，因此，应当采取这种体系，即首先将其作为构成要件符合性的问题，以社会一般观念为基础，从形式的、类型的角度判断什么样的不作为应当和作为同等看待，之后再进行实质考虑。只是，不真正不作为犯的问题也是判断作为犯的构成要件符合性的问题，因此，不作为和作为当然应当具有同样的实行行为性。即便在不真正不作为犯的认定中，也应当按照构成要件符合性、违法性、有责性的顺序来进行。

3. 不真正不作为犯的问题

不作为犯，如前所述，并不是因为什么都不做而成为犯罪，而是不为所期待的行为的犯罪，因此，某一不作为成为实行行为，首先该不作为必须是违反了该构成要件中的法定作为义务的行为。真正不作为犯的场合，如"尽管受到三次以上的解散命令，但仍不解散"之类的不作为就是实行行为。在聚众不解散罪中，法律上的作为义务的内容，就是解散行为，这种场合下，构成要件被明确规定出来了，实行行为比较容易确定，所以，并没有什么问题。

不真正不作为犯的场合和真正不作为犯的场合不同，正如"杀"或"欺骗"一样，构成要件是以作为形式规定出来的，而法定的作为义务并没有在构成要件上明确规定出来，因此，在什么场合下是疏忽了防止措施而构成犯罪，并不明确，具有不能对国民指明行为基准之嫌。所以，我认为不真正不作为犯的问题真正在于，由于在构成要件上没有明确规定法律上的作为义务，因此，和明确性原则的关系就成为问题。在不真正不作为犯中，如何明确作为构成要件要素的作为义务的内容、范围，便成为最大的课题。

不真正不作为犯和罪刑法定原则 有学说认为，承认不真正不作为犯的存在，就是允许类推解释，违反罪刑法定原则。[1] 即，作为犯是违反"不得……"这种禁止规范，相反地，不作为犯是违反"必须……"这种命令规范，因此，适用作为犯的构成要件处罚不真正不作为犯，是类推适用刑罚法规，违反罪刑法定原则。但是，

---

[1] 金泽文雄："不作为的构造"，《广岛大学政经论丛》15卷1号43页，2号1页；松宫，82页；井田，34页。

以作为形式所规定的构成要件也仅仅是以作为为标准而做的规定而已，不管禁止还是命令，都是以保护法益为目的的规范，因此，在侵害法益或者发生构成要件结果的现实危险方面是一样的，既然如此，则应当说无论哪一种情况都包括在同一构成要件之中，因此，上述观点是没有道理的（通说）。另外，《修改刑法草案》第12条中规定了处罚不真正不作为犯的一般规定。设置该条规定即便能在形式上消除违反罪刑法定原则的疑问，但是，设置这种一般条款反过来又会引起不当扩大不真正不作为犯成立范围的结果。[1] 成立不真正不作为犯，最后归结于该不作为与以特定的构成要件的作为之间是否具有等价值——这种各个构成要件的解释，因此，像草案一样，设置一般条款，对不真正不作为犯进行处罚的做法是不妥的。处罚不真正不作为犯是否违反明确性原则，这才是不作为犯的真正问题。

4. 不真正不作为犯的实行行为

不真正不作为犯的实行行为，最终根据各个构成要件的解释加以确定。

（1）实行行为的确定　构成要件的行为，通常是像"杀"、"欺骗"一样，被抽象地规定，而且从侵害法益的观点来看，一般包含不作为在内，因此，除了在性质上应当排除不作为的情形以外，应该说，所有的构成要件都可以由不作为的方式实现。这样，作为犯的构成要件也可以由不作为的形式实现，但是，这并不是说，只要有某种不作为，该不作为和犯罪结果之间具有因果关系的话，就直接成为不作为犯中的实行行为。

如，从田间劳动归来的农民看到旁边的小河里有小孩将被淹死，尽管他很容易救助该小孩，但他只是旁观而没有救，结果小孩被淹死了。该农民成立杀人罪吗？的确，路边行人的见死不救和小孩的死亡之间具有因果关系，但是，成立杀人罪，在认定因果关系之前，必须考虑该不作为是否符合杀人罪的构成要件，换句话说，必须确定是否存在实行行为。另外，如果将这种场合也认定为杀人罪的话，则和结果之间具有因果关系的不作为都成为不作为犯，不真正不作为犯的成立范围就会无限扩大。不作为和死亡结果之间即便具有因果关系，也并不能说该不救助

---

[1] 平场安治、平野龙一编：《修改刑法的研究1》（1972年），208页；山口，73页。

的不作为就是杀人罪的实行行为。

（2）和作为犯之间的等价值性　不真正不作为犯，本来，是以成立作为犯的实行行为为前提的，因此，不能将和结果之间具有因果关系的不作为都作为不作为犯的实行行为，只有和该作为犯的实行行为具有能够同视程度的不作为，才是实行行为。实行行为不仅要在形式上符合构成要件，而且在实质上也必须是具有该构成要件中所预定的法益侵害的现实危险的行为，因此，只有和作为犯的实行行为能够同等看待程度的侵害法益的不行为，才能视为实行行为。

为了肯定不真正不作为犯和作为犯之间具有同样的实行行为性，该不作为和作为犯的实行行为之间必须具有能够同等看待的实质，换句话说，正像侵害法益的危险迫在眉睫，且实施所期待的作为的话，就能回避发生结果一样，该不作为所具有的侵害法益的危险性，必须和作为犯的构成要件所本来预定的侵害法益的危险性具有同等程度。这就是等价值性原则。[1]顺便说一句，这里所讲的危险性，作为社会一般观念上的危险，是为法律所命令或禁止的危险，因此，在确定不作为犯的实行行为的场合，是否和作为具有同样的危险性，应当以一般人的判断为基准。在判断不真正不作为犯的构成要件符合性的时候，在探讨是否满足该构成要件的各个要素之外，等价值性的判断也必不可少。

5. 不真正不作为犯的作为义务

和真正不作为犯一样，成立不真正不作为犯，必须是违反了法律上的作为义务。

（1）有关作为义务的各种学说　关于法律上的作为义务的根据，有下列从支配结果发生的因果关系的实质性观点来进行探讨的见解：①求之于法律规定、合同、事务管理、习惯、一般道理的三分说；②重视先行行为，认为成立不作为犯，行为人在成为问题的不作为出现之前，必须具有亲自设定侵害法益的因果关系的发展方向的行为的见解[2]；③由于事实上的承担，而形成了使对法益的保护或侵害依存于该不作为人的事实关系，这种关系便成为作为义务的根据的见解[3]；④以不作为人现实、具体地支配了发生结果的因果关系为根据的见解。[4]

1　大塚，148页；日高义博：《不真正不作为犯论》（1979年），149页。
2　日高，前揭155页。
3　堀内捷三：《不作为犯论》（1978年），213页。
4　西田典之："不作为犯论"，现代展开Ⅰ，74页；同，126页。

(2) 保证人说　问题在于，什么样的人的不作为和该构成要件中所规定的作为犯具有同样的实行行为性，换句话说，社会生活上，处于什么样的立场的人的什么样的不作为和作为之间具有同样的侵害法益的现实危险？

我认为，之所以说一定的不作为和作为之间具有同等的社会危害性，无非是因为同被害人或被害法益之间具有特别的关系，在社会生活上，对某种法益的保护，具体地依存于该行为人，行为人对于发生构成要件结果处于一种能够支配的地位。在有犯罪结果发生的现实危险的场合，只要该人不实施防止结果的作为，就会发生结果。法律正是以这种社会生活上的依存关系或支配关系为依据，而要求实施回避结果的作为义务的。

这样，以社会生活上的依存关系为根据而产生的、应当保证构成要件结果不发生的义务或地位就是保证人的义务或地位。处于保证人地位的人不防止构成要件结果发生的话，在一般人看来，就具有和作为同样的发生结果的现实危险。这便是法律对处于保证人地位的人赋予法律上的作为义务的根据。因此，在具有发生某种犯罪结果的危险状态之下，具有防止其发生的特别义务的人就是保证人，保证人在能够尽保证义务的情况下，却不尽该义务，以至出现不作为的场合，就是不作为的实行行为，这种见解就是所谓保证人说。

保证人的地位和保证人的义务　强调必须将保证人的地位问题和由此而产生的保证人的义务问题相区别，前者是构成要件要素，而后者是违法性要素的二元说或者区别说极为有力。[1] 这一见解，在和错误论的关系上将两者区分开来，认为前者的错误是事实错误，排除故意，主张如在错以为掉进海里的自己的孩子是他人的孩子的时候，就是事实错误，相反地，在不知道具有救助自己的孩子的义务的时候，就是违法性错误。但是，保证人的义务是构成要件要素，在行为人有义务而误以为无的时候，就是事实错误，区分二者没有什么意义。[2] 由于保证人的义务是构成要件要素，在这一点上的错误排除故意，因此，将二者区分开来没有什么实质意义。而且，具有保证人的地位的话，就必然会产生保证人的义务意识，因

---

[1] 福田，94页；内藤，230页；内田，320页；川端，221页；曾根，227页。
[2] 大塚，147页；前田，129页；山中，229页。

此，区分二者，实际上也很困难。

6. 作为身份犯的不真正不作为犯

保证人说认为，只有处于保证人地位的人的不作为才能成立不真正不作为犯，因此，按照这种学说，不真正不作为犯就是一种身份犯。关于这一点，由于在解释上重新提出了身份犯的构成要件问题，因此，批判意见认为，它在和罪刑法定的关系上，存在问题。[1] 但是，保证人说并不是要认定特定的身份犯，而是说明不作为的实行行为性的基础的理论，因此，这种批判并不妥当。

在具有保证人的地位的时候，就具有法律上的作为义务，只有具有该义务的人才能成立不真正不作为犯，因此，不真正不作为犯是构成的身份犯。另外，保证人的地位，是构成要件中未被记述的构成要件要素，由于其具体内容在形式上无法判断，只能通过法官的评价加以确定，因此，是规范的构成要件要素。在确定保证人的地位的时候，必须以体现了社会生活实际情况的社会一般观念为基础进行判断，同时，还必须积累有关能够成为一般人的行动指南的具体案例，将其内容类型化。

这样，以没有作为义务的人的不作为不符合构成要件为基础，即便在不真正不作为犯的成立要件上，作为和作为犯中同样类型的违法的不作为，也可以首先从构成要件符合性的角度出发来进行判断。

二、不真正不作为犯的成立要件

1. 具有法律上的作为义务

为成立不真正不作为犯，必须具有避免发生侵害法益的结果的法律上的作为义务（保证人的义务）。具有法律上的作为义务，必须具有以下条件：①具有发生结果的现实危险，②实施作为确实可以防止结果发生，③具有社会生活上的依存关系，④可以实施防止结果发生的作为。

（1）具有发生结果的现实危险　之所以认为不真正不作为犯和作为犯具有同等价值，是因为违反作为义务的不作为和作为具有同等程度的引起结果的可能性。因此，为认定作为义务，就必须存在不实施一定的

---

[1] 团藤，148页。

防止结果的作为的话,该结果就会现实发生的迫切危险,例如,孩子已经掉进水中、办公室已经起火等,只有在这些场合,不真正不作为犯的实行行为才能成为问题。[1] 出于饿死的意图而将孩子关闭在公寓的一角的母亲即便已经外出,在该时刻并不马上成为杀人罪的实行行为。只有在该孩子因为衰竭而具有死的危险的时候,才产生成立杀人罪所必要的法律上的作为义务,违反该义务的不喂食的不作为的实行行为才成为问题。

(2) 防止结果的可能性　不作为犯之所以成为问题,是因为在引起结果方面,一定的不作为和作为具有同等程度的原因力。这一点从别的方面来看,要求行为人在事实上处于能够支配因果关系的立场。因此,为了认定不真正不作为犯的实行行为,要求必须具备这样的要件,即所期待的作为几乎确实可以防止结果的发生。如交通事故的被害人,在即便采取了救护措施但是否能够被救活并没有把握的场合,即便由于该不救助而导致了被害人的死亡,也应当将死亡的原因归于交通事故,该不救助自身并不成为不作为犯的实行行为。

防止结果的可能性和因果关系　最高法院1988年12月15日(《刑集》第43卷第13号第879页),在身为暴力团成员的被告人在旅馆对13周岁的少女注射兴奋剂之后,该少女陷入精神错乱状态,被告人尽管意识到少女有生命危险,但由于害怕使用兴奋剂的事实被人发现,在没有采取喊救护车等救护措施的情况下就离开了现场,少女因为急性心力衰竭而死亡的案件中,认为:"被害女性在因为注射了兴奋剂而陷入精神错乱状态的时候,被告人马上实施急救医疗措施的话,十有八九能被救活。由于该女能够被救活的可能性已经超出了合理怀疑的确实程度……因此,说具有刑法上的因果关系的判断是妥当的",认定行为人的行为成立保护责任人遗弃致死罪。[2] 但是,在本案中,应当将在因果关系之前的不作为的实行行为作为问题。[3]

---

1 东京高判昭35、2、17下刑集2、2、133(放置处于假死状态的婴儿);最决平17、7、4判时1906、174(夏提克事件)。

2 另外,参照盛冈地判昭44、4、6刑月1、4、434(如果不能避免死亡结果的话,就没有因果关系)。

3 前田,125页;山中,233页。

（3）存在社会生活上的依存关系　具有一定的法律义务　由于具有某种法律义务而认定为具有社会生活上的依存关系的情况，有法令、合同、事务管理、一般道理的场合。

紧急救助的义务　即便处于事实上能够支配构成要件结果发生的立场，但是，对于社会生活上并没有被期待防止结果发生的人，不能认定为具有作为义务。如不能说因为自己家里有他人丢掉的弃婴，就说其具有作为义务。同样，和紧急救助义务一样的道德上的义务，仅此也并不能成为作为义务的根据。所谓紧急救助义务，是指生命及其他重大法益遭遇现实危险之际，对于没有任何危险且处于容易救助地位的人，因其地位而具有的法律上的义务。过去，主张将其作为义务来源之一的见解曾极为有力，但是，正如目睹濒临溺死的幼儿的路人，即便处于容易救助该幼儿的立场，但是，只要不具有在社会生活上应当防止该结果发生的特别关系，就该路人而言，不问其是否在事实上能够控制该结果发生，都没有成立不作为杀人所必要的义务。

［1］法令　以法令为作为义务根据的情况，有民法上的亲权人对于子女的监护义务（第820条）、亲属的抚养义务（第877条以下）等私法上的义务，以及《警察官执行职务法》上所规定的警察的保护义务（第3条）、《精神保健福祉法》上所规定的保护义务（第20条）等公法上的义务。

［2］合同、无因管理　以合同为根据所产生的义务，如根据合同收养幼儿的场合。如根据帮助别人看管未满6个月的婴儿，但不给喂食而致使其死亡的场合[1]，就是如此。所谓无因管理，是指无义务而为他人开始事务管理的场合（《民法》第697条），如将病人带回自己家里照料的场合，行为人即便没有法定义务实施该行为，但在保护病人所必要的限度之内，行为人必须持续地实施保护病人的义务。[2]

［3］条理、习惯　基于条理的作为义务，是从事物的道理中所推导出来的义务，即基于诚实信用原则或公序良俗而产生的作为义务。包括以下各种：

1　大判大4、2、10刑录21、90。
2　东京地判昭40、9、30下刑集7、9、1828，对引起了交通事故的人，将被害人已经搬进了车内，在行驶的过程当中，致使被害人死亡的案件，认定成立杀人罪。

一是先行行为的场合。所谓先行行为，是先行于成为问题的侵害法益的行为。先行行为成为作为义务的根据在于，由于自己的行为而导致发生结果的危险的人，处于能够防止发生结果的地位，并且，社会也期待其防止该种结果的发生，因此，其处于能够支配构成要件结果发生的危险的地位。[1] 有的见解认为，先行行为是条理上的义务，不能作为作为义务的根据[2]，但是，即便在先行行为的场合，也存在社会生活上的依存关系，因此，应当成为作为义务的发生根据。

先行行为的判例 最高法院1958年9月9日（《刑集》第12卷第13号第2882页）认为："由于自己的过失而使上述物品燃烧的人，当然应当扑灭该火，在放任上述物品燃烧不管的话，火势就会转移到上述物品所在的房屋，引起房屋燃烧的场合下，应当说，行为人具有使不让火势转移到房屋上的灭火义务"，判定在由于自己的过失而使桌椅等物品烧毁的现场观望，没有采取灭火措施的人的不作为的烧毁房屋的行为，构成对有人居住建筑物的放火罪（刑法第208条）。

二是所有人、管理人的场合。例如，自己所管理的建筑物或其他工程、自己所饲养的动物等对他人的法益有造成侵害的危险时[3]，在社会生活上，能够支配该种结果发生的是所有人和管理人，因此，这些人就处于防止结果发生的特殊地位，这种地位便成为作为义务的根据。

三是财产上的交易的场合。交易的一方由于不知道某种事项而陷入错误，具有由于陷入错误而引起财产上的损失的可能性的场合，基于诚实信用原则，一方具有告知另一方该事项的作为义务。如认识到对方由于错误而多找了钱给自己时，就具有告知对方该事实的义务。

四是习惯的场合。是指以一般的习惯为基础所产生的特别关系，如和雇主同居的工人患病的事实，就是一般习惯上，应当提供保护的作为义务的根据。[4] 出于互相保护、援助的信赖关系而结成的共同体的成员，

---

1 参照前桥地高崎支判昭46、9、17判时646、105。
2 西田，144页。
3 大判大7、12、18刑录24、1558。
4 大判大8、8、30刑录25、963。

如探险队的队员和其他组成人员之间,就具有特别关系。

(4) 能够实施防止结果发生的作为　为使具有刑法上的义务,仅有客观的社会生活上的依存关系还不够,还必须能够实施防止结果发生的作为,没有这种作为可能性的话,因为社会不期待行为人防止结果发生,所以,即便能认可社会生活上的依存关系,也没有作为义务。

作为的可能性,是作为构成要件要素的作为义务的基础,因此,必须以一般人或社会的一般观念为基准进行判断。具体行为人的作为可能性,是责任的问题。如自己的孩子掉进水里,由于波浪太高极为危险,不可能救助的场合,该父母就没有救助的义务,也不发生不作为犯的问题。相反地,在该父母由于不会游泳等,事实上几乎不太可能提供救助的场合,就不能说行为人没有作为义务,只应在责任论的场合加以考虑。

作为的容易性　有学者认为,除了作为的可能性之外,作为的容易性也是不作为犯的成立要件[1],但是,不作为的实行行为的基础是社会一般观念,对不作为人来说即便并不容易,但是对于一般人来说容易的话,也能说具有作为义务,所以,只要将容易性作为违反义务的程度即不作为的违法性或者责任问题来考虑就够了。[2]

关于作为可能性的意义,有①作为作为义务的根据,是构成要件要素的见解[3],②是违法性要素的见解[4],③是作为义务之外的等价值性的问题的见解[5],④没有必要重视这一要件的见解[6]之间的对立。不真正不作为犯的作为义务,存在于社会生活上的依存关系之中,只有处于能够支配构成要件结果发生的危险的地位的人才能具有,因此,在从类型性上讲,不可能防止结果发生的场合,就不会有刑法上的作为义务,因此,①说妥当。

---

[1] 平野,155页;内藤,243页;山中,231页。大判大7、12、18刑录24、1558;大判昭13、3刑集13、237;福冈地久留米判昭46、3、8判时264、403。
[2] 大塚,148页;曾根,228页;山中,231页;山口,86页。
[3] 木村,200页;大塚,148页。
[4] 内藤,234页;藤木,135页。
[5] 日高,前揭107页。
[6] 前田,129页。

作为义务和判例 判例中，有关不作为犯的判例，集中在杀人罪、诈骗罪、放火罪中，这里，仅讨论一下有关放火罪的判例。

第一是大审院1938年3月11日的判例（《刑集》第17卷第237页）（神案事件）。独居的男子在屋里的神案上点燃蜡烛做完礼拜之后，正要外出的时候，看见蜡烛倾倒，心想起火的话，就能获取火灾保险金，于是外出而去。本案中，法院判决提到行为人具有"利用已经发生的危险的意思"，认为"这在观念上和作为形式的放火是相同的，属于刑法第109条中所说的放火行为"，因此，认定了不作为的放火行为。由于自己的先行行为，使在外面难以发现的自己的房屋里具有发生火灾的危险，行为人意识到了这一点，可以说，行为人和被害法益之间具有特别关系，处于事实上能够支配烧毁危险的地位，因此，应当说，具有防止结果的作为义务。[1]判例也应当重视这一点[2]，虽然有见解认为"利用已经发生的危险"的意思是关键[3]，但是，这种将故意以外的主观要素作为不作为犯成立的要件的见解中，存在疑问。

第二是大审院1917年12月18日的判决（《刑录》第24辑第1558页）（杀害养父事件）。被告人杀死养父之后，看到在争斗时养父投过来的正在燃烧的木棍正在将院子里的毛草引着，明知放任不管的话，就会起火，但为了毁灭罪迹，便放任不管，扬长而去。本案中，法院认为，行为人具有"利用已经发生的火力的意思"，属于"放火"。在这个判决书中，对于认定作为义务来说，"在不是由于自己的故意行为而导致上述物件起火的场合，行为人处于具有灭火的法律上的义务，而且也容易扑灭火灾的地位"非常重要。

第三是最高法院1958年9月9日的判例（《刑集》第12卷第13号第2882页）（火炉事件）。在公司加班的职员打瞌睡的时候，火炉里的火引燃了其他物品，该职员发现这一点之后，"认识到了该发生的火力会烧毁该建筑物"，但"竟然"不采取很容易实施的灭火措施，而从现场逃离。本案被认定成立放火罪。在这里，由于积极"利用的意思"没有成为要件，因此，有学者认为上述判决结

---

1 大阪地判昭43、2、21下刑集10、2、140。
2 平野，156页。
3 团藤，151页。

果不当，但是，从先行行为、对结果的支配、避免结果的可能性等方面来看，应当说，行为人具有作为义务。[1]

2. 违反作为义务（实行行为）
尽管有作为义务，但只有在没有实施作为其内容的作为的时候，才是违反作为义务，但是，要成为不作为的实行行为，它还必须是和符合该构成要件的作为在法律上具有等价值性。如，相当于杀人的不作为，必须具有和用枪杀、用刀砍同等的犯罪性，也即必须具有能够实现犯罪的现实危险。

违反作为义务中的作为义务的发生时期，应当分为两种情况进行考察：第一是发生结果的危险迫在眉睫，行为人实施作为的话，就能防止结果发生的场合，这种场合，应当说，在该时刻，就发生了具体的作为义务；第二是没有行为人的作为，发生结果的可能性就增大的场合，如意图用不给婴儿喂奶的方式杀死婴儿的母亲就相当于这种情况，但是，产生成立杀人罪所必要的刑法上的作为义务，应当是在产生危及婴儿生命危险的时候。[2] 不作为犯的实行的着手时期，是违反作为义务的结果，使发生结果的危险迫在眉睫的阶段，对此，只要和作为犯的场合做同样的理解就够了。

成立要件和主观要素 作为不真正不作为犯的成立要件，是不是要有"利用已经发生的危险的意思"之类的故意以外的意思，成为问题。判例，正如前述，虽然仅在放火罪中使用了"利用已经发生的火力的意思"的表述，承认了上述主观要件，但是，积极说认为，作为不真正不作为犯的成立要件，必须具有"利用意思"[3]。但是，在不作为中将作为的实行行为中没有被要求的主观要件提出来，这是不妥当的。而且，根据这种见解的话，就会得出即便具有违反法律上的作为义务的不作为，该不作为即便和作为等价，也不得加以处罚的不合理结论。更进一步讲，积极说尽管是为了限制不真正不作为犯的成立范围，但是，在具有"隐瞒罪迹的意思"、"骗取保险金的意思"之类的邪恶意思的场合，就很容易肯定具有作为

---

1 参见生田，百选Ⅰ（第4版），14页；松原，判例讲义Ⅰ，28页。
2 反对，西原，266页（在必须喂奶的时候，就有作为义务）。
3 团藤，151页；藤木，134页。

义务。[1]不真正不作为犯的主观要件，和作为犯的实行行为的场合一样，只要具有故意就足够了（通说）。《修改刑法草案》第12条规定："具有防止发生犯罪事实的责任的人，尽管能够防止其发生而特意不予防止，以致导致该结果发生的时候，与作为引起该犯罪事实的情况相同"，这一规定中，至少应当删除"特意"要件。

3. 对具体案例的分析

在违反了构成要件不同，但作为的内容是相同种类的作为义务的场合，该符合哪一种构成要件呢？这要从等价值性的观点来解决。[2]如就保护责任人遗弃致死罪和不作为的杀人罪中的作为义务来看，两者都以必须对要受扶助者提供保护为作为义务的内容，但在保护责任人遗弃致死罪的场合，一般来说，只要该违反具有对生命造成危险程度的义务违反就够了，相反地，在不真正不作为犯的杀人罪的场合，一般来说，该违反必须具有和造成死人程度的作为同样类型（社会一般观念上）的危险。

如开车造成行人重伤的驾驶人员，注意到了该事实而将被害人放置不管，驾车逃跑的场合，即便具有先行行为的义务，但从被害人的负伤程度、被害人被救助的可能性较大等方面考虑，该不保护行为并没有达到一般社会观念上所说的危及生命的程度时，就没有遗弃罪所要求的作为义务违反，只要按照《道路交通法》第72条第1款前段所规定的违反救护义务的犯罪来处理就够了。

相反地，认识到被害人处于要保护状态，将被害人抱上汽车，但又害怕被人发现，于是中途将被害人抛弃后逃走的场合，由于行为人已经开始实施救助行为，将被害人置于自己的支配领域之内，因此，是处于能够支配对生命的危险的地位，可以说产生了保护责任人遗弃罪所必要的作为义务。当然，违反该作为义务的不保护，只要没有引起死亡结果类型上的危险，就不能说是杀人的实行行为。成立不作为杀人的实行行为，必须是死亡的危险已经具体化，行为人的违反作为义务的行为和导致死亡结果的作为，在类型上具有同等程度的危险。

---

[1] 平野，156页。
[2] 平野，158页。反对，大越，61页（根据有无预见加以区别）。东京地八王子支判昭57、12、22判时494、142；东京地判昭40、9、30下刑集7、9、1828。松原，判例讲义Ⅰ，29页。

因此，即便是违反作为义务，但其符合哪一种构成要件，必须从和该作为具有等价值性的观点来考察。

第三款　间接正犯

一、正犯和共犯

1. 直接正犯和间接正犯　所谓正犯，是亲自实行犯罪的人。行为人亲自动手实施实行行为的，就是直接正犯。将他人作为工具，以就像是自己直接实行一样的形态实施实行行为的，就是间接正犯。刑法典中并没有规定间接正犯，因此，有见解认为承认间接正犯是违反罪刑法定原则的，但是，将他人作为道具一样加以利用，使其按照自己的意志实施犯罪的情况，也并不是不可能的，这种情况可以评价为亲自实施实行行为，因此，在解释学上承认间接正犯，并不违反罪刑法定原则。

2. 间接正犯和共犯　和间接正犯一样，共同正犯、教唆犯以及帮助犯也是通过他人的行为，间接实现构成要件的。它们被称为共犯。正犯是按照自己的意志实行犯罪的，相反地，共犯是让他人实施实行行为，通过该实行行为而实现犯罪。间接正犯和共犯，特别是和教唆犯接近，因此，如后所述，关于其和共犯的区别就被从各种角度加以讨论，但是，由于间接正犯是正犯，因此，有必要从正犯是什么的观点来探讨其成立条件。

3. 正犯的意义　关于正犯的意义，有实施符合基本的构成要件的行为即实行行为的是正犯的形式说[1]，对他人行为进行支配的就是正犯的行为支配说等之间的对立，在以构成要件为中心的犯罪论中，应当从实现符合构成要件的事实的角度出发来确定正犯的概念。从这种观点出发的话，实施符合构成要件的行为即实行行为的，就是正犯，其中，亲自动手实施的是直接正犯，将他人作为道具加以利用，就像是自己动手实施实行行为一样，按照自己的意思而实现构成要件的，是间接正犯。

---

[1] 团藤，373 页；福田，245 页；大塚，266 页；吉川，238 页。

间接正犯规定的设置　《修改刑法草案》第 26 条规定:"①亲自实行犯罪的,是正犯;②利用不是正犯的他人实行犯罪的,也作为正犯",为在法律上处罚间接正犯提供了根据。但是,即便没有这种规定,也应当将间接正犯评价为将他人像工具一样,单方面地支配、利用,实施实行行为,因此,即便在解释论上作这样的理解,也不违反罪刑法定原则。相反地,也有见解认为,认可间接正犯会违反罪刑法定原则,应当将其包括在共犯概念当中。[1] 但这种理解并不妥当。

二、间接正犯的要件

1. 间接正犯的正犯性

关于将间接正犯看作为正犯的根据,有:①从利用人对被利用人的行为进行支配的角度来探讨的见解[2],②从被利用人没有规范性障碍的角度来探讨的见解[3],③从和直接正犯没有什么两样的实行行为的角度来加以探讨的见解[4],④从实质上作为自己的犯罪行为来加以实施的一点上进行探讨的见解[5]之间的对立。前面已经说道,正犯是亲自实施具有实现构成要件的现实危险的行为,之所以将间接正犯看作为正犯,是因为它和直接正犯一样,将他人按照自己的意思加以操纵,从而实现犯罪,在此意义上讲,③说妥当。但是,将间接正犯和直接正犯同等看待的根据在于,利用人按照自己的意思对被利用人的动作或行为进行支配,也就是按照自己的愿望进行驱使,以实现所预期的犯罪目的[6],因此,实质上,①说妥当。

2. 成立要件

为成立间接正犯,行为人的利用行为,①在主观上,除了故意之外,行为人还必须具有将他人像道具一样加以利用,使其受自己的意志支配实现犯罪的意思,即必须具有间接正犯的意思。②客观上,必须根据该利用行为,将被利用人的行为像工具一样,单方面地进行支配、利

---

[1] 中山,234 页;松宫,240 页。对其批判性的意见,山口,65 页。
[2] 平场,150 页;西田,310 页。
[3] 西原,309 页;曾根,246 页。
[4] 团藤,155 页;福田,256 页;内田,288 页。
[5] 前田,427 页。
[6] 裁职研,76 页。

用，以产生实现构成要件的现实危险。在此要注意的是，不要将利用行为和被利用行为分开，分别进行刑法评价，而应该根据间接正犯的意思，将被利用行为和利用行为统一，视为一体，作为利用人（行为人）的实行行为进行评价。因此，在被利用人方面，具有按照利用人的意思进行行动的规范障碍时，由于被利用人的行为，在很多场合下，不能被看作为利用人的实行行为，因此，在该种场合下，就不是间接正犯，原则上成立共犯，特别是教唆犯。

规范障碍 通常，人在知道实情，具有故意的场合，就可能形成停止该行为的反对动机，这种可能性就是规范障碍。在有规范障碍的场合，不能说在背后的人是单方面地利用该行为，因此，原则上不成立间接正犯，但是，即便在具有规范障碍的场合，具有像帮助工具一样的单方面的支配、利用关系的时候，也成立间接正犯。

三、间接正犯的成立范围

1. 利用身体活动

利用人利用被利用人的身体活动，实现构成要件的场合，有两种情况：

（1）利用完全没有辨别是非能力的人。被利用人的精神状态没有成熟或由于精神病而不可能有规范意识的人，如利用幼儿或重度精神病人的场合，就是这种情况。与此相对，只是单纯利用没有责任能力的人的场合，特别是利用未达刑事责任年龄的人的场合，由于通常难以认为是单方的利用关系，所以，多数情况下是后述的教唆犯。

判例的态度 判例认为，利用不到10岁没有辨别是非能力的孩子作为机械（工具）窃取他人证书的，是正犯而不是教唆犯，因此，认定了间接正犯。[1] 另外，还有认为"被害人没有通常的意思能力，不理解自杀的意义，而且利用被告人的无限服从的特点，教给被害人上吊自杀的方法，以致被害人自杀身亡的，是杀人罪"[2] 的判例。

---

1 大判明37、12、20刑录10、2415。
2 最判昭27、2、12刑集6、2、275。

（2）利用不是行为的他人身体活动　利用不是实行行为的他人身体活动，即对所谓"死亡道具"的利用，或者说是利用强制行为。例如，利用反射运动以及睡眠中的动作，就相当于利用实行行为的身体活动。这种情形，包含以强制手段抑制被害人的意思的场合。

意思被抑制的场合　最高法院1983年9月21日（《刑集》第37卷第7号第1070页）认为，被告人将当时只有12岁的养女带着巡游西国八十八个所的时候，每天，只要养女违反了被告人的言论，就做出要打她的样子，实施将烟头烫她的脸，用螺丝刀在她的脸上划等暴行，使其完全按照自己的意志办事，命令她实施本案中的各种盗窃行为。对于这种情况，被告人也承认，是利用该女对自己日常言论的恐惧而产生意思上的压抑的事实，让她实施上述盗窃行为的，所以，即便该女具有所说的辨别是非的判断能力，被告人也成立上述各件盗窃事实的间接正犯。[1]

2. 利用他人的缺乏一定构成要件要素的行为

在利用人利用被利用人的行为的场合，该行为欠缺一定构成要件要素的时候，也能成为间接正犯。

（1）利用没有故意的人的行为　第一，利用被利用人的无过失行为，如利用不知道事实真相的被害人的行为的场合[2]，利用不知道事实真相的人将有毒的威士忌送给他人，将他人杀死的场合，因为都是受利用人意思支配的行为，所以，成为间接正犯。

第二，利用被利用人的过失行为的场合，虽然有人认为它不是将他人作为工具，但是，利用他人的不注意也是可能的，因此，应当成立间接正犯（通说）。当然，被利用人可以成立过失犯。

第三，在利用人意图实现的构成要件上，被利用人没有故意，但对于实现其他犯罪具有故意的场合，利用人对于所要实现的犯罪，因为被利用人不知道事实的真相，仅仅是工具而已，因此，利用人可以成为间接正犯。当然，被利用人可以成立过失犯。[3] 对于这种场合，有力见解

---

1 西田，百选Ⅰ（第4版），148页；浅田，百选Ⅰ（第5版），146页；松原，判例讲义Ⅰ，31页。另外，最决平16、1、20刑集58、1、1（利用被害人的间接正犯）。

2 最判昭33、11、21刑集12、15、3519。

3 最判昭31、7、3刑集10、7、955。

认为，被利用人由于对该行为具有规范障碍，因此，应当否定成立间接正犯。[1]但是，在利用不知情的人的一点上和利用无过失乃至过失的情形没有什么差别，因此，应当成立间接正犯。[2]

团藤重光博士的设例 团藤教授认为："某甲（利用人）意图杀死在屏风后面的某乙，命令不知事实真相的某丙（被利用人）向屏风射击。某丙具有毁坏财物的故意，但没有杀人的故意。因此，丙对于杀人行为而言，仅是工具而已，某甲就成为杀人的间接正犯"。在这种场合，虽然利用他人向屏风开枪的行为，是否是利用工具的行为，成为是否成立杀人罪的间接正犯的关键，但是，将不知真相的某丙作为工具，将其损坏器物的行为作为工具加以利用，这是完全可能的，因此，可以将其行为看作为杀人罪的间接正犯，因为，由于教唆而产生犯罪决意的人，是可以像工具一样加以利用的。而且，在利用人隐瞒犯重罪的事实，教唆他人犯轻罪的时候，被利用人出于犯轻罪的故意而犯了重罪的时候，原则上成立教唆犯的间接正犯。如 A 出于杀死在仓库中的某甲的目的而让不知情的 B 烧毁该仓库的场合，B 的行为成立对无人居住建筑物放火罪（根据情况，可以成立过失致人死亡罪），A 成立对有人居住建筑物放火罪的教唆犯和杀人罪的间接正犯，两罪之间是观念竞合。

（2）利用合法行为 正如具有"使用目的"的人，利用没有使用目的的人实施伪造货币的行为一样，在利用"没有目的的故意工具"的场合，虽然有学者认为难以认定其工具性[3]，但是，在利用人谎称作为"教学用具"而让他人制作假钞的场合，也能认定其工具性，因此，成立间接正犯（通说）。另外，就利用国际快递业务走私大麻的案件而言，有判例认为，在进行航空货物的海关检查的时候，由于发现藏有大麻，于是实施控制侦查，让和调查机关配合的运送业者按照收件人的地址投送货物，从而将被告人起获的场合，认为被告人成立海关法上所规定的

---

1 中，235页；西原，311页；西田，308页；野村，412页；山口，68页。

2 大塚，156页；曾根，265页；前田，432页。

3 中，224页；中山，472页。当然，难以认定行为支配的场合，应当看作为共犯。山口，69页。

走私罪的既遂犯。[1]

（3）利用没有身份的人的行为　如公务员向没有身份的情人讲述事实真相，让其收受贿赂的场合，在身份犯方面，就是有身份的人利用没有身份的人的故意行为，也叫利用"没有身份的故意工具"。对于这种类型，有力见解认为，因为被利用人具有规范障碍，所以，将利用人作为间接正犯并不合适。[2] 问题在于，有身份的人将没有身份的人作为工具加以利用，是否能够实现犯罪，由于能够将没有身份的人按照自己的意志加以利用，所以，在比较窄的范围之内，有可能成立间接正犯（通说）。在该种场合，利用人是间接正犯，被利用人是帮助犯。在称不上是作为工具加以利用的场合，成立后述的共同正犯。[3]

（4）利用他人的符合构成要件但没有违法性的行为　如利用人利用被利用人的正当防卫行为或紧急避险行为的场合。判例将自己实施堕胎手术，结果引起了孕妇的生命危险，于是请求医生堕胎的场合，认为这种利用紧急避险行为堕胎的情形，就是间接正犯。[4] 让医生作为治疗行为而注射麻药的场合，也成立利用合法行为实施使用麻药罪的间接正犯。[5] 但是，不是作为工具加以利用的场合，就成立共犯。[6]

3. 利用有故意的帮助行为

所谓"有故意的帮助工具"，如根据上司的命令明知是伪造文书而仍然使用打字机制作该种文书的人，或作为听差明知是贿赂而帮助送给对方的人等，指虽然是对某种犯罪具有故意和目的而亲自实施实行行为，但是，完全是作为他人的帮手而实施行为的人。[7] 对于利用有故意的帮助工具的行为，有的人认为它是间接正犯[8]，有的人认为它只是教唆犯。[9] 有故意的帮助工具，虽然是亲自实施实行行为，但由于只是作

---

[1] 最决平 9、10、30 刑集 51、9、816。松原，判例讲义Ⅰ，32 页。
[2] 中，235 页；中山，476 页；内田，291 页；山中，776 页。
[3] 西原，312 页。
[4] 大判大 10、5、7 刑录 27、257。
[5] 最决昭 44、11、11 刑集 23、11、1471。
[6] 大谷实："最小限制从属性说"，西原古稀 2 卷，471 页。
[7] 福冈地判昭 59、8、30 判时 1158、182。夏目，百选Ⅰ（第 4 版），156 页；京藤，百选Ⅰ（第 5 版），154 页；平野，362 页；福田，263 页；西原，314 页；曾根，252 页。
[8] 庄子，461 页；大塚，157 页；前田，408 页。横滨地川崎支判昭 51、11、25 判时 842、127。松原，判例讲义Ⅰ，34 页。
[9] 平野，362 页；福田，263 页；西原，314 页；曾根，251 页；野村，413 页；山中，778 页。

为机械地处理事务的人,被利用人单方面地加以利用的工具而已,因此,在多数场合下,应作为间接正犯中的被利用人。这种场合下的被利用人是帮助犯。

利用帮助行为和主观的正犯的概念 本文的见解,不是认可所谓主观的正犯概念。在德国,由于认为对犯罪的发生提供条件的行为,在因果关系上都是平等的,因此,正犯和共犯的区别必须根据行为人的主观意思加以确定,在基于正犯的意思而实施行为的场合,就是正犯,在基于帮助他人犯罪的意思而实行的场合,就是共犯的见解,非常有力。按照这一标准,有判例认为,受妹妹请求杀死生后不久的婴儿的姐姐的行为,完全是出于帮助他人行为的意思而实施的,所以,是帮助犯。但是,在杀人等场合,实行人不可能是机械地处理他人事务的人,所以,说妹妹是杀人的实行行为人,这是不当的。在我国,没有人提倡这种主观的正犯的概念。另外,前面提到的横滨地方法院川崎法庭1976年11月25日认为,实施转让兴奋剂的人,仅仅具有帮助正犯的转让行为意思的时候,只是使正犯的犯罪容易实行的帮助工具而已。还有,最高法院1950年7月6日(《刑集》第4卷第7号第1178页)在"通过与身为公司总经理的被告人A共谋的A的女儿B,让公司的职员C成为心腹而亲自搬运大米"而违反《粮食管理法》的事件中,认为:"不管C等是否知情,被告人的行为是运输搬送行为的实行正犯,这一点是没有任何变化的"。虽说"运送"这一构成要件行为中,也包括以他人为中介而实施的场合,但是,这种场合下,可以将被告人看作为间接正犯。

四、亲手犯

所谓亲手犯,是实现该罪必须具有行为人自身的身体活动,利用他人不可能实现的犯罪。

亲手犯,可以分为形式的亲手犯和实质的亲手犯。形式的亲手犯,是由于法律将某种相当于间接正犯的行为规定了独自的构成要件,因此,并不成立另外的间接正犯的场合。[1] 如公证书原本等不实记载罪

---

[1] 最判昭27、12、25刑集6、12、1387。裁职研,77页;曾根,269页。另外,西田,72页否定亲手犯的概念。

（第157条），是将伪造文书罪（第156条）的间接正犯形态作为独立构成要件加以规定的，将其特地加以规定，就意味着，在此之外，非公务员在利用非公务员的形态上的伪造公文罪的间接正犯不能被认可。相反地，实质的亲手犯，是构成要件上，行为主体和行为密切相关，只有某特定者实施该种行为的场合才被作为犯罪予以禁止，其他的人即便实施该行为也不成立犯罪。如，不携带驾驶执照的犯罪（《道路交通法》第95条第1款，第121条第1款第10项）[1]，吸食鸦片罪（刑法第139条）等就相当于此。问题是，身份犯（伪证罪［第169条］，强奸罪［第177条］、受贿罪［第197条］）、目的犯（伪造货币罪［第197条］），是否是实质的亲手犯？由于上述犯罪都能通过利用他人加以实现，因此，不应当看作为亲手犯。判例也认为，在有关身份犯的强奸罪中，女性也能成为正犯。[2]

第四款 故意

一、故意的概念

1. 意义

刑法第38条第1款规定："没有犯罪意思的行为，不罚。但是，法律有特别规定的场合，不在此限。"所谓"犯罪意思"就是故意或犯意。在我国刑法中，没有故意的行为原则上不处罚，这就是处罚故意犯的原则。过失犯，仅在有特别规定的场合，才予以处罚。因此，在"杀人的"之类的故意犯的场合，没有必要在构成要件上特意写出"故意"字样，但在过失犯的场合，则必须明确写明"由于过失"的字样。

2. 故意的体系地位

前面已经说过，故意应当是主观的构成要件要素，但是，有将其看作为违法类型的见解和责任类型的见解之间的对立。即主张社会秩序维持说的立场，从偏离社会秩序的程度比过失更大的意义上所进行的违法评价出发，认为故意是违法类型。相反地，法益侵害说认为，故意不影响法益侵害或者危险，其只是为对侵害、威胁法益进行谴责提供基础，所以，故意是责任类型。从将违法性看作为偏离社会秩序的法益侵害的立场出发，应当说，故意是对违法性具有影响的违法类型的同时，由于

---

[1] 冈山简判昭44、3、25刑月1、3、310。
[2] 最判昭40、3、30刑集19、2、125。

作为违反规范的意思活动，是比过失更严厉的谴责形式，因此，也是责任类型。

二、故意的成立要件

1. 概说

那么，成立故意，必须具有什么样的要件呢？故意，以日常生活用语来说的话，就是类似于"特地"、"明知如此竟然"的情形，因此，成立故意，行为人必须对符合特定构成要件的客观事实具有认识，具有实现该内容的意思。[1] 所以，故意当中，必须具有认识因素和意志要素。就作为故意要素的认识因素之外，是不是还要有意志要素，有以下学说上的对立：①只要有认识就足够的认识主义（表象说），②仅仅具有对犯罪事实的认识还不够，还必须是行为人对犯罪事实的实现具有追求、希望的意志主义（希望说）。我认为，故意既是违法类型又是责任类型，因而和过失犯区别开来，因此，仅仅具有对犯罪事实的认识还不够，还必须具有更加积极的、对犯罪事实具有认识竟然实现该内容的意思。这样说来，意志主义更加妥当。

构成要件故意和责任故意 主张故意分为构成要件故意和责任故意的学说很有力。[2] 故意，以对犯罪事实的认识为中心要素，其作为故意犯和过失犯的分水岭，成为构成要件要素，因此，被称为构成要件故意。但是，故意又是比过失更值得严厉谴责的形式，为其提供基础的，是行为人所认识的行为内容在道义上不被允许这种违法性的意识，主张成立故意除了对犯罪事实具有认识之外，还必须具有违法性的意识，这被称为责任故意。按照这种说法，故意包含构成要件故意和责任故意这样两个内容，但是，①第 38 条第 1 款所说的"犯罪意思"只有一个意思，两个故意概念的宗旨难以被认可；②构成要件故意，既是违法性的基础又是道义谴责的基础，因此，意志主义妥当；③按照这种说法，即便成立构成要件故意，在责任阶段没有责任故意的场合，又要回到构成要件阶段，作为构

---

[1] 野村，171 页；山中，300 页；井田，78 页；川端，171 页。
[2] 团藤，290 页；大塚，194 页；内田，111 页；川端，165 页；裁职研，97 页；佐久间，102 页。

成要件过失存在与否的问题，这样，就难以避免虽然是故意行为但不得不认可过失责任这种错综复杂。[1]

2. 认识要素

（1）认识和表象　成立故意，首先，行为人必须对自己所将要实施的犯罪事实具有认识，对将来发生的构成要件结果具有预见。因为，对犯罪事实没有认识，对将来的结果没有预见的话，就不能说具有"犯罪的意思"。另外，认识这一用语，一般来说，通常在知道现在所存在的事实的意义上使用，但也在"预见"到将来会发生的事实的意义上使用。学说上有的使用"表象"一语，但本书当中，还是在"认识"和"预见"合并的意义上，称作为对犯罪事实的"认识"（通说）。

（2）应当认识的犯罪事实　犯罪事实，分为符合客观构成要件的事实和符合主观构成要件的事实，但是，符合主观构成要件要素的事实即故意、过失，目的犯中的"目的"以及惯犯的"惯犯性"本来就是行为人内心的要素，因此，符合上述内容的事实只要在行为当时行为人具备就够了，不应当再次作为认识的对象，这是毫无疑问的。所以，故意的认识对象，一般来说，是符合客观的构成要件要素的事实。

作为符合客观构成要件要素的事实，有行为主体、行为对象、行为自身、行为结果、因果关系、行为状况等。就这些事实而言，行为人原则上都必须认识，否则就没有故意（故意的罪刑法定原则机能）。另外，并非构成要件要素的责任能力、客观处罚条件以及追诉条件，当然不是认识的对象。就结果加重犯而言，在其性质上，不要求对加重结果要有认识。只是，即便是在对重结果有认识的场合，例外地，也应当认可结果加重犯。关于这一点，有①主张有认识的场合，只是成立故意的见解[2]，和②有的场合，也可以认定为结果加重犯的见解（通说）[3]之间的对立。如遗弃致死罪的场合，即便对死亡结果有认识，在遗弃行为自身并不属于杀人罪的实行行为的时候，也应当仅仅成立遗弃致死罪。

形式的故意概念和实质的故意概念　近年来，从实质犯罪论的

---

[1] 大塚，194 页。对我这种见解的批判，见大塚仁："故意的体系地位"，香川古稀，17 页。

[2] 大塚，197 页。

[3] 平野，163 页。

立场出发，提倡实质的故意概念。通说主张故意的认识对象是符合构成要件的事实即犯罪事实这种形式的犯罪概念。另外，一旦对犯罪事实具有认识，就会唤起行为人对该犯罪事实在法律上不得允许的违法性的意识。这是故意的诉讼机能。实质的故意概念主张，从故意和过失的区别根据在于尽管具有违法性意识但竟然还实施行为的立场来看，故意只要对能够唤起违法性意识的事实具有认识就足够了，并不要求对形式意义上的犯罪事实都必须具有认识。[1] 确实，在讨论责任的时候，能够唤起违法性意识的可能很重要，但故意在对犯罪事实具有认识的一点上，具有和作为违法类型、责任类型的过失犯区别开来的根据，因此，主张对客观的构成要件要素都必须具有认识的形式犯罪论妥当。

（3）认识的要否以及程度成为问题的场合　要不要有认识成为问题的情形是，规范的构成要件要素的认识以及排除违法性事由不存在的认识。认识程度成为问题的场合，有对规范构成要件要素的认识。

[1] 规范构成要件要素的场合　规范构成要件要素也是客观构成要件要素，因此，属于这种要素的事实，成为认识对象。例如，为认定散发淫秽物罪（第175页）的故意，单纯认识到存在作为行为对象的文书还不够，还必须认识到该文书的社会意义和性质。这种认识是意义的认识。因此，为认定散发淫秽物罪中的故意，除了对于文书或物自身有认识之外，还必须认识到该物或文书具有淫秽性。构成要件要素是法律概念，包含所有有意义的要素。在一般场合下，认识到符合记述要素的事实的话，同时也能认识其意义，所以，没有必要将对物的认识和对意义的认识分开。但是，对于规范的构成要件要素，即便对物有认识也并不一定对意义有认识，所以，有必要对意义进行特别认识。

走私兴奋剂事件　最高法院1990年2月9日的判决（《判例时报》第795号第269页）认为："被告人在持有本案物品，进行走私之际，由于认识到是包含有兴奋剂成分的对身体有害的违法药品，因此，可以说具有可能是兴奋剂、也可能是其他对身体有害的违法药物的认识"[2]，具有成立输入罪和持有罪所必要的故意。只

---

[1] 前田，204页。
[2] 高山，百选Ⅰ（第4版），82页；松原，判例讲义Ⅰ，38页。

要行为人具有是某种被禁止的药物，该种药物对身体有害的一般人的认识的话，就完全可以说对意义具有认识。同时，在贩卖甲醇罪方面，虽说仅仅认识到是对身体有害的物质还不够[1]，但并不是说必须认识到是甲醇，只要认识到是一般流通中被称为"么起路"（日文音译——译者注）的、含有酒精的饮料就够了。

在故意中之所以要有认识，是因为没有认识的话，行为人就不会产生具体的"该行为是否被允许"的规范性问题。但是，由于构成要件的解释必须以社会一般观念为基础，所以，对于规范的构成要件要素的认识，并不要求达到确认上述文书的内容是符合刑法第175条所说的法律意义上的"淫秽"（所谓专家的认识）的程度，而只要认识到是使一般人产生性的好奇心的内容的文书的程度就够了。换句话说，在规范的构成要件要素的认识上，对于成为刑法评价基础的社会关系事实，必须具有一般人能够了解的意义或性质的认识（所谓一般人的认识）。因为，连这种认识都没有的话，就不会有规范的问题。例如，只要相信"没有人会相信这个录像带是淫秽物"，就不能说有故意。这种认识虽说在和法官的判断并行的一般人评价的意义上，被称作为"一般人之间的并行认识"，但是，应当说，最终只要有社会一般意义上的认识就够了。在不作为犯中的作为义务、妨害执行公务罪中职务行为的合法性（第95条第1款）、伪造文书罪中的文书性（第154条第1款，第155条第1款等）的判断上，也是如此。

对某种犯罪事实符合特定的构成要件的认识，例如，自己将要实施的行为构成散发淫秽物罪的认识，不是故意的要件。因此，尽管认识到了刑罚法规的存在，但对该法规的意义有误解，认为自己的行为不符合该构成要件即存在适用错误时，不排除故意。另外，将非犯罪事实误认为犯罪事实的场合，是所谓幻觉犯，当然不是犯罪。

[2] **因果关系的认识** 关于结果犯的故意，有①不仅对于行为和结果，连从行为到结果之间的因果进程（因果关系）也必须认识的必要说（通说）[2]；②对因果关系不需要有认识的不要说[3]；③对于故意来说，必须对因果关系有认识，但对因果关系的认识错误不影响故意的成立的折

---

1 最判昭24、2、22刑集12、2、606。
2 山口，192页。
3 前田，250页；中山，364页；町野，244页；堀内，111页。

中说[1]之间的对立。

我认为，在以实行行为为中心的犯罪论体系中，在实行行为上，是否具有规范的问题是重要的，因此，只要对具有发生构成要件结果的现实危险的行为，即实行行为和结果有认识就够了，至于该行为是根据什么样的因果经过而产生结果的，则没有必要认识。因此，第②种学说妥当。

对于不要说，有批判认为，在希望他人死于事故而劝他人坐高速火车，碰巧高速火车因被放置了炸弹而爆炸导致该人死亡的场合，因为对于实行行为和结果有认识，所以具有故意，因此，不要说显然是不对的。但是，这种场合根本不存在实行行为，所以，它不是根据错误论来排除故意的问题。

实行行为的认识 历来，有关因果关系的认识，是根据日常生活的经验，认为该种行为通常会产生该种结果程度的因果关系的大体认识，脱离该种认识而产生结果的场合，就排除故意，但是，按照这种观点的话，在为了毒死他人而让他人服毒之后，他人被第三者射杀的场合，杀人的故意就要被排除，这显然是不当的。只要具有毒杀的故意的话，就应当说具有未遂犯的故意。

[3] **排除违法性事由不存在的认识** 通说认为，正如在不存在紧急不法的侵害但却误以为有而实施了反击行为的场合，对于构成排除违法性基础的事实有错误的时候，因为欠缺故意所必要的犯罪事实的认识，所以不成立故意。即，行为人对于自己的犯罪事实有认识，但同时又认为自己的行为是排除违法事由的场合，因为行为人相信自己的行为是法律所许可的，已经没有违法性意识的可能性，因此，没有故意所需要的对事实的认识。简单地说，排除违法性事由的认识，是消极意义上的故意的要素。

但是，将排除违法性事由的认识作为故意要件的话，①一方面说，只要对犯罪事实有认识就有故意，另一方面却又说只要有排除违法性事由的认识就没有故意，这不是互相矛盾吗？②即便在正当防卫的场合，在实施反击行为时，只要对犯罪事实有认识，就应当说，具有了规范判

---

[1] 山中，284页。东京高判昭53、9、21刑月10、9=10、1191。

断的机会；③故意作为构成要件要素，应当形式地、类型性地构成。从上述理由来看，通说的见解并不妥当。[1]

3. 意志要素

故意，以由于对犯罪事实有认识而有了价值判断（规范问题）的机会，但竟然实施该种行为的意思为本质，因此，对于成立故意而言，符合构成要件的事实认识就成了不可缺少的要素，但仅有对事实的认识还不够，还必须具有意志要素即实现认识内容的意思。在这一问题上，有①故意的本质是对犯罪事实有认识的认识主义（表象说），和②故意的本质是希望或追求实现犯罪事实的意志主义（希望说）之间的对立。故意的本质，应当看作为：已经对犯罪事实有认识，竟然意图实现该认识内容的意思，所以，为成立故意，认识必须和行为人的意志相关，即要求行为人将该种认识变为自己行为的动机。[2]

这样，第一，即便在对是否发生犯罪事实没有确切认识但意图实现该犯罪事实时，因为认识成了行为的动机，所以，成立故意。例如，虽然不能肯定是人还是熊，但为了杀人而开枪的场合，就成立杀人罪的故意。第二，对犯罪事实有确定的认识，即便不希望实现犯罪事实，但并没有基于该种认识而打消实施行为的念头的话，也应认为该认识成为行为的动机，成立故意。

故意的本质和判例 判例采取了认识主义的立场。[3] 但是，最高法院1958年3月16日（《刑集》第2卷第3号第227页）认为，对犯罪事实有认识、预见，"竟然"实施该种行为的场合，就有故意，即认为"仅有对事实的认识、预见还不够"，认识还必须和意志要素相连。

三、未必的故意

1. 意义

对犯罪事实的认识成为行为动机的时候，成为故意，所以，对犯罪

---

[1] 同旨，福田，203页；西原，423页；川端，175页；山中，285页。
[2] 平野，188页；井上正治：《过失的构造》（1958年），197页。
[3] 大判大4、1、26刑录21、21；大判大11、5、6刑集1、255（只要对事实有认识预见就够了，不要求希望该事实发生等）。裁职研，98页。

第二编 犯 罪

事实的认识并不要求是确切的认识,即便对犯罪事实中的结果是否发生,具有不确定的(未必的)认识的场合,只要该种认识成为行为的动机,就成立故意。从这种见解出发,在故意中,包含两种情况:①确定的故意,它以对犯罪事实有确定认识为内容;②不确定的故意(未必的故意),它以对犯罪事实有不确定的认识为内容。不确定的故意和过失的界限,该如何划分,极为重要。

2. 学说

在故意和过失的区别上,有以下三种学说之间的对立,即:(1) 容允说[1];(2) 可能性说[2];(3) 动机说。[3]

(1) 容允说　认为认识到发生结果的可能性,而且具有发生或不发生都无所谓的容允态度时,就是故意,没有这种容允时就是过失。这种见解本来源于意志主义,认为为成立故意,除了认识之外,至少还必须具有意志要素即容允,换句话说,它是基于故意中必须具有认识要素和意志要素这一正确理解而得出的。但是,容允中包含有和自暴自弃、马虎草率等和意志没有直接联系的情绪性要素,其意义非常暧昧,因此,将其作为和过失相区别的标准,并不妥当。

(2) 可能性说　主张按照所认识到的结果发生的可能性的大小来判定有无故意。认为,同不发生结果的可能性相比,发生结果的可能性较大时,也就是对发生结果的盖然性有认识时,就是不确定的故意。单有可能发生结果的可能性的认识时,就是过失。这一见解,在无视意志要素的一点上,没有把握住故意的本质;另外,可能性和盖然性的区别极为模糊,因此,以此作为划分故意的界限的标准是不适当的。

(3) 动机说　它不否认行为人的认识,认为应以行为人是否将该认识化作了自己行为的动机为标准来判断。故意行为原则上应当受到处罚,过失行为原则上不应受到处罚,因此,处在故意和过失的交界处的不确定的故意(间接故意),应尽量明确化,同时,还不应该和故意的本质相冲突。未必的故意也有认识,和过失一样,对于发生结果的可能性有认识,因此,二者的区别不应从认识要素,而应从意志要素中去寻

---

[1] 小野,153 页;佐伯,255 页;团藤,295 页;福田,112 页;大塚,199 页;香川,232 页;西原,161 页;内田,120 页;佐久间,107 页。

[2] 牧野,556 页;庄子,324 页;前田,207 页。

[3] 平野,188 页;内藤,1090 页;町野,188 页;曾根,186 页;西田,203 页;山中,299 页;山口,181 页。

求。从这一观点来看，以对构成要件事实的认识是否和实施行为的意志有关为基准的动机说是最正确的。

3. 判例的见解

虽然一般认为，判例大致采用了容允说，但判例到底采用了哪一种立场，见解上存在分歧。例如，最高法院1948年3月16日的判例认为："对于故意来说，并不要求行为人确切知道所要买进的物品是赃物，只要行为人具有意识到该物品可能是赃物却竟然买进来的意思（即不确定的故意）就够了"[1]。在此，由于使用了"竟然"一词，因此，有人认为判例在"实质上是采用了容允说"[2]。但是，也有学者认为："对发生结果虽然有认识，但不是竟然实施行为的情况是不可能存在的"[3]，因此，也可以理解为是采用了动机说或可能性说。

对于上述判例，"即便买方并没有被卖方明确告知是赃物，但是，从所买下的物品的性质、数量、出卖人的特征、态度等各种情况来看，只要具有虽然怀疑'可能是赃物'，但是却买下来了的事实，就应当说成立故意收买赃物罪"，而没有必要证明是不是"竟然"，因此，从上述判例的宗旨来看，倒不如说是更接近于"动机说"。但是，下级法院的判例，有很多判例是基于容允说的立场。[4]

未必的故意和过失 动机说认为，行为人对犯罪事实具有认识，在该认识成为行为动机的场合，能够认可故意，因此，在对犯罪事实没有认识的场合，不能成立故意。另外，即便对犯罪事实具有认识，但在该认识没有成为行为动机的场合，也不能说具有故意。对此从过失的观点来看，过失犯，分为①对犯罪事实没有认识的场合，和②对犯罪事实有认识，但这种认识没有成为行为动机的场合。前者是没有认识的过失（通常过失），后者是有认识的过失。

四、故意的种类

故意可以分为，①确定故意和不确定故意，②事前故意和事后故

---

1 日高，百选Ⅰ（第5版），78页；松原，判例讲义Ⅰ，35页。
2 团藤，296页。
3 平野，186页。
4 东京高判昭60、5、28判时1174、160。

意，③侵害故意和危险故意，④韦伯的概括故意。

1. 确定故意和不确定故意

所谓确定故意，是指对意图发生的犯罪事实，或意图实现的犯罪事实有明确认识的情形。一般所说的故意犯都是有确定故意的犯罪。所谓不确定故意，是指对所意图实现的犯罪事实没有确定认识的情况，其中，包括三种形态：

第一是未必的故意，其意义前面已述。第二是择一的故意，是指认识到肯定会发生结果，但是，结果发生在一定范围内的哪一个对象上，只能选择性地确定的场合。[1] 例如，出于不管打中谁都行的心态而向甲、乙开枪的场合。第三是概括的故意，正如向人群中投掷石块一样，对于一定人群中肯定有人要被击中是有确切认识的，但是，结果发生在谁身上，认识却不确定的场合。[2]

附条件的故意 所谓"附条件的故意"，正如"在所谋议的计划内容上，杀害他人与发生一定事态相关"[3]一样，指意思内容转化为现实结果，取决于一定条件。虽然有见解认为，附条件的故意应当是未必的故意，但是，实行时的意思是满足了条件之后的意思，因此，只要将其看作为单纯的故意就够了。[4] 与此相对的是"犯罪实现意思的形成，与一定条件相关的场合"，如行为人尽管以枪对准他人，但在是杀害他人还是吓唬他人，尚未决定下来的场合，就是"没有决意"，不成立故意。[5]

2. 事前故意和事后故意

事前故意，被看作为和韦伯的概括故意相同的情况[6]，但为了明确概念，还是将二者区别开来，其是指事先对犯罪事实整体有认识之后，采取行动的场合[7]；所谓事后故意，是指已经实施了会侵犯一定法益的

1　东京高判昭 35、12、24 下刑集 2、11=12、1365。
2　大判大 6、11、9 刑录 23、1261。
3　最决昭 56、12、21 刑集 35、9、911。
4　最判昭 59、3、6 刑集 38、5、1961。安达，百选Ⅰ（第 5 版），76 页；松原，判例讲义Ⅰ，37 页。
5　平野，189 页；町野，198 页。
6　大塚，201 页。
7　植松，261 页。

行为之后才产生犯罪的故意,并按照已有行为的发展势头,放任结果发生的状况。例如,医生合法地将病人的胸部打开之后,产生杀人念头,将病人放置不管,让其死去就属于这种情况。这种情形实际上只是在不作为犯的场合才成为问题,但是,并不妨碍成立故意。

3. 侵害故意和危险故意

所谓侵害故意,是指对侵害法益的结果有认识并追求实现该结果的意思。所谓危险故意,是指认识到会对法益造成危险,但是却有意引起该危险状态发生的意思。在具体危险犯和抽象危险犯中,对危险的认识程度是不同的。在具体危险犯中,行为人对于危险性必须有明确的认识,但是,在抽象危险犯中,并不一定要求行为人对危险性有认识。

4. 韦伯的概括故意

所谓韦伯的概括故意,是指在第一个行为并没有引起行为人所追求的结果,但是行为人误以为已经引起,接着再实施第二个行为,由于第二个行为而引起了行为人所追求的危害结果的场合,对该引起结果的全过程进行概括把握,认为具有故意的情况(其来源于德国的冯·韦伯在1825年的命名)。例如,第一,出于杀人的故意而殴打他人,他人被打晕之后,误以为他人已经死亡;第二,为掩盖罪迹,就把他人扔到河里面,结果他人由于肺部呛水而死亡的场合,就是如此。

关于韦伯的概括故意,分为①行为人的认识内容和因果经过之间具有错误的场合,作为因果关系错误的问题加以处理的见解[1];②具有杀人的实行行为,作为该实行行为和死亡结果之间的因果关系问题加以讨论的见解[2];③将第一个行为和第二个行为区分开来,第一个行为成立杀人未遂,第二个行为成立过失致死罪,两者成立数罪的见解。[3] 问题是,能不能将第一个实行行为和第二个结果看作为实行行为和结果之间的问题,在第一种情况当中确定实行行为,该实行行为和第二种情况中的死亡结果之间是不是具有因果关系,即应当作为因果关系加以讨论。结局上,如果说第一种情况的结果和第一种情况的行为之间具有相当因果关系的话,就要成立杀人既遂犯。

---

[1] 山口,193页。
[2] 大判大12、4、30刑集2、378;前田,192页。
[3] 曾根,188页。

五、事实错误排除故意

1. 错误的意义

所谓错误，就是事实和观念的不一致，但是，一般将对事实的不知也归入错误之内。

（1）刑法上的错误　在认定故意犯的构成要件符合性时，原则上要求行为人主观上对犯罪事实有认识，并将该种认识化为行为的动机；同时，在客观方面，要求正如行为人所认识的一样，实际上发生了犯罪事实。但是，现实中，按照行为人所认识的犯罪事实经过发生结果的情况很少，行为人认识的内容和客观发生的事实之间多少有些不一致。这样，在犯罪事实方面，行为人在行为当时所认识的事实和现实所发生的事实之间的不一致就是事实错误。

和事实错误相对应的是违法性错误。它是指没有意识到行为是违法的，即行为是为法律所禁止的情况，又称为法律上的错误或禁止的错误。如前所述，违法性意识及其可能性并不是故意的要件，所以，违法性错误完全是具体的责任判断的对象，并不是故意自身的问题，关于这一问题将在责任论部分进行叙述。因此，对于是否成立故意来说，重要的是事实错误。

（2）事实错误　它是指行为人在行为时所认识到的犯罪事实和现实中发生的符合构成要件的客观事实之间的不一致。从现实社会中所发生的犯罪的实际情况来看，行为人所认识的内容和发生的事实之间不一致的情况是常见的，从将甲当成乙，到将人当成熊，弄错了的情况是多种多样的。因此，什么范围的错误会对故意的认定产生影响呢？这是问题。

构成要件也是违法行为的类型，只要对符合构成要件的客观事实有认识，就有考虑规范问题的机会，因此，即便在认识的内容和发生的事实之间有细小的不一致，也不影响成立故意。与此相对，如果在符合构成要件的客观事实上有重大不一致的话，那么，行为人就没有考虑规范问题的机会，对于该犯罪事实，就不能说该行为人具有直接的反规范的意思活动。因此，在认识内容和现实所发生的事实之间有不一致的场合，就产生了在什么范围内可以成立故意的问题。这就是事实错误的问题。

2. 事实错误的范围

某一错误是不是事实错误，在①法律事实错误的场合，②违法性的事实错误的场合，③规范的构成要件要素的错误的场合，见解是不一致的，但是，只要是和故意中应当成为认识对象的犯罪事实（符合构成要件的客观事实）相关的内容，不管其是纯粹的事实错误、法律的事实错误、还是意义上的事实错误，都是事实错误。[1] 与此相对，行为人即便在是否存在客观的处罚条件或身份的排除处罚事由上，具有错误，因为上述情况都不是故意的认识对象，所以对是否成立故意，没有影响。

　（1）法律事实错误　所谓法律事实错误，是指由于不知道刑罚法规以外的法律规定（非刑罚法规）或对其适用存在误解，因而对作为构成要件要素的事实具有错误的场合，也称非刑罚法规的适用错误。[2] 例如，所有权归于他人是以民法上的所有权规定为前提的，因此，如果由于对民法的规定不了解或有错误而在物的他人性上产生误解的话，这就不是有关法律的错误，而是有关故意中的认识对象的事实错误。所以，在破坏封印罪方面，判例的"由于误解了民事诉讼法以及其他公法的解释，被告人在以为扣押无效，误认为扣押不存在，或者误以为有破坏封印的权利的场合，不具有本罪的故意"[3] 理解是妥当的。

　　　参考判例　判例对于由于不知法、在解释适用有错误，结果导致在构成要件要素的理解上发生错误的场合，认为是事实错误，排除故意。即便是在最高法院时代，也仍然坚持了这一立场。（1）最高法院1951年7月10日（《刑集》第5卷第8号第1411页）认为，将无效规则误认为是有效规则的错误，属于事实错误，排除故意。（2）最高法院1951年8月17日（《刑集》第5卷第9号第1789页）在被告人误解了警察规则等，误认为他人饲养的没有挂牌的狗是无主狗而加以杀害的案件中，认为："应当说，上述错误结果表明，行为人对于狗是属于他人所有的事实可能没有认识"，因此，将原审法院所认定的、构成伤害动物和盗窃两罪的判决撤销，发回重审。[4] 最高法院的考虑大概是，如果相信是无主的狗的话，就是对他人财物没有认识，所以，排除故意，但是，如果是认

1　团藤，313页。
2　前田，240页。
3　大判大15、2、22刑集5、27。
4　中空，百选Ⅰ（第5版），84页；松原，判例讲义Ⅰ，103页。

第二编 犯 罪

为，虽然不是无主的狗，但杀了也没有关系的话，就不排除故意。(3) 无照营业罪中有无许可也是法律事实，在对许可事实有认识的场合，就不具有无照营业罪的故意。最高法院1988年7月18日审理了（《刑集》第43卷第7号第752页）违反《公共浴场法》第8条第1款所规定的无照营业罪的案件。案情是这样的：被告人将其生父个人所经营的事业转移到生父担任公司代表人的公司中经营，因为其听生父讲过，已经将事业由生父转移到公司的变更事项许可申请书提交给了县知事，并且已经被受理，所以，他以为公司已经被批准营业，且继续展开营业。最高法院认为行为人的错误是事实错误，排除故意。在有关《道路交通法》所规定的超车犯罪方面，法院认为由于不知道法律有禁止规定，而在是禁止超车区域超车的时候，原则上是事实错误。但是，在从该场所自身的特征来看，当然应当知道是禁止超车的场所，而仍然实施超车的时候，就是法律错误。如东京高等法院1955年4月18日（《高刑集》第8卷第3号第325页）在违反禁止超车的事件中，认为，仅有"只是超越了其他汽车的认识"还不够，要求必须有"在禁止超车区域内超越其他车辆的认识"，因此，将有关禁止超车区域的错误认定为事实错误。另外，参见东京高等法院1960年5月24日（《高刑集》第13卷第4号第335页）〔在禁止狩猎区域打猎事件〕。

(2) 有关违法性的事实错误 所谓有关违法性的事实错误，像假想防卫的场合一样，是指本来不存在成为排除违法性事由的事实，但行为人却误以为存在的情况。在这一问题上，存在①是事实错误，不成立故意[1]；②是违法性错误，对故意的成立没有影响[2]；③是和违法性错误并列的、排除责任的故意[3]等见解之间的对立。在本不存在可以实施正当防卫的事实却误认为存在，因而出于防卫的意思将对方杀死的场合，行为人至少有将对方杀死或伤害的意思，因此，是对符合构成要件的客观事实有认识，不属于事实错误，而是违法性错误，所以，第②种见解妥当。

(3) 规范的构成要件要素的错误 成立故意，对规范的构成要件要

---

[1] 青柳，208页；团藤，308页；平野，164页；中，137页；前田，240页。
[2] 木村，334；福田，207页；西原，422页。
[3] 大塚，447页。

素必须有认识，相反地，如果在这一点上有错误的话，就不成立故意。但是，有关规范的构成要件要素的事实是对事实的评价或判断，而不是纯粹的事实，因此，它和违法性错误该如何区别就成问题。区分二者的标准应当从，在对该事实的评价或判断有误解的话，会不会产生规范的问题方面来寻求，其具体标准应当根据是否对该事实社会意义具有认识方面来判断。

①淫秽 最高法院在贩卖、散发淫秽物罪方面，认为："在认定刑法第175条所规定的犯罪的犯意上，只要对成问题的记载的存在有认识，并对颁布、贩卖该记载有认识就够了，不要求对记载的内容是否具有该条文所规定的淫秽性有认识。如果贩卖了主观上自以为不符合刑法第175条所规定的淫秽书刊，但客观上该书刊具有淫秽性的话，就应当说，它是法律上的错误，不妨碍故意的成立"[1]。

这一判决认为，只要认识到文书的存在，就完全可以作为对事实有认识，而淫秽性的认识，是有关在法律上是否允许的认识，是违法性意识的问题。的确，如果将淫秽性的认识理解为法律专家的认识的话，那么，和违法性意识几乎就没有什么差别。因此，上述判决，如果认为法律意义上的淫秽性没有必要认识的话，就是妥当的，但是如果认为，在一般人的认识上，即在该书刊是不是属于使一般人对性问题感兴趣的文书方面有错误的场合，也成立故意的话，那么就不妥当（通说）。没有一般人的认识的话，行为人就会在不直接面临规范问题的情况下实施犯罪行为，不应当成立故意。

②职务行为的合法性 同样的情况，在妨害执行公务罪中的职务行为的合法性的问题上也存在。毫无疑问，"合法性"是没有记述出来的规范的构成要件要素，但是，判例也将"合法性"的错误作为违法性错误看待。[2] 在此场合，行为人虽然没有必要认识法律意义上的合法性，但是，作为一般人的认识，必须具有该行为是公务员的职务行为这种程度的认识。

③狸、貉事件 在"狸、貉事件"中，虽然《狩猎法》规定，禁止捕获狸，但是，行为人误以为当地通称为"貉"的动物是和狸不同的其他动物而捕获了。对此，最高法院认为："在没有属于法律所禁止捕获

---

1 最大判昭32、3、13刑集11、3、997。石井，百选Ⅰ（第5版），90页；松原，判例讲义Ⅰ，36页。

2 大判昭7、3、24刑集11、296。

的狸的认识"的场合，不成立故意。[1] 这个判决中，行为人误以为法律禁止捕获的对象——"狸"和他本人已捕到的"貉"不是同一种动物，而且，社会上的一般人也是这么认为的，因此，被告人具有社会一般意义上的错误，因为对符合构成要件的事实没有认识，没有面临规范的问题，所以，不成立故意。

另一方面，同样是违反《狩猎法》的事件，即行为人不知道"鼺鼠"就是当地所称的"貘玛"的动物而捕获的案件中，最高法院却认为不排除成立故意。[2] 事情是这样的：行为人捕获了禁止捕获的动物——鼺鼠，但他认为他是由于不知道当地俗称为"貘玛"的动物就是"鼺鼠"而加以捕获的。在本判决中，既然社会一般观念上将"鼺鼠"和"貘玛"看作为同一种动物，因此，应当说，这种社会性的认识即一般人的认识，为行为人提出了规范认识的问题，只是行为人是在不知道该动物是禁止猎捕的动物的情况下加以捕获的而已，是单纯的违法性错误，对成立故意没有影响。因此，应当说，"鼺鼠、貘玛"事件判决也是沿用了在没有社会性意义认识的时候，不成立故意的立场。这一判决，有人认为，与前述"狸、貉（hao）事件"的结论相矛盾[3]，其实，并不矛盾。[4]

④作为义务的错误　在不真正不作为犯中的作为义务的错误上，有人从作为义务是违法性要素的立场出发，认为它是违法性错误，但是，作为义务应当说是构成要件的规范要素，所以该错误是事实错误，排除故意。并且，作为一般人的认识，行为人只要具有自己正处于不得不实施一定作为的立场——这种程度的认识的话，就不影响故意的成立，但是，如果连这种故意都没有的话，就不成立故意。

3. 事实错误的形态

事实错误，可以分为：具体事实错误和抽象事实错误，对象错误和方法错误，以及因果关系的错误。

（1）具体事实错误和抽象事实错误　事实错误的形态，可以分为①同一构成要件范围内的具体事实错误的场合，②认识内容和发生事实属

1　大判大 14、6、9 刑集 4、378（"狸、貉事件"）。
2　大判大 13、4、25 刑集 3、364（"鼺鼠、貘玛事件"）。
3　大塚，452 页；西原春夫："刑法中错误的理论（总论）"，法研 329 号 15 页；町野，225 页；西田，233 页；山口，174 页。
4　平野，173 页；庄子，356 页；藤木，220 页；中山，366 页；内田，258 页；前田，237 页；山中，640 页。

于不同构成要件的场合。第①种情况是具体的事实错误（同一构成要件范围内的错误），例如，意图杀甲而误将乙杀害的场合就属于此；第②种情况是抽象的事实错误（不同构成要件间的错误），出于损坏公私财物的目的而投掷石块，但是却将旁边的人打伤的场合。

（2）对象错误和方法错误　作为具体的事实错误和抽象的事实错误两者共同的错误形态，有对象错误和方法错误的区别。所谓对象错误，如将甲错看成乙而加以杀害的场合，按照认识对对象实施了行为，但是该对象的性质和认识不一致的场合。所谓方法错误，如瞄准甲开枪却意外地将乙打死的场合，是指向和认识内容不一致的对象实施了行为的情况。

（3）因果关系错误　所谓因果关系错误是指，虽然行为当时，行为人所预见的因果关系的进程和现实中所发生的因果关系的进程不一致，但是，却发生了行为人所预期的结果的场合。

例如，出于使人淹死的目的而将人从桥上推下，但被害人是掉在河滩上将脖子摔断而死去的场合就属于此。通说认为，因果关系的错误是是否成立故意的问题，但是由于这个错误和是否存在因果关系自身也有关，所以，在作为错误问题之前，作为因果关系的问题来对待是妥当的。

另外，作为事实错误，还有本不存在犯罪事实却误认为存在的场合（幻觉犯、妄想犯），以及本来有犯罪事实却误认为没有的场合（过失成为问题），但是，上述情况均和故意犯的成立范围没有直接关系。

4. 事实错误的解决标准

事实错误，是行为当时所认识的犯罪事实和现实所发生的犯罪事实之间，在什么样的程度上一致的话，对于所发生的结果能够认定故意的问题。在事实错误上，成立故意程度的"认识"和"结果"之间的一致性被称为符合。

（1）学说　在符合的程度上，有①抽象符合说，②具体符合说，③法定符合说。

抽象符合说，是基于主观主义立场的见解，认为只要是出于犯罪意思而实施了某种犯罪行为，从行为人的社会危险性的角度来看，认识的内容和发生的犯罪事实之间如果有抽象的符合，就将行为当时所认识的犯罪事实和实际发生的犯罪事实相比较，至少能够在轻罪的范围内成立故意犯。具体符合说认为，只要行为人所认识的犯罪事实和现实发生的犯罪事实不具体一致，那么，对于实际发生的犯罪事实，就不成立故意。法定符合说（构成要件的符合说）认为，行为人所认识的犯罪事实和现实发生的犯罪事实在构成要件上一致的话，就成立故意。

上述学说之内，在具体的事实错误方面，成为问题的是具体符合说和法定符合说；在抽象的事实错误方面，成为问题的是抽象符合说和法定符合说。

（2）学说的探讨　故意的本质，是虽具有考虑规范问题程度的认识，但竟然产生实施行为的意思，所以，对犯罪事实不要求具有具体的认识，只要有在法定的构成要件的范围内被类型化了的事实的认识，例如，有杀"人"的认识就够了，而不要求有杀"甲这个人"的认识。因此，认为行为人所认识的犯罪事实和所发生的结果之间只要有"构成要件评价上的一致"，对于所发生的犯罪事实就具有故意的法定符合说是妥当的。而具体符合说，由于认为即使是轻微的错误也要考虑，所以明显具有缩小故意的成立范围之嫌。与此相对，抽象符合说认为，只要在抽象的犯罪意思上一致的话就成立故意，但这样会无视构成要件而不当扩大故意的成立范围。以构成要件论为基础，在认可构成要件所具有的故意规制机能的时候，法定符合说是妥当的，我国的判例也坚持了这一立场。

判例的基本立场　最高法院1978年7月28日（《刑集》第32卷第5号第1068页）认为："认定犯罪故意，尽管必须对成为犯罪的事实要有认识，但并不要求犯人所认识的犯罪和现实所发生的事实之间具体一致，只要两者之间在法定范围内一致就可以了"，因此，"只要出于杀人意思而实施了杀害行为，即便结果发生在犯人所没有认识到的人身上，仍然应当说，对该结果具有杀人故意"[1]，明确地表明了法定符合说的立场。另外，判例中所说的"法定范围内一致"，是指犯罪类型（定型）上的一致（符合）[2]，因此，在结果上，也应当说，判例是采取了法定符合说的立场。

5. 具体的事实错误（同一构成要件内的错误）

对于具体的事实错误，根据对象的错误、方法的错误的形态的不

---

[1] 中森，百选Ⅰ（第4版），88页；长井，百选Ⅰ（第5版），80页；松原，判例讲义Ⅰ，40页；裁职研，115页。
[2] 最判昭25、7、11刑集4、7、1261。

同，从法定符合说的立场出发，按照以下形式解决：

（1）对象错误　例如，以为是甲而实施了杀害行为但实际上是乙的场合（目标错误），这种把对象搞错了场合的错误就是对象错误。由于，只要行为的对象是人，到底是甲还是乙在构成要件上并不重要，所以，在这种场合，当然不影响故意的成立。[1] 如果严格按照具体符合说的话，这种场合应该是不成立故意的，但是，由于是向乙瞄准而把乙杀害，只是在动机上有错误而已，因此，即便站在具体符合说的立场也能认定具体的一致[2]，所以，该学说也认为，对象错误并不影响成立故意。[3]

具体的法定符合说　具体的法定符合说认为，故意是将所存在的符合构成要件的事实，特别是其存在与否作为问题的见解，因此，它不是主张认识、预见和所发生的结果之间不完全符合的话，就不成立故意的立场。出于伤害的故意向他人右臂开枪，结果打中左臂的场合，由于存在造成他人伤害这一符合构成要件的事实，所以，可以认定符合。[4] 在此意义上讲，由于是将符合构成要件作为问题，因此，近年来的学者将其称为具体的法定符合说。但是，构成要件是抽象的东西，因此，只要在法定范围之内符合就够了。

（2）方法错误　正如向甲瞄准开枪，但是出人意料地打中了乙，导致乙死亡的场合一样，行为结果在和认识内容不一致的对象上发生的场合，就是方法错误。

［1］具体符合说的解决方法　具体符合说将对象错误和方法错误分开考虑，认为在后者的场合，因为行为人的认识内容和发生的结果不具体一致，所以，对于行为人来说，构成杀人罪（故意犯）的未遂和过失致死罪，二者之间是观念竞合。[5]

1　大判大11、2、4刑集1、32（只要出于杀意而将人杀伤，尽管在被害人是谁的一点上具有错误认识，都不排除杀人的犯罪意思）。
2　内田文昭："假想防卫过当"，研修661号3页。
3　平野，175页；西田，208页；山口，185页；另外，西田典之："论具体符合说"，刑法杂志26卷2号172页。
4　山口，185页。
5　柏木，217页；平野，176页；庄子，340页；内藤，904页；中山，362页；内田，161页；大越，147页；西田典之："论事实错误"，团藤古稀3卷，93页；齐藤信宰，140页；山口，186页。

第二编 犯 罪

但是，第一，正如"挂错了电话的胁迫行为"该成立哪一种错误一样，对象错误和方法错误的区分实际上是很困难的。[1] 第二，构成要件是抽象的、类型化的东西，只要在法定的实行行为的范围之内一致就足够了，这是构成要件论的归结，超过这一标准而要求具体的一致，是和否定构成要件论相关的。第三，瞄准甲却将其旁边的乙打死了的场合，只是构成过失犯的见解自身，是违反社会常识的见解，并不妥当。

另外，从①只想偷现金却错把人家的支票也偷到手的场合，应当构成盗窃既遂；②意图砸坏甲的汽车而投掷石块，却砸坏了旁边停放的乙的汽车的场合，前者只构成损坏财产罪的未遂，后者构成过失的损坏财物罪，从不管哪一种情况都只能认为是无罪，这显然是不妥的情况来看，具体符合说，无论如何是不能支持的。

[2] 法定符合说的解决方法　按照法定符合说，上述事例中，甲和乙都是构成要件上的"人"，行为人既然认识到是杀害甲，则可以说，对杀人的实行行为中的对象具有认识。另外，根据对该犯罪事实的认识，尽管其被给予了考虑"不得杀人"的规范要求的机会，但竟然实施对甲、乙而言均为具有杀害危险的实行行为，就可以说，其出于杀人（甲）的意思而实施了杀人（乙）行为，并且造成了杀人（甲）的危险，因此，对于双方而言都是故意犯，即应当看作为是对甲的杀人未遂罪和乙的杀人既遂罪的观念竞合（数故意犯说）。[2]

判例在过去似乎是坚持具体符合说[3]，但是，之后，一般认为，是采用了法定符合说的。[4] 对于法定符合说，批判意见认为，对于一个故意而认定构成数个故意犯并看作为是观念竞合，这不是刑法的认定方法[5]，但是，观念竞合是一个行为成立数个犯罪的情况，即便是一个故意，但该故意在构成要件的评价上，被数个犯罪共用的情况，应当说，在刑法上也是存在的。[6] 对两个以上的人实施杀害行为结果都归于未遂的情况，当然会在量刑上有体现，但是由于是在一个杀人罪的法定刑的范围内进行处罚的，所以，并没有特别的不合适。

1　佐久间修：《刑法中的事实错误》（1987年），127页；井田良："有关故意中的对象特定和个数特定的考察（2）"，法学研究58卷10号63页。
2　团藤，304页；中野，122页；前田，323页。
3　大判大5、8、11刑录22、1313。
4　大判昭8、8、30刑集12、1445；最判昭53、7、28刑集32、5、1068。
5　平野龙一："论具体符合说"，法教创刊号56页。
6　中野次雄：《刑事法和裁判的诸问题》（1987年），41页。

[3] 各种类型　将上述结论进一步发展的话，就是行为人的行为和结果不仅在其所意图的对象上发生，而且在意外的对象上也发生了的场合，只要该结果和实行行为之间具有相当因果关系，就应当认为构成数个故意犯。

　第一，数个结果一并发生的场合　意图杀死甲而开枪，甲只是受伤而旁边的乙却死亡的场合（所谓并发结果），①按照具体符合说的话，就是对甲构成杀人未遂罪，对乙构成过失致死罪，二者之间是观念竞合；②主张法定符合说的第一种观点认为，只对乙构成杀人既遂罪，而对甲的杀人未遂罪被前者所吸收[1]；③主张法定符合说的第二种观点认为，对甲构成过失伤害罪，对乙构成杀人既遂罪，二者之间是观念竞合[2]；④主张法定符合说的第三种观点认为，对甲构成杀人未遂罪，对乙构成过失致死罪，二者之间是观念竞合。[3] 但是，无论对甲还是对乙来说，只要认为结果同杀人的实行行为之间具有相当因果关系，就应该说，该行为是基于行为人的直接的反规范的意思而实施的，所以，对于甲来说，是杀人未遂，对于乙来说，是杀人既遂，二者之间是观念竞合。

　第二，结果过剩的场合　同样的情况，对于①出于杀甲的意图而开枪，结果在杀死甲之外，还使旁边的乙也死亡的场合（过剩结果），②在杀死了甲，只是造成了乙受伤的场合，也适用。在①的场合，虽然多数人认为，对甲的杀人罪和对乙的过失致死罪之间是观念竞合，但是，对于两者来说，应当看作为两个杀人罪的观念竞合。在②的场合，尽管认为对甲成立杀人罪和对乙成立过失致伤罪两个罪的意见有力，但是，应当说，对甲的杀人既遂罪和对乙的杀人未遂罪之间是观念竞合。在甲、乙二人同时负伤的场合，或者在甲、乙二人都未被击中但是面临死亡威胁的时候，就成立两个杀人未遂罪，二者之间是观念竞合。

　即便在法定符合说之中，在具体事实错误中的方法错误的场合，对于所发生的意外结果并不常常是认定为故意犯，为成立故意犯，该行为和发生的结果之间不仅要有相当因果关系，而且在没有认识到的对象方

1　福田，118 页。
2　植松，275 页；大塚，207 页；川端博：《集中讲义刑法总论》（第 2 版，1997 年），95 页。
3　西原，193 页。

面，也必须有发生结果的现实危险，换句话说，要能被认定为客观的实行行为。例如，在甲向乙开枪的时候，在附近的电线杆上作业的电工丙听到枪声后，吓得从电线杆上掉下来摔死的案件中，甲对丙的死亡就不能说具有杀人故意。因为，只要发生的结果不是该实行行为的构成要件上的结果，当然就不能对该结果追究责任。[1] 最近，认为在通过该行为难以排除不能预计的结果的场合，就该结果而言，应当成立故意的见解非常有力，这种观点在结论上，和上述观点是一样的。

数故意犯说和一故意犯说 数故意犯说认为，由于以故意责任为前提的故意只要对"杀人"具有认识就足够了，因此，在这一点上，被杀的人数并不重要，该数字应当完全在责任的量上加以考虑。一故意犯说认为，只有杀死一个人的意思的话，一般成立一个故意，因此，当然主张一故意犯说。

一方面主张采用法定符合说，另一方面又认为应当设立对于杀人之类的只要有一个对象就完全满足构成要件的构成要件而言，对一个故意不认可一个故意犯的话，就会违反国民的法律感觉，无视行为人的心情，因此，故意在符合法定（构成要件）符合的范围内被实现的场合，对于其他的同时发生的结果或者过剩结果，不得认可故意的原则的见解非常有力。[2] 但是，（1）根据对象的性质而对故意的处理设置差别的做法，过于实用主义；（2）如意图杀甲而开枪，子弹命中甲，使甲负伤，还使甲旁边的乙死亡的场合，就要成立对乙的杀人罪和对甲的过失伤害罪的观念竞合[3]，这种将对甲的故意转用为对乙的故意的做法，是无视作为心理事实的故意概念的做法；（3）有见解认为，只要对乙也发生了杀人结果，则对甲的伤害就要为对乙的杀人罪所吸收，但这种做法忽视了犯罪的成立上存在对人的身体进行伤害的一点，并不妥当，不仅如此，而且按照这种学说，在乙没有死亡的场合，就会出现对甲的杀人未遂罪和对乙的过失伤害罪的观念竞合，在上述场合之间产生不平衡。因此，上述新法定符合说的见解，没有充分成功。[4]

---

[1] 大谷实："论构成要件符合说"，同志社法学 36 卷 4 号 11 页；前田，428 页。
[2] 植松，275 页；大塚，208 页；西原，193 页。
[3] 福田，119 页。
[4] 中野，前揭 29 页。

(3) 对因果关系错误的处理　所谓因果关系错误，就是虽然行为当时行为人所预见到的因果过程和现实中发生的因果过程不一致，但是，行为人所预期的结果仍然发生了的场合。包括：①甲意图让乙淹死而将乙推下桥，乙因为河中的桥墩撞中脑袋而死亡的场合，②意图杀死他人而向他人射击，致被害人轻伤，但由于被害人患有血友病因而死亡的场合，③甲意图让乙淹死而将乙推下桥，乙被猎人打猎发射的流弹打中的场合等，都属于这种情况。这些情况，历来被当作事实错误的问题，在是否成立故意方面进行讨论，但是，因为成立故意并不需要考虑对因果关系的认识，因此，这种错误对于成立故意来说并不重要，倒不如说，应当作为因果关系的问题来加以解决。[1]

(4) 过早实现构成要件的场合　是指行为人在实施第一个行为之后，实施第二个行为，希望通过该行为引起结果，但实际上是第一个行为引起了结果的场合。如行为人卡住对方的脖子使其昏迷（第一行为），之后，试图将其搬到河川里淹死（第二行为），但是，被害人实际上已经因为第一个行为而死亡的场合，就是如此。

作为与此有关的判例[2]是，在自己家里意图通过放火烧身的方式自杀的男子，在室内撒满汽油之后，想在死前抽根烟，于是开启了打火机，结果引着了汽油，引起爆炸，导致火灾的案件。这里，辩护方认为构成放火预备罪和失火罪的意见被驳回，法院认为，通过泼洒汽油，"就放火而言，可以说其企图的大半已经完成，在这个阶段上，法益的侵害即引起本案中的房屋烧毁的危险已经迫在眉睫"，在泼洒汽油的阶段上就成立放火未遂，"在上述状况之下，开启打火机的话，就会引起火灾，这是一般人都能理解的事情，并不是难以想象的情况，在被告人打着打火机的时候，没有放弃烧毁本案房屋的意思，根据上述经过，引火导致了本案结果，因果关系难以被否定，因此，被告人难以被免除放火既遂罪的责任"。

就本案而言，虽然认可了第一个行为而引起的未遂犯，但由于对第二个行为有保留，因此，主张不成立既遂的观点有力。[3] 但是，由于行为人对为发生结果的现实危险提供基础的事实有认识之后点火的，尽管是在没有意想到的经过上引起了火灾，但还是要说对结果具有故意。最

1　西田，211页；山口，192页。
2　横滨地判昭58、7、20判时1108、138。盐见，百选Ⅰ（第4版），126页。
3　山口，195页；林干人："过早发生结果"，判时1869号3页。

高法院[1]也在 X 作为保险金杀人罪的预备行为而让 Y 吸入氯仿致其昏迷（第一行为），之后用汽车将 Y 拖到海边扔到海里（第二行为），致其死亡，但 Y 实际上可能在第一行为阶段就已经死亡的案件中，认为"开始使其吸入氯仿行为的时候，可以说，就已经开始了杀人罪的实行"，认定"着手一连串的杀人行为，实现了该目的的场合，和犯人的认识不同，即便是在落入海里之前的时刻，由于故意让人吸入氯仿导致被害人死亡，但也不能说没有杀人故意"。

在构成要件过早实现的场合，客观上有实行行为，只要就该行为具有认识，即便是经过意想不到的经过引起了结果，就应当对该结果追究其故意犯的罪责，这种思考方法和法定符合说的场合是一样的。[2]

6. 抽象事实错误（不同构成要件间的错误）

所谓抽象事实错误，是指认识内容和发生事实分别属于不同构成要件的情况。

（1）刑法第 38 条第 2 款的宗旨　即便在这种场合也有对象错误和方法错误之分。例如，①意图用投掷石块的方法来杀死他人养的狗，但是，被误认为狗的实际上是小孩，因而致小孩受伤的场合，就是对象错误；②意图用投掷石块的方法来杀死他人养的狗，但是，由于失误而将旁边的狗的主人打伤的场合，就是方法错误。

规定抽象事实错误的是刑法第 38 条第 2 款。其中规定："实施了应当构成重罪的行为，但行为时对符合该重罪的事实没有认识的，不能按该重罪论处"。它是有关在上述②的情况即意图杀狗而误将人打伤一样的，行为人意图实施较轻的甲罪却出现了较重的乙罪的犯罪事实的场合，不能以较重的乙罪来对行为人进行处罚的规定。但是，该规定只写有"不能论处"，但在什么样的场合下应当认定为有故意的错误的处理上，则没有作任何规定，甚至在行为人基于实施较重的甲罪的意图而出现了较轻的乙罪的结果时，该如何处理也没有规定。因此，在刑法第 38 条第 2 款的解释上，学说上具有对立。

（2）解决的基准　抽象事实错误的问题，也是有关在行为人的认识和发生的事实之间有不一致的场合，在什么范围内的事实上可以认定故意的问题，因此，其解决方法，当然和具体事实错误的解决方法一样。

［1］构成要件的重合　法定符合说认为，认识的事实和发生的事实

1　最决平 16、3、22 刑集 58、3、187。
2　井田，94 页。

之间不一致的场合，原则上不成立故意。[1] 因为，既然在行为时对所发生的犯罪结果没有认识，就当然不能成立故意。因此，在行为人出于实施较轻的甲罪的意思实施行为而发生了较重的乙罪的结果时，例如，出于杀狗的意思而误将狗的主人杀死的场合，由于行为人对伤害动物罪的犯罪事实有认识，但是对人死的结果却没有认识，所以不能认定为故意，而只能考虑为过失致死罪。相反地，意图杀人但却将他人的狗杀死的场合，虽然杀人未遂成为问题，但是，对于所发生的动物受害的结果却不能认定有故意。

但是，行为人所认识的内容和现实发生的犯罪事实之间存在构成要件上的重合的时候，因为所发生的犯罪事实是行为人在考虑了规范的问题之后所引起的，所以在构成要件重合的范围内，对于较轻的犯罪事实，例外地认定其成立故意。

例如，在出于侵占遗失物的认识而实现了盗窃的犯罪结果的场合，虽然所预见的犯罪事实和现实发生的犯罪事实之间在构成要件上不一致，但两者在构成要件上有部分重合，此时，对该范围内所发生的犯罪结果，可以认定故意。因为，如果认识到侵占遗失物的事实的话，至少可以说在两罪的构成要件所重合的侵占遗失物等的范围内，认识的内容和发生的结果之间具有构成要件上的一致性。这样，在行为人所认识的犯罪事实和所发生的犯罪结果之间有构成要件上的重合的话，对该重合的范围内所发生的犯罪事实，应当说具有故意。[2]

[2] 重合的意义　关于法定符合说中的"重合"的意义上，有以下几种观点：①形式符合说认为，是构成要件上的形式的重合[3]；②实质符合说认为，必须是对构成要件的意义进行实质考察的基础上，保护法益以及构成要件的行为的实质重合[4]；③不法、责任符合说认为，不需要构成要件的重合，只要在各构成要件之间的不法、责任的内容上符合就够了[5]；④罪质符合说认为，在考虑了犯罪的被害法益以及犯罪方法等之后，认为"罪质"符合就够了。[6]

1　山口，195页。
2　大判大 9、3、29 刑录 26、211；最判昭 25、7、11 刑集 4、7、1261；最决昭 54、3、27 刑集 33、2、140。
3　团藤，299页；福田，121页；香川，268页。
4　大塚，213页。
5　町野朔："论法定符合"，警察研究 54 卷 5 号 3 页。
6　西原，198页。

第二编　犯　罪

　　从法定符合说的观点来看，认识的内容和发生的事实之间是否具有构成要件上的一致性成为基准。[1] 构成要件是侵害法益行为的类型化，另外，构成要件上的行为，是在社会一般观念上具有发生结果的现实危险的行为，因此，从这种观点出发，认识的内容和现实发生的事实具有构成要件上的形式重合还不够，还应以保护法益的共同性以及构成要件行为的共同性等为基础，在社会一般观念上，也认为具有构成要件上的重合的时候，才应当认为"重合"或"一致"，在此意义上讲，实质符合说是妥当的。

　　重合的场合　应当认定为构成要件上的重合的场合，有：（1）杀人罪和同意杀人罪之类的基本的构成要件和加重、减轻构成要件之间的场合[2]；（2）杀人罪和伤害罪、抢劫罪和敲诈勒索罪一样，一方的构成要件被另一方的构成要件所包含的场合[3]；（3）正如制作虚假公文罪和伪造公文罪一样，除了对象之外，其他构成要件要素相同，保护法益相同，法定刑相同，两罪实质上重合的场合。[4]

　　相反地，保护法益不同但行为形态相同的场合，如伤害和损害尸体、遗弃尸体和保护责任人遗弃是不是应当从形式形态方面出发，认可重合？有见解认为，"就日常生活的实际情况来看，至少在遗弃生死不明的状态上的人的意思的一点上"，两者是共同的，因此，应当认可重合。[5] 但是，只要说构成要件是违法类型，则由于法益侵害是其关键要素，所以，不能无视侵害法益的共性而认定构成要件的符合。另外，在择一性地规定相同构成要件的场合（第1款抢劫和第2款抢劫、走私麻药罪和走私兴奋剂罪），也应认定符合。

　　[3]　**各种类型及其处理**　行为人所认识的较轻的甲罪和现实中所发

　　1　町野，前揭警察研究54卷5号9页；前田，332页；葛原，百选Ⅰ（第5版），82页。
　　2　东京高判昭33、1、23裁特5、1、21。
　　3　公文的有形伪造和无形伪造（最判昭23、1、23刑集2、11、1368），敲诈勒索罪和抢劫罪（最判昭25、4、11裁判集刑17、87）。
　　4　杀人和伤害（最判昭25、10、10刑集4、10、1955），盗窃和侵占遗失物（东京高判昭35、7、15下刑集2、7=8、989），抢劫和盗窃（最判昭23、5、1刑集2、5、435）等。
　　5　平野，170页；西原，190页。反对，内藤谦："法定符合的意义和界限"，法教87号46页；山口，200页。

生的较重的乙罪之间，具有构成要件上的重合的时候，就适用刑法第38条第2款，成立较轻的甲罪的故意犯。[1] 例如，出于侵占的故意而实施了业务侵占罪的时候，成立侵占罪。这种场合，虽然客观上发生了符合较重的犯罪的构成要件的事实，但行为人主观上只有实施较轻的犯罪的故意，所以，只存在较轻的犯罪的实行行为。在此意义上讲，刑法第38条第2款对于理所当然的情况进行了注意性规定。

刑法第 38 条第 2 款中的"处断"的意义　关于刑法第 38 条第 2 款的"不能处断"的解释，植松，283 页认为，审判实务的传统解释认为，从"处断"一语来看，忠实于条文的解释是，在定罪上按照较重的罪名，在应当判处的刑罚上，判处较轻的法定刑。[2] 但是，罪名是对所成立犯罪的性质的评价，因此，罪名和科刑不应该分开考虑。[3] 最高法院 1979 年 3 月 27 日的判决中，也明确地说"在两罪的构成要件重合的限度之内，认定轻罪的故意，成立该罪"。

行为人具有实施较重的甲罪的故意，但是发生了具有构成要件上的重合的较轻的乙罪的事实时，因为客观上只存在较轻的乙罪的实行行为，所以和刑法第 38 条第 2 款的适用没有关系，只成立乙罪的故意犯。例如，出于抢劫的故意而出现了敲诈勒索的结果时，因为在夺取财物的危险性上，两者是一致的，所以成立敲诈勒索罪。另外，在成立抢劫罪的未遂的时候，它和敲诈勒索罪之间是观念竞合的关系。但是，基于杀人的故意而实施了同意杀人的场合，只要有被杀者的同意，就不符合杀人罪的构成要件，所以只成立同意杀人罪。

在发生了和所认识的甲罪之间具有构成要件上的重合，而且法定刑也相同的乙罪的场合，就实际发生的乙罪，成立故意犯。因为，在这种情况下，没有无视客观存在的符合构成要件的事实的理由。因此，在误将麻药当成兴奋剂而走私进来的场合，因为走私麻药罪和走私兴奋剂罪的法定刑是一样的[4]，所以应当说成立走私麻药罪。

1　平野，170 页；西原，190 页。反对，内藤谦："法定符合的意义和界限"，法教 87 号 46 页；山口，200 页。

2　大判明 43、4、28 刑录 16、760。

3　平野，174 页。

4　前揭最决昭 54、3、27。

第二编 犯 罪

毒品犯罪的判例 （1）作为和所认识的事实相比，实际发生的犯罪事实更重的案件的判例，有最高法院1986年6月9日（《刑集》第40卷第4号第269页）的判决。在被告人将兴奋剂误以为是麻药类的可卡因而持有的案件中，法院认为持有麻药罪和持有兴奋剂罪，"两者的差别在于，该目的物是麻药还是兴奋剂，考虑到就后者而言，仅仅比前者规定了较重的法定刑，其他的犯罪构成要件要素都是一样的，而且麻药和兴奋剂之间具有类似性，因此，可以说，两罪的构成要件，在较轻的前罪的限度之内，具有实质性的重合"，认定具有较轻的持有麻药罪的故意，成立该罪。

（2）作为所认识的犯罪事实和发生的犯罪事实在法定刑上相同的案件的判例，有最高法院1979年3月27日（《刑集》第33卷第2号第140页）的判决。在意图走私兴奋剂，实际走私了麻药（海洛因）的案件中，法院认为走私兴奋剂罪和走私海洛因罪"在取缔的目的上一致，而且取缔的方式也极为类似，是将走私进口、走私出口、制造、转让、持有等相同形态的行为作为犯罪的，鉴于作为取缔对象的麻药和海洛因，滥用这些药品就会形成精神或者身体上的依赖症状（所谓慢性中毒），是能够对个人以及社会造成重大的损害的药物，而且二者在外观上多少相似，因此，应当说，麻药和兴奋剂之间，实质上具有服从于同一法律管制的类似之处"，"两罪之间，仅仅在其对象是兴奋剂和麻药之间的差别上，其他方面，无论在构成要件还是在法定刑上都是相同的，考虑到上述麻药和兴奋剂之间的类似性，这种场合，说两罪的构成要件在实质上完全重合的见解是妥当的"，认定成立走私麻药罪。

就这两个判例而言，尽管也有学说认为，对象不同，就不能认可构成要件的重合，但是，两个判决作为以保护法益的共同性、构成要件行为的共同性为基础，在社会观念上认可构成要件重合的情形，是妥当的。

第五款 过失

一、概说

1. 过失犯的意义

所谓过失，是指不注意即没有履行注意义务的内心态度。行为人如果注意的话，就可以认识到犯罪事实特别是结果的发生，但是由于没有履行注意义务而没有认识到犯罪事实，或在没有根据该认识形成一定动机的情况下，所实施的一定的作为或不作为，就是过失行为。以过失为构成要件要素的犯罪就是过失犯。

刑法，原则上，处罚当罚行为中行为人具有故意的场合（处罚故意犯原则）。由于对犯罪事实有认识，竟然实施该犯罪的行为，是典型的值得处罚的行为，所以，刑法应当以处罚故意犯为原则。

但是，从侵害法益的观点来看，过失的有害性有时候会远远超过故意犯，特别是，在科学技术高度发达，交通运输手段高速化的现代社会中，由于不注意而酿成大祸，产生深刻被害的情况也不少。因此，从一般经验来看，不注意在成为侵害法益的原因的同时，相反地，人们也认识到，如果注意一下，采取回避结果发生的措施的话，就能防止侵害法益的结果的发生。因此，有必要将过失犯作为刑法上的犯罪而予以处罚。和故意是积极的反规范的意思活动相反，过失是消极的反规范的意思活动，因此，责任程度在类型上较轻。也正因如此，对过失犯，只是在刑法有特别规定的场合才予以处罚，即，只有在有"由于过失"、"由于失火"等规定的场合，才进行处罚。

刑法中的过失犯　刑法上，处罚过失犯的规定，只有第116条（失火罪），第117条第2款（过失爆炸罪），第117条之2（业务重过失失火罪、业务重过失爆炸罪），第122条（过失决水罪），第129条（过失危险交通罪、业务过失危险交通罪），第209条（过失伤害罪），第210条（过失致死罪），第211条（业务重过失致死伤罪）八条，且都限于结果犯。但是，在行政取缔法规中，以《道路交通法》为主的许多法规中都设置有处罚过失犯的规定，不仅如此，甚至还规定有过失举动犯。尽管规定这种犯罪的理由是，在取缔目的上，没有必要将其和故意犯区别开来，但是在其成立要件上，则必须和刑法上的过失犯区别开来。另外，有见解认为，即便没有"明文规定"，但是，"如果有积极的解释上的根据的话，也并非完全不能以过失犯来考虑"[1]，但是，这一见解具有疑问。

---

[1] 团藤，336页。

第二编 犯 罪

2. 传统过失论

传统过失论或旧过失论，将过失作为与故意相并列的责任条件或责任形式，认为故意犯和过失犯之间，在构成要件符合性以及违法性的阶段上没有本质上的差别。过失的实体是，如果注意的话，就能预见犯罪结果，而且能够回避该结果的发生，但是，由于不注意而没有预见，所以导致了结果的发生。这样，将过失把握为责任条件或责任形式，认为，只有在行为人应该预见并且回避结果，但由于不注意而没有预见，引起结果发生的场合才能进行责任谴责，据此，便要求行为人和结果之间具有心理上的联系，以适应责任原则的要求。

但是，尽管要对犯罪结果进行责任谴责，但如果即便实施了法律上所客观要求的注意，也仍不能避免发生结果的话，则不能将由此而产生的侵害法益的结果评价为违法。特别是，按照传统过失论的见解，由于意外事件或不可抗力而产生的结果，只要在和行为人的行为具有因果关系的范围内，也不得不看成是符合构成要件的违法结果，这样，构成要件和违法性论的意义在过失犯中就消失了。在此，将过失行为作为行为规范，着眼于没有完全履行法律客观上所要求的义务的一点，在将过失作为责任的问题以前，将过失把握为"行为"，在即便尽了法律上客观要求的注意义务但仍然发生了结果的场合，作为具有社会相当性的行为，排除过失行为的违法性，而不用考虑责任的问题的见解就出现了。按照这种见解，过失问题在违法性的阶段上被探讨。

3. 新过失论

认为在将过失把握为行为，作为责任问题探讨以前，首先应作为违法行为在违法性的阶段进行理论研究的理论倾向是新过失论。新过失论是在第二次世界大战前的德国所诞生的一种理论[1]，战后在我国迅速被普及。但是，正如不可抗力引起结果一样，在行为人已经实施了法律上所要求的注意但仍然没有避免结果的场合，能够说具有符合构成要件的行为了吗？

这样，将过失把握为构成要件的问题的理论倾向就出现了。即，定型性地把握作为违法要素的过失，并将其作为构成要件要素的考虑得到普及。据此，就可以得出这样的结论：过失是主观的违法要素的同时也是主观的构成要件要素，如，杀人罪和过失致死罪在构成要件符合性的阶段上已经不一致。[2] 现在，没有履行客观上被要求的注意义务而实施

---

1 藤木英雄：《过失犯论》(1969)，12页。
2 团藤，334页；大塚，218页；藤木，251页；板仓，261页。

的一定的作为和不作为是过失犯的实行行为的见解极为有力，司法实践也接受了这一见解。[1]

过失犯的构造　将过失犯的成立要件分为构成要件、违法性、责任，按照犯罪成立要件进行把握，这就是过失犯的构造。传统过失论或者旧过失论，将故意以及过失作为责任类型或者形式，而没有在构成要件符合性以及违法性的阶段，将故意犯和过失犯加以区别。认为只要有侵害法益的结果，哪怕是偶然或者由于不可抗力而导致的场合，也应当肯定构成要件符合性以及违法性。

首先将过失作为违法性的问题考虑的是威尔泽尔。[2]他认为，如在某甲由于不注意而使自己的汽车和某乙的汽车相撞，致使某甲、某乙都受伤的场合，某甲使某乙负伤的行为并不违法，对于过失来说，本质性的东西不是结果无价值，而是疏忽了社会生活上所必要的注意的行为无价值。这种认为与其从结果方面来把握过失的本质，倒不如首先从行为方面来进行把握的观点，就是新过失论。按照这种观点，是否履行了客观上所要求的注意义务，是判断有无过失的基准。过去曾有观点认为，由于这种注意，不适于定型判断，只能具体地进行判断，因此，疏忽注意即违反注意义务，应当看作为具体的违法性的问题的见解非常有力，但是，最终认为过失可以从平均人、一般人的立场出发的客观的注意义务违反，或者可以从偏离社会相当性的行为的角度进行类型化，即构成要件的过失的观念，被普遍承认。[3]本书虽然也是采用这种观点，但认为和故意一样使用构成要件过失的概念的见解[4]并不妥当，所以，仅将构成要件的过失或者事实上的过失称为"过失"。

二、过失犯的成立要件

1. 过失犯的构成要件特征——开放的构成要件

例如刑法210条关于过失致死罪的构成要件是这样规定的："由于

1　裁职研，131页。
2　威尔泽尔（福田、大塚 译）：《目的行为论序说》（1962年），12页。
3　团藤，334页；庄子，165页；内田，129页。
4　福田，125页；大塚，218页；曾根，191页。

过失致人死亡的"。将此从构成要件要素的角度分析来看的话,是这样的:构成要件的对象是"人","死亡"是行为的结果,"由于"表示因果关系。但是,对于构成要件的行为,则没有作任何规定,只规定了作为主观要素的过失。

在故意犯的场合,正如"杀"或"窃取"一样,在构成要件中规定了典型行为。所以,只要在社会一般观念上将行为的客观方面或外形进行解释的话,就比较容易确定。与此相对,过失犯中,对行为的外形或客观方面没有作规定,只规定了作为主观要素的"由于过失"。因此,认为在过失犯中,只要考虑主观上的不注意就够了,至于作为客观要素的侵害法益的现实危险,只要和故意犯中的实行行为同样考虑就够了的旧过失论的观点仍然有力。[1]

但是,即便是故意犯,只有对犯罪事实的认识也还不够,在具有认识和预见但竟然实施犯罪行为一点上,被评价为具有实现构成要件的现实危险的实行行为。在过失犯中,也是单有欠缺精神紧张的主观的不注意还不够,只有其具体的实现方式成为违反客观上所要求的注意即客观的注意义务的不作为或作为时,才能说具备过失犯的实行行为的性质。

这样,在过失犯的实行行为的客观方面上,是违反客观的注意义务的作为或不作为,但是,客观的注意即社会生活上避免结果所必要的注意,并没有被定型化或规定出来。在此意义上讲,过失犯的构成要件是"开放的构成要件",在该构成要件要素的具体内容上,必须由法官来补充,但是,即便在过失犯中,构成要件作为行为规范也具有规制机能,所以,客观注意义务的内容,应以社会一般观念为基础,尽可能地定型化、明确化。

2. 过失行为的客观方面——违反客观的注意义务

(1) 客观的预见可能性 符合过失犯的构成要件的行为,必须是违反客观的注意义务而实施的作为或不作为。所谓客观的注意,是指为避免结果而在社会生活上所必要的注意,如果违反这种注意,通常就会引起发生结果的危险,所以,对于一般国民可以赋予法律上的义务。这种义务就是客观的注意义务,违反这种义务的作为或不作为就是过失的实行行为。

那么,客观的注意义务,以什么为根据呢?客观注意的内容,根据

---

[1] 最决昭 37、12、28 刑集 16、12、1752。

法令、合同、习惯、条理等来确定，但是，之所以能够将这种义务作为法律上的义务，是因为一般人在该具体情况之下能够预见结果，并且若预见到了的话，就能避免结果。即具有结果预见可能性的话，就产生结果预见义务，具有以此为根据的结果回避可能性的话，就产生回避结果义务，疏忽这一点而实施的作为或者不作为，就是违反回避结果义务的过失的实行行为。这样，过失犯，按照结果预见可能性→结果预见义务→回避结果可能性→回避结果义务的顺序来加以判断，其关键是结果的预见可能性。

(2) 预见可能性中的预见对象　过失的本质在于对构成要件结果的客观、具体预见可能性，但是，预见什么，具有多大程度的预见可能性的时候，产生客观的预见义务，从回避结果可能性当中能够推导出对回避结果义务的违反吗？

[1] 预见可能性的范围　关于预见可能性的对象，必须注意的是，之所以将故意和过失作为构成要件的主观要素，是因为在该种心理状态下实施行为的话，作为反规范的意思活动，在违法性和责任当中，具有当罚性。如此的话，故意当中的认识范围以及过失当中的预见可能性的范围，必须看作为并列的问题。因此，故意中的犯罪事实的认识对象和过失中的认识、预见对象，必须共通。即事实错误论中为了认定故意而应当检讨的事实的认识，在过失当中，当然也必须是认识、预见可能性的对象。在过失犯中，故意所必要的构成要件结果以及对象，行为到结果为止的因果经过的预见可能性也成为问题。从采用法定符合说的本书的立场来看，在被构成要件所类型化、抽象化的范围之内，必须具有预见可能性。顺便说一下，关于因果经过的预见可能性，存在争议。判例[1]、通说对此持肯定态度，但和故意犯中同样程度的对因果关系的认识、预见实际上是不可能的，因此，对这个部分的预见可能性，应当不要。[2] 关于这一点，下级法院的判决虽然认为，仅仅只有可能发生什么程度的抽象预见可能性是不够的，对"特定的构成要件结果以及到发生结果为止的因果关系的基本部分"[3] 必须具有预见，但是，倒不如说，对结果具有具体的预见可能性就足够了。

判例，也可以说倾向于，和因果经过的预见可能性相比，在从社

1　西田，247页。最判平 12、12、20 刑集 54、9、1095。
2　山口，205页。
3　札幌高判昭 51、3、18 高刑集 29、1、78。

会一般观念来看,能够预见从行为人的过失实行行为中产生构成要件结果的时候,就能认可预见可能性,即更加重视对结果的预见可能性。

恐惧感说 关于预见可能性,恐惧感说(新新过失论)认为,只要可能对结果抱有漠然的恐惧感即抽象的预见可能性就足够了。[1] 这种见解,是为了防止技术革新时代所产生的企业灾害,认为只要在客观上有不小心的行为,就可以看作为违反注意义务,力求扩大注意义务范围的过失论,也有判例采用了这种见解[2],但是,这种学说由于将预见可能性过于抽象化,使刑事过失的成立范围没有限制,有扩大过失犯罪的处罚之虞,因此,不妥。

[2] 预见可能性的程度 过失中的结果预见可能性,是将来是否发生的问题,因此,将其理解为对现实发生的结果能够准确、具体地预见到其时间和场所的想法,是不妥当的,而必须具有一定程度的抽象。对此,从事实错误论中的抽象的法定符合说的立场出发,没有"某种程度的高度的"具体预见可能性的话,就不能说具有预见可能性。但是,从法定符合说出发,在一般人方面,具有什么程度的预见,就能说行为人可以注意、预见,能够回避结果,这成为问题的核心。在故意当中,从具有构成要件上被抽象化程度的认识的话,就能认可直接的反规范意思活动的观点出发,将认识对象加以抽象化,但是,过失作为主观构成要件,本来就是和故意并列的心理形式,由于属于具有什么程度的预见可能性就能说具有作为违反预见义务的反规范的意思活动的问题,因此,我认为,只要具有和作为法定构成要件要素而被抽象的故意相同程度的抽象的预见可能性,就足够了。

预见可能性的抽象化 最高法院 1988 年 3 月 14 日(《刑集》第 43 卷第 3 号第 262 页)在鲁莽驾驶致使同车的助手席上的 A 受伤,同时,致使在被告人不知道的时候爬上后车厢乘车的 B、C 两人死亡的案件中,认为:"应当说,被告人当然认识到,鲁莽驾车

---

1 札幌高判昭 51、3、18 高刑集 29、1、78。
2 森永奶粉砒霜中毒事件——第二审高松高判昭 41、3、31 高刑集 19、2、136。该案的重审,见德岛地判昭 48、11、28 刑月 5、11、1473。

的话，能够造成他人死伤的某种事故，即便被告人没有认识到自己驾驶的汽车后车厢里，有上述两人乘车的事实"，因此，认定被告人对上述两名乘车人的死亡负业务过失致人死亡罪的刑事责任。虽然对于这一判决的理解多种多样[1]，但是，按照本判决的理解，对于业务上过失致人死伤罪中的"他人死伤"的预见，在某种意义上讲，并没有要求是预见到特定人的死伤，而是只要预见到该行为可能造成"他人死伤"程度的抽象的预见可能性就够了，并没有要求预见到 B、C 两人坐在后车厢里（同旨，最决 1979 年 11 月 19 日《刑集》第 33 卷第 7 号第 728 页）。[2] 但是，对于所发生的死伤结果，该过失行为必须具有实行行为性，它和故意的场合是一样的。因此，通常，在尽管已经开始启动马达，但是躲在后车厢里的被害人突然站起来，因此而从车上掉下摔死的场合，由于没有过失实行行为，所以，不能成立过失犯。

[3] 预见可能性和回避结果义务　前面已经说过，过失犯之所以受到处罚，是因为注意的话，就能预见到在社会一般观念上，从行为人的过失实行行为当中能够发生结果，按照该种预见，尽管能够采取合适的回避结果行为，防止结果发生，但由于不注意而没有预见，以致发生了结果。但是，即便认可预见可能性，也并不马上就产生回避结果义务，成立过失犯。虽说具有预见可能性，就能认定预见义务，考虑有无回避结果义务，但也存在即便认可预见可能性却不成立过失犯的场合。如就医疗行为而言，在实施患者死亡在一定程度上能够被预测到的危险手术的场合，医生对于发生死亡结果的可能性在一定程度上能够具体地预见到，因此，能够说其负有回避结果的义务。但是，这种场合，并不总是说医生具有回避结果义务。在按照当今的医术水平进行治疗的时候，痊愈的可能性在一定程度上被预见的话，即便免除回避结果义务也是可以的。这就是"允许危险"的问题，以后再述。

[4] 客观注意义务的基准　正如前述，过失行为的本质在于，如果是社会一般人的话，就会预见到发生有害结果在社会观念上是可能的[3]，而且，按照该种预见能够回避结果，但由于欠缺精神紧张，以致

1　大塚，百选 I（第 5 版），102 页；川本，判例讲义 I，53 页。
2　同旨，最决昭 54、11、19 刑集 33、7、728。
3　最判平 12、12、20 刑集 54、9、1095。另外，参照最决平 13、2、7 刑集 55、1、1。

没有能够回避该结果，因此，预见义务以及由此而派生的结果回避义务的基准即注意义务的基准，当然应当比照一般人的注意能力。概括地说，注意义务，首先必须是违反客观的注意义务，违反客观注意义务的行为，成为过失行为的客观构成要件要素。另一方面，尽管历来没有太被讨论，但和故意犯中一样，有必要讨论作为主观构成要件的过失。既然认可过失犯的实行行为，那么，就要和符合构成要件的客观要素的事实合并起来，对符合主观构成要件要素的事实进行讨论。

3. 过失行为的主观方面——违反主观的注意义务

过失就是不注意，不注意以本来应当使精神紧张，并且也能够紧张但却没有紧张的内心态度为基础，所以注意义务以应当采取一定的内心态度的义务即主观的注意义务为其本质。另外，与作为构成要件的主观要素的过失相对应的故意，是以认识符合构成要件的客观事实，并基于该种认识而实施行为的意思为本质的，因此，在不注意的过失中，必须是行为人如果注意的话，就能预见到违反客观注意义务的作为、不作为（实行行为）以及结果，并回避该结果。

这样，由于没有可能性的话就没有义务，所以，主观的注意义务只能以行为人的能力为标准，在主观的预见可能性的范围内产生。换句话说，即便违反了客观的注意义务，因为在行为人方面，若不能预见违反客观的注意义务的作为、不作为（过失的实行行为）以及结果的话，就不可能为回避结果而给自己赋予制造动机的义务，所以，为认定过失，以行为人的能力为标准，以主观上能够预见过失的实行行为的客观面和结果为必要。

另外，历来在主观的注意义务中，必须具有主观的预见可能性以及主观的结果回避可能性[1]，但是，在作为心理事实的故意中，在和对犯罪事实的认识是核心要素同等的意义上，过失，从行为人的能力来看，是以尽管注意的话就能认识和预见，但由于不注意，所以没有预见的主观预见可能性为核心的，结果回避可能性作为心理事实，不是过失的问题，而是责任问题，是在责任论中考虑的要素。在有成为客观注意义务基础的客观预见可能性的场合，原则上，行为人具有主观的注意义务违反的话，就构成过失犯[2]，但这毕竟只是原则，即便具

1　福田，127页。

2　团藤，343页。大判昭4、9、3裁判例（3）刑27；最判昭27、6、24裁判集刑65、321。

有客观的注意义务违反,在行为人方面,如果没有主观的预见可能性,因而不能认定具有主观的注意义务违反的话,就不符合过失犯的构成要件。[1]

4. 信赖原则

所谓信赖原则,是指在数个人参与行动,参与该行动的人具有足够的理由相信其他参与者会遵守规则、采取适当行动的场合,其他人有不遵守规则的不妥当行为,即便该行为和自己的行为一起引起了构成要件结果,也不能根据该结果而追究自己责任的原则。[2]

(1) 背景 信赖原则,本来是1935年以后由德国判例所确立的原则,但在战后被介绍到我国。[3] 特别是在昭和30年代,下级法院在认定汽车驾驶员的注意义务中开始使用这一原则,最高法院在1966年也从正面认可了这一原则。[4]

驾驶汽车本来就是具有致人死伤危险的行为,现实中,在驾驶汽车的时候,常常会有引起死伤结果的预见可能性。无论驾驶人员自己怎么注意,总会有鲁莽的驾驶人员突然在运输中会进行不法驾驶,引起事故,这是谁都知道的事实。但是,汽车驾驶人员是不是时刻要提防这类鲁莽的驾驶人员呢?如此的话,汽车作为高度发达的交通手段就会失去其功能。因此,在有足够的理由相信随着交通环境的改善,其他驾驶人员会采取合适行动的场合,即便行为人事实上能预见到危害结果,也不应该追究其过失责任的见解就出现了。因此,信赖原则,是缓和过失原则的法理。之后,信赖原则在交通事故中被广泛应用,而且在医疗以及施工现场等有数个人参与的活动中也被应用。

信赖原则和判例 最高法院在喝醉了酒的乘客在车站站台上摔下的事故中,首次适用信赖原则,否定了工作人员具有过失。[5] 之后,在汽车和摩托车在有信号灯的道路交叉口相撞的事故中,适用信赖原则,否定了汽车驾驶人员的过失。[6] 以这个判决为契机,适

---

1 川端,202页。
2 最判昭42、10、13刑集21、8、1097。今井,百选Ⅰ(第5版),106页;川本,判例讲义Ⅰ,52页。
3 西原春夫:《交通事故和信赖原则》(1969年)。
4 最判昭41、12、20刑集20、10、1212。
5 最判昭41、6、14刑集20、5、449。
6 前述最判昭41、12、20。

用信赖原则，否定交通过失的判例大增。可以说，信赖原则，在昭和40年代，完全在判例上被确立。

信赖原则，以信赖他人，发生结果的危险就会减少的实态为背景，因此，（1）在行为人自身违反交通规则，并成为事故的直接原因的场合[1]，（2）在能够预见对方的不合适行动的场合[2]，（3）在不能指望会采取适当行动的幼儿、老人、醉酒者等的场合[3]，在没有不能期待其他的交通参与人采取适当行动的特别情况的场合，不能适用本原则。

有关交通过失之外的判例，有①德岛地判1963年10月25日（《下刑集》第5卷第9＝10号第977页）[4]，②大阪高判1975年8月29日（《高刑集》第28卷第3号第329页）在集装箱制造厂内发生的事故中，对生产现场的责任人适用了信赖原则的判例，③札幌高判1976年3月18日（《高刑集》第29卷第1号第78页）医疗小组中的护士由于接错了电动手术刀的线路而烫伤了患者的场合，对主刀医生适用信赖原则的判例等。[5]

和信赖原则相关，危险分配的问题也被谈论。所谓危险分配，是为了回避危险，在加害人和被害人之间分担危险，分配注意义务，从而认定加害人的过失。正如果认定被害人具有广泛的注意义务的话，就会减轻加害人的过失一样，根据合适分配危险的原则来明确客观注意义务的范围，最终必须在客观的注意义务的认定上加以考虑。[6]

（2）法律性质　关于信赖原则的法律性质，有①是规定客观的注意义务的标准的见解[7]；②是认定回避结果义务的一个基准的见解[8]；③是

1　最判昭44、11、17刑集24、12、1622。
2　东京高判昭32、11、19东时8、12、402。
3　大阪高判昭45、8、21高刑集23、3、577。
4　森永奶粉砒霜中毒事件第一审判决——"在能够信赖他人采取适当行动的场合，即便由于他人的不合适行动引起了结果，对此也不承担责任"。
5　井田，百选Ⅰ（第5版），100页。
6　大塚、福田Ⅰ，318页。
7　大塚，222页；金泽文雄：《刑法的判例》（第2版），77页；木村静子："信赖原则"，法研157卷46页；井田，122页；山中，360页。
8　藤木，249页；板仓，294页。

选择刑法上的预见可能性的原理[1];④是判定具体的预见可能性的标准之一的见解[2]之间的对立。信赖原则,是以随着交通环境的完善或交通道德的普及等,交通参与人中的一方能够相信另一方采取适当行动的社会环境的条件之下,客观上有足够的理由相信他人会采取适当行动的场合,和他人的不当行为一道共同引起了结果的发生的时候,即便行为人有发生该结果的预见可能性,但也不能说其具有客观的注意义务为根据的,因此,应当说是认定客观的注意义务的一个标准,在此意义上讲,①说妥当。

(3)具体适用　由于信赖原则只是在有足够的理由相信参加某一行动的其他人,会遵守规则,采取适当行动的场合才适用的原则,因此,第一,必须存在交通环境完善的社会基础;第二,行为人必须实际相信其他参与人会采取适当的行动。当然,没有必要明确地意识到这种信赖,但是,对于明知某个护士在平时经常犯些小错的医生就不应该使用信赖原则;第三,信赖必须在客观上具有足够的理由。

三、过失的种类

1. 一般过失和业务过失

一般过失就是通常的过失;业务过失,是指行为人由于"疏忽业务上所必要的注意"(第211条前段等)而引起构成要件结果的过失。所谓业务,是指①作为社会生活上的事务,反复、继续实施的,或者②出于反复、继续实施的意思而实施的、作为社会生活上的事务的行为,具有侵害法益的危险的事务,以及③以防止侵害法益的危险为义务内容的事务。业务的内容根据犯罪的性质的不同而有若干差异,特别是,业务失火罪中的业务,是指应当考虑用火安全的社会生活上的地位。[3]

和一般过失相比,对业务过失规定了较重的法定刑,在其从重处罚的根据上,有①同一般人相比,对业务人规定了较高的注意义务,违反这种较高的注意义务就是科处较重的责任的根据的见解[4];②因为和一

1　西原,180页。
2　平野,197页;内藤,1118页;神山,大系,727页;曾根,196页;西田,256页;山口,207页;松宫,210页。
3　最决昭60、10、21刑集39、6、362;川本,判例讲义Ⅰ,57页。
4　最决昭26、6、7刑集5、7、1236。

第二编 犯 罪

般人相比，业务人的注意能力是比较高度的义务，因此，责任更重一些的见解[1]；③单个行为人的违法性、责任重大的见解[2]之间的对立。

我认为，因为即便是业务人，也不能说其业务能力高一些，因此②说不正确。又，按照③说的话，违法性、责任不重大的时候，就成立单纯的过失，但是刑法第211条的法定刑的下限和第210条的规定是一样的，即便是轻微的业务过失也被包含在第211条之中[3]，因此，作为现行法上的解释，这一说法也是没有道理的。由于反复继续地从事具有侵害法益危险的业务的人，处于容易引起侵害法益的结果的地位，因此，为防止由于不注意而引起的侵害法益的结果，所以，应当赋予其特别高度的注意义务，这样，结果就是，从事业务的人比一般人就具有更重的责任，①说妥当。[4]

2. 重大过失

所谓重大过失或者说重过失，就是明显违反注意义务的过失。即，只要稍微注意一下就能预见结果，并容易避免结果发生的场合。

3. 无认识的过失和有认识的过失

所谓无认识的过失，是指违反注意义务、对犯罪事实完全没有认识的过失；所谓有过失的认识，是指虽然有认识，但是违反产生动机的义务的过失，虽然它和未必的故意在界限划分上存在问题，但都是因为违反注意义务而在法律上被同等对待。

四、过失的竞合

1. 意义 所谓过失的竞合，是指一个构成要件结果的发生是由数个过失竞合而引起的情况，有①一个行为人的数个过失并存的场合，②数个行为人的过失并存的场合之分。

2. 一个行为人的场合 在注意义务分阶段地存在的场合，例如，在A驾车误将通行中的甲撞死的场合，A①由于没有仔细注意道路前方的过失而没有看到信号，所以直到眼前才看见在人行道上行走的甲；②由于本想踩急刹车但是却踩到了油门上的过失（接近过失）而

---

[1] 佐伯，263页；庄子，185页；大野：《判例演习讲座刑法Ⅱ》（1972年），189页。
[2] 大塚，230页；内田，127页。
[3] 福冈高判昭31、1、28高刑集9、1、35。
[4] 松原，百选Ⅰ（第4版），122页。

使甲被撞死的场合，该如何处理，有过失并存说和接近过失说之间的对立。

过失并存说认为，和发生结果之间具有相当关系的数个过失都应看成是刑法上的过失[1]；接近过失说认为，在并存的过失之内，只有直接逼近发生结果的过失才是刑法上的过失。[2]

我认为，在上述场合，没有注意前方的过失和误踩油门而发生结果的接近过失之间具有相当因果关系，并且通过它和结果之间具有相当的因果关系，但是，作为违反结果回避义务而评价的，应当是，尽管有发生结果的现实危险但没有采取回避结果的不作为的措施，所以，原则上，认为只有接近过失才是刑法上的过失的接近过失说是妥当的。[3] 但是，在时间上处于较早阶段上的过失具有实行行为性，并且和接近过失处于密不可分的关系，在导致结果发生时，应该说二者都具有过失。在行为人的过失和被害人的过失竞合的场合，如何适用信赖原则或危险分配原理，成为问题，但是，只要该结果是在注意义务的范围之内，那么，就成立刑法上的过失，而不能像民法上的不法行为中一样，认可过失相杀（抵消）原理。[4]

3. 数个行为人的场合　数个行为人的过失相竞合的场合，有①对等的共同加害者的过失相竞合的场合；②直接过失和管理、监督过失相竞合的场合。[5] 在①的场合下，具有共同注意义务的时候，就成立过失的共同正犯；其他的情况下，只追究各个行为人的违反注意义务的责任就够了。[6] 在②的场合，监督过失和管理过失特别成问题。

①监督过失　是指直接行为人违反使别人不要犯过失的监督注意义务的过失。[7] 例如，作为上级人员的工厂厂长由于疏于对现场工作人员的适当指挥、监督，致使工作人员疏忽大意，违反操作，引起爆炸事

1　福田，131 页；大塚，163 页；西原，177 页。东京高判昭 47、7、25 东时 23、7、148。

2　中野次雄："所谓阶段过失"，早稻田法学 57 卷 1 号 1 页；川端，214 页；前田，274 页。札幌高判昭 40、3、20 高刑集 18、2、117。

3　裁职研，152 页。

4　大判大 11、5、11 刑集 1、274。

5　西原春夫："监督责任的界限设定和信赖原则"，法曹时报 30 卷 2 号 1 页，3 号 1 页。

6　高松高判昭 29、4、2 高刑集 7、9、1321。

7　札幌高判昭 56、1、22 刑月 13、1＝2、12。冈上，百选 I（第 5 版），114 页。最决平 5、11、25 刑集 47、9、242。川本，判例讲义 I，60 页。

故的情况就属于此。[1] 在这种场合，监督者对被监督者的现场作业进行指挥、监督，处于能够预见被监督者的过失、避免发生结果的立场，对直接行为人的过失，可以追究监督人的过失责任。当然，这种场合下，由于被监督者相当于监督者的"手脚"，所以，原则上不使用信赖原则。被监督人的过失，只要没有特别事情，就成为监督者的监督过失。[2]

有关监督过失的指导性判例 最高法院就日本调料责任有限公司氯气泄漏事件，在1978年10月27日（《刑集》第42卷第8号第1109页）认为，"被告人X以及Y，将技术不熟练的被告人甲安排在技术班，从事收容液态氯气的工作的时候，已经预见到该人由于经验知识欠缺，单独进行不准确的管道操作，有引起事故的危险，因此，应当对该人进行彻底的安全教育，使其充分认识到，不是在熟练技术人员的直接指导监督下，就不要进行管道操作，至少在突然将该人安排到技术班的时候，应当对该人进行该种宗旨的教育。另外，两被告人对和技术不熟练的被告人甲一起进行收容液态氯气操作的熟练工人，也必须进行必须在他们的直接指导监督下让甲操作，决不能单独进行管道操作的安全教育，至少在突然将甲安排到技术班的时候，对其他熟练工人应当进行该种宗旨的教育。两被告人疏忽上述义务，漫不经心地将被告人甲安排在技术班，让其从事收容液态氯气这种危险工作，以致造成了本案中的事故，因此，不能否定两被告人都具有过失"。

②**管理过失** 是指管理者自身对物力、人力设备、机械、人员体制等管理上有不善而构成过失的情况。例如，具有使火灾自动报警设施处于正常运转状态的管理义务的人由于疏忽履行该义务，引起火灾，造成多数人死亡的场合，就是管理上的过失。[3] 在管理过失中，同对被监督者的指挥、监督不当相比，没有履行回避结果的适当管理的不作为、特别是建立安全体制的义务更为重要，因此，在这种场合，应当从是否具有不真正不作为犯的成立要件，特别是管理人是否具有保证人的地位的

---

[1] 新潟地判昭 53、3、9 判时 893、106。渡部，百选 I（第 3 版），120 页。
[2] 新潟地判昭 61、2、13 刑月 18、1=2、68。甲斐，百选 I（第 5 版），116 页。
[3] 佐藤文哉：《刑法的基本判例》，48 页。

角度来把握管理过失。[1]

管理过失和最高法院判例　在由于住店客人躺在床上抽烟而失火,由于没有安置喷水装置以及防火门等消防设施而酿成大火灾,造成32人死亡的新日本饭店事件当中,最高法院认为,在不分昼夜地为不特定多数人的住宿提供方便的饭店,时常有发生火灾的危险,因此,被告人对在饭店的防火对策方面存在人和物两方面的不足具有认识,判定"一旦起火,由于发现太晚或者工作人员最初灭火失败,就会发展成为真正的火灾,在工作人员难以进行合适的通报或者指导避险的状态下,由于建筑物的结构、避险路线等,很容易让不了解情况的住店客人遭受危险,对这一点的预见是明显是很容易的"(最决平5年11月25日《刑集》47卷9号242页),因此,认定被告人有罪。

五、结果加重犯

1. 意义　所谓结果加重犯,就是重视基本罪中所产生的结果,规定比基本罪更重的法定刑的犯罪。伤害致死罪(第205条)就是其代表。在伤害致死罪中,出于伤害的意思施加暴行,导致被害人死亡的场合,就是伤害罪(第204条)和过失致死罪(第210条[处50万日元以下的罚金])的观念竞合,处以15年以下的有期徒刑或者50万日元以下的罚金或者罚款(第204条),相反地,出于对其特别重处的宗旨,规定对其处以3年以上的有期徒刑(第205条)。

关于结果加重犯的意义,要注意以下两点:

第一是基本罪中不仅有故意犯,而且还包括过失犯。德国刑法第309条规定,失火罪是过失犯(3年以下的拘禁刑),在"发生致人死亡的结果的时候",处以较重的刑罚(5年以下的拘禁刑),即认定成立结果加重犯,因此,基本罪也可以是结果加重犯。我国刑法尽管没有规定过失的结果加重犯,但《公害法》第3条第2款规定了过失排放有害物质罪的结果加重犯。

1　最决平2、11、16刑集44、8、744(川治王子饭店事件);最决平2、11、29刑集44、8、871(千日百货大楼事件)。板仓,百选Ⅰ(第4版),120页。最判平3、11、14刑集45、8、221(大洋百货事件)。

第二编 犯 罪

第二是对于重结果具有故意的场合，也成立结果加重犯。如在对伤害有认识的场合，是否成立强奸致伤罪这种结果加重犯的问题上，通说认为，只对行为人没有预料到的加重结果，成立结果加重犯，对于重结果抱有故意的场合，不成立结果加重犯，但是，仅限于过失的场合的根据并不充分。实际上，在以并不符合杀人罪的构成要件的遗弃行为而致人死亡的场合，即便对致死结果有认识，但也不成立杀人的实行行为，因此，如果说对于重结果抱有故意的心态不包括在内的话，反而会产生不当结果。

问题倒不如说是，对于加重结果是否要有过失？关于这一点，判例的立场是，符合构成要件的基本行为和重结果之间只要有因果关系就够了，对于重结果，即便是没有过失的场合，也成立结果加重犯。[1] 但是，①无过失引起的重结果不能说是构成要件结果；②从责任原则的立场来看，没有故意、过失就不能被谴责，因此，对于加重结果，至少必须有过失，否则就不成立结果加重犯。

结果加重犯的形态 作为结果加重犯的形态，有（1）故意的结果加重犯，（2）过失的结果加重犯，（3）对于加重结果没有过失的偶然的结果加重犯。虽说对于（3）的情形不应该认定为结果加重犯，但是，也有学者主张对于（1）的情形不应认定为结果加重犯。[2] 关于结果加重犯，和责任原则的关系特别重要。在立法上，像德国刑法一样，力求贯彻责任原则的形式也在不断出现。（该法第18条规定："本法对特别结果的加重处罚，只有当正犯和共犯对特别结果的产生至少具有过失时，始适用"。）《修改刑法草案》规定，对重结果"未能预见的时候，不能作为加重犯处断"（第22条）。关于这一规定，一般认为，是否像德国法一样，要求具有过失责任，还是仅仅要求具有一般的预见可能性，并不清楚。在实施基本行为的时候，对于重结果，行为人只要违反了客观的注意义务，原则上就可以认定过失责任，行为人只要没有违反主观的注意义务，只要就重结果进行处罚就够了，因此，如果上述草案第22条是出于这种目的的规定的话，从我所主张的过失也是责任类型的

---

[1] 最判昭 26、9、20 刑集 5、10、1937；最判昭 32、2、26 刑集 11、2、906。丸山，百选Ⅰ（第 5 版），96 页。

[2] 大塚，197 页。

观点来看，应当说是妥当的。

2. 要件　结果加重犯，多数场合下，正如刑法第205条所规定的"……因而致人死亡的"，或者如刑法第219条规定的"因而致人死伤的"一样，但是，尽管刑法第110条第1款规定"烧毁，因而导致公共危险"，但不能因此而将本条款理解为结果加重犯。另外，刑法第204条中尽管没有使用"因而"一语，但是，应当将其理解为包括作为结果加重犯的抢劫致死罪在内。因此，是否结果加重犯，不能仅仅考虑是否使用了"因而"一语，必须根据解释加以确定。

成立结果加重犯，在作为基本罪的故意犯（或者过失犯）导致了重结果的场合，第一，基本行为和重结果之间必须具有因果关系。虽然判例认为只要具有条件关系就够了，但应当说，必须具有折中的相当因果关系。第二，在实施基本行为的时候发生重结果，是一般人所能够预见到的。只要具有相关的预见可能性，原则上就成立结果加重犯。[1]

第六款　因果关系

一、因果关系的意义和机能

1. 意义

所谓因果关系，是指实行行为和构成要件结果之间所具有的一定的原因和结果之间的关系。虽然在举动犯中，只要实施了实行行为就马上可以确认具有构成要件符合性，但是，在占犯罪的绝大多数的结果犯中，即便存在实行行为，具有符合构成要件的结果，但是仅此还不能说是既遂，还必须确认具有连接该实行行为和作为构成要件结果之间的因果关系。实行行为和构成要件结果之间不具有因果关系的时候，只能是犯罪未遂。

在此必须注意的是，在判断结果犯的构成要件符合性的时候，首先必须确认存在实行行为。即便从某种行为中产生了构成要件结果，也不能认为具有刑法上的因果关系。[2] 而且，为了说结果犯的实行行为符合构成要件，必须具有基于该实行行为而产生的构成要件结果。意

---

[1]　西原，188页。
[2]　大谷实："实行行为和因果关系"，中山古稀3卷，68页。

图以落雷来杀人而将他人带往经常打雷的地方，碰巧老天打雷而将他人打死的教学案例，被认为是因果关系的问题，但是，由于他人死亡是不能看作为实行行为的行为而引起的结果，所以，不是因果关系的问题。

因果关系论和犯罪论的体系　多数教科书采用在论述不作为犯之后，作为构成要件符合性的客观方面，讲述因果关系的体系，但本书采用从因果关系是实行行为的前提的观点出发，首先讨论实行行为，之后探讨其和结果之间的关系的体系。

2. 因果关系论的机能

刑法中的因果关系和自然的因果关系不同，是为将所发生的结果作为构成要件结果而将其归于实行行为的要件，其机能在于，将社会一般观念上偶然发生的结果从刑法的评价中撤开，以限定犯罪的成立范围和进行适当的处罚。

在因果关系上，有一种见解认为，只要能确认行为和结果之间具有事实关系，之后，只要解决对于什么范围的结果，行为人能够承担责任的问题就够了[1]，并不需要因果关系之类的独特的理论（因果关系不要论）。但是，因果关系是就所发生的结果进行个别、具体的违法性、有责性讨论的前提，是从一般经验上看，该行为中能否发生该结果这样一种一般的、类型性的构成要件符合性的问题。而且，正如"杀人的"这种杀人罪的构成要件，以只有在"杀人"的实行行为中产生了"死"的结果时才能追究既遂罪的责任为当然的前提而加以规定一样，结果犯的构成要件，规定仅将一定类型的结果归于实行行为[2]，所以，在判定结果犯的构成要件的符合性时，不能不考虑是否存在因果关系。另外，也有人认为，因果关系不是构成要件符合性的问题，而是行为的问题[3]，但是，由于因果关系是研究可以将什么范围的结果归于实行行为的这样一种一般的、类型性的构成要件符合性的问题，所以，上述见解并不妥当。

---

[1] 泷川，37页。
[2] 即便是具体危险犯，实行行为也必须产生所规定的具体危险，即必须具有因果关系。大塚，171页。
[3] 佐伯，149页；西原，91页；中山，165页；野村，121页。

二、因果关系的理论

1. 条件说

所谓条件说，是主张只要存在没有前行为就没有后结果的条件关系，就能承认刑法上的因果关系的学说。[1] 这种学说认为，在发生某一结果的场合，有各种条件在起作用，在一般意义上讲，这些条件对于结果都具有同等价值，因此，它又被称为"同等说"或"等价说"。

这种学说认为，为了说明具有因果关系，就必须以"没有 A 的话就没有 B"的条件关系公式（conditio sine qua non Formel）为前提，因此，这种观点认为，刑法上的因果关系中，也必须具有"没有该行为的话就不会发生某种结果"的条件关系，在此范围之内，条件说是妥当的。另外，只要在事后能确认条件关系的话，那么，实行行为和结果之间就存在必然关系，因此，将结果归于实行行为也并无不当。

但是，刑法上所说的因果关系，本来就是为了类型性地确定在所发生的结果中，能够作为基于实行行为所引起的情况而予以处罚的范围而存在的，例如，在 A 对甲实施伤害导致轻伤，甲为了治疗而去医院的途中由于遇到交通事故而死亡的场合，条件说认为，如果没有 A 的轻伤就不会有甲死亡的结果，所以，A 的行为符合伤害致死罪的客观要件，但这种结论是不对的。因为，将因果关系的范围扩展到这种从一般经验来看属于偶然情况的情形，是违反了因果关系的本来宗旨的。

为避免条件说的不当之处，过去有人提倡因果关系中断说。这种见解认为，在因果关系进行过程中，有被害人或第三者的行为（如责任能力人的故意行为）或自然力（如由于打雷而导致人的死亡、由于台风而导致房屋倒塌）介入时，因果关系就中断，该行为和结果之间就没有刑法上的因果关系。如，在 A 意图杀害甲而将子弹推上枪膛准备射击时，B 夺过枪将甲开枪打死的场合，A 的行为和甲的死亡之间就没有刑法上的因果关系。

但是，由于①刑法中的因果关系，本来是就其存在或不存在而言的，一旦存在的因果关系，在其发展过程中出现中断，这在理论上是不可能的；②在条件说中，认为存在条件关系但又否认存在因果关系，这

---

[1] 江家，173 页；牧野，（上）280 页。

明显是自相矛盾的;③中断论不可能推导出刑法上的妥当的因果关系,所以,因果关系中断论的支持者现在并不多。

2. 原因说

原因说是为了避免条件说的不当之处而提出来的,是主张应当根据某种标准,从对结果的各种条件中区分出原因和条件,其中,只有原因和结果之间才有因果关系的学说,也被称为个别化说。

关于标准的问题,学说中有:①在时间上最终导致结果发生的条件就是原因的最终条件说;②对结果的发生提供最有力支持的条件,就是原因的最有力条件说;③对结果的发生提供原动力的条件,就是原因的动力条件说;④对结果的发生起决定作用的条件就是原因的优势条件说,等。但是,由于在各种条件中区别原因,只挑出一个条件作为原因,这在实际上是不可能的,因此,原因说也成了过去的学说。

3. 客观归属论

客观归属论(客观归责论)将因果关系问题和归属问题加以区别,对前者根据条件说加以判断,对后者根据客观归属论加以判断。认为,只有在行为人的行为对行为对象产生危险,该危险在具体结果之中实现了(危险实现)的场合,该被引起的结果才能归于行为的理论。[1]

(1) 学说 这一学说,在由于相当因果关系说是少数说、过失犯的归责范围必须用其他方法进行限定的德国被大力提倡。它以条件关系公式为基础,由于根据条件关系论不能明确有没有因果关系,所以试图将条件关系在一定范围内进行限定。[2] 其中分为:①主张只有在行为加大了发生结果的危险的场合才认可客观归责,行为人在即便遵守了注意义务但结果仍然确实发生了的场合,就不能认可归责的危险增加理论;②主张只有对该行为所违反的规范的保护目的范围内所具有的结果,才能进行客观归责的规范的保护目的的理论;③主张只有在期待行为人加以保护的领域(范围)内的法益被侵害的场合,才能进行客观归责的规范的保护范围的理论等。

(2) 批判 客观归责论,是从客观归属的观点出发对因果关系进行把握的观点,但是,对于①说,批判意见认为,危险的创制或增加的概念是是否已实施相当于实行行为的问题,而不应看作为客观归责的问题;对②及③的见解,批判意见会认为,规范的保护目的或范围非常模

---

1 山中, 266页。
2 町野朔:《犯罪论的展开Ⅰ》(1989), 201页。

糊，不明确的场合很多[1]，作为形式的、类型的判断的构成要件符合性的判断基准来使用，是不适当的。另外，从"结果当中所实现的危险是不是来自于行为"的观点出发认定客观归属的立场[2]也很有力，但是，这种立场是意图从结果出发确定实行行为的见解，并不妥当。

禁止溯及论 认为就认识、引起构成要件结果的自由行为背后的行为而言，构成要件结果不能被归属的理论。它是和后述的"因果关系中断论"类似的思考，换言之，认为不得追溯到故意行为以前，追究引起结果的责任，而刑法第60条以下的共犯规定是其例外。这个理论是作为对因果关系中的条件关系乃至相当因果关系加以限定的结果归属基准而考虑出来的，其不仅用于在因果的过程当中（1）有第三者的行为介入的场合、（2）有被害人的行为介入的场合以及（3）有行为人自身的行为介入场合的因果关系的确定，而且也用于解决间接正犯问题。这个理论的目的在于限定在条件说、客观的相当因果关系说当中被认定过广的因果关系，但在折中的相当因果关系说当中，似乎没有存在的必要。

4. 相当因果关系说

所谓相当因果关系说认为，为了确认刑法上的因果关系，单有行为和结果之间的因果关系还不够，必须以条件关系为前提，在对结果的各种条件之中，根据社会生活的一般经验，认为该行为中足以发生结果时就具有因果关系的见解，又称为相当说。

相当因果关系说，作为判断有无相当性的基础（判断基础），应当考虑什么样的事情，有以下见解的对立：①以行为人在行为当时所认识的事情，以及所能预见的事情为判断基础的主观说[3]；②从裁判时的立场（法官的立场）出发，以行为当时客观存在的所有事情以及行为发生之后的事情中，一般人能够预见的事情为判断基础的客观说[4]；③从行为时的立场（行为人的立场）出发，以一般人所能认识或预见的一般事

---

1 林阳一："刑法中的相当因果关系"，法学协会杂志103卷11号22页。
2 山口，57页。
3 宫本，63页。
4 小野，112页；中野，111页；平野，142页；内藤，275页；中山，180页；曾根，83页；前田，183页；町野，158页；山口，63页。

情以及行为人特别认识或预见到的特别事情为判断基础的折中说。[1]

主观说、客观说、折中说的解决方法 如在 A 用刀将甲刺成轻伤，甲因血友病出血不止而死亡的场合。按照条件说，无论如何要肯定因果关系。按照主观说，由于是否具有因果关系的判断基础是行为人是否知道，或者是否能够判断对方患有血友病，因此，是否具有因果关系，和一般人是否能够认识到患有血友病无关。按照客观说，甲的血友病是裁判时所客观存在的事实，即便是使该血友病患者身负轻伤，但由于出血过多而死亡则是在一般经验上所可能具有的事实，因此，不考虑行为人有无认识，均能肯定因果关系。按照折中说，在行为当时，行为人和一般人都不能肯定甲患有血友病的话，就应当将血友病这一事实从判断的基础中除外，A 的行为和甲的死亡之间虽然具有条件关系，但并不具有刑法上的因果关系。但是，在行为人知道对方是血友病患者的时候，由于该事实是判断的基础，因此，应当肯定因果关系。

5. 相当因果关系说的妥当性

刑法中的因果关系，作为构成要件的要素之一，是判断构成要件符合性的基础，因此，仅认识到作为自然的因果关系的条件关系还不够，还应当从对于什么样的结果进行刑法评价，施加处罚是适当的观点出发，进行限定。构成要件是按照一般社会观念将应当处罚的行为进行类型化的东西，因此，在认可条件关系的结果之内，挑选出在一般社会观念上能够归属于行为人的结果，并将这种结果归于行为人自身，然后再追究其责任，这是妥当的。这种限定，应当从一般人的立场出发，以该结果能否说是由实行行为所引起的，换句话说，从一般经验来看，该实行行为和结果之间是否具有相当因果关系为标准来进行判断，因此，根据相当因果关系说来判断刑法上所说的因果关系是妥当的。问题在于，有无相当性的判断基础，应根据什么范围的事情来确定。

主观说（主观的相当因果关系说）认为，行为人不能认识和预见的事情，即便在一般人能够认识和预见的场合也不能作为判断的基础，因此，这种场合下的因果关系也被否定。在将从经验法则看来并

---

[1] 木村，183 页；团藤，177 页；福田，104 页；大塚，177 页；西原，99 页；藤木，100 页；内田，150 页；川端，150 页；井田，56 页；齐藤信治，135 页。

非偶然的结果也排除在外的一点上，应当说，主观说将判断的基础理解得过窄。

客观说（客观的相当因果关系说），将因果关系同行为人的认识区分开来，试图从纯粹客观的立场来把握因果关系，主张从裁判时的立场出发，以①行为当时所存在的一切客观事情，以及②行为后所产生的事情当中，行为当时一般人所能预见的事情为基础，进行相当性的判断（事后判断），但是，在行为当时的事情方面，将一般人不可能知道，而且行为人也并不知道的特殊事情考虑在内的话，就会将从社会一般观念来看是偶然结果的情况也广泛地认定为具有因果关系，违反相当因果关系的本来宗旨。另外，客观说本来是以在裁判时的事后预测为原则的，因此，行为后所发生的事情也应全部作为判断的基础，但这和以一般的预见可能性为基础进行限定的观念在理论上是互相矛盾的。

折中说（折中的相当因果关系说）主张，以行为当时行为人所认识到的特别事情以及一般人能够认识的一般事情为基础来判断因果关系。由于因果关系是为了将对于行为人来说属于偶然的情况从归责犯罪中除外所必需的，另外，构成要件作为责任类型也是责任谴责的前提，因此，将行为当时行为人所认识到的特别情况也作为判断基础的折中说是妥当的。

6. 对折中说的批判

对于折中说，客观说近年来提出了三点引人注目的批判。

第一，在应当客观看待的因果关系的有无上，将判断的基础放在行为人的主观上并不妥当。但是，刑法的目的是，对从社会一般观念来看，不能说是偶然发生的结果追究责任，以实现一般预防和特殊预防的目的，因此，对对于一般人来说似乎是偶然的，但是对于行为人来说是必然的情况，也应该认可刑法上的因果关系。相当因果关系的目的，就是在具有条件关系的结果之中，排除不受行为人支配的偶然结果；如果存在行为人已经认识、预见的特别情况的话，就表明行为人对结果能够支配，所以，从这种能够支配的观点来看，即便将行为人所特别认识、预见到的事情同一般人能够认识或预见的事情同等看待，也并没有什么不妥。[1]

---

[1] 川端，153 页。

第二，批判意见认为，折中说以行为时的事情为基础，不能考虑行为后的因果关系的发展经过。但是，刑法上的因果关系，是将实行行为中，按照一般人的经验，通常会产生的结果作为构成要件结果进行评价的规则，在此范围内，只要考虑行为后的介入事情就够了。另外，如果像客观说一样，在裁判时进行事后判断的话，由于现实是有了该行为所以才有了该结果的，这样行为和结果，几乎在所有的场合都具有相当因果关系，从而不当地扩大刑法因果关系的范围。在此，虽然客观说也认为，只能以行为时一般人所能预见的事情作为判断的基础，但这种操作明显是和客观说的前提相矛盾的。

第三，批判说认为，如果像折中说一样，以行为人有无认识作为因果关系是否存在的判断根据的话，那么，在 A 明知甲患有血友病，却教唆不知情的 B 对甲进行伤害，甲因大出血而死亡的案件中，就会得出 B 的行为和甲的死之间没有因果关系，而 A 的行为和甲的死之间具有因果关系的奇妙结论。[1] 但是，既然认为对于 A 来说，甲的死不是偶然的，而对于 B 来说是偶然的，那么，两者区别对待是完全应当的。

三、因果关系的判断方法

1. 刑法上的因果关系

刑法上的因果关系，应当按照以下要件进行判定。

第一，必须存在符合构成要件的行为即实行行为。因此，在妻子试图毒杀丈夫，将掺有毒物的酒放在抽屉里，丈夫发现该酒，饮后身亡的案件中，由于没有杀人的实行行为，所以，成立杀人预备罪暂且不论，但不存在因果关系问题。

第二，以没有该实行行为的话，就不会有该结果的条件关系为前提。在讨论因果关系之前，必须确认存在实行行为，同时，该实行行为和结果之间，作为存在论或事实上的基础，必须具有能够适用"没有 A 就没有 B"（conditio sine qua non）的条件关系公式的事实。主张在条件关系的事实前提中，挑选出刑法上的重要因素的是相当因果关系说的见解。

第三，以条件关系为前提，通过行为时的事情以及行为后的事情，

---

[1] 平野，141 页。

以行为时为基准,以一般人能够知道或预见的一般事情以及行为人已经知道或预见到的特别事情为基础,从一般经验来看,该实行行为通常会产生该结果(社会一般观念上是可能的),即具有相当性。

只要具有上述关系,在该过程中,即便介入了第三者的行为、被害人的行为、行为人自身的行为,以及自然事实,也能认可刑法上的因果关系。

2. 具有条件关系

为具有刑法上的因果关系,如前所述,必须具有没有实行行为就不会发生构成要件上的结果的条件关系。

(1) 具体的、个别的条件关系 在"没有该实行行为,就不会发生该结果"的行为和结果的条件关系上,必须注意以下几点:

第一,必须将已经发生的结果作为行为当时所发生的具体结果。例如,死刑执行人甲正要按下对死刑犯乙的死刑执行按钮时,第三人X按下了按钮,导致了乙的死亡的场合,X即便不按按钮,乙也会当场死亡的,所以,抽象地讲,即便没有X的行为,也会发生乙死亡的结果,所以,在这里,条件关系似乎不能适用。因此,就有了:①放弃条件关系公式,在后行事实即结果按照自然法则从先行事实即行为中发生的场合,就具有因果关系的"合法则的条件说"[1],②即便没有实施该行为也会发生同一结果的时候,因为行为对于结果没有支配力量,所以没有条件关系的"论理的关系说"[2]之分。但是,因为条件关系,是没有前行为就没有后结果的行为和结果之间的具体的事实连接,所以,适用这一公式的,仅限于现实所发生的具体结果和导致该结果发生的个别的实行行为之间的关系。

第二,因为"没有A就没有B"的场合,是指除了A的行为之外,就不会发生结果的情况,所以,在该条件之外,不得附加其他行为或事实进行判断(禁止附加)。因此,在由于某一行为而发生了结果的时候,即便假设没有该行为,也会由于其他情况而导致同样的结果发生的场合,能够肯定条件关系。例如,在A深夜驾车行驶中,轧死了因喝醉而躺在道路上的甲的案件中,在A不驾车轧死甲,B也会驾车轧死甲的场合,不得附加"B驾车轧人"这一行为,得出即便A不轧,B也会轧,所以,A的行为和甲的死亡之间没有因果关系的结论。

---

[1] 山中敬一:《刑法上的因果关系和归属》(1984年),103页。
[2] 町野朔:《犯罪论的展开Ⅰ》(1989年),111页。

第二编 犯 罪

假定的因果经过 是指在某种行为引起某种结果的场合,即便假定没有该种行为,也会由于别的事情而导致同一结果发生的场合的因果经过。除了本文中所列事例之外,还有(1)尽管法律上规定,超车的时候,必须有 1 到 1.5 米的间隔,但拖拉机司机仍然在间隔只有 75 厘米的地方驾驶,结果使骑自行车的人死亡的场合,即便按照法律规定驾驶也不能避免结果发生的德国的"拖拉机事件";(2)将在视野不好的道口上伫立的婴儿撞死的事故中,既然不管怎么鸣笛和采取紧急制动措施,也难以避免婴儿死亡,那么,驾驶员的违反注视前方的义务和死亡结果之间就是没有因果关系的"京都路口事件"(大判 1929 年 4 月 11 日《新闻》第 3006 号第 15 页);(3)误以为小屋中的人是熊而向其开了两枪,使其身负最多只能活 10 到 15 分钟的重伤,因为看到被害人过于痛苦,于是将其开枪打死的案件中,作为业务上过失伤害罪和杀人罪两个罪并罚的"射熊事件"(最决 1978 年 3 月 22 日《刑集》第 32 卷第 2 号第 381 页)。

(1)、(2)是属于行为人即便采取合法行为也会发生同样的结果的场合,一般称之为"合义务的择一举动",尽管学说上认为,这种场合下应当否定条件关系,但倒不如说应当是否定因果关系问题以前的过失的实行行为的事例。另外,在(3)中,尽管射杀行为在客观上看,只是让死亡提前来临而已,但是,具体、个别地把握死亡的话,应当说,第三发子弹的射杀行为和死亡之间具有条件关系,成立杀人罪。

(2)**择一竞合** 所谓择一竞合(累积的因果关系),是在数个独立行为竞合在一起而导致某种结果发生的场合,这些行为,不管哪一种都能单独导致同样的结果发生的情况。例如,以 A、B 两人单独在甲的食物中投入了能够致人于死的毒物,甲吃下了该食物的一部分或全部之后而死亡的案件为例。在双方投放的毒物同时发作而导致了甲死亡的场合,因为不管排除哪一方的行为都会导致结果的发生,所以,抽象地看,不能适用条件关系的公式,但是在由于两者所投入毒物的相互影响,同单独投毒相比,使死期提前到来的场合,对于具体发生的甲的死亡结果而言,因为没有 A、B 任何一方的行为,都不会有甲在该时刻死亡的结果的发生,所以,仍然能认可因果关系。

与此相对，正如在 A、B 单独在甲的酒杯中放入了能致人于死的毒物，甲饮酒之后而死亡，但是，到底是谁投放的毒物导致了甲的死亡，判断不了的案件中一样，在各人投放的毒物都能致人死亡，但是，到底是谁投放的毒物起作用而致人于死，无法证明的场合，是否应当认可条件关系？对于这一情况，学说上有：①两者都不应具有条件关系，A、B 同时构成杀人未遂罪[1]；②承认具有条件关系，A、B 同时构成杀人既遂罪[2] 的见解之间的对立。

我认为，①独立实施能够将人杀死的行为，结果也导致了他人的死亡，但两者都认定为杀人未遂，显然是违反常识的；②至少对结果的发生有一半原因；③发生了实行行为所预定的结果，但对此不能追究实行行为人的责任，不合理；④和重叠的因果关系的场合相比，实施了更加危险的行为，但仅成立未遂，不平衡，等等，所以，在这一场合，否定条件关系是不妥当的。

即便从理论上来看，A 的行为和 B 的行为在现实上是碰巧同时实施的，所以，对于 A、B 的行为不能分别进行评价，两者必须一并排除。因此，如果是在同时排除二者而不会发生结果的场合，因为相竞合的行为和事实之间具有事实上的连接，所以，应当承认作为"存在论的基础"的条件关系。[3] 另外，在前例中，在查明 A 的毒物发挥了作用、而 B 的毒物对结果的发生没有任何影响的情况下，就应当说只有 A 的行为和结果之间具有因果关系。

（3）重叠的因果关系　是指两个以上的、单独不能导致结果发生的行为重叠在一起而引起结果发生场合的因果关系。A、B 两人出于杀死甲的意图，事先没有任何联系，分别让甲服用了不能达到致死量的毒物的场合，在双方所投放的毒物合在一起，达到致死量，因而致甲死亡的场合，因为没有 A、B 任何一方的行为的话，就不会有结果，所以，对 A、B 的行为均应认为具有条件关系。但是，在行为偶然重叠的场合，就应否定相当因果关系，A、B 两人都只构成杀人未遂罪。另外，A、B 之间具有意思联络的话，就能肯定具有相当因果关系，所以，两人都构

---

[1] 中野，112 页；内藤，255 页；内田，146 页；町野朔："因果关系论"，现代刑法讲座 1 卷，329 页；曾根，59 页；堀内，67 页；西田，89 页；大越，74 页；山口，53 页。

[2] 平野，138 页；福田，100 页；大塚，181 页；西原，104 页；前田，171 页；山中，249 页。

[3] 平野，138 页。另外，大谷，前揭"实行行为和因果关系"，74 页。

成杀人既遂罪。

（4）疫学的因果关系　条件关系虽说应当在自然法则等经验知识的基础上进行判断，但即便在公害之类的行为到结果之间的因果关系的发展过程在科学上并不能被全部证明的场合，也应按照一般经验法则，在有能认可"没有 A 就没有 B"的关系的时候，就可以肯定条件关系。因此，即便在行为和结果之间的因果关系在自然科学上不能被证实，但根据疫学的证明，能够认定"没有超出合理怀疑的限度"时，就应肯定条件关系的存在。

疫学　所谓疫学，就是将人把握为一个集团，对该集团的疫病以及其他现象的分布进行多角度的观察，研究其要素、成因的学术领域，使用这种方法，证明事实和结果之间具有高度的可能性的方法就是疫学证明。在刑事案件方面，采用疫学证明方法的有，熊本地方法院 1979 年 3 月 22 日（《月报》第 11 卷第 3 号第 168 页）的判决、最高法院 1982 年 5 月 25 日（《裁判刑集》第 227 卷第 337 页）的判决，等等。

（5）条件关系（因果关系）的中断　所谓条件关系的中断，是指指向同一结果的先行条件在发挥其效果以前，与此无关的后行条件引起结果发生的场合。这样，在和成为先行条件的行为不同的别的行为（后行条件）引起结果发生的场合，因为即便没有先行条件，也会发生结果，所以，先行条件和结果之间没有条件关系。例如，在 A 让甲吃下足以致人死亡的毒物，在毒性尚未发作之前，和 A 无关的 B 开枪打死了甲的场合，A 的行为和甲的死亡之间就没有条件关系。

3. 具有相当性

刑法上的因果关系的判断，以条件关系的存在为前提，(1) 查明行为当时一般人能够认识或预见的一般事情以及行为人所特别认识或预见到的特别事情，并以这些事情为基础；(2) 以从一般社会经验来看，是否可以说上述行为能够引起该结果为标准来进行判断。

（1）相当性的内容　在相当性的内容上，有以下观点：①是指经验法则上所说的通常[1]；②主要是为了排除纯粹偶然的情况[2]；③是为了排

1　团藤，174 页。
2　平野，142 页。

除行为范围之外的情况[1]，等。刑法上的因果关系，具有排除对于行为人的行为来说属于偶然情况的机能，所以，只要具有在经验法则上可能发生的程度就够了。因此，为了说明具有刑法上的因果关系，第一，实行行为和结果之间具有上述的条件关系；第二，应当以行为当时一般人能够认识或预见的一般事情以及行为人特别认识或预见到的特别事情为基础，按照一般经验，判断在经验法则上，该行为是否能导致该结果的发生。

（2）相当性成问题的场合　在相当性的判断上，成为问题因而引起学术上的争议的，主要有以下几个问题：

[1]在行为时有不明的特殊情况的场合　在被害人的疾病或特异体质等成为死亡结果的条件的场合成为问题。例如，在行为人对他人实施了轻微的伤害行为，由于被害人是一般人所不能认识的特异体质的患者因而死亡的场合，一般人能够认识和预见的事情不过是对普通健康状态的人实施轻微伤害而已，因此，在此要判断的是该种程度的伤害能否导致健康人的死亡，如果结论是否定的话，那么，该行为就仅是伤害而已。与此相对，行为人如果知道被害人是特异体质的人而进行伤害的话，被害人的特异体质就成为判断的基础，就得考虑对特异体质患者进行该种程度的伤害是否会导致死亡的结果，如果结论是肯定的话，就是伤害致死。判例对在踢伤被害人的左眼部分，造成要治疗10天左右的伤害，由于被害人是脑梅毒患者，身体虚弱，因而死亡的案件中，适用了伤害致死罪的条款[2]，即，对于这种类型的情况，从条件说的角度出发，肯定了因果关系。

有关特殊情况的判例　（1）在路上撞倒他人的时候，因为被害人的心脏异常，导致心肌梗塞而死亡的案件中，适用了伤害致死罪的判例[3]，（2）对患有重度心脏疾病的他人实施殴打的时候，"因为该殴打行为和特殊情况凑合在一起导致了死亡结果"，所以，认为具有因果关系的判例[4]，（3）对被打伤的被害人在入院治疗期间，因为未被发现的结核病，导致心律衰竭而死亡的情况适用伤害致死

1　藤木，101页。
2　最判昭25、3、31刑集4、3、469。
3　最决昭36、11、21刑集15、10、1731。
4　最决昭46、6、17刑集25、4、567。

第二编 犯 罪

罪的判例。[1] 上述判例，都采用了条件说。

[2] **第三者的行为介入的场合** 在行为人的实行行为和结果发生之间介入了第三者的过失行为的场合，如在受到必须治疗程度的伤害之后，在治疗过程中，由于医生的医疗过失而致死的场合，判例[2] 承认具有因果关系，但是，在行为的当时，作为一般人所能预见的事情是接受医生的治疗，从该种治疗行为是否会引起死亡的相当性的经验判断来看，在行为当时，由于医生的过失而引起死亡这一点是一般人所不能预见的，所以，这一判例并不妥当。在有他人的故意行为[3]、自然灾害等行为当时通常不能预测的行为介入的场合，应否定因果关系。

最高法院有关第三者伤害行为介入的判决 在由于受到犯人的殴打而处于丧失意识状态的被害人活着的时候，又受到了其他人（第三者）的暴行而死亡的案件中，最高法院1990年11月20日（《刑集》第44卷第8号第837页）认为，在犯人的暴行成为导致被害人死因的伤害的场合，即便后面的第三者所施加的暴行使死亡提前来临，也能肯定犯人的暴行和死亡结果之间的因果关系。[4] 按照条件说的话，这是当然的结论，即便按照相当因果关系说，在行为时具有作为死因的伤害，该行为和被害人的死亡之间具有条件关系，另外，第三者的暴行是一般人所不能预见的，应当从判断的基础中排除，由于该伤害足以导致死亡结果的发生，因此，实行行为和结果之间具有相当性。异常介入事情对于犯人的行为和被害人的死亡之间的因果关系来说，并不重要。但是，第三人是否成立伤害致死等罪，则另当别论。

[3] **被害人的行为介入的场合** 在实行行为和结果之间介入了被害人的行为的场合，包括：①被告人造成了应治疗两周左右程度的伤害，由于被害人是某一宗教的信徒，在伤口上抹上了"神水"而引起感染，

---

1 最决昭49、7、5刑集28、5、194。
2 大判大12、5、26刑集2、458。
3 最决昭42、10、24刑集21、8、1116。盐谷，百选Ⅰ（第5版），24页。
4 松宫，百选Ⅰ（第5版），28页；川崎，判例讲义Ⅰ，66页。另外，就被害人或者第三者的过失行为介入的场合，参见最决平4、12、17刑集46、9、683。

结果必须治疗 4 周的场合[1]；②正在逃跑中的被害人由于摔倒而掉入水塘中，头部受伤死亡的场合[2]；③在潜水练习中，学生具有违反规则的行为的场合[3]；④被火烧伤的被害人跳入水中，由于心脏麻痹而死亡的场合[4]；⑤被害人方面具有过失的场合。[5] 其中，在案例①中，在实施伤害行为的时候，被害人会抹上"神水"这件事对于一般人来说，是不可能预见到的，行为人也不能预见到，应当将其从因果关系的判断基础中排除，所以，行为人的伤害行为和应当治疗 4 周的伤害之间没有因果关系。在其他的案例中，根据经验法则，可以说，该种行为中都可能发生该种结果，因此，应当说，具有相当性。

［4］行为人的行为介入的场合　实行行为和结果之间介入了行为人的行为的场合，例如，在 X 试图杀甲而用绳子勒甲的脖子的时候（第一行为），由于甲没有动弹，X 便以为甲已经死亡，为了防止罪行败露，于是就将甲运到海滩上（第二行为），甲因吸入沙尘而窒息死亡的案件中，判例[6]认为成立杀人罪。因为对于一般人来说，在实施第一个行为的时候，可以预见到会实施第二个行为，如果以此为判断基础的话，勒脖子的行为在经验法则上是可以导致死亡结果的，因此，可以说具有相当性。

与此相对，在由于误射而使被害人身受重伤，大约只能活 10 到 15 分钟，行为人看到被害人非常痛苦，于是就开枪将被害人打死的案件中，判例[7]虽然否定了误射行为和死亡结果之间的因果关系，但由于是有了误射行为之后再进行了射杀行为，所以，由此而引起的死亡结果和误射行为之间就具有了条件关系。又，在实施误射行为的当时，其之后的射杀行为对于一般人来说是不能预见的，所以，应从判断的基础中排除，只考虑该射杀行为在一般经验上是否会导致死亡结果的发生。这样，由于从一般经验来看，使人身负濒死的重伤的行为是可以导致死亡的结果的，所以，应当说，具有相当性，误杀行为就成立业务过失致死

---

[1] 大判大 12、7、14 刑集 2、658（肯定）。
[2] 最决昭 59、7、6 刑集 38、8、2793（肯定）。
[3] 最决平 4、12、17 刑集 46、9、683（肯定）。林（阳）：百选Ⅰ（第 4 版），28 页；另外，最决平 16、2、17 刑集 58、2、169（肯定）。
[4] 大判昭 2、9、9 刑集 6、343（肯定）。
[5] 最决昭 63、5、11 刑集 42、5、807（肯定）。另外，最决平 15、7、16 刑集 57、7、950（肯定）。齐藤信治，百选Ⅰ（第 3 版），26 页；川崎，判例讲义Ⅰ，62 页。
[6] 大判大 12、4、30 刑集 2、378。川崎，判例讲义Ⅰ，63 页。
[7] 前揭最决昭 53、3、22。西田，103 页；山口，61 页；岛田，百选Ⅰ（第 5 版），22 页；川崎，判例讲义Ⅰ，64 页。

罪，射杀行为成立杀人罪，两者由于侵犯同一法益，且在时间、地点上接近，所以，应当成为包括一罪。

广义的相当性、狭义的相当性　前田雅英教授按照德国的恩格希的看法，认为在因果关系论上，有问题的是：（1）行为时存在特殊情况的案件，（2）行为后存在特殊情况的案件。为了解决这些问题，便将行为时有无"发生结果的可能性"的判断，和行为后所发生的异常结果"在一般人看来是否相当"的判断分开，主张应当将前者作为"广义的相当性"，后者作为"狭义的相当性"。在因果关系中，重要的是后者，在此，应当考虑①行为导致结果的概率的大小，②介入事情的异常性的大小，③介入事情对发生结果的影响的大小，从裁判时的立场出发，判断相当性。[1] 但是，广义的相当性是实行行为的问题，而不是因果关系的问题，因此，没有必要使用广义的相当性的概念[2]，另外，因果关系是构成要件符合性的问题，必须定型地、类型地进行判断，因此，根据上述三个实质的相关关系来判断相当性，是不妥当的。

四、判例的态度

1. 采用条件说的判例

判例基本上采用了条件说。特别是在后述的结果加重犯上，这种倾向更加明显。但是，在下级法院的判例中也偶尔能看见采用相当因果关系说的情况，另外，在最高法院的判例中，也有根据相当因果关系说而否定因果关系的情况，所以，也可以说在向相当因果关系说倾斜，因此，以某一种学说来概括判例的态度是很困难的。但是，从判例的总体情况来看，在伤害致死罪之类的结果加重犯上，判例是坚持了条件说的立场。这大约是因为，结果加重犯是以暴行罪以及伤害罪等犯罪行为为原因的犯罪，与此具有条件关系的重结果，当然应当归于该行为的缘故。

比较新的案例是最高法院 1971 年 6 月 17 日的判决，其中写道："因为本院一向认为，作为致死原因的暴行，并不要求是死亡的唯一原因或直接原因，即便因为被害人碰巧具有高度的病变，该病变和行为人

---

[1] 前田，181 页。
[2] 山口，57 页；齐藤信治，139 页。

的行为共同作用而导致了被害人死亡的场合,也并不妨碍上述暴行成立致人死亡的犯罪,因此,即便原判认为,如果没有被害人患有严重心脏病这一特殊情况,被告人在本案中所实施的暴行就不会发生死亡的结果,而且,行为人在行为的当时,也并不知道该特殊情况的存在,另外,也不可能预见到致死的结果。但是,我们认为,只要承认该暴行和特殊事情共同引起了致死的结果,就应当说该暴行和致死的结果之间具有因果关系"。这是采取了条件说的立场。

在被害人自身存在身体上的特殊情况的场合,例如,大审院在行为人用小刀刺伤养祖母的后脑部,致被害人因刺激而死去的案件中,写道:"虽然对于一般身体健康者实施该种行为不会简单引起死亡结果,但是由于被害人恰好是老弱者,所以容易发生死亡的结果,因此,不排除因果关系"。[1] 因此,可以说,大审院、最高法院一向是坚持了这种态度。

判例的整理 (1) 有关行为时存在特殊情况的判例,有最判1947年11月14日(《刑集》第1卷第6页[脆弱性骨质、肋膜愈合]),最判1950年3月31日[脑梅毒],最判1957年2月26日(《刑集》第11卷第2号第906页[特殊体质]),最决1957年3月14日(《刑集》第11卷第3号第1075页[脑动脉硬化、脑血压上升]),最决1961年11月21日(《刑集》第15卷第10号第173页[心脏病])的判决,等等。(2) 介入了被害人的行为的情况的判例有,1923年7月14日[在只是让被告人负有轻伤,但由于被害人是天理教信徒,在伤口上涂抹神水,结果引发丹毒症的案件中,认为其行为也是导致该症状的原因之一,这是清楚的,因此,认定具有因果关系],大判1927年9月9日(《刑集》第6号第343页[被害人跳入水中,因心脏麻痹而死亡]),最判1950年11月9日[被害人逃避的时候,摔倒跌伤],最决1988年5月11日[被害人的过失]的判决,等等。(3) 第三者行为介入的场合,有大判1923年5月26日[医生的医疗事故],大判1930年10月25日(《刑集》第9卷第761页[被他人投入河中]),最判1948年3月30日(《刑集》第2卷第3号第273页[将用作燃料的酒精作为饮料转让他人])的判决,等。(4) 行为人的行为介入的场合,有大

---

[1] 大判大14、7、3刑集4、470。

判 1923 年 3 月 23 日（《刑集》第 2 卷第 254 页 [使被撞入河中之后被树木挂住的被害人落入水中]），前述大判 1923 年 4 月 30 日 [勒杀他人之后将其遗弃，致其死亡] 的判决。上述判例中，可以说，多数是只要根据条件说就能肯定其因果关系的场合。[1]

2. 判例的基本考虑

如前所述，通说认为，判例基本上采用了条件说，但是，正如常说的，迄今为止，并没有明确地排斥相当因果关系说而采用条件说的判决，而且，也有判例采用了相当因果关系说的立场。特别是根据"从一般观察来看，根据该行为，会发生该种结果，从经验法则上能够看到"，或者"在经验法则上，一般能够预料到"之类的表现肯定因果关系的情况相当多，因此，也有评价认为，采用了相当因果关系说。[2]

如最高法院 1931 年 10 月 26 日（《刑集》第 10 卷第 494 页）在由于业务过失而致被害人脑震荡死亡的案件中，写道："马路上的行人中，存在病弱者，这是经常存在的事实，并不是什么不一般的事情，因此，尽管被害人患病的事实引起了死亡结果的发生，但并不能因此而中断因果关系。"另外，在最高法院的判例中，也有认为"根据一般观察"，存在发生结果的可能性，"这在经验法则上是当然能够预想得到"的时候，就具有因果关系[3]，以及认为"与被告人等的过失相并列的有关相当因果关系的原审的判断是正确的"判决[4]，偏向了相当因果关系说的立场。前述最高法院 1967 年 10 月 24 日[5] 在驾驶汽车当中，过失将骑自行车的被害人撞飞，跌落在汽车的顶棚上，丧失意识，搭乘该汽车的人将被害人横转过来，从车顶棚上拽下，以致被害人被摔死的案件中，认为："被告人的上述过失行为发生上述被害人的死亡结果，从我们的经验法则上看，不能说是当然预想得到的"，从而否定了因果关系。[6] 但是，最近的最高法院判例当中，出现了考虑"行为的危险性"的判决[7]，有评价说其有偏向客观归属论的倾向。在调查官的判例解说当中，也在说

---

[1] 川崎，判例讲义 I，61 页。
[2] 裁职研，92 页。
[3] 前揭最判昭 23、3、30。
[4] 最判昭 29、12、22 刑集 7、13、2608。
[5] 盐谷，百选 I（第 5 版），24 页。
[6] 山中，204 页。
[7] 最决昭 63、5、11 刑集 42、5、807；最决平 2、11、20 刑集 44、8、837。

"相当因果关系说和实务当中的思考方法并不合拍",实务当中,"相当因果关系说"可能正面临危机。

但是,作为判例见解所一致的,是在因果关系的认定上,为了按照划一的明确基准进行判断,所以,重视对事实的条件关系。结果,在极为例外罕见的场合,在认可因果关系会导致不合理的结果的场合,就使用了因果关系中断论加以限定的手法。最近的禁止溯及论也是基于同样的思考。但是,在因果关系中断论以及禁止溯及论当中,适当地限定因果关系还具有困难,而折中的相当因果关系说是最为妥当的。

五、不作为的因果关系

1. 不作为和条件关系

在因果关系的认定上,历来,不作为犯成为问题。过去,有见解从"无不能生有"的立场出发,认为不作为不能成为引起结果的原因,但是,随着肯定不作为的因果关系的各种学说的提倡,现在,否定不作为的因果关系的见解已经不存在。不作为,如前所述,是不为能够为人的意思所支配的、具有社会意义的身体动作,这种不作为是指在社会生活上,尽管期待将已经存在的因果过程,按照一定的可能实施的作为进行变更,以防止发生结果,但是,行为人竟然放任该因果进程的发展,结果导致发生结果,在此意义上,能够认可和结果之间的条件关系。顺便说一下,在不作为犯中,条件关系的公式是"如果实施一定被期待的作为的话,就不会发生该结果",而作为犯中,则是"如果实施一定被期待的作为的话,就不会发生结果",二者虽然在理论基础上不同,但是,在"没有该不作为的话,就不会有该结果"的意义上,前者的存在是后者的必然条件,因此,在理论构造上,和作为犯是一样的。

2. 不作为的实行行为和因果关系

要注意的是,在"不会发生结果"的场合,在如果不实施被期待的行为的话,就会有发生结果的现实危险的意义上,不作为的因果关系,和不作为犯的实行行为问题也有关。有见解认为,在即便实施被期待的作为,也会发生结果的场合,不作为犯的因果关系被否定,同时,由于其实行行为性也被否定,所以,连未遂也不成立。[1]的确,结局上,因

---

[1] 西田典之:"不作为犯论",现代展开Ⅰ,74页。

果关系的判断也和不作为的实行行为的确定有关,但在理论上,实行行为的确定应当先行。从这种观点来看,为了确定不作为犯的实行行为,必须具有如果实施一定的被期待的作为的话,就能有效地防止发生结果程度的可能性的事实。因此,在尽管能够有效地防止结果发生,但却没有实施该行为的一点上,可以作为违反作为义务的实行行为,该实行行为和结果之间,应当说,具有条件关系。以此为事实前提,如果能认定该不作为和该结果之间的折中的相当因果关系的话,该结果就成为构成要件结果。和作为犯的场合不同,在不作为犯中,虽然也能认可不具有保证人的义务的人的不作为和结果之间的相当因果关系,但要注意的是,和犯罪结果具有相当因果关系的行为不一定是实行行为。因此,在判断行为和结果的相当性之前,是否存在实行行为的判断非常重要。

认可了不作为的因果关系的判例 在被告人对被害人的女性注射兴奋剂的时候,该女性陷入精神错乱状态,由于急性心律衰竭而死亡的案件中,最高法院1988年12月15日(《刑集》第43卷第13号第879页)认为,被告人"如果喊医生急救的话,该女十有八九能被救活。如此的话,救活该女是超出合理怀疑程度的确定事实,而被告人没有采取这种措施,漠然地将该女性放置在旅馆的房间里,这一行为和死亡的结果之间,可以说,具有刑法上的因果关系"[1]。但是,要注意的是,本判决的事件,首先是和不作为犯的实行行为性有关的。

---

[1] 齐野,百选Ⅰ(第5版),10页。

第三章
排除犯罪性事由

排除犯罪性事由，是指妨碍成立犯罪的事由。构成要件是成立犯罪的原则要件，因此，符合构成要件的事实原则上成立犯罪。但是，由于构成犯罪的事实中加入了特别的事由，因此，尽管存在符合构成要件的事实，但也可能例外地不成立犯罪。这种特别事由就是排除成立犯罪的事由或者说是排除犯罪性事由。[1] 排除犯罪性事由，分为排除违法事由和排除责任事由。排除违法性事由有，①正当行为，②正当防卫，③紧急避险，三种；排除责任事由有，①无责任能力（限定责任能力），②没有违法性意识的可能性，③没有期待可能性，三种。

第一节 排除违法性事由

第一款 违法性的概念

一、违法性的意义

1. 违法性和排除违法性事由

行为符合构成要件的话，原则上就具有违法性，但是，正如即便是杀人，但是在由于正当防卫而杀人的场合，就不具有违法性。因此，为成立犯罪，该行为必须具有违法性。违法性是指行为违法，即从法律立场来看，不被容许的性质。犯罪是符合构成要件、违法且有责的行为，违法性是仅次于构成要件符合性的第二个犯罪成立要件，由于构成要件是违法类型，所以，只要行为符合构成要件，通常就具有违法性。因

---

[1] 平野，209 页。

此，在违法性的要件中，弄清符合构成要件的行为例外地不违法的场合，排除违法性事由（正当化事由）就成为主要课题。刑法典也从这一立场出发，对于什么是违法没有规定，只规定了排除违法性的理由（事由）。刑法典上规定的排除违法性事由有：根据法令和正当业务的行为（第 35 条）、正当防卫（第 36 条）和紧急避险（第 37 条）。

2. 违法性论

排除违法性事由以法律规定为根据，在这些规定的背后，当然存在为什么要排除违法性的实质理由和根据。不弄清这些实质根据，就像不能说清正当业务行为中的"正当"的意义和范围一样，对法规上的排除违法性事由自身也难以解释。因此，即便是法规中有明文规定的排除违法性事由，也有必要弄清其实质根据，这一问题，从别的角度来看，就是违法性的实质是什么的问题。探讨这一问题的理论是违法性论或违法论。如果能弄清法规上的排除违法性事由的实质根据，那么，就还得考虑从一般法秩序的角度来看，虽然不能说没有违法性，但在量上程度极低，质上也不宜采用刑罚进行制裁，也即达不到可罚程度的情况。这就是所谓可罚的违法性的问题。违法性的程度，正如后述，与犯罪的轻重有关，也与量刑有关系。

3. 放任行为

行为，只要是不违法，就必须看作为合法的。合法行为和违法行为之间，存在散步、聊天、睡觉之类的不成为法律评价对象的行为，有人将其作为放任行为。[1] 但是，上述行为已经属于合法行为，而且，对这些行为的侵害也能成为正当防卫的对象，受到法律的保护，因此，没有必要承认放任行为的概念（通说）。[2]

二、违法性的实质

1. 形式违法性和实质违法性

所谓形式违法性，如违反"不要杀人"的命令而将人杀死的场合，是指行为在形式上违反刑法上的行为规范（命令、禁止）的性质。刑罚法规的构成要件中，包含有作为规律机能的行为规范，因此，符合构成要件的行为，原则上具有形式违法性。为使行为违法，首先，其必须违

---

1 宫本，43 页；小野，132 页。
2 佐伯，164 页；大塚，336 页。

反了刑法上的行为规范，因此，不管行为如何具有反伦理性，只要不符合构成要件，该行为就不具有违法性。但是，形式违法性，只是在形式上表示该行为在法律上不被允许而已，而对其实质意义，则没有任何说明，因此，行为违法，还必须是实质意义上的违法。

所谓实质违法性，是指行为实质性地违反作为整体的法秩序的性质。因此，行为即便形式上违法，只要实质上不违法，就不具有违法性。关于实质违法性的内容，有①侵害或威胁法益的法益侵害说[1]，②违反社会伦理规范的规范违反说[2]，③违反社会伦理规范的侵害法益的二元说[3]之间的对立。

我认为，公法、私法之类的法律体系，形成整体的法律秩序，该法律秩序完全是以保护法益为目的而成立的，刑法也是建立整体法秩序的一个组成部分，因此，从实质上看，对违法性的考虑不能离开对法益的侵害或威胁，在此意义上讲，①说妥当。

但是，①杀人罪和过失致死罪，即便在对法益的侵害上相同，但是若说在违法性的程度上也是相同的话，则明显是违反一般人的法律感觉的；②在当今复杂的社会中，许多法益复杂地纠缠在一起，因此，仅凭对法益的侵害，是难以判断其违法性程度的；③刑法是通过刑罚——这种将道义上的谴责具体化的痛苦——来防止法益侵害的，因此，将所有的侵害法益的事态都认定为违法，并将其作为刑法的评价对象，这显然是不妥的，因此，不能无视社会伦理的方面来把握违法性的实质，必须以将社会伦理规范和法益侵害相融合的形式来理解违法性的实质。

从这种观点出发，只能将违反社会伦理规范的法益侵害行为看作为违法，进行处罚；而历史上所形成的社会伦理秩序范围内的法益侵害行为，即便引起了法益侵害，但仍然属于具有社会相当性的行为的时候，也不违法。处于社会伦理秩序范围内的特征，被称为具有社会相当性。因此，实质违法性，就是偏离了社会相当性的侵害、威胁法益的行为，因此，上述③说妥当。

2. 法益侵害必不可少原则

---

1 佐伯，172页；平野，51页；中山，225页；内藤，306页；曾根，91页；西田，29页；前田，294页；山口，93页。

2 小野，119页；木村，254页；团藤，188页。

3 福田，141页；大塚，338页；西原，110页；藤木，115页；板仓，178页；裁职研，161页；井田，9页。

违法性的实质是违反社会伦理规范的法益侵害,因此,第一,只要没有发生侵害法益的事态,就不违法,因此,在实质违法性方面,"没有法益侵害,就没有违法性"的原则是妥当的。这便是法益侵害必不可少原则或者说是保护法益必不可少原则。第二,在弄清侵害法益的事实之后,在综合考虑了①被侵害的利益和所保护的利益之间的比较衡量,②行为的动机、目的,③行为的方法、手段,④行为的具体情况,等等之后,如果认为该行为违反了社会伦理规范,就可以说其具备了实质违法性。

但是,在现实社会中,由于各种价值观相对立,因此,要确定什么是社会伦理规范并不容易。另外,社会伦理规范,随着时代和社会的变迁,也在发生变化,对什么是社会伦理规范自身的认识,也常常很困难。但是,之所以要考虑违反社会伦理规范,是因为它是确定与作为道义上的报应的刑罚相适应的反伦理行为的前提。只有以人性为基础的、历史地形成的社会一般观念为基准,才能发现在社会中占支配地位的社会伦理。[1]

3. 违法性的客观性

违法性是违反社会伦理规范的侵害、威胁法益的行为,因此,在考察违法性的本质的时候,应该大致脱离行为人的意思、人格,而以显现于外部的行为以及结果客观地违反了法秩序作为其本质。

(1) 客观的违法性论和主观的违法性论 关于违法性的本质,有客观违法性论和主观违法性论的对立。所谓客观的违法性论,是指将法分为评价规范和决定规范,客观地违反了评价规范的就是违法,主观地违反了决定规范的就是责任的见解。[2] 按照这种见解,行为的违法性,和行为人的故意、过失、责任能力的有无无关,只要客观上出现了行为的违法事态,即便是自然灾害、动物所造成的被害,也具有违法性。所谓主观的违法性论,是指将法理解为命令和禁止,行为人尽管可以按照该种命令和禁止实施行为,但是却违反了该种命令和禁止的时候,就是违法的见解。按照这种观点,违法性的问题,只存在于具有责任能力的人故意、过失所实施的行为中,没有责任能力的人的行为,通常不具有违法性。[3]

---

1 团藤,188 页;大塚,338 页。
2 佐伯千仞:《刑法中的违法性理论》(1974 年),55 页。
3 宫本,69 页;竹田直平:《法规范及其违反》(1961 年),242 页。

但是，法规范具有作为评价规范的一面和作为决定规范的一面，在作为"必须做什么"、"不准做什么"的决定规范而发挥其机能（作用）以前，具有作为评价"希望做什么和不希望做什么"的评价规范的机能，该评价由于是由行为是否客观地违反了法秩序所决定的，因此，现在，客观的违法性论成为通说。

（2）新客观违法性论　法益侵害说的立场，将同为了保护法益所建立的法秩序相冲突的性质作为违法，完全支持客观的违法性论。相反地，近年来，标榜客观的违法性论，认为法规范只将人的行为作为对象，主张法的评价规范和决定规范同时在违法性和责任的两个阶段上二重地起作用的见解逐渐变得有力。[1] 这种见解由于和历来的客观的违法性论不同，因此，我称其为"新客观违法性论"。

这种见解，第一，将法规范作为行为规范，将客观上违反法秩序的行为理解为以一般人为对象的抽象的命令和禁止，违反这种命令、禁止的场合，就是违法；第二，法规范就是对具体行为人个别地要求实施一定行为，违反的场合，就有责任。因此，按照这种观点的话，客观的违法性就是违法性判断基准的客观性，而不是违法性判断对象的客观性。[2]

（3）检讨　将违法性的实质把握为法益侵害的立场的时候，侵害、威胁法益的结果就决定了违法性的有无和程度，因此，有必要保证违法性判断对象的客观性。但是，从在把握违法性的实质的时候，不仅要考虑法益侵害的方面，而且还要考虑违反社会伦理规范的方面的立场来看，法是为了保护法益而将所有的社会成员作为对象加以命令和禁止的，因此，对于一般国民而言，将什么样的行为作为违法而加以禁止和命令，尤为重要。在将客观上违反该种对一般人的规范即作为一般规范的行为规范的时候，就是违法的一点上，新客观违法性论是妥当的。按照新客观违法性论，故意、过失也成为主观的违法要素，有人认为，这种观点难以保证违法性判断的客观性。[3] 但是，对犯罪事实有无认识或者客观的注意义务的违反，是大致和行为人的人格相脱离的东西，具有在客观上能够把握的性质，因此，这种批判并不重要。

这样，在行为客观上违反以一般人为对象的命令、禁止的意义上，要求"违法性是客观的"（违法的客观性）；在主观上违反面向具体行为

1　福田，137页；大塚，341页；西原，113页；板仓，250页；佐久间，56页。
2　内藤，305页。
3　中山，231页。

人的意思的个别命令、禁止的意义上，要求"责任是主观的"（责任的主观性）。[1] 顺便说一句，在客观的违法性论中，自然现象和动物所引起的被害也具有违法性，但是，在新客观违法性论看来，这些现象本来就不是法规范的对象，因此，违法性的问题只限于人的行为。

三、违法要素

1. 客观的违法要素

构成要件是违法类型，因此，构成要件的客观要素原则上就是客观的违法要素。违法性的判断，正如后述，是具体的、非类型的判断，不属于符合构成要件的事实也成为判断对象。侵害、威胁法益的程度，行为的手段、方法，行为的形态等也是违法要素。另外，有关排除违法性事由的要素，如被害人的同意在消极的意义上，也是违法要素。关于客观的处罚条件，有的人认为它是客观的违法要素或责任要素[2]，如破产犯罪中，一般认为，破产宣告，对于债务人隐匿财产行为的违法性具有影响，但是，客观的处罚条件是以国家的政策理由为条件的，和犯罪成立要件的违法性、责任之间没有直接关系。因此，客观的处罚条件，不是客观的违法要素。

2. 主观的违法要素

作为主观的违法要素，①作为特殊的主观的构成要件要素，有目的犯中的目的、表现犯中的行为人的心理经过或状态；②故意或过失；③其他的人的要素（行为的动机、目的等），成为问题。

（1）学说的变迁　是否应当认可主观的违法要素，应当在什么范围内加以认可，学说上见解不一。很早以前，从"违法是客观的，责任是主观的"立场出发，否认存在主观的违法要素，将主观要素完全看作为责任要素的立场占主导地位。之后，主张目的犯中的目的，是不要求有与其相对应的客观要素存在的超过的内心倾向，这种场合，由于对侵害法益的危险性产生影响，所以，应当承认主观的违法要素的立场逐渐有力，另外，主张表现犯和倾向犯中也有主观的违法要素的立场，占据了支配地位。战后，在目的行为论的影响之下，主张故意、过失也是对行为的违法性有影响的主观违法要素的见解流行，并出现了行为的动机也

---

[1] 福田，138页；大塚，342页。
[2] 佐伯，137页；中山，245页。

是违法要素的见解。[1]

(2) 检讨　这样，学术变迁逐渐向扩大主观的违法要素的方向发展，另外，判例也认为"行为的违法性的判断，正如所说，不能完全从客观上来考虑，只有考虑了主观的违法要素之后，才能全面认识"[2]，从正面认可了主观的违法要素。但另一方面，从法益侵害说的立场出发，重新全面否定主观违法要素的学说[3]，以及主张对其范围进行限制，只肯定部分因素的学说在逐渐兴起。[4] 但是，作为超过的内心倾向的目的等，是对行为的侵害、威胁法益有影响之物，即便从侵害法益方面来看，也应当说对违法性具有决定意义，因此，否定主观的违法要素的见解是不妥的。另外，有学说认为，对于存在相对应的客观要素（如杀人的事实）的故意，由于该客观要素已经成为违法要素，因此，既遂犯中，故意不能成为主观的违法要素[5]，但是即便引起了法益侵害，如果该行为不违反社会伦理规范，具有社会相当性，那么仍应当说排除违法性，故意、过失以及无过失是对行为的社会相当性具有重要影响的因素，因此，否定故意、过失是主观的违法要素的见解是不妥当的。

因此，对行为的法益侵害性或规范违反性有影响的主观事实，都应当看作为主观的违法要素，行为的目的、动机、内心状态等，在其范围之内，作为主观的违法要素，应当看作为违法性的判断对象。另外，在将主观要素看作为排除违法性要件的场合，如正当防卫中的防卫意思，在消极意义上，成为主观的违法要素。这种将行为正当化的主观要素就是主观的正当化要素。

3. 人的违法要素

所谓人的违法要素，是指人的违法论所认可的主观违法要素。人的违法论，是由威尔泽尔所提倡的，他认为，对于法秩序来说，重要的是行为人在什么样的目标下实施了该行为，以什么样的心情实施了该行为，实施该行为的行为人具有什么样的义务。上述因素决定可能产生的法益侵害的同时，也决定行为的违法性。[6] 根据人的违法性论，从行为

---

[1] 木村，139 页；佐伯，188 页；团藤，134 页；福田，82 页；大塚，343 页；西原，147 页；藤木，138 页。
[2] 大判昭 14、12、22 刑集 18、565。另外，最决昭 45、7、2 刑集 24、7、412。
[3] 中山，238 页；内藤，216 页；浅田，125 页；大越，84 页；前田，52 页。
[4] 平野，125 页；内藤，215 页；山中，384 页；西田，82 页；山口，88 页。
[5] 平野，314 页；内藤，222 页；香川，108 页；内田，176 页。
[6] 威尔泽尔（福田平、大塚仁 译）：《目的行为论序说》（1962 年），40 页。

的外表来观察即便是同一现象，但是，和该行为有关的人的性质、目的、心情、违反义务的情况等"和行为人有关的'人的'要素"，都对行为的违法性有影响，因此，成为违法要素。对于人的违法性论，批判意见认为，它违反了违法性的实质在于侵害法益的法益思想；将人的违法论贯彻到底的话，就会得出只有人的违法才是违法性的实质，法益侵害只是客观的处罚条件而已的结论，可能和罪刑法定原则相矛盾。

的确，将威尔泽尔的人的违法性论穷根究底的话，人的违法和法益侵害之间的连接契机就会消失。但是，以法益侵害为基础来把握违法性的立场，在重视法益侵害的结果的同时，主张将对法益侵害具有影响的人的要素，以及对行为的社会相当性有影响的人的要素，在违法性的判断中进行考虑。因此，人的违法性论，在能够一边以法益侵害说为根据，一边加进比违法性的实质更加丰富的内容方面，值得支持。

4. 结果无价值论和行为无价值论

所谓结果无价值论，是指将违法性的本质求诸侵害法益的结果的见解，也称物的违法观；所谓行为无价值论，是指将违法性的本质求诸行为的规范违反性的见解，也称人的违法观。

（1）对立的背景　这种对立是由威尔泽尔所提出来的，他认为，将违法性的本质求诸侵害或威胁法益的"结果"的见解，是以"事实无价值（Sachverhaltsunwert）"为基础的见解，并不妥当，他认为，构成行为的违法性的基础是，和行为人有关的人的违法行为即"行为无价值（Handlungsunwert）"，在此，人们才知道存在有关法益侵害事实的结果无价值（Erfolgsunwert）的观念和行为无价值的观念。如果将威尔泽尔的人的违法性论、行为无价值论贯彻到底的话，就会认为结果无价值不是犯罪的本质要素，从而得出行为无价值的一元论。现在在德国，仍然主张引起法益侵害的事实不过是客观的法益处罚条件而已的观点，或者说主张仅以行为无价值就能说明可罚性的基础的观点。[1]

二者的具体分歧　两者的具体分歧，体现在以下三个方面：（1）关于排除违法性事由的一般原理，结果无价值论和法益衡量说有关，而行为无价值论和社会相当性说有关；（2）关于主观的违法要素，结果无价值论由于将行为的法益侵害性作为重点，因此，原

---

[1] 川端博："实质违法性论"，现代展开Ⅰ，109页。

则上不承认主观的违法要素；相反地，行为无价值论则肯定包括故意、过失在内的主观违法要素；（3）关于主观的正当化要素（如正当防卫意思），结果无价值论主张不要，相反地，行为无价值论主张需要。

（2）违法二元论 在我国，坚持法益侵害说的论者大致都主张结果无价值的一元论，与此相对，重视行为无价值的人，则是坚持以结果无价值为基础，并导入了人的违法观的违法二元论的观点，因此，可以说，上述严格意义上的行为无价值论不存在。在法益侵害中寻求违法性的基础的二元论看来，不仅不能支持行为无价值的一元论，而且，撇开结果无价值的行为无价值论会导致心情刑法，违背罪刑法定原则，不能加以支持。

另一方面，主张结果无价值的一元论，由于从侵害法益这一客观事实中寻求违法性的本质，因此，不会走上心情刑法之路，同时，将刑罚权的行使根据限定于法益侵害之内，满足了刑法谦抑性的要求，在这一点上，它也是妥当的。但是，这种观点在没有认识到违法性具有违反社会伦理规范的方面这一点上，难以全面支持。前面已经说道，违法是违反社会伦理规范的法益侵害行为，因此，违法二元论是正确的。

我国的行为无价值论 本文意义上的行为无价值论，在我国并不存在。法益侵害说的学者，在"结果无价值论＝保护法益＝刑法的无伦理化"、"行为无价值论＝维持社会伦理＝刑法的伦理化"的模式之下，将我国的违法二元论的立场称为行为无价值论，这种称呼并不正确。[1] 但是，这种观点在采用二元说的同时，又在后述的被害人同意的场合中认为，即便没有法益侵害，也有违反社会伦理规范的偏离社会相当性的场合，从此意义上讲，将这种观点称作为行为无价值一元论，也并无不当。那么，在从行为无价值和结果无价值的两方面来把握违法性的二元论当中，违法判断的方法也必须是二元的吗？行为无价值中，由于行为人的主观重要，因此，必须事前判断，相反地，在结果无价值论中，行为的结果重要，所以，要求事后判断。[2] 既然采用以结果无价值为基础的二元论，那么，就要

---

1 福田，34页；井田，15页。
2 川端，前揭现代展开Ⅰ，117页；野村稔：《未遂犯研究》（1984年），145页。

在事后判断法益侵害的有无和程度,并在与其的关系上判断行为无价值,因此,违法性的判断,结局上是综合行为和结果的事后判断。

四、违法性的判断

1. 判断基准

所谓违法性的判断,是行为和结果客观地违反整体法秩序的判断,也就是对行为在法律上的无价值的判断。

(1)"客观"的意义　违法性是指行为和结果客观地违反整体法秩序,因此,违法性的判断,首先必须是客观的。这里所说的"客观",指对行为的判断,不是指深入到行为人的人格之内进行判断,而是将和行为人的人格分离的行为自身作为对象,从法秩序整体的角度出发,客观地判断其是否被允许。虽说这种判断和"符合构成要件的话,原则上就违法"的判断相关,但是,为了判明是否排除违法性以及判明违法性的强弱,仍然有必要对违法性进行实质判断。

(2)违法性的相对性　违法性是公法、私法等所有法领域中共通的东西,所以,有关违法性的判断也应当从上述整体法秩序的角度来进行。[1]但是,由于各个法律领域中,法的目的、法律效果都不相同,因此,所必需的违法性的程度也不相同。这种法律领域不同,违法性程度也不相同的情况就是违法性的相对性。[2]刑法是规定刑罚这种残酷的法律效果的法律,因此,刑法上的违法性,是指违反作为整体的法秩序,值得用刑罚制裁程度的违法性,换句话说,在一般的违法性中,在量上达到了一定程度,并且在质上也适宜于用刑罚进行制裁的情况才是刑法中所说的违法性,这种意义上的违法性是可罚的违法性。[3]违法性的判断,以这种可罚的违法性为基础,首先考虑侵害法益的质、量,然后将该种侵害法益的结果包括在内,综合考虑引起该种结果的行为偏离社会相当性的程度,判断其在整体上是否达到了可罚的程度。

2. 可罚的违法性理论

可罚的违法性理论,是不存在可罚的违法性的话,就不存在犯罪的理论。

---

[1] 最大判昭 48、4、25 刑集 27、3、418(从法秩序整体的角度来看是不是被允许)。
[2] 团藤,193 页;前田,91 页。
[3] 佐伯,176 页;前田,92 页;松宫,98 页。

(1) 学说　可罚的违法性的理论，最初由宫本英修博士从谦抑主义的立场出发加以提倡[1]，之后，由佐伯千仞博士加以展开。[2] 佐伯博士从法益侵害说的立场出发，主张某一行为即便符合构成要件，由于刑罚法规中预定了一定程度的违法性，因此，在被害法益轻微没有达到该种程度的场合，以及从被害法益的性质上看，不宜采用刑罚干涉的场合，就是没有达到犯罪类型所预定的可罚性的程度的情况，不具有违法性。与此相对，藤木英雄博士从二元论的立场出发，主张将①被害轻微，②行为偏离社会相当性的程度轻微，作为判断可罚的违法性的基准，认为在行为没有达到可罚的违法性程度的时候，就应否定构成要件符合性。[3] 另外，佐伯博士也认为，正如盗窃他人的一盆花的行为一样，在没有可罚的违法性的场合，就可以否定构成要件符合性。[4]

对可罚的违法性理论的批判　对于该种理论，有如下批判：第一，认可刑法上的特殊违法性的观念，会破坏违法的统一性。但是，由于法律效果不同，所必要的违法性的程度也不同，这是理所当然的，因此，这种批判并不妥当。第二，"违法但不可罚"的论证方法，有可能将本来正当的行为看作为违法的行为[5]，但是，由于在没有可罚的违法性的场合，有可能认可一般的违法性，因此，这种批判也没有根据。[6] 第三，可罚的违法性理论，具有适用标准不明、可能被扩大适用或滥用、招致轻视法律的弊端等[7]，但是，违法性的判断本来就是具体、个别的判断，要求作出整齐划一的标准的见解本身就是不合理的。

(2) 检讨　以可罚的违法性为基准来判断有无构成要件符合性的话，在判断抽象的、类型的、形式的构成要件符合性的时候，就会加入具体的、非类型性的、实质的价值判断，使构成要件符合性的判断变得

1　宫本，105页。
2　佐伯，176页；内藤，650页。
3　藤木，117页。
4　佐伯，180页。
5　木村，236页；井上佑司：《争议禁止和可罚违法》（1973年），35页。
6　前田雅英：《可罚的违法性研究》（1982年），383页；内藤，671页。
7　臼井滋夫："对'可罚违法性论'的批判性检讨"，警察学论集30卷9号1页。

不明确，损害构成要件的人权保障机能。[1] 因此，可罚的违法性，通常只能作为实质违法性的判断标准起作用。其次，可罚的违法性应当以有无对法益的侵害、危险及其程度为基础[2]，以引起该结果的行为偏离社会相当性的程度为基准，进行判断，因此，仅从对法益的侵害、危险程度中寻求其基准的见解并不妥当。

3. 可罚的违法性和判例

可罚的违法性的考虑方法，正如从罗马法上的格言即"法律不关心鸡毛蒜皮的小事"中所能推测的一样，不问东西，自古就已存在。在我国，自从"一厘事件"判决以来，在司法实践中就存在这种见解。所谓"一厘事件"判决，是将在当时大约仅值一厘的一枚烟草没有交纳，因而违反《专卖法》规定的事件。对此，法院认为："在共同生活的观念上，刑罚的制裁之下，只要认为没有对要求法律保护的利益造成侵害，就没有必要用刑罚法规对其科处刑罚制裁"，因此，判断该行为不应当成立犯罪。[3]

战后，昭和30年代，在劳动、公安事件中，是否应当采用这种见解，存在争议，但是，由于不承认违法的相对性的概念，因而这种见解也被否定。[4] 但是，在全邮东京中邮事件[5] 中，最高法院以违法的相对性为前提，认为①虽然禁止公务员等的劳动争议行为并不违反宪法，②但因为对劳动权的限制应当限制在最小限度之内，刑罚制裁也只应该限定于不得已的必要限度之内，③即便是《公务员劳动关系法》上的违法的争议行为，但也不一定就是刑罚法规中所预定的违法行为，并且在补充意见中，使用了"可罚的违法性"的字眼，表明最高法院也承认了可罚的违法性的理论。之后，这一理论在东京都教职人员工会事件判决[6] 等中被展开。

但是，在东京全农林事件判决[7] 中，最高法院改变了历来的观念，对于违法的相对性概念采取消极态度，在全邮名古屋中邮事件[8] 中，采取消极态度的倾向更加明确。但是，该判决中也写道："刑罚是国家科

---

1 大塚，353页；平野，220页；内藤，679页。
2 町野，百选Ⅰ（第4版），38页。
3 大判明43、10、11刑录16、1620。
4 最判昭38、3、15刑集17、2、23。
5 最大判昭41、10、26刑集20、8、901。
6 最大判昭44、4、2刑集23、5、305。
7 最大判昭48、4、25刑集27、4、547。
8 最大判昭52、5、4刑集31、3、182。田中，百选Ⅰ（第5版），34页；川崎，判例讲义Ⅰ，69页。

处的最严厉的制裁,当然应当要求存在与此相应的违法性",因此,可以说,违法的相对性的概念也并没有完全被否定。

4. 可罚的违法性的判断方法

违法性的判断对象是相当于违法性要素的事实,违法性的判断基准是可罚的违法性。因此,首先,以包含刑罚法规在内的全体法秩序为准,判断有无违法性,其次,以该行为对于保护法益来说,是否具有刑法上不能放任不管的质和量的违法性为标准,判断有无可罚的违法性。由于违法性的判断具有具体的、非类型性的性质,因此,除了其存在与否之外,还得判断其强弱,该强弱在表示违法性程度的同时,也反映责任的量甚至是刑罚的量。

关于违法性判断的标准,有①主张以行为时为标准进行事前判断的事前判断说[1],和②主张以裁判时所明确的所有资料为基础,进行事后判断的事后判断说之间的对立。从行为无价值一元论的观点来看,事前判断说是妥当的,但是,违法性的判断必须以对法益侵害的有无和程度为基础,在与上述因素的关系上来讨论行为无价值的问题,因此,其在性质上不得不包含事后判断在内。

第二款　排除违法性

一、排除违法性的意义

1. 意义和学说

符合构成要件的行为原则上违法,因此,关于违法性,历来只要讨论其例外情况就够了。这种例外情况就是排除违法性事由或正当化事由。所谓排除违法性,就是例外地排除或者消除符合构成要件行为的违法性。关于排除违法性的原理,有:①为了正当目的而使用相当手段的目的说[2],②在不存在法益以及法益相冲突的场合,牺牲价值较小的法益以保护价值较大的法益的法益冲突说或优越利益说[3],③属于社会伦理规范所许可的行为的社会伦理说[4],④法益侵害行为在社会相当性的范围之内,

---

[1] 川端,288 页;野村,147 页。

[2] 木村,252 页。

[3] 佐伯,197 页;平野,215 页;内藤,313 页;中山,264 页;西原,142 页;内田,191 页;曾根,109 页;前田,50 页。

[4] 大塚,359 页;团藤,188 页。

即行为在社会生活中历史地形成的社会伦理秩序的范围之内的社会相当性说[1]之间的对立。

2. 一般原理

从违法性的实质是违反社会伦理规范的法益侵害的立场来看，侵害法益的行为只要具有社会相当性，就排除违法性，因此，社会相当性说基本上妥当。但是，因为没有引起法益侵害结果的时候，就不违法，在此场合，根据"没有法益侵害，就不违法"，即法益侵害必不可少的原则，不用考虑有无社会相当性，就排除违法性。所谓社会相当性，是指行为属于社会伦理秩序范围内的性质。具体来说，就是包括结果的法益侵害性在内，该行为在各个日常生活的领域中，具有日常性和普遍性，为健全的社会一般观念所容允。[2]

社会相当性是以存在法益侵害为前提的观念，因此，不是从结果的法益侵害性中考虑独立的行为无价值，社会相当性说和法益衡量说或优越利益说之间并不矛盾。对于社会相当性说，批判意见认为，追求刑法的伦理化，教给个人正确的日常礼仪[3]，赋予刑法维持社会伦理的任务和机能[4]，但是，前面已经说过，这些批判都不妥。

二、排除违法性事由的种类

1. 正当行为和紧急行为

成为排除违法性根据的事实就是排除违法性事由，关于排除违法性事由，通说认为可以分为刑法典中所规定的排除违法性事由和超法规的排除违法性事由，但是，由于刑法第 35 条是有关除了紧急行为之外的、所有正当行为的规定，因此，所谓超法规的排除违法性事由也包含在第 35 条的规定之中。[5] 关于排除违法性事由的种类，有正当行为、紧急行为。前者可以分为法令行为、业务行为以及其他正当行为（被害人的同意、社会性相当行为），后者可分为正当防卫和紧急避险。自救行为和义务冲突是紧急行为的一种，其正当化的根据是刑法第 35 条的规定，因此，它也属于社会相当性的行为。

---

1 福田，147 页；藤木，118 页。
2 藤木，126 页。
3 平野，51 页。
4 内藤，323 页。
5 木村，280 页；福田，168 页；大塚，361 页。

超法规的排除违法性事由　国家机关对于行使学术、思想、表现、集会的自由之类的宪法上所保障的国民的基本权利的行为进行干涉或者侵害的场合，受害人在有足够的理由怀疑其正当权利受到了侵害的时候，对于加害者，具有为了排除这种干涉而采取抗议行动的权利。但是，在紧急必要的场合下所实施的抗议行动，时常过火而成为犯罪行为，因此，有见解认为，为了保障基本人权，只要该种行为是属于恢复、预防该种侵害不得已而实施的，就应当看作为超法规的排除违法性事由。判例中，东京高等法院1956年5月8日（《高刑集》第9卷第5号第425页［东大波波罗剧团事件］），东京地方法院1956年5月14日（《判例时报》第76号第2页［舞鹤归国者救护局事件］）的判决，都认可了超法规的排除违法性事由的观念，但是，最高法院1963年5月22日的判决（《刑集》第17卷第4号第370页）则否定了这一理论。另外，一般认为，最高法院1964年12月3日的判决（《刑集》第18卷第10号第698页）也没有承认这种超法规的排除违法性事由。

2. 排除可罚的违法性事由

可罚的违法性，是刑法上的违法性的实质的判断标准，因此，即便符合构成要件，但在缺乏可罚的违法性的场合，也排除违法性。在此意义上，可罚的违法性的欠缺，是实质的排除违法性事由。另外，关于排除可罚的违法性事由是否是刑法上的排除违法性事由，有肯定说[1]和否定说[2]之分。否定说认为，排除违法性事由作为正当化事由，是完全将行为正当化的场合，相反地，排除可罚的违法性事由尽管不完全排除违法性，但却是通过减少违法性来排除可罚性的场合，主张对没有可罚的违法性的行为可以实施正当防卫。

可罚的违法性是刑法上的违法性的判断标准，既然没有可罚的违法性，就应当没有刑法上的违法性，因此，主张将正当化事由和排除可罚的违法性的事由区分开来的见解，是不妥当的。[3] 另外，即便这么理解，由于作为犯罪成立要件的违法性和作为正当防卫要件的"不法"是不同的，因此，应当说，不具有可罚的违法性的行为也是不法侵害行为，可

1　大塚，353页。
2　佐伯，183页；内藤，683页。
3　前田，93页。

以对其实施正当防卫。

第三款 正当行为

一、概说

1. 第35条的宗旨

刑法第35条规定："根据法律以及正当业务而实施的行为，不罚"。关于本条的法律性质，有①规定的是排除违法性事由；②规定的是排除违法性事由和排除构成要件符合性事由[1]等见解之间的对立。②说是以，如死刑执行官的执行死刑的行为，在社会观念上很难说是刑法第199条的"杀人"行为一点为根据的，但是，执行死刑的行为也是符合剥夺他人生命这一引起构成要件结果的实行行为，因此，说它不符合杀人罪的构成要件是不妥的。另外，与盗窃罪有关，有人认为，如果被害人同意的话，就不符合刑法第235条所规定的"窃取"的观念，所以，该行为不具有构成要件符合性，但是，在这种场合，因为违反被害人的意志已成为构成要件要素，所以，被害人同意的话，当然就不符合盗窃罪的构成要件，因此，也不存在适用刑法第35条的问题。

2. 刑法第35条的适用范围

刑法第35条是规定正当防卫（第36条）、紧急避险（第37条）以外的排除违法性事由的条款，在其适用范围上，除了法令行为以及业务行为之外，还有①包含没有实质违法性的所有场合的见解[2]；②包含除了自救行为以外的情况的见解[3]；③法令行为、业务行为以外的情况不包括在内的见解[4]；④自救行为以及被害人承诺以外的情形也包括在内的见解[5]之间的对立。刑法第35条之所以将法令行为以及业务行为正当化，不是因为这些行为是根据法令或业务而实施的，而是从法秩序整体的角度来看，实际上不违法，所以，刑法第35条所规定的内容，除了正当防卫、紧急避险之外，还概括性地包括作为一般正当行为而排除

---

[1] 大塚，390页；团藤，202页。
[2] 木村，255页；福田，170页；大塚，390页；香川，256页；前田，302页；佐久间，169页；西原，231页；内田，203页；山中，516页。
[3] 团藤，209页；青柳，211页；藤木，195页。
[4] 植松，187页；吉川，144页。
[5] 佐伯，224页；中山，264页。

违法性的情况，所以，①说妥当。

二、法令行为

1. 意义和根据

所谓法令行为，是根据法律、命令以及其他成文法规，作为权利或义务而实施的行为。法令行为，可以分为①职务行为，②权利、义务行为，③基于政策理由的行为，④注意性规定的行为，四种类型。关于法令行为成为排除违法性事由的根据，有的见解认为，是因为同被侵害的法益相比，该法令所试图保护的法益更加优越。[1] 但是，既然法令自身是正当允许的，那么，该法令就成为了法秩序的一部分，因此，法令规定就正好成了排除违法性事由的基础[2]，而存在较优越的法益，不过是制定该法令的动机而已。

2. 职务行为

所谓职务行为，是指根据法令而属于一定公务员的职务权限内的行为。例如，执行死刑、自由刑（第11条到第13条），逮捕、拘留犯罪嫌疑人、被告人（刑诉第58条、第60条、第199条）等，虽然符合杀人罪、逮捕监禁罪的构成要件，但也不具有违法性。职务行为必须是基于法令而合法实施的，滥用的话，不仅不排除违法性，而且还构成滥用职权罪（第193条以下）。[3] 职务行为，有①公务员直接根据法令而实施的场合，②根据有权限的上级的命令而实施的场合，两种。根据上级的违法命令而实施的职务行为是否排除违法性，成为问题，但是命令只要不是没有法律根据的违法行为，就要适用刑法第35条。所以，基于违法命令的行为不是排除违法性事由，最多只能根据期待可能性而免除其责任。作为公务员的职务行为的例子，有关警察官的职务行为[4] 以及其他公务员的职务行为[5] 的例子可以作为参考。

3. 权利、义务行为

是指根据法令，该行为是属于某人的权利、义务的情况，例如，公

---

[1] 西原，234页；内藤，472页。
[2] 大塚，391页。
[3] 最判昭30、10、14刑集9、11、2173。
[4] 最大判昭44、12、24刑集23、12、1625（照片摄影）；东京高判昭28、7、14判例时报39、15（窃听行为）；广岛地判昭46、2、26月报3、2、310（使用武器）。
[5] 大判昭5、9、1刑集9、640（议员在议会的发言）。

民扭送现行犯的行为（刑诉第 213 条）[1]、亲权者对未成年人的惩戒教育行为（民诉第 822 条）[2]、教师对学生的惩罚行为等[3]，都属于此。在这些场合，虽然符合逮捕罪、暴行罪的构成要件，但只要认为是妥当的权利、义务行为，就不违法。

4. 基于政策的行为

是指由于一定的政策性理由而排除违法的情况，例如，贩卖根据《赛马法》而制作的马票的行为就属这种情况。这些行为虽然符合赌博罪的构成要件，但由于它是基于财政或经济上的政策性理由而实施的，所以，不违法。

5. 注意性规定的行为

这种行为，在实质上本来是合法的，但是，法律明确将其规定为注意性的排除违法事由，因此，其要件等就成了法定的东西，例如，根据《母亲保护法》而实施的人工流产行为，就属于这种情况。另外，劳动争议行为也是这种情况，关于这一点，后面再叙述。

三、劳动争议行为

1. 意义

所谓劳动争议行为，是指具有劳资关系的劳动者以雇佣方为对象，为实现其目的而实施罢市、罢工、封锁工厂等妨碍业务活动正常进行的行为。宪法第 28 条规定："保障劳动者的团结权、团体交涉以及进行其他团体活动的权利"。因此，只要是劳动者为行使团结权、团体交涉权以及争议权而实施的争议行为，对其在刑法上当然就应当予以保护。这些行为，即便符合妨害业务罪、暴行罪、伤害罪、胁迫罪、侵入他人住宅罪、逮捕或监禁罪、破坏财物罪等的构成要件，也不具有违法性。其次，《劳动工会法》第 1 条第 2 款规定，劳动工会的团体交涉以及其他行为，是为提高劳动者的地位而实施的正当行为，适用刑法第 35 条的规定。从宪法第 28 条的规定来看，这是将理所当然的情形进行注意规定。另外，劳动法上的合法争议行为是刑法上的正当行为，但劳动法上

---

[1] 最判昭 50、4、3 刑集 29、4、132。
[2] 京都地判昭 47、1、26 刑月 4、1、189。
[3] 最判昭 33、4、3 裁判集刑 124、31（被否定的例子）；东京高判昭 56、4、1 刑月 13、4＝5、341（被肯定的例子）。

的违法争议行为也未必具有刑法上的违法性。因为，违法性是相对的东西，刑法上的违法性必须是可罚的违法性。

2. 争议行为的正当性

争议行为，只要是正当的，即便符合构成要件也不具有违法性。问题在于什么样的行为是正当的争议行为，这要将通过争议行为所要实现的劳动基本权，和争议行为所侵害的基本人权进行比较衡量，以目的的正当性、手段的妥当性，争议行为最终是否具有社会相当性为标准，进行判断。[1]

（1）目的的正当性　劳动基本权是为了提高劳动者的经济地位而规定的，因此，争议行为只有在以提高劳动者的经济地位为主要目的的场合内是正当的。以和改善经济地位没有直接关系的政治运动为主要目的的场合（所谓政治罢工等），不排除违法性。[2]

（2）手段的妥当性　作为争议的手段，有同业罢工、消极怠工、接管工厂、罢市、封锁工厂等形态，特别是接管工厂成为问题。[3] 手段的正当性应当根据争议手段是否具有社会相当性来进行判断。另外，《劳动工会法》第1条第2款的但书规定："无论什么场合，不得将实施暴力理解为劳动工会的正当行为"，但是，违法性的判断应在具体情况下进行，所以，不应将其理解为：只要有一般性的暴力行为，就具有刑事违法性。倒不如说，它是注意性地规定：即便作为争议手段也不允许程度的暴力手段具有违法性。[4]

3. 公务员、国营企业等的职员的争议行为

法律规定，禁止公务员（非现职公务员）实施联合罢工、怠工或者其他争议行为。但是，对实施争议行为自身没有规定处罚原则，而只是对共谋实施争议行为、鼓励、煽动、策划等规定了处罚原则。这种对公务员的争议行为一概予以禁止的做法，从保障劳动基本权的角度来看，有必要慎重考虑。

国营企业的职员（包括邮政、国有林业、印刷、造币四个单位的现职公务人员）也没有劳动争议权。但是，对于他们，连处罚共谋争议行

---

[1] 最大判昭25、11、15刑集4、11、2257（一般基本人权和劳动者权利之间的调和）。

[2] 最大判昭48、4、25刑集27、4、547（全农林警职法事件）。大谷，判例讲义Ⅰ，24页。

[3] 前揭最大判昭25、11、15。

[4] 最判昭50、11、25刑集29、10、928（超过平静劝说的情形违法）。

第二编 犯 罪

为的规定也没有。可是，正如《邮政法》第79条第1款一样，对使国营单位的业务活动瘫痪的行为规定有处罚。那么，违反这条规定的行为，是不是可以适用《工会法》第1条第2款的规定，成为问题。对此，判例最初持消极态度，但是，最高法院认为，对公共企业等的职员，从尊重其劳动基本权的立场出发，即便是违反旧《公务人员劳动关系法》第17条的争议行为，也可以适用《工会法》第1条第2款，如果是正当的争议行为的话，就不得根据《邮政法》第79条第1款的规定对其进行处罚。[1]

但是，之后，最高法院改变了这一态度，对于非现职的公务人员，以"从包括劳动者在内的全体国民的共同利益来看要进行限制"为根据，认为根据刑罚绝对禁止争议行为是合乎宪法的。[2] 而且，违反旧《公务人员劳动关系法》第17条的争议行为也不适用《工会法》第1条第2款[3]，这种态度一直持续到现在。

国营企业的职员，由于其地位的特殊性和职务的公共性，所以对其争议行为必须具有一定的限制。但是，否定一切争议行为，将"鼓励"等行为都予以处罚的话，就有违反宪法第28条的规定之嫌。因此，违法性的程度轻微，而且是通常的争议行为之际所伴有的"鼓励"等行为的话，就应当说其没有可罚的违法性。

二重考量论 最高法院大法庭1969年4月2日（《刑集》第23卷第5号第305页[都教组事件]）认为，关于《地方公务员法》第61条第4款，应当根据①"争议行为自身具有很强的违法性"，②只有超过"通常伴随争议行为实施"限度的、违法性强的"煽动行为"等，才应当是处罚对象的"二重考量论"来认定可罚性（同旨，最大判1969年4月2日《刑集》第23卷第5号第685页[仙台全司法事件]）。[4] 但是，这一判决宗旨也被前述最高法院大法庭1973年4月25日[全农林事件]的判决所推翻。

---

1 前揭最大判昭41、10、26（东京中邮事件）。

2 最大判昭48、4、25刑集27、3、418（久留米车站事件）。铃木，百选Ⅰ（第5版），32页；川崎，判例讲义Ⅰ，68页。

3 最大判昭52、5、4刑集31、3、182（名古屋中邮事件）。京藤，百选Ⅰ（第4版），36页。

4 同旨，最大判昭44、4、2刑集23、5、685（仙台全司法事件）。

四、业务行为

刑法第 35 条规定:"正当的业务行为,不罚"。所谓正当的业务,是指即便没有法律上的根据,也能认定为正当的业务。所谓业务,是指作为社会生活上的事务(或工作)而反复继续实施的,或基于反复继续实施的意图而进行的事务(或工作),并不要求一定是职业。例如,大力士摔跤、拳击手的格斗等,只要是在正当业务范围内实施的,即便符合暴行罪或伤害罪的构成要件,也被作为业务行为而排除违法性。

在这一点上,有人认为,业务的"正当范围",最终只能从实质违法性的角度来进行判断,在"正当业务"观念的基础上来考虑排除违法事由是不妥当的。但是,对于在社会生活上反复继续实施的工作,确立有技术或规则等行为准则,只要按照该准则实施的话,根本不用对各个具体行为的社会相当性进行判断,就能类型性地判定其正当性,所以,业务行为的观念在刑法上仍有保存的必要。

在判断是不是正当业务行为时,必须以现存的、有关该业务行为的行动基准为标准进行判断,在违反该准则的时候,就具有违法性。[1] 另外,作为体育活动而进行的摔跤、拳击等活动,虽然不能说是业务,但只要社会一般观念认为是正当的,就应当说合法,这些相当于后述的一般正当行为。

"业务行为"不要论 町野朔教授说,承认业务行为的独立意义的见解认为,根据行为的业务适合性应当马上肯定排除违法……决定行为的合法性的,不是法,而是业务,他对这种见解持批判态度,主张删除这一条款。的确,实质违法性的内容明确之后,才能树立排除违法性的判断基准,按照这一观念,业务行为的概念,实际上,所起的作用正越来越小,规定这种立法例的情况正在变得罕见,主要是德国。但是,将业务上的正当行为原封不动地看作为法律上的正当行为,对于有意义的业务的顺利实施,有时候是必要的,另外,如果从实质违法性的观点解决所有的正当行为的问题的话,那么,连法令行为也不应当加以规定。《修改刑法草案》第 13

---

[1] 大判昭 6、11、26 刑集 10、627(使用樱花,对商品的功效进行虚假宣传的案件)。

条规定:"法令行为,正当业务行为以及其他法律上所许可的行为,不罚"。

业务行为成为问题的事例,有律师的辩护活动。在所谓丸正事件中,最高法院1976年3月23日(《刑集》第30卷第2号第229页)认为,正当的辩护活动,仅仅作为辩护活动实施还不够,还必须综合考虑①是否是有法律根据的职务活动,②和实现辩护目的之间具有什么样的联系,③由接受辩护的刑事被告人自身实施的场合,是否应当排除刑法上的违法性,这样几点来加以决定。另外,和新闻记者的采访活动有关的判例,最高法院1978年5月31日(《刑集》第32卷第3号第457页)在所谓外交部泄密事件中认为,虽说报道自由,但是,在采访方面,记者并不具有可以不当侵害他人权利、自由的特权,这是不言而喻的,因此,在以贿赂、胁迫、强要等违反一般刑罚法令的手段采访的时候就不用说了,即便该采访的方法、手段并没有触犯一般的刑罚法规,但是,在以明显侵害采访对象个人的人格尊严,从法秩序整体的精神来看,为社会一般观念所不容许的手段采访的场合,也应当说,是超越了正当的采访活动范围的违法行为。[1]

五、其他正当行为

1. 意义

所谓其他正当行为,是指法令行为、业务行为以外的、在刑法第35条中所规定的正当行为。尽管刑法第35条后段将业务行为规定为排除违法性事由,但是,业务行为的正当性,不是来源于因为其是业务行为,而是在类型上可以被看作为正当行为而已,是因为具有实质上的正当性,所以才被排除违法性。因此,第35条后段,是有关正当行为排除违法性的规定。排除违法性的实质原理是没有法益侵害和具有社会相当性,所以,刑法第35条,将法令行为、业务行为和其他的正当行为都作为排除违法性事由。[2] 正当行为,包括①以侵害法益原则为基础的被害人同意的行为,②具有社会相当性的行为,即安乐死、尊严死、自救行为、义务的冲突、被允许的危险。

---

[1] 恒光,百选Ⅰ(第5版),38页;川崎,判例讲义Ⅰ,70页。
[2] 福田,168页。

2. 被害人的同意

所谓被害人的同意，是法益的主体即被害人同意他人对自己的法益实施侵害行为，如为输血而同意他人在自己身上采血的情况就属于此。被害人同意的行为，正如古罗马的格言"同意中没有侵害（Volenti non fit injuria）"所说的一样，自古以来就不成立犯罪。

（1）各种类型　刑法上成为问题的被害人的同意，主要有下列几种情况：第一，违反被害人的意思成为构成要件要素的场合，在这种类型中，只要有同意，就不符合构成要件（作为排除构成要件符合性的同意），如侵入他人住宅罪、强奸罪、盗窃罪就是这种情况；第二，在构成要件的性质上不考虑有无被害人的同意的场合，在这种类型中，同意对是否符合构成要件没有影响（没有构成要件上的意义的同意），奸淫不满13周岁的幼女、诱拐未成年人等就属于这种情况；第三，同意是构成要件要素的场合，在这种类型中，同意减轻违法性（作为减轻违法性事由的同意），同意杀人、同意堕胎就是这种情况；第四，同意是排除行为的违法性的场合，一般所说的被害人的同意就是指这种情况（作为排除违法性事由的同意）。具体的同意行为构成上述哪一种情况，要根据各个构成要件的解释而定，但是在这里成问题的是作为排除违法性事由的同意。

（2）同意和构成要件符合性　从上述类型中可以看出，同意在很多场合下同构成要件符合性有关，但成为减轻或排除违法性要素的，实际上只有同意伤害和同意杀人。在重视个人的自我决定的个人主义社会中，尊重个人意思，在被害人放弃了某种法益的场合，应尽可能地对其不进行刑法上评价，因此，在有关个人法益的犯罪上，应当将同意作为排除构成要件符合性的事由。[1] 只是，在历来的讨论中，有关被害人同意的中心话题是人身犯罪特别是伤害，因为在这种场合，排除违法性依然是中心课题，所以，在本书中，仍将被害人的同意作为排除违法性的问题来看待。

（3）排除违法性的根据　在被害人的同意阻却违法的根据方面，有①被害人同意的行为是具有社会相当性的行为[2]，②由于法益主体同意放弃可以处分的法益，所以，不存在要保护的法益[3]；③自己决定的价

---

[1]　山中，193页；前田，108页；山口，139页。
[2]　团藤，222页；福田，176页；大塚，399页。最决昭55、11、13刑集34、6、396。
[3]　平野，249页；内藤，587页；中山，306页；西原，235页；西田，172页；山口，138页；前田，315页。

值和被害法益的价值相比较，前者优越于后者时，就排除违法[1]等见解之间的对立。因为，法益主体同意对可以处分的法益进行侵害的话，就不存在要保护的法益了，所以，应当说，根据法益侵害必不可少的原则，排除违法性。

自伤行为（自损行为） 所谓自伤行为，就是法益主体侵害自己法益的行为。毁坏自己的私有物品、自杀就相当于此。自伤行为虽然也和被害人同意一样，排除违法性，但在同时损害了他人利益的时候，就不排除违法性（参照刑法第109条第2款，第110条第2款，第212条，第261条等）。

（4）被害人同意的要件 根据以上观点，为说被害人的同意不违法，就必须存在针对可以同意的法益所实施的、具有判断能力的被害人的、基于诚意的事前同意。

[1] 可以处分的法益 第一，被害人同意的法理，只在被害人能够对某种个人法益进行处分的场合才适用。即便是个人法益，但和国家法益、社会法益相竞合时[2]，或存在数个个人法益的主体时[3]，就不能适用被害人同意的法理。

在是否只要有被害人的同意，就一定排除伤害罪的违法性的问题上，有：①身体安全是个人可以处分的法益，所以，一般来说，排除违法性[4]；②只有从国家、社会伦理规范的角度来看是妥当的场合，才不违法[5]；③除了重大伤害特别是有生命危险的伤害之外，都不违法[6]等见解上的对立。由于身体是个人能够处分的法益，所以，认为可以用社会伦理规范来对其进行规制的②说不妥；从刑法第202条处罚同意杀人，以及保护生命法益的重要性来看，在有危及生命程度或形式的重大伤害时，不许自由处分法益，即被害人的同意无效，所以，③说妥当。

---

1 曾根，140页。
2 大判大元、12、20刑录18、1566（对虚假告诉的同意）；最决昭56、4、16刑集35、3、107（对伪造私文书的同意）。
3 大判大12、6、9刑集2、508。
4 齐藤诚二：《刑法讲义各论Ⅰ》（1979年），178页；前田，316页。
5 团藤，222页；大塚，400页。
6 平野，254页；内藤，601页；中山，313页；山中，199页；林，170页。

同意伤害和判例 最高法院1980年11月13日（《刑集》第34卷第6号第396页）在为了骗取保险金而获得被害人的承诺，让其故意和自己所驾驶的汽车相撞，导致其受伤的案件中，认为"仅有承诺的事实还不够，还必须考虑获得上述承诺的动机、目的、伤害身体的手段、方法、损伤的部位、程度等各种事实"，判断是否排除违法性，因此，认定上述案件成立伤害罪。[1] 这是考虑了行为无价值要素之后所得出的结论。另一方面，大阪高等法院1954年7月14日（《特裁》第1卷第4号第133页）对在性交当中，基于对方的同意而卡住对方的脖子，结果致使对方死亡的事件，认定成立过失致死罪。在判例看来，被害人的承诺，只是排除行为违法的事由之一，而是否排除违法性事由，则必须综合考虑动机、目的、手段、方法、伤害部位、程度等，以该行为"是否违反善良风俗或者是否是社会一般观念所认可的方法"[2]（大阪高判1965年6月7日《下刑集》第7卷第6号第1166页），或者"比照法秩序的整体精神"[3]（最大判1973年4月25日《刑集》第27卷第4号第547页）来判断。另外，参照仙台地方法院石卷法庭1987年2月18日的判决（《判例时报》第632号第254页［基于同意的断指事件］）。还有，正如德国刑法第226条将"行为违反善良风俗"时规定为违法，美国模范刑法典第2·11条第2款将"重大伤害"的场合规定为违法一样，有的立法明文规定了处罚同意伤害的行为。

［2］**有效的同意** 第二，为适用被害人同意的法理，同意自身必须是有效的。为表明同意是有效的，必须存在具有法益处分权，并且具有同意（判断）能力的人的真诚的同意。因此，幼儿[4]、没有通常的意思判断能力的精神病患者[5] 的同意，因为是没有同意能力的人同意，所以无效。另外，强制下的同意，因为不是基于诚意的同意，也无效。[6]

对被害人的错误同意，有人认为，既然对侵害法益的行为表示同意，

---

1 林（阳），百选Ⅰ（第5版），44页；川崎，判例讲义Ⅰ，71页。
2 大阪高判昭40、6、7下刑集27、6、1166。
3 最大判昭48、4、25刑集27、4、547。
4 大判昭9、8、27刑集13、1086。
5 最决昭27、2、21刑集6、2、275。
6 最大判昭24、10、11刑集4、10、2012。

就应当说该同意有效。[1] 但是，如在隐瞒其抢劫意图而向邻居说"晚上好"，邻居说"请进"的场合，表面上看似乎有同意，但是，实际上并不是真实的同意，所以，应当说，基于错误的同意是无效的（通说）。[2]

法益关系的错误 有力见解认为，同意是处分自己的法益的意思，因此，只有有关法益关系的错误才使同意无效，而有关其他事实错误则对同意的有效性，不产生影响。[3] 按照这种观点，欺骗友人说要紧急输血而从该友人身上抽血，之后，将血液卖掉的场合，由于抽血是经过了他人同意的，所以，该同意有效。

[3] 同意的对象、方法、时期　第三，同意必须是和其对象、方法、时期相适合的。

A. 对象　由于被害人对被放弃法益的侵害方法也很关心，所以，行为人的行为和该行为结果也是被害人同意的对象。而且，虽然在侵害法益的结果上，满足同意的内容，但是，侵害的方法和同意的内容不一致的时候，也不排除违法性。另一方面，虽然对行为表示了同意，但对该行为所产生的具体结果不同意的时候，也不能适用被害人同意的原理。因此，在被害人明知酒后开车是危险行为仍乘坐该车，结果发生了负伤事故的场合，由于没有同意负伤这一侵害法益的结果，所以，对于驾驶人员的过失行为不能马上适用被害人同意的原理（所谓"过失犯中的被害人同意"）。[4]

过失犯和同意　即便在过失犯的场合，对于能够处分的个人法益，只要该个人同意，也排除违法性。如在说即便受伤也没有关系而乘坐他人的汽车，结果身负重伤的场合，排除违法性。相反地，说自己死去也没有关系而乘坐他人汽车的场合，该同意是无效的。问题是，明知有死亡的危险而乘坐他人汽车的场合，该如何处理？

---

1 平野，257页；内藤，591页；中山，311页；川端，312页；前田，316页；山中，207页；山口，144页；町野，判例刑法研究2，216页。

2 最大判昭24、7、22刑集3、8、1361；最判昭33、11、21刑集12、15、3519（伪装自杀）；福冈高宫崎支判平元、3、24高刑集42、2、103（错误同意，抢劫杀人）。

3 佐伯仁志："被害人同意"，神户法学年报1号1页；平野，257页；内藤，591页；中山，31页；山中，207页；山口，145页。

4 千叶地判平7、12、13判时1565、144；小林，百选Ⅰ（第5版），112页；川崎，判例讲义Ⅰ，75页。

千叶地方法院 1995 年 12 月 13 日在同意他人乘坐危险的赛车，结果出事致他人死亡的案件中，认为它是属于容忍具有侵害生命危险的同意乘坐，在所承担的危险中，即便包括死亡，但也不缺乏体育竞赛活动中的社会相当性。有见解认为，在过失犯的场合，如果认识到有可能发生结果，则即便是对于死亡的同意，也是有效的。[1] 但是，在仅仅承担危险的场合，该同意是无效的，何况，由于不允许放弃生命，因此，应当在体育活动的基础上，从社会相当性的角度来认定其排除违法性。

B. 方法　同意要求法益主体亲自表示。代理人表示的同意是无效的。虽然法定代理人基于其管理权而实施的同意是为了他人法益而实施的同意，但由于其是根据自己的权限表示的同意，所以和代理人同意的场合不同，有效。在同意的方法上，有①被害人的内心具有同意就够了，不要求在外部表现出来的意思方向说[2]，和②同意的意思必须在外部表现出来的意思表示说[3] 之间的对立。因为具有同意就要排除违法性，所以只要被害人在内心表示同意就够了，该种同意的意思不要求表现在外部，①说妥当。

C. 时期　同意，是以该行为和结果为对象的，所以，必须在实行行为时存在。[4] 事后同意不排除违法性。[5] 即便是事前的同意，只要在行为时不存在，就认为是无效的。[6] 同意，通常是个别实施的，但有时也在事前概括性地、一般性地实施。例如，进入百货店的贩卖柜台的行为，只要是社会一般观念上所许可的范围之内的进入行为，就应当说是得到了看守者的一般性的、概括性的同意。[7]

D. 同意的认识　在行为人是否要在对被害人的同意有认识之后，再采取行动的一点上，有必要说[8] 和不要说[9] 之争。被害人既然同意行

1　前田，367 页。
2　平野，250 页；内藤，594 页；中山，307 页；曾根，141 页。
3　木村，285 页；福田，176 页；大塚，402 页。
4　东京高判昭 58、8、10 判时 1104、147。
5　大判大 12、3、13 刑集 2、188。
6　大判大 8、11、5 刑录 25、1064。
7　大谷，各论，130 页。
8　木村，285 页；福田，176 页；大塚，402 页。
9　平野，250 页；内藤，595 页；中山，307 页。

第二编 犯 罪

为人的行为及侵害法益的结果，则在被害人就没有值得保护的法益，因此，没有必要要求行为人对被害人的同意有认识。

在对该行为和结果尽管具有同意，但行为人却误认为没有的场合，也即在同意的存在上有错误的场合，该如何处理，有①只要有同意，就没有侵害法益的结果，所以，不可罚的见解[1]，②不是成立既遂犯，而是可能成立未遂犯的问题的见解[2]，③由于没有主观的正当化要素，所以，成立既遂犯的见解[3]之间的对立。被害人同意的法理的基础在于，由于同意，被害人的保护法益就不存在，所以，只要存在被害人的同意，就应该适用被害人同意的法理，即①说妥当。

（5）被害人的推定同意 所谓推定同意，是指被害人并没有实际同意，但是，在能够推定如果被害人能够正常地认识事态的话，就会表示同意的场合，就推定其会表示同意而实施的行为。例如，医生对意识不清的负伤者实施手术的行为，在出外的邻居家里起火时，撞开邻居家门，搬出贵重物品的行为等，属于这种情况。不管其是为了被害人的法益而实施的行为，还是为了第三人或行为人的法益而实施的行为，在所不问。

[1] 根据 虽然通说认为推定同意排除违法性，但是，在其排除违法性的根据上，则有①立足于和被害人的同意同样的法理，将被害人的放弃法益的意思方向作为根据的法益衡量说[4]；②该被推定同意的被害人的行为是具有社会相当性的行为，应当加以肯定的社会相当性说[5]；③只要是客观、合理的推定，哪怕是错误的判断，也予以允许的容许危险说[6]；④作为紧急避险加以承认的紧急避险说[7]之间的对立。

推定同意，是以被害人如果能够正确认识事态的话，就会同意为根据的，因此，和法益主体根据自己的意思放弃法益的被害人同意的场合不同，不能适用侵害法益不可或缺的原则。因此，主张以被害人的放弃法益的意思方向为根据的①说不妥，而承认法益侵害的存在，主张从推定同意是否具有社会相当性的角度出发来认定排除违法性的②说妥当。

1　中山，313 页；内藤，596 页。
2　平野，250 页。
3　木村，286 页；大塚，402 页。
4　佐伯，220 页；平野，255 页；吉川，150 页；内藤，619 页；曾根，133 页。
5　团藤，222 页；福田，186 页；大塚，403 页。
6　须之内克彦："论推定同意"，平场还历，（上）226 页。
7　前田，319 页。

推定同意，不是来源于法益侵害不可或缺的原则，而是作为具有社会相当性的行为，来确定为排除违法性事由的。当然，将推定同意作为具有社会相当性的行为加以承认，是以允许推定被害人的真实意思为根据的，因此，本书将其作为被害人同意的法理的延伸，在此进行叙述。

〔2〕要件　根据以上观点，推定同意作为排除违法性的事由，必须具有以下要件：

A. 满足被害人同意的要件　第一，适用推定同意的犯罪，以被害人的实际同意能够排除构成要件符合性或者违法性的犯罪为限。但是，对于以实际同意为排除构成要件符合性事由的犯罪，由于不存在实际同意，所以，推定同意都只是排除违法性而已。

B. 从被害人的立场出发进行推定　第二，推定同意，是对被害人同意法理的补充，因此，推定同意也必须从被害人的立场出发进行。在查明被害人与一般人行动不同的场合，就要推测被害人的真实意思，只要没有实施与其真实意思一致的行为，就不排除违法性。但是，在难以推测被害人的真实意图的场合，只要按照社会一般观念进行合理推测就可以了。只要合理推定该行为符合行为人的真实意图，且该行为是实现推定的意思内容的行为的话，即便事后被害人不承认，也作为具有社会相当性的行为，排除违法性。[1]

C. 不可能获得同意的表示　第三，由于推定同意是被害人同意法理的补充，因此，据此而排除违法性的，只能是实际上不可能得到被害人表示同意的场合。这被称为补充性要件。

3. 具有社会相当性的行为

具有社会相当性的行为，即便是引起了法益侵害，也是具有社会相当性的行为，成为排除违法性事由。

（1）医疗行为　所谓医疗行为，是指以治疗病人为目的、使用医学上一般所承认的外科手术等方法，对病人身体所进行的医疗措施。历来，治疗行为被看作为排除违法性事由，现在的通说也是这么考虑的，但是，正如下面所述的，它应当被看作为排除构成要件符合性的事由。由于在和排除违法性事由说的对比上叙述的话，更为方便一些，因此，我在本章中对其进行论述。

〔1〕医疗行为和伤害　在治疗行为是否符合伤害罪的构成要件方

---

[1] 山口，155 页将事后同意作为要件。

面，有①治疗行为非伤害罪说，和②治疗行为伤害罪说之间的对立。①说认为，治疗行为是以减轻或者治愈疾病为目的的，为医学上一般所承认，因此，只要是具有医学上的合理性，并且在医疗技术上是属于正当的行为，就不是伤害罪的实行行为。[1] ②说认为，治疗行为也是侵害身体的完整性的行为，所以，符合伤害罪的构成要件。但是，采用医学上一般所承认的方法进行的医疗，不能说是类型上具有引起人体伤害危险的行为，而是恢复、维持、增进健康所必要的行为，所以和社会一般概念上所理解的伤害的概念不符，因此，①说妥当。

[2] 不可罚的根据　通说认为，治疗行为虽然符合伤害罪的构成要件，但是，由于不具有违法性，所以，不可罚。关于排除违法性的根据，有①以被害人的同意以及以推定同意的法理为根据的见解[2]，②以保护优越法益和尊重病人意思为根据的见解[3]，③以社会相当性为根据的见解[4]，④以治疗目的为根据的见解[5]之间的对立。为了尊重患者的自己决定权，应当重视"在充分说明基础上的同意（informed consent）"，在此意义上讲，①说妥当。但是，即便是未能获得患者的同意的场合，只要该行为是以治疗为目的而实施的，手段、方法在医学上适当，且为社会一般观念所认可的话，就不能说其是破坏人的身体外形或者生理机能的行为，因此，应当说，医疗行为不符合伤害罪的构成要件。

专断治疗行为（eigenmachtige heilbehandlung）　所谓专断治疗行为，就是不经病人同意而实施治疗行为。德国判例认为，专断治疗行为是未经同意的治疗行为，不排除伤害罪的违法性，我国通说也是这么理解的。但是，只要是医学上所认可的，即便是未经同意的治疗行为，也不应当看作为伤害罪。另外，近年来，以宪法第13条所规定的基本人权等为根据，强调尊重病人的自己决定权，要求医生在治疗内容方面进行充分说明，获得患者的同意之后，再进行治疗的原则正在确立。从这种立场出发，有必要对患者的自己决定权进行刑法保护，现在，在德国，虽然很久以前就有将专断治

1　米田誉邦：《医疗行为和刑法》（1985年），185页；齐藤诚二：《刑法讲义各论Ⅰ》，192页；山中，529页。
2　团藤，222页；大塚，405页。
3　町野朔：《患者的自己决定权和法》（1986年），163页；内藤，530页。
4　福田、大塚：总论Ⅰ，215页；西原，231页。
5　木村，289页。

疗行为犯罪化的倾向，但是，至少在现行刑法上没有将其作为犯罪。民法上已经出现了将没有经过同意的医疗行为，认定为具有民事侵权责任的判例，但是，刑法上没有必要和民法同样论处。实践中，没有将未经同意的治疗行为作为伤害罪处理的判例。[1] 另外，站在伤害罪立场上的话，则有关医疗行为就都要认定为伤害故意乃至事实故意，在采用严格责任说的时候，医疗失误常常成为故意犯（伤害罪）的问题，成立过失犯的余地就完全消失了。即便在这种意义上看，也还是非伤害罪说妥当。

[3] 要件 医疗行为，看起来似乎符合伤害罪的构成要件，但在具备下列条件的时候，应当说不符合构成要件。

A. 主体 医疗行为的主体通常是有资格的医生，但是，没有医师资格的人进行的医疗行为，只要具有医学上所承认的医疗行为的性质，就可以成为排除构成要件符合性的事由。但是有可能被作为无照行医罪而受到处罚。

B. 医学的适应性、医术的正当性 为使医疗行为正当化，该行为必须具有医学的适应性、医术的正当性。前者是指，该行为对于维持、增进病人的生命、健康来说，是必要的。在一般社会观念上，有实行医疗行为的必要。后者是指，该行为是按照医学上一般所承认的医疗规则所进行的。医疗行为只要满足这些要件，就不具有危害人体健康的类型上的危险性，不符合伤害罪的构成要件。

花花公子事件 东京地方高等法院1970年11月11日（《高刑集》第23卷第4号第759页）在妇产科医生接受男妓的要求，为改变性别而实施了摘除其全部睾丸的手术的案件中，认为："被告人真的是对接受手术的人具有实施性别转换治疗的目的，接受手术的人真的是为进行上述治疗才有必要进行该手术，并且该手术作为医疗方法在医学上得到了一般的承认吗？这些都很值得怀疑"。因此，认为被告人构成了旧《优生保护法》第28条所规定的犯罪。另外，就排除伤害罪的构成要件符合性乃至违法性而言，有力说尽管强调医疗目的的必要性，但只要具备医学的适应性和医术的正当

---

[1] 大谷实：《新版医疗行为和法》（1998年），94页。

性，就不能说具有对健康的类型性危险，因此，应当说，该行为不符合伤害罪的构成要件。

（2）安乐死、尊严死、脑死　终止安乐死、尊严死、脑死患者的救命措施的行为，都是缩短病人生命的行为，其在是否阻却违法方面，存在争议。

[1] 安乐死（Euthanasie；euthanasia；mercy killing）　所谓安乐死，就是患者在承受剧烈的肉体上的痛苦，濒临死亡的场合，按照患者的嘱托，为缓和、除去其痛苦，而使患者安详地迎接死亡的措施。

A. 安乐死的各种类型　安乐死，可以分为①作为不伴随缩短生命措施的消除、缓和死亡痛苦的措施的纯粹的安乐死；②作为消除、缓和死亡痛苦措施的副作用而缩短患者生命的间接安乐死；③为使患者安详地迎接死亡而终止作为延长寿命措施的消极安乐死；④为使患者安详地迎接死亡而杀害患者的积极安乐死。

以上四种类型当中，纯粹安乐死是不提前死期，而是消除、缓和到死亡为止的痛苦的行为，因此，作为一种治疗行为，当然是合法的，在刑法上不存在任何问题。相反地，间接安乐死、消极安乐死以及积极安乐死，根据其实施，均会使患者提前死亡，因此，是否符合杀人罪、嘱托杀人罪以及与自杀有关的犯罪的构成要件，成为问题。

B. 有关安乐死的学说　关于安乐死，在学说上，有①安乐死违法论[1]和②安乐死合法论之分。安乐死违法论认为，人的生命具有绝对价值，不管出于什么理由，缩短人的生命的行为，都不排除违法性。一旦将安乐死合法化，就会出现"抹杀没有生存价值的生命"的"连锁反应"，所以，不处罚安乐死，最多只能作为排除责任事由进行讨论。

安乐死合法论中，有两种立场。第一种立场认为，安乐死，即便是基于本人的真诚意愿而实施的行为，但是，由于其会引起杀人这一侵害生命法益的结果，因此，明显是存在违法结果的，但是，由于该种行为是为了消除病人的痛苦而实施的，从法益衡量说的立场出发，能够说排除违法性。这种观点是以侵害残存的生命的不利和消除痛苦的有利进行比较均衡为根据的[2]，但是，在消除痛苦和保护生命之间进行法益衡量，

1　佐伯，291页；青柳，191页；中，181页；内藤，539页；曾根，143页等。另外，町野朔："安乐死——被允许的杀人"，法教152号70页。

2　平野，252页。

则是一件难事，因此，这种学说并不妥当。第二种立场认为，在具备一定条件的时候，作为具有社会相当性的行为，排除违法性。[1] 虽然明显是导致侵害法益结果的行为，但在面临死亡，遭受难以忍耐的肉体痛苦的袭击的状况下，尊重伤病者自己选择死亡的决定，是合乎人道主义的。自己选择的安乐死，尽管符合同意杀人罪的构成要件，但是在一定条件之下，可以看作为具有社会相当性的行为，排除违法性。我认为，上述第二种立场是妥当的。[2]

C. 安乐死的要件　　有关安乐死的要件，有著名的名古屋高等法院的判决，它认为符合六个要件的话就排除违法性，但是，按照横滨地方法院的判决，我认为，只要符合以下四个要件，就不具有同意杀人罪的违法性。

两个判决　　有关安乐死的经典判例，是名古屋高等法院1962年12月22日（《高刑集》第15卷第9号第674页）作出的，它认为，在符合"（1）病人患有在现代医学的知识和技术看来，是不治之症的重病；（2）不仅病人忍受巨大的痛苦，而且其他人也不忍目睹；（3）完全是出于缓和病人的死亡痛苦的目的而实施的；（4）病人的意识清醒，有本人真诚的嘱托或者承诺；（5）原则上由医生实施，在不能由医生实施的时候，具有可以认可的特别事情；（6）该方法在伦理上是妥当的，被大家所承认"这样六个要件的时候，可以认定安乐死合法。

同时，横滨地方法院1995年3月29日判时1530号28页（东海大学事件判决），对当时还是东海大学医学部内科助手的被告人，接受患者（当时58周岁的男性）的家属的请求，对处于癌症晚期、意识不清状态的患者注射氯化钾，导致其心律不齐而死亡的案件，指出：第一，患者面临难以忍受的肉体痛苦；第二，死期临近，难以避免；第三，为了缓和、消除肉体痛苦，除了死亡之外，没有其他替代手段；第四，具有请求中止治疗行为的意思表示。认为满足上述四个要件的话，安乐死行为就合法。重要的一点是，要求本人具有明确的意思表示。

---

[1] 团藤，226页；福田，174页；大塚，406页。
[2] 大谷实：《生命的法律学》（第3版，1999年），137页。

第二编 犯 罪

a. 濒临死亡　第一，从现代医学的技术和知识来看，患者患有不治之症，濒临死亡。不治之症是根据医学发展而变化的相对概念，应根据当时的医疗水准进行判断。[1]

b. 难以忍受的身体痛苦　第二，患者具有难以忍受的身体痛苦。精神痛苦不包括在内[2]，而且也不单纯只是苦。

c. 明示的嘱托　第三，要有基于病人真实意思的嘱托。安乐死的根据之一就是，尊重病人的自主决定，选择决定抛弃"所剩的短暂生命"的不利，以获取消除"痛苦"的有利的主体必须是病人本人，非出于本人意思的安乐死是强加的"慈悲"，是不人道的。因此，在符合杀人罪的构成要件的时候，就没有成立安乐死的余地。

d. 补充性　第四，是为了实现除去、缓和患者的死亡痛苦的目的，在没有其他代替手段的情况下所实施的，不要求一定是经医生之手所实施的行为。[3]

适用上的困难　1993年，在荷兰以修改《死尸处理法》的方式，通过了世界上第一部承认积极安乐死的法律。它为据说每年有3 000人要求实施积极安乐死的案件规定了提交申请的义务，尽管不是为了积极推进安乐死而制定的法律，但是，在以法律形式予以规定的一点上，值得记载。[4]在我国适用的场合，由于考虑到(1)死期临近的判断极为困难，(2)虽说是为了消除痛苦，但是，对于积极的杀死行为，国民仍然持消极态度，等等，因此，在我国的实际应用上，安乐死仍只限于极为特殊的场合。[5]

[2] 尊严死　所谓尊严死（death with dignity），是对于没有可能治愈的晚期患者，不实施或停止实施维持生命的措施，让其自然地迎接死亡的措施。

A. 学说　尊严死是中止治疗，使死亡提前来临，因此，和安乐死一样，尽管符合同意杀人罪的构成要件，但是，在其处罚上，则有①在

1　大塚，408页。
2　东京地判昭25、4、14裁时58、4。
3　内田（博），百选Ⅰ（第4版），44页。
4　宫野彬:《荷兰的安乐死政策》（1997年），230页。
5　厚生省编:《晚期治疗论考》（1994年），53页。

属于符合人道的处置措施的限度内,应当说,排除违法性的观点[1],②在没有事前承诺和恢复意识的可能的场合,排除违法性的观点[2],③由于社会一般观念不予以认可,因此,不排除违法的观点[3]之间的对立。我认为,历来在尊严死的场合,由于①没有要求显示痛苦,②患者不可能具有嘱托,③不一定要临近死期,等等,因此,根据人道主义的立场,将其看作为具有社会相当性的行为是相当困难的。

B. 讨论 之所以产生尊严死的问题,是随着延长生命医疗手段的巨大进步,使处于晚期症状的患者也有可能延长其生命,即便对于癌症等伴有剧烈痛苦的晚期患者或者根本不可能康复的植物人状态的患者,在实际上,也在对其实施仅仅是为了延长其生命而实施的延长寿命措施。我认为,应当从对没有治愈希望的患者采取延长寿命措施是对患者的不人道,而为了患者法益的停止延长寿命措施,使其保持作为人的尊严自然地迎接死亡反而是人道的立场出发,将尊严死作为末期医疗的应有方式加以考虑。从这种观点来看,不仅大脑机能不可逆转地丧失的植物人状态的患者,而且对于癌症晚期患者而言,尊严死的适用也成为问题。简单地说,延长寿命治疗在具备下列要件的时候,可以中止(包括不开始实施),即便因此而使死亡提前来临,也不具有杀人罪等的违法性。

C. 要件 第一,从医学来看,必须是患者已陷入不可能康复的状态(无可救药状态),或者是末期状态(死亡迫在眼前的状态)。第二,在有意思能力期间,患者具有停止延长寿命措施的意思表示。事前的意思表示(living will)也有效。在不能确认这种意思表示的时候,应当根据其近亲属的证言来决定终止。第三,停止延长寿命措施是根据医学判断的措施,必须由值班医生实施并记录在案。第四,成为中止对象的延长寿命措施当然也包括积极的医疗在内,但是考虑到该方法是人为的,所以根据病情,停止鼻孔插管或者停止从静脉输液等补充营养的方式也是可以的。

横滨地方法院判决和中止延长寿命医疗 在东海大学事件判决中,以旁论的方式,指出了中止延长寿命医疗的要件。"一,患者

---

1 大塚,409 页;藤木英雄:《刑法讲义各论》(1976 年),151 页。
2 西原,237 页。
3 团藤,227 页。

第二编　犯　罪

患有不能治愈的病症，无望恢复，处于难逃死亡厄运的末期状态"，"二，患者具有请求中止治疗行为的意思表示，并且该意思表示在中止治疗行为时就存在"，"三，成为中止医疗行为的对象的措施，有注射药物、化学疗法、人工透析、人口呼吸器、补充营养水分等"。除此之外，事前的意思表示还必须是有效的。[1]

［3］脑死亡和停止维持生命的治疗　随着救生技术或者人工呼吸装置的进步，即便在发生包括脑干在内的整个脑部机能不可逆转地停止即脑死亡的场合，由于心脏、肺的机能在一段时期之内仍有可能持续，因此，是否应当将脑死亡作为个体的死亡，就产生了争议。

A. 学说　在学说上，有①既然脑死亡已经成为医学界的通说，那么，在法律上也应当将其作为死亡定义的见解[2]，②是否承认脑死亡，应当由患者自己决定的见解[3]，③将脑死亡作为新的死亡定义和判断标准，必须经过全社会的同意，而在现阶段，并没有得到全社会的同意，因此，不应当将脑死亡作为个体死亡的标准的见解[4]，④虽说死亡的认定标准应当遵循医学上的通说，但是，关于脑死亡的判定标准，则由于尚未形成通说，因此，不应当承认脑死亡的观点[5]之间的对立。

B. 讨论　人死的判断，在法律上会产生各种各样的效果，因此，必须以某一个时刻作为认定死亡的标准。将心脏死和脑死亡同时都作为法律上的死亡，是不妥当的，在死亡的认定方法上必须统一。由于死亡的基础必须求诸医学，因此，其认定必须以医生的常识或者医学界的通说为基础。而且，死亡具有社会意义，即便在没有形成全社会共识的当今，也必须具有作为社会常识而被认可程度的合意。在站在这种立场的时候，虽说医学界脑死说正在成为通说，但社会一般观念上，承认脑死说还为时尚早。[6]这样，从脑死患者身上取下维持生命装置，或者摘除器官，导致心脏死的行为，就是符合杀人罪的构成要件的行为，会产生

1　日本学术会议：《尊严死的方式》（1994年）。
2　团藤重光：《刑法纲要各论》，377页；平野龙一："生命的尊严和刑法"，月刊869号40页；齐藤诚二："脑死和器官移植管见"，刑法杂志29卷1号48页。
3　加藤一郎："生命伦理和自己决定权"，法教90号6页。
4　唄孝一编：《医学和人权》（1985年），297页。
5　大谷实：《生命的法律学》（第3版，1999年），297页。
6　顺便说一下，《脏器移植法》第6条第1款规定："供移植手术使用的脏器，可能从尸体（包括脑死者的身体在内）中摘出。"

和尊严死同样的问题。

C. 停止维持生命的治疗　既然大脑已经死亡，则其心脏和肺脏是在被人工启动而已，由于患者已经陷入不可能最初就通过自身的力量再次使上述机能恢复的状态，因此，患者可以说是处在"生和死的中间状态"。这种状态下，由于其已经丧失了作为人的尊严，那么，根据患者在能够正常判断时候的意思表示（living will——生前的意思表示），或者能够代为患者表示意思的近亲属的意思表示而进行的停止医疗措施，作为适合人道主义的措施，具有社会相当性，应当排除违法性。

脑死亡和器官移植　虽说中止维持生命的医疗措施，是对病人本人的人道处理措施，能够排除违法性，但是，为了移植器官而将脏器从他人身体中摘出，让个体死亡的行为，则难以说是为了本人的利益，不能马上就认为其具有社会相当性。与此相对，1997年通过的《脏器移植法》规定，在有捐献卡，并且亲属也不反对移植器官的场合，可以从被判定为脑死亡的患者身上摘取器官。这是特别针对器官移植，而将脑死亡作为判定人死亡的标准而实施的，在其他场合，不得将脑死亡作为判定死亡的标准。

（3）自救行为　是指法益受到侵害的人，若为恢复权利而履行法律上的正式程序，等待国家机关的救济，就会丧失机会，使其权利事实上不可能或难于恢复的时候，便根据自己的实力来恢复权利的情形。广义上讲，正当防卫和紧急避险也是自救行为，但是，这里所说的自救行为，在对权利的侵害已成过去的一点上，和前两种情况不同。

[1] 排除违法性的根据　现行刑法尽管没有明文规定自救行为，但是，其在国家机关无暇顾及恢复被侵害的法秩序的一点上，和正当防卫有共同之处，将其放任不管的话，就会造成法律保护不法的结果，因此，在不脱离社会相当性的范围之内，应当将自救行为看作为排除违法性事由（通说）。但是，如果简单地广泛认可自救行为的话，则不仅会招致轻视国家机关的救济，容允私人使用实力的结果，而且还会引起根据自救行为人的实力的不同所造成的救济的不公平，因此，应当考虑正当防卫的要件，根据紧急程度、法益比较、行为的相当性等严格要件，予以认可。另外，有观点认为，对于不作为的消极的侵害而认定正当防

卫的场合，没有必要认定自救行为的观念。[1] 如盗窃犯人不返还盗窃物品的行为是不作为的侵害占有行为，让盗窃犯人返还该物的行为是正当防卫，而不可能成立自救行为。但是，上述消极侵害并不一定就是刑法第36条第1款所谓的"紧急不法的侵害"，因此，上述见解不妥（通说）。

自救行为和判例 代表性判例认为："自救行为之类的、通过各个个人的实力来救济自己的权利的行为，其弊害甚大，在井然有序的当今国家形态之下，是不应当允许存在的权利保护方法。法律虽然规定有允许正当防卫、紧急避险等的场合，但其属于急迫场合下不得已而为之的特殊例外。法律对其要件有极为严格的规定，不得随意将其推及没有明文规定的自救之类的行为"[2]。这个判例的宗旨是，不应当认可自救行为，这种基本态度，在最高法院时代，也没有发生变化。如战后，最高法院认为揭发军人或者军火商在战后趁乱隐匿政府物资的行为既不是紧急避险，也不是自救行为（最大判1949年5月18日《刑集》第3卷第6号第672页）。但是，这一判决的旁论中写道："所谓自救行为，是指具有一定权利的人，为了保全该权利，在来不及请求官府的保护的时候，自力在必要限度之内采取适当行为，如在盗窃现场，被害人取回被盗财物之类，就是如此"，因此，可以说，判例对自救行为本身并不否定。[3]

其他相关判例有：（1）对于不当课税，不允许直接对税务官采取胁迫手段[4]；（2）即便是对非法占据自己租赁的房屋营业的业者，也不允许为了排除对租赁权的侵害而使用实力，妨害他人的营业[5]；（3）为了扩大自己的店面，未经A的许可，将其延伸到自己的租地之内的A所有房屋的大门的檐端拆除。即便说上述大门是没有取得建筑许可的违章建筑，又即便说延期扩张店面所受到的损失远远大于由于拆除檐端而使A所受到的损失，也不能将其作为自救行为而排除违法性。[6] 作为自救行为所认可的有，（4）认为"自救行为，和正当防卫、正当业务行为等一道，是排除违法性事

---

1 木村，281页。
2 大判昭16、5、12刑集20、246。
3 参见最大判昭28、6、17刑集7、6、1289。
4 最判昭25、3、28刑集4、3、425。
5 最决昭27、3、4刑集6、3、345。
6 最判昭30、11、11刑集9、12、2438。

由"的判例。[1]

[2] 自救行为的要件　自救行为，是为了恢复已经被侵害的权利，由于来不及诉诸法律程序，在失去机会，就会在事实上不可能或者明显困难的场合下，才能被允许，因此，为使其具有排除违法性，必须满足以下要件。

A. 法益侵害的存在　第一，存在对法益的违法侵害。对合法行为不能采取自救行为。虽然有学说认为，法益必须是个人法益[2]，但是，比照正当防卫的场合，并不一定说要限于个人法益。也不一定限于财产权，如对于名誉权，也可以实行自救。[3] 由于自救行为只能对已经发生的侵害法益行为实施，因此，在法益正在遭受现在的侵害的时候所实施的反击行为，就应当是正当防卫，而不是自救行为。与这一点有关的是，跟踪盗窃犯人取回被盗物品的行为，理论上有①是自救行为[4] 和②是正当防卫[5]的对立。我认为，盗窃犯人在被被害人等跟踪期间，仍然应当看作为侵害正在继续，因此，该行为应当看作为正当防卫，②说妥当。

B. 紧急性　第二，在恢复被害方面，具有紧急性。所谓紧急性，是指①无暇请求国家机关的法律救济，②不马上采用自力救济的方式，事实上就不可能恢复被害，或者处于明显困难的状态。另外，有见解认为，如果仅限于不可能恢复或者明显困难的场合的话，则绝大多数情况都是可以根据日后的法律程序加以恢复的状况，这样，就会淹没承认自救行为的目的，因此，②要件不需要[6]，但是，②要件也是考虑到了即便日后具有恢复的可能性，但是，在该时刻不恢复的话，就几乎没有什么意义的情况的宗旨而提出的。[7]

C. 恢复被害行为的必要性、相当性　第三，为了自救而实施的行为，是恢复被害所必要、相当的行为。在是否相当的判断上，除了考虑方法、程度之外，还要权衡法益以及补充性，从行为的社会相当性的角

1　最决昭 46、7、30 刑集 25、5、756。另外，还有福冈高判昭 44、2、14 高刑集 23、1、156。

2　内藤，458 页。

3　东京高判昭 43、1、26 高刑集 21、1、23。

4　团藤，252 页。

5　木村，258 页；平野，236 页；内藤，459 页。

6　高桥（敏），百选Ⅰ（第 2 版），67 页。

7　内藤，460 页。

度来判断。

D. 自救的意思　第四,必须出于自救的意思。[1] 是为了自己的法益,还是为了他人的法益,在所不问。自救意思,和正当防卫等的意思一样,是主观的正当化要素。

[3] 自救过当和假想自救　所谓自救过当,是超过自救行为的相当性程度而实施的行为。虽然其是和防卫过当相对应的、减少违法性和责任的事由,但是,由于没有明文规定,所以,只能在量刑中予以考虑。所谓假想自救,是尽管不存在符合自救行为要件的事实,但却误以为存在。它和假想防卫相对应,不排除故意,只能在责任层次上加以解决。对假想的自救过当行为也同样处理。

(4) 义务冲突　所谓义务冲突,就是在数个法律上不能同时存在的义务同时存在的场合,为了履行其中一个义务,就不得不履行其他义务的场合。虽说相冲突的义务必须是法律上的义务,但不要求是法律直接规定的义务,习惯、道理上的义务也可以。如父亲具有救助两个同时落水的孩子的义务,在只救起了一方,而没有救助另一方的场合,就是对两个孩子的两个作为义务之间的冲突。另外,医生同时接到了抢救重伤病人和轻伤病人的请求,因为对于其中任何一方来说,都具有抢救的义务,在此就产生了治疗义务的冲突。

关于义务冲突的法律性质,有见解认为,其是紧急避险的特殊情况。[2] 的确,义务冲突也是紧急状态下的问题,和紧急避险有类似之处,但是,①在紧急避险中,面临危险者在容允对法益侵害的限度内,可以不实施避险行为,但是,在义务冲突中,则要求履行法律上的义务;②紧急避险是以作为方式实施的,而在义务冲突中,没有被履行的义务是以不作为的方式实施的,这也可以看作为二者的不同之处。[3]

义务冲突是在面临履行两个以上互不相容的义务的时候,不得不履行其中一个义务的情况,因此,在对义务的轻重进行比较,认为所未履行的义务和已经被履行的义务之间具有同等性质的场合,可以说其具有社会相当性,认为该违反义务的行为为法律所允许。虽说在为了履行较高程度或者同等程度的义务而违反另一义务的时候,排除违法性,但是,在为了履行较低程度的义务而不履行另一较高程度的义务时,就不

1　木村,281 页;大塚,411 页;西原,246 页。
2　木村,275 页;前田,359 页。
3　福田,167 页;大塚,413 页;内藤,642 页;山中,509 页。

排除违法性，仅仅是排除责任的问题而已。

义务冲突和判例　最高法院1952年8月6日（《刑集》第6卷第8号第974页）就有关刑事诉讼法第161条的违反作证义务罪方面，在新闻记者为隐匿采访对象而拒绝出庭作证的问题上，认为新闻记者隐匿采访对象是以宪法上的言论自由为实质前提的法律义务，而刑法上的义务更为重要，因此，认定行为人成立违反作证义务罪。

（5）被允许的危险　所谓被允许的危险（erlaubtes risiko），是指社会生活中不可避免地伴随有侵害法益的危险的行为，由于其对社会有益，所以该危险在法律上被允许的情况。工厂、煤气、电力等事业、高速交通工具或者医疗设施等，尽管时常伴有危险，但是，如果因为这些事业有危险而将其关闭的话，则现代社会生活就会完全陷入瘫痪状态。

关于被允许的危险，有①是在社会伦理规范或者社会相当性的范围之内被允许的危险的见解[1]，②是将行为的有益性、必要性和侵害法益的危险性进行比较衡量，在前者优越的场合，就是允许的危险的见解[2]，③并非排除违法性事由的见解[3]之间的对立。我认为，社会生活上必要的、不可缺少的行为，即便明显具有危险，由于舍此就不能建立现代的高度技术化的社会，因此，在综合考虑危险行为的社会有益性、必要性，所预计的危险的可能性，被侵害的法益的性质、程度，防止危险的手段等之后，只要是社会通常观念上所认可的范围之内的行为，即便说现实地引起了侵害法益的结果，也应看作为具有社会相当性的行为而排除其违法性，因此，①说妥当。

第四款　正当防卫

一、概说

1. 意义

所谓正当防卫，是指"对于紧急不法的侵害，为防卫自己或他人的

1　大塚，339页；藤木，243页；福田，143页。
2　平野，198页；内藤，629页；前田，319页（紧急避险说）。
3　山中，353页；浅田，346页。

权利，不得已而实施的行为"（刑法第 36 条第 1 款）。

在法治国家中，不应该允许私人行使实力来阻止或解决法益侵害或法益冲突，而应该以由国家机关根据法定程序来保护法益、解决法益冲突为原则。因为，允许私人依靠个人实力进行法益保护的话，反而导致法秩序的混乱。但是，侵害法益的危险迫在眉睫，依靠国家机关来恢复或预防对法益的侵害显然是不可能或明显困难的紧急状况之下，不允许私人行使实力，就不仅不能保护法益，而且也难以维持法律秩序，招致社会生活秩序的混乱。这样，刑法，作为国家机关救济的补充，为实现法的自己维护，就在设计严格的责任要件的基础上，将正当防卫和紧急避险这两个紧急行为类型化，承认了私人的侵害法益的行为。

紧急行为 所谓紧急行为，是指由于处于紧急状态，在不能得到国家机关的法律保护的场合，而允许的侵害私人利益的行为。作为紧急行为，历来，除了正当防卫、紧急避险以外，还有自救行为和义务冲突，但是，现行刑法只是在严格的要件下，规定了正当防卫和紧急避险而已，自救行为和义务冲突，倒不如说应当在刑法第 35 条所规定的具有社会相当性的行为的范畴之内，进行讨论。

2. 正当化的根据

正当防卫，是为了保护自己或他人的权利，不得已而对急迫不法的攻击行为实施反击的行为，现行刑法规定，对这种行为"不罚"。它是体现，正当防卫而引起的侵害法益的行为，即便符合构成要件也不违法，因而是正当行为的宗旨的。关于正当防卫不违法的根据，有：①主张不法侵害人的法益不值得保护的法益缺失或称优越法益说的原理[1]，②它是基于人们的自我保护本能的自然权利的见解[2]，③承认对侵害法的行为的反击是证明法自身的存在即法的确证的见解[3]，④是追求个人的自我保护法益以及法的确证的见解[4]之间的对立。

个人法益或法秩序，本来，应该由国家机关根据法律程序来进行保

1　平野，213 页；内藤，331 页；内田，192 页；西田，146 页；前田，323 页；山口，104 页；另外，桥爪隆："正当防卫论的再构成"，刑法杂志 39 卷 3 号 378 页。
2　泷川，88 页。
3　团藤，234 页；大塚，362 页。
4　曾根，103 页。

护，在不可能保护的紧急状态之下，就不应该将避免侵害当作为义务要个人承担，相反地，应当将其看作为反击的权利，在保护人的自我保护本能的同时，力求从预防侵害法秩序或者恢复被侵害的法秩序的观点出发，实现法的自我保护，确认法秩序的存在，所以，正当防卫行为排除违法性。在此意义上讲，④说妥当。"法不能向不法让步"的谚语，应当在这种意义上来理解，从此意义上讲，正当防卫是具有社会相当性的行为。所以，正当防卫是对不法侵害的正当行为，在"不正对正"的关系上被正当化，和后述的属于"正对正"关系上的紧急避险具有本质的不同。

战争和正当防卫 防卫行为是正当行为，这在所有的法律中都是共通的原理。但是，其成立要件则随着各个领域而不同，刑法上的正当防卫规定不能适用于和国际纷争有关的武力行为。另外，和《紧急状态法》相关，战争行为的违法性成为问题。但是，刑法是建立国内法治秩序的法律，和涉及国家间的纷争有关的武力行为无关。因此，有关战争行为的责任，完全是政治责任的问题。

二、正当防卫的成立条件

正当防卫的成立条件，可以分为①必须是针对紧迫不法的侵害；②为了保护自己或他人的权利；③不得已而实施；④出于防卫意思，四个方面。

1. 紧迫不法的侵害

正当防卫，首先必须是针对紧迫不法的侵害进行。

（1）紧迫性 "紧迫"是指没有时间请求国家机关按照法律程序来恢复、预防侵害法益的要件。所谓"紧迫"，是指从客观状况来看，侵害法益的危险迫在眼前。"紧迫"和紧急避险中的"现在"是同义的，包括侵害行为正在实施的场合，但不要求已经发生了被害结果。[1]

[1] 过去的侵害 对已经发生的侵害不成立正当防卫。[2] 在不法侵害已经终了的时候，即便是之后不久，也不是"紧迫"。但是，侵害行为作为犯罪，已达到既遂状态，但侵害行为事实上仍在继续的话，就还是

---

1 最大判昭 24、8、18 刑集 3、9、1465；最决平 17、11、8 判时 1197、142。
2 大判昭 7、6、16 刑集 11、866。

第二编　犯　罪

"紧迫"[1]。例如，在暴行攻击大致结束之后，再向对方施加反击的行为就不是正当防卫。在侵害行为事实上经过之后，所进行的恢复法益的行为，是所谓自救行为，而不是正当防卫。[2] 因此，在盗窃罪成立之后，被害人在犯罪现场或附近夺回其被盗物品的行为，应当看成是自救行为。[3]

[2] 将来的侵害　预想到将来的侵害而实施的先发制人的行为，不能看作为正当防卫，但是，即便是预想到的侵害，也具有紧迫性。[4] 例如，预想会遭到抢劫而准备好棒球棒，因为正如先前所预想的一样，遭到了抢劫的袭击，于是就挥舞棒球棒而幸免于难的场合，以抢劫袭来的时候为标准的话，能够认可紧迫性。

事先装设在将来的袭击迫近的时候能有效地进行反击的装置，结果该装置发挥了反击效果的场合（如为防小偷而在围墙上插玻璃碎片），也是正当防卫。因为，只要以发生防卫效果时为标准，能够认定侵害的紧迫性就够了。因此，不仅在行为人认为侵害行为当然或几乎确实要发生的场合[5]，即便在出于利用该机会乘机伤害对方的意思而面临侵害的场合，只要在实施防卫行为的阶段上，对方的侵害迫在眼前，就至少可以认为满足紧迫性的要件。在遭受侵害的当时，除对加害者反击之外，行为人即便还有其他可以回避侵害的方法，也能认定紧迫性。

加害意思和紧迫性　最高法院1977年7月21日（《刑集》第31卷第4号第747页）认为："刑法第36条之所以在正当防卫上，将紧迫性作为要件规定，并不是将避免所预料的侵害作为义务加以规定，因此，即便是在当然或者几乎确实预料到了的侵害的场合，也并不能因此丧失侵害的紧迫性。与此不同的原判，在此限度之内，只能看作为违法。但是，从该条将侵害的紧迫性作为要件的宗旨来看，不仅在未能避免所预期的侵害的场合，在出于利用该机会积极地向对方实施加害行为的意思而对侵害进行反击的时候，应当说，就已经不符合侵害的紧迫性的要件了"。这个判例，对前述最

1　最判昭26、3、9刑集5、4、500。
2　最判平9、6、16刑集51、5、435。
3　最大判昭24、5、18刑集3、6、722。小野，123页；团藤，254页；大塚，364页；川端，337页；野村，222页；佐久间，196页。
4　最判昭46、11、16刑集25、8、996。大越，百选Ⅰ（初版），82页；奥村，判例讲义Ⅰ，77页。
5　前揭最判昭46、11、16。

高法院1971年11月16日的判例结论作了部分修改，也有学者支持这一判决意见[1]，但是，"紧迫"意味着面临作为客观事态的危险，不应当根据加害意思的有无来判断，即便是出于积极的加害意思面临侵害，也不因此而马上丧失紧迫性的特征[2]，倒不如根据其不具有防卫意思的特征而否定其成立正当防卫。针对上述见解，有力见解认为，挑衅者的反击行为尽管是正当防卫，但根据原因违法行为理论，对防卫行为的违法性进行说明。但是，将反击行为作为工具，正如后述，非常困难。[3]

(2) 不法　正当防卫，是为了保护个人法益，为了法的确证法益而制定的，只能对违法侵害即"不法"侵害实施。正当防卫只能在"不正对正"的关系上被确认，在"正对不正"、"不正对不正"以及"正对正"的关系上，不能被承认。因此，不能对正当防卫实施正当防卫，在该种场合，不过是紧急避险而已。

[1] 不法的意义　所谓"不法"，就是违反法秩序，即和违法是同等意义。不法侵害就是违法侵害。违法是违反客观违法性论中作为整体的法秩序，不一定要求具备可罚的违法性。另外，也不要求具有有责性，没有责任能力人的侵害行为也是正当防卫的对象。不是违法性的判断对象、只是从法秩序的角度来看不受欢迎的现象而已的动物的举动或自然现象，或称不上是人的行为的睡眠中的举动等侵害，是不是"不正"侵害，不仅法益衡量说，而且社会伦理说也对其持肯定态度[4]，但是从法的确证或法的实证的角度出发，既然不是违法行为，就没有必要对法进行确证，因此，"不法"，应当理解为违法行为。

[2] 对物防卫　对物即动物引起的侵害进行防卫就是对物防卫。在对物防卫上，有：①动物等引起的法益侵害也是违法的，所以，对物防卫也应当是正当防卫的肯定说[5]；②违法性是有关人的行为的问题，所以，动物等引起的法益侵害不是正当防卫的对象，只能看作为紧急避险

1　团藤，235页；平野，235页；庄子，213页；西田，156页。
2　福田，152页；大塚，364页；内藤，335页；前田，328页；山中，427页；山口，111页；曾根，百选Ⅰ（第5版），46页。
3　山口，111页。对此的疑问，前田，331页。
4　大塚，366页。
5　佐伯，200页；植松，170页；平野，231页；大塚，366页；香川，174页；内藤，399页；中山，273页；曾根，112页；前田，336页；山中，430页。

的对象[1]；③虽然不是正当防卫，但应比照正当防卫，看作为排除违法性事由的准正当防卫说[2]之间的对立。

从将违法性只能看作为和人的行为有关的问题的新客观违法性论的立场来看，②说是妥当的。但是，在所有人或管理人故意或过失引起动物侵害的场合，可以看作为是人的行为而引起的侵害，对其可以实施正当防卫，相反地，并非该种场合下的人所管理的动物等的侵害，或虽是无主物但却是受保护的野兽的侵害（违反《狩猎法》的犯罪）的场合，只能在符合紧急避险这一严格要件的时候，才能排除违法性，这明显是不均衡的，因此，只要符合正当防卫的其他要件，就应比照正当防卫来处理，所以，③说妥当。我国民法规定，为避免他人的动物引起的紧迫危难而将该物损毁的场合（防御性紧急避险），不是紧急避险，而是和正当防卫一样，"不负损害赔偿责任"，所以，在和民法的规定相统一的意义上，将对物防卫比照正当防卫来处理也是妥当的。

（3）侵害　所谓"侵害"，是对他人的权利造成损害或危险的行为。是故意行为引起的还是过失行为所引起的，在所不问，不作为行为引起的情况也是侵害。例如，对被要求退去而不退去者可以实施正当防卫。[3] 侵害不一定要是具有犯罪性质的行为。但是，称不上是人的行为的举动所引起的侵害，不是"侵害"。

2. 保护自己或他人的权利

正当防卫，必须是保护自己或他人的权利的行为。

（1）自己或他人的权利　所谓"权利"，是法律保护的利益，即法益。该种法益，并不要求是法令上作为权利所特别规定的情况，也不要求是被刑法所保护的法益。不仅自己的权利，对侵犯他人权利的行为，也能实施正当防卫。为他人利益而实施的正当防卫是紧急救助。他人，包括自然人和团体。

"权利"是否不限于个人利益，也包括社会利益或国家利益？对此有肯定说[4]和否定说[5]之间的对立。但是，正当防卫的根据既然是法的

---

1 团藤，237页；福田，151页；藤木，163页；井田，196页；裁职研，196页。

2 大塚，568页；久礼田，214页；井田，169页（防卫的紧急避险）。

3 最决昭 57、5、26 刑集 36、5、609。

4 木村，260页；团藤，237页；福田，155页；大塚，369页；板仓，210页；川端，348页。

5 平野，238页；吉川，129页；内藤，340页；中山，276页；内田，194页；前田，325页；山中，434页。

确证，那么，对于所有的侵害法益的行为都可以实施正当防卫，因此，对侵害社会、国家利益的行为，也可以实施正当防卫。个人为保护国家利益而实施的正当防卫行为是国家正当防卫或国家紧急救助。

但是，对国家、社会利益的保护[1]，本来是国家、公共机关的任务，随便委托给私人或私人团体，反而可能有搅乱法律秩序的危险，所以，对保护公共利益的正当防卫，只有在非常紧迫的场合，才例外地被许可。

（2）防卫行为　正当防卫是防卫权利的行为，必须是在性质上能够称得上是防卫行为的行为。换句话说，防卫行为客观上必须是作为对侵害人的侵害法益行为的反击而实施的。用枪杀死意图通过不给婴儿喂奶的方式杀婴的母亲的行为，不是正当防卫。

［1］防卫行为的结果发生在第三者身上的场合　例如，X 在 A 用日本刀砍来的时候，为了防卫而用所携带的猎枪向 A 射击，但是没有打中 A，而是打中了 A 旁边的 B，使 B 身负重伤；或者既打中了 A 也打中了 B，使两人都负伤的场合，即反击的结果发生在第三者身上的场合，该怎么处理，有：①是正当防卫[2]；②是假想防卫[3]；③是紧急避险[4]的见解之间的对立。

我认为，从本书所采取的法定符合说的立场来看，在认为对 B 的杀人罪或伤害罪的构成要件符合性成为问题的时候，对于 A，可以认定为正当防卫，但 B 并没有任何不正当的侵害，因此，认为对于 B，也成立正当防卫的①说不妥。另外，对于 B 的死亡或受伤，X 具有错误，所以，对于 B，虽说可以成立假想防卫，但是，尽管是作为正当防卫而实施的，但结果，该行为却成了违法行为，这也是不妥当的，因此，②说也难以支持。

X 根据对 A 实施反击行为的同时又对 B 造成了伤害的行为而避免了现在的危险，另外，通过对 A 开枪而保护自己的身体安全的防卫意思中，同时也包含有避险的意思在内[5]，因此，主张将对 B 的行为看作是紧急避险行为的③说妥当。

1　最判昭 24、8、18 刑集 3、9、1465（在不能期待国家公共机关有效的活动的、极为紧迫的场合）。
2　中野，171 页；川端，348 页。
3　团藤，242 页；前田，322 页。
4　福田，155 页；山中，446 页；山口，112 页。
5　大塚，370 页。

第二编 犯 罪

[2] 侵害人利用第三人的物的场合　不法侵害人（A）利用第三人（B）所有的物（狗）实施攻击行为的场合，反击者 X 为了防卫而将该狗杀死的行为是不是正当防卫呢？学者间有，①作为对动物的侵害，有可能被解释为对物防卫；②B 是"无辜的"（即"正"），所以是"正对正"的关系，有可能成立紧急避险的见解上的对立。[1] 但是，因为应当认为，第三者 B 的物已经成为 A 的不法侵害行为的一部分，所以，只要是对该种行为所实施的防卫行为，就应当作为正当防卫的问题来解决。

[3] 防卫人利用第三人的物的场合　例如，对于正在用铁棒砸来的 A，X 用旁边站着的 B 的日本刀进行反击，该日本刀被铁棒打断了的场合，该怎么看待 X 的责任呢？X 的反击行为是正当防卫，但作为其行为的手段正好使 B 的利益受到了侵害，所以，X 和 B 的关系是正对正的关系，可以说，X 在对 B 的关系上，是用日本刀避免了正在发生的危险，所以，应当看作为紧急避险。

3. 防卫行为的相当性

刑法，和紧急避险中一样，即便是在正当防卫中，也使用了"不得已"这一用语，但是，正当防卫的场合是"不正"对"正"的关系，是从"正义不能向非正义屈服"这一角度来排除其违法性的，所以，上述规定，不得理解为没有其他手段。因为，"法律不是要求懦弱"。

但是，即便是站在"正"的立场上的反击者，也并不是只要是为了反击，可以不择手段，也当然①应当在保护自己或他人权利所必要的范围之内，而且，②尽可能地选择侵害、威胁利益较小的手段。所谓"不得已而实施的行为"，是指对紧急不法的侵害的反击行为，作为保护自己或他人权利的手段，是必要的，是对侵害、威胁利益具有最小限度的行为。[2]

这样，第一，防卫行为只能是排除侵害所必要的限度内的行为。但是，并不是说，只要是必要的，就都允许；第二，该行为作为保护自己或他人权利的手段，必须将对利益的侵害或威胁降低到最低程度。两者合并称为防卫行为的相当性。因为，反击行为，作为对紧急不法的侵害进行防卫的手段，必须具有相当性。超出了这种行为的相当性的时候，就会成为过分侵害私人利益的侵害行为，使法秩序陷入混乱。

1　曾根威彦：《刑法的重要问题（总论）》（第 2 版，2005 年），59 页。
2　最判昭 44、12、4 刑集 23、12、1573。奥村，判例讲义Ⅰ，80 页。

在判断防卫行为的相当性时，必须考虑以下问题。第一，正当防卫是在"不正"对"正"的关系上成立的，因此，反击行为的结果，偶尔超过被侵害的利益时，也成立正当防卫[1]；但是，正当防卫是为了确证法秩序的存在，并通过它来达到维持社会秩序的目的的制度，因此，反击行为所造成的侵害和利益保护之间必须具有一定程度上的均衡（利益均衡），该手段必须尽量缓和（手段相当）。为保护店外的水果摊上的一个苹果而用枪将被害人打死的场合，显然是保护利益和侵害利益之间没有均衡性的行为，反而对刑法的维持社会秩序的机能有害，不具有相当性。第二，相当性，应当在综合考虑了对方的侵害行为、侵害人的特征[2]、防卫行为的手段、方法等之后，从在一般人的合理判断上，是否妥当合理，能否被认可的角度来考虑。[3] 第三，对于保护权利来说具有相当性的行为，结果即便没有能够保护其权利，也能被正当化（通说）。[4] 不具有相当性的行为，就是后述的防卫过当，可以减轻、免除处罚。

具体判例 最高法院1951年3月9日（《刑集》第5卷第4号第500页）在被告人看见传说中很凶暴，面容狰狞的猛男正在盗窃木炭，便上前盘问，对方拿着一根四尺长的木棒向自己袭来，被告人将木棒夺下来之后，对方仍然显示出要打自己的架势，于是，被告人就用该木棒反击对方头部，致使其死亡的案例中，认定成立正当防卫。在防卫手段的相当性方面，最高法院1988年11月13日的判例意味深长。在因为停车而互相叫骂的时候，"被告人在年龄、体力上均占优势的A一边说'你想挨打？'，一边出手伸腿向自己靠近，自己虽然后退但对方仍然逼近，已靠近眼前的时候，为了防止对方逼近，也为了防止对方的侵害，不得已就拿出本案中的菜刀握在腰间部位，向对方说'你想挨砍吗？'"的案件中，原判决认为，作为防卫手段超出了相当性的范围，但是，最高法院认为该行为"自始至终是为了避免A的侵害的防卫行

---

1 前揭最判昭44、12、4。

2 最判平元11、13刑集43、10、823。高桥（则），百选Ⅰ（第5版），50页；奥村，判例讲义Ⅰ，81页。

3 东京高判昭63、6、9判时1283、54（在社会一般观念上，不得不作为正当防卫的范围）。

4 山口，116页。

为"，具有"相当性"[1]。

4. 正当防卫的意思

为成立正当防卫，除了上述客观的正当化要素之外，作为主观的正当化要素，还必须具有正当防卫的意思，判例在大审院以来也一直坚持必要说。[2]

（1）学说的对立　有关正当防卫的意思，自古以来，就有必要说（通说）和不要说[3]之争。不要说以①是否违法应当客观地决定，不应当和行为人的主观连在一起；②防卫行为在很多场合下，是基于本能而实施的，如果站在必要说的立场，就会限制正当防卫的成立范围；③不应当否定过失的正当防卫，等。但是，从下述三点理由来看，不要说并不妥当。

第一，刑法中的行为是主观要素和客观要素的统一，这一点即便在防卫行为的场合也是必然的前提，同在犯罪成立条件中认可主观的违法要素相应，也应当承认主观的正当化要素。

第二，将明确出于犯罪意图而实施的、引起了行为人所预料的结果的攻击行为，也看作为正当防卫的话，则会保护不法者，违反通过法的确证来维持社会秩序的正当防卫的宗旨。因此，偶然产生防卫结果的场合（偶然防卫），以防卫为借口而实现其他目的的场合（借口防卫），以及最初出于反击的目的而故意诱发侵害行为的场合（挑拨防卫），都是没有防卫的意思的行为，不应当看作为正当防卫。

第三，刑法第36条所使用的"为"保护权利的用语，应当看作为要求具有防卫意思的体现。上述之中，特别重要的是第二个理由，即将完全出于犯罪的意图、动机即在积极的加害意图下而实施的行为，应当从正当防卫中除外，这就是防卫意思的机能。

偶然防卫　所谓偶然防卫，就是行为人的行为与其意思无关，偶然满足了正当防卫的客观要件的场合。如A不知道B正意图向

---

[1]　大阪高判昭61、6、13刑集43、10、835。
[2]　大判昭11、12、7刑集15、1561；最判昭46、11、16刑集25、8、996。奥村，判例讲义Ⅰ，76页。
[3]　小野，123页；植松，167页；平野，242页；吉川，130页；内藤，343页；香川，176页；内田，195页；前田，339页；山口，114页。

甲开枪而将B击毙，使甲的生命得救的场合，按照不要说的话，(1) A的行为是正当防卫，无罪[1]，或者(2)"上述场合，由于没有发生违法结果，行为人即便意图引起违法结果，最多也只能（根据情况）成立未遂犯而已"[2]。相反地，必要说的一种观点认为，既然在客观上满足正当防卫的要件，就不存在结果无价值，由于没有防卫意思，所以，存在行为无价值，成立未遂犯。[3] 但是，由于排除违法性的对象是符合构成要件的事实整体，将行为和结果分开评价是不妥当的。因此，如果站在必要说的立场的话，一般来说，应当成立既遂犯。

(2) 防卫意思的内容　正当防卫的意思，无论在理论上还是在实际上都是必要的，那么，防卫意思的内容是什么呢？

[1] 认识说　防卫意思的本来意义，是积极地防卫不法侵害，保护自己或他人的权利的意思（目的或意图说），但是，即便是本能的自卫行为，也不能否定其是出于防卫意思而实施的，另外，正当防卫的规定中也考虑了本能的反击行为，这是毫无疑问的，因此，防卫意思，在没有积极的防卫意图、动机的场合，也应当认可。所以，在反击的时候，即便是由于亢奋、狼狈、激愤而没有积极的防卫意思的场合，或者在攻击意思和防卫意思并存的场合，也不能马上否定其具有防卫的意思。

从这种观点来看，防卫意思，是认识到正在遭受紧急不法的侵害的心理状态（认识说）。换句话说，认识到不法侵害，在与这种认识相对应的心理状态之上进行反击的话，就具有防卫意思。与此相对，认为能够利用这种机会进行犯罪，完全是出于攻击的意图和动机的场合，应当说，尽管具有防卫的认识，也不能说具有正当防卫的意思。[4]

[2] 防卫意思和避难意思　出于防卫的意思而出现了紧急避险的结

1　中山，281页；前田，344页。
2　平野，243页。
3　曾根，前揭重要问题（总论），49页。
4　积极加害的意图和防卫意图　有见解认为，即便是完全出于攻击的意图而实施的行为，只要是认识到对方的侵害之后而实施的，都应当说具有防卫意思。但是，在本来是为了实现犯罪意图而实施的场合，不能说具有不法侵害的认识。因为，在借口防卫中，具有积极的加害意图的人是不可能产生对方的攻击是不法行为的意识的。

果的场合，该怎么处理，成为问题。[1] 防卫意思是认识到紧急不法的侵害，并与该侵害相对应的心理态度，和回避危险的意思是相通的，所以，上述场合也可以考虑成立紧急避险。[2] 在为保护他人权利的场合（紧急救助），是否可以违背他人意志而进行反击，有肯定说（通说）和否定说[3]之争。我认为，只要说防卫行为人具有防卫意思，因为并不违反法的确认的目的，就应当认可正当防卫。

过失的正当防卫 过失的正当防卫有两种情况：一是如在道路上不小心用自己的车撞上了A的车，使其负伤，但该行为恰好是A的车正要撞上行人之际所发生的，这种场合，由于没有紧急不法的认识，所以，不是正当防卫；二是甲以为熊在向自己袭来而开枪，实际上，熊是乙，乙此时正要杀甲[4]，这种场合下，尽管是过失行为，但由于具有排除侵害的意思，所以，可以看作为正当防卫。不要说认为，在前者的场合，也应当看作为正当防卫。另外，有见解认为，即便是完全出于攻击意思而实施的行为当中，只要认识到对方的侵害而实施反击，就应当认可防卫意思。[5] 但是，在本来就是为了实现犯罪意图而实施行为的场合，不法侵害的认识自身不应当被认可。因为，具有积极加害意思的人是不可能具有借口防卫中的对方攻击属于不法的认识的。

（3）**判例的立场** 判例自大审院以来，一贯坚持防卫意思必要说。大审院1936年12月7日[6]认为："刑法第36条规定，对于加害行为必须具有防卫意思"，另外，最高法院也认为："刑法第36条规定的防卫行为，虽然必须是出于防卫意思而实施的，但是，不能由于是激奋或者愤怒而对对方的加害行为进行反击，就马上说该行为不具有防卫的意思"，"只要不能证明被告人从早先开始就对A具有恶意，利用受攻击的机会，实施积极的加害行为等特殊情况，就可以说，被告人的反击行

---

1 香川，177页。
2 福田、大塚：对谈（中），15页。
3 宫本：《刑法学粹》，245页。
4 福田、大塚：对谈（中），14页。
5 前田，341页。
6 刑集15、1561。

为是出于防卫意思而实施的"[1]。

另外，最高法院1970年11月28日[2]认为："假借防卫之名对侵害人实施的积极的攻击行为，由于不是出于防卫意思，结果，不能认定为具有正当防卫目的的行为。但是，防卫意思和攻击意思并存场合的行为，不是欠缺防卫意思的行为，可以将其评价为正当防卫行为"。综合上述判例的立场，可以说，在具有防卫认识的场合，即便具有攻击的意图，也能认可防卫的意思[3]，但是，在出于积极的加害意思的场合，就不能说具有防卫意思[4]，即具有防卫认识，并具有与此相对应的心理状态的话，就可以认定防卫意思。判例的这一态度是妥当的。

5. 防卫行为的社会相当性

符合正当防卫要件的行为，排除违法性，不构成犯罪。但是，正当防卫也是被类型化的制度，在形式上具备这一要件，但实质上违反客观的法秩序的场合，也就是不具有排除违法性的原理之一的社会相当性的时候，就排除违法性。[5] 在这种情况下，应当注意的是自招侵害以及打架斗殴。

［1］自招防卫（自己招致正当防卫状况） 所谓自招防卫，是指防卫人对自己招致的不法侵害进行正当防卫的状况。例如，假借正当防卫的名义而侵害对方的场合，或故意、过失挑衅对方等都属于此。在此场合，由于①没有不法侵害，②没有紧迫性，③没有防卫意思，所以，一般不成为正当防卫的问题。但是，在实施该行为的时候，具有防卫意思、符合正当防卫的条件的情况也偶有存在，从防卫意思不要论的立场出发，对这种情况该怎么处理，成为问题。

判例认为，即便在自己招来不法行为的场合，也仍不妨害行使正当防卫权，即在自招防卫中也能成立正当防卫。[6] 学说上，有①只要不是滥用正当防卫权，就是正当防卫的权限滥用说[7]；②一般成立正当防卫，但在自招行为引起侵害法益的结果的场合，就追究责任的原因违法

---

1 最判46、11、16刑集25、8、996。
2 刑集29、10、983。桥爪，百选Ⅰ（第5版），48页；奥村，判例讲义Ⅰ，78页。
3 最判昭60、9、12刑集39、6、275。
4 东京高判昭60、10、15判时1190、138。
5 福田，115页。
6 大判大3、9、25刑录20、1648；东京高判平8、2、7判时1568、145。奥村：判例讲义Ⅰ，82页。
7 大塚，367页；川端，338页。

第二编 犯 罪

行为说[1]；③防卫行为在没有社会相当性的场合，就不是正当防卫的社会相当性说[2]；④即便符合正当防卫的条件，但在整体上不能说是正当防卫的场合，就不能成为正当防卫的防卫行为否定说[3]；⑤自己招致的正当防卫，不具有防卫行为的相当性的相当性否定说[4]；⑥不具有防卫意思的防卫意思否定说。[5]

正当防卫不可罚的宗旨在于，通过对紧急不法的侵害行为的反击来确认法的存在，由此而实现维持社会秩序的目的，因此，在实施防卫行为的时刻，即便符合正当防卫的要件，但在该种防卫行为违反法的确认的利益，欠缺社会相当性的时候，在实质上就具有违法性，如果将这种行为作为正当防卫的话，反而会引起扰乱法秩序的结果，所以，在正当防卫没有社会相当性的时候，即便其完全符合正当防卫的要件，也不应认为是正当防卫。因此，③说最为妥当。在故意亲自招来不法侵害，然后实施正当防卫而侵害对方权益的时候，一般来说是没有社会相当性的。但是，过失的挑衅行为并未严重脱离社会相当性的范围的场合，另外，对于对方进行轻微的挑衅行为，对方使用非常严重的侵害利益的手段进行反击，对于这种反击，也能实施正当防卫。[6]

原因违法行为的理论 这一理论首创于德国，近年来在我国也被有力提倡。它认为自招的正当防卫状况下的防卫行为，只要符合正当防卫的要件，就应当排除违法性，但是，在作为原因的自招行为是违法行为的时候，可以追究其罪责。如挑拨对方，使其实施侵害行为，再利用该侵害行为伤害对方的场合，虽然伤害行为是合法的防卫行为，但利用该正当防卫行为的原因行为即挑拨行为则是违法的。而且，按照这一说法，自招侵害当中，在被视为利用预想的侵害的时候，自招行为自身就构成犯罪。我认为，这一理论虽然在应用原因自由行为的法理，以利用正当防卫这一类似间接正犯的考

---

[1] 平野，235 页；山中，460 页；山口厚："自己招致的正当防卫"，《法学协会百周年纪念论文集 2 卷》（1983 年），751 页。

[2] 福田，156 页。

[3] 前田，332 页。

[4] 佐伯，203 页；吉川，139 页；内田，200 页。

[5] 团藤，238 页；藤木，176 页。

[6] 大塚，367 页。

虑，对自招侵害的违法性进行限定方面引人注目，但是将挑拨等自招防卫和防卫行为分割开来，进行违法性的评价，这则是不允许的。当然，这里所谓的防卫行为是以自招行为为前提的，也正因如此，所以，不能仅将防卫行为单独提出来进行评价。另外，防卫行为，根据侵害的不同，可以具有多种方式，挑拨行为是否可以作为一种工具加以利用，也具有疑问，而且，仅仅具有挑拨行为，但是，在对方没有任何反应的时候，也可能成为未遂犯，基于以上理由，我认为，不能采取类似间接正犯一样的考虑。[1]

[2] 斗殴和正当防卫　和自招防卫同等看待的是打架斗殴。因为这种情况是双方反复实施攻击、防卫的一连串的行为，所以，在打斗过程的某一瞬间，其中一方完全是处于防御状态，看起来像是正当防卫，但从打斗的全过程来看，一般很难看成是防卫行为。[2] 因此，在大审院时代，基于"打架斗殴两败俱伤"的考虑，认为在打架斗殴的场合，没有成立正当防卫的余地。[3] 但是，最高法院改变了这一立场，认为有可能成立正当防卫。[4] 打架一般来说是没有社会相当性的行为，但是，正如双方用手互击的场合，一方突然拿出菜刀砍来，另一方赶快用棒球棒反击的场合，从打斗的全过程来看，即便是在打架中，也有不偏离社会相当性的场合，所以，该反击行为只要满足正当防卫的条件，具有社会相当性，就应当说排除违法性。

三、防卫过当

1. 防卫过当的意义

所谓防卫过当，是指对紧急不法的侵害，出于防卫的意思而实施了反击行为，但该反击行为超出了防卫限度的场合。对于防卫过当，刑法第36条第2款规定，"超过防卫限度的行为，根据情节，可以减轻或免除其刑罚"。所谓"超过防卫限度"，是指防卫行为并非"不得已而实施的行为"的场合，即防卫行为超过了必要的最小限度即相当性的场合。

1　山口，前揭"自己招致的正当防卫"；山口，111页。福田、大塚：对谈（中），46页。
2　大判昭7、1、25刑集11、1。
3　最大判昭23、7、7刑集2、8、793。
4　大判昭32、1、22刑集11、1、31。

因此，即便是超过必要限度的反击，只要不是作为防卫行为而实施的，就不是防卫过当。[1]

成立防卫过当，是否要求行为人认识到了作为过当基础的事实之后而实施反击行为，成为问题。例如，甲在乙用木刀砍来的时候，拿起旁边所具有的斧头进行反击，致乙身受重伤的场合，就是防卫过当，但是甲在亢奋之中，误认为身边的斧头是棒球棒而用它对乙进行反击的场合，是不是不成立防卫过当而是成立假想防卫呢？上述疑问是从，如果是假想防卫就不具有故意的通说立场所提出来的问题，但从即便是假想防卫也不排除故意的立场来看，这个区别并不重要。

2. 质的过当和量的过当

防卫过当，可以分为质的过当和量的过当两种情况。所谓质的过当，是指超过必要性和相当性程度的情况，如，对用木屐打来的人，用匕首将其杀害[2]；74岁的老父亲用棒子打来的时候，意识到是棍棒一样的东西但没有想到是斧头而抓到手上，朝老人的头部乱砍致对方死亡的场合，就属于此。[3] 所谓量的过当，是指最初是实施正当防卫，结果对方已经停止了侵害，但行为人仍然继续追击的场合，例如，最初一下子就将对方击倒在地，之后，因为害怕又用刀将对方砍了数下，致其死亡的情况，就属于此。[4] 在量的过当的场合，也能说其不成立正当防卫，但是，和最初的正当防卫行为一并考虑为系列防卫行为的见解是妥当的，因此，整体上看，可以适用防卫过当。

3. 故意防卫过当和过失防卫过当

前者是指，对成为过当基础的事实有认识的场合，例如，认识到对方是赤手空拳打来而用日本刀进行反击的场合，就属于这种情况；后者是指，对于过当事实没有认识的场合，例如，本想用木棍反击但是没想到手里拿的是斧头的场合，就是这种情况。有一种见解认为，故意的防卫过当，作为防卫过当当然成立该罪的故意犯，但是，过失的防卫过当就不是故意，应该作为假想防卫处理。[5] 但是，即便在过失的防卫过当的场合，行为人毫无疑问对符合构成要件的事实有认识，所以，应当

---

[1] 最判平 9、6、16 刑集 51、5、435。
[2] 大判昭 8、6、21 刑集 12、834。
[3] 最判昭 24、4、5 刑集 3、4、421。小田，百选 I（第 5 版），52 页。
[4] 最判昭 34、2、5 刑集 13、1、1。
[5] 平野龙一："过失防卫过当"，警察研究 41 卷 7 号 113 页；内田，202 页。

说，在认识的范围内成立故意犯，适用防卫过当的规定，因此，将二者分开考虑的见解不妥。

4. 防卫过当的效果

对于防卫过当，"根据情节，可以减轻或者免除其刑"。关于减免刑罚的根据，有①由于是在恐惧、惊愕、兴奋、狼狈等状态下实施的行为，所以，要减少责任的责任减少说，②在对侵害法益的行为产生了防卫效果的一点上，减少了违法性的违法性减少说[1]，③减轻责任的同时，违法性也减轻的违法性·责任减少说[2] 之间的对立。即便是在防卫过当之中，法的确认效果也并未被全面否定，因此，不能否定其具有减少违法性的一面，另外，对紧迫不法的侵害进行反击的人在心理上的动摇也必须加以考虑，因此，③说妥当。

四、假想防卫

1. 意义

符合正当防卫的构成要件的事实本不存在，却误认为存在，因而实施了反击的情况。它包括以下三种形式：

第一，最为典型的情况是，本不存在紧急不法的侵害，但是误以为存在，并对误以为存在的事实实施了相当的防卫行为的场合。第二，存在紧急不法的侵害，但是在防卫行为方面，本是为了实施防卫而实施相当的行为，但是由于错误而实施了不相当（超过了相当性的程度）的行为的场合。[3] 第三，本没有紧急不法的侵害却误以为有，对于该种误信的事实实施了不相当的防卫行为的场合。上述形式，都不是正当防卫，所以，不排除违法性。

对于上述第一和第二种类型的假想防卫，有①是事实错误或独特的错误，排除故意；在该错误方面具有故意的时候，就成立过失犯的见解[4]，和②即便在假想防卫之中，行为人的意思也是指向引起构成要件结果，即行为人也面临着规范的问题，因此，假想防卫是违法性错误，

1　前田，355 页；町野朔："假想防卫、防卫过当"，警察研究 50 卷 9 号 52 页。
2　团藤，241 页；大塚，376 页；藤木，171 页；内藤，365 页；曾根，119 页；川端，356 页。
3　最判昭 24、4、5 刑集 3、4、21。
4　团藤，242 页；平野，164 页；庄子，230 页；大塚，447 页；曾根，120 页；前田，393 页。

不排除故意的见解[1]之间的对立。

第①种见解认为，由于有关排除违法性事由的错误是排除违法性的前提事实方面的错误，因此，行为人不面临规范的问题。但是，只要对作为违法类型的符合构成要件的事实具有认识，行为人就面临着规范问题，误信为正当防卫，是属于尽管为法律所不允许，但误以为允许的违法性错误，因此，②说妥当。有见解认为，假想防卫中，对于假想具有合理的理由即出于过失的时候，就应当作为正当防卫来考虑。[2]但是，即便是这种假想防卫，它也不符合正当防卫的要件，不应当看作为排除故意的情况，最多只能考虑为减免违法性或责任的情况而已。[3]

假想防卫和判例 判例采取假想防卫排除故意的立场。（1）大审院1933年6月29日（《刑集》第12卷第1001页）认为，该行为或者是由于法令，或者是由于其他法律上阻止成立犯罪的客观原因而实施的话，就不违法，因此，当然不成立犯罪。另外，即便有关客观事实现在不存在，但行为人误以为存在的时候，也不能说具有犯意。（2）东京高等法院1984年11月22日（《高刑集》第37卷第34号第414页）认为，误认为存在紧急不法的侵害，是假想防卫，是事实错误的一种，这是理所当然的结论，明确地说明假想防卫属于事实错误。

2. 假想防卫过当

所谓假想防卫过当，是尽管不存在假想防卫的第三种类型即紧急不法的侵害，但是误认为存在而实施了防卫行为，在对假想侵害实施的防卫上存在过当的场合。这种场合下，对于超过相当性的程度，即成为过当基础的事实，有：有认识的场合和没有认识的场合之分。

前者虽然是本来的假想防卫过当，但是，在二者的处理上，有①对于所发生的事实成立故意犯，在不能回避错误的场合，排除责任的故意犯说[4]；②对于所发生的事实具有过失的场合，成立过失犯

---

1 福田，207页；西原，212页。
2 藤木，172页。
3 福田，207页；西原，421页。
4 福田，207页；西原，212页。

的过失犯说[1]；③对于过当事实没有认识的场合，就排除故意；对于过当事实有认识的场合，就不排除故意的二分说（通说）之间的对立。

　　过失犯说的前提是，假想防卫过当是假想防卫的一种，排除故意，因此，这种见解是不妥当的。另外，二分说认为有排除故意的场合和不排除故意的场合之分，这种见解也是以假想防卫排除故意为前提的，因此，难以赞成。在严格责任说的立场上，①的观点妥当。问题是，在认可过当性的场合，是不是可以适用刑法第36条第2款？在防卫过当的减免刑罚的根据上，学说不同，根据也不同。但是，假想防卫过当也无非是假想防卫，因此，不应当适用刑法第36条第2款，而应按照刑法第38条第3款来解决。

　　有关假想防卫过当的判例　最高法院1966年7月7日（《刑集》第20卷第6号第554页）在被告人的长男A用链条殴打B，B为了反击拿着菜刀和A对峙之际，从路上飞奔而出的被告人听到A的喊叫声，误以为A受到了B的单方面的攻击，为了排除该种侵害，就拿起猎枪对B开枪，结果造成必须治疗一个月的伤害的事件中，认为："原判决认为，被告人在本案中的行为虽是假想防卫，但超过了防卫的程度，应当根据刑法第36条第2款处理，这一理解是妥当的"，即认为这种场合即便是假想防卫，但也不排除故意。这个判决认为，假想防卫过当虽然不排除故意，但根据刑法第36条第2款，应当减免刑罚。当然，这个案件是行为人对过当事实有认识的情况，判例对于行为人对过当事实没有认识的时候，是否也不排除故意，其宗旨不明。按照比照假想防卫来处理的见解的话，判例在这种场合也有可能认为排除故意。另外，认为假想防卫过当应当适用刑法第36条第2款的判例[2]，以及认为应当准用该条款的判例[3]出现之后，曾经引起议论。但是，最高法院1987年2月26日（《刑集》第41卷2号第182页［英国骑士道事件］）的判决仍然沿袭了前述最高法院1966年7月7日的判例精神，尽管没有明

1　石原明："就杀人未遂罪认可假想防卫过当的判例"，法学论丛81卷1号97页。
2　静冈地判41、12、22下刑集8、12、1578。
3　名古屋高判昭45、8、25月报2、8、789。

确表示适用或者准用刑法第 36 条第 2 款的态度[1]，但是，假想防卫过当，本来就不是防卫过当，因此，适用说或者准用说并不妥当。另外，虽然认定成立假想防卫过当，但是，认为情节恶劣，不减免刑罚的判例有，东京地方法院 1993 年 1 月 11 日的判决（《判例时报》第 1462 号第 159 页）。

五、《盗犯等防止法》中的特别规定

对于正当防卫，《有关防止以及处分盗犯等的法律》（《盗犯等防止法》）中有特别规定。该法第 1 条第 1 款中规定了①"在防止盗犯以及意图夺回被盗赃物的时候"，②"在意图防止携带凶器，或者翻越损坏门窗墙壁或者撬开门锁，进入有人居住或者有人看守的宅院、建筑物或者舰船的人的时候"，③"要求无故进入他人住宅或者有人看守的宅院、建筑物、舰船的人退去，或者意图使受到这样的要求，但不自上述场所退去的人离开的时候"的场合，"为了排除对自己或者他人的生命、身体、贞操进行的现实侵害而杀伤犯人的，是刑法第 36 条第 1 款所规定的防卫行为"，作为正当防卫排除违法性，在此范围内扩张了正当防卫。在这种场合，本特别规定当然以刑法第 36 条的规定为前提，因此，刑法第 36 条所规定的"不得已实施"也应当成为其要件。[2] 另外，《盗犯等防止法》第 1 条第 2 款规定，即便是没有现实危险的场合，"在由于恐怖、惊愕、兴奋、狼狈而当场杀死或者杀伤犯人的时候"，不受处罚。这种场合不是由于排除违法性，而是由于没有期待可能性，所以，不具有责任。[3]

《盗犯等防止法》和假想防卫　最高法院 1967 年 5 月 26 日认为，《盗犯等防止法》第 1 条第 2 款是有关在该条第 1 款的场合下，尽管没有对自己或者他人的生命、身体或者贞操的现实危险，但由于恐怖、惊愕、兴奋、狼狈，误以为有该危险，为了排除该危险而当场杀死或者杀伤犯人的场合，适用的规定；在行为人没有该种错误的时候，就不能适

1　山本，百选Ⅰ（第 5 版），54 页；奥村，判例讲义Ⅰ，84 页。
2　名古屋高判昭 37、12、4 高刑集 15、9、669。反对，最决平 6、6、30 刑集 48、4、21（比作为对侵害的防卫手段的相当性更加缓和）。
3　最决昭 42、5、26 刑集 21、4、710。大屿，百选Ⅰ（第 4 版），58 页；奥村，判例讲义Ⅰ，84 页。

用。这种理解是妥当的。

第五款　紧急避险

一、概说

1. 紧急避险的意义

所谓紧急避险，正如互相争夺救命木板的人，将其他人推开而让自己得救一样，是指为了避免紧迫的危险，不得已而侵害和该危难无关的第三者的利益的行为。

(1)"正对正"的关系　紧急避险，在属于为保护正面临危险的利益而特别允许的行为的一点上，具有和正当防卫相类似的特点，但是，正当防卫是对不法侵害人进行反击，是"不正对正"的关系，相反地，紧急避险，是为了避免现在的危难，不得已而侵害和危难无关的第三人的利益的行为，是"正对正"的关系，在这一点上，和正当防卫具有不同的特点。

(2)背景　虽然教会法中规定"紧急状态下无法"，但紧急避险，即便在近代法建立之后，也仅在极有限的范围内被认可。1810年的《法国刑法典》（第46条）以及1851年的《普鲁士刑法典》（第40条）中，只规定了在心理受到强制场合下的紧急避险。我国旧刑法参照上述《法国刑法典》，规定："在遇到不可抗拒的强制下的非本意的行为，不为罪。在遇到天灾或者意外变异而不能避免的危难的场合，为了保护自己或者亲属的身体而实施的行为，同上"（第75条）。之后，受1871年《德国刑法》影响而制定的现行刑法中，只是概括性地规定了紧急避险。

2. 根据

刑法虽然对于紧急避险规定"不罚"，但是，在紧急避险中，不要求作为危险原因的侵害是不法的，以及避险行为不是针对不法原因，而是将被害转嫁给无辜的第三者的，这些和正当防卫大不相同。

(1)学说　关于紧急避险的法律性质有各种各样的理解，目前，受到支持的有排除责任事由说、排除违法事由说以及二分说。

①排除责任事由说认为，紧急避险是对第三者的法益造成侵害，具有违法性，只是由于面临危险，不能期待其实施其他合法行为，因此，

排除责任。[1] ②排除违法性事由说认为，现行法承认保护"他人"法益的紧急避险，另外，之所以还规定法益衡量要件，就是为了说明紧急避险是排除违法性事由。[2] ③二分说分为，主张为了拯救较大的法益而牺牲较小的法益，或者为了拯救同样大小的一方法益而牺牲另一方法益的场合，尽管是排除违法性事由，但是，在为了拯救较小法益而牺牲较大法益的场合，则是排除责任事由的立场[3]，以及主张在生命对生命或者身体对身体的场合，常常是排除责任事由，而在其他场合则是排除违法事由的立场。[4]

（2）学说的探讨　紧急避险的法律性质，应当以现行法的规定为根据加以探讨。既然现行刑法承认对他人法益的紧急避险，并且规定了法益衡量要件，则对紧急避险的"不罚"，难以想象仅仅是因为不能期待其实施其他合法行为而认定其不成立犯罪。因此，以排除责任为根据的①说即排除责任事由说，以及③说即二分说是不妥当的，而②说即排除违法性事由说则值得支持。

对于排除违法性事由说，批判意见认为，为了拯救某种法益而牺牲同样大小的法益的场合，排除违法性的根据不明。但是，面临紧急状态的人，在为了避免该种危险，没有其他办法，只有牺牲他人利益的场合，只要所侵害的利益不大于所要保全的利益，从社会整体的立场来看，就应当说，该行为具有社会相当性，在法律上应当对该种行为予以肯定。

对紧急避险的正当防卫　有关紧急避险的法律性质的对立，实际上的落脚点是，对紧急避险可否实施正当防卫？主张排除责任事由说以及二分说的学者对此持肯定态度，但是，团藤重光教授对肯定说持批判态度，他认为："在某甲为了避免自身的危险而意图对某乙的身体进行侵害的时候，会得出某乙作为正当防卫，将某甲杀死也可以的不合理结论"。相反地，植松正教授说："与转嫁者相比，被转嫁者才应当受到严格保护"，认为只有在紧急避险的限度之内才能进行对抗的不合理性更大。对于紧急避险，虽说从公平的角度来

1　泷川，159页；植松，208页；日高义博："紧急避险的本质"，现代刑法论争Ⅰ，150页。

2　山口，126页。

3　佐伯，206页；吉川，134页；中，143页；内藤，424页；中山，106页；庄子，239页；齐藤信治，196页；山中，486页。

4　木村，270页；阿部，15页。

看，只有在紧急避险的限度之内才允许保全法益的见解，是妥当的，但问题是紧急避险的把握方法，而不仅仅在于结论上的合适与否。

二、紧急避险的成立条件

关于紧急避险，刑法规定："为避免自己或他人的生命、身体、自由及财产所面临的现实危险，不得已而实施的行为，在由此而产生的损害不超过据此而保护的利益的限度之内，不罚"（刑法第 37 条第 1 款）。

1. 现实的危险

所谓"现实危险"，是指法律所保护的利益正在遭受现实的侵害，或面临侵害的危险。

（1）危险对象　刑法第 37 条第 1 款规定："自己或他人的生命、身体、自由以及财产所面临的现实危险"，对保护利益进行了具体列举，但是在这一问题上，有①例示规定说和②限制列举说之间的对立。因为在正当防卫之中是规定为"权利"，与此相对，紧急避险中，却是像上述一样，将利益具体列举出来，由此看来，立法者具有将保护利益进行限定的意图，因此，②说即限制列举说妥当。

但是，从紧急避险的宗旨来看，显然是难以将其和正当防卫的场合区别对待的，因此，应当将刑法所保护的名誉、贞操等个人利益也包括在内。在保护国家利益和社会利益方面尽管具有争议，但是，只要具有社会相当性，就没有不对其适用紧急避险的理由，因此，所保护的利益，除了前述的个人利益之外，应该说，也包括国家利益（国家紧急避险）、社会利益在内，对其认可超法规的紧急避险，作为具有社会相当性的行为（第 35 条），应当排除违法性。[1]

（2）现实的危险　"现实"，是指侵害利益的状态现实存在，或者侵害利益的危险迫在眉睫。[2] 和正当防卫中的"紧急"是同样的意义。[3] 例如，暴雨使正在插秧的水田被灌水的场合[4]，就具有现实性。[5]

1　大塚，383 页；草案 15 条（自己或者他人的法益）；山口，130 页。
2　最大判昭 24、5、18 刑集 3、6、772。
3　最大判昭 35、2、4 刑集 14、1、61。桥田，百选Ⅰ（第 5 版），56 页；川崎，判例讲义Ⅰ，87 页。
4　最判昭 24、8、18 刑集 3、9、1465；东京地判平 8、6、26 判时 1578、39。川崎，判例讲义Ⅰ，88 页。
5　大判昭 8、11、30 刑集 12、2160。

第二编 犯 罪

所谓"危险",是指对利益只有侵害或有侵害危险的场合。危险的来源,有人的行为、自然现象、动物的举动、社会关系(如严重的物资短缺)等。和正当防卫不同,没有要求这些来源是不法的,也没有仅限于人的行为。有一种观点认为,紧急避险应当分为①正如对物防卫的情况一样,在为避免由于他人的动物或并非行为的他人的举动而引起的危险而伤害该动物,或致他人死伤的场合(所谓防卫性紧急避险),和②为避免危险而损害第三人的利益的场合(所谓攻击性的紧急避险)。前者是正当防卫,后者是紧急避险。[1] 但是这种区分自身并不值得赞同,因为前者并不是同对物防卫场合一样的不法侵害,所以,应当比照正当防卫处理。另外,紧迫不法的侵害也是现实的危险,所以,遭受紧迫不法的侵害的人对第三者所实施的避险行为,也是紧急避险。

政治避难　为了政治避难而偷渡入国的行为,是否符合现在的危险的要件,具有争议。在韩国原内务部长等的流亡事件上,最高法院1964年8月4日(《判例时报》第380号第2页)认为,即便革命立法的实施时期逼近,预想到自己会受到重处,但也不能认定有现实的危险(同旨,神户地判1969年12月19日《判例时报》第260号第273页)。[2] 虽然紧迫性成为问题的焦点,但可以说是妥当的判断。

2. 避险行为的相当性

在紧急避险中,避险行为的相当性也成为要件。但是,紧急避险,完全是以牺牲他人利益来避免危险的,在所谓"正对正"的关系上被认可,所以,对紧急避险的相当性的把握,应当比正当防卫的场合更加严格。即,第一,避险行为是不得已而实施的;第二,由于避险行为而产生的损害,不应超过所保全的利益。

(1) 补充性　避险行为,必须是不得已而实施的行为。所谓"不得已",意味着是为了保护法益的唯一方法,是没有其他可能的方法。[3] 除了避险行为以外,没有其他方法可以采用的场合才被允许的原则,就是补充原则。例如,在受到绑架自己小孩的犯人的"不想孩子死的话,就

---

[1] 小田直树:"紧急避险和个人自律",刑法杂志34卷3号1页;山口,134页。
[2] 神户地判昭45、12、19判时260、273。
[3] 藤木,181页。大判昭8、9、27刑集12、1654。

抢银行！"的威胁，父亲抢劫了银行的场合，由于是受到强迫而实施的紧急避险，在没有其他方法的场合下，可以成为紧急避险。[1] 紧急避险，是以"正对正"的关系为基础的，之所以能够牺牲没有关系的第三者的利益，就是因为它被限于没有其他方法的场合的缘故。

吊桥爆炸事件 在由于吊桥已经老化，车马通行非常危险，被告人等为了伪装大雪将桥压垮，骗取保险金，以重新建桥，就用定时炸弹将吊桥炸毁的事件中，最高法院认为："即便说本案中的吊桥处于紧急的危险状态，但就防止该危险而言，尚有采取强化通行限制以及其他合适的手段、方法的余地"，否定了该行为是紧急避险。[2]

（2）利益的均衡性（法益均衡原则） 为成立紧急避险，避险行为所产生的损害必须不能超过所要避免的损害。这一要件，是基于允许在紧急状态之下，为了保护同等或更大利益而牺牲同等或较小利益的宗旨而提出来的。[3] 所谓"由此而产生的损害"，是指避险行为产生的侵害利益的结果。它被称为"侵害利益"。所谓"所避免的侵害"，是指根据避险行为所避免的损害即根据避险行为所保全的利益，又称为"保护利益"。

所谓"只要不超过限度"，指侵害利益和保护利益相比，前者不超过后者的意思。利益的比较，应根据客观标准进行。因此，在同一利益上，以量的大小为标准。在不同利益上，保护各种利益的犯罪的法定刑的轻重，成为大致的标准。当然，法定刑不一定反映了利益的大小。另外，个人利益和各种公共利益的关系也并不明确。因此难以得出一般标准，应当按照具体事例，根据社会一般观念，判断利益的大小。

利益均衡的判例 有大审院 1933 年 11 月 30 日（《刑集》第 12 卷第 2160 页［数十段的田地和相当于 40 日元的板堰］）和大审院 1937 年 11 月 6 日（《裁判例》第 11 号刑第 86 页［价值 600 日元的

---

[1] 山口，131 页；桥田久："强制行为的法律性质"，法学论丛 131 卷 1 号 90 页，4 号 91 页。
[2] 最判昭 35、2、4 刑集 14、1、61。桥田，百选 I（第 5 版），56 页。
[3] 木村，274 页。

第二编 犯 罪

猎犬和价值 150 日元的杂种土佐犬]）的判决。另外，救命木板中所说的情形，是否可以看作为牺牲他人生命拯救自己性命，这是所面临的问题[1]，我认为，既然可以说具有法益上的均衡，就可以看作为紧急避险（通说）。

3. 避险意思

在避险意思上，有必要说和不要说[2]之间的对立。和正当防卫中必须有防卫意思一样，紧急避险中也必须有避险的意思，因此，必要说是妥当的。基于避险意思而实施的避险行为有可能是违反注意义务的行为，因此，避险行为即便是过失行为，也能认定避险的意思。[3] 有人认为，为了他人利益的避险行为，不得违反利益主体的本人的意志[4]，但是，从紧急避险的法律性质来看，和本人意思无关的避险行为也是可以的。

过失的紧急避险行为 大阪高等法院 1969 年 5 月 1 日（《高刑集》第 23 卷第 2 号第 367 页）认为："被告人在变更前进道路的时候，没有采取安全措施，而且也没有确认后方是否安全，因而引起了本案中的事故，必须追究其过失责任。但是，在本案中，被告人正处于对自己的生命身体所现实存在的危险状态之下……为了避免这一危险，将方向盘向左扳，向左靠近了 1 米左右的被告人的行为，不得不说是为了避免现在的危险而实施的行为。"

4. 避险行为的社会相当性

为成立紧急避险，仅具备形式的要件还不够，还必须对避险行为整体进行考察，要求在实质上也具有社会相当性。这一要件就是避险行为的社会相当性。即便完全具备紧急避险的形式要件，人不能因为自己穿着名贵的西装，所以，就夺取穿粗糙服装的穷人的雨伞[5]，在这种场合下，因为不是具有社会相当性的行为，所以，不成立紧急避险。

---

1 庄子，239 页。
2 平野，242 页；香川，189 页；中山，281 页；前田，362 页。
3 大塚，386 页；山口，136 页。
4 江家，182 页；山口，138 页。
5 佐伯，208 页。

对自己招来的危险即自招危险，是否可以紧急避险，有①成立紧急避险的肯定说[1]；②危险必须是偶然发生的，自招危险不包括在内的见解[2]；③不包括故意的自招危险的见解[3]；④应适用原因违法行为理论的见解[4]；⑤应从相当性的角度出发，具体判断决定的见解[5]之间的对立。

同自招侵害的场合一样，在自己招徕有责任的危险的场合，一般来说，不符合紧急避险的要求。但是，在由于过失或偶然情况而招致危险的场合，因为在紧急行为的时刻也可能符合紧急避险要件，在这种场合，应当整体上把握自招行为和紧急行为，从是否具有作为紧急行为的社会相当性的角度出发来认定成立紧急避险，所以⑤说妥当。

自招危险和判例 大审院1924年12月12日（《刑集》第3卷第867页）在汽车驾驶员和货车错车的时候，没有注意到货车背后的情况而提高速度，为了避让从货车背后突然跑出来的少年，将正在步行的少年的祖母撞死的案件中，认为："刑法第37条中之所以要规定作为紧急避险而不追究刑事责任的行为，是因为立足于公平正义的观念，认为侵害他人正当利益，是为了保全自己的利益。在行为人由于自己的有责行为而招致危险，从一般社会观念来看只能自己忍受的场合，不能将其认定为避险行为的场合，不得适用本条款"[6]。这一判例中虽然不承认该种情况成立紧急避险，但是，从个别说来看的话，自招危险也应包括在危险之内。[7]另外，还有名古屋高等法院金泽法庭1957年10月29日（《裁特》第4卷第21号第558页），东京高判1970年11月26日（《东时》第21卷第11号第408页）的判决。

5. 业务上有特别义务的人

业务上有特别义务的人，不适用紧急避险的规定。所谓业务上有特别规定的人，是在其性质上具有承担危险义务的人。例如，警察、消防

---

1 植松，213页；江家，108页。
2 泉二，132页。
3 泷川，161页；木村，272页。
4 山口，136页；平野，235页。
5 佐伯，208页；川端，368页；内藤，436页。
6 野村，百选Ⅰ（第5版）；川崎，判例刑法Ⅰ，89页。
7 内藤，436页。

队员、船长等。义务的根据，有法令、契约、习惯等。

之所以有这种特别规定，是因为，如果允许业务上有特别义务的人，在自己遭受危险之际，为了自己的利益而牺牲他人利益的话，那么，特别义务的规定就失去了意义。所以，对这种人不适用紧急避险的规定。因此，只要不违反这种规定，业务上具有特别义务的人也可以适用紧急避险规定。即，第一，对于和业务上的特别义务无关的自己或他人的危险，可以实施紧急避险，这是理所当然的；第二，即便是和特别义务有关的避险行为，如在履行义务的过程中所实施的行为，当其和履行义务不矛盾的时候，也可以认定为紧急避险。如，正在实施交通检查的警察，为避开正在向自己猛冲过来的汽车而将其他人推倒，使其轻伤的场合，也可以看成是紧急避险。另外，避免自己危险的行为，即便在不符合紧急避险的要件的场合，也可以看作为没有期待可能性的行为而成为排除责任事由。

违反《助产士规则》事件 大审院1932年3月7日（《刑集》第11卷第277页）在没有按照《助产士规则》进行登记的人，作为紧急避险而实施助产士业务的案件中，认为："接受上述登记是从事助产士业务的人的特别义务，这是很清楚的"，因此，没有经过登记的人处理难产情况，不能被看作为违反《助产士规则》的紧急避险。但是，这里所说的业务上的特别义务，不是指在履行业务上的接受登记的业务，因此，本判例错误解释了刑法第37条第2款的规定。[1]

三、避险过当、假想避险

1. 避险过当

所谓避险过当，是指在满足紧急避险的其他要件的场合，避险行为超过了限度的情形，包括①偏离了补充性要件的场合[2]，以及②违反法益均衡原则的场合，这样两种情况。对于避险过当，刑法规定是任意减免，但在其根据上，则有责任减少说和违法·责任减少说之间的对立。

---

1 木村，279页；内藤，439页。
2 东京高判昭57、11、29刑月14、11＝12、804；大阪高判平10、6、24高刑集51、2、116。小名木，百选Ⅰ（第5版），58页；川崎，判例讲义Ⅰ，90页。

作为紧急状态下的行为，避险过当也大致满足紧急避险的其他要件，因此，可以说其违法性在减少，同时，又由于避险行为是瞬息之间所实施的行为，因此，其期待可能性也在减少，所以，违法性·责任减少说妥当。

避险过当和判例　前述大阪高判 1998 年 6 月 24 日在 A 为暴力团机关所绑架、监禁之后，连日受到暴行和威胁，于是想只有在暴力团机关放火，乱中逃走，因而放火的案件中，考虑到监视的程度等，"难说逃走的手段除了放火之外，没有其他方法"，判定"从补充性以及一般道理的角度来看，难以说是'不得已而实施的行为'"。成立避险过当，必须是"不得已而实施的行为"，在本案当中，由于没有满足该要件，因此，不属于过当紧急避险。

2. 假想避险

所谓假想避险，就是尽管不存在属于要紧急避险的事实，却误以为存在而实施的避险行为。和假想防卫一样，假想避险不排除故意，只是在对假想事实具有充分理由的时候，能够排除责任而已。

3. 假想避险过当

所谓假想避险过当，就是尽管不存在现实的危险却误以为存在，因而实施了避险行为，但是，即便假设实际存在现实的危险，该避险行为仍然违反法益均衡原则或者补充性原则的场合。[1] 和假想防卫过当的场合一样，假想避险过当不排除故意，应当按照刑法第 38 条第 3 款处理。

第二节　排除责任事由

第一款　责任的概念

一、责任的意义

1. 责任和排除责任事由的关系

所谓责任，是由于实施了符合构成要件的违法行为，而能够对该行

---

[1] 内藤，442 页。

为人进行道义上的谴责，即谴责可能性。犯罪是符合构成要件违法且有责的行为，责任是符合构成要件和违法性之外的第三个构成要件，但是，由于构成要件是违法类型的同时又是责任类型，因此，只要是符合构成要件的违法行为，通常该行为就具有责任。因此，在责任要件中，研究行为符合构成要件且违法，例外地被排除责任的场合，即解明排除责任事由就成为主要课题。但是，什么样的场合下排除责任，只有以责任要件为前提才能解明，因此，在讲述排除责任事由之前，先必须论述责任原则、责任要素以及责任的判断等。

归责和有责性 将责任归于行为人就是归责。另外，行为人具有责任也称为有责性。责任和有责性，可以和违法和违法性的意义同样考虑。

2. 责任原则

所谓责任原则，就是说，对行为人的行为，只有在能以责任能力以及故意、过失为要件，进行谴责的场合，才能追究该行为人的责任（狭义的责任原则）。

（1）责任原则的背景和内容　责任原则，是以"没有责任就没有刑罚"这一近代刑法的基本原则为基础的。在古希腊，虽然将故意行为和偶然行为作了区分，但是，只要客观上造成了侵害法益的结果，就要承担刑事责任的客观责任或结果责任，以及以血族复仇为代表的团体责任的观念仍然占据主导地位。在古代社会，法律上的责任是指向客观的犯罪行为或结果的，而且，以连坐等形式涉及团体中的每个成员。

到罗马时代的中期，由于受古希腊伦理学的影响，恶意的观念诞生了，客观事实和行为人之间的主观的、心理的联系就成为了科处刑罚的前提，并采用了故意的概念。但是，一般认为，采用过失观念的则是中世纪的《意大利刑法》。它规定，作为科处刑罚的前提，除了恶意之外，还有过失。之后，《加洛林拉刑法典》继承了这一观念，到近代，以启蒙时期以后的个人主义为背景，主张只有和行为人具有心理上的关系的事实才是处刑基础的责任原则占据了主导地位。

因此，在以责任原则为根本原则的近代刑法之中，第一，基于排斥结果责任和客观责任的宗旨，以责任能力和故意、过失为要件，认为只有能够对行为人进行谴责的场合，才能追究责任的主观责任；第二，个人只能对其所实施的犯罪负责任，而不能对他人所实施的犯罪承担责任的个人责任原则，就成为必要（归责中的责任原则）。

严格责任 在英美法中，对于所谓行政取缔上的犯罪（public welfare offences），从一般预防的角度出发，不管行为人是否具有过失，一律予以处罚的严格原则（strict liability）现在仍然存在。顺便说一下，在英美法中，和故意有关，存在不管行为人是否真正考虑过，而是根据客观标准来判断是否存在该种意图的客观责任的观念。在我国，也有人试图根据这一观念将故意、过失客观化[1]，但是，在这种拟制的基础上承认责任的见解是违反责任原则的（通说）。[2] 另外，与此相关，和"没有责任，没有刑罚"的原则一道，还有"责刑均衡"的原则。这是"量刑中的责任原则"。归责中的责任原则以及量刑中的责任原则，二者并称为广义的责任原则。在量刑中的责任原则当中，正如"刑罚必须根据犯人的责任加以量定"（草案第48条），责任成为量刑的基准。另外，认为责任应当具有限定刑罚的机能（"没有责任，就没有刑罚"）的见解，是消极责任原则；认为责任应当具有成为刑罚根据机能的见解（"有责任，就有刑罚"），是积极责任原则。[3] 由于认为责任在成为刑罚根据的同时，也具有限定刑罚的机能，因此，这样区分为二者，并不妥当。

（2）责任原则的贯彻 在贯彻责任原则方面，①"代罚规定"、"转嫁罚规定"以及"两罚规定"中的业主的无过失责任原则的妥当与否，②结果加重犯中，基本行为和加重结果之间的关系，③刑法第38条第1款中所说的"法律有特别规定的场合"中，要不要有过失，④要不要将违法性意识的可能性作为责任（或故意）的要件等，成为问题，刑法理论也试图在上述场合将责任原则贯彻到底。但是，判例上，关于②的问题，采取对于重结果不需要有过失的立场，另外，对于④的问题，至少最高法院在目前没有明确改变不需要违法性意识的可能性的立场，因此，在责任原则的贯彻方面，并不彻底。

---

1 藤木，138页；"刑法入门 刑法理论和常识 第11讲 故意"，法研269号98页。
2 平野，55页。
3 平野，52页；山口，166页。

二、责任的本质

1. 责任论的展开

关于责任论的本质,学说上,有①道义责任论和社会责任论,②行为责任论、性格责任论、性格论责任论以及人格责任论,③心理责任论、规范责任论以及实质责任论之间的对立。

(1) 责任的本质——道义责任论和社会责任论 道义责任论以从古典学派为出发点的非决定论的立场出发,主张由于有自由意志的人根据其自由的意思决定来实施犯罪,因此,当然应当将该行为和结果归于行为人,行为人对于其行为和结果应当受到道义上的谴责。社会责任论,从以近代学派为出发点的决定论的立场出发,主张对社会有危险的人,必须甘心忍受社会对其所采取的作为防卫手段的刑罚,其应当忍受该种刑罚的法律地位就是责任。[1]

我认为,责任的基础应当从相对的意思自由论中寻求,因此,对于将所有的行为都看作为素质和环境的必然产物,认为主张只要行为人具有社会危险性,就具有法律责任的社会责任论,无论如何是不能赞成的。另外,责任观念,是以以自由意志为前提的谴责或谴责可能性为其内容的,即便在这一点上,也不能支持社会责任论。这样,责任概念的基础,应当在道义责任论中寻求。道义责任论,在古代,认为存在绝对的自由意思,主张只要存在作为恶的意思的故意、过失这一心理事实的话,即可以进行道义上的谴责,但是,现在以否定绝对意思自由的相对的意思自由观念为基础,主张尽管受制于素质和环境的制约,但对于行为人主动引起的行为,行为人必须承担道义上的责任。[2]

(2) 责任的基础、对象——行为责任论、性格责任论、性格论责任论、人格责任论 道义责任论和社会责任论的对立,在责任的基础或对象上,引起了行为责任论、性格责任论、性格论责任论、人格责任论之间的对立。①行为责任论,是以非决定论为基础、以指向各个犯罪行为的行为人的意思为责任基础的立场,也称个别责任论或意思责任论。

---

[1] 牟野,501页。
[2] 小野,127页;团藤,258页;庄子,283页;福田,181页;大塚,421页;西原,390页;板仓,216页;植松,200页;香川,208页。

②性格责任论，以决定论为基础，认为行为人的危险性格是责任的基础。[1] ③性格论责任论，将个别行为责任作为基础的同时，又认为行为受行为人所处的环境和自己的性格所决定，因此，各个犯罪行为和性格之间的相当关系，就是责任的基础。[2] ④人格责任论认为，责任的基础是实施了作为自主形成人格的主体现实化的犯罪行为。[3]

人格责任论的渊源　人格责任论，以克服行为责任论和性格责任论的对立而提出的性格论责任论为出发点。性格责任论，以决定论为基础，从"动机减轻责任，而性格加重责任"的命题出发，提出了行为和性格紧密结合的话，仅此，就表明责任很重的责任观。这种立场认为，责任的基础最终在于危险性格，其所谓性格和近代学派所说的作为素质和环境的必然产物的"性格"是一致的，因此，从性格或者以性格作为原因的各个犯罪行为中，难以发现对其谴责的契机。

在德国，在第二次世界大战之前的1936年到1940年，麦兹格和波克鲁曼提倡人格责任论，试图从性格论责任论中寻找谴责的契机。麦兹格认为，人格中包括根据环境和素质而必然形成的部分以及行为人负责任地形成的部分，只有在后者的场合，才能对行为人的人格进行谴责，这种有责任地形成的人格，是通过平常的恶行所形成的，因此，只有在能够改变该恶行的限度之内，才能对人格进行谴责，即主张生活决定责任论。

人格责任论在德国并没有什么影响，但是通过团藤重光博士的介绍，在战后的日本开了花。按照团藤博士的理解，犯罪一方面受潜在的人格体系的决定，另一方面，又根据自主、自发的意思而实施，并据此而使反规范的人格作为潜在人格的现实化而被形成。因此，责任，既是对根据行为主体的意思活动所形成的人格责任，又是对该意思活动产生影响和阻碍的潜在人格体系形成的责任，这两者并称为人格责任。这一理论，从犯罪人处遇的基础是犯罪行为所形成的人格的认识出发，主张对形成该人格的全过程进行把握，认

---

[1] 牧野，501页。

[2] 佐伯，240页；平野龙一：《刑法的基础》（1966年），40页；西田，195页；山中，557页。

[3] 团藤，260页；大塚，423页；佐久间，135页。

为只要该过程是根据行为人的意思活动所形成的，就可以说刑罚是妥当的，意图根据体现谴责的刑罚来改造犯罪人。[1]

只要是立足于行为主义来讨论责任，就不能支持从行为人的性格的危险性中寻求责任基础的性格责任论。因此，从基于自己的自由意志而实施了犯罪行为的方面寻求责任基础的行为责任论是基本妥当的，而从行为中寻求犯罪的现实意义的性格论责任论以及人格责任论，在此范围之内，也值得支持。

但是，性格论责任论，以犯罪是受性格和环境所决定的决定论的立场为基础，主张在能够认可各个犯罪的原因存在于其性格之中的时候，就具有责任，这种考虑和性格责任论一样，是以社会责任论为前提的，和道义责任论的立场不相容。另外，人格责任论，试图从道义责任论的立场出发，从行为背后的人格之中发现谴责的契机，在此意义上，有其妥当的一面[2]，但是，追溯到行为人的人格的形成过程，将有责形成的人格和非有责形成的人格加以区分，是一件很困难的事情，而且，深入到对成为行为基础的潜在人格进行法律上的评价，是对个人生活的不当干预。[3]

因此，刑法上的责任，应当以个别行为责任论或意思责任论为基础，但各个行为或意思，由于是由具体的行为人的人格或性格所相对决定的，因此，人格或性格，作为判断行为当时的意思自由或主体性的因素，具有责任论上的意义。

(3) 责任判断的要素——心理责任论、规范责任论、实质责任论

对责任判断要素的把握，有心理责任论、规范责任论、实质责任论的不同。

[1] **心理责任论** 该学说是 19 世纪到 20 世纪初的德国的通说，它以道义责任论为基础，认为只要有责任能力以及故意、过失这样的心理事实，就具有道义上的责任。换句话说，心理责任论，将责任理解为行为人对行为的心理关系，并将该心理关系分为对行为或结果的认识（故意）和认识的可能性（过失），故意和过失是责任的种类或形式。所谓

1　团藤，258 页；同，"人格责任的理论"，法哲学四季报 2 号 100 页；大谷实：《人格责任论研究》（1972 年），357 页。

2　东京地判昭 30、4、15 裁时 183、5。

3　同旨，平野，62 页；福田，18 页；佐伯，231 页。

责任无非是故意、过失这种心理事实的类概念，有故意或过失就有责任，没有故意、过失就没有责任。

但是，对于这种学说，有以下批判：第一，虽然故意和过失在同为对结果的心理关系的一点上是共同的，但是，无认识的过失（疏忽大意的过失）中，没有这种心理上的关系；第二，过失的本质在于应当认识而没有认识，不能看作为和故意同样的心理事实，因此，不能统一于责任这一类概念之内；第三，从心理事实上并不能直接说明作为谴责可能性这一价值判断的责任，因此，心理责任论并不能正确把握责任。由于以上原因，支持这种观点的人并不多。

〔2〕规范责任论 它将故意和过失统一理解为规范要素，要求行为人具有实施合法行为的期待可能性，认为即便有责任能力及故意、过失，但没有期待可能性的话，也仍没有责任。换句话说，法规范分为评价规范和决定规范，评价规范对于任何人来说一般都是妥当的，但决定规范，只有能够按照法的命令，作出意思决定的人，违反法的期待，作出违法行为的决意的时候，该违反才成为问题，为了说行为人具有责任，除了责任能力以及故意、过失的心理要素之外，在行为当时，必须具有能够期待行为人不为该违法行为，而实施合法行为的期待可能性的规范要素。

规范责任论在 20 世初的德国起源，它以期待可能性思想为基础，在克服成为道义责任论内容的心理责任论的缺陷的同时，又主张行为人尽管具有期待可能性，但仍决意实施违法行为，这体现了行为人的性格上的危险，和社会责任论也能统一起来，因此，在我国迅速超越了学派的对立，受到欢迎，成为通说。[1]

〔3〕实质责任论 它立足于以社会责任论为基础的规范责任论，认为规范责任论是责任的出发点，但责任的内容是科处刑罚的实质意义，是对犯罪的一般预防和特殊预防乃至重返社会而言的科刑必要性。[2] 这种立场，在否定道义责任论的同时，还认为从期待可能性这种规范要素中不能推导出具体的刑罚。它是从预防犯罪的实质观点来把握责任本质的立场，属于社会责任论。

2. 责任的内容

按照以上对责任论的探讨，刑法上的责任内容，应当如下把握：

---

[1] 佐伯千仞：《刑法中的期待可能性思想》上（1947 年），下（1949 年）。
[2] 平野，61 页；西田，194 页；前田，265 页；堀内："责任论"，现代展开Ⅰ，192 页。

正如"没有责任就没有刑罚"、"刑罚应当和责任的量成比例"一样,责任是刑罚的直接前提条件,因此,责任的内容,不应当和科处刑罚的实质意义即犯罪的一般预防和特殊预防乃至犯罪人的重返社会分开考虑。但是,为发挥刑罚的效果,刑罚必须是具有社会伦理基础的适当的东西,因此,不能否定立足于以自由和责任的意识为前提的行为主义的道义责任观念。从这种观点来看,只有在能够按照法的命令作出意思决定的人,违反法规范对国民的期待,决意实施违法行为的场合,才能追究责任,所以,认为决定责任的,是责任能力、故意、过失以外的要素,即期待可能性这一规范要素的规范责任论是妥当的。

因此,刑法中的责任,形式上看,是应受刑法处罚的法律上的地位,但实质上是,尽管可以期待行为人决定不为符合构成要件的违法行为,而实施合法行为,但是,仍决意实施了违法行为,因而对行为人进行谴责的可能性。因此,责任尽管必须是和各个行为有关的行为责任或意思责任,但由于意思和行为人在行为当时的人格处于不可分割的关系,因此,在责任的判断上,也必须考虑行为背后所具有的行为人的人格。

三、责任要素

1. 意义

责任判断的内容是:对符合构成要件且违法,并具有可罚的违法性的事实,考虑根据该事实是否足以对行为人进行谴责,另外,在具有谴责可能性的场合,考虑应当予以什么程度的谴责。这种成为责任判断对象的事实就是责任要素。所谓责任,是根据符合构成要件的违法行为而对行为人进行的谴责可能性,其实质是实施合法行为的期待可能性,因此,成为责任判断对象的事实,首先是符合构成要件的违法行为,上述事实之外的和期待可能性有关的所有事实,是责任要素。

2. 主观的责任要素

能够期待行为人决定实施合法行为的,只限于在行为人具有承担责任的人格能力的场合,对符合构成要件的事实具有认识(故意)或认识的可能性,以及意识到该事实在法律上不被允许或具有该种意识的可能性(违法性意识的可能性)的场合。因为,没有故意、过失以及违法性意识的可能性,就不可能形成决定实施合法行为的反对动机。因此,具有责任能力是前提,故意、过失以及违法性意识的可能性是主观的责任要素。另外，由于主观的责任要素中包括对行为决意有影响的全部事实，所以，行为的目的、动机、性格、人格也能成为责任要素。

3. 客观的责任要素

行为之际，对合法行为的期待可能性有影响的客观事实，如盗窃时的贫困等伴随状况，也是客观的责任要素。行为人的成长经历等人格形成环境，只要对行为人的行为决定具有影响，也是客观的责任。

四、责任判断

1. 责任的主观性

责任判断，是就符合构成要件的违法行为，能够对该行为人进行谴责的无价值判断。虽然成为责任判断的基准的规范的中心是决定规范，但是，为了判断一定事实是否违反决定规范，必须考虑作为其前提的评价规范，因此，评价规范和决定规范双方都成为责任判断的基准。但是，在违法性中，违法的内容是违反以一般人为对象的法规范，判断基准是客观的，而在责任中，由于责任的内容是面向个别行为人的意思的法规范的违反，因此，其判断基准必须是主观的，以能够期待按照法规范的命令、禁止，作出实施合法行为的决定的行为人，是否决定实施了违法行为为判断内容。

2. 责任类型和责任判断

因为构成要件也是责任类型，因此，如果具有既是主观的违法要素又是责任类型的故意、过失的话，原则上就具有责任，因此，不存在责任能力、违法性意识的可能性以及期待可能性的形式，便成为排除责任的消极要素。

（1）学说 关于责任类型和责任判断的关系，有①从故意、过失中难以推断出责任能力的存在，因此，应当将责任能力以及故意、过失作为责任的原则类型的见解[1]，②构成要件的责任推定机能，相对于构成要件的违法性推定机能而言，并不强烈，因此，责任能力以及作为责任要素的故意、过失以及期待可能性必须积极存在的见解[2]之间的对立。

虽然故意、过失中并不一定能推断出责任能力，但是，①说没有看到在行为时，无责任能力或限定责任能力的场合属于例外情况方面存在

---

[1] 佐伯，283页。
[2] 团藤，271页；大塚，430页。

不妥。另外，②说虽然以违法性意识或期待可能性不是构成要件为主要理由，但是，只要对符合构成要件的事实有认识，原则上，就能够期待其产生违法性意识，决意实施合法行为。现在，说由于没有违法性意识或期待可能性而排除责任的场合是例外中的例外。同样，尽管存在客观的预见可能性但却对符合构成要件的客观事实没有预见的人，几乎在各种场合下，都能肯定其具有主观的预见可能性、违法性意识的可能性以及期待可能性，而②说没有考虑到这些实际情况，因此，是不对的。

（2）责任判断的内容　因此，只要有故意、过失，并且没有排除责任事由的话，就具有责任，但是，责任是对行为人的意思决定的谴责或谴责的可能性，因此，责任判断和违法性的判断一样，在性质上必须是具体的、非类型的。另外，责任判断中，除了有无责任的判断之外，还包括责任程度即轻重的判断。现行刑法，对于责任程度的情况作了明文规定。例如，①对防卫过当、避险过当可以减免刑罚，②对限定责任能力人必须减轻处罚等，就是在考虑到了违法性的程度的同时，也考虑到了责任的程度而做的规定。这种考虑，即便法律没有明文规定，也应当超法规地实施，在根据①故意犯中认识的程度（确定的故意、未必的故意），②违法性意识以及违法性意识的可能性的程度，动机、目的的强弱，③过失中的不注意的程度，④期待可能性的程度等，判断了责任程度之后，进行考虑。因此，责任程度，在量刑中也应当反映出来。

3. 可罚的责任理论

是指以不存在可罚的责任为依据而否定成立犯罪的理论。所谓可罚的责任，是指对行为人的谴责达到了必须使用刑罚这种强力手段的程度，而且是具有适合使用刑罚性质的责任。[1] 如犯人或逃跑的人的亲属，为了犯人或逃跑的人的利益而犯藏匿犯人或隐灭证据罪的时候，能够免除刑罚的规定，就是体现了即便成立犯罪也不具有可罚责任的宗旨。另外，刑法第41条关于未成年人的刑事责任的规定，也可以考虑为是考虑到了可罚的责任的规定。

这样，可罚的责任理论在刑法典上有其根据，但是，前面已经说道，责任具有轻重程度的区分，因此，什么程度的责任是可罚的责任的实质考虑，即便在法律没有明文规定的场合，也有必要进行。换句话说，在责任的判断中，首先从有无谴责可能性中判断有无责任；其次，

---

[1] 佐伯，232页；曾根，151页；浅田，274页；山中，557页。

从保护法益或维持社会秩序的立场来看,以是否具有刑法上不能放任不管程度的内容为基准,判断该责任是不是可罚的责任。可罚的责任,由于是必须考虑在刑法上是否可以放任不管的实质性判断,因此,必须以裁判时所了解到的所有材料为依据,进行事后判断。

4. 排除、减轻责任事由

所谓排除责任事由,是指排除有责性的事由。排除责任的原则,说到底,是没有期待可能性,但在进行该判断以前,具有由于欠缺人格上的能力而排除、减轻责任的场合。该种事由就是无责任能力以及限定责任能力。其次,存在既有责任能力也有故意、过失,但由于没有违法性意识的可能性而排除责任的场合。该事由被称为不存在违法性意识的可能性。另外,还有存在责任能力,具有故意、过失,也有违法性意识的可能性,但由于没有实施合法行为的期待可能性,因而排除责任的场合。这种事由被称为不存在期待可能性。这样,排除、减轻责任事由分为①没有责任能力、限定责任能力,②不存在违法性意识的可能性,③不存在期待可能性,这样三种。

第二款 责任能力

一、责任能力的意义

1. 责任能力的本质

所谓责任能力,是负责地实施行为的能力,也就是作为承担责任谴责的前提的人格能力。其内容是认识行为的违法性,并依照该认识控制自己行为的能力。因为,只有对具有这种能力的人,才能期待其实施合法行为,进行责任谴责。责任能力是负责任地实施行为的能力,所以,和①能够实施刑法上的行为的能力,②能够成为犯罪主体的犯罪能力,③适应行刑的受刑能力,④进行有效的诉讼行为的诉讼能力等不同。

有一种见解认为,从社会责任论的立场来看,所谓责任能力就是适应刑罚的能力,是根据一般的社会防卫手段即刑罚来实现社会防卫目的的能力,就是适应刑罚的性质(刑罚适应性)。[1] 但是,这种见解,无视

---

1 牧野,(上) 155 页。

责任的本质在于谴责可能性，因此，并不妥当，它只能在社会责任论的意义上被认可。

2. 作为责任前提的责任能力

在责任能力是否为责任要件的问题上，有①责任能力，是和故意、过失、违法性意识的可能性、期待可能性相并列的、追究各个行为的责任要素的责任要素说[1]，和②责任能力，不是有关各个行为的能力，而是作为其前提的一般的人格能力的责任前提说[2]之争。责任要素说，以既然以个别行为责任论为基础，则责任能力也应该是该犯罪行为的问题，另外，对同一犯罪人来说，虽然在某种犯罪上是没有责任能力的人，但在其他犯罪上则可能具有责任能力等理由为根据。

但是，①正如责任要素说所说的一样，如果责任能力是各个犯罪的责任要素的话，那么，责任能力最终也归于期待可能性的问题，其没有作为独立责任要件的意义，②人格是统一的东西，就单一的行为人而言，不能说其在某一行为上有责任能力，而在其他行为上没有责任能力，③从刑法典尚未对各个未成年人的行为责任的有无、程度进行判断，就否定了其责任的规定情况来看，刑法将责任能力看成是和其他责任要件相独立的要件，也就是责任前提的要件。从上述理由来看，责任前提说是妥当的。因此，只能就某种犯罪认定责任能力的部分责任能力的观念，在刑法上不应认可。[3]

因为责任能力是作为责任前提的责任要件，所以，在判定为没有责任能力时，就不用进行违法性的可能性、期待可能性的判断，而直接认定为没有责任。这样，由于现行刑法对没有责任能力的行为人没有规定刑事上的处分（保安处分），所以，即便在该行为人有反复实施犯罪之虞的场合，也不能实施刑罚，只能给予行政处分。

3. 责任能力的存在时期

责任能力必须在行为的什么阶段存在，有①实行行为时必须具有责

---

[1] 团藤，276 页；庄子，222 页；福田，186 页；大塚，433 页；内藤，801 页；香川，301 页；西原，405 页；内田，234 页；野村，282 页；山中，564 页；佐久间，243 页；植松，231 页。

[2] 小野清一郎："责任能力的人类学说明（2）"，月刊 368 号 121 页；平野，281 页；藤木，204 页；川端，481 页。

[3] 植松，237 页；平野，288 页；内藤，802 页；川端，401 页；野村，288 页。反对，团藤，284 页；大塚，393 页；西原，405 页；佐久间，242 页。

任能力的实行行为时说[1]，和②成为实行行为的原因的行为阶段存在就够了的原因行为说[2]之争。即便将责任能力理解为责任的前提，因为它是各个行为的责任前提，所以，责任能力原则上必须在实行行为时存在。但是，即便在实行行为时不存在责任能力的场合，基于和该实行行为具有一定关系的先行行为即原因行为时的意思决定而实施实行行为的时候，由于该实行行为是基于自由的意思决定而实施的，值得进行谴责，因此，责任能力并不一定要在实行行为时存在，在和实行行为具有一定关系的原因行为的阶段存在就行了。

实行行为说主张，按照责任原则的要求，责任能力和实行行为要同时存在，这就是同时存在原则。但是，倒不如说，在实行行为以及与该行为有一定关系的原因行为和责任能力必须同时存在的意义上来理解同时存在原则更妥当一些。[3]另外，责任能力的存在时期在原因自由行为中特别成问题，关于这一点，后面再专门叙述。

二、无责任能力、限定责任能力

1. 概说

刑法从有故意或过失，原则上就有责任能力的角度出发，对责任能力的内容没有积极地加以提示，只是个别地规定了在没有责任能力场合的无责任能力以及责任能力减弱场合的限定责任能力的情况。无责任能力是排除责任事由，限定责任能力是减轻责任事由。刑法在有关排除、减轻责任能力的事由上，规定了①心神丧失、心神耗弱者，②刑事未成年人。

2. 心神丧失、心神耗弱者

刑法规定："心神丧失者的行为，不罚"（第39条第1款）；"心神耗弱者的行为，减轻处罚"（第39条第2款）。

（1）混合方法　关于无责任能力、限定责任能力概念的规定方法，从各外国的立法来看，可以分为：①以行为人的精神病为基础的生物学方法，②以行为人在行为时未能进行自由的意思决定，即以认识能力和

---

[1] 团藤，161页；福田，190页；大塚，160页；平川："原因自由行为"，现代刑法讲座2卷，283页；曾根，155页；佐久间，242页。

[2] 佐伯，235页；平野，302页；西原，409页。

[3] 西原，413页。

控制能力为基础的心理学的方法（没有立法例），③将生物学和心理学的方法并用的方法。我国刑法中的心神丧失、心神耗弱并不是精神医学上的概念，完全是法律上的概念，另外，由于完全没有有关这一概念的法律规定，所以，其内容只能靠解释来说明。从此意义上讲，上述方法都有可能采用，但是，从以下理由来看，采用混合方法最为妥当。

第一，如果根据心理学的方法，责任能力就会还原为：是否认识到该犯罪行为的违法性，或是否被期待按照该认识进行意思决定的期待可能性的问题，而忽视责任能力是人格能力；第二，如果根据生物学的方法，结果就会是：在行为时有精神病的话，就是无责任能力，不当地排除负责地实施行为的人格；另外，根据精神医学等科学上的鉴定结果来决定刑事责任，会造成忽视责任能力是法律上的观念的后果。因此，应当根据混合的方法来决定心神丧失、心神耗弱的内容，最近，各外国的立法也大都采用这种方式。

（2）心神丧失者　所谓心神丧失者，是指由于精神病而完全失去了辨认行为的违法性的能力，或者按照该辨认进行行为的能力的人。"精神病"是生物学上的要素，"辨认行为的违法性的能力"以及"按照该辨认进行行为的能力"是心理学的要素。前者是辨认能力，后者是控制能力。

判例的定义　大审院1931年12月3日（《刑集》第10卷第682页）认为："所谓心神丧失和心神耗弱，虽然都是指精神有障碍，但是其程度不同。即，前者既是指由于精神病而丧失辨别事物的是非善恶的能力，又指无法根据该种认识进行行动的能力的状态，而后者是指精神上的障碍尚未使人达到丧失上述能力的程度，只是处于能力明显减退的状态"，通说也按照这种观点。[1] 我认为，这种定义基本上是妥当的，但是，从"规范责任论"的观点来看，和"是非善恶"[2]相比，"违法性"更为合理一些（最判1954年7月30日《刑集》第8卷第7号第1231页），德国刑法第20条也认为是辨别"行为的不法性"的能力。

[1]精神病　精神病，分为狭义的精神病、意识障碍（暂时性的精

---

[1] 金泽，百选Ⅰ（第4版），68页；川本，判例讲义Ⅰ，91页。
[2] 最判昭29、7、30刑集8、7、1231。

神异常)、其他障碍(精神发育迟缓等原因引起的场合)。

A. 精神病　精神病有外因性(出现大脑的器质性变化的场合——脑梅毒等)、外伤性(脑震荡等)、中毒性(酒精中毒、兴奋剂中毒等)、身体性(老年性痴呆等)以及内因性(精神分裂症、抑郁症等)之分。在德国,有力见解认为,这些场合,原则上应当无条件地作为心神丧失来看待,在我国,特别是对精神分裂症,认为只要认可了生物学上的要素,不必经过心理学上的判断,就应当看作为无责任能力。[1]

精神分裂症是精神病的典型情况。通常情况下,具有重大人格破坏,没有心理学要素特别是控制能力,所以,在犯罪时,只要认定被告人具有精神分裂症,原则上,就应认为是心神丧失。但是,即便是精神分裂症患者,其人格破坏程度也有强弱程度上的差别,因此,有必要考虑对病态人格的影响等,根据各个行为的具体情况,从心理学要素方面进行限定,同样的情况对癫痫或外因性精神病的场合也适合。只要能认定精神病,就必须考虑精神病对辨认能力以及控制能力所产生的影响。

B. 意识障碍　所谓意识障碍,就是对自己或外界的情况,意识不清的状态。它包括病理性场合(醉酒——由于脑的器质性变化或中毒而引起的)和正常场合(由于催眠状态、激情而引起的),但是,在对辨认能力或控制能力产生影响的场合,换句话说,只要是在病态或重度症状之下,就应当列入"精神病"的范畴。[2]

C. 其他精神病　是指精神薄弱、神经症、精神病质等。

① 所谓精神薄弱,是指由于先天或由于幼年时的原因而使智力发育迟缓的人。一般来说,精神薄弱者不仅辨认能力较差,而且控制能力也较差,因此,不仅当然属于"精神病"一类,而且由于通常伴随有性格异常或感情障碍等情形,所以,多数场合下被作为心神丧失看待。

② 所谓神经症,是指主要是由于不安、过劳、精神刺激等心理上的原因而引起的精神病,但是不是对辨认能力、控制能力产生影响的生物学上的原因,尚不明确。

③ 所谓精神病质(人格障碍),是指由于性格异常而缺乏适应社会的能力的状态,在《精神保健福利法》中被称作为"精神病人"。但是,精神病质既不是精神病的前一阶段,也不是精神病。的确,偏离正常性

---

[1] 平野,290 页;大谷实:《刑事责任的基础》(1968 年),188 页。
[2] 中田修:"醉酒犯罪的责任能力",植松还历心理学、医学编,287 页;林美月子:《情动行为和责任能力》(1991 年),2 页。

格，由此而反复实施凶恶犯罪的人也是存在的。但是，每个人都或多或少地具有性格上的偏差，而且，所谓异常性格的标准也并不明确，另外，被称为精神病质者的人不仅具有辨认能力，而且也能了解其行动的性质，控制能力也不差。因此，精神病质和神经症只能看作为意识障碍的原因之一，而不能将其自身放在精神病之内。

〔2〕辨认能力和控制能力　所谓辨认能力，是指辨认行为的违法性，换句话说，是辨认行为在法律上是否许可的能力。另外，即便采用混合的方法，是否只要具有辨认能力就够了，也成问题。在美国的一部分州和英国采用马克罗同（M, Naughton Rules）规则来进行测试。按照这种测试，不知道"行为的性质"，或者即便知道，但并不了解该行为是坏行为的时候，就认定为没有责任能力（right and wrong test）。在英美，有批判认为，按照这种标准的话，就会只强调认识方面，而忽视意志、情绪的一面以及控制方面。但是，控制问题即是否能够按照认识进行活动的问题，结局上，是形而上学的意思自由问题，难于认定；另外，精神病质者由于在控制能力方面具有缺陷，因而不得不说他们没有责任能力等，由于这些理由，所以，一般认为，只要有认识能力就够了。[1]

但是，有认识能力但没有控制能力的场合也是存在的，控制能力自身也是能够判断的。另外，人的行为是作为人格中的知、情、意的相互作用而体现出来的，因此，忽视反映情、意方面的控制能力，就不能正确把握作为人格能力的责任能力。《美国模范刑法典》对作为上述问题的讨论结论，有如下规定："作为精神疾病或缺陷的结果，没有辨认（appreciate）自己行为的犯罪性质，或没有按照法律的要求进行行为的实质能力时，对于该行为不负责任"[2]。

〔3〕部分责任能力　和辨认能力、控制能力有关的问题是部分责任能力的问题。所谓部分责任能力，是单一人格，只在某一方面具有责任能力。例如，具有好诉妄想症的癔病患者，即便在诬告陷害罪方面没有责任能力，但在其他罪，如盗窃罪方面，还是有责任能力的。

部分责任能力如果在责任要素说的立场来看，是容易被认可的，但是，基于下列理由，不能支持这一观点：①从精神医学的观点出

---

1 墨谷葵：《责任能力基准研究》（1980年），225页。
2 B. J. 乔治（井上正仁译）："美国的无刑事责任能力的基准及其适用程序"，刑法杂志28卷3号1页。

发，认为精神病人在与疾病没有关系的部分行为上具有责任能力，这是不妥当的。[1]②实际上，不理解伪造文书或诈骗的意义的人，也不能完全理解伤害或盗窃的意义。[2]③责任能力是承担责任的人格能力，将人格在各个行为上分开进行评价的方法，并不妥当。④若承认部分责任能力的话，则只要在证明精神病和犯罪行为之间具有因果关系的时候，就能认可无责任能力，这样，就会不当地限制心神丧失等的成立范围。

（3）心神耗弱者 所谓心神耗弱者，是指由于精神病，从而使辨认行为的违法性的能力，以及依照该能力采取行动的能力明显降低的人。[3]其法律性质尽管和心神丧失的情况是一样的，但在心神耗弱的场合，因为具有责任能力，所以，成立犯罪。又，由于其责任能力明显较低，所以成为减轻责任事由，必须减轻刑罚。顺便说一下，之所以使用"明显"一词，是为了将限定责任能力的范围不至于过分扩大，特别是为了避免将精神病质者等变成为限定责任能力人。

（4）心神丧失、心神耗弱的认定方法 心神丧失、心神耗弱的概念，不是精神医学上的概念，而是法律上的概念，所以，行为人的精神病的有无、程度，辨认能力、控制能力的有无、程度，这些都是法律上的判断，最终必须由法院决定。

法院，根据被告人实施犯行时的病情、犯行前的生活状态、犯行的动机和形态等，在确定生物学的要素的基础上，以精神病对行为人的辨认能力、控制能力产生了什么样的影响这一记述性事实为基础，立足于责任的理念，从该行为人是否具有适合在刑法上进行谴责的人格能力的角度出发，从规范的、法律的立场来认定。因此，在认定时，首先，必须认定作为法律判断基础的生物学、心理学的事实，在这一阶段上，必须具有精神医学、心理学等方面的专家的精神鉴定。[4]

根据专家的鉴定，例如，在鉴定结论认为被告人在行为时处于精神分裂症的发病期时，法院虽然没有足够的证据推翻这一结论，但无视这一结论而进行法律判断的话，就是违反一般经验法则的。[5]但是，在鉴

---

[1] 中田修：《犯罪精神医学》（1972年），67页。

[2] 平野，288页。

[3] 前揭大判昭6、12、3。

[4] 清木纪博："责任能力的诸问题"，刑法杂志31卷4号538页；同，百选Ⅰ（第4版），71页；佐伯千仞："法官和精神鉴定"，团藤古稀1卷，386页。

[5] 最大判昭23、11、17刑集2、12、1558。

定资料不充分或鉴定结论的推论中有错误等,专家的判断不值得信赖的时候,法院可以不考虑该鉴定结论。法院以鉴定结论、其他证据所认定的生物学的事实以及心理学的事实为基础,作出行为人在行为时,是不是处于心神丧失、心神耗弱状态的法律上的判断。

在德国,医生和法官之间的习惯(Konvention)是,只要鉴定结论认为行为人在行为时具有精神分裂症,原则上就认为行为人无责任能力。[1]我国在司法实践中也大致如此。①在有进行性麻痹、精神分裂症、躁狂抑郁性精神病、癫痫的例外状态等所谓大精神病方面,原则上认定为心神丧失。在有老年性痴呆等外因性精神病方面,根据精神病的程度,不是认定为心神丧失就是认定为心神耗弱。②在精神薄弱方面,一般来说,严重的痴愚是心神丧失、较轻的痴愚是心神耗弱,但痴呆的场合并不一定如此。③在醉酒方面,一般来说,病理性醉酒原则上适用心神丧失、严重醉酒或非常醉酒适用心神耗弱,普通醉酒具有责任能力。④在兴奋剂中毒方面,因为人格障碍的程度并不太深,根据病情程度,或者适用完全责任能力,或者适用心神耗弱,但几乎不适用心神丧失。⑤在精神病质以及神经症方面,原则上具有责任能力。[2]

判例的态度 历来,在我国,多数情况下,精神科医生的鉴定结果,法院必须无条件地接受,认定为心神丧失,但是,在昭和50年代,随着兴奋剂中毒患者的犯罪大量增加,法院的态度就变得严厉起来,其最明显体现就是下述两个最高法院的判例。最高法院1983年9月13日(《判例时报》第1100号第156页)认为:"被告人的精神状态是否属于刑法第39条所规定的心神丧失或者心神耗弱,它是一个法律上的判断,是应当委诸法院的问题,这是毫无疑问的,虽然其前提是生物学、心理学的要素,但在和法律判断的关系上,最终应当是委诸法院判断的问题"。最高法院1984年7月3日(《刑集》第38卷第8号第2783页)认为:"在所说的精神鉴定书的结论部分尽管有被告人在犯罪行为实施当时的心神丧失的情况记载,但是,原判决对该部分"并没有采用的判断是正当的,

---

1 大塚,注释(2)之Ⅱ,416页。
2 墨谷葵:"责任能力",小暮等编:《判例刑法研究3》(1980年),1页。

明显地体现了法律判断优先的原则。[1]

对心神丧失者的强制入院 一旦被告人由于心神丧失而被确定宣告无罪，检察官就要根据《精神保健福祉法》第25条，将该情况向都道府县的行政首长报告（不起诉处分的场合也是如此）。接到该报告的行政首长，必须让精神保健指定医生对被告人进行诊断，在该人属于"精神病人，并且，不进行医疗或者保护而入院，就可能因为精神病而自伤或者伤害他人的时候"，可以让其进入指定医院（第29条）。这就是强制入院。当然，就属于重大犯罪行为的情况而言，适用2003年7月10日生效的《心神丧失者等医疗观察法》。

3. **刑事未成年人** 不到14周岁的人是无责任能力人。年龄的算法，按照《年龄计算法》（明治35年法律第50号），从出生之日起算，适用民法第143条。不一定要求是户籍本上所记载的年龄。[2] 人的精神发育中具有个体的差异，但刑法上一律以满14周岁为标准，未满14周岁的人是无责任能力人。满14周岁是刑事责任年龄。不到14周岁的人是刑事未成年人。

之所以这样统一划定刑事责任年龄，是因为考虑到：少年处于精神发育的过程中，呈现出特殊的精神状态，通常不具有辨别违法性的能力以及根据该种辨别实施行动的能力，同时，即便其实质上具有这种能力，考虑到其在人格上具有可塑性，对其进行刑法上的谴责也是不妥当的，从这种可罚的责任的见解出发，认为倒不如根据保护处分对其性格进行矫正。

对少年的特例 从此立场出发，《少年法》另外还规定了对不满20周岁的人的刑事处罚方面的特例。即对未满16周岁的人，不许给予刑事处分，对16周岁以上未满20周岁的人，只有在犯了法定刑有死刑、徒刑、监禁的罪时，才可以给予刑事处分（《少年法》第20条）。另外，还有限制适用死刑、无期徒刑（同法第41条），适用相对不定期刑（同法第52条）等特殊规定。据此，家庭法院就可以作为刑罚的替代而宣告保护处分。

---

1 青木，百选Ⅰ（第4版），71页；川本，判例讲义Ⅰ，92页。
2 大判明29、3、19刑录2、3、87。

三、原因自由行为

1. 意义

责任能力，必须在与实行行为以及与责任能力有一定关系的原因行为时存在，而且，仅此就足够了。在这一点上成为问题的是，原因自由行为。所谓原因自由行为，是实行行为即便是在心神丧失或者心神耗弱状态下实施的场合，该心神丧失等是行为人在有责任能力状态下的行为所造成的时候，对该实行行为必须追究完全责任的法理。招致精神病的行为是原因行为，在该种状态下所实施的符合构成要件的行为是结果行为。原因自由行为的法理，就是为对上述结果行为追究完全责任而建立的。虽然在实施结果行为时没有完全责任能力，但原因行为是在自由的意思状态下所实施的，所以，被称为原因自由行为（actio libera incausa）。

原因自由行为，分为①为了犯罪而陷入心神丧失或者心神耗弱状态，在该状态下实现所意图实施的犯罪的场合（故意的场合），和②虽然能预见自己在心神丧失或者心神耗弱状态下可能引起犯罪结果，但由于不注意，以致没有预见到该种状态的场合（过失的场合）。如意图杀人而大量饮酒，以致陷入心神丧失或者心神耗弱状态，在该种状态下杀害他人的，就是①的场合；母亲由于不注意，在给婴儿喂奶的时候睡着，以致婴儿窒息死亡的[1]，就是②的场合。

2. 学说

对于原因自由行为，学说上有：①责任能力和实行行为必须同时存在，在将自己心神丧失状态下的身体动静作为工具加以利用的场合，就是原因自由行为，在原因行为中包含有实行行为即犯罪的现实危险的时候，对该结果追究完全责任的见解[2]，②原因行为时的意思决定在结果行为中变为现实的场合，就是原因自由行为的见解[3]，③为了对无能力状态下的"行为"所产生的"结果"追究责任，原因行为必须具有危险，以该危险和成立未遂犯所必要的实行的着手中的危险不同为前提，

---

[1] 大判昭 2、10、9 刑集 6、413。

[2] 间接正犯类似说，团藤，161 页；福田，190 页；大塚，160 页；佐久间，295 页；大越，179 页。

[3] 平野，302 页；西原，413 页。

认为原因行为和结果行为之间只要能说具有因果联系·责任联系,就能看作为原因自由行为的见解[1]之间的对立。

3. 学说的探讨

作为责任的前提,必须具有责任能力的根据在于,犯罪结果只有是在根据具有责任能力状态下的意思决定所引起的时候,才有可能受到谴责。因此,在具有基于自由意思决定的原因行为,并具有该作为意思决定的现实的结果行为的时候,该结果行为无非就是责任能力状态下的意思决定的实现过程,因此,在发生结果行为的时候,即便处于心神丧失或者心神耗弱的状态,也能追究全部责任,即②说妥当。

关于②说,虽然有见解认为,它是主张只要在意思决定阶段,有责任能力就够了的观点[2],但是,这种理解是不对的。重要的是结果行为是不是基于原因行为时的意思决定而实施的,因此,原因行为时的意思和结果行为时的意思之间,必须有意思的连续性。另外,即便在②说当中,原因行为和结果行为与现实发生的结果之间必须具有因果关系,这是理所当然的。[3]

相反地,①说将原因自由行为比照间接正犯加以构成,认为原因设定行为之后的事实只是因果经过而已,因此,不能将结果行为的阶段把握为实行行为。但是,按照这种见解的话,在为了杀人而饮酒的场合,由于只有喝酒行为(原因行为),当然就不能认定为具有实行行为,这样,在故意的作为犯的场合,就不能认定原因自由行为。能够将自己的心神丧失状态作为工具加以利用的,最多只是限于不作为犯的场合,同时,难以考虑将心神耗弱状态作为工具加以利用等,这样,成立原因自由行为的范围就非常狭窄,难免不当免除应当谴责的行为人的罪责。

另一方面,③说认为,原因行为和结果行为之间,只要能认可因果联系和责任联系,对于结果行为,就完全能够追究其责任。在结论上,尽管和我的见解之间没有太大差别,但是,追究全部责任的根据,在于基于自由的意思决定而实施了结果行为的一点,而上述见解在忽视这一点上有不妥之处。另外,有的人从①说的立场出发,和②说、③说一

---

[1] 山口,221页;内藤,884页;前田,383页;中森:"原因自由行为",现代展开Ⅰ,244页。

[2] 大谷实、前田雅英:《精彩刑法》,190页。

[3] 裁职研,248页。

第二编 犯 罪

样，主张不要求责任能力和实行行为同时存在的立场和责任原则不相容[1]，但是，从前述就能看出，既然结果行为以原因行为时的自由意思决定的实现过程为根据，能够追究其全部责任，则上述对②说的批判是完全不贴切的。

判例的态度　（1）最高法院1953年12月24日（《刑集》第7卷第13号第2646页）对于麻药中毒症患者的被告人为了获取麻药资金而将他人衣服拿走的行为，被判定属于"由于麻药中毒而扰乱公安，并由于麻药中毒而丧失自制力"（当时的《麻药取缔法》第4条）的案件，认为："上述丧失自制力的行为的当时，被告人即便没有责任能力，但在连续使用麻药之际，被告人具有责任能力，并且对连续使用麻药会出现中毒症状有认识（未必的认识）的话，就是所谓原因自由行为，可以予以处罚"。本案中，最高法院首次使用了"原因自由行为"一词，并适用了该理论。（2）最高法院1968年2月27日（《刑集》第22卷第2号第67页）[2]在驾车去喝酒，喝了约二十瓶啤酒之后，错把他人的汽车当作自己的汽车，实施了酒后驾车的行为，在行为的当时，行为人处于心神耗弱状态的案件中，认为："酒后驾车行为的当时，即便由于醉酒而处于心神耗弱状态，但在喝酒的时候，有酒后驾车的意思的话，就不应该适用刑法第39条第2款的规定，对其予以减轻处罚"。

上述两个判决，都应看作为是在没有利用无责任能力状态的意思场合下，所认定的原因自由行为，因此，至少可以说，判例没有采用本文中的①说。另外，大阪高等法院1981年9月30日（《高刑集》第34卷第3号第385页）对于使用和持有兴奋剂的行为，根据"有责任能力时的犯意正在被继续实现"的理由，认定了完全责任能力。还有，长崎地方法院1992年1月14日（判时1415号142页）认为："本案是在同一机会基于同一意思而实施的，实行行为在继续性或者断续性地实施，被告人不是在心神耗弱的状态下开始犯罪行为的，在开始犯行的时候责任能力不成问题，但犯行开始之后由于还继续喝酒，在实行行为的途中成为复杂醉酒，陷入了

---

[1] 大塚，160页。
[2] 丸山，百选Ⅰ（第4版），80页；川本，判例讲义Ⅰ，97页。

心神耗弱状态"的时候，就不应当适用刑法第 39 条第 2 款。[1]

4. 适用范围

原因自由行为，能够适用于故意犯的场合、过失犯的场合以及心神丧失、心神耗弱的场合。

（1）故意犯的场合　为了认定故意犯的原因自由行为，除了对原因自由行为有认识以外，在原因行为时还必须具有犯罪行为的决意即故意。另外，由于刑法评价的对象事实是结果行为，因此，结果行为在必须符合构成要件并且违法的同时，在结果行为时还必须具有故意。但是，犯罪结果如果是根据原因行为时的自由的意思决定而引起的，则可以追究其全部责任，不要求一定要有利用自己的心神丧失或者心神耗弱状态实现犯罪的意思。因此，虽然有人提倡，行为人必须对①作为原因行为的结果，陷入心神丧失、心神耗弱状态，②在该状态之下引起犯罪结果的两点具有认识的二重故意理论，但是，它并不妥当。[2] 在设定原因行为时，行为人只要对结果行为有认识就够了。[3]

犯罪行为（具有实现犯罪的现实危险的行为——实行行为）必须是基于原因行为时的意思决定而实施的故意行为。因此，在发生了和原因行为时的意思内容不同的结果的时候，对于结果行为，不能认定为故意犯。如为了杀人而喝酒，陷入醉酒状态，结果却实施了盗窃行为的时候，就不成立盗窃罪。当然，出于杀 A 的意思却杀死了 B 的时候，在法定符合的范围之内，应当成立杀人罪。

在结果行为阶段，是不是必须具有故意，有①肯定说[4] 和②否定说[5] 之间的对立。但是，既然必须根据原因行为时的意思决定而实施结果行为，则至少在结果行为中，必须具有意思的连续性，因此，①说妥当。顺便说一下，在出于杀人的意思而鼓足勇气喝酒，结果由于陷入泥醉状态而呼呼大睡的场合，由于该喝酒行为尚未达到成立未遂所必要的实行行为的阶段，因此，连杀人未遂罪也不构成。

---

[1] 前田，百选Ⅰ（第 5 版），66 页。
[2] 西原春夫："再论原因自由行为"，团藤古稀 3 卷，178 页；内田，240 页；山口，224 页。
[3] 中森，前揭 244 页；前田，386 页；山中，581 页。
[4] 藤木，209 页。
[5] 中森，前揭 243 页；平野，305 页。

第二编 犯 罪

故意犯的例子 作为故意犯的例子，很多情形是将使用药物乃至饮酒导致的醉酒作为主要犯罪构成要素的犯罪。[1]（1）原因行为时的故意和结果行为时的故意连续的场合，当然，能够认可原因自由行为（前揭最决1953年12月24日）。（2）作为原因行为时尽管具有故意，但该故意和结果行为时的故意不同的场合的情况如下：名古屋高等法院（1956年4月19日《高刑集》9卷5号411页）在菲洛本中毒者经过治疗痊愈，但之后由于注射麻黄素，产生了招致世间的怨恨，会被杀死的幻想，在心神丧失的状态下将其姐姐杀死，然后意图自杀但没有成功的案件中，认为"预想到注射药物的话，就会引起精神异常，产生幻觉妄想，可能对他人实施暴行，但竟然容允这种情况的发生，因此，在注射药物时，就有实施暴行的间接故意"，认定被告人成立伤害致死罪。判例的宗旨是，在实施原因行为时就有实施暴行的间接故意，其在结果行为时发展为杀人的故意，因此，可以说是认可了部分意思的连续性。但是，原因行为时的故意并不是以"姐姐"为对象，注射药物之后对"姐姐"施加暴行的意思，在原因行为时，应当说并不存在。本案当中，由于缺乏故意的连续性，因此，倒不如说，重要的是应当注意到注射的话就可能对人造成危害，但由于不注意而没有注意到的一点，因此，本案应当构成过失致死罪或者重过失致死罪。[2]（3）作为在实行行为继续当中陷入心神丧失或者心神耗弱状态的场合如下：前述长崎地方法院1992年1月14日在吵架之际不断地喝烧酒，逐渐陷入深度醉酒状态，对妻子实施暴力，致使其死亡的案件中，认为开始犯罪时责任能力没有问题，实行行为属于"在同一机会基于同一意思发动而实施"的场合，即便行为时陷入了心神耗弱状态，也不应当必须减轻其刑。只要是根据有责任能力时的决意而实施实行行为，那么，就要作为具有故意的连续的情形，能够追究其完全责任。[3]

（2）过失犯的场合 为了认定有关过失犯的原因自由行为，第一，

---

1 前揭最决昭28、12、24（即便行为当时被告人没有责任能力，但在连续使用麻药的时候，被告人具有责任能力，而且对于连续使用麻药会陷入中毒症状具有认识［未必的认识］的话，就能作为原因自由行为加以处罚）。东京高判昭42、6、23判时501、105，等等。

2 铃木义男：《刑法判例研究3》，199页。大阪地判昭51、3、4判时822、109。林（美），百选Ⅰ（第4版），78页。

3 岩井，百选Ⅰ（第5版），71页。东京高判昭54、5、15判时937、123。

要有在原因行为的当时,能够预见到自己在精神病状态下可能引起犯罪结果,但却没有预见到的不注意。[1] 另外,虽然有学者认为,必须具有实施违反注意义务行为的意思决定[2],但是,由于只要结果行为是根据原因行为时的不注意的意思而实施的,就能追究全部责任,因此,上述见解不妥。第二,作为结果行为的过失犯的实行行为,必须是作为原因行为时的不注意的结果而实施的。即,原因行为时的过失和结果行为之间,必须具有过失的连续性。如在大量饮酒之后有陷入病理性醉酒状态、伤害他人之虞的人,由于不注意而喝酒,结果陷入精神失常状态,造成他人死亡的场合,即便在杀人时没有责任能力,由于该杀害结果是喝酒时的不注意而造成的,因此,构成重过失致死罪。

过失犯的判例 A在饭馆吃饭的时候,殴打甲女,由于乙出面制止,于是,他就拿起旁边放着的切肉刀将乙杀死。对于本案,原审法院认为,A具有精神病质,在犯行时大量饮酒,因而引起病理性醉酒,是在心神丧失状态下实施的杀人行为,宣告其为无罪。相反地,最高法院认为:"本案中的被告人之类的、具有在大量饮酒,引起病理性醉酒,继而在心神丧失状态下对他人实施犯罪行为的危险素质的人,具有应当控制或者限制成为心神丧失原因的饮酒,在未然之中防止发生上述危险的注意义务。如此的话,则即使如原判所认定的一样,即便本案中的杀人行为是在被告人处于心神丧失状态下所实施的,但是,如果说被告人是应当认识到自己是具有前述素质的人,而且其也具有疏忽了前述的在饮酒方面应当注意的注意义务的话,则被告人应当承担过失致死的罪责"。[3] 我认为,这个判决是妥当的。[4]

(3) **心神耗弱的场合** 原因自由行为虽然主要应用于结果行为时行为人处于心神丧失状态的场合,但是,在结果行为时,行为人处于心神耗弱状态的场合,也有①不能认定为原因自由行为的否定说[5] 和②能够

---

1 西原春夫:"责任能力的存在时期",佐伯还历(上),415页。
2 最判昭26、1、17刑集5、1、20。
3 同旨,东京高判昭33、12、3裁特5、12、494;大阪高判昭35、4、15下刑集2、3=4、363。
4 团藤,163页;福田,191页;内田,240页;佐久间,295页;山中,585页。
5 植松,230页;平野,305页;庄子,311页;大塚,162页;西原,412页;藤木,211页;内田,240页;曾根,172页;前田,387页;山口,225页。

第二编 犯 罪

认定为原因自由行为的肯定说[1]之间的对立。

按照和间接正犯一样把握原因自由行为的见解，心神耗弱者是有可能改变主意的人，不可能成为单纯的工具，因此，采用否定说，认为如意图利用心神丧失状态杀人而喝酒，结果在心神耗弱状态下把他人杀害的场合，根据刑法第 39 条第 2 款，减轻处罚。但是，在上述场合下，如果是在心神丧失状态下杀人的话，就要追究全部责任，而在心神耗弱状态下杀人的话，责任应当更大一些，却要减少责任，因此，上述结论无论如何是不合理的，应当追究其全部责任。

关于追究全部责任的根据，有①认为将尽管处于心神耗弱状态，但没有改变主意的责任，以及自己使自己陷入心神耗弱状态，难以改变主意的责任合并考虑，就能追究其全部责任的见解[2]，和②从社会公平以及禁止翻供的理由出发，认为只要是根据自己的意志而陷入心神耗弱状态，就不允许引用对自己有利的事实的见解[3]，等。

但是，承认原因自由行为的依据在于，在原因行为阶段就根据自由的意思决定实施了实行行为的一点，因此，只要从原因行为到结果行为之间的意思具有连续性就够了，在结果行为时即便陷入了心神耗弱状态，也应当是原因自由行为。因此，不要求像上述一样，寻求肯定说的根据。[4]

心神耗弱的判例 最高法院 1968 年 2 月 27 日的判决认为："正如本案一样，即便在酒后驾车行为的当时，由于醉酒而陷入心神耗弱状态，在饮酒的时候，有酒后驾车的意思的话，就不应当适用刑法第 39 条第 2 款而减轻处罚，因此，原判是妥当的"[5]。另外，历来采用否定说的大塚仁教授也改变了观点，承认肯定说，认为："行为人出于在自己的心神耗弱状态下实施犯罪的意思而陷入心神耗弱状态，并按照自己的预期而实现了犯罪的场合，其在心神耗弱状态下所实施的行为，可以看作是为行为人的原因行为所规定、所支配的行为"[6]。他将心神耗弱者理解为具有故意的工具，

---

1 平野，305 页；内藤，889 页。
2 藤木，211 页。
3 东京高判昭 54、5、15 判时 937、123。
4 林（干），百选Ⅰ（第 5 版），72 页；丸山，百选Ⅰ（第 4 版），80 页；川本，判例讲义Ⅰ，97 页。
5 福田、大塚，总论Ⅰ，297 页；大塚，162 页。
6 福田，193 页。

认为与间接正犯类似，但是，我对作为该观点的基础的类似于间接正犯的说法持否定态度。

第三款　作为责任要素的故意和过失

一、故意

如前所说，故意以对符合构成要件的客观事实具有认识，并加以实现的意思为内容，作为构成要件的一般主观要素，它在是构成要件要素的同时，又是作为违法性判断对象的主观违法要素。故意，从意思决定方面来看，是责任判断对象的责任要素，同时又是责任形式。故意形式的责任被称为故意责任，过失形式的责任被称为过失责任。刑法中的责任形式，原则上是故意责任，过失责任是例外。

责任的本质是谴责可能性。谴责可能性，以行为人能够意识到自己的行为为法律所不允许，意识到了的话，就能够期待其形成反对动机，决意实施合法行为为根据。这一点，从故意责任来看的话，由于构成要件是违法类型，所以，只要对符合构成要件的客观事实有认识，行为人就会面临自己的行为是否为法律所许可的规范问题，具有认识违法性、形成反对动机的现实机会，而且也能期待其形成反对动机，但其竟然将该认识作为动机，实施违法行为。对这种情形的谴责可能性就是故意责任的内容。

这样，①故意责任的本质要素是将对符合构成要件的客观事实（犯罪事实）的认识作为动机，而实施行为的意思，②由于故意将对犯罪事实的认识这种心理事实作为其本质，因此，应当将其与某种行为是否为法律所许可的规范意识区别开来，③将违法性意识包含在故意中的话，就会忽视故意犯和过失犯的构造上的差别，因此，不应当将违法性意识或者违法性意识的可能性和期待可能性，理解为故意要素。将作为构成要件要素的故意，原封不动地成为作为责任要素的故意，而将故意分为构成要件的故意和作为责任故意这样两种加以认识的立场[1]是不妥当的。[2]

---

[1] 团藤，290 页；庄子，314 页；大塚，439 页；内田，243 页；曾根，173 页；佐久间，101 页。
[2] 平野，259 页；福田，194 页；西原，416 页；野村，299 页；前田，262 页。

二、过失

过失责任中的谴责可能性，是以尽管能够期待行为人根据注意，遵照客观的注意义务，预见发生结果，在有预见的场合，就意识到该行为的违法性，并据此形成自己的避免该种结果的动机，但由于行为人没有注意，以致引起了该种结果的反规范的意思活动为根据。故意中的心理事实是对犯罪事实的认识，与此对应，作为过失的心理事实所必要的是，违反客观义务，特别是对结果的主观的预见可能性。因此，只有主观的预见可能性被认定，才能科处主观的注意义务。违反主观的注意义务而引起结果的话，就符合过失犯的构成要件，原则上可以追究过失责任，但是，这毕竟只是原则而已，为使行为人具有过失责任，还要求其具有违法性意识的可能性。即，要求各个行为人能够根据其能力预见结果，有预见的话，就能说其具有违法性意识。

这一点，结合过失犯的构造来论述的话，就是，尽管能认可以违反客观的注意义务为前提的主观的注意义务违反，但是，主观的注意义务违反并不马上就成为过失责任的基础，行为人对结果有预见的话，就会意识到违法性，就会将其作为自己回避结果的动机，因此，尽管行为人能够避免该结果，但是，该行为人不发挥其能力，以致不注意而引起结果的反规范的意思活动的话，其就成为责任谴责的根据。在此意义上讲，违法性意识的可能性就是过失责任基础的责任要素，因此，在没有违法性意识可能性的时候，排除过失责任。这样，违法性意识的可能性，不仅是故意责任，也是过失责任的要素。能认定主观的注意义务违反的话，通常就能认定违法性意识的可能性，也能认定回避结果的可能性，所以，违法性意识可能性的欠缺，是排除责任事由。

主观的注意义务违反的地位　认为主观的注意义务违反是过失责任要素的见解正在广泛传播。但是，过失的本质在于内心态度，因此，仅仅具有客观的注意义务违反，还不能说符合过失犯的构成要件，若没有与故意相对应的心理事实即主观的预见可能性的话，就不能说具有过失的实行行为。因此，刑事诉讼法第335条第1款所规定的"犯罪事实"之中，应当包含有主观的注意义务违反。

第四款 违法性意识的可能性

一、违法性意识的意义

1. 意义

责任，是以行为人能够意识到自己的行为违法，并且如果意识到的话，就能够期待其形成反对动机，决意实施合法行为为根据的。行为人仅有故意、过失的话，还不能对其进行责任谴责；为追究责任，行为人还必须能够意识到自己的行为的违法性，即必须具有违法性意识的可能性。违法性意识的可能性，是故意和过失共同的责任要素。

2. 违法性意识

违法性意识的可能性是违法性意识的出发点。所谓违法性意识，是指意识到自己的行为违法。违法性意识，本来是从心理责任论的立场出发，作为故意论的问题而被提出来的，因为没有违法性意识的话，行为人就不会形成停止行为的反对动机，因此，违法性意识被看作为故意或责任的要素。在规范责任论中，违法性意识被看作为促使形成意思、形成反对动机、并按照规范实施行为的动机的直接契机，因此，尽管有违法性意识，竟然决意实施违法行为，这本身就值得强烈谴责，在这一意义上，违法性被当成了故意要素。但是，在违法性意识的具体内容上，学说上则有①法律评价之前的违反规范的意识[1]的见解[2]，②行为在法律上是不允许的意识的见解[3]，以及③可罚的刑法违反意识的见解[4]之间的对立。

之所以说具有违法性意识就值得强烈谴责，是因为在面临法规范的要求的同时，竟然决意实施违法行为，所以，为认定故意责任，必须要

---

[1] 如反条理性、违反国民道义或违反伦理规则等。最判昭24、4、9刑集3、4、501（反社会性）。

[2] 泷川，127页；小野，154页；庄子，377页；大塚，444页。

[3] 平野，265页；福田，203页；曾根，176页；松原久利：《违法性的错误和违法性意识的可能性》（2006年），43页；山中，623页。

[4] 町野朔：《论违法性的意识》，上智法学论集24卷3号205页；堀内，192页；野村，301页；井田，237页；山口，216页。另外，最判昭32、10、18刑集11、10、2663（不知道法定刑不是不知法律）。内田（博），百选Ⅰ（第5版），94页；松原（久），判例讲义Ⅰ，99页。

求行为人认识到自己的行为是法律上所不允许的,即对违法性有认识,因此,第②说妥当。而主张违法性意识是"反条理性"之类的前法的规范违反意识的第①种见解则是不妥的。违法性意识,因为是只要能够使人形成反对动机就够了,所以,行为人只要具有为法律所不许可的意识就够了,不要求其具有会受到刑法处罚的"可罚的违反刑法意识"。但是,仅有在实施某种违法行为时这样的暧昧意识还不够,必须具体意识到该行为是法律所不许可的。当然,不要求是专门的违法性判断的意识,只要具有"违法"或"触法"程度的一般人的认识就够了。

二、有关违法性意识的学说

违法性意识,是进行强烈责任谴责的基础,但是,认定故意责任,是否必须具有违法性意识?特别是,实际发生的故意行为中,在完全没有意识到"自己的所作所为是坏的"的场合下所实施的情况也不少。如果说在该种情况下不追究其故意责任,岂不是不合理吗?这就是所谓违法性意识的问题。在这一问题上,有①违法性意识必要说,②自然犯、法定犯区别说,③违法性意识不要说,④违法性意识可能性必要说,⑤责任说之分。

1. 违法性意识必要说

违法性意识必要说也称为严格故意说,它认为,因为故意责任的本质在于,行为人意识到了自己的行为是法律上所不许可的,但是并没有因此而形成反对动机,决意实施行为的直接的反规范的意思或人格态度,所以,为成立故意或故意责任,就必须具有违法性意识。[1]

对于违法性意识必要说,具有以下批判,①惯犯是规范意识麻木的人,不是没有违法性意识就是违法性意识比较低,如果说违法性意识的有无、强弱是决定谴责轻重的因素的话,那么,按照上述学说,对惯犯不是不处罚就是应该从轻处罚,但这样就不能说明为什么刑法中对惯犯要加重处罚;②在激情犯的场合,因为不存在已经意识到违法但竟然决意实施犯罪的情况,因此,如果按照上述观点的话,就不能追究其故意责任;③确信犯的场合,行为人很难意识到自己在做坏事,因此,上述观点也难以说明对其处罚的根据;④大多数行政犯中没有过失处罚规

---

[1] 小野,154 页;泷川,127 页;植松,243 页;吉川,180 页;大塚,444 页;内田,244 页;佐久间,263 页。

定,按照上述观点,没有违法性意识就必须不处罚,这样,就不仅达不到处罚的目的,而且还会产生处罚上的空当;⑤违法性意识的证明实际上是很困难的。因此,违法性意识必要说的观点难以被支持。

2. 违法性意识不要说

它认为,作为故意的要件,只要对犯罪事实有认识就够了,违法性意识以及意识的可能性不是故意的要件。它以①"不允许不知法"的法律谚语是古罗马法以来的传统;②全体国民都应该知道法律;③将违法性意识作为故意要件的话,只会招致法律的松弛为根据。[1]

这一立场是我国判例的主流性见解[2],但是也遭到了以下批判:对于①的观点,批判意见认为,主张即便没有违法性意识的可能性也能进行谴责的观点,是和规范责任论的立场相矛盾的;对于②、③种观点,批判意见认为,全体国民都应该知道法律上所禁止的事情的见解是权威主义的态度,它不仅单方面强调国家的权威、轻视个人价值,而且认为在有相当理由证明没有违法性意识的情况下,也要追究行为人的责任,这实际上是难以实现的。

3. 违法性意识的可能性必要说

它也称限制故意说,认为,虽然违法性意识自身并不必要,但是,违法性意识的可能性作为故意的要件,则是必要的。这一学说又分为①主张在行为人欠缺违法性意识的问题上,如果行为人有过失,那么就作为违法性的过失,和故意同样处理的准故意犯说[3];和②行为人如果认识犯罪事实,就会期待其具有违法性意识、形成反对动机、采取合法行为,但是其竟实施了违法行为,在此范围之内,就应当追究其故意责任的立场(通说)。

违法性意识的可能性必要说,在为追究责任,至少必须具有违法性意识的可能性的一点上,有其正确的一面,但是,"故意"就是"知道",即便不知道违法但具有知道违法的可能性的话,就具有故意,这句话本来就是难以讲通的[4]。违法性意识的可能性,应当理解为是可能抑制行为动机、形成反对动机的场合,是故意责任和过失责任共同的要素,应当将其和以对犯罪事实的认识为中心要素的故意区

---

1 泉二,468页;前田,297页。
2 最大判昭23、7、14刑集2、6、889;最大判昭25、22、28刑集4、12、2463。
3 宫本,147页;草野,89页;佐伯,277页。
4 平野,262页。

别开来。

限制故意说和判例 判例的主流是违法性意识不要说,但是,在下级法院的判例中,如东京高判1969年9月17日的判决(《高刑集》第22卷第4号第595页[黑血事件]),东京高判1976年6月1日的判决(《高刑集》第29卷第2号第301页[羽田机场大厅事件]),不仅有许多采用限制故意说的判决,而且,最高法院1987年6月16日(《刑集》第41卷第5号第237页)在仿造百元券事件中,尽管没有明说,但是,仍然可以看出,对于违法性意识的可能性必要说表示了好感。[1] 当然,该判例中,没有明确说明违法性意识到底是故意要素还是责任要素。

4. 责任说

它认为,违法性意识的可能性是故意之外的责任要素。[2] 这一学说,本来是将故意看作为主观的违法要素的目的行为论所主张的,但是,即便在主张故意既是主观的违法要素又是责任要素的立场之下,考虑到:违法性意识的可能性,①从规范责任论的立场来看,是不可缺少的责任要素;②是从故意犯和过失犯所共同的故意中独立出来的责任要素;③按照这种见解,如果从故意中除去违法性意识的可能性,就能回避故意这一用语中的矛盾。根据以上理由,可以说,采用责任说是完全可行的。既然前述在有关违法性意识的各种学说上,都具有各种各样的问题,那么,就应该积极支持责任说。

责任说,又分为严格责任说和限制责任说。严格责任说认为,除了对符合构成要件的客观事实有错误之外,都成立故意;排除违法性事由的错误,如假想防卫是对符合构成要件的客观事实有认识,所以成立故意,因此,它是有关违法性意识的可能性的东西,是责任的问题。[3] 限制责任说的根据是,排除违法性事由的错误影响故意的成立,即便对犯罪事实有认识,但只要没有唤起与此相伴的违法性意识的可能性,就应

---

[1] 长井,百选Ⅰ(第4版),100页;松原,判例讲义Ⅰ,100页;裁职研,258页。
[2] 木村,318页;平野,262;福田,203页;西原,415页;川端,430页;山中,617页;野村,304页。
[3] 木村,333页;福田,207页;西原,422页;野村,307页。

当说不具有作为责任形式的故意。[1] 即便在排除违法性事由的错误中，由于具有对符合构成要件的客观事实有认识并有实现该认识的意思，所以，明显是有成立故意所必要的对犯罪事实的认识的，只要具有该种认识，就应当说行为人有考虑规范的机会，因此，严格责任说是妥当的。

三、违法性意识的可能性

1. 意义

违法性意识的可能性，是指在行为人实际上没有意识到违法性的场合，行为人如果意识的话，就能意识到的情况。违法性意识的可能性，是和故意相独立的、故意、过失所共有的责任要素。只要行为人对犯罪事实有认识、并且具有实现该事实的意思，就可认定其在应该唤起违法性意识的可能性、形成反对动机方面尽管具有机会，但决意实施行为的一点上具有谴责的可能性，因而成为责任要素。关于违法性意识的可能性，限制故意说将其看作为故意责任的积极要素，但是，既然对犯罪事实有认识，就意味着对被推定为违法的行为有认识和决意，所以，至少可以认定为具有违法性意识的可能性而予以谴责。在此意义上，可以说，违法性意识的可能性是故意责任的消极要素，不具有违法性意识的可能性，是排除责任事由。[2] 另外，如果有符合构成要件的客观事实的预见可能性的话，通常，就能间接推定存在违法性意识的可能性。因此，违法性意识的可能性也是过失责任的消极要素。

将不具有违法性意识可能性作为排除责任事由，从诉讼法的立场来看也是妥当的。故意、过失是刑事诉讼法第335条第1款的"犯罪事实"，检察官常常必须证明这一点，但是，相当于排除责任事由的不具有违法性意识的可能性，是同条第2款所规定的"妨碍成立犯罪的理由"，在与此有关的事实上存有疑问时，即被告人履行了提出证据的责任时，检察官只要证明该疑问不存在就行了。[3]

2. 法律根据

关于违法性意识的可能性的法律条文上的根据，学界有不同看法：

(1) 学说 刑法第38条第3款规定："不能由于不知道法律而说没

1　平野，164页；西田，225页；山中，617页；山口，178页。
2　平野，263页；香川，269页。
3　平野，160页；内藤，1018页；松原（久），前揭22页。

第二编 犯 罪

有犯罪的意思。但是，根据情节，可以减轻处罚"。关于该规定中所说的"法律"的具体含义，有以下几种见解：①是指法规即刑罚法规；②是指违法性；③刑罚法规或违法性。

违法性意识必要说从成立"犯罪的意思"即故意，没有必要知道刑罚法规但必须具有违法性意识的可能性的立场出发，采用①说。按照这种观点，在但书中被减轻处罚的，是欠缺对刑罚法规有认识的场合。这种观点进一步认为，如认定刑法第 246 条中的诈骗罪的故意，行为人没有必要知道规定有"欺骗他人交付财物"的刑罚法规，所以，刑法第 38 条第 3 款规定"适用条文的错误，不影响故意的成立"。

但是，第一，即便不知道法律条文也可以进行谴责，这是理所当然的，刑法没有必要将这一理所当然的事实加以规定[1]；第二，按照上述见解，刑法第 38 条第 3 款但书中所说的"情节"，是不知道刑罚法规方面的情节，这样的话，即便在知道某种事情是坏的情况下仍然实施了该种行为，但还是以不知刑罚法规为根据而必须考虑减轻处罚，这显然是不合理的。因此，违法性意识必要说不仅在理论上不当，而且也没有法律上的根据。

（2）学说、判例的探讨　刑法第 38 条第 1 款规定："没有犯罪意思的行为，不罚"。这一规定，正如前述，是表明没有犯罪事实的认识即故意的行为，原则上不处罚的规定，但同时，也包含有只要有故意，原则上就得予以处罚的意思在内。同条第 3 款是在违法性错误方面，规定"不知法律的理由不被认可"的原则。因此，在表述上或许有些勉强，刑法第 38 条第 3 款中所说的"法律"就是"违法性"，对违法性的不知或错误，换句话说，它是表明违法性意识的可能性和同条第 1 款中的犯意没有关系的规定[2]，所以，违法性意识不要说基本上是妥当的。最高法院也基本上采用了这一立场。[3]

但是，第 38 条第 3 款但书规定："可以根据情节，减轻处罚"。这里的"情节"无非是有关不知法律的情节，但如前所述，"法律"不能考虑为"刑罚法规"，所以，只能解释为没有违法性意识的情节。即，应当这么理解，第 38 条第 3 款正文是规定传统的"不知法律的理由不被认可"的原则的，但在明确说明违法性错误不影响故意的同时，还规

---

[1] 平野，265 页。
[2] 木村，319 页。
[3] 前揭最大判昭 23、7、14。

定有违法性意识时责任最重,没有违法性意识时,责任较轻,从轻处罚。

这样,由于第38条第3款是规定没有违法性意识时的减轻责任事由的,所以,难以说其是有关将违法性意识可能性的不存在理解为排除责任事由的规定。但是,即便在没有违法性意识的场合,对于欠缺违法性意识也具有能够谴责的场合和不能谴责的场合,第38条第3款的但书规定是关于前者的规定,是指在其延长线上的应当考虑排除责任的场合。而且,在现行法上,没有违法性意识可能性的场合,被超法规地排除责任。这样,就不会陷入②说所主张的,像违法性意识不要说一样,将不能谴责的行为作为故意犯进行处罚的不当结论中去,而且也能回避严格故意说中成为问题的处罚空隙以及难于立证的问题。从这种见解出发,《修改刑法草案》中所规定的"由于不知道自己的行为是法律所不允许的情况而实施了该行为的人,对于该情况有充分的理由时,不受处罚"的条款应当予以支持。

判例的立场 最高法院1957年10月18日(《刑集》第11卷第10号第2663页)认为:"刑法第38条第3款的但书规定,是不知道自己的行为应当受到刑罚法规的处罚,因此,尽管没有意识到该行为的违法性,但仍要将其作为故意犯加以处罚的场合,由于没有违法性意识,具有可以酌定宽恕的情节,所以,可以减轻处罚",这一判决结论和本文的结论是一致的。另外,《修改刑法草案》第21条第1款规定:"即便不知法,也不能因此而说没有故意。但是,根据情节,可以减轻刑罚",这是和现行刑法第38条第3款相当的规定。虽然它按照严格故意说的理解,将"法律"解释为"条文",但是,这一解释并不妥当,而应当改为"即便不知道法律上不被允许,也不能说没有故意(或者责任)"。

四、违法性错误

行为人由于错误而没有违法性意识的场合,虽然有具有违法性意识可能性的场合和没有违法性意识可能性的场合之分,但在什么场合下能够说没有可能性而排除责任呢?这就是违法性错误的问题。所谓违法性错误,也称为法律上的错误,是指行为人的行为,从客观上来看,尽管该行为是法律上所不允许的,但自己错以为允许,换句话说,是行为人

第二编 犯 罪

由于错误而没有违法性意识的情况。

1. 违法性错误和责任说

在违法性错误对故意或责任有什么样的影响的问题上，对于违法性意识的理解不同，结论也不一致，但是，从责任说的立场出发，由于认为违法性错误和是否成立故意没有关系，因此，完全作为责任的问题看待，这样在什么样的场合下，责任被免除或减轻，就成为重要问题。另外，在违法性错误上，有必要区分能够避免的场合和未能避免的场合。[1] 在前者的场合，虽然没有违法性意识，但是具有该种意识的可能性，因此，不影响责任。然而和有违法性意识的场合相比，其谴责程度较轻，所以有减轻刑罚的余地。与此相对，在后者的场合，由于没有违法性意识，而且也没有违法性意识的可能性，所以不可能进行责任谴责，责任被免除。问题在于能够避免错误的场合，也就是该怎么判断具有回避违法性错误的可能性？在其标准上，有以下学说：①以在违法性错误上，是否具有相当的理由为标准的学说；②以在违法性错误上，是否具有过失为标准的学说；③以在行为人的立场上，是否能够回避违法性错误为标准的见解。但是，就当时的情况来看，在行为人的确不可能具有违法性意识的场合，就应当说，行为人既没有违法性意识的可能性，也没有谴责的可能性，所以③说妥当。

2. 判例

我国的判例，在违法性错误上，虽说采取了在有相当的理由的场合，就排除犯意的立场[2]，但是，主流是采取了违法性错误和成立故意或责任无关的态度。但是，从昭和40年代开始，在下级法院不断根据限制故意说或责任说的立场，作出"在违法性错误上，具有相当理由的场合，就不成立犯罪"的判决的形势之下，最高法院1978年6月29日在就"羽田机场大厅示威事件"[3] 所作出的判决中，认为："在违法性错误上，具有相当的理由时，就不成立犯罪"，并因此而撤销了原判。由于该判决中完全没有提及原判的判旨，而仅以事实错误为由作出了以上判断，因此，使人想到了判例立场的变更。

之后，最高法院在1987年7月16日的一个判决[4] 中以"在这种事

1　福田，205页。
2　大判昭7、8、4刑集11、1153；大判9、9、28刑集13、1230。
3　刑集32、4、967。
4　刑集41、5、237。松原，百选Ⅰ（第5版），92页。

实关系之下，即便行为人对其行为没有违法性意识，但在这一问题上，由于能够认可：无论如何都不能说原判的判决具有相当理由，所以，在该行为之际，没有必要考虑是否采用了在没有违法性意识的问题上，如果有相当的理由就不成立犯罪的见解"为由，认可了原判决，进一步肯定了只要有足够的理由就不成立犯罪的见解。

3. 违法性错误的形态

违法性错误，可以分为"不知法的错误（不知法律、不知法规）"和"法律适用上的错误（适用上的错误）"。

（1）不知法的错误　由于不知道刑罚法规对自己的行为加以禁止，或者忘记了，因而错误地以为自己的行为被法律所允许的场合。如刑罚法令自公布之日起施行，被告人在公布之前就开始实施该行为，不知道公布有该法律的场合，或者不知道刑法第192条规定有异常死亡者密葬罪，因而没有检查就将异常死亡者埋葬的场合，就是如此。

（2）适用上的错误　是指尽管知道刑罚法规的存在，但是，对该法规的解释却存有误解，认为自己的行为是为法律所许可的情况。如错误地以为对教育委员会行贿不构成行贿罪（198条），因而对其行贿的场合，或者误以为将自己名义的借条变更为他人名义不构成伪造私文书罪（第159条），因此将其更换为他人名义的私文书的场合，就是如此。

4. 违法性的错误和回避可能性

（1）"相当的理由"还是"回避可能性"　前面已经说过，按照责任说，在具有特别事情，说没有违法性意识也并不为过的场合，即难以期待对犯罪事实的认识唤起行为人违法性意识的场合，对于行为人来说，没有违法性意识的可能性，也没有谴责可能性，因此，责任被排除。问题是，具有什么样的特别事情的时候，可以说"没有违法性意识也并不为过"，换言之，能够说没有违法性意识的可能性。判例就是不是欠缺违法性意识，似乎是以是不是具有"相当理由"为根据加以决定。《修改刑法草案》第21条第2款也规定"具有相当理由的时候，不处罚"。但是，这里所说的具有"相当理由"，是"就错误地以为自己的行为合法的一点，具有对行为人不能进行谴责的事由"，这种判断，就是"作为行为人的替代，在同等条件之下，将一般人置于该种立场的时候，是不是具有同样的违法性的意识，据此来进行判断"[1]，即采用了

---

[1] 法务省刑事局编：《法制审议会改正刑法草案解说》（1975年），65页。

第二编 犯 罪

所谓一般人（平均人）标准说。但是，如此的话，就有不同意见。违法性意识的可能性，是决定责任是否成立的分水岭，因此，最终必须站在行为人的立场上，以违法性的错误是不是能够回避作为判断基准。因此，应当是以行为人为标准的"相当理由"的判断。但是，由于"具有相当理由的时候"，显示了一种从客观立场出发的判断[1]，因此，倒不如说，应当以对行为人来说是不是能够回避，将回避可能性作为判断基准。这里，违法性意识的欠缺及其回避可能性，在不知法律和适用错误上加以判断。

（2）不知法律的场合　在所谓刑法犯中，即便不知道刑罚法规的存在，但如果对犯罪事实有认识的话，原则上可以说有认识自己行为的法律性质的机会，通常能够意识到自己行为的违法性，几乎所有的场合都能加以回避。问题是有关行政取缔法规的场合，因为，人们可能会说，不知道法规的存在的话，就没有违法性意识的可能性。但是，只要采用了合理的方法让法令众所周知，则国民特别是和法律调整业务有关的人，就会知道该相关法规，具有检讨行为的合法性的义务，同时也有可能履行该义务。因此，不知道法律的场合，原则上能够肯定回避可能性。只是，由于存在特别事情，行为人即便想了解法规但是不可能的场合，应当说，欠缺违法性的意识，不可能回避。判例当中，尽管有由于关东大地震破坏了交通而不知道发布了有关政令，仍然被认定为有罪的情形[2]，但这些应当看作为没有违法性意识可能性的场合。

（3）适用法律的错误　所谓"适用错误"，就是虽然知道法规的存在，但是在法律的解释上存在错误，以为自己的行为不属于法律调整的范围而误以为被允许的场合。适用法律的错误，有以下形态：

［1］法规的场合　是指由于相信规定自己的行为为合法的法律规定而陷入违法性错误的场合。因为法规很少有违宪、违法的情况，所以，除了对一般人来说，明显是无效的情况以外，即便该法规在后来被判定为违宪或无效，也不能说行为人能够回避违法性错误。[3]

［2］判决的场合　是指因为相信判决而错误地解释了刑罚法规，误认为自己的行为是合法的情况。因为判决具有一定的权威和法形成力，所以在信赖和自己的行为相同事实的判例的场合，是没有违法性意识的

1　松原（久），前揭52页。
2　大判大13、8、5刑集3、611。
3　东京地判昭55、1、11刑月12、1—2、55。

可能性的。在上、下级法院的判决相对立而相信前者时，也同样如此。但是，在我国，法院将对判例的信任作为根据而免除行为人责任的情况，没有过。

［3］公共机关见解的场合　是指因为相信公共机关的见解而陷入适用上的错误的场合。例如，值得一般人信赖的公共机关对于某种行为是否违法的问题进行了回答的场合，因为不可能期待行为人再更多地考虑行为的违法性的问题，所以，基于该回答而陷入违法性错误的场合，就应该排除其责任。例如，在违反《独占禁止法》的事件中，以已经得到了通产省的行政指导和公正交易委员会的认可为理由，就是判断具有违法性错误的相当理由。[1]

［4］私人意见的场合　由于相信私人意见而陷入适用上的错误的场合，原则上不排除故意。即便是律师[2]或法律学者的意见，由于他们的解释并没有得到社会一般人的绝对信赖，所以，应当说行为人另外还具有考虑其行为是否合法的机会。但是，在不懂法的人按照向律师协会提出咨询而得到的回答进行行为的场合，由于行为人完全有可能误认为自己的行为是法律所许可的，因此，应当说，排除行为人的责任。这样说来，在由于认为通过了自主规制机关即影像伦理委员会的审查的物品不是淫秽物，就拿来复印的案件中，法院认为这种错误具有相当的理由，因而判定行为人不具有刑法第175条所规定的犯罪故意的原判决是妥当的判决，是值得支持的。[3]

美国模范刑法典的处理　1962年的《美国模范刑法典》第2·04条第3款b规定："基于相当理由的信赖包括：（1）成文法或者其他成文法规，（2）法院的决定、意见或者判决，（3）行政命令或者许可，（4）规定该种犯罪的法律解释，负有适用或者执行责任的公务员或者公共机关的正式见解中所包含的正式法律见解变得无效或者错误时"，上述情况是抗辩理由。

5. 事实错误和违法性错误的区别

违法性错误不影响故意的成立，但是，事实错误原则上影响故意的

1　东京高判昭55、9、26高刑集33、5、359。另外，前揭最决昭62、7、16。
2　大判昭9、9、28刑集13、1230。
3　前揭东京高判昭44、9、17。

成立，因此，某一错误是事实错误还是违法性错误，对于行为人的罪责的确定来说，非常重要。特别是在构成要件中包含有规范要素，或者是法律和事实密切相关的场合，更成为问题。

(1) 区别的标准　在事实错误和违法性错误的区别标准上，有以下几种学说：①认为在欠缺作为违法性前提的事实认识的场合，就是事实错误；在是否具有违法事实的评价过程中的错误就是违法性错误[1]；②认为有关构成要件的客观要素的错误是事实错误，在行为是为法律所不许可一点上所产生的错误是违法性错误[2]；③认为作为刑法评价对象的事实方面的错误是事实错误，以刑法评价为基准的规范方面的错误是违法性错误[3]；④认为不能唤起违法性意识的错误是事实错误，能够形成反对动机的错误是违法性错误。[4]

在故意责任中，必须具有对犯罪事实的认识的实质意义在于，如果有这种认识的话就有可能唤起违法性意识，形成反对动机，因此，在能够唤起违法性意识、形成反对动机的事实认识上有错误的场合，就是事实错误；与此相对，如上所述，尽管有对事实的认识，但由于错误，误认为其是法律上所许可的场合，就是违法性错误。但是，由于故意只能在符合构成要件的事实范围内成立，所以，在符合构成要件的事实之内应该唤起违法性意识的事实，即成为违法性的前提的符合构成要件的客观事实方面的错误，就是事实错误；而在行为是否具有违法性方面的错误，就是违法性错误。

因此，即便对符合构成要件的客观事实有认识，但是没有考虑该行为是否违法的契机的场合，就是事实错误的问题；与此相对，虽然对本来应当唤起行为人的违法性意识的、符合构成要件的事实有认识，但是由于错误而误认为是法律上所许可的场合就是违法性错误。顺便说一下，过去的学说将刑罚法规的错误和非刑罚法规的错误加以区分，认为刑法第38条第3款的内容和前者有关，而后者是事实错误排除故意，但是，这种形式上的区别并不重要。

(2) 成为问题的场合　关于事实错误和违法性错误，已经从事实错误方面进行了讨论，为防万一，再从违法性错误方面加以探讨。

1　藤木，217页；同，刑法讲座3，98页。
2　福田，206页；川端，263页。
3　团藤，313页；大塚，203页。
4　西原，421页；曾根，207页；前田，291页。

①规范的构成要件要素错误的场合 在规范的构成要件要素错误的场合，成问题的是物品和文书的"淫秽性"、财物的"他人性"、职务行为的"合法性"等，在这些问题上，具有"行为人所处的一般人的评价"，即行为人所属的社会一般人的判断中，被理解程度的意义上的错误的场合，不论哪种情况，都是有关属于唤起违法性意识的事实方面的错误，所以，应作为事实错误，阻却成立故意。与此相对，该文书本来具有刑法上的"淫秽性"但是却误认为不具有的场合，由于是法律上是否许可的评价上的错误，所以属于违法性错误，不影响故意的成立。

在行政取缔法规中的禁止事项的错误方面，由于对行为的社会意义的认识和对禁止事项的"具体适用"没法分开，所以，难以划分事实错误和违法性错误。但是，即便在这种场合，也应该从对构成要件要素的社会意义的认识上是否具有错误的角度来进行评价。有关"狸、貉"事件和"鼯鼠、貘㻌"事件的最高法院的判决[1]，以及认为有关《道路交通法》上的禁止超车区域以及《狩猎法》上的禁止打猎区域的认识是犯罪事实的认识、为成立故意所必要的判例[2]，都没有要求对禁止行为自身有认识，而要求对符合构成要件的事实的社会意义要有认识。

②排除违法性事由的错误的场合 是指在有关应当成为排除违法性事由的事实方面具有错误，也叫有关违法性的事实错误。例如，本来没有紧迫不法的侵害，但误以为有而将他人杀害的场合，就属于这种情况。

关于排除违法性事由的错误，有事实错误说和法律的错误说之间的对立。从严格责任说的立场来看，在对犯罪事实有认识的场合，因为已经提出了如"杀人行吗？"这样的规范问题，所以，应当说不影响成立故意。关于这一点，主张将这种场合下的错误理解为排除责任故意的错误的见解引人注目。[3] 这种见解认为，排除违法性事由的错误是有关违法性的事实错误，因此，它既不是构成要件的错误也不是违法性的错误，而是所谓第三错误，作为缺乏有关责任故意要件的违法性方面的事实认识的场合，排除责任故意。的确，排除违法性事由的错误是"事实"错误，但是，由于对唤起违法性意识的符合构成要件的客观事实具有认识，因此，将这一错误看作为事实错误，是不当的。在此意义上

---

1 大判大 14、6、9 刑集 4、378；大判大 13、4、25 刑集 3、364。
2 东经高判昭 30、4、18 高刑集 8、3、325；东京高判昭 35、5、24 高刑集 13、4、335。
3 大塚，447 页。

讲,认为为排除违法性提供基础的事实方面的错误无非就是事实错误,所以排除故意的通说见解,另外,认为违法性意识的可能性是责任要素,不是故意要素,排除违法性事由的错误是事实错误,排除故意的限制责任说,都不妥当。

第五款　期待可能性

一、期待可能性的意义

1. 意义

对于符合构成要件的违法行为,为了使行为人承担责任,行为人除了具有责任能力、故意和过失以及违法性意识的可能性之外,行为人还必须具有实施合法行为的期待可能性。合法行为的期待可能性(以下简称为"期待可能性"),作为规范责任论的中心要素,是责任要素。所谓期待可能性,是指在行为时的具体情况之下,能够期待行为人避免实施犯罪行为而实施合法行为。在行为人没有期待可能性的时候,即便其对犯罪事实具有认识,也具有违法性意识的可能性,但也不承担故意责任或过失责任的学说,就是期待可能性的理论。

2. 背景

期待可能性的理论,在20世纪初的德国,是作为心理责任论的补充而提出来的。如同样是侵占行为,出于挥霍意图而实施的场合,和因为妻子有病孩子众多不得已而实施的场合,其责任程度明显是不同的。这么理解的根据,不在于行为人的心理状况如何,而在于行为时的伴随情况如何,不合乎情理的话责任就重,合乎情理的话责任减轻。因此,和责任能力以及故意、过失并列,伴随情况的正常性(normale Beschaffenheit der begleitenden Umstande)就是第三位的责任要素。之后,人们发现伴随情况的正常性,就意味着认可行为人实施合法行为的期待可能性,同时,伴随情况决定作为责任的谴责可能性的内容,这样,期待可能性就成为规范责任论的中心。

为了消除刑事裁判在法和国家之间产生的空隙,也为了打破刑法学正在成为秘密学问的实况,在尽管行为人应当采取其他合法行为(Sollen),而且也能够期待其采取实施合法行为(Konnen),但是行为人竟然违反该种期待而实施行为的一点上,可以发现对其谴责的根据。即,进行责任谴责,行为人必须具有实施合法行为的期待可能性,因此,仅有故意、过失的心理要素还不够，故意、过失之中还包含有期待可能性，在没有期待可能性的时候，就没有故意、过失，就不能进行责任谴责。[1]

期待可能性的理论，在昭和初期被介绍到我国，之后支持者不断增加，实务界也表示了关心[2]，战后完全成为通说，现在以期待可能性理论为基础的规范责任论也已经成为通说。

判例中的期待可能性的理论　判例虽然认同期待可能性的理论，但似乎并不积极。最高法院1958年11月4日的判例中写道："刑法中的期待可能性的理论在种种立场上被主张，并没有统一的见解，但是，即便承认期待可能性的理论，但只要被告人们的行为符合构成要件、违法并且被告人们具有责任能力以及故意、过失，而没有法律上所认可的排除责任事由的话，就必须提出足以否定其罪责的证据。"另外，到该判决作出时为止，判例对于期待可能性理论基本上是持好意的。[3] 另外，在下级法院的判决中，对于违反经济管制法规的行为，以没有期待可能性为理由而判定无罪的情况也很多。这是因为，在战后的混乱时期，不可能现实地按照经济管制法规行事。昭和30年代以后，我国的社会局势逐渐安定，要适用期待可能性理论的情况减少，这大概是促使最高法院改变态度的原因。

3. 期待可能性的体系地位

没有期待可能性就没有责任，因此，期待可能性，是和责任能力、故意和过失、违法性意识的可能性相并列的责任要素。关于期待可能性的体系地位，有①是和责任能力、故意和过失并列的第三种积极的责任

---

[1] 佐伯千仞：《刑法中期待可能性的思想》上（1947年），下（1949年）；大塚：《刑法论集（1）》（1976年），232页。

[2] 最判决33、7、10刑集12、11、2471。沼野，百选Ⅰ（第5版），122页；松原，判例讲义Ⅰ，105页。

[3] 大判昭8、11、21刑集12、2072（第五柏岛丸事件）中认为，在超过船的最大载客量的五倍而载客，致使船只沉没，使多数人死伤的案件中，考虑到船主再三无视被告人的警告而让过多的乘客上船的事实，撤销了原判的监禁刑而改判了较轻的罚金刑。另外，大判昭11、11、21刑集15、1501中认为："以不存在期待可能性而否定刑事责任的理论，不是基于刑法上的明文规定，而应看作为所谓超法规的排除责任事由。"最判昭31、12、11刑集10、12、1605（三有矿难事件）中认为，"以期待可能性的不存在为理由来否定刑事责任的理论，不是基于刑法上的明文规定，而应当看作为所谓超法规的排除责任事由"。

要素的见解[1]，②是故意、过失的构成要素的见解[2]，③故意、过失是责任的原则要素，没有期待可能性是排除责任事由的见解[3]之间的对立。

有故意、过失的话，原则上就有责任能力和违法性意识的可能性，另外，也可以说具有期待可能性，因此，认为没有期待可能性，是和心神丧失和心神耗弱，不具有违法性意识的可能性并列的独立的排除责任事由的③说是妥当的。所以，期待可能性的不存在是刑事诉讼法第335条第2款所规定的事由。[4]

虽然说没有期待可能性是排除责任事由，但是，关于其意义，则有①是一般的超法规的排除责任事由的见解（通说）[5]和②根据刑法规定或其解释而认可的特殊的排除责任事由的见解[6]之间的对立。②说认为，按照①说的见解的话，就会削弱刑法的规制机能，导致法秩序的松弛。的确，只要存在故意、过失以及违法性意识的可能性，则几乎在所有的场合都具有谴责可能性。因此，因为没有期待可能性而排除责任的场合极为罕见，而且，随便适用期待可能性理论，会招致刑法的软弱化，因此，必须慎重。

但是，期待可能性的理论，作为判断行为人的意思决定的谴责可能性的基础，是非常合理的，另外，否定这一理论，就意味着否定规范责任论，因此，将没有期待可能性作为一般的排除责任事由的①说是妥当的。另外，尽管存在实施合法行为的期待可能性，但是其程度很低的时候，就减轻责任。因此，期待可能性，既是法规上的减轻责任事由的解释原理，同时，也是超法规的减轻责任事由。[7]

二、根据期待可能性而排除、减轻责任的事由

1. 法规上的事由

法规上的排除、减轻责任事由，有防卫过当以及避险过当（第36

1　柏木，251页；大塚，459页；西原，429页。
2　小野，156页；泷川，134页；团藤，323页。
3　佐伯，283页；平野，258页；吉川，203页；福田，215页；川端，439页；前田，369页。
4　米田眷邦：《综合判例研究丛书刑法（22）》（1964年），274页。
5　德国的通说。木村，329页。
6　佐伯，289页；大塚，457页。
7　小野，145页；木村，330页；团藤满，328页；大塚，457页。

条2款、第37条1款但书），亲属之间的藏匿犯人、隐瞒证据（第105条），《盗犯等防止法》第1条第2款的行为等。另外，单纯脱逃罪（第97条）、堕胎罪（第212条）以及取得伪造货币之后知情行使的行使假币罪（第152条）的法定刑比较轻，也是因为考虑到了期待可能性的问题。

2. 解释上的事由

期待可能性是一般的超法规的排除责任事由，但在刑法解释上特别成问题的是：（1）违法约束命令，（2）强制行为，（3）义务冲突、安乐死。

（1）违法约束命令　如军队中上级对部下的命令（上级的违法命令），具有要求绝对服从的性质，在该命令是违法的场合（《自卫队法》第57条、第122条1款3号），按照该命令而采取行动的下属的行为该如何处理？对此，有①排除违法性事由说，②排除责任事由说之间的对立。但是，既然是将违法命令付诸执行的行为，就不能否定该行为是违法的，因此，应将其看作为因缺乏期待可能性而排除责任的情况[1]，所以，②说妥当。

（2）强制行为　正如被人用枪逼着实施犯罪的场合一样，是指不能抵抗之下的强制行为。有的法律规定这种情况不可罚。但是，我国现行刑法对这种情况没有作特别规定。强制可以分为物理强制和心理强制，物理强制下的行为不是刑法上的行为，因此，仅限于心理强制的场合。关于心理强制下的行为，有人认为是紧急避险的一种，但是，由于不能期待他人在强制下实施合法行为，因此，在不成立紧急避险的场合，就是没有期待可能性的排除责任事由。

（3）义务冲突、安乐死　这些都是属于排除违法性事由，但是，即便在不属于排除违法性事由的场合，如果没有期待可能性的话，也应当看作为超法规的排除责任事由。

三、期待可能性的判断标准

1. 学说的对立

在期待可能性的有无、程度的判断标准上，有①以在行为时的具体

---

[1] 牧野，（上）472页。

情况之下，行为人是不是具有实施合法行为的可能性为标准的行为人标准说[1]，②以一般人处在行为当时行为人的地位的场合，该一般人是不是具有实施合法行为的可能性为标准的一般人标准说[2]，③以期待实施合法行为的国家或法规范为基准的国家标准说[3]之间的对立。

期待可能性的理论，是以不能期待行为人实施合法行为的时候，不能对其进行责任谴责为出发点的，国家或法规范不可能期待行为人在没有可能实施合法行为的时候仍然期待其实施合法行为，因此，主张期待可能性的标准应当从行为人的立场上寻求的①说妥当。②说在未能考虑行为人的立场的一点上，具有不妥之处。另外，③说将对个人抱有期待的国家期待的强弱作为标准，但是，期待可能性的理论将不能达到该种期待的人的责任的减免作为问题，国家标准说是主张即便没有道义上的谴责可能性，但从抑制犯罪的目的出发，在值得处罚的场合仍然认为具有责任的立场，即是只有在实质责任论中才能被允许的标准。

2. 行为人标准说的妥当性

对于行为人标准说，批判意见认为，因为所有的行为都是必然的，站在行为人的立场上的话，所有的违法行为都是出于一定理由而实施的，因此，所有能够被理解的行为都应当予以许可。根据这一理由，就有了对行为人标准说的以下批判：第一，不当地使刑事司法弱化；第二，导致极端个别化，破坏了法律的统一性；第三，确信犯人通常是没有期待可能性的，所以无罪。

但是，上述批判的前提是意思决定论，在这种立场上，所有的行为都是必然产生的，因此，不能采用行为人标准说。但是，按照认可人的自由意思的立场，即便根据行为人标准说，也很少有不可能期待行为人实施合法行为的场合，不会导致法秩序的松弛，所以，上述第一个批判不妥。其次，责任的判断和违法性的判断一样，是实质性的、非类型性的，责任的大小，应当进行个别判断，因此，上述第二个批判也没有理由；而且，在确信犯人的场合，成为犯罪原因的不是行为当时的具体情

---

[1] 团藤，329 页；大塚，460 页；吉川，210 页；内田，254 页；西田，274 页；曾根，181 页；野村，314 页。

[2] 东京高判昭 23、10、16 高刑集 1 追录 19。小野，166 页；木村，305 页；植松，206 页；西原，431 页；藤木，226 页；川端，444 页；前田，373 页；福田，214 页。

[3] 佐伯，290 页；平野，278 页；中，188 页；山中，651 页。

况，而是行为人的思想或者世界观的动机，在具体事情之下，应当说其具有实施合法行为的期待可能性，因此，上述第三个批判意见也不妥。[1] 另外，法规范是以一般人为期待对象的，因此，认为其上限应当以平均人标准说为准划定，然后再按照行为人标准说确定的折中说是妥当的。[2]

四、期待可能性的错误

所谓期待可能性的错误，如没有违法命令但却误以为存在的场合，是指虽然不存在排除期待可能性的基础的事实，但是行为人却误以为存在。成为期待可能性基础的事实是和行为人的能力不同的客观的责任要素，和属于责任的符合构成要件的客观事实不同，因此，该错误不排除故意。所以，在不可避免地陷入错误的场合，就应当以没有期待可能性为由而排除责任。[3] 另外，这种场合，有人认为应当排除故意责任[4]，但那是因为将期待可能性看作为故意、过失的构成要素的结论。

---

1 团藤，329 页。
2 团藤，329 页；庄子，375 页；大塚，460 页。
3 中，189 页；福田，218 页；香川，281 页；西原，432 页；内田，259 页；川端，449 页。
4 团藤，331 页。

第四章
构成要件的修正形式

前面已经说过，作为构成要件的种类，有基本的构成要件及其修正形式。迄今为止的叙述，都是围绕完全满足基本的构成要件的场合而展开的，本章中介绍基本的构成要件的修正形式，以及修正的构成要件的符合性。刑法分则等刑罚法规，正如"杀人的"（第199条）一样，都是以单独的行为人完全实现犯罪的场合作为典型来规定构成要件的，但是，同种类的犯罪之中，与行为的发展阶段相应，尽管没有达到既遂阶段，但是由于具有当罚性而被类型化的情形有，预备罪、阴谋罪、未遂犯（罪）。另一方面，不是单独的行为人，而是作为复数的人参与实现构成要件的情况有，共同犯罪、教唆犯、帮助犯（从犯）等类型。这些都是以基本的犯罪构成为前提，对其进行修正之后所形成的，因此，被称为构成要件的修正形式或者修正的构成要件。[1] 另外，构成要件的修正形式在也是构成要件的一点上，和基本的构成要件没有什么不同，因此，它们既是违法类型又是责任类型，对于它们，也适用排除违法或者排除责任的原理，这是理所当然的。

第一节 未遂犯

第一款 概说

一、犯罪实行的阶段类型

1. 三个类型

犯罪的实现，和一般日常生活中的行为一样，也有基于某种动机而

---

[1] 小野清一郎：《犯罪构成要件论》（1953年），245页。

产生实施犯罪的决意,并为实现该决意而作准备,然后将该意思付诸实施,最后实现结果的过程。其中,单纯的决意,不是刑法的评价对象。因为,人不能因其思想而受到处罚。因此,在刑法中,虽然准备阶段以后的行为成为处罚对象,但是,根据行为的发展阶段,可以将该对象分为:①预备犯、阴谋犯,②未遂犯,③既遂犯三个类型。

2. 预备罪、阴谋罪

预备和阴谋,都是具有侵害法益的危险的行为,但由于其危险性较小,所以,刑法原则上对其不处罚,只对特定的重大犯罪类型设立了独自的犯罪类型,予以处罚。

(1) 预备 所谓预备,是指以阴谋以外的方法实施的、以实现犯罪为目的的准备行为。预备罪是处罚以实现特定的既遂犯为目的而实施准备行为的犯罪,所以,是修正该既遂犯的构成要件的形式,即构成要件的修正形式。为成立预备罪,主观上必须具有实现犯罪的目的,客观上有使犯罪可能或容易实现的行为。行为人亲自为实现犯罪目的而实施的准备行为是自己准备行为;为实现犯罪目的而让他人所实施的准备行为是他人准备行为。正如杀人预备罪一样,规定为"出于犯第199条所规定的犯罪的目的"的场合,由于它只限于为实现犯罪目的而亲自实施准备行为的场合,所以在出于让他人实现犯罪目的而实施准备行为的场合,就不成立。与此相对,如内乱预备罪、外患预备罪等中,不仅包括自己的预备行为,也包括他人的预备行为在内。

独立预备罪、从属预备罪 有见解认为,刑法将准备行为作为独立犯罪加以规定的场合,就是独立预备罪;将构成要件修正之后加以规定的场合,就是从属预备罪。这一区别与后述的共犯的关系上,在认为独立预备罪有"实行行为",而从属预备罪中则没有实行行为的意义上,具有意义。

作为刑法上的预备罪,有内乱预备罪(第78条)、外患预备罪(第88条)、私战准备罪(第93条)、放火预备罪(第113条)、准备伪造货币罪(第153条)、杀人预备罪(第201条)、勒索赎金目的的绑架等预备罪(第228条之3)、抢劫预备罪(第237条)这样八种。另外,私战准备罪中,没有规定与其相对应的基本的构成要件。

(2) 阴谋 所谓阴谋,是两个以上的人就实施一定的犯罪而商量、达成合意的情况。有见解认为，只要具有谋议就成立阴谋，但是，只有达成合意之后，才具有发生构成要件结果的危险，所以，单纯的谋议还不够，必须具有合意。不要求行为人是为了自己亲自实现犯罪目的而进行谋议。现行刑法规定有内乱预备罪、外患阴谋罪以及阴谋私战罪。关于预备和阴谋的区别，有①阴谋也是预备的一种的见解[1]，②阴谋是指在预备以前的阶段上，两个以上的人进行的心理准备活动等说法。[2] 由于现行刑法是将它们分别加以规定的，因此，①说不妥。另外，预备行为也并不是不可以先于阴谋行为而存在，因此，②说也不妥当。阴谋和预备，是分别独立的准备阶段上的行为。

共谋·犯罪团伙·企图　在英美刑法中，两个以上的人之间就实施违法行为达成合意的场合，一般作为共谋罪（conspiracy）处罚。在欧洲，处罚以实施不特定的犯罪为目的而纠集众人的犯罪团伙（Bande；association de malfaiteurs），我国没有这样的规定。另外，有时候，预备、阴谋以前的犯罪即"企图"行为也要受处罚，我国刑法，如《国家公务员法》第110条第1款第17项等中处罚"企图"。另外，在所谓治安立法的《破坏活动防止法》等中，除了广泛处罚预备、阴谋之外，还处罚独立教唆、煽动等行为（第38—40条）。

3. 未遂犯

所谓未遂犯，是指已着手实施犯罪，但没有完全实现场合的犯罪。所谓"着手实行"，是指着手实施实行行为，实行行为是某一犯罪构成要件所规定的具有侵害法益的现实危险的行为，所以，不能因为该行为没有完成而放置不管。由于刑法原则上不处罚预备罪、阴谋罪，所以，只在分则中个别地规定了预备罪、阴谋罪，但是，对于未遂犯，刑法分则各条款中规定"前条之罪的未遂，处罚之"，同时，总则中对于未遂犯，也作了一般性的规定，所以，未遂原则上要受处罚。

4. 既遂犯

所谓既遂犯，是指根据实行行为而完全实现犯罪的场合。在结果犯的场合，必须发生符合构成要件结果，在举动犯的场合，必须完全实施了构成要件的行为。

---

[1] 木村，406页。
[2] 福田，220页；西原，271页。

二、预备罪、阴谋罪以及未遂犯的处罚根据

1. 学说

在没有达到既遂的类型即预备罪、阴谋罪以及未遂罪的处罚根据上，有主观主义和客观主义的对立。主观主义认为，未遂犯的处罚根据是，行为人的实现犯罪的意思或性格危险性的外部表动。因此，只要行为人具有实现犯罪的意思或性格危险性的外部表动，未遂犯和既遂犯应当受到同样的处罚，并且，主观主义认为，不仅未遂以前的预备和阴谋，甚至连企图也应当广泛地受到处罚。客观主义认为，未遂犯的处罚根据在于，具有引起构成要件结果的客观危险或者说侵害法益的客观危险。预备、阴谋和未遂，由于在危险程度上不同，因此，在处罚上后者应当比前者重，又，即便具有犯罪意思，但只要没有发生结果的客观危险，就不应当看作为犯罪。

2. 处罚根据

只要有犯罪意思的表动，行为人就有再次企图实现犯罪的可能，因此，在这一阶段就有必要予以处罚，由于这一原因，主观主义在德国刑法和英美刑法的学说以及判例中占支配地位。的确，行为人的犯罪意思是处罚未遂犯的重要根据，但刑法之所以设计了犯罪的阶段类型并规定了处罚轻重上的差别，无非是因为将作为犯罪意思表动的行为自身的客观危险性当作了处罚根据。即，虽然在实现犯罪意思的一点上，预备、阴谋和未遂之间并没有大的差别，但是，在行为的客观面上，预备、阴谋只有实现犯罪的抽象危险，而在未遂阶段上，危险就是急迫的、具体的、现实的东西，在刑法上不能放任不管，原则上必须予以处罚。这样，处罚预备罪、阴谋罪以及未遂犯的根据在于，行为所具有的实现犯罪意思的客观危险性。必须注意的是，该危险性是以具有通常的判断能力的一般人的眼光来看待的危险性。

第二款　未遂犯

一、概说

1. 未遂犯的意义

所谓未遂犯，是已着手实行但未得逞的犯罪。在未遂犯的处罚根据

上，有①从实现犯罪的意思以及性格的危险性中寻求处罚根据的立场[1]；②从侵害法益的具体危险性中寻求处罚根据的立场[2]；③从发生构成要件结果的现实危险中来寻求处罚根据的立场[3]之间的对立。在承认犯罪的阶段类型的现行刑法之下，不能无视行为的客观方面而寻求未遂犯的处罚根据，因此，第①种观点是不能认可的。另一方面，第②种立场，在重视行为的客观危险性方面是妥当的，但是按这种观点的话，就会得出结论，未遂犯都是具体危险犯，这也是不妥当的。的确，在杀人罪、盗窃罪等实害犯中，其危险犯当然是具体危险犯，但是，未遂犯在对有人居住的建筑物放火罪等抽象危险犯中也被广泛规定，在这些场合，未遂犯是不能解释为具体危险犯的。因此，现实危险应看成是发生构成要件结果的问题，所以，③说妥当。

2. 未遂犯的种类

未遂犯的种类，有①已着手实施犯罪但未得逞场合的未遂犯（障碍未遂），②由于自己的意思而止于未遂场合的中止犯（中止未遂），③已经着手实施犯罪但行为尚未实施终了场合的着手未遂，④实行行为实施终了但结果没有发生场合的实行未遂（终了未遂）。另外，还有⑤行为在其性质上不可能导致结果发生场合的不能犯（不能未遂），但这种情况不受处罚。

二、未遂犯的成立条件

所谓未遂犯（障碍未遂），是指已着手实施犯罪但未得逞的情况。因此，为成立未遂犯，必须具备以下两个条件：①已经着手实行犯罪，②构成要件结果没有发生。

1. 着手实行

为成立未遂犯，必须是已着手实行犯罪，即开始实行行为的一部分，尚未达到实行着手阶段的预备、阴谋原则上不予处罚，相反地，只要有实行的着手，原则上就应当作为未遂犯予以处罚。因此，实行的着手作为预备罪、阴谋罪和未遂犯相区别的标准，具有极为重要的地位。

---

[1] 牧野，623页；木村，354页；宫本，178页。
[2] 佐伯，298页；平野，313页；山中，674页。
[3] 福田，222页；大塚，237页。

(1) 学说　在实行的着手的意义上，有主观说、形式的客观说、实质的客观说、折中说以及结果说之间的对立。[1] ①主观说由来于主观主义的刑法理论，认为在"行为人的行为中能确定地认识到犯意时"[2]，"能认识到犯意的飞跃性表动时"[3]，或"行为人的犯罪意思已经确定无疑，具有体现不可能取消的确实性的行为的场合"[4]，就应理解为具有实行的着手；②形式的客观说认为，实行的着手是实施属于构成要件的行为，实施和属于构成要件的行为有紧密关系的行为[5]，或开始实施在犯罪计划上，属于构成要件行为之前但和构成要件行为密切相关的行为，就是着手[6]；③实质的客观说认为，实行的着手就是实施具有发生结果的现实危险的行为[7]；④折中说认为，实行的着手，是实施从行为人的犯罪计划的整体来看，属于引起侵害法益的迫切危险的行为[8]；⑤结果说认为，在实行行为之后，侵害法益的危险性达到了一定程度时，就是实行的着手。[9]

(2) 实行的着手的意义　如上所述，在实行的着手上，各种学说明显对立，那么，哪一种学说是妥当的呢？

主观说在重视"完成行为"或"表动"这些客观要素的一点上，和客观说接近，但是由于重视犯罪意思，结果使处罚时期提前的同时使在客观要素的范围难于确定，招致判断的任意性，所以，这种学说不能支持。形式的客观说，在重视形式性的一点上，和罪刑法定原则是一致的，但是，正如从口袋中掏枪杀人的行为，什么阶段上可以看作为开始实施杀人行为的部分行为，在形式上难以确定，因此，以这种形式的判断基准来区别未遂和预备，实际上是不可能的，所以，也不妥当。折中说试图从行为人的犯罪计划整体上来判断危险的有无，因此，在过于重

1　盐见淳："论实行的着手"，法学论丛121卷2号1页，4号1页，6号1页。
2　牧野，（上）254页。
3　宫本，178页。
4　木村龟二：《新刑法读本》（1955年），251页。
5　团藤，354页；浅田，371页（实质的、形式的客观说）。
6　植松，315页；盐见，前揭121卷6号18页；井田，258页。大判昭9、10、19刑集13、1473。
7　福田，222页；大塚，165页；川端，450页；平野，313页；大越义久："实行的着手"，现代展开Ⅱ，163页。
8　西原，279页；西田，284页；野村，333页；木村，345页。
9　平野，313页；山中，681页；前田，118页；山口，232页；山口：《危险犯研究》（1982年），57页。

视行为人的主观意思方面，会受到和主观说同样的批判。结果说在引起危险的一点上来寻求未遂犯的处罚根据方面是妥当的，但在区分实行行为和未遂中所必要的实行的着手的一点上，有不妥当之处。

既然未遂犯的处罚根据在于：引起了实现构成要件或发生结果的现实危险，那么，关于实行的着手也应当从引起现实的危险性方面来考虑，所以，实质的客观说是妥当的。因此，实行的着手，是开始实施具有引起构成要件结果的现实危险的行为。

有关着手时期的判例 在盗窃罪方面，因为具有"出于盗窃目的而侵入他人家中，实施了和实际支配他人财物有密切关系的行为的时候，就是盗窃罪的着手"（大判1934年10月19日《刑集》第13卷第1473页）的先例，因此，一般认为，判例是遵循了形式的客观说。但是，之后，广岛高等法院1953年10月5日的"对于各个事件，广泛观察具体使用什么样的方法行为实现犯罪，以行为是否达到了产生结果之虞的客观状态"为标准来确定着手的（《高刑集》第6卷第9号第1261页）判决意见，被最高法院1954年5月6日（《刑集》第8卷第5号第634页）肯定，在此之后，下级法院的判决中，采用实质客观说的判例不断增加（参看最决1965年3月9日《刑集》第19卷第2号第69页）。[1] 最高法院1970年7月28日（《刑集》第24卷第7号第585页）认为："在有关事实关系中，被告人将被害人往翻斗车的驾驶室里拉的时候，就已经明确具有实施强奸的客观危险，将这一时刻理解为强奸行为的着手是妥当的"，实质的客观说的立场更加鲜明。[2] 另外，横滨地方法院1983年7月20日（《判例时报》第1108号第138页）在放火罪的实行的着手上，认为侵害法益，即具有引起烧毁本案中的房子的迫切危险的时候，就是实行的着手。[3] 另外，最高法院1004年3月22日（《刑集》第58卷第3号第187页）在行为人意图杀害被害人，让被害人吸入氯仿而昏迷（第一行为），然后在这种状态之下，用汽车将被害人拖到码头，和汽车一起翻落到海中（第二行为），意图将其杀害，但被害人已经在第一个行为当中死亡的案件中，认为第一个行为和

---

1 最决昭40、3、9刑集19、2、69。奥村，百选Ⅰ（第4版），128页。
2 松原（芳），百选（第5版），128页；奥村，判例讲义Ⅰ，107页。
3 伊藤，百选Ⅰ（第5版），129页。

第二个行为是确定、容易地进行杀人行为所不可缺少的,只要其成功,在之后的杀害计划的实施上,就没有成为障碍的特别事情,而且,第一行为和第二行为在时间、场所上紧密接近,行为人在开始第一行为的时候已经显露出杀人的客观危险,因此,可以看作为杀人的着手。

(3) 实行的着手和主观要素　关于在现实危险的判断资料上,多大程度上要考虑行为人的主观要素,有①应当综合考虑行为人的意图、计划以及性格的危险性的见解[1],②只考虑故意和过失的见解[2],③不应该考虑主观要素的见解[3]之分。

因为实行行为是主观和客观的统一体,所以,即便在实行的着手方面,当然也必须具有构成要件上所必要的主观要素即故意。另外,在举枪瞄向他人的时候,行为人是否具有杀意,其危险性的程度也不同,因此,作为判断现实的危险性的资料的故意(或过失)就是不可缺少的要素。问题在于,是否要考虑故意、过失以外的主观要素。在这一问题上,即便不能否定行为人的犯罪计划以及性格的危险性对于上述现实危险有影响,但因为是否是实行的着手,是否是符合修正的构成要件的类型性判断,因此,成为实质的判断对象的事实只要在违法性或责任的阶段考虑就够了。因此,认为只需要考虑故意或过失的②说的见解是妥当的。

(4) 实行的着手时期成为问题的场合　在实行的着手时期上,特别成问题的情况有,①不作为犯,②间接正犯,③原因自由行为,④结合犯、过失犯的场合。

[1] 不作为犯的场合　不作为犯的实行的着手,是负有防止结果的法定义务的人,违反该义务而不实施作为,在引起发生构成要件结果的现实危险时被认可。因此,在发生构成要件结果的现实危险已经产生,出现违反作为义务行为的时刻,或在由于行为人的不作为导致有发生结果的危险,违反作为义务所引起的发生结果的现实危险已经出现的时候,就能认定实行的着手。

[2] 间接正犯的场合　在间接正犯的实行的着手时期上,有①利用

1　佐伯,317页;西田,284页。
2　平野,314页;福田,222页;大塚,165页;前田,143页;山中,678页。
3　内藤,222页;中山,411页;内田,256页。

第二编 犯 罪

人开始实施诱使被利用人实施犯罪行为的时候，就是着手的利用人标准说[1]，②被利用人开始实施实行行为的时候，就是着手的被利用人标准说[2]，③引起发生构成要件结果的现实危险的时候，就是着手的个别化说[3]之间的对立。

即便在利用人即间接正犯将被利用人的行为作为道具加以利用的场合，也不一定能说，开始实施利用行为就具有引起发生构成要件结果的现实危险，所以，当利用人的诱使行为引起了发生结果的现实危险时，就是实行的着手，因此，③说妥当。根据间接正犯的形态的不同，既有以利用（诱使行为）行为的开始作为实行的着手的场合，也有以被利用人的开始行为作为实行的着手的场合，一律以利用人或被利用人的一方的行为为基准的见解是不妥当的。对于个别化说，批判意见认为，如果将被利用人的开始行为作为实行的着手的话，那么实行的着手就只能依附于他人的行为，因而不妥[4]，但是，间接正犯的场合，之所以将利用人作为实行犯处理，是因为利用人根据其意思，将被利用人像道具一样加以支配，因此，只要是根据开始利用以后的作为或不作为，来单方面地利用被利用人的行为的话，就应当说，发生结果的现实危险，是基于利用人的意思而引起的，而不是基于被利用人的意思而引起的。

作为间接正犯的一种还有隔离犯。所谓隔离犯，是在行为人的行为和发生构成要件结果之间，存在时间和场所上的间隔的情况。例如，为了杀害朋友而将有毒的酒邮寄到朋友家就属于这种情况。在这种场合，由于是否达到了足以引起结果发生的现实危险的程度成为判断的基准，因此，发送时、到达时或能够饮用时，都能成为实行的着手时期。例如，甲为了杀死乙而在乙经常通过的田间小道上放置了有毒的饮料，这时候，虽然甲应当实施的行为已经完全实施完毕，但此时还不能认定有实行的着手。在第二天，有其他人的小孩将该饮料喝下死亡的场合，"在拾得上述饮料，马上就要喝下去的时候，成立普通杀人罪的实行的

---

[1] 木村，349 页；泷川，244 页；植松，320 页；团藤，355 页；福田，223 页；大塚，167 页；吉川，216 页；香川，296 页；野村，338 页。

[2] 大判大 7、11、6 刑录 24、1352。桥本，百选 I（第 5 版），130 页；奥村，判例讲义 I，109 页。

[3] 平野，318 页；西原，316 页；藤木，279 页；内田，266 页；野村，百选 I（第 4 版），132 页。

[4] 福田，223 页；大塚，168 页。

着手"[1]。

判例的态度 大审院1918年11月16日在X为了杀人而将毒物混入砂糖之中,邮送给某甲的案件中,认为:"在某甲收到了混有毒物的砂糖的时候,该砂糖就处于某甲及其家人能够食用的状态,可以说,已经具有毒杀的着手行为",遵循了被利用人标准说的见解。大审院1916年8月28日(《刑录》第22辑第1332页)在给他人邮送恐吓信的案件中,认为信件到达时就是实行的着手。[2]另外,宇都宫地方法院1965年12月9日也有同样的判决。

[3] **原因自由行为** 在原因自由行为的着手方面,有①从有责任能力状态之下的原因行为中来寻求的立场[3],和②从无责任能力或限定责任能力状态下的结果行为中来寻求的立场[4]之间的对立。但是,即便在这种场合,由于是否引起了符合构成要件结果发生的现实危险成为标准,因此,应当以该时刻作为实行的着手。在对不作为犯和过失犯适用原因自由行为的场合,应当说,原因行为自身具有引起结果发生的现实危险,所以,在开始原因行为的时候,就能认定为实行的着手。与此相对,在故意的作为犯的场合,因为很少有原因行为自身引起结果发生的现实危险,所以,原则上,应当从开始结果行为的时刻来探讨实行的着手时期。

[4] **结合犯的场合** 对于以一定的手段为要件的结合犯,如果实施手段行为的话,就有发生结果的现实危险,所以,该时刻就成为实行的着手。例如,抢劫罪是以暴力、胁迫为手段的结合犯,所以,只要是基于抢劫的故意而实施了暴力行为,就是抢劫的实行的着手。另外,在出于抢劫的故意但仅只实施了窃取财物的着手的场合,因为没有发生压制对方反抗、强取财物这种抢劫罪的结果的现实危险,所以,不能认为是抢劫罪的实行的着手。

2. 未发生构成要件结果

---

1 宇都宫地判昭40、12、9下刑集7、12、2189。
2 裁职研,286页。
3 植松,289页;团藤,162页;福田,223页;大塚,169页。
4 中野,207页;平野,301页;西原,413页;藤木,209页;前田,383页;山口,225页。

第二编 犯 罪

为成立未遂犯，必须是"未得逞"，即犯罪构成要件结果没有发生。犯罪构成要件结果没有发生，包括行为人已经着手实施犯罪，但实行行为没有实施终了的场合，和实行行为虽然实施终了但结果没有发生的场合。前者被称为着手未遂，后者被称为实行未遂。

3. 是否成立未遂犯具有争议的场合

未遂犯的成立，以没有发生构成要件结果为要件，因此，有人认为，在不以结果为构成要件要素的举动犯的场合，没有成立未遂概念的余地。[1] 但是，非法侵入他人住宅罪是举动犯，刑法中却有处罚该罪的未遂犯的规定，从此可以看出，即便不是结果犯但在犯罪的完成上具有一定行为阶段的场合，也有成立未遂犯的余地，因此，上述见解并不妥当。[2] 在是否成立未遂犯的问题上，有争议的是，①过失犯、结果加重犯；②真正不作为犯。

（1）过失犯、结果加重犯的场合 关于过失犯，有：因为过失犯是只有发生了结果才成立犯罪的情况，所以，过失犯中不可能有未遂犯的否定说[3]，和既然过失犯中也具有实行行为和结果的观念，那么也能具有未遂的观念的肯定说[4]之间的对立。如前所述，过失犯也有实行行为，因此，在虽然具有实行行为但没有发生结果的场合，应看成是过失犯的未遂，所以，肯定说妥当。但是，现行法上没有处罚过失犯的未遂的规定。

关于结果加重犯的未遂，有①对发生重结果有故意的场合，对结果加重犯能认可未遂的见解[5]，②虽然发生了加重结果，但是基本犯停留在未遂的场合，成立结果加重犯的未遂的见解[6]，③既然过失犯具有未遂，那么，结果加重犯也具有未遂的见解[7]之间的对立。结果加重犯是由作为基本犯的故意犯或过失犯，和对于加重结果的过失犯相结合而成的犯罪。因此，在实施了具有足以引起加重结果的危险的行为，但没有发生加重结果的场合，能够看作为结果加重犯的未遂，所以，③说妥当。

---

1 大塚，239 页。
2 福田，226 页；野村稔：《未遂犯研究》（1984 年），111 页。
3 泷川，137 页；植松，318 页；野村，前揭 101 页。
4 木村，342 页；佐伯，370 页；团藤，357 页；平野，199 页；福田，226 页；大塚，239 页；前田，272 页。
5 木村，372 页；团藤，357 页。
6 平野，307 页。
7 福田，226 页；大塚，239 页。

(2) 真正不作为犯　就不真正不作为犯而言，由于能够将实行行为和结果的发生分开认识，所以，未遂犯的成立是很明显的；但就真正不作为犯而言，分为①真正不作为犯是举动犯，不可能存在未遂的见解[1]，和②真正不作为犯并不是单纯的举动犯，应当认可未遂的见解。[2]正如现行刑法规定对不退去罪的未遂也予以处罚一样，在即便实施了违反作为义务的实行行为，但犯罪并没有马上完成的场合，具有成立未遂的可能，因此，②说妥当。

三、对未遂犯的处罚

未遂犯，只有在刑法分则中有"某某罪的未遂犯，处罚之"的明文规定的场合（第44条），才予以处罚。未遂犯，是着眼于行为的发生结果的危险，和已经发生结果具有同等程度或类似的可罚性而类型化的规定，因此，在处罚未遂犯的场合，"可以减轻处罚"（第43条正文），没有规定必须减轻，而是规定法院根据裁量，可以和既遂犯同样处罚。但是，在未遂犯中，由于没有发生结果，所以，原则上，应当减轻处罚。从主观主义的角度出发的话，不应当将未遂犯和既遂犯加以区别，另外，严格贯彻客观主义的立场的话，未遂犯不是不可罚就是必须减轻处罚。可见，现行刑法，没有偏向上述任何一种主义。

在《盗犯等防止法》中，对于惯犯特殊盗窃罪（第2条），惯犯抢劫罪（第3条），惯犯抢劫杀人、抢劫强奸罪的未遂犯（第4条），规定和既遂犯同样处罚。因此，在此场合，对未遂犯不适用减轻规定。行为人的惯犯性是人格要素，在类型性上，是可罚的加重责任事由。[3]

第三款　不能犯

一、不能犯的意义和种类

1. 意义

行为成为未遂犯，单在形式上符合构成要件还不够，未实施完毕的

1　大塚，798页；泉二，522页。
2　佐伯，308页；植松，319页；大塚，240页。
3　团藤，36条。

行为还必须具有引起构成要件结果发生的现实危险。没有这种危险的行为就是不能犯。换句话说，不能犯，是行为人基于实现犯罪的意思实施了行为，但该行为在其性质上，不可能引起结果发生的行为。

例如，试图咒杀某人而念咒的场合就相当于此。不能犯，因为完全没有实现构成要件的可能，所以，没有构成要件符合性，不构成犯罪。现行刑法中，尽管没有规定不能犯不处罚，但是《修改刑法草案》第25条规定："行为，在其性质上不可能发生结果时，不是未遂犯，不罚"。

2. 种类

不能犯是由于行为人具有错误而不能发生结果的情况，根据其在构成要件的哪一点上具有错误，可以分为方法不能、对象不能和主体不能。所谓方法不能，如误信为农药，出于杀人目的而将肠胃药放入饮料中，使他人喝下的场合，指方法在性质上不可能发生结果的场合。所谓对象不能，如误以为是人而向稻草人开枪的场合，指由于行为对象不存在而不可能发生结果的场合。所谓主体不能，正如不是公务员的人误以为自己是公务员在有关职务上接受他人金钱的场合一样，指由于不存在行为主体而不可能发生结果的场合。

事实的欠缺 事实的欠缺，也称构成要件的欠缺，一般是指，尽管欠缺行为主体、对象、方法以及行为状况等要素，但行为人误以为存在而实施行为的情形。对于事实欠缺，一般认为，其是和不能犯相区别的、另外的不成立犯罪的场合，有（1）在欠缺有关构成要件的本质要素的事实的时候，就是没有定型性，或者（2）尽管没有违法但误信为违法的时候，就是幻觉犯，或者（3）不具有违法性等见解。但是，事实的欠缺本来也是构成要件符合性的问题，在欠缺上述某一种要件的场合，并非在形式上就不符合构成要件而不可罚，而是在具体场合下，该行为是否具有发生结果的现实危险的实行行为，这是其本质。因此，是否为事实的欠缺，应当归结为是不能犯还是未遂犯的问题。另外，有人认为，事实欠缺的理论，是区分构成要件要素之内的本质要素和非本质要素的出发点[1]，但是，构成要件的各个要素，在欠缺其中任何一种情况，就

---

[1] 团藤，165页。

不具有构成要件符合性的一点上是具有同等价值的,并非主体是本质要素,而对象不是本质要素的问题。[1] 而且,有学者认为,在和不能犯相区别的意义上使用事实欠缺的概念,并不妥当,作为主体欠缺、对象欠缺的替代,而应使用主体不能、对象不能的提法。[2]

二、不能犯和未遂犯的界限

1. 有关区别标准的学说

关于不能犯和未遂犯的区别标准,有①客观危险说,②主观说,③抽象危险说,④具体危险说之分。

定型说(形式的客观说) 有关不能犯的学说中的所谓定型说,是指以在类型上不能发生结果的方法实施的行为,实质上是由于没有实行行为的定型性而成为不能犯的学说。[3] 但是,"定型性上的不能"场合下的定型,应当以"行为当时一般人所能预见、认识的事实以及行为人所实际认识、预见到的特别事实"为基础,从行为时的立场出发,进行客观判断[4],因此,其在实质上,是和具体危险说一样的。

(1) 客观危险说 客观危险说,也叫绝对不能、相对不能说,认为不能之中,有①一般来说,不可能实现犯罪的场合,和②由于有特别情况的存在,所以,不可能实现犯罪的场合之分,①的场合是绝对不能,所以是不能犯,②的场合是相对不能,所以是未遂犯。[5] 作为这种学说的见解之一,有见解认为,不能可以分为对象不能和方法不能,只有方法上的相对不能才是未遂犯,而其他情况都是不能犯。[6] 所谓对象的绝对不能,如把死人当活人而开枪的场合;所谓对象的相对不能,如为了杀人而向对方宿舍的床上开枪,但碰巧对方外出的场合。所谓方法的绝

---

1 平野,332 页;福田,239 页;大塚,251 页。
2 平野,321 页。
3 小野,191 页;团藤,171 页。
4 团藤,171 页。
5 大场,850 页;内田,267 页;村井敏邦:"不能犯",现代展开Ⅱ,166 页;中山,426 页。
6 大谷实:"不能犯再论",同志社法学 30 卷 2=3 卷 43 页。

第二编 犯 罪

对不能,例如出于毒杀的目的而让他人喝糖水的场合;所谓方法的相对不能,例如出于杀人的意思而开枪,碰巧行为人的枪里没有子弹的场合。客观危险说,在德国是自费尔巴哈以来的学说,又称为旧客观说,在以行为和行为后所判明的客观事情为判断基础,以裁判时为标准,从事后的、客观的立场来判断行为的危险性的一点上有其特点。

(2) 修正客观说　修正客观说以客观存在的所有事情为判断基础,主张在行为没有发生利益侵害的场合,①作为现实存在的事实的替代,考虑在存在什么样的事实的时候,在科学法则上,就会发生侵害利益的结果,②从科学的一般人的立场出发,以假定事实在多大程度上能够存在为基准,在事后对危险性进行判断。[1]

(3) 主观说　主观说认为,只要将实现犯罪的意思表现为行为,不问该行为是否具有危险,都成立未遂犯。对于以杀人为目的而念咒之类的迷信犯,主观说认为,由于其没有真正的犯罪意思,只是单纯地表明希望而已,或者是由于行为人性格懦弱不具有性格的危险性等,所以应该是不能犯。[2]

(4) 抽象危险说　也称主观的危险说,它以行为人的犯罪意思的危险性为出发点,以行为人在行为时所认识的事实为基础,从客观的角度来判断有无危险,认为从一般人的立场来看,如果按照行为人的计划向前发展,就会有发生结果的危险的话,就是未遂;如果没有该种危险的话,就是不能犯。[3] 例如,在出于杀人的目的而让他人喝下肠胃药的场合,行为人误认为肠胃药是农药时,因为让人喝农药的行为,一般来说,是有发生结果的可能性,所以是未遂犯;但是,如果是误以为肠胃药可以杀人的话,就是不能犯。抽象危险说,只以行为人的犯罪意思中所认识到的事实为判断危险的基础,判断行为对法秩序具有抽象危险,所以,又被称为行为人危险说。

(5) 具体危险说　具体危险说,以行为当时一般人所认识到的事实以及行为人所特别认识到的事实为基础,以行为时为标准,从一般人的立场出发,考虑在该种事实之下实施行为的话,通常是否能够实现构成要件,如果答案是肯定的话,就有发生结果的具体危险性,因此是未遂

---

[1] 山口厚,前揭危险犯研究,166 页;西田,289 页(假定的可能性说);山口,238 页;曾根,250 页;前田,150 页。

[2] 宫本,192 页;江家,166 页;庄子,旧版 629 页。

[3] 牧野,(上) 332 页;草野,114 页;木村,356 页。

犯，如果是否定的话，就是不能犯。[1]同客观危险说将事后（ex post）所认识的事实也列入考虑之内，进行有无危险性的判断相对，具体危险说在将判断的基础限于行为当时一般人所能认识到的事实以及行为人所特别认识到的事实，作为事后预测，以行为时为标准，来判断有无危险方面，有其特色。例如，在行为人误以为死人是活人而用日本刀刺其心脏的场合，按照客观危险说以及修正危险说的话，对死尸的杀人行为是对象的绝对不能，所以是不能犯，但是，按照具体危险说的话，在行为人以外的一般人也认为该尸体是活人的话，就是未遂犯；在一般人也看来是死尸的话，就是不能犯。在此意义上讲，具体危险说是将刑法看作为行为规范的见解，和将社会一般观念看作为构成要件的基础的折中的相当因果关系说具有同样的理论基础。[2]

2. 学说的探讨

以上各种学说之内，①客观危险说，将科学的危险作为前提，从我本人的见解来看，难以支持，另外，在不能明确区分绝对不能和相对不能的一点上，具有致命缺陷，因此，难以支持。②修正客观说，试图以科学危险为中心进行考虑，但是，侵害法益的现实危险，如前所述，是构成要件符合性的问题，是从社会一般人的角度来看，具有类型性的危险性的情况，因此，这种学说也不妥当。③主观说是由来于主观主义刑法理论的学说，按照主观主义的话，迷信犯也应当受到处罚，但是，该种学说却将它作为不能犯，这意味着该种学说自身并没有彻底贯彻主观主义的主张，因此，即便支持这种学说也是不妥当的。④抽象危险说，为了纠正主观说的缺陷，将危险性的内容作为实现犯罪的危险性客观地进行把握，但是，对该危险性的判断，仅以行为人的认识内容或计划内容为基础，所以，也并没有逃出主观主义的范围。

3. 未遂犯和不能犯的区别

未遂犯是符合修正的构成要件的行为，不能犯是具有实现犯罪的意思但行为不符合构成要件的场合，两者的区别应当根据是否符合构成要件来判断，因此，定型说是妥当的。为认定未遂犯的要件即实行的着手或实行行为，必须实施了具有引起构成要件结果的现实危险的行为，在不能犯中，由于不存在这样的实行行为，所以，在何谓"不能"上，具

---

[1] 植松，345页；佐伯，319页；福田，223页；香川，323页；西原，301页；藤木，268页；川端，439页；野村，350页；佐久间，320页；平野，326页。
[2] 大塚，253页。

有学说上的对立。

我认为，作为实行行为的实质内容的发生结果的现实危险，不一定是物理的、科学的危险，而是以行为的具体情况为基础，从一般人的角度出发来判断的类型上的危险。刑法作为行为规范，以向一般人命令、禁止实施有关行为为内容，因此，只要是包含有这种危险的行为，就应当作为符合修正的构成要件的行为，认定为未遂犯，从这一意义上讲，从一般人的立场来判断行为的客观危险性的具体危险说是妥当的。同时，即便是从一般人的观点来看并不危险的行为，例如，在一般人看来是稻草人，但行为人特别知道是真人的场合，向该人开枪的话就有发生结果的现实危险，所以，行为人特别认识到的情况也应当作为判断的基础。这么说来，不能犯中有无危险性的判断，应以行为人特别认识到的事实以及一般人能够认识到的事实为基础，以行为时为基准，从一般人的立场出发，在认为具有发生构成要件结果的现实危险的场合，就是未遂犯；没有的场合，就是不能犯。

关于从一般人的立场出发的判断，有①应当以科学的一般人为标准进行判断的见解[1]，和②应当以社会的一般人即普通人为标准进行判断的见解[2]之间的对立。①的见解，以刑事诉讼法中设立的鉴定人制度为根据，但是，不能犯中的危险并不意味着科学的、物理的危险自身，而是一般人所具有的恐惧感，是社会心理的危险，因此，它虽然以科学的、物理的危险为基础，但最终仍要以社会上的一般人即普通人为标准来进行判断，所以，②的见解妥当。因此，随着一般人的科学知识的提高，未遂犯和不能犯之间的界限是可以发生变化的。

4. 判例的态度

判例认为："所谓不能犯，是指犯罪行为在其性质上绝对不可能具有发生结果危险的情况"[3]，因此，似乎是在以绝对不能、相对不能为区分标准的客观危险说为基准。但是，在被告人将被害人推倒之后，试图夺取其口袋里的物品，结果发现什么都没有的案件中，法院认为："如果行人口袋里好像有什么东西是一般人所能预想的事实的话"[4]，就

---

[1] 木村，358页；植松，347页；井田，274页。

[2] 小野，191页；团藤，171页；福田，236页；大塚，255页；香川，323页；藤木，268页。

[3] 最判昭25、8、31刑集4、9、1593。

[4] 大判大3、7、24刑录20、1546。

应认定为抢劫未遂罪，所以，实际上，判例采用了具体危险说的标准。[1]

特别是，最高法院1976年3月16日[2]就《爆炸物取缔规则》第1条中所规定的"使用"问题，认为在"被告人相信该炸弹具有如果点燃导火线的话，就能爆炸的构造、性质，另外，一般人也当然具有这种认识"的场合，"不应单从物理的爆炸可能性的观点来进行判断，而应在考虑本条的立法宗旨、罪质以及保护法益的同时，还应从本案中的炸弹的构造、性质上的危险性和点燃导火线以后的投掷行为的危险的两方面出发，在法的意义上，判定是否具有能够实现上述构成要件的危险的评价"，更进一步地表明了坚持具体危险说的立场。另外，在下级法院的判决当中，正面认可具体危险说的也不少。[3]

5. 具体情况的分析

按照具体危险说的标准，下面具体讨论①方法不能，②对象不能，③主体不能的具体情况。

(1) 方法不能　是指因为方法或手段中有错误而不能发生结果的情况，有如下类型。

第一，在手段效果上有错误的场合。用硫黄杀人、认为用注射少量空气的方法就能杀人的情形，就是这种情况。[4]在这种场合，从科学的角度来看，即便没有发生结果的危险，但只要使用一般人能够感觉到危险的方法实施上述行为，就应该成立未遂犯。

第二，对作为手段而使用的物的作用具有错误认识的场合。例如，用具自身的外观上让人感到危险，但是科学上则没有该种危险的场合，就属于这种情况。发射碰巧没有装上子弹的枪支的行为[5]，向人群中投掷引爆装置被破坏的手榴弹的行为[6]，用拾来的无效支票进行诈骗的行为[7]，都是这种情况。在这些情况中，最终，也要根据是否能够使一般人感到发生结果的危险为标准来判定。

第三，拿错了作为犯罪手段的用具的场合。包括：①意图用农药杀

1　佐伯，320页；福田，237页；大塚，257页；裁职研，300页；平野，327页。
2　刑集30、2、146。
3　东京高判昭26、8、14判特21、170；广岛高判昭36、7、10高刑集14、4、310。
4　最判昭27、8、5裁判集刑67、31（未达致死剂量的氰化钾）。
5　福冈高判昭28、11、10判特26、58。
6　东京高判昭29、6、16高刑集7、7、1053（不能犯）。
7　东京地判昭47、11、7刑月4、11、1817（不能犯）。

人而到药店去，但是由于说错了名字，结果买回了其他的营养品，让被害人喝下的场合，②将买回的毒药放在箱子里面，在取出来的时候，由于拿错了瓶子而将消化药让被害人吃下的场合。在这些例子当中，按照纯主观说或抽象危险说的话，当然构成未遂犯。但是，在①的事例中，由于是将药名弄错了，只是让被害人服下了营养品，该行为即便从一般人的观点来看，也感觉不到危险，只能是不能犯；在②的事例中，由于是将药瓶拿错了，只是让被害人喝下了消化药，所以也是不能犯。但是，如果服用的药品和毒品具有同样的外观，让一般人感到危险的话，就成立未遂犯。

硫黄杀人事件 被告人A为了杀害情夫某甲，将硫黄粉末投入汤锅中，让某甲食用，该行为只是增加了正在患病中的某甲的痛苦而已，于是，被告人又采用掐死的手段实现了其目的。对于本案，大审院1917年9月10日认为："上述第一种方法绝对不能引起致死的结果，仅仅是对他人造成伤害而已"[1]。关于这一判决，有（1）是以绝对不能、相对不能作为区分标准的见解[2]，（2）是以物理的、科学的危险作为判断基准的见解[3]之间的对立。本案中，在一般人的科学观念中，是否感到致人死亡的危险成为判断基准，现在在一般人的科学观念中，难以想象可以用硫黄杀人，因此，这个判决即便从具体危险说的立场来看，也能得到支持。当然，从本案发生当时的一般人的科学观念来看的话，应当说，判决中具有若干疑问。[4] 否定不能犯的判例，有下述方面引人注目：（1）意图用揣在胸前的小钱包中的小刀杀人的行为，被认定为杀人未遂的判例[5]；（2）使用未达致死剂量的黄磷杀人，只要该黄磷达到了能够被使用的状态，就是杀人未遂的判例[6]；（3）不能说由于投入了氰化钾，米饭呈黄颜色，并且散发出怪味，就说绝对没有人会吃它，因此，认为投放氰化钾的行为不是杀人罪的不能犯的判例[7]；

---

1 刑录23、999。
2 野村稔：《判例刑法研究4》，81页。
3 植松，137页。
4 平野，227页。
5 大判大11、2、24刑集1、76。
6 大判昭15、10、16刑集19、689。
7 最判24、1、20刑集3、1、47。

(4) 不能说混入了马钱子碱的鱼汤味苦，绝对没有人会吃它，所以，认为该混入行为不是杀人罪的不能犯的判例[1]；(5) 即便由于特殊情况被对方识破，也不能说是诈骗罪的不能犯的判例[2]；(6) 在致死量为300毫升以上，但行为人只是往他人血管中注入了30毫升空气，意图杀死他人的案件中，法院认为："不管被注射者的身体条件以及其他情况如何，都不能说绝对没有发生死亡结果的危险"，从而否定其为不能犯的判例[3]；(7) 即便说天然气对人体无害，但是，"在一般人看来，即便是天然气，也具有足以导致室内睡着的人死亡的极度危险，社会一般观念也认为，该行为是足以致人死亡的危险行为"，因此，不是不能犯的判决。[4] 上述判决意见都大致妥当。

(2) 对象不能　作为对象不能的例子，如对空床开枪、掏空口袋、盗窃自己的财物等都是这种情况，但是，在对象错误方面，有很有意思的判例。案情是这样的：A出于杀人的意图而向甲开了三枪，甲当即倒地死亡；听到枪声的被告人B出于杀死已经倒地的甲的目的，向甲的腰部砍了三刀。法院认为："不仅被告人在实施加害行为的当时相信被告人还活着，而且一般人在当时也不可能知道被害人已经死亡，因此，任何人都很当然地能感到，被告人的上述加害行为具有导致被害人死亡的结果的危险"，因此，上述行为是杀人未遂。[5]

从客观危险说的立场来看，对象不能是绝对不能，但是，行为人相信被害人还活着，在一般人看来，也认为被害人是活着，往这种活着的人的腰部用日本刀砍三刀的话，当然具有发生死亡结果的现实危险，因此，B的行为构成杀人未遂罪是妥当的。在以为被害人睡着了而向床上开枪，碰巧被害人外出不在家的场合，也应按照上述标准，根据具体情况，或者按未遂犯处理，或者按不能犯处理。对口袋里没有一分钱的人

---

[1] 最判26、7、17刑集5、8、1448。

[2] 大判昭3、9、17刑集7、578。

[3] 最判昭37、3、23刑集16、3、305；山口，百选Ⅰ（第4版），134页；奥村，判例讲义Ⅰ，117页。

[4] 岐阜地判昭62、10、15判例时报654、261；佐伯（仁），百选Ⅰ（第4版），138页；奥村，判例讲义Ⅰ，119页。

[5] 广岛高判昭36、7、10高刑集14、5、310。藤冈，百选Ⅰ（第4版），136页；奥村，判例讲义Ⅰ，120页。

实施盗窃、抢劫的场合，也按同样的观念处理。

有关对象不能的判例　对死胎是否成立堕胎罪，存有争议，尽管大审院1927年6月17日（《刑集》第6卷第208页）在判决书的旁论中指出："成立堕胎罪，要求在实施堕胎手术的当时，胎儿具有生命，按照被告人所说，胎儿已经死亡，如果属实的话，其就不应当成为堕胎罪的对象，对其实施堕胎手术的行为当然就不构成犯罪，这是没有疑问的"。但是，我认为，这一判决意见中有若干疑问。另外，判例还认为，即便盗窃对象不存在，但也不是不能犯[1]，这是妥当的结论。

（3）**主体不能**　所谓主体不能，如背信罪中，并非处理事务的人误以为自己是处理事务的人而实施了相当于背信的行为的场合，即，没有身份的人误认为自己有身份而实施了身份犯的行为的情况。在这种场合，是否成立未遂犯，有①从具体危险说的立场出发，认为在理论上有认可未遂犯的余地的见解[2]，②认为在真正身份犯方面，没有身份的人认为自己有身份而行动的场合，是幻觉犯，不成立犯罪的见解[3]，③认为对于身份犯来说，是不能犯的见解[4]，④认为在事后判断，由于没有发生结果的危险，所以，不应当处罚的见解[5]之间的对立。②说主张将主体事实的欠缺和对象、手段、行为状况等事实的欠缺区分开来，特别是在真正身份犯中，只有在欠缺有关主体的事实的场合，才是幻觉犯。但是，在构成要件的各个要素方面，只要缺乏其中一个要素，就不成立犯罪的一点上，各个要素都同样重要，因此，仅将欠缺主体的情况看作为幻觉犯，这是没有根据的。这一批判对③说也同样妥当。④说是只有站在客观危险说的立场，才能成立的见解。

我认为，主体不能和其他场合一样，是缺乏构成要件要素的事实的场合，因此，在判定缺乏该种要素的行为是否符合构成要件时，也应当像对象不能、方法不能中所采用的基准一样进行判断。即，在该行为

1　大判大3、7、24刑录20、1546（掏空口袋的行为）；大判昭21、11、27刑集25、55（在抽屉内寻找的行为）。

2　平野，332页。

3　木村，359页。

4　团藤，165页。

5　中山，429页。

上，行为人具有故意的场合，从一般人的立场出发，只要感到该行为有可能实现特定的身份犯时，就应当认为是实行行为，在此意义上讲，从具体危险说的立场出发，主体不能的场合，也有成立未遂犯的可能。但是，在主体不能方面，从一般人的立场来看，感觉有可能实现犯罪的场合却完全没有。[1]

不能犯和幻觉犯的区别 必须将不能犯和幻觉犯的问题区别开来。不能犯，是尽管不存在符合构成要件的事实，但是却误以为存在的场合，幻觉犯是尽管某一事实不构成犯罪，但是却误以为构成犯罪的场合。前者可能成立未遂犯，而后者绝对不受处罚。

（4）**不能犯和违法性的判断** 由于未遂犯是符合修正构成要件的行为，因此，和符合基本构成要件行为的场合一样，也必须具备违法性和责任的要件。关于这一点，批判意见认为，按照具体危险说的话，就会受到即便是开空枪或者对稻草人射击之类的事后来看应当一笑了之的行为也是可罚的未遂。[2] 确实，在具体危险说当中，包括主体不能的情况在内，不能犯的成立范围很窄，会出现违反法感情的场合，这是不可否认的，但上述结论都是从构成要件的层次上对不能犯进行讨论而得出的结论。

相反地，违法性的判断，应当以裁判时所查明的全部资料为基础，事后进行判断，即便具有发生定型的构成要件结果的现实危险，但也有在实质的违法性的判断上，不能认可可罚的违法性的场合。正如假想怀孕的妇女进行堕胎或者主体不能的场合一样，事后来看，在侵害法益的危险完全不存在的场合，由于违法性被排除，因此，即便按照具体危险说，也不会得出违反法感情的结论来。还有见解为了回避具体危险说的不妥当结论，主张在构成要件符合性的阶段上也导入事后判断[3]，但这并不妥当。

---

1 平野，332 页。
2 中山，424 页。
3 山口，前揭危险犯研究，150 页；野村，前揭未遂犯研究，373 页；村井："不能犯"，现代展开Ⅱ，166 页。

第四款　中止犯

一、概说

1. 意义和减免刑罚的根据

所谓中止犯（中止未遂），是已经着手实行犯罪，但根据"自己的意志"而中止的场合，对中止犯，必须减轻或者免除其刑罚（第43条）。虽然英美刑法中对中止犯未做特殊处理，但德国刑法将中止犯作为未遂罪，不处罚（第24条）。瑞士刑法也规定着手未遂，根据情况可以不处罚，实行未遂，根据情况裁量减轻处罚（第21条第2款、第22条第2款），这些都可以看作为将中止犯和未遂犯加以区别，实行宽大处理的立法例。对中止犯实行特别对待的根据，学说上，大致来说，有刑事政策说和法律说之分。

（1）学说　刑事政策说认为，对中止犯进行宽大处理的根据，是出于在未然之中防止完全实现犯罪的政策性考虑，可以分为将中止犯看作为"改悔金桥"（李斯特）的一般预防说[1]和由于中止而使行为人的危险性减少、消失的特别预防说[2]之分。法律说认为，对中止犯宽大处理的根据在于，作为犯罪成立要件的违法性或者责任已经减少。认为由于犯罪行为的中止而减少了违法性的是违法性减少说[3]，认为减少了责任的是责任减少说。[4]还有将刑事政策说和法律说并用的见解，即认为应当将刑事政策说和违法性减少说[5]，或者将刑事政策说和责任减少说结合理解的结合说[6]，以及将刑事政策说、违法性减少说以及责任减少说综合把握的综合说。[7]

（2）学说的检讨　我国刑法和德国刑法不同，对中止犯只是规定必须减免处罚而已，因此，应当说，本条款对于阻止行为人完成犯罪的动机所具有的效果，并没有抱太大希望，所以，将在未然之中防止完成犯

1　中野，132页。
2　牧野，642页；木村，369页；伊东，香川古稀，273页。
3　平场，140页；平野，334页；福田，228页。
4　团藤，362页；香川，306页；前田，159页；山中，714页。
5　平野，333页；西原，288页；山口，242页。
6　植松，324页；木村静子："中止犯"，刑法讲座4，26页；前田，156页。
7　柏木，262页；大塚，242页；藤木，262页。

罪的政策作为唯一根据的刑事政策说并不妥当。其次，法律说之中的责任减少说认为，责任是对决定实施犯罪的意思的谴责可能性，因此，只要撤回了该决定，就是减少了谴责可能性，或者说，是根据中止行为重新形成了规范的人格态度，因此，谴责可能性在减少或者消失。[1] 按照这种说法的话，只要撤回了决定或者实施了中止行为，就是谴责可能性的减少或者消失，不管是以未遂而告终还是达到了既遂，都应当成立中止犯，这种观点作为立法论就不用说了，在只有"已经中止犯罪"即只在未遂犯的场合才认可中止犯的现行刑法之下，这种解释显然是不妥的。因此，在承认责任减少说之外，还试图将其与其他学说结合或者综合起来的结合说或者综合说，也不能赞成。

2. 减免刑罚的根据

未遂犯的处罚根据在于引起结果的现实危险，一旦产生故意，并且着手实行，就是已经造成了危险，在事后放弃故意，或者亲自防止结果发生的场合，属于在事后减少发生结果的现实危险或者行为的反社会性，应当将其看作为违法性的减少，因此，违法性减少说基本上是妥当的。但是，我国刑法对于中止犯，并不是一律规定不可罚或者免除刑罚，而是希望通过宽大处理，在未然之中防止完成犯罪，换句话说，并非完全没有一般预防的效果，因此，将违法性减少说和刑事政策说相结合的综合说是妥当的。[2]

刑事政策说和释放被害人减轻处罚规定 刑法对于以勒索赎金为目的的绑架、诱拐犯罪，规定犯人在被提起公诉以前释放被绑架、诱拐者的，必须减轻处罚（刑法第 228 条之 2），这是考虑到犯人有可能杀害被绑架、诱拐者，因此，为了给犯人避免犯罪提供一条退路，同时也为了保障被绑架、诱拐者的生命安全，所以，作了这样一个刑事政策性的规定。但是，对于违法性减少说，批判意见认为，按照这种观点，中止犯和其他共犯之间就处于联动关系，对于没有中止的共犯人也不得不罚，这是违反中止犯的效果只及于中止人自身的原理的。[3] 的确，违法性之中，对于法益侵害，应当说，具有联动性质，但是，违法性是以侵害法益的结果为前提的行

---

1 团藤，362 页；西田，295 页；前田，159 页；山中，714 页（可罚的责任减少说）。
2 平野，333 页；山口，243 页（意识危险消灭说）。
3 香川，308 页。

为无价值的评价，而不可能是行为自身的联动，因此，对于共犯人也不可能具有联动。另外，中止未遂只是在"根据自己的意思中止犯罪"的场合成立，其效果不可能及于不是根据自己的意思而停止下来的其他共犯人，因此，上述批判完全不当。由于政策目的上的效果，也只及于根据自己的意思而中止犯罪的人，因此，违法性减少说不可能对共犯有联动效果。A教唆B，使其实行犯罪，但B根据自己的意思而中止了犯罪的时候，A并不是成立中止未遂教唆犯。

二、中止犯的成立条件

成立中止犯，必须是在着手实施犯罪以后，行为人①基于"自己的意思"，②"中止了犯罪"。

1. 中止的任意性

必须是基于自己的意思而中止。所谓"自己的意思"，是指没有受到外部因素的影响，也就是说，中止的决意是自发的，这一要件是中止的任意性。

（1）学说　应在什么情况下，认可任意性，有①以妨碍完成犯罪的外部要素对行为人的中止动机是否有影响为基准的主观说[1]；②以是不是基于改悔、同情、怜悯[2]等广义的后悔而中止为基准的限定主观说[3]；③以行为人所意识到的外部事实，对于一般人来说，通常会不会成为障碍为标准的客观说[4]；④将主观说和客观说折中，表现外部事实的结果，行为人感觉到能够实施，或感觉到不能实施。对行为人的现实意识进行客观判断，在虽然感到能够实施却仍然中止的场合，就是中止未遂的折中说[5]之间的对立。判例立场并不清楚，既有倾向于客观说的判例[6]，也有倾向于折中说的判例。[7]

---

[1] 小野，186页；团藤，363页；福田，130页；大塚，223页。
[2] 宫本，184页；佐伯，323页；内田，272页。
[3] 牧野，（上）270页；木村，362页；江家，159页；前田，167页。
[4] 植松，321页；福田，230页；裁职研，290页。福冈高判昭61、3、6高刑集39、1、1。金泽，百选Ⅰ（第5版），138页；奥村，判例讲义Ⅰ，113页。
[5] 最判昭24、7、9刑集3、8、1174。
[6] 最决昭32、9、10刑集11、9、2202。
[7] 前揭福冈高判昭61、3、6。

（2）任意性　本来，应在同中止犯的法律特征的关系上来论述任意性的要件。前面已述，中止犯的核心是体现在由于放弃犯罪意思而减少了发生结果的危险（违法性减少说），从这一立场来看，首先，以"基于自己的意思"这一事实，即以对外部障碍的认识为条件，在此基础上，行为人的"想干的话就能继续下去"的感觉就成为主观要素。该要素在行为人放弃了犯罪意思的意义上，成为减少违法性的违法要素，其判断必须是客观的，因此，从一般人的立场来看，必须具有"尽管想干就能继续下去，但是没有继续下去"的评价。这样说来，任意性的要件是使违法性减少的主观要素，因此，行为人对外部障碍认识的结果，在①是不是觉得"想干的话，就能继续下去"，②从一般人的立场来看，判定为"想干的话，就能继续下去"的话，就可以认定具有任意性，从这一立场来看，折中说是妥当的。[1] 因此，在"能达目的而不欲"的场合，就是中止未遂，在"欲达目的而不能"的场合，就是障碍未遂的德国的福兰克公式，对于任意性的判断来说，还是有意义的。

将广义的改悔作为必要的限定主观说，在中止犯中，将伦理性和任意性混为一谈，是只能在责任减少说中认同的标准，另外，客观说不考虑成为中止动机的事实对行为人的决意如何起作用，而只考虑其在一般经验上，有没有心理强制力，如此的话，则有无任意性的判断，就完全不用考虑行为人自身的意思了，但这样的理解偏离了"基于自己意思"的法条规定的宗旨，因而不妥。

（3）具体应用　在认定任意性时，第一，行为人本人必须具有"想干的话就能继续下去"的感觉。因此，中止的动机中，不必考虑后悔、良心的谴责、同情或怜悯[2]等道德因素，另外，也不要求其是最终放弃了犯罪意思。即便是因为觉得选择别的机会更好一些的场合的中止，只要在这一认识上，行为人的心理过程中具有"想干的话就能继续下去"的感觉，就可以考虑为任意性的问题。[3] 与此相对，行为人对外部障碍认识的结果，是"想干下去，但已是不可能"因而中止的场合，就不能认定为中止犯。因此，在存在物理障碍的场合就不用说了，即便在不存在外部障碍而行为人误以为有而中止的场合，也不能说有任意性。因为找不到要偷的东西而放弃的时候，当然是障碍未遂。

---

[1] 前揭大判昭 21、11、27。
[2] 东京高判昭 62、7、16 判时 1247、141。
[3] 木村，365 页；大塚，243 页。

第二编 犯 罪

第二，即便行为人有"想干的话就能继续下去"的感觉，但也不能马上认定具有任意性。还必须是，该外部障碍在一般人看来，是对完成犯罪没有任何影响的东西。在尽管存在外部障碍，但行为人仍然认为"可以继续下去"的场合，如果该障碍在一般人看来，通常会影响完成犯罪时，就不符合任意性的条件。因此，由于恐惧、吃惊而中止的场合，如用短刀杀人，看见流血不止而感到恐惧，于是中止了杀人行为的场合[1]；已着手实施强奸，附近通过的列车的灯光扫射过来时，看见被害人的出血，极为吃惊而中止了奸淫行为的场合[2]，都不成立中止犯。害怕自己的犯罪行为被别人发现而中止的场合，判例认为也不具有任意性[3]，但是，在行为人想实施的话就能继续下去，而且在一般人看来，也并不存在影响完成犯罪的事实的场合，应该能够认定任意性。[4] 另外，即便存在外部障碍，但行为人没有认识到这一点，而主动实施了中止行为时，也应该认定为中止犯。[5] 这是因为对外部障碍没有认识，所以不存在障碍未遂的问题。

有关任意性的判例 最高法院 1957 年 9 月 10 日在被告人意图杀害正熄灯就寝中的母亲，在用球棒殴打被害人的时候，听到其呻吟，以为其已死，就回到了自己的房间。后，听到被害人呼喊自己的名字，就又回到了现场，拉开电灯一看，发现被害人血流满面，极为痛苦，于是，恐惧、惊愕交加，中止了杀害行为的案件中，认为："事已至此，再继续实施伤害行为，造成母亲的痛苦，这是违背自己当初的意愿的，因此，在被告人方面，通常来说，不可能继续实施杀害行为"，"原判没有认定所谓（该停止行为）是基于被告人的良心回复或者悔悟的一点"，即没有认定上述犯罪成立中止犯。这一判决见解，似乎是采用了限定主观说的观点，但是，在将"通常来说"作为标准的一点上，也可以说是采用了折中说的立场。[6] 相反地，看见对方的表情而产生爱慕之情而中止的场合（名古屋高判

---

1 大判昭 12、3、6 刑集 16、272。
2 前揭最判昭 24、7、9。
3 大判昭 12、9、21 刑集 16、1303。
4 山口，248 页。
5 团藤，363 页。
6 木村静子：《判例刑法研究 4》，49 页；浅田：《刑法基本判例》，56 页；裁职研，291 页。

平成2年7月17日《判例时报》第739号第245页），意图杀死长男然后自杀的时候听到长男说话，突然丧失了犯罪的勇气的场合（横滨地判平成10年3月30日《判例时报》第1649号第176页），因为被害人的哀求而放弃奸淫的场合（浦和地判平成4年2月27日《判例时报》第795号第263页），均认可了任意性。

2. 防止结果
必须有基于自己意思的"中止"。
（1）中止行为　成立中止犯，必须具有影响犯罪完成的行为，即由于中止行为而没有发生犯罪结果。在虽然实施了实行行为，但发生结果的因果进程尚未开始的场合，如果中止其以后的实行行为的话，就完全可以作为中止行为看待（不作为的中止）。相反地，在发生结果的因果进程已经开始的场合，就必须采取防止结果发生的适当措施（作为的中止）。在这一点上，存在着手未遂和实行未遂，以及着手中止和实行中止的区别问题（参照草案24条第1款）。

所谓着手中止，是指在着手实行以后，在行为终了以前，放弃应当继续实施的实行行为的场合。所谓实行中止，是指在行为实施终了以后，防止结果发生的情况。着手中止的场合，通常是只要有放弃实行以后的不作为就够了，而实行中止的场合，则多半要求必须具有防止结果发生的作为。[1] 因此，着手中止和实行中止的区别问题就很重要，但中止行为是仅有不作为就够了还是必须具有作为，这是和是否达到了引起既遂结果状态有关的问题，所以，两者的区别并不重要。[2] 因此，在发生结果的因果关系尚未开始的场合，中止实行行为的话，就是中止行为；相反地，在因果进程已经开始的场合，没有以作为形式防止结果的话，就不是中止行为。

　　实行行为的终了时　如出于杀人意图而持有装上了两发子弹的手枪，在①开了一枪，命中对象，引起了死亡危险的场合，就是实行未遂；②第一枪没有引起死的危险，但行为人误以为只有一发子弹，于是停止开枪的场合，就是实行未遂；③第一枪没有引起死的危险，行为人也知道还有一发子弹，但是放弃了的场合，就是着手

---

[1] 大塚，246页。
[2] 前田，165页；山口，243页；裁职研，293页。

未遂；④如果两发子弹都没有打中的话，就是实行未遂。另外，东京高等法院 1976 年 7 月 14 日（《判例时报》第 834 号第 106 页）在被告人 X 和 Y 共谋杀死某甲，Y 用日本刀砍了某甲的右肩一下，又拿了两把大刀，准备要某甲的命，在其正准备进行下一次攻击的时候，被 X 制止的案件中，考虑到由于被告人们没有想到最初的一击就能杀害被害人，另外，死的危险还未产生，实行行为尚未终了，而且是在再次的攻击很容易进行的时候，自己放弃了该行为的，因此，判定该行为成立中止犯。[1]

中止行为，是出于防止结果的目的的行为，要有和防止结果所必要的并且相当的行为。[2] 借助于他人的帮助而防止结果的场合，当然也能成为中止行为，但是，在这种场合，行为人也必须付出能够和自己亲自防止结果发生同等程度的努力（通说）。[3] 例如，在放火犯人放火之后，高喊"起火了"的场合，即便第三人在未成火势之前就将火扑灭了，仍不成立中止行为。

中止行为，是否要求必须具有防止结果发生的真诚努力，有必要说[4] 和不要说[5] 之争。真诚要件的内容不一定明确，另外，从刑法第 43 条的但书规定来看，也看不出这一要求。因此，在实行行为所引起的导致结果发生的因果进程尚未开始的场合，只要放弃实行行为就够了，又，在因果进程已经开始的场合，只要有积极防止结果发生的作为就够了，不要求将为防止结果的发生而付出了真诚的努力作为要件。

中止行为和判例 "被告人在着手实行本案中的放火行为以后，在逃走之际看到火势，遂产生恐惧之心，原判根据其对 A 说明了放火之事，请他帮助收拾残局而自己逃走的事实，认为被告人没有付出和防止发生放火结果的行为能够同等看待的努力，因此，认为在被告人逃走之后，尽管根据 A 等的灭火行为防止了结果的

---

1 东京高判昭 62、7、16 判时 1247、140；和田，百选 I（第 5 版），140 页；奥村，判例讲义 I，110 页。
2 荒川，百选 I（第 4 版），144 页。
3 大判昭 12、6、25 刑集 16、998。
4 大判昭 13、4、19 刑集 17、336。大塚，246 页；团藤，365 页；香川，313 页；西原，293 页；前田，166 页。
5 野村，364 页；山口，243 页。

发生,但也不能根据被告人的前述行为而将本罪判定为中止犯"(大审院 1937 年 6 月 25 日)。

(2) 中止行为和未发生结果　为成立中止犯,单有任意的中止行为还不够,中止行为和未发生结果之间必须具有因果关系。在这一点上,有①只有在中止行为和没有发生结果之间具有因果关系时才成立中止犯的见解[1],和②中止行为和未发生结果之间不要求具有因果关系的见解[2]之间的对立。

现行法将"根据自己的意思而中止犯罪"作为要件,从这一规定来看,必须根据任意行为而防止结果,即中止行为和结果未发生之间必须具有因果关系的理解是正确的。②说的根据是,既然基于真诚的努力而实施了中止行为,那么这种情况应当在违法性或责任之内反映出来,另外,在一开始就不可能发生结果的场合,不能成立中止犯,会导致不合理的结果。但是,这些是立法论的问题,而不是解释论的问题。

这样,中止行为和未发生结果之间必须具有因果关系。但是,将这种考虑贯彻到底的话,会得出在让人喝药之后马上将被害人送医院,由于药物没有达到致人于死的剂量,即不可能发生结果的场合,就不可能成立中止的结论,这样,就会出现上述②说所主张的同可能发生结果的场合相比,存在不平衡的情况。为了避免这种不平衡,《修改刑法草案》作了新的规定,这种规定是很有必要的。但是,在刑法修改之前,作为避免上述不平衡的对策,在不可能发生结果的场合,应当比照中止犯的规定,适用必须减免刑罚的规定。

纠正不均衡的策略　正如本文所说的,在投放没有达到致死剂量的药物,不会导致死亡结果的场合(缺效未遂),无论付出什么样真诚的努力,也不能成立中止犯的话,在和投放达到致死剂量的药物具有发生死亡结果危险的场合成立中止未遂的情况相比,明显会产生不均衡。为了消除这种不均衡,《修改刑法草案》第 24 条第 2 款规定:"在行为人对防止结果的发生付出了相当努力的时候,

---

[1] 植松,332 页;佐伯,365 页;藤木,264 页;山口,245 页,大判昭 4、9、17 刑集 8、446。
[2] 木村,368 页;团藤,366 页;平野,337 页;福田,231 页;大塚,247 页;川端,480 页;浅田,397 页;前田,166 页;山中,273 页。

即便是由于其他事情而没有发生结果的场合，也和前款同样处理"，规定这种场合成立中止犯。"其他事情"中，也包括不可能发生结果的情况。

三、预备罪、阴谋罪的中止

1. 意义

所谓预备犯、阴谋犯的中止，是指在预备、阴谋行为之后，自愿中止实行行为的开始。刑法第 43 条但书规定着手"实行犯罪"的时候，才能认定中止犯，因此，预备罪、阴谋罪中不包括中止犯在内，这是明显的。但是，在解释论上，是否应当承认预备罪、阴谋罪的中止犯，则有肯定说和否定说之分。

否定说以①预备、阴谋本身就是预备，不能认可"着手"的观念，②没有成文法上的根据，③预备罪、阴谋罪是举动犯，即便中止，也是预备、阴谋等为根据。[1] 但是，按照否定说的观点的话，如进行抢劫预备的行为之后，根据"自己的意思"而没有着手实行的场合，就要处 2 年以下的有期徒刑，相反地，着手实行之后中止的话，就要免除刑罚，这显然会造成刑罚失衡。另外，预备发展为实行的着手，在有中止行为的场合，作为所意图实施的犯罪的中止犯，预备部分被该中止犯所吸收，应当免除刑罚，在此意义上讲，也不均衡。

这样，刑法第 43 条的但书规定尽管不适用于预备、阴谋的中止，但是应当准用这一条款，比照中止未遂，减轻、免除处罚，即肯定说妥当。现行法上，预备罪中，在放火预备罪、杀人预备罪中，有根据情节免除处罚的规定，因此，虽然没有必要特地对于预备、阴谋的中止，准用刑法第 43 条的但书规定，但是由于抢劫预备罪、准备伪造货币罪等中没有免除刑罚的规定，所以，不按照上述规定准用的话，就会丧失刑罚均衡。

2. 刑罚上的处理

在减轻、免除刑罚之际，作为其基准的刑罚，有①应当以既遂犯的法定刑（如杀人罪，处死刑、无期徒刑或者 3 年以上有期徒刑）为标准的见解（通说），②应当以对预备罪、阴谋罪的法定刑（如杀人预备罪，

---

[1] 植松，335 页；大判大 5、5、4 刑录 22、685；最大判昭 29、1、20 刑集 8、1、41。酒井，百选Ⅰ（第 4 版），146 页；奥村，判例讲义Ⅰ，116 页。

处2年以下的有期徒刑）为标准的见解[1]之间的对立。但是，从属预备罪的法定刑，是对基本罪的法定刑进行法律上的减轻之后所得到的，因此，不能再在其基础之上，作为中止犯进行法律上的减轻，所以，结局上，对于从属预备罪的中止犯，只能适用免除刑罚。[2] 在此意义上讲，①和②的见解都不能支持。

四、对中止犯的处罚

对于中止犯，必须减轻或免除处罚（第43条但书）。只要适用中止犯的条款，即便该行为产生了符合其他构成要件的事实，也不成立其他犯罪。例如，杀人罪的中止犯的场合，即便发生了伤害事实也不成立伤害罪。杀人行为着手之前的预备行为也同样如此。但是，中止行为的效果不及于和中止犯之间处于并合罪或科刑一罪关系的其他犯罪。例如，侵入住宅以后，着手实施盗窃但以后中止的场合，仅根据盗窃罪还不能对侵入住宅罪进行评价，因此，中止的效果不及于侵入住宅罪。另外，正如在出于让人煤气中毒而死亡的故意，使煤气在房间里弥漫，之后为停止犯罪而将房屋的窗户砸破一样，在中止行为自身成立犯罪的场合，就独立地构成犯罪，而不成立中止犯。但是，在这种场合，有考虑成立紧急避险或认为其没有期待可能性的余地。

第二节　共犯

第一款　共犯和正犯

一、共犯的意义和种类

1. 共犯的意义

共犯，有最广义、广义和狭义之分。所谓最广义共犯，是指两个以上的人共同实现构成要件的情况，可以分为任意共犯和必要共犯。所谓任意共犯，是指两个以上的行为人共同实施法律上以单独的行为人为模

---

[1] 小野，前揭论刑罚的本质及其他，296页；前田，168页。
[2] 平野龙一："中止犯"，刑事法讲座2卷，419页；西原，272页；齐藤诚二：《预备罪研究》(1971年)，425页。

式而设计的构成要件的情况,它包括刑法总则中所规定的共同正犯、教唆犯以及帮助犯三种。所谓广义共犯,是指作为任意共犯的共同正犯、教唆犯以及帮助犯,一般所说的共犯就是指任意共犯。所谓狭义的共犯,是指教唆犯和帮助犯。由于共同正犯在性质上和正犯类似,所以有必要和教唆犯以及帮助犯区别开来认识。

共犯的实际形态 所有的犯罪中,具有共犯(广义共犯)形态的,约占2成多一点。其中,大半是共同正犯,每年,约为全体犯罪的97%,教唆犯、帮助犯约为2%到3%左右。

2. 必要共犯
是指在构成要件的性质上,最初就是预定由数个行为人所实施的犯罪。

(1) 种类 必要共犯,分为集团犯和对向犯。所谓集团犯(集合犯、多众犯),是指内乱罪(第77条)、骚乱罪(第106条)之类的,在构成要件上,以指向同一目标的多数人的共同行为为必要的犯罪。一般是着眼于其集团性的群众心理,根据参与的程度、形态设置阶段,对参与人进行处罚。所谓对向犯,正如重婚罪(第184条)、贿赂罪(第197到198条),是在构成要件上,以两个以上的人的相互对向的行为为必要的犯罪。一般来说,对对向的双方都进行处罚,但是,正如散布、贩卖淫秽物罪(第175条)一样,也有只处罚对向人(贩卖人)一方的场合。

(2) 任意共犯 是指二人以上实现预定为单独犯的犯罪的场合。任意共犯当中,有共同正犯(第60条)、教唆犯(第61条)、帮助犯(第62条)这样三种形态。共同正犯,是二人以上共同实行犯罪的场合,所有的人都作为正犯处理。教唆犯,是唆使没有犯罪意思的人,使其实行犯罪的场合。比照正犯处罚(第61条)。帮助犯,是辅助犯罪的实行,为其提供方便的场合,比照正犯之刑处罚(第63条)。

(3) 必要共犯和任意共犯的关系 必要共犯的概念,在和刑法总则的共犯规定的关系上具有意义。即,必要共犯,由于在刑罚法规上是独立的共犯类型,所以,原则上不适用刑法总则中有关共犯的规定。例如,作为对向犯的索要贿赂罪,类型上包含有作为必要共犯的行贿的教唆犯和帮助犯的行为,因此,除了构成索要贿赂之外,就不再成立行贿的教唆犯和帮助犯。另外,在规定仅处罚对向人的一方的场合,另一方的行为即便相当于对对方的教唆、帮助行为，但对于在该罪的成立上，在构成要件方面所当然预计到了的共犯行为，原则上不适用共犯规定（通说）。[1] 当然，处于对向关系的一方和第三人处于共犯关系的场合，适用任意共犯的规定。

在集团犯上，例如，即便在骚乱罪的集团的内部，实施符合教唆、帮助的行为，但是，也是作为符合构成要件的有关行为进行处理，而不另外再做处罚。在集团的外部，对于集团犯施加有影响的行为，是否适用共犯规定，学说上，有否定说[2]和肯定说[3]之争。否定说认为，集团犯是意图在一定形态和限度上对参与集团行动的人进行处罚，因此，对以上述形态以外的参与行为应当置于处罚之外。但是，如骚乱罪中，在暴动集团之外，教唆他人参加暴动的场合，对该教唆行为，认为不值得处罚，确实不当；同时，认为必要共犯的处罚效果波及集团外的人，理论上也难以找到根据，所以，在必要共犯关系者以外的人对必要共犯施加影响的场合，原则上应适用共犯的规定处理；例如，对教唆、帮助准备凶器集合罪（第208条之3第1项）的行为，第三人教唆、帮助实施受贿罪行为的，都应适用共犯的规定处理。

"积极说服"和教唆犯　　最高法院1968年12月24日在有关违反《律师法》第72、77条的犯罪方面，认为委托没有律师资格的人就自己的法律纠纷与对方商谈，要求和解，并约定支付其报酬的行为，不构成该罪的教唆犯，即："对于成立某种犯罪所当然预想到的，或者必不可少的相关行为，只要没有处罚该种行为的规定，则应当说，将其作为接受参与方的可罚行为即教唆或者帮助行为进行处罚，原则上，不是法律的意图之所在"[4]。而且，如行贿人说"请收下！"、购买淫秽物品者所说的"请卖给我吧！"的行为，作为可罚的对向行为所通常伴随的情况，类型上被包含在内的时候，不适用共犯规定。但是，类型上没有被预想在内的、积极甚至固执的说服的场合，因为已经超出了必要共犯

1　最判昭43、12、24刑集22、13、1625；最判昭51、3、18刑集30、2、212。反对，平野，378页；前田，405页；大越，245页。
2　团藤，434页；大塚，261页。
3　植松，356页；平野，380页；西原，322页。
4　生田，百选Ⅰ（第5版），194页。

关系，应当适用共犯规定。[1]

3. 同时犯

同时犯和共犯不同。所谓同时犯，是指两个以上的人，没有任何意思联络，同时对同一对象实施犯罪行为的情况。行为的场所，并不要求同一。所谓"同时"，是指在外观上具有可以说是共同实现犯罪程度的时间上的接近性，只要具有几乎是同时或前后的关系就够了，不一定要求实行的着手、终了以及结果的发生统统都具有同时发生的关系。在过失犯中也具有同时犯。又，由于同时犯在甲的行为是伤害、乙的行为是杀人这种不同犯罪之间也能认可，所以，要求两个以上的人必须实施"同一犯罪"的见解[2]并不妥当。

由于同时犯不过是同时实施的两个以上的单独正犯，所以，对于各自的行为，各人都按正犯承担责任。而且，在 A、B 都出于杀人的故意，同时向甲开枪，结果，A 的子弹命中心脏，引起甲的死亡，B 的子弹只导致轻伤的场合，A 的行为成立杀人既遂，B 的行为成立杀人未遂。在上例中，A、B 的子弹都打中了甲，但到底是谁的子弹导致了甲的死亡并不清楚的场合，两者都成立杀人未遂罪。[3]但是，在 A、B 之间具有共同实行的意思的场合，就不是同时犯，而是共同正犯，两者都成为杀人罪既遂。

另外，在伤害罪的同时犯方面，设置了特别规定，即，在两个以上的人施加暴行而伤害他人，无法查明由于谁的暴行引起了他人受伤的结果的场合，虽然不是共同正犯，但也作为共同正犯处理。

二、正犯和共犯的区别

1. 有关区别的学说

所谓正犯，是和狭义的共犯即教唆犯以及帮助犯相对的概念。关于共犯和正犯的区别标准，历来就有（1）主观说和客观说，（2）限制的正犯概念说和扩张的正犯概念说，（3）行为支配说，（4）形式说等的

---

[1] 佐伯千仞："必要共犯"，宫本还历，403 页；大塚，261 页。最判昭 51、3、18 刑集 30、2、212。

[2] 大塚，263 页。

[3] 木村，428 页；大塚，263 页；前田，401 页。

对立。

（1）主观说和客观说　主观说以因果关系论中的条件说为基础，认为，作为原因的所有的条件都是同等的，因此，从因果关系的观点来区分正犯和共犯是不可能的，出于实施自己的行为的意思而进行行为的人是正犯；出于影响他人的行为的意思而实施行为的是共犯。客观说（实质说），以因果关系中的原因说为基础，认为对结果的发生具有原因的人就是正犯；提供条件的人是共犯。主观说和客观说，由于作为其二者的基础的因果关系说自身是不正确的，因此仅凭这一点，就不能赞成。

（2）限制的正犯概念说和扩张的正犯概念说　限制的正犯概念说，从严格限制正犯概念的立场出发，认为亲自动手实施符合构成要件的行为的直接行为人是正犯。[1] 按照这种见解，间接正犯也包括在共犯概念之内，另外，由于刑法典中的共犯规定是将处罚扩展到正犯以外的人的规定，因此，共犯就是扩张刑罚事由。扩张的正犯概念说认为，在实现构成要件的行为上，提供了某种条件的人，都是正犯。[2] 因此，共犯概念不过是实定法的产物而已。刑法第61条、第62条不过是在正犯中，将教唆犯和帮助犯进行限定处罚的规定而已，所以，共犯是缩小刑罚事由。

这两种学说，都是围绕着间接正犯是正犯还是共犯而展开的学说。限制的正犯概念说在物理地（机械地）把握正犯概念的一点上，并不妥当；另外，扩张的正犯概念说在以因果关系中的条件说为基础一点上存在问题，而且，在不能说明为什么正犯、教唆犯以及帮助犯的处罚根据各不相同的一点上，也不妥当。

（3）行为支配说　主张出于实现构成要件的意思而有目的地根据一定行为来支配、控制因果关系，根据有无这种行为支配来区分正犯和共犯的学说，就是行为支配说。这种学说在根据对被利用人的利用形态来区分正犯和共犯一点上有其正确的一面，但是，由于其以目的行为论为基础，所以，并不妥当。另外，教唆行为和帮助行为也是承担目的、实现意思的支配行为，所以，根据有无对行为的支配来区分共犯和正犯，显然是困难的。[3]

（4）形式说　认为实施符合基本的构成要件的行为即实行行为而构

---

[1] 佐伯，343页；中，234页；中山，443页。
[2] 宫本，199页。
[3] 平场，155页；福田，245页；井田，295页。

成犯罪的是正犯；通过实施符合修正的构成要件的行为即教唆行为以及帮助行为、对正犯施加影响而构成犯罪的是共犯。[1] 按照这种观点，正犯，除了亲自直接实施符合构成要件的直接正犯的场合以外，还有在法律上可以和正犯同等看待的形态，即将他人作为道具加以利用而实现构成要件的间接正犯。

2. 正犯和共犯的区别

在以构成要件为轴心的犯罪论中，应当从实施符合构成要件的事实的角度出发来讨论正犯和共犯的区别。所谓正犯，是出于亲自实现构成要件的意思，实施具有实现构成要件的现实危险的行为的人。亲自直接实现犯罪的是直接正犯；把他人作为道具加以利用，以在法律上可以评价为就像是自己亲自动手实施犯罪一样的形态来实施犯罪的，是间接正犯。从实质的观点来看，正犯的本质在于：像自己所希望的那样，将自己或者他人的身体作为工具驱使，实现预期的目的。所谓共犯，是指不亲自动手实施符合构成要件的行为，而是通过教唆或帮助正犯的方式来参与正犯的行为，换句话说，是通过正犯的实行行为来参与犯罪的实现。从这种观点来看，"教唆他人实施犯罪的人"即教唆犯是共犯。另外，"帮助正犯的人"即帮助犯也是共犯。

属于正犯和共犯的中间状态的是共同正犯。刑法第60条规定："二人以上共同实施犯罪的，都是正犯"。和教唆犯、帮助犯不同，在共同正犯的场合，共犯人全部都是按单独正犯处罚。因此，共同正犯到底是正犯还是共犯就成问题。共同人，虽然具有亲自实现构成要件的意思，但是在和他人的实行行为一起，并据此来实现犯罪的一点上，同时具有正犯和共犯的特征。

三、共犯的处罚根据

1. 学说

所谓共犯的处罚根据，是指处罚未实施正犯行为的人即共同正犯中实行行为人以外的共同人、教唆犯、帮助犯的实质根据。在共犯的处罚根据上，大体上有责任共犯说和违法共犯说之间的对立。

（1）责任共犯说　责任共犯说认为，共犯的处罚根据在于，共犯人

---

[1] 团藤，373页；福田，245页；大塚，266页；吉川，238页；川端，515页。

通过教唆、帮助行为诱使正犯实施有责行为，陷入应受处罚状态。[1] 按照这种观点，只有在正犯的行为符合构成要件、违法且有责的场合，才能对共犯进行处罚。

（2）违法（不法）共犯说　认为共犯由于使正犯实施了符合构成要件的违法行为所以才要受罚。按照这种观点，正犯行为只有在违法的场合，共犯才能受到处罚。

（3）因果共犯论　认为共犯人由于通过正犯的行为引起了法益侵害或者威胁所以才受罚。这种见解还可以进一步分为以下三种观点：

①纯粹引起说　认为共犯由于自己侵害了法益所以才受罚的见解。共犯的违法性独立于正犯，共犯不从属于的正犯的违法性。[2]

②修正引起说　认为共犯是由于参与正犯的法益侵害行为所以才受罚，按照这种观点，共犯的违法性从属于正犯行为的违法性。

③混合引起说　认为共犯人通过正犯的实行行为，间接地侵害法益的见解。[3] 按照这种观点，共犯的违法性，从属于正犯的实行行为和法益侵害或者危险。

2. 共犯的处罚根据

从刑法的机能在于保护法益的观点出发，所有的犯罪都能在引起对法益的侵犯或危险的一点上找到其处罚根据，但是，在以构成要件为中心的共犯论中，仅有对法益的侵害或危险还不能进行处罚，而必须有通过正犯的实行行为引起的法益侵害或威胁。换句话说，正犯的处罚根据在于，通过自身的实行行为来引起对法益的侵害或危险，而共犯的处罚根据在于，通过正犯的实行行为，间接地引起该结果的发生。

在教唆犯中，教唆被教唆人决意实施犯罪，在通过正犯的实行行为来引起侵害或威胁法益的一点上，间接地和侵害法益有关；在从犯中，通过使正犯容易实施实行行为来间接地参与侵害法益。不论上述哪一种情况，在成为侵害法益的间接原因的一点上，具有可罚性。

共同正犯中的共谋共同正犯的场合，共同人在通过共同谋议，形成相互利用、补充的合作关系，实施犯罪的实行行为，从而引起对法益的侵害或威胁的一点上，能找到对其处罚的根据。因此，虽然要求教唆、

---

[1] 安平，363页；江家，183页；庄子，旧版717页。
[2] 牧野，675页；佐伯，328页；中，255页；浅田，407页；山中，764页；前田，409页。
[3] 山口，258页；井田，317页；松宫，283页。

帮助行为和正犯的实行行为或者侵害或威胁法益的结果之间具有因果关系，但是，正犯的行为只要是符合构成要件侵害法益的行为就够了，并不一定要求是违法有责的行为。即便在共犯中，由于符合构成要件的实行行为的观念在罪刑法定原则之上也具有重要意义，因此，提倡这种观念的混合引起说最为妥当。[1]

四、共犯的本质

1. 犯罪共同说、行为共同说

关于共犯的本质，有①犯罪共同说和行为共同说，②共犯从属性说和共犯独立性说之争。

（1）犯罪共同说　犯罪共同说认为，二个以上的人共同实现特定犯罪的场合就是共犯。例如，在共同实现盗窃罪的构成要件的场合，出于实现特定的构成要件的意思，二个以上的人共同实现该构成要件的场合，就是共犯。在犯罪共同说的内部，有认为只有在共同实现一个或同一的故意犯的场合才是共犯的完全犯罪共同说[2]，以及主张即便是两个以上的人共同实施横跨不同构成要件的行为，在这些构成要件是同质且重合的时候，应当认为是共犯的部分犯罪共同说[3]之间的对立。

（2）行为共同说（事实共同说）　认为二个以上的人共同实施特定的犯罪的场合就不用说了，即便是出于各自的犯罪意图而共同实施行为的场合，也是共犯。[4] 这一学说的基础是，是否成立犯罪，应根据犯人各自的情况单独进行论述，共犯不过是在实施犯罪行为一点上共同而已，所以，共同实行的意思以及共同实行的事实并不重要；对于犯罪结果而言，具有物理或心理上的因果关系的行为，就具有共犯关系的见解。

各种学说的具体应用　根据完全犯罪共同说，即便在 A 基于

---

1 大谷实："共犯的诸问题"，同《刑事司法的展望》（1998 年），112 页；山中，763 页；大越义久：《共犯论再考》（1989 年），181 页；井田，317 页；前田，409 页；山口，258 页；西田，317 页（构成要件的引起说）。

2 泉二，627 页。

3 小野，199 页；泷川，226 页；植松，352 页；团藤，389 页；庄子，417 页；福田，261 页；大塚，267 页；吉川，249 页；藤木，283 页；西原，325 页。

4 牧野，（上）676 页；宫本，194 页；佐伯，332 页；植田，156 页；中野，440 页；平野，364 页；浅田，409 页；山口，259 页；前田，412 页。

盗窃的故意、B 基于抢劫的故意共同实现了各自的犯罪的场合，也不成立共犯。按照部分犯罪共同说，除了抢劫和盗窃以外，在抢劫和抢劫杀人、伤害和杀人等构成要件上有重合的犯罪之间也能成立共犯。行为共同说认为，在 A 意图杀人、B 意图放火而共同实施放火的场合，就成立杀人和放火的共犯。另外，关于犯罪共同说和行为共同说的理论对立，有只有共同正犯的场合才成为问题的见解[1]，以及对于所有的广义共犯都成问题的见解（通说），等等。正如教唆盗窃，但在被教唆人实行抢劫的场合，是否也成立共犯的一样，这种学说的对立在教唆犯以及从犯方面也成为问题，因此，后说妥当。

(3) 实行行为的共同　由于共犯的处罚根据在于，通过正犯的实行行为来实现构成要件，引起对法益的侵害或危险。因此，构成共犯，必须具有共同实现特定的构成要件的事实。所以，对于主张没有必要要求共同实现特定的构成要件的行为共同说不能支持。

另一方面，成立共同正犯，只要共同实施实行行为就够了，正如杀人罪和伤害致死罪一样，只要将在二个以上的犯罪构成要件上重合的行为把握为实行行为就够了，所以，主张必须是共同实现特定犯罪的整体的完全犯罪共同说，也不值得赞成。

从这种观点来看，从重视构成要件论的立场出发，认为各个参与者的犯罪行为只要在构成要件上重合的限度内就是共同正犯的部分犯罪共同说是正确的。如在 A、B 共同实施抢劫罪的场合，A 出于盗窃的故意、B 出于抢劫的故意，由于盗窃罪和抢劫罪在盗窃一点上具有构成要件上的重合，所以，A 的盗窃、B 的抢劫具有犯罪上的共同。

2. 共犯从属性说、共犯独立性说

由于共犯的处罚根据在于通过正犯的实行行为，间接侵害或威胁法益的一点上，所以，正犯的行为如果不符合特定的构成要件，该行为不侵害或威胁法益的话，共犯就不成立。在这一问题上，有共犯从属性说和共犯独立性说之间的对立。共犯从属性说认为，为成立共犯，正犯至少必须实施了符合基本的构成要件的行为。这一学说由于认为共犯以正犯的实行行为条件而从属地成立，所以，被称为共犯从属性说。

---

[1] 福田，261 页；藤木，283 页。

第二编 犯 罪

共犯从属性说是客观主义刑法理论的立场，按照这种观点，即便实施教唆、帮助行为，仅此原则上还不构成犯罪。为了处罚这些行为，要求被教唆人和被帮助人还实施了犯罪。共犯独立性说认为，成立共犯只要有教唆、帮助行为就够了，而不考虑被教唆人、被帮助人是否实施了犯罪。这一学说由于主张共犯不以正犯的实行行为成立条件，是独立于正犯而成立的，所以，又被称为共犯独立性说。共犯独立性说是主观主义刑法学的立场。按照这种观点，正犯和共犯的处罚根据都是行为人的性格的反社会性。由于教唆行为和帮助行为和正犯行为一样，自身都是行为人的反社会性格的体现，所以，这种见解认为，被教唆人和被帮助人是否实施了犯罪，对于共犯的成立来说，并不重要。

共犯从属性说和共犯独立性说的解释论上的对立，体现在共犯未遂的成立范围上。按照共犯从属性说的话，为了将共犯作为犯罪进行处罚，正犯至少要着手实施犯罪，所以，共犯的未遂只能在正犯行为也是以未遂而告终的场合才能成立。与此相对，按照共犯独立性说，只要实施了教唆行为或帮助行为，就应当作为犯罪进行处罚，所以，在正犯停留于未遂或预备的场合就不用说了，即便在教唆、帮助自身以失败而告终的场合，也成立共犯的未遂。所以，它认为，教唆行为、帮助行为也是实行行为，适用刑法第 43 条和第 44 条，而正犯的实行行为对于共犯人来说，不过是客观的处罚条件而已。[1]

由于刑法第 61 条规定"教唆他人，使他人实施犯罪"，第 62 条规定"帮助正犯"，所以，应当说，在现行法上，教唆犯以及帮助犯的成立以正犯的存在为必要。另外，在特别刑法中，规定有独立处罚共犯的特例，例如《破坏活动防止法》第 41 条规定："本法中有关教唆的规定，在被教唆的人实行了和教唆有关的犯罪的时候，并不排除适用刑法总则中有关教唆的规定。在这种场合，对刑罚进行比较，处以较重的刑罚"。这一规定，在表明该法中所规定的教唆罪在正犯没有实施实行行为时也成立的同时，还说明刑法典上的教唆犯，只有在有实行行为的时候才能成立。这样说来，现行刑法是基于共犯从属性说而规定的。

共犯从属性说在理论上也是妥当的。共犯独立性说认为教唆行为、帮助行为也是一种实行行为，即便被教唆人和被帮助人在完全没有实施任何行为的场合，也应作为共犯进行处罚，但是，共犯是对通过正犯的

---

[1] 牧野，（上）677 页；宫本，195 页；木村，394 页。

行为，对实现构成要件结果提供相当条件的情况（共犯的因果性），是通过正犯的意思或规范意识为媒介来参与实现犯罪的，所以，教唆、帮助行为自身并没有引起结果的现实危险，只有在具有正犯的实行行为时，才产生了发生构成要件结果的现实危险，所以，应当说，只有在达到这一阶段时，才能认可共犯行为的可罚性。

五、共犯的从属性

1. 意义

共犯，只有在具有正犯的实行行为时才成立。共犯的成立必须从属于正犯，这被称为共犯从属性。共犯从属性，可以分为从属性的有无和从属性的程度。

> **平野博士有关从属性的分类** 平野博士将共犯的从属性分为三种，分别命名为实行从属性、要素从属性以及罪名从属性。(1) 实行从属性，是有关作为共犯的成立要件，正犯的实行行为是否必要的问题；(2) 要素从属性，是正犯的行为中，要求具备什么样的要素的问题；(3) 罪名从属性，是共犯是否必须和正犯的罪名相同的问题。[1] 上述分类中，(1) 是有无从属性的问题，(2) 是从属性的程度问题，(3) 是有关是犯罪共同还是行为共同的问题。[2]

2. 从属性的有无（实行从属性）

即便是共犯，也必须符合刑罚法规所预定的构成要件，所以，为成立共犯，正犯至少必须实施犯罪行为。在"实行"的意义上，有①必须实施符合基本的构成要件的行为（狭义的"实行行为"）的见解[3]，和②只要实施符合修正的构成要件的预备、阴谋行为就够了的见解[4]之间的对立。①说认为，刑法第 60 条、第 61 条中所说的行为和第 43 条中所说的"行为"应看成是同等意义的，但是第一，在法律解释上，同样的

---

[1] 平野，345 页；植田重正："共犯独立性说的从属性说"，刑事法讲座 3，441 页（实行从属性、犯罪从属性以及可罚从属性）。

[2] 大塚，268 页。

[3] 大塚，268 页。

[4] 平野，351 页；吉川，242 页；内田，304 页；前田，416 页。

第二编 犯 罪

用语也可能是不同的意思;第二,预备、阴谋在分则各条文中也被构成要件化了;第三,共犯的可罚性在于,共犯行为是和实行犯的实现构成要件的行为相关的;第四,现行刑法规定,"对仅应处以拘留和罚金的犯罪的教唆犯和从犯,在没有特殊规定时,不处罚"(刑法第64条)。换句话说,除了法定刑仅为拘留和罚金的犯罪的场合以外,对于教唆犯和帮助犯,即便没有特别规定,也能进行处罚,所以,从上述理由来看,实质说妥当。

但是,坚持共犯从属性的原则,并不意味着否定对教唆、帮助进行独立处罚的规定。教唆、帮助自杀,《破坏活动防止法》第38条中规定的独立教唆罪,《国家公务员法》第111条中的独立帮助罪等就是这种情况。但是,考虑到共犯自身实现构成要件的危险性很小,独立地对教唆犯、帮助犯进行处罚的场合也很少,所以,随便对其制定进行独立处罚的规定并不妥当。

二分说 该说认为,对于独立预备罪,应当肯定预备罪的共犯,但是,对于从属预备罪,则应当否定预备罪的共犯。[1] 其根据是,正如准备伪造货币罪(第153条)一样,在构成要件上独立规定预备的场合,就可以把握为独立的犯罪类型,相反地,在从属预备罪的场合,由于缺乏行为的定型性,有漫无边际地扩大其范围的危险,因此,与此相对的共犯也会变得漫无边际。但是,若说预备行为没有定型性的话,那么,预备的构成要件本身就不应当规定。另外,独立预备罪和从属预备罪之间,在定型性上也不应当有差别。因此,如果否定一方的话,那么,对另一方也应当予以否定,而不能采用二分说。

最高法院1962年11月8日(《刑集》第16卷第11号第1522页)在Y为杀害甲而请求X为其弄氰化钾,X知道Y是为了杀人而使用,却还是为其弄到了氰化钾,但Y最后没有使用这一药品而是使用其他方法将甲杀害的案件中,支持了[2]原审法院认定X构成杀人预备罪的共同正犯的判决。[3] 由于这一判决是以即便在杀人预备罪中,也能认可"实行行为"为前提的,所以,认为也能认可

---

[1] 平野,351页;吉川,242页;内田,304页;前田,416页。
[2] 龟井,百选Ⅰ(第5版),160页;十河,判例讲义Ⅰ,128页。
[3] 名古屋高判昭36、11、27高刑集14、9、635。

杀人预备的教唆犯、帮助犯。大阪高等法院1963年1月22日（《高刑集》第16卷第2号第177页）在有关企图秘密出国罪（旧《出入国管理法》第71条）方面，认为"出于帮助他人的意思实施预备行为的人，是预备罪的从犯"[1]。

3. 从属性的程度（要素从属性）

共犯成立犯罪，实行犯行为必须达到什么程度呢？这便是从属性的程度的问题。

（1）迈耶的形式　在从属性程度的问题上，有名的是德国的M. E. 迈耶主张的四个从属形式。第一是认为只要正犯的行为符合构成要件就够了的最小限度的从属形式；第二是要求正犯的行为必须是符合构成要件且违法的限制的从属形式；第三是要求正犯的行为必须是符合构成要件、违法且有责的极端的从属形式；第四是不仅要求正犯的行为符合构成要件、违法、有责，而且还必须具备可罚性的夸张的从属形式。

（2）我国的从属性说　在我国，关于从属性的形式，目前，有①主张采用最小限度从属形式的最小限度从属性说[2]；②主张采用限制从属形式的限制从属性说[3]；③主张采用极端从属形式的极端从属性说[4]之间的对立。最小限度从属性说，着眼于刑法第61条的"教唆他人，使他人实施犯罪"的规定中的"实行"的一点，认为只要正犯行为是实行行为就够了，不要求具备违法、有责之类的犯罪要素。与此相对，限制从属性说主要从难以想象对正当防卫等正犯不具有违法性的行为进行教唆、帮助，所以，共犯，只有在正犯行为符合构成要件，并具有违法性时才能成立。目前，限制从属性说是通说。另一方面，过去的判例所采用的极端从属性说，着眼于刑法第61条"实施犯罪"中的"犯罪"一词，认为由于犯罪是符合构成要件、违法且有责的行为，所以，共犯，以正犯具有构成要件符合性、违法性以及有责性这三方面的要素为成立条件。

1　东京高判昭48、4、26高刑集26、2、214也是同样的宗旨。
2　前田，424页；平野，358页。
3　小野，200页；植松，363页；团藤，384页；平野，355页；庄子，424页；福田，253页；大塚，278页；吉川，247页；香川，355页；藤木，297页；内田，306页。
4　泷川，205页；齐藤，244页。

第二编 犯 罪

判例和极端从属性说 一般认为，判例采用了极端从属形式。[1]但是，最高法院1983年9月21日（《刑集》第37卷第7号第1070页）认为，即便是利用刑法上的未成年人的场合，也可能仅只构成教唆犯，显示了向限制从属性说倾斜的态度。[2]另外，德国刑法第26条规定："故意教唆他人故意实施违法行为的是教唆犯。对教唆犯的处罚，与正犯相同"，从正面认可了限制从属性说。

我认为，限制从属性说，从"违法性在共犯和正犯之间处于连带关系"前提出发，以只要正犯符合构成要件且违法的话，共犯一般就成立的见解为基础，正如请求他人杀害自己的人的行为不具有同意杀人罪的违法性一样，也存在即便正犯行为具有违法性，但共犯并不可罚的场合。相反地，在排除正犯的违法性的场合（如正当防卫），也并不常常成立间接正犯。

另一方面，按照极端的从属性说的话，①没有将他人作为道具而加以利用的场合，如教唆未满14周岁的人实施犯罪的场合，统统都成立间接正犯，这怎么说都是不合理的。另外，②将正犯的责任作为要件来考虑共犯的成立的见解自身，从"共犯是由于间接地引起对法益的侵害，所以才受处罚的"这一共犯处罚根据来看，也不能予以支持。

（3）**共犯的从属性** 前文已述，共犯的处罚根据在于：通过正犯的实行行为，间接地引起对法益的侵害或威胁。从这一观点出发，为成立共犯，必须具有以下两个条件：①存在正犯的实行行为，②该实行行为而侵害或威胁法益。在此意义上讲，作为最小限度的从属形式和限制的从属形式的中间物的实行从属性和法益侵害从属性的两者都必要。因此，共犯的成立，以正犯的行为符合构成要件，侵害或威胁法益为要件，并不一定要求正犯行为具有违法性。如教唆他人杀人，正犯作为正当防卫而将被害人杀害的场合，正犯具有实行行为，即便其违法性被阻却，但由于产生了侵害了法益的结果，所以，也能认可与其处于从属关系的共犯。但是，该教唆行为是不是值得处罚却是另外的问题。[3]有见

---

1 大判明37、12、20刑录10、2415——让不满10岁的幼儿盗窃的案件（间接正犯）；仙台高判昭27、9、27判特22、178——让不满13岁的少年盗窃的案件（间接正犯）。

2 渡边忠嗣："利用具有是非辨别能力的刑事未成年人的事例（最决昭58、9、21）"，法学家803号92页。

3 前田，426页。

解认为，共犯不从属于正犯的违法性的话，教唆实施医疗行为或惩戒行为的人就成立教唆犯，不妥当。[1] 但是，教唆行为的违法性应当独自进行判断，在这些场合，应当作为具有社会相当性的情况而否定教唆行为具有违法性。这样，有人将正犯的违法性和共犯的违法性之间不具有连带性的情况称为违法的相对性。

从属性和判例 如判例认为：（1）"教唆犯是伴随实行正犯成立的犯罪"[2]，（2）"教唆犯以及从犯都是对正犯的行为加功的犯罪，不是独立犯罪"[3]，（3）"从犯对正犯具有从属性，只有在正犯成立的场合，才能成立。但是，正犯尚未被起诉，也未受确定判决的事实并不妨害先于正犯对从犯论罪，在这种场合，应当首先根据证据确定正犯的事实，然后判定从犯的事实"[4]，认可了从属性。另外，虽然判例认为，共犯行为时以及共犯成立的时期[5]、成立场所[6]，也应当从属于正犯，但是，共犯时应当是共犯行为时[7]，同时，共犯的场所也应当是正犯以及共犯的场所。[8]

第二款　共同正犯

一、概说

1. 共同正犯的意义

所谓共同正犯，是指"两人以上共同实行犯罪"。所谓"共同实行犯罪"，是指两个以上的人出于共同实行犯罪的意思（共同实行的意思），共同实施实行行为（共同实行行为）。虽然刑法第 60 条规定，共同正犯"都是正犯"，但它的意思是：对于共同实行的犯罪，将全体共犯人都作为正犯追究其刑事责任的意思，换句话说，和单独正犯同样

1　山中，758 页。
2　大判大 4、2、16 刑录 21、107。
3　大判大 12、7、12 刑集 2、718。
4　大判大 6、7、5 刑录 23、787。
5　大判明 44、6、23 刑录 17、1252；大判大 6、75 刑录 23、787。
6　大判大 4、10、29 刑录 21、1751。
7　团藤，385 页。
8　大塚，273 页。

处理。

如，A 和 B 出于共同杀害甲的目的而分别向甲开枪，即便在 A 的子弹打中了甲的心脏导致了甲的死亡，而 B 的子弹没有打中甲的场合，A 和 B 都按照杀人罪的正犯处理。这样，在共同正犯中，即便对他人的分担行为也要承担责任，即只要实施了犯罪行为的一部分，对于由此而产生的犯罪结果就得承担全部责任。这种意思，简短地说，就是"部分行为全部责任"的原则。

2. "都是正犯"的根据

那么，为什么规定"都是正犯"呢？因为，二个以上的人互相利用他人的行为，结合成为一体来实现自己的犯罪。换句话说，由于二个以上的人在共同实施犯罪的意思之上，互相利用、互相补充，将各自的行为结合成为一体，共同实现犯罪，所以，都作为正犯处理。这样，如果说在共同实行的意思之上，共同人相互利用、补充他人的行为就成为"都是正犯"的根据的话，那么，就不仅在共同实施实行行为，实现犯罪的场合，全体共同人在共同实现犯罪的合意即"共谋"的基础上，互相帮助，即便只有其中一部分人将共谋犯罪的意思付诸实施，也可以说是相互补充利用他人的行为实现了犯罪，因此，这种场合下，所有的共犯人都应当作为正犯处理。

这样说来，共同正犯，可以分为：①在共同人全体分担实行行为、实现犯罪的场合，以及②二个以上的人为实行特定的犯罪，就互相利用对方的行为以实现犯罪而谋议，共谋人中的一部分基于共同实行的意思而将该谋议的内容付诸实施的场合，这样两种类型。其中，①是实行共同正犯，②是共谋共同正犯。虽然实行共同正犯和共谋共同正犯都是刑法第 60 条所规定的共同正犯，但由于两者具有不同的特征，所以，以下将分别叙述二者的成立条件。

二、实行共同正犯的成立条件

为成立实行共同正犯，必须是①二个以上的人具有共同实行的意思，和②共同实施实行行为的事实。

1. 共同实行的意思

所谓共同实行的意思（共同加功的意思），是指各个行为人分担实行行为，相互利用、补充他人的行为，以实现构成要件的意思。共同实行的意思，必须是行为人双方都具有（意思的联络、沟通），仅有一方具有的时候,就不具有共同实行的意思,不成立共同正犯(片面共同正犯)。意思联络,即便是"暗默的意思联络"[1]也可,联络方法,是明示的还是暗示的,在所不问。也可以通过行动来表达实行的意思。

共同实行的意思,在实行行为时存在就够了,不一定要有事前的谋议。另外,数人之间不要求必须有直接的联络,通过数人中的某人顺次进行意思联络也行。[2] 即便在实行行为之际,偶然产生共同实行的意思也行(偶然共同正犯)。某行为人在实施部分实行行为之后,其他的人基于共同实行的意思而加入到该实行的场合,也具有共同意思(继承共同正犯)。由于过失犯也有实行行为,所以,只要具有共同实施该实行行为的意思,就应该说具有共同实行的意思(过失犯的共同正犯)。同理,对于结果加重犯的重结果,也应认可共同实行的意思(结果加重犯的共同正犯)。

2. 实行行为共同的事实

所谓实行行为共同的事实(共同加功的事实),就是二个以上的人各自实施实行行为,从而实现犯罪。

(1)"共同"的意义　所谓"共同",就是所有的共同人互相利用、补充他人的实行行为,以实施犯罪。即便共同实施的是实行行为以外的行为,也不成立实行共同正犯。因此,共同人必须各自分担具有实现构成要件的现实危险的行为即实行行为。是不是实施了具有现实危险的行为,应当从"部分实行全部责任"的原则出发,以在二人以上的人相互利用、补充他人的行为的关系上,是否实施了作为整体的实行行为的一部分作为标准来决定。

例如,A 和 B 具有共同杀死甲的意思,在 A 抱住甲的身体,B 朝甲的胸部连砍数刀,致其死亡的场合,由于 A 和 B 的行为在整体上是具有实现杀人罪的构成要件的现实危险的行为,所以,A 和 B 就具有共同实行杀人的事实。又在 X、Y 具有共同实行抢劫的意思的场合,X 在胁迫被害人的时候,即便 Y 仅仅是站在 X 的身旁,也应认为是共同实施了作为抢劫罪的手段的胁迫行为。[3] 所谓望风,在从所有的共犯人的

---

[1] 东京高判昭 40、6、7 东时 16、6、49。
[2] 大判昭 7、10、11 刑集 11、1452。
[3] 最判昭 23、6、22 刑集 2、7、711。

整体上来进行考察的时候,也能看成是实行行为的一部分。[1]

分担实行行为的判例 (1)设置放火装置是分担放火罪的实行行为[2],(2)"共谋在他人住宅内犯抢劫罪,各自携带凶器侵入他人住宅内的场合,由于是已经开始实施抢劫罪的构成要件的一部分即侵害被害人对财物的支配",因而是分担实行行为[3],(3)使被害人乘坐的汽车快速行驶,致使被害人不能离开汽车的行为,就是分担监禁罪的实行行为。[4]

(2)不同行为的共同　二个以上的人具有意思联络,分别实施了符合不同构成要件的场合,按照行为共同说的话,不用说,成立共同正犯,但依照犯罪共同说的话,原则上不成立共同正犯,对于各自所实施的行为,只成立单独正犯。但是,即便在共同人所意图实施的犯罪构成要件各不相同的场合,如果各个犯罪在构成要件上是重合的,那么,就可以成立共同正犯。

例如,A让B以强奸的意图胁迫甲,B利用该胁迫夺取了甲的财物,这时候,二者就成立胁迫罪的共同正犯,B承担抢劫罪的罪责,而A承担强奸未遂罪的罪责。[5]又,在B出于杀人的意思,A出于伤害的意思,共同对甲进行伤害,导致甲死亡的场合,A的伤害致死罪和B的杀人罪就成立共同正犯,对于A应当适用伤害致死罪、B适用杀人罪的条款。[6]在这种场合,虽然单独来看,B的行为并不符合杀人的实行行为,但和A的行为放在一起,整体上来进行考察,如果能够说是具有实现杀人罪的构成要件的现实危险的行为的话,就能认可B在分担实行行为。

共同正犯的罪名和科刑　最高法院1979年4月13日(《刑集》第33卷第3号第179页)在A、B等7人共谋伤害,而B出于杀人故意实施了行为的事件中,认为:"对于没有杀意的A等6人,

---

1　大判明44、12、21刑录17、2273。松村,百选Ⅰ(第4版),152页。
2　大判昭8、6、8刑集12、864。
3　大判昭7、4、28刑集11、504。
4　大判昭10、12、3刑集10、1255。
5　另外,参见袖珍,198页。
6　前田,420页。

应当认为，在杀人罪的共同正犯和伤害致死罪的共同正犯的构成要件重合的限度内，成立较轻的伤害致死罪的共同正犯。即，B犯杀人罪的事实，对于A等6人来说，即便是起因于实施暴行、伤害的共谋，在客观上实现了相当于杀人罪的共同正犯的事实，但是，由于被告人A等6人没有杀人罪这一较重犯罪的共同正犯的意思，所以，被告人A等6人不成立杀人罪的共同正犯。如果说作为犯罪，成立较重的杀人罪的共同正犯，只是刑罚上，按照暴行罪或伤害罪的结果加重犯的伤害致死罪的共同正犯的刑罚来处罚的话，应当说，这种理解上有错误。"杀人和伤害相重合的实行行为，总体上看，是在共同实行的意思之下实施的，所以分别成立共同正犯，而犯罪的成立，则应各自来认定。[1] 这一判决意见改变了历来的、在X出于犯敲诈勒索罪的意思，Y出于犯抢劫罪的意思共同实施实行行为的案件中，X、Y都成立抢劫罪，X只是根据刑法第38条第2款的规定，在量刑上按照敲诈勒索罪处断而已的历来的立场。[2]

最高法院1992年6月5日（《刑集》第46卷第4号第245页）在杀人的共同正犯中的某个人针对紧急不法侵害，实施了防卫过当的案件中，认为："在成立共同正犯的场合下，是否成立防卫过当，应当根据各个共同正犯是否分别满足防卫过当的要件来决定"，认为，该行为人成立防卫过当，而对其他人而言，既然不存在紧急不法的侵害，就当然不能认定防卫过当。如果说共犯和正犯之间具有违法的连带性的话，就另当别论。从违法二元论的立场出发的话，就应当综合各个行为人的主观、客观来进行违法判断，由于当然应当认可违法的相对性，因此，共同正犯中的某个人是正当防卫，而其他的人不成立正当防卫的情况也是可能的。

3. 是否成立实行共同正犯具有争议的场合

在成立实行共同正犯方面，成为问题的，是①过失犯的共同正犯，②结果加重犯的共同正犯，③继承共同正犯，④不作为犯的共同正犯，⑤预备犯的共同正犯，⑥片面共同正犯。

（1）过失犯的共同正犯　对于过失犯，也应认可共同实行的意思，

---

[1] 关，百选Ⅰ（第5版），178页；十河，判例讲义Ⅰ，150页。
[2] 最判昭35、9、29裁判集刑135、503。

肯定成立过失犯的共同正犯吗？

A. 学说和判例　在是否承认过失犯的共同正犯方面，行为共同说认为，成立共同正犯，只要有互相利用、补充他人的行为的意思和事实就够了。因为，即便是在共同实现过失犯的场合也能具备这些条件，所以，应当成立过失犯的共同正犯。[1] 与此相对，从犯罪共同说的立场来看，成立共同正犯，共同人各人必须具有实现特定犯罪的共同意思，过失犯是以无意识为本质的，不可能具有作为相互了解的共同意思，所以，认为应当否定过失犯的共同正犯。[2]

大审院时代的判例虽然明确地说过失犯不可能成立共同正犯[3]，但是，最高法院在共同经营饮食店的Ａ和Ｂ由于不注意、没有经过任何检查，向客人贩卖从甲处购进的含有甲醇的威士忌的案件中，认为成立《有毒饮食物等取缔令》第4条第1款后段所规定的过失犯的共同正犯。[4] 之后，在下级法院的判例中，也有持若干肯定说的判例出现。[5]

战后的学说中，对这一问题的论述也有若干变化。特别是过失犯中也有实行行为的理论被广泛承认之后，即便是支持犯罪共同说的立场，从完全可以共同实施过失行为的理由出发，认为应当肯定过失犯的共同正犯。[6]

B. 学说的检讨　问题在于，本质上是过失犯的情况下，是否具有作为共同正犯的主观要件的共同实行的意思？关于这一点，行为共同说的立场，大致都承认过失犯的共同正犯，但犯罪共同说中，①否定说认为过失犯以无意识为本质，因此，对于意识部分而言，不可能具有以意思联络为基础的共同实行的意思[7]；②肯定说认为，在过失犯中也有作

---

[1] 牧野，（上）458页；宫本，197页；木村，405页；佐伯，349页；福田，265页；大塚，281页；川端，538页；山口，304页；木村龟二：《刑法教材基本判例集》（1965年），172页。

[2] 泷川，229页；齐藤，233页；团藤，393页；植松，352页；庄子，418页；西原，336页；曾根，285页；前田，449页。

[3] 大判明44、3、16刑录17、380；大判大3、12、24刑录20、2618。另外，大判昭10、3、25刑集14、339。

[4] 最判昭28、1、23刑集7、1、30。松本，百选Ⅰ（第4版），160页。

[5] 名古屋高判昭31、10、22裁特3、21、1007；名古屋高判昭61、9、30高刑集39、4、371。

[6] 福田，265页；大塚，281页；内田，295页；藤木，293页；川端，543页；野村，399页；山中，802页；山口，804页；佐久间，361页；平野，395页。

[7] 团藤，393页；前田，451页。

为违反注意义务的实行行为，所以，只要能承认共同实施实行行为，就能认可过失犯的共同正犯。[1]

在有数个人的过失和犯罪结果相关的场合，如在现场施工人员 A 的过失和工程监理人员 B 的过失相竞合，共同导致发生爆炸事故的场合，A、B 单独成立过失犯就够了。这被称为过失犯的竞合。与此相对，例如，在 A 和 B 共同在建筑工地将报废材料一个一个地往下扔的场合，其中的一块砸死了正在通过此处的行人，但是，到底是 A、B 中的谁扔下的材料砸死了行人，因果关系无法判明的时候，就不能成立单独的过失犯。这种场合，往下扔报废材料的工作是由 A 和 B 一起共同实施的，所以，对于该结果，两者都应成立过失犯。

C. 成立共同正犯的根据　在对共同行为人赋予了共同注意义务的场合，对于该违反客观的注意义务的行为（如 A、B 都没有履行确认路上有无行人的义务而往下扔报废材料），当然具有共同实施的意思，这就是共同实行的意思。又，由于违反客观注意义务的行为是一起实施的，所以，也能认可共同实行的事实。由于过失犯中也有能具备共同正犯的主观要件和客观要件的场合，所以，主张承认过失犯的共同正犯的②说妥当。

与此相对，批判意见认为，过失犯的共同正犯成为问题的场合是，在能够确认共同行为人各人的过失的场合，以及在一方具有重大不注意，而其他的行为人具有对其进行监督、警告、提醒的注意义务但是却疏忽了这一点的场合。这两种场合都可以作为单独过失来解决，没有必要作为共同正犯的问题讨论。[2] 但是，从在有关共同行为上所发生的过失犯的情况来看，虽然可以肯定共同行为人中有一方具有过失，但结果和各个过失行为之间的因果关系不能特定，或者即便能够特定，但是作为单独的过失犯来把握的话，只能说是轻微的过失，不能满足人们的处罚感情。另外，对于高度危险的共同行为，在作为单独犯的场合，即便是轻微的过失，也可能导致重大犯罪结果的发生，因此，将其作为共同行为人整体的行为来把握，不仅处罚得当，而且从预防犯罪的角度来看，也有必要。[3]

D. 成立条件　那么，成立过失犯的共同正犯，必须具备什么样的

---

[1] 福田，265 页。
[2] 西原，335 页；前田，424 页。
[3] 大谷实：《新版刑法总论的重要问题》（1990 年），394 页。

第二编 犯 罪

条件呢？第一，法律上必须具有共同注意的义务。如，甲和乙在建筑工地的楼顶上往下扔铁材的时候，由于二人不共同注意的话，就不能回避危险，所以，二人就具有不得伤害地上的行人的共同注意的义务。第二，正如甲和乙的共同扔下铁材的行为导致了行人死伤的结果一样，客观上必须发生了违反共同注意义务的事实。由于共同注意义务是，仅有共同人各自单方面对自己行为的注意还不够，还必须考虑两方的情况，在相互确认安全之后再扔下铁材，所以，只要是共同扔下铁材，造成了他人死伤的结果，就可以说，甲、乙共同违反了注意义务。

将以上所述来说明过失要件的话，相当于，违反共同注意义务的扔下铁材的行为就是违反客观注意义务的事实，即共同实行的事实。该事实可以看成是基于相互利用、相互补充的关系而形成的。同时，共同扔下的行为，正是基于二人一起施工的意思而实施的，所以，也可以说，具有共同实行的意思。[1] 这样说来，完全可以承认过失犯的共同正犯。[2] 与此相对，正如具有上命下从关系的医生和护士的场合，由于没有共同注意义务[3]，所以不成立过失犯的共同正犯。

（2）结果加重犯的共同正犯　所谓结果加重犯的共同正犯，是指在二个以上的人基于共同实行的意思共同实施作为基本犯罪的实行行为，其中部分人的行为引起了重结果的场合，全体共犯人就成为该重结果的共同正犯。关于结果加重犯的共同正犯，学说上有①从行为共同说的立场出发加以肯定的见解[4]；②从行为共同说的立场加以否定的见解[5]；③从犯罪共同说的立场出发加以肯定的立场[6]；④从犯罪共同说的立场出发加以否定的见解[7]之间的对立。判例认为，在基本犯和重结果之间具有条件关系的场合，就应当肯定结果加重犯的共同正犯。[8]

由于结果加重犯是，基本犯罪中因为包含有发生一定重结果的危险

---

[1] 东京地判平 4、1、23 判时 1419、133（世田谷光缆事件——相互利用补充而产生的注意义务）。松本，百选Ⅰ（第 4 版），160 页；木村（光），百选Ⅰ（第 5 版），158 页；十河，判例讲义Ⅰ，123 页。

[2] 大塚，282 页。

[3] 广岛高判昭 32、7、20 裁特 4 追录 696（作为过失同时犯）。

[4] 木村，405 页；平野，389 页；前田，457 页。

[5] 宫本，学粹，402 页；牧野，上 478 页。

[6] 团藤，230 页；庄子，456 页；大塚，284 页；藤木，294 页；川端，533 页；山中，804 页；佐久间，362 页。

[7] 香川，320 页；曾根，285 页。

[8] 大判昭 2、3、4、6 刑集 7、291；最判昭 22、11、5 刑集 1、1、1。

而成为独立犯罪的情况,所以,结果加重犯的基本犯的共同实行人,通常,对于发生重结果具有具体的预见可能性,因此,各人具有避免发生重结果的共同注意义务。换句话说,在基本犯的共同实行人中,一部分人由于过失而引起了重结果发生的场合,原则上,对该重结果的发生具有共同的注意义务,各个人就是结果加重犯的共同正犯。如抢劫的共同实行人,就能成为抢劫致伤罪或抢劫致死罪的共同正犯。

和过失犯的共同正犯的关系 承认过失犯的共同正犯的见解承认结果加重犯的共同正犯,但是,一般而言,否定前者的立场也对后者持肯定态度。[1] 其根据在于,对于基本犯罪,只要有共同实行的意思,就能说,各自对加重结果具有预见可能性。作为和结果加重犯有关的判例,最高法院1947年11月5日认为:"在抢劫共犯中的某一人所使用的作为夺取财物的手段的暴力行为的结果,使被害人受伤的时候,对于该共犯人的全体,都适用抢劫伤人罪,这无非是因为抢劫伤人罪是所谓结果犯的缘故"。判例在(1)伤害罪[2]、(2)伤害致死罪[3]、(3)抢劫致伤罪[4]、(4)抢劫致死罪[5]、(5)强奸致人死伤罪[6]中,认可了结果加重犯的共同正犯。[7]

(3)继承共同正犯 作为实行共同正犯的类型之一,有继承共同正犯。

[1]**意义** 所谓继承共同正犯,是指某人(先行者)已着手实施特定的犯罪,在实行行为尚未全部终了的时候,其他的人(后行者)明知该事实而参与犯罪,通过和先行者的意思沟通,单独将剩下的实行行为实施完毕,或者和先行者共同完成犯罪的情况。例如,X基于抢劫的目的而使甲处于不能反抗的境地,碰巧Y经过此地,于是请Y帮忙夺取财物。Y出于共同实行的意思,单独或者同X一起夺取财物的场合,就是这种

---

1 如团藤,402页。
2 最大判昭23、5、8刑集2、5、478。
3 最大判昭23、5、8刑集2、5、478。
4 前揭最判昭22、11、5。
5 最判昭26、3、27刑集5、4、686。
6 大判明41、1、14刑录14、391。
7 丸山,百选Ⅰ(第4版),158页;吉田,百选Ⅰ(第5版),156页;十河,判例讲义Ⅰ,124页。

情况。在这种场合,如果不承认继承共同正犯的话,X 就成立抢劫罪,而 Y 只成立盗窃罪。相反地,承认继承共同正犯的话,X 和 Y 就都成立抢劫罪的共同正犯。关于继承共同正犯,对于途中参与的后行者,能否根据其参与前的先行者的行为和结果,追究其共同正犯的责任,成为问题。

关于继承共同正犯的成立,有①主张一个犯罪作为一罪是不可分割的,因此,只要是在共同实行的意思之下,参与了一罪的部分实行,就应将先行者的行为和后行者的行为作为一体考察,按照共同正犯来处理的肯定说[1],②主张由于后行者参与以前的先行者的行为和后行者的行为之间不可能具有因果性,所以,不应该将继承共同正犯作为共同正犯来处理的否定说[2],③主张后行者在将先行者的行为等结果作为自己实现犯罪的手段而加以利用的场合,对于后行者也可以对其参与前的行为以及结果追究责任的部分肯定说之间的对立。

全部否定说的根据 有(1)以不具有共犯的因果性为根据的学说[3],(2)以行为共同说为前提的共同责任只对共同实行行为成为问题的学说[4],(3)以目的行为论为前提,后行者对参与前的他人行为,不具有有目的的行为支配的学说[5],等等。但是,上述学说均不妥当。

正如先行者利用后行者的行为,后行者也利用先行者的行为一样,先行者和后行者相互利用、相互补充,来实现一定犯罪也是可能的,因此,只要具有相互共同实行的意思和实行行为共同的事实,在后行者继承了先行者的行为和结果的时候,就应当说二者成立共同正犯。相反地,在后行者的行为与先行者的行为和结果无关的时候,由于不能认可相互利用、相互补充的关系,所以,肯定说不妥当。后行者出于将先行者的行为等作为自己实现犯罪的手段而积极加以利用的意思,中途加入犯罪,在利用先行者的行为等的场合,应当说具有相互利用、相互补充的关系,所以,部分肯定说妥当。[6]

---

1 平场,408 页;福田,264 页;西原,336 页;藤木,291 页。
2 牧野,(下)745 页;平场,155 页;山中,810 页;前田,420 页。
3 前田,444 页。
4 牧野,(下)745 页。
5 平场,155 页。
6 裁职研,330 页。

和单独犯的区别 在本文的举例中，X 因为听到 Y 的脚步声而逃走了，如果 Y 以为是意外之财而从甲手中取得了该财物的话，X 就是抢劫未遂罪，Y 就是盗窃罪的单独犯。另外，在并没有和 X 之间有意思联络，Y 单独对取得行为帮忙的场合，就是后述的片面的共同正犯的问题，这时候，X 成为抢劫罪的单独犯，Y 成为盗窃罪的单独犯。

[2] **成立要件** 继承共同正犯也是共同正犯，所以，其成立也必须具有①作为主观要件的共同实行的意思，②作为客观要件的共同实行的事实。但问题是，在实行行为共同的事实方面，后行者介入后的实行行为，是否必须由先行者和后行者共同实施？

我认为，只要能认可：先行者利用后行者的实行行为，后行者也利用先行者的实行行为以及结果，由此相互利用、相互补充而实现一定犯罪的话，就应当说有实行行为共同的事实，所以，并不一定要求先行者和后行者共同实施介入后的实行行为，即便在后行者单独实施介入后的实行行为的场合，也应认为后行者和先行者成立共同正犯。[1]

[3] **成立范围** 只要先行者和后行者是相互利用、补充他人行为而实现一定犯罪，则后行者作为共同正犯继承先行者的行为，并对由此而实现的犯罪整体承担罪责。但是，在该罪责的成立范围上，则有①后行者是在和先行者的共同意思之上所参与的，所以，后行者对于参与前的先行者的行为都承担正犯的罪责的见解[2]，②参与前的先行者的行为效果在后行者参与后，仍然持续的场合，后行者对于参与前的先行者的行为承担作为正犯的罪责的见解[3] 之间的对立。判例，在大审院时代认为"如果是在他人的欺诈取财行为实施的途中，参与该行为，共同实现该目的的话，当然和他人一道承担欺诈取财的罪责"[4]，可以说是采取了①说的立场。但是，战后的判例中，既有坚持①说的见解，也有坚持②说的见解。

为成立继承共同正犯，必须具有实行行为共同的事实，但是，为了

---

1 大阪高判昭 62、7、10 高刑集 40、3、720。林（美），百选Ⅰ（第 5 版），162 页；十河，判例讲义Ⅰ，126 页。

2 木村，408 页；福田，264 页；西原，336 页。

3 平野，382 页；吉川，250 页；内田，300 页；藤木，291 页。

4 大判明 43、2、3 刑录 16、113；大判昭 13、11、18 刑集 17、21、839。十河，判例讲义Ⅰ，125 页。

认可实行行为共同的事实,就要求先行者和后行者具有相互利用、补充实行行为的关系,所以,认为不具有该种关系的先行者的实行行为也能成为继承共同正犯的①说不妥。后行者利用、补充先行者的实行行为的情形,只限于后行者在将先行者的实行行为和结果作为自己实现犯罪的手段而加以利用的意思的基础上,进行利用了的场合,所以,反映了这种宗旨的②说妥当。

[4] 成问题的场合　下面看看继承共同正犯成问题的场合。

A. 结合犯等的场合　诈骗罪之类的构成要件上有复数行为的场合,对于中途加入的后行者,应当就该犯罪的整体认定为共同正犯。[1] 因为,在这种犯罪中,一般是能够认可相互利用、相互补充的关系的。即便是结合犯的场合,如在抢劫罪之类的,作为手段的暴力、胁迫和取财行为成为一体的犯罪的场合,一般来说,后行者是可以利用、补充先行者的行为的,所以,即便是后行者也成立抢劫罪。另外,强奸罪虽然不是结合犯,但在可以利用他人的暴力、胁迫而加以奸淫的一点上,可以和抢劫罪作同样的考虑。[2]

即便是结合犯,在抢劫杀人罪的场合,由于抢劫和杀人的结合方式很弱,不具有实质上的一罪性,因此,不一定具有后行者利用先行者的整体行为、实施实行行为的关系,因此,在先行者即抢劫犯人杀害被害人以后,后行者只是参与取财行为的时候,由于后行者没有参与杀人,只是利用了被害人不能抵抗的状态,所以,后行者只应负抢劫罪的责任。判例以抢劫杀人罪是作为结合犯的单纯一罪,以及后行者对介入前的先行者的犯罪行为有认识为根据,认为后行者是抢劫杀人罪的共同正犯。[3] 支持这种意见的学说也有[4],但是,后行者的行为并没有和先行者的行为一起共同导致杀人的结果,所以,后行者的行为和杀人结果之间没有因果关系,另外,对他人引起的结果承担责任是违反个人责任原则的,所以,认为后行者成立抢劫杀人罪的共同正犯的见解并不妥当。[5]

B. 结果加重犯的场合　在伤害致死罪、强奸致死罪、抢劫致死伤罪等中,后行者在对先行者引起的死伤结果有认识而参与其中的场合,学说上,

---

[1] 前揭大判明44、11、20。大判昭8、7、6刑集12、1125。
[2] 广岛高判昭34、2、27高刑集12、1、36;前揭大判昭13、11、18。
[3] 东京高判昭57、7、13判时1082、141。
[4] 植松,355页。
[5] 同旨,平野,382页;藤木,291页。

对结果加重犯的共同正犯有肯定说[1]和否定说[2]之争。但是，只要重结果和后行者的行为之间没有因果关系，就不能说后行者是结果加重犯的共同正犯。因此，在接着先行者的暴行之后，后行者施加暴行导致被害人死亡，到底是谁的暴行导致了死亡的结果，原因不明的场合，在伤害的限度内，成立共同正犯或同时犯，不能让后行者承担伤害致死的罪责。

继续或反复实施的同种行为在法律上评价为一罪的场合，即继续犯以及惯犯等包括一罪的场合，后行者在什么范围内成立共同正犯，成为问题。在继续犯的场合，后行者当然和先行者之间成立共同正犯，另外，在介入前的行为导致伤害结果的场合，应当依据结果加重犯的解决方法来解决。在包括一罪的场合，应根据构成一罪的各个行为的独立性如何来讨论是否构成共同正犯的问题。另外，牵连犯之类的构成要件独立的场合，不成立继承共同正犯，这是当然的。[3]

继承共同正犯的判例 大审院1938年11月18日（《刑集》第17卷第839页）在抢劫杀人犯A的妻子B看到A的样子可疑，就一起到达被害人家的时候，由于A告诉她已经将被害人杀死，并且请求她帮忙，于是她就帮助A寻找财物的案件中，认为："我们认为，刑法第240条后段的犯罪，是抢劫罪和杀人罪或者伤害致死罪所组成的，上述各种犯罪结合之后成为单纯一罪，在获悉他人已经基于抢劫目的杀害了他人的事实之后，出于使他人犯罪容易实施的意思，而帮助实施该抢劫杀人罪的一部分即强取行为的时候，对其行为可以拟制为抢劫杀人罪的一部分，而不应当仅仅看作为抢劫罪或者盗窃罪的从犯"[4]，可以说是坚持了肯定说的立场。

关于单纯一罪，大判1911年2月3日［诈骗罪］，东京高判1959年12月7日（《高刑集》第12卷第10号第980页）［监禁罪］，大阪高判1970年10月27日（《月报》第2卷第10号第1025页）［杀人罪］的判决中，将后行者认定为整体犯罪的共同正犯。

关于结合犯，有札幌高判1953年6月30日（《高刑集》第6

1　福田，248页；中野次雄：《判例丛书刑法（10）》（1958年），228页；长岛敦：《刑法判例研究Ⅰ》，192页；西村克彦："承继共犯论反思（二）"，判时921号10页。

2　平野，382页；藤木，291页。

3　植松，354页。

4　横滨地判昭56、7、17判时1011、142。立石，百选Ⅰ（第5版），164页；十河，判例讲义Ⅰ，127页。

卷第 7 号第 859 页）的判决［抢劫致死罪］，与结合犯类似的情况有，东京高判 1959 年 12 月 2 日（《东高刑时报》第 10 卷第 12 号第 435 页）的判决［强奸致死罪］。

关于结果加重犯，对于先行者的行为所造成的重结果，后行者是否也要承担刑事责任方面，下级法院的判决中，有积极说和消极说之分。前述札幌高判 1953 年 6 月 30 日以及大阪高判 1965 年 10 月 26 日（《下刑集》第 7 卷第 10 号第 1853 页）的判决对于抢劫致人死伤罪，另外，前述东京高判 1959 年 12 月 2 日的判决对于强奸致伤罪，分别承认了结果加重犯的共同正犯。相反地，广岛高判 1959 年 2 月 27 日（《高刑集》第 12 卷第 1 号第 36 页），对于强奸致伤罪则采取了消极说。

（4）不作为犯的共同正犯　所谓不作为犯的共同正犯，是以不作为的方法共同实施实行行为的场合。不作为犯的场合，违反作为义务的不作为就是实行行为，因此，共犯人相互利用、补充实现该不作为的场合，就是共同正犯。关于共同正犯的成立范围，有见解认为，只限于共同人各自具有作为义务的场合[1]，但是，没有作为义务的人，也是可以和有作为义务的人一起共同实现违反作为义务的不作为的。[2] 如，父母在意思联络的基础上，不给婴儿喂奶，使其饿死的场合就不用说了，即便是母亲甲和第三人的乙在共同意思的基础上，相互利用、补充不给婴儿喂奶，使其饿死的场合，也是共同正犯。[3]

（5）预备罪的共同正犯　所谓预备罪的共同正犯，是指在意思联络的基础上，共同实施预备行为。关于预备罪的共同正犯，有①共同正犯中所说的实行行为共同的事实包含有共同实施预备行为的场合，所以，应当承认预备罪的共同正犯的积极说[4]，②实行行为共同的事实是指共同实施作为基本的构成要件内容的行为，所以，不应该承认预备罪的共同正犯的消极说[5]，③区分独立预备罪和从属预备罪，只有前者成立共

---

[1] 大塚，286 页。
[2] 川端，559 页；前田，477 页；佐久间，368 页；山中，812 页。
[3] 大阪高判昭 62、10、2 判时 675、246（否定判例）。林（美），百选Ⅰ（第 5 版），162 页。
[4] 平野，351 页；庄子，454 页；藤木，293 页；内田，262 页。
[5] 福田，251 页；大塚，265 页。

同正犯的二分说[1]之间的对立。

如前所说，刑法第 60 条中所说的"实行"也包括符合修正的构成要件的行为，所以，二个以上的人出于实现符合基本的构成要件的事实的目的而共同实施了该罪的预备行为的时候，就成立预备罪的共同正犯。问题是，对于杀人预备罪等自己预备罪，并没有亲自实现基本的构成要件结果的意思，只是和他人一起共同实施他人的预备行为的人是否能成立预备罪的共同正犯？如，同准备用毒药杀人的甲共谋，并向其提供毒药的乙，是否成立杀人预备罪的共同正犯？这种场合，杀人预备罪由于是自己预备罪，所以，可以说，没有亲自实施杀人意图的乙不能成为预备罪的正犯。但是，在和具有亲自实施基本犯的目的的人共同实施预备行为的场合，只要存在共同实行的意思和实行行为共同的事实，就是刑法第 65 条第 1 款的没有身份的人实施的共同正犯，没有上述目的的行为人也应该成立共同正犯。判例，对于预备罪，一般也认为成立共同正犯。[2]

（6）片面共同正犯 所谓片面共同正犯，是指在承认实行行为共同的事实的场合，只有一方具有共同实行的意思，而其他共同人并不具有该意思的场合。如，在实施抢劫之际，和行为人没有意思联络而介入其中，实施夺取财物的行为就是这种情况。对于片面共同正犯，学说上有积极说和消极说之分。

按照行为共同说的立场，只要是利用对方的行为而引起了结果，就应当对自己的行为和结果承担责任，所以，共同正犯的成立，并不一定要求各自都有共同实行的意思，所以，主张积极说。[3] 如在 A 欲强奸甲的时候，B 在 A 不知道的时候按住甲的双腿，使 A 奸淫得逞的场合，就成立强奸罪的共同正犯。相反地，消极说认为，各个共同人没有共同实行的意思的话，就没有成立共同正犯的余地，所以，上述场合，只成立同时犯或片面帮助犯。[4] 共同正犯中之所以承认部分行为全部责任的原则，是因为各个共同人相互利用、补充他人的行为，以实现构成要件

---

1 西原，274 页。
2 最决昭 37、11、8 刑集 16、11、1522。龟井，百选 I（第 5 版），160 页；十河，判例讲义 I，128 页。
3 牧野，（下）738 页；宫本，197 页；佐伯，348 页；山中，793 页；平野，392 页。
4 小野，203 页；泷川，238 页；植松，352 页；团藤，391 页；福田，263 页；大塚，277 页；西原，334 页；野村，397 页；前田，411 页；佐久间，365 页。大判大 11、2、25 刑集 1、79。

的事实，所以，只要各共同人不具有共同实行的意思，就不成立共同正犯，所以，消极说妥当。另外，由于承认片面教唆、片面帮助，所以上述例子中的B只成立强奸罪的片面帮助犯。

三、共谋共同正犯

1. 背景

所谓共谋共同正犯，是指二个以上的人共谋实现一定的犯罪，在共谋者的一部分实行了该犯罪的时候，包括没有参与实行行为的人在内，所有的共谋人都成立共同正犯的情况。

(1) 大审院的判例　共谋共同正犯的概念，在旧刑法时代就被判例所采用，能够列举的有：认为抢劫的望风行为[1]、放火的望风行为是共同正犯的判例等。[2] 现行刑法制定之后，以"在所谓智能犯的实施上，不仅要求对符合构成要件的行为施加身体上的影响，多数情况下，要求在精神上施加影响"[3] 为根据，认可了恐吓罪之类的智能犯的共谋共同正犯，并最终扩展到放火罪[4]、杀人罪[5]、盗窃罪和抢劫罪[6] 等实力犯方面来。

(2) 共同意思主体说　为这种判例见解提供理论依据的是，大审院法官草野豹一郎博士的共同意思主体说。[7] 共同意思主体说，着眼于异心别体的二个以上的人由于为实现同一目的而结合为一体的社会心理活动，认为共犯是在为实现一定犯罪的共同目的的基础之上，通过二个以上的人的共谋而形成的共同意思主体。作为共同意思主体的活动，共犯中的一个以上的人在共同目的之下实行了犯罪的时候，就承认共同意思主体的活动，所有的共同人都成为共同正犯，作为该种共同意思主体的活动的责任，应当类推民法的合伙理论，追究各个共同人个人的责任。

受共同意思主体说的影响，判例认为："共同正犯的本质恐怕在于，

1　大判明29、12、19刑录1、5、89。
2　大判明29、12、17刑录2、11、56。
3　大判大11、4、18刑集1、233。
4　大判昭6、11、9刑集10、568。
5　大判昭8、11、13刑集12、1997。
6　后揭大判昭11、5、28。
7　草野豹一郎：《刑法修改上的重要问题》（1950年），297页；《刑事法学的诸问题(1)》（1951年），193页。

二个以上的人一心同体,互相依存、互相支持,共同实现各自的犯意,从而实现特定的犯罪。共同人全员对既成的犯罪事实必须承担全部责任的理由也在于此。至于是否都实施了共同实现的手段,则没有一律的要求。有的场合是都着手实施犯意;有的是在共同谋议的基础上,其中一部分人将谋议的内容付诸实施,上述二者的形态虽不一致,但在同心协力地实现犯罪的价值上,毫无二致"。"二个以上的人,共同谋议犯盗窃或抢劫罪,其中有的人将谋议的内容付诸实施,其余的人因此而实现自己的犯意的时候,应认为其应当负共同犯罪的罪责"[1],这些清楚地表明了判例理论的立场。

（3）学说的动向　共谋共同正犯理论首先是在判例中确立的,但是,学说上的支配学说认为,没有实行行为的共同就没有共同正犯,共同正犯一般要求是实行共同正犯。特别是对共同意思主体说,批判意见认为,承认共同意思主体这一超个人的主体,违反了个人责任原则,导致承认团体责任的结果[2],所以,在学术界,它只是少数说。[3]

在这种学术背景之下,最高法院认为:"成立共谋共同正犯,必须具有二个以上的人,为实现特定犯罪,在共同意思之下结为一体,共谋互相利用他人的行为,将各自的意思付诸实施,由此具有实现犯罪的事实。因此,只要具有在上述关系中参与共谋的事实,即便是没有直接参与实施的人,在将他人的行为作为自己的手段来实现犯罪的意义上,没有理由说他们之间在刑责的成立上有什么差异。这样,在这种关系之下,是否直接参与了实行行为,其作用和分工如何,对于上述共犯的罪责的认定,没有影响。"[4] 这一判决修改了历来的共同意思主体说的立场,提出了"将他人的行为作为自己的手段实施犯罪"的与间接正犯类似的共谋共同正犯的概念。[5]

（4）之后的展开　以上述判例为契机,另外,也由于共谋共同正犯已成为判例的不变的立场,在学术界,承认共谋共同正犯的立场就变得

---

[1] 大判昭 11、5、28 刑集 15、715。

[2] 牧野,（上）697 页;宫本,196 页;小野,204 页;泷川,235 页;佐伯,351 页。

[3] 齐藤,226 页;植松,365 页;下村康正:《共谋共同正犯和共犯理论》（1975 年）,35 页;西原,326 页。

[4] 最大判昭 33、5、28 刑集 12、8、1718（练马事件判决）;川端,百选Ⅰ（第 5 版）,148 页;十河,判例讲义Ⅰ,131 页。

[5] 小暮,百选Ⅰ（第 4 版）,150 页。

第二编 犯 罪

极为有力，出现了①共同意思主体说[1]，②在共同意思之下结为一体，在相互了解、相互将对方作为工具加以利用的一点上具有正犯的特征的间接正犯类似说[2]，③由于共谋人支配了担当行为的人的行为，所以，可以将其作为对正犯的行为支配的行为支配说[3]，④刑法第60条所谓的"共同实行"，是指二个以上的人基于共同意思而实行犯罪，所以，不仅在分担共同实行行为的实行共同正犯的场合，在其他场合，只要能认可共同实行的意思和共同实行的事实，就成立共同正犯的包括的正犯说[4]等见解。

从确保实行共同正犯的形式明确性的观点出发，否定共谋共同正犯说的观点依然有力。[5]认为成立共同正犯，各人必须实施实行行为的一部分。但是，即便是否定共谋共同正犯的立场也提出了：⑤在本人让共同人实施实行行为的时候，在按照自己的意愿支配他人的行为方面，本人可以说是实现犯罪的主体的场合，就是正犯的行为支配说[6]，⑥没有参与实施的共谋人，在社会观念上，和直接实施的人相比，处于压倒性的优越地位，对实施的人给予心理上的影响，使其实施行为的时候，就是共同正犯的优越支配共同正犯说。[7]这些意见在实质上承认了共谋共同正犯。

2. 共谋共同正犯的根据

那么，在什么意义上承认共谋共同正犯才妥当呢？关于共谋共同正犯的存在根据，可以分为实质根据、形式根据以及理论根据进行考察。

（1）实质根据 共谋共同正犯否定论（以下称"否定论"）基于①共同正犯是正犯，②正犯是实施实行行为的人，③共谋自身不是实行行为这三个前提，认为只有实行共同正犯才是共同正犯。

但是，按照这种立场的话，对于数个人参与犯罪的共同现象，就只能按照实行共同正犯、教唆犯或帮助犯来进行处罚，而对在关键人物对

---

1 西原，326 页。

2 藤木，284 页。

3 平场，157 页。

4 平野，402 页；西田，329 页；前田，439 页；山口，276 页；裁职研，318 页。

5 佐伯，351 页；中，255 页；福田，254 页；吉川，255 页；中山，467 页；内田，299 页；曾根，283 页；山中，825 页；松宫，256 页。

6 最决昭 57、7、16 刑集 36、6、695（团藤法官意见）。团藤，401 页；桥本正博："结果加重犯的共同正犯——从'行为支配论'的观点出发"，一桥论丛 10 卷 1 号 1 页；酒井，百选Ⅰ（第5版），152 页。

7 大塚，291 页。

实施实行行为起重要支配作用的场合（支配型），或在对等的立场上，互相影响，形成共同实行的意思，并按照该种共同意思，由共同人中的一部分实施实行行为的场合（相互辅助型），就无法处理。如果将这些情况按照教唆犯或帮助犯来处罚的话，显然会得出不合理的结论。

判例正是针对这种现象来认定共谋共同正犯的。但是，否定论还认为，教唆犯的法定刑和正犯一样，帮助犯的法定刑的范围也很广，只要在此范围内按照犯罪的实际情况来量刑就够了，即便不承认共谋共同正犯也不会有什么不妥。但是，这种见解完全抹杀了现行法将共同正犯、教唆犯以及帮助犯分开规定的宗旨。

（2）形式根据　否定论认为，刑法第60条中所说的"实行"，是指符合基本的构成要件的实行行为，所谓"共同实行"是指实行行为自身，并以此为形式根据，认为共谋共同正犯违反了罪刑法定原则。但是，第60条规定"都是正犯"，之所以说"部分行为全部责任"，是由于在共同实行的意思之上，相互利用、补充其他共同人的行为，以实施实行行为为根据的，所以，共同人不一定要分担实行行为，只要是二个以上的人在共同意思之下，共同实施实行行为就够了。共谋共同正犯，正是以刑法第60条为形式根据的。

（3）理论根据　如上所说，共谋共同正犯具有实质的以及形式的根据，那么，作为共谋共同正犯的理论根据，前面的各种学说中，哪一种妥当呢？

A. 共同意思主体说　这种学说认为，数人共谋犯罪，结成具有"同心一体"的共同意思的团体，在其中有人实施了实行行为的场合，由于该行为不外乎是团体的活动，所以，应当追究团体全体成员的责任。它承认共同意思的存在，并将实行行为归于共同意思主体，还认为，由此可以看出，分担实行行为对于共同正犯来说，并不是必然的。

但是，该种学说在①将共同意思主体这一团体所应承担的刑事责任转嫁给加入该团体的个人身上，违反了刑法中的个人责任原则，②为什么要将仅参加共谋的人要作为共同正犯，和实行行为人承担同样的罪责呢？根据不明，③凡是参加共谋的人都以加入了共同意思主体这一团体为由，不问其作用如何，都作为正犯处理，这显然是不符合实际情况的，会不当扩大共同正犯的范围。从上述三个理由来看，共同意思主体说是不妥当的。

B. 间接正犯类似说　这种学说在试图克服共同意思主体说有可能将所有参加谋议的人都作为共谋共同正犯而对其进行限定一点上，值得

第二编 犯 罪

支持,但是,"将他人作为道具而加以利用"的关系,一般来说,难以被认可;同时,间接正犯中的利用人和被利用人的关系,和共谋共同正犯中的单纯的共谋人和实行行为人的关系不同。特别是,在后者的场合,各人基于分别实现自己犯意的意思而共同实施实行行为的,两者的区别非常明显,所以,间接正犯类似说也难以成为共谋共同正犯说的基础。

C. 行为支配说 这种学说认为,共谋共同正犯在支配他人的行为以实现自己的犯罪的一点上具有共同正犯的实质,但是,不仅行为支配的观念自身具有问题,而且若认可行为支配的话,则只要认可单独正犯就够了,没有必要认可共同正犯。同样的理由,对于团藤说以及优越支配共同正犯说也适用。

D. 包括的正犯说 之所以将共同正犯作为"正犯",是因为在共同实行的意思之下,通过相互利用、补充他人的行为实现犯罪,所以,只要是基于共同完成犯罪的合意(共谋),相互利用、补充他人的行为,结果实现了犯罪的话,就不管是分担实行行为的场合还是面向实行行为而共同实施行为的场合,统统都应作为正犯处理,所以,包括的正犯说妥当。

3. 共谋共同正犯的成立条件

为成立共谋共同正犯,必须是①二个以上的人就相互利用他人的行为,将各自的意思付诸实行而进行谋议,②在共同实行犯罪的意思之上,③共谋者中的某人实施了犯罪。

(1) 共谋的事实 所谓共谋,是指二个以上的人就实施特定犯罪,就相互利用、补充他人的行为,以将各自的犯意付诸实行而进行协商,并达成合意(前揭最大判昭 33、5、28)。为认定共谋,各个人必须具有共同实施犯罪的意识即共同犯罪的认识,以及相互间的意思联络或意思疏通。明示的方法还是暗示的方法,在所不问。[1]

暗示的意思联络的判例 最高法院 2003 年 5 月 1 日(《刑集》第 57 卷第 5 号第 507 页)在身为关西的暴力团领导的被告人到东京游玩的时候,随行的数名保镖为了护卫被告人而携带从东京的暴力团干部那里获得的手枪同行的案件中,认为被告人和保镖们成立

---

[1] 最判昭 23、12、14 刑集 2、13、1751。

非法持有枪支罪的共谋共同正犯，即"被告人，即便没有直接指示保镖们携带枪支随行护卫，但其对保镖们为了保护自己而自发地携带枪支的一点具有明确的认识，其将这一点作为当然的情形加以容允，而这一点保镖们也清楚"，"可以说，被告人和保镖们之间就持有枪支一事具有暗示的意思联络"。这个案例作为现场共谋的例子，是参考性判例。

共谋，不一定要求是事前的协商（事前共谋），在行为时成立就可以了（现场共谋）[1]；另外，也不一定要求大家在一起实施，正如甲传话给乙，乙传话给丙一样的顺次谋议的场合（顺次共谋）也行。谋议，是就相互补充、利用他人的行为，以实现各自的犯罪意思而实施的，所以，单单参加谋议还不够，谋议还必须具有准实行的重要作用的性质。因此，还必须是通过谋议而相互利用、补充对方的行为，在各当事人之间形成实质的相互利用、补充关系。

成立共谋事实，还要求通过谋议，形成和实行人的行为有同样重要作用的对等关系，以及将实行人作为自己的代行者，让他完成自己的实行行为，并据此而实现犯罪的支配关系。例如，①被告人和实行人之间没有就犯罪计划进行充分协商，在实行方法上仅由实行人自己决定的场合[2]，②被告人对犯罪的实施持消极态度，仅仅按照实行人的指示行动而已的场合[3]，③尽管曾经参加谋议，但之后只是单纯地机械地实施帮助行为的场合[4]，都不能说具有共谋事实。[5] 共谋无非是类似于实行行为而成为犯罪的事实，对其确认必须经过严格的证明。[6]

和刑事未成年人之间的共谋 最决 2001 年 10 月 25 日（《刑集》第 55 卷第 6 号第 519 页）于在夜店做女招待的母亲企图强取夜店的经营者（女性）的财物，就指示、命令其 12 岁 10 个月的长男蒙面，用气枪威胁等方法从夜店经营者那里夺取财物的案件中，认为当时，从其长男具有辨别是非的能力，母亲的指示、命令并不

---

[1] 最判昭 23、11、3、裁判集刑 5、525。
[2] 大阪地判昭 39、11、4 下刑集 6、11＝12、1263。
[3] 大阪地判昭 42、3、28 下刑集 9、3、348。
[4] 长崎地佐世保支判昭 60、11、6 判时 623、213。
[5] 前揭最决昭 57、7、16。
[6] 前揭最大判昭 33、5、28。

足以抑制其长男的意思；长男自己决定实施抢劫，临机应变，完成抢劫；长男将抢夺来的财物都交给了母亲的情况来看，母亲和长男之间成立共同正犯。

(2) 共同实行的意思　所谓共同实行的意思，是指利用、补充他人的行为而实行犯罪的意思，仅有共同实行的认识还不够，还必须具有和其他的犯罪人合作实行犯罪的共同实行的意思。[1] 仅有"教唆的意思"或"帮助的意思"还不够，还必须具有作为正犯的意思。共同意思必须在共谋者之间存在。如在财产犯中，不具有接受不法利益的分配的意思的场合，就不能说具有共同意思。[2]

(3) 实行行为　为成立共谋共同正犯，共谋人必须基于共谋的内容，分别实施完成犯罪所必要的行为，同时，共谋人中至少有一人基于共谋而实施了实行行为。在实施了和共谋的基本内容不同的实行行为的场合，不能将该实行行为和结果的刑事责任归于共谋人。[3] 在不存在实行行为就不成立共谋共同正犯的意义上，共谋共同正犯也仍从属于实行行为。这就是共谋共同正犯的从属性。[4] 另外，只要成立共谋共同正犯，所有的共谋人就都成立共谋共同正犯，不是实行者成为正犯，而另外的共谋者成为共谋共同正犯。

四、处分

共同正犯中的共同正犯和共谋人，都是正犯。刑法第 60 条规定，在共同实行的意思之下，根据相互利用、补充他人的犯罪行为而实行犯罪的人，对于所发生的全部事实，承担作为正犯的责任，按照刑法分则各条文所规定的刑罚处理，即按照"部分行为全部责任"的法理处罚。当然，不用说，并不是所有的共同人、共谋人都要处以同一的刑罚，具体的刑罚的轻重应当按照行为人的责任大小来个别量定。

---

[1] 最判昭 24、2、8 刑集 3、2、113。
[2] 东京高判昭 34、6、30 东时 10、7、297（抢劫杀人）；东京高判昭 43、1、11 东时 19、11（盗窃）。
[3] 东京高判昭 60、9、30 刑月 17、9、840。
[4] 平野，404 页。

共同正犯的效果 最高法院1949年7月12日（《刑集》第3卷第8号第1237页）认为只要数人共谋强奸同一妇女，各自对该女进行了奸淫，并对该女子造成了伤害，即便该伤害是谁的行为造成的无法查清的场合，该数人都要承担强奸致伤罪的刑事责任。与此有关，在成立共同正犯的场合，是不是成立过当防卫，必须检讨各个共同正犯人是不是分别满足各个要件而加以决定，如果有一个人成立防卫过当，该结果并不当然意味着其他共同正犯人也成立防卫过当（最决1992年6月5日《刑集》第46卷4号245页；十河，判例讲义Ⅰ，134页）。正当防卫的场合，可以说，也是如此。

第三款 教唆犯

一、教唆犯的成立要件

所谓教唆犯，是指"教唆他人实行犯罪的人"。成立教唆犯，必须是①教唆人教唆他人，②根据该教唆，被教唆人实施犯罪。

1. 教唆他人

所谓教唆，是指教唆他人，使其产生犯罪的意思。教唆犯，由教唆犯的故意和教唆行为构成。

（1）教唆犯的故意 关于教唆犯的故意，有①必须认识到由于自己的教唆行为而使被教唆人决意实行特定的犯罪，并对该实行有认识（容允）的见解[1]，②作为教唆行为的结果，必须使被教唆人对发生犯罪结果有认识的见解[2]之间的对立。教唆是教唆他人实行犯罪，所以，只要认识到由于自己的教唆行为，使被教唆人决意实行犯罪，并实施实行行为就够了，另外，按照②说的话，在教唆人仅对正犯的实行有认识的场合尚不可罚，但是这一结论难以支持，所以，①说妥当。因此，不要求对教唆行为和正犯的构成要件结果之间的因果关系也有认识。出于教唆不能犯的意思的场合，是没有教唆的故意。另外，教唆故意，只要是未必的故意就够了。

---

[1] 团藤，406页；大塚，295页；藤木，296页。
[2] 牧野，（上）442页；木村，414页；裁职研，346页。

第二编 犯 罪

共犯从属性和教唆犯的故意 （1）共犯从属性说认为，教唆是引起实行行为的行为，因此，只要具有引起实行行为的认识，就足以认定教唆的故意，（2）共犯独立性说认为，教唆自身是独立的实行行为，因此，在教唆的故意中，必须具有发生结果的认识。当然，必须注意的是，（3）即便在共犯从属性说之中，也有主张必须具有通过被教唆人的实行行为实现结果的认识的见解[1]，因此，这一问题，并不一定和共犯从属性、独立性的问题相关。

[1] **未遂教唆** 和教唆犯的故意相关，是关于未遂教唆的处罚问题。所谓未遂教唆，是对未遂犯进行的教唆当中，教唆人出于使被教唆人的实行行为一开始就只能以未遂告终的意思而进行教唆的场合。如明知甲的口袋中什么都没有的 A，教唆 B 去掏甲的口袋，B 基于该种教唆而实施了盗窃行为的场合就是这种情况。对于 A 该如何处理，有：①A 不可罚说[2]，②A 是盗窃未遂罪的教唆犯说[3]，③是对于单纯的违法行为的教唆犯，因此 A 成立未遂行为的教唆犯说[4]之间的对立。①说是认为成立教唆的故意，正犯必须对发生构成要件结果有认识的立场的反映，因而不妥，另外，由于正犯必须是符合构成要件的侵害或威胁法益的行为，所以③说也不妥当。刑法应当禁止使人实施符合构成要件，具有侵害或威胁法益的效果的行为，所以，只要认识到正犯可能实施实行行为，就成立教唆犯的故意。因此，②说妥当。

教唆人预计到被教唆人的行为只能终于未遂而进行教唆，但结果出乎教唆人的意料发生了结果的场合，如，确信毒药没有达到致人于死的剂量的 X，教唆 Y 将该毒药交给甲服用，以杀死他。Y 把毒药交给甲服用之后，甲出乎意料地死亡的场合，有：①X 对于致死量具有过失的时候，就构成过失致死罪的见解[5]，和②X 是杀人未遂罪的教唆犯的见解[6]之间的对立。

---

1 平野，350 页；山中，836 页；福田，276 页；中山，473 页；前田，459 页；山口，271 页。
2 宫本，203 页；木村，415 页；植松，340 页；平场，161 页；福田，276 页；前田，458 页；山中，837 页。
3 小野，209 页；团藤，407 页；大塚，296 页；香川，384 页；西原，351 页；藤木，298 页；内田，316 页。
4 佐伯，356 页。
5 木村，415 页；植松，377 页；福田，276 页。
6 大塚，296 页；香川，384 页。

从教唆的故意是，只要使被教唆人具有实行行为的认识就够了的立场出发，因为是出于杀人未遂罪的故意引起了杀人既遂罪的结果的场合，所以，上述情形属于事实错误，二者之间由于具有法定的重合，所以，不能按照刑法第 38 条第 2 款认定成立较重的杀人罪的教唆犯，而只能成立杀人未遂教唆犯。

〔2〕教唆陷阱（agent provocateur） 作为未遂教唆的形态之一，是教唆陷阱。它本来是指以使他人陷入犯罪为职业的警察的线人，但在刑法上，指以使他人作为犯人受到刑罚处罚为目的，教唆他人实施只能以未遂告终的一定的犯罪的人，所以，关于这种情况的处理，可以和未遂教唆同样考虑。关于教唆陷阱，有①是对未遂犯的教唆的见解[1]和②不可罚的见解[2]之间的对立。但是，既然是认识到让被教唆人进行实行行为的着手，就难以说没有教唆的故意，所以①说妥当。但是，在犯罪调查上不得已而采用这种手段，该手段具有社会相当性的时候，当然就排除违法性。[3]

〔3〕过失教唆 如不注意当着容易激动的人的面，骂某特定的人是"卖国贼"，引起该容易激动的人的杀意的场合[4]，就是不注意而使他人决意实施犯罪的情况。对于过失教唆，有①应从行为共同说的立场出发认定为教唆犯的见解[5]，和②从犯罪共同说的立场出发，认为不可罚的见解[6]之间的对立。由于，第一，在将教唆理解为让他人产生实行特定的犯罪的决意的时候，就不存在过失教唆的可能；第二，过失教唆，没有使被教唆人产生实施犯罪的决意的定型性，引起正犯的危险也很微弱；第三，惩罚过失必须有特别的规定。所以，不能将过失教唆的情况作为教唆犯来处罚，②说妥当。

（2）教唆行为 所谓教唆行为，是让他人产生实施特定犯罪的决意的行为。

---

[1] 小野，210 页；团藤，407 页；平野，350 页；大塚，297 页；香川，384 页；西原，351 页；藤木，298 页；内田，317 页；川端，567 页。另外，最决昭 28、3、5 刑集 7、3、482。

[2] 植松，378 页；福田，276 页；山中，840；前田，432 页。

[3] 前揭最决昭 28、3、5（诱惑者根据情况承担帮助犯或者教唆犯的责任的场合另当别论）。

[4] 佐伯，354 页。

[5] 木村，412 页；佐伯，354 页；内田，309 页。

[6] 团藤，403 页；平野，360 页；庄子，446 页；福田，276 页；大塚，297 页；香川，390 页；齐藤信治，274 页；山中，837 页；前田，456 页。

第二编 犯 罪

[1] 方法、手段　教唆行为，在其手段和方法上，没有限制。如在很多场合下是提供金钱请求他人杀人之类的提供利益的情况，但是，也可以用命令、指挥、指示、威吓、哀求之类的方法实施，也有可能是采用默示或暗示的方法实施。[1]

教唆行为，必须是使被教唆人产生实施特定犯罪的决意，所以，仅仅是说"给我杀人"一样的以不明确的方式教唆实施抽象犯罪还不够。[2] 但是，也没有必要就犯罪的时间、地点、方法等做具体的指示。教唆行为就是教导、唆使的意思，所以，在其语意上，只限于作为的教唆，而不可能有不作为的教唆。[3]

教唆的对象，即被教唆人必须是特定的，但是不要求是一个人。以不特定的人为对象进行教唆时，不是教唆而是煽动。被教唆人原则上必须是具有责任能力的人，但是，作为从属性说的归结，只要是具有规范意识的人，即便是无责任能力人，也能成为被教唆人。但是，完全没有规范意识的人或被作为工具而加以利用的场合，就不是教唆犯而是间接正犯。教唆行为，以让他人决意实行犯罪为本质，所以，已经具有实施犯罪的决意的人，就不能成为教唆行为的对象，在此场合，只有作为强化犯罪意思的帮助犯的问题。[4]

[2] 对过失犯的教唆　指引起他人的不注意而实行犯罪的情况。如医生引起护士的不注意，致给病人注射毒药的场合就属于此。对过失犯的教唆，和前面的过失教唆不同。对过失犯的教唆是否应该作为教唆犯，通常情况下，行为共同说持肯定态度，而犯罪共同说持否定态度[5]，但是，由于教唆行为的内容是让他人决意实施犯罪，所以，对过失犯的教唆应看成是间接正犯（通说）。[6]

[3] 对不作为犯的教唆　是指通过教唆行为使他人产生实行不作为犯的决意。同不作为的教唆不同，对不作为犯的教唆犯是否成立，从认为教唆、帮助是以作为犯为前提的，对不作为犯不适合的立场出发的人，对此持否定态度，认为对不作为犯的教唆、帮助行为通常是作为犯

1　大判昭9、9、29刑集13、1245。
2　最判昭26、12、6刑集5、13、2485。
3　木村，413页；庄子，446页；大塚，298页；川端，567页。
4　大判大6、5、25刑录23、519。
5　内田，308页。
6　东京高判昭26、11、7判特25、31。

的正犯。[1] 但是，正如教唆母亲不要救助落水呼救的幼儿致使幼儿死亡的行为一样，应看成是不作为的杀人罪的教唆犯，所以，应当肯定不作为犯的教唆犯。同样，对身份犯特别是亲手犯的教唆犯也能被认可。[2]

[4] 共同教唆　指二个以上的人出于共同实施教唆的意思而教唆他人，使其实施犯罪的情况。如果共同人分别实施了教唆行为，不用说，各自承担教唆犯的罪责。相反地，二个以上的人共谋教唆行为，其中部分人将教唆行为付诸实施的时候，该如何处理，学说上有争议。判例在A和B共谋，决定让B将共谋的内容付诸实施，B又教唆C实施了犯罪的场合，认为A和B之间应当成为共同教唆（共谋共同正犯）。[3] 相反地，学说上则有①肯定判例的立场[4] 和②否定判例意见，认为A是间接教唆的立场[5] 之间的对立。我认为，只要B的教唆行为是在A和B两人之间的相互利用、补充关系的基础之上所实施的，就应当说B的教唆行为是A、B共同实现的，所以，肯定判例观点的①说是妥当的。

[5] 片面教唆犯　指教唆人基于教唆的故意实施了教唆行为，但被教唆人并不知道有该教唆行为而决意实施犯罪的场合。共同意思主体说的立场认为，共犯关系中，不管是共同正犯、教唆犯还是帮助犯，共犯人之间都必须具有意思联络，所以，不存在片面教唆犯。[6] 但是，教唆行为是基于教唆的故意而实施的教唆行为，只要由此而让人决意实施犯罪就够了，不要求被教唆人对被教唆的事实有认识，所以，应当认可片面教唆犯。[7]

[6] 对预备罪、阴谋罪的教唆　指教唆他人实施刑法中所规定的正犯的既遂罪、未遂罪或预备罪、阴谋罪的结果，正犯以预备、阴谋告终的场合。这种场合，是否应当承认教唆犯，有肯定说[8] 和否定说[9] 之间

1　神山敏雄："不作为犯的共犯的研究"，刑法杂志18卷1＝2号1页。
2　大判明43、6、23刑录16、1280（伪证罪）。
3　大判明41、5、18刑录14、563。另外，最判昭23、10、23刑集2、11、1386。
4　庄子，450页；西原，351页；木村，413页。
5　植松，378页；团藤，405页；福田，276页；大塚，298页；川端，568页；山中，834页。
6　植松，381页；西原，334页；平野，390页。
7　平场，161页；平野，350页；庄子，454页；吉川，242页；内田，316页；川端，570页；山中，835页。
8　植松，383页；大塚，299页。
9　最判昭25、7、11刑集4、7、1261。井田，385页；同"对没有故意的人的教唆犯能够成立吗？"，《庆应义塾大学法学部法律学科开设百年纪念论文集》（1990），473页。反对，大越，224页。

第二编 犯　罪

的对立。这种对立，以刑法第 61 条第 1 款中的"实行"的解释为背景，由于认为"实行"中包括预谋、预备，所以，不管是独立预备罪、阴谋罪，还是从属预备罪、阴谋罪，都成立教唆犯，因此，肯定说妥当。

2. 被教唆人实施了犯罪

为成立教唆犯，要求教唆行为的结果是，被教唆人决意实施该犯罪，并且将该决意付诸实施。教唆行为和被教唆人的犯意的形成以及和实行行为之间必须具有因果关系。[1] 因此，虽然实施了教唆行为但被教唆人没有实施的场合，或即便实施但该行为和教唆行为之间没有相当因果关系的场合，也不成立教唆犯（教唆犯的因果性）。所谓"实行"，是指符合构成要件的行为，从共犯从属性的观点来看，只要正犯的行为符合构成要件，对法益具有侵害或危险就够了，即便被教唆人的行为止于未遂也成立教唆犯，同时，对预备罪的教唆犯也应予以认可。教唆犯进而同正犯一起共同实行犯罪的场合，也只负共同正犯的罪责。[2] 另外，教唆犯实施帮助行为的时候，作为较重的教唆犯处罚。[3]

教唆未遂　教唆未遂和未遂教唆不同。所谓教唆未遂，是虽然实施了教唆行为，但被教唆人没有实施犯罪的场合。教唆未遂之中，包括：（1）被教唆人仅产生了犯罪决意的场合，（2）虽然实施了行为，但该行为没有达到可罚程度，（3）教唆行为和正犯行为之间没有因果关系，（4）虽然实施了教唆，但是被教唆人没有产生实施犯罪的决意的场合。（1）（2）（3）是"没有效果的教唆"，（4）是"以失败告终的教唆"。从共犯从属性说的观点来看，上述情况都不成立教唆犯，但从将共犯行为自身视为实行行为的共犯独立性说的观点来看，教唆未遂，统统都适用未遂犯的规定。例如，在 A 教唆 B 杀害甲，但 B 没有产生实行犯罪的决意的场合，对 A 适用杀人未遂罪的规定。[4] 另外，虽然实施了教唆，但被教唆人早已决意实施犯罪的场合，就相当于上述（3）的情况，通说认为这种场合构成帮助犯。

1　大判大 12、7、12 刑集 2、718。
2　大判大 12、7、12 刑集 2、718。
3　大判昭 8、11、27 刑集 12、2134。
4　木村，418 页。

二、教唆犯的各种类型

1. 间接教唆

是指"教唆教唆人"的场合,和教唆犯一样,比照正犯处罚。间接教唆,例如,①A教唆B让C实施一定犯罪的场合,②A教唆B实施一定的犯罪,B自己没有实施,而是教唆C实施该犯罪的场合。[1] 教唆犯的成立以正犯的实行行为为要件,对该教唆犯进行教唆的人就是这里所说的"教唆教唆人",因此,在上述①、②的情况下,A都成立教唆犯。间接正犯之所以具有可罚性,是因为该教唆行为和正犯的实行行为之间具有因果关系。

2. 再间接教唆

是指间接教唆人再实施教唆的情况。"教唆教唆人的人"的规定中的"教唆人",不仅包括教唆人和间接教唆人,也包括其他连锁教唆人。是否应当将连锁教唆作为教唆犯,有①肯定说[2]和②否定说[3]的对立。本来,教唆行为的可罚性在于使正犯决定实施犯罪的一点,尽管是连锁教唆,但既然该行为和正犯的犯罪行为之间具有相当因果关系,就值得处罚。另外,由于教唆教唆者的人也不外乎是教唆人,因此,"教唆教唆者"的规定当中的"教唆者",不仅包括教唆者以及间接教唆者,其以外的连锁教唆者也应包括在内。[4]

3. 对帮助犯的教唆

"教唆从犯的人,科处从犯之刑"。所谓"教唆从犯",是指对没有帮助正犯意思的人,使其产生帮助正犯的决意,并实施帮助行为。如,A请求已经有意杀死甲的B让他杀死甲的时候,被告人建议A送给B酒钱,以强化B的杀人意念,A接受了这一建议并表示照办的场合,被告人就成立杀人罪的帮助犯的教唆犯。[5] 在这种场合,没有B的杀人行为的话,A就不成立帮助犯,被告人对帮助犯的教唆也不成立,因此,帮助犯的教唆就从属于正犯行为及其帮助犯。

---

[1] 大判大3、11、7刑录20、2046。

[2] 大判大11、3、1刑集1、99。木村,418页;平野,352页;庄子,451页;西原,353页;藤木,300页;内田,315页;齐藤信治,255页;前田,456页;山中,842页。

[3] 植松,379页;团藤,410页;福田,279页;大塚,201页;香川,396页;川端,570页;中山,510页。

[4] 前揭大判大11、3、1。

[5] 大判大7、12、16刑录24、1529。

4. 独立教唆犯

指只要实施了教唆行为，不管被教唆人是否产生了实行犯罪的决意，也不管是否现实地实施了犯罪，都成立犯罪的行为。[1] 因为是从被教唆人的实行行为中独立出来成立的教唆犯，所以被赋予了独立教唆的名称，相当于共犯独立性说中的教唆犯。对于"挑唆罪"（《国家公务员法》第110条第1款第17项，第98条第2款等）也应做同样的理解。与独立教唆相类似的情况有"煽动罪"、"起哄罪"等。上述情况，都是属于为实施特定犯罪，而使不特定的人或多数人产生犯罪的决意，或对已经具有犯罪决意的人进行刺激、助长的行为。

三、处分

对教唆犯，"科处正犯之刑"（刑法第61条第1款）。所谓"科处正犯之刑"，是指在应当对正犯行为科处的法定刑的范围内进行处罚。[2] 正犯既遂的话，就成立对既遂犯的教唆犯；未遂的话，就成立对未遂犯的教唆犯，在该法定刑的范围内予以处罚。这并不意味着对教唆人的处罚从属于对正犯的处罚。正犯也不一定要受到现实的处罚。[3] 对教唆犯的量刑是独立于对正犯的量刑的。因此，对教唆犯可能判处比正犯更重的刑罚。又，虽说刑法分则中即便没有规定也能对教唆犯进行处罚，但是，法定刑仅为拘留或罚金的罪的教唆犯，在法律没有特别规定（如《轻犯罪法》第3条）的时候，不得予以处罚。

第四款　帮助犯（从犯）

一、帮助犯的成立条件

所谓帮助犯，是指帮助正犯的人。所谓帮助，是指正犯以外的人使正犯的行为容易实行。成立帮助犯，要求①帮助人帮助正犯；②根据该种帮助，被帮助人实施实行行为。

---

[1] 最判昭29、4、27刑集8、4、555。
[2] 最判昭25、12、19刑集4、12、2586。
[3] 大判明44、12、18刑录17、2211。

1. 帮助正犯

必须是帮助人基于帮助正犯的意思实施帮助行为。

（1）帮助犯的故意　所谓帮助犯的故意，是指对正犯的实行行为有认识，并且认识到通过自己的行为使该实行行为容易实施而采取行动的意思。不要求对根据正犯的实行行为实现基本的构成要件的情况也有认识，因此，不一定要对帮助行为和构成要件结果之间的因果关系有认识，只要认识到帮助行为的结果是使正犯容易实施就够了。帮助犯的故意可以是未必的故意，在正犯行为和帮助人的认识不一致的场合，根据错误理论来解决。例如，认识到正犯实施伤害行为而进行帮助，但在正犯实施了杀人行为的场合，根据刑法第 38 条第 2 款的规定，成立伤害致死罪的帮助犯。[1]

[1] 未遂帮助　指帮助人预计到正犯的实行行为将以未遂而告终时实施的帮助行为。对未遂帮助，和未遂教唆的场合同样处理，未遂帮助是对未遂犯的帮助，具有可罚性。另外，帮助人预计到正犯的行为将以未遂而告终进行帮助时，出现了与该预计相反的构成要件结果时，和教唆犯的场合一样，也有学说的对立，但按照事实错误的解决方法，应当成立未遂罪的帮助犯。

[2] 过失帮助　如由于不注意而将毒药卖给了决意毒死他人的人一样，是指违反注意义务，使正犯的实行行为容易实施的情况。过失帮助是否成立过失犯，行为共同说对其持肯定态度，而犯罪共同说对其持否定态度，但是帮助犯是以帮助的故意为成立要件的，另外，在处罚过失犯的场合必须有特殊规定，所以，承认过失的帮助行为是违反罪刑法定原则的。

（2）帮助行为　所谓帮助，本来是指帮忙的意思，但在刑法上，所谓帮助行为，是指根据实行行为以外的行为，使正犯容易实施实行行为的行为。[2] 但是，不要求帮助行为是正犯实施实行行为所必不可少的行为。[3]

[1] 帮助的方法　帮助的方法，有物理的方法（有形方法）和精神的方法（无形方法）。以物质的方法进行帮助的场合称为物质帮助犯（有形帮助犯），例如，提供犯罪用的工具[4]，给意图欺骗的人介绍欺骗

1　最判昭 25、10、10 刑集 4、10、1965。
2　最判昭 24、10、1 刑集 3、10、1629。
3　大判昭 4、2、19 刑集 8、84。
4　大判昭 12、8、31 刑集 16、1355。

第二编 犯 罪

对象[1]等都相当于此。以精神的方法进行帮助的场合，就是精神帮助犯（无形帮助犯），如教授犯罪的方法、手段[2]，激励[3]等就是这种情况。精神帮助和教唆的差别在于，前者是对已经有犯罪决意的人，强化其犯罪决意，而后者是让人产生犯罪决意。

帮助行为，包括不作为的帮助在内。从教唆的本质来看，很难认定不作为的教唆，但是，对他人的犯罪行为有认识却不履行法律上的作为义务的不作为行为，由于是使他人的犯罪行为容易实施的行为，所以，可以将其看作为不作为形式的帮助犯。[4] 帮助的对方即被帮助人，必须是特定的人。被帮助人原则上必须是具有责任能力的人，但只要是具有规范意识的人，即便是无责任能力者，也能成为被帮助人。

帮助行为，有①事前提供凶器或指示犯罪路线之类的，在正犯实施实行行为之前预备实施的场合[5]，和②望风之类的和实行行为同时实施的场合。[6] ①的场合是预备帮助犯，②的场合是伴随帮助犯。但是，正犯行为实施终了之后，不可能再进行帮助，所以，所谓事后帮助犯不是帮助犯。所谓事后帮助犯，是在正犯实行之后再参与其犯罪的情况，如，藏匿犯人罪以及有关赃物的犯罪等都是事后帮助犯，但是，现行刑法都是将其作为单独犯加以处罚的。

[2] 对不作为犯的帮助犯　是指根据帮助行为而使不作为犯容易实施的情况。它和不作为形式的帮助犯不同。和对不作为的教唆的场合一样，没有理由否定对不作为犯的帮助犯。[7]

[3] 对过失犯的帮助犯　如认识到正犯违反注意义务，但为使结果容易发生却予以放任的场合。它和过失的帮助犯不同。在对过失犯的帮助犯中，和对过失犯的教唆犯中一样，也有学说上的对立，但和教唆犯的场合不同，没有必要使正犯形成犯意，只要使正犯的犯罪容易进行就够了，因此，在帮助犯中，能够认可对过失犯的帮助犯。[8]

1　大判昭 8、8、10 刑集 12、1420。
2　大判大 12、3、30 刑集 2、277。
3　大判昭 7、6、14 刑集 11、797。
4　大判昭 3、3、9 刑集 7、172；大阪高判平 2、1、23 高刑集 43、1、1（否定不作为的帮助卖淫的判例）。
5　大判大 6、7、5 刑录 23、787。
6　大判明 42、9、20 刑录 15、1139；大判大 11、3、15 刑集 1、141。
7　高松高判昭 28、4、4 判特 36、9。
8　大塚，306 页。

[4] 共同帮助犯　指二个以上的人出于共同实施帮助行为的意思，使他人的犯罪行为容易实施的情况。只要共同人分别实施了帮助行为的一部分，那么，各自就应当承担帮助犯的罪责。与此相对，二个以上的人共谋帮助行为，其中一部分人实施了帮助行为的情况，该如何处理，和共同教唆的场合一样，在学说上存有争议。但是，二个以上的人共谋帮助行为完全是可能的，所以，应当认可共谋共同帮助犯。判例也认为，共同谋议帮助正犯的实行行为，只有其中的某人实施了帮助行为的场合，其他的共谋人也应当承担帮助犯的罪责。[1]

[5] 片面帮助犯　指帮助人基于帮助的故意而实施了帮助行为，但被帮助人不知道有该帮助行为而实施犯罪的场合。在此场合，该如何处理，也和片面教唆中一样，存在学说上的对立，但是，①正犯没有意识到在接受使正犯的实行行为容易实施的帮助的情况也是完全可能存在的，②将刑法第62条的规定理解为，帮助人和被帮助人之间不要求具有意思联络，也是很自然的，因此，应当承认片面帮助犯。[2] 但是，在精神帮助的场合，只要正犯没有意识到存在帮助行为，就不能说是使犯罪容易实施的情况，所以，这种情况下，不成立片面帮助犯。[3]

[6] 继承帮助犯　指在正犯的实行行为的一部分终了之后，实施帮助行为，使以后的正犯行为容易实施的情况。继承帮助犯的处理，应当和继承共同正犯的情况同样看待。判例在丈夫出于抢劫杀人的目的将人杀死以后，妻子寻找灯火方便丈夫劫取财物的案件中，认为成立抢劫杀人罪的帮助犯[4]，但是妻子并没有继承先行的杀人行为，所以上述案件中，妻子的行为应当是对抢劫罪的帮助犯。

[7] 对预备罪、阴谋罪的帮助犯　指帮助预谋罪、预备罪的结果，正犯以阴谋、预备而告终的场合。这种场合的帮助犯是否应当承认，和教唆犯的场合一样，存在对立。由于刑法第62条的"正犯"中也包含预备罪、阴谋罪，所以，这种场合的帮助行为也构成帮助犯。

2. 被帮助人实施了犯罪

1　大判昭10、10、24刑集14、1267。
2　大判大14、1、22刑集3、921；东京地判昭63、7、27判时1300、153。名和，百选Ⅰ（第5版），170页；十河，判例讲义Ⅰ，139页。
3　东京高判平2、2、21东时41、1—4、7。
4　前揭大判昭13、11、18。

第二编 犯 罪

　　成立帮助犯，必须是被帮助人即正犯实施了犯罪（当然，存在独立帮助犯见《国家公务员法》第 111 条，《轻犯罪法》第 3 条）。正犯的行为只要是符合构成要件、具有侵害或威胁法益的行为就够了，不一定要求正犯具有可罚性。[1]

　　按照共犯的处罚根据，帮助行为和正犯行为之间必须具有因果关系。关于帮助的因果关系，有①只要帮助行为和实行行为之间具有因果关系就够了的见解[2]，②帮助行为和正犯的结果之间必须具有因果关系的见解[3]，③帮助行为必须增加了正犯的侵害法益的危险的见解[4]，④正犯及其结果和帮助行为之间具有因果关系的见解[5]之间的对立。从现行刑法只是规定"实施了帮助"的情形来看，只要帮助行为是支援正犯，使实行行为容易实施就够了，所以，应当说，帮助的因果关系只要是在物理、心理上使实行行为容易实施就足够，①说妥当。而且，不要求具有没有帮助行为的话就没有正犯的实行行为的条件关系，只要帮助行为使正犯的实行容易进行就行了。[6] 这就是帮助的因果关系。如即便在为帮助他人杀人而提供了毒物，但是被帮助人没有实施毒杀行为而是用手枪将人杀害的场合，由于在精神上为他人的杀人提供了方便，所以，应当肯定帮助的因果性。

二、帮助犯和共同正犯、教唆犯的区别

1. 帮助犯和共同正犯的区别

　　关于帮助犯和共同正犯的区别，有①根据行为人是为了自己的利益而行为还是为了他人的利益而提供帮助来进行区别的主观说，②根据行为人是不是实施实行行为的人而加以区别的形式的客观说，③根据对于完成犯罪来说，是否实施了重要行为来加以区别的实质的客观说之间的对立。由于帮助犯和共同正犯的区别应当遵循共犯和正犯的区别，所

1　大判大 6、7、5 刑录 23、787（认为必须违法且有责）。
2　平野，381 页；大塚，307 页；川端，575 页；前田，464 页；西田典之："帮助的因果关系"，法研 322 号 22 页。
3　曾根，292 页；山中，855 页；大越义久：《共犯的处罚根据》(1981 年)，172 页。
4　山中敬一：《刑法中的因果关系和归属》(1984 年)，157 页；同，855 页。
5　中野，165 页；野村，424 页。
6　大判大 2、7、9 刑录 19、771；前揭东京高判平 2、2、21。大谷，百选Ⅰ（第 4 版），174 页；奥村，百选Ⅰ（第 5 版），172 页；十河，判例讲义Ⅰ，41 页。

以，二个以上的人，基于共同实行的意思共同实现犯罪的场合，就是共同正犯；基于帮助的意思而实施了帮助行为的场合，就是帮助犯。但是，问题在于没有分担实行行为的共谋人和无形帮助之间的区别。在这种场合，从在形式上是否实施了实行行为的方面来将二者加以区别是困难的。在二个以上的人参与犯罪的场合，是成立正犯还是成立共犯，首先，重要的是，是不是在共同实行的意思之下进行认识，是不是在相互利用、补充的关系之下实施了行为。在学说上，主张将犯罪所生利益的归属作为中心，实质性地考虑的实质的客观说也很有力，但是，倒不如说，以是否满足共谋共同正犯的要件为中心来加以考虑。

区别的判例　最高法院1982年7月16日（《刑集》第36卷第6号第695页）在受到A的提议走私大麻的B，自己没有实施，而是介绍C作为实行行为人，并承诺接受部分大麻，向C提供部分资金的案件中，认为A也是共同正犯。[1]

在二者的区别上，实际上成问题的是望风行为。判例将为杀人、盗窃、抢劫等的望风行为认定为共同正犯[2]，将为赌博的望风行为认定为帮助犯。[3]即便同样是望风行为，如果有相互利用、补充他人行为意义上的谋议，结果是互相利用、互相补充而实现了犯罪的话，就是共同正犯；单纯是使正犯容易实施的场合，就是帮助犯。

2. 帮助犯和教唆犯的区别

无形帮助和教唆之间具有类似性，二者的区分就成为问题。在这一点上，无形帮助，是对已经具有犯罪决意的人，进行鼓励或进言，强化其犯罪决意，而教唆是对还没有犯罪决意的人，通过诱导等使其产生犯罪决意[4]，所以，二者不同。

三、帮助犯的各种类型

1. 间接帮助犯

就是帮助帮助犯的人。和间接教唆犯不同，刑法对于间接帮助犯

---

[1] 酒井，百选Ⅰ（第5版），152页；平野，398页；前田，465页。
[2] 大判昭2、12、8刑集6、674（骚乱）；大判明44、12、21刑录17、2273（杀人）；最判昭23、3、16刑集2、3、220（盗窃）。荒川，百选Ⅰ（第5版），150页；十河，判例讲义Ⅰ，133页。
[3] 大判大7、6、17刑录24、844。
[4] 大判大6、5、25刑录23、519。

第二编 犯 罪

没有做特别规定,所以,是否认可间接帮助犯,有肯定说[1]和否定说[2]的对立。帮助的处罚根据在于,由于其使正犯的实行行为容易实施,所以,不仅直接使正犯的实行行为容易实施的直接帮助,即便是间接帮助也能成为帮助犯,在理论上,它和连锁教唆的可罚性没有什么两样。

否定说在解释学上的根据是:①刑法第62条中的"帮助正犯"中并不包括间接帮助,②帮助行为不是实行行为,所以,没有承认帮助的帮助的概念的余地。但是,只要是认识到实行行为人决意实施犯罪,而通过帮助行为间接地使该实行行为容易实施的话,就应看成是帮助正犯。另外,帮助行为也是符合修正的构成要件的行为,对于这种情况的共犯也是可能存在的,因此,否定说没有根据。但是,由于间接帮助犯和正犯的关系并不明确,所以,不应轻易认定间接帮助犯。在判例上,被认为肯定间接帮助犯[3]的事例,实质上也是对正犯的实行行为提供帮助的情况。

2. 再间接帮助犯

是指帮助间接帮助犯的情况。在理论上应当认可这种类型,但是,由于帮助犯本来就没有定型性,加上再间接帮助犯在很多场合下和正犯的关系不明,所以,原则上,不应认可再间接帮助犯。判例也没有认可再间接帮助犯。

3. 教唆犯的帮助犯

所谓教唆犯的帮助犯,是帮助教唆行为,便于其容易实行的情况。认为教唆行为不是实行行为的立场对教唆犯的帮助犯持否定态度,但是,教唆行为是符合修正的构成要件的实行行为,所以,肯定说的见解是妥当的。基于同样的理由,对间接教唆的帮助犯也应持肯定态度。当然,这种场合也是从属于正犯的实行行为以及对法益的侵害、危险的,成立犯罪。

---

[1] 小野,213页;木村,424页;庄子,452页;平野,352页;前田,461页;山中,864页;山口,273页。大判大14、2、20刑集4、73。

[2] 植松,384页;团藤,415页;福田,282页;大塚,310页;吉川,265页;香川,402页;西原,354页;川端,572页;野村,427页;佐久间,383页;井田,383页。

[3] 大判大14、2、20刑集4、73;最决昭44、7、17刑集23、8、1061(被X请求帮助弄到淫秽电影的Y,明知X在帮助甲举行淫秽物品展而将上述电影提供给X的案件)。原田,百选Ⅰ(第5版),168页;十河,判例讲义Ⅰ,168页。

四、处分

"从犯之刑，比照正犯减轻"（刑法第 63 条）。换句话说，对从犯，按照刑罚法规中对正犯适用的法定刑减轻处罚，而不是比照正犯的宣告刑减轻处罚。因此，和正犯相比，帮助犯的宣告刑有时候可能更重。帮助犯的处罚和正犯是否受到处罚没有关系。法定刑为拘留和罚金的犯罪的帮助犯，没有特别规定的场合，不能进行处罚。

第五款　共犯和身份

一、概说

1. 身份和身份犯

行为人的一定身份成为构成要件要素的犯罪就是身份犯。

（1）身份的意义　所谓身份，在一般意义上，是指"身上特征"或"境况"等，但按照判例，刑法上所说的身份，不仅限于男女的性别、本国人和外国人的差别、亲属关系、公务员的资格等，而是指凡是和一定犯罪行为有关的人身关系的特殊地位或状态。[1] 刑法，将所有由于行为人的特征而对犯罪的成立以及刑罚的轻重产生影响的情况，都称作为身份，所以，承认判例的见解也未尝不可，但问题在于，"目的"是否包含在身份当中？关于这一点，刑法中有肯定说[2] 和否定说[3] 之分。否定说认为，身份是以一定的继续性为前提的概念，所以，目的之类的暂时的主观情况不应包含在内。

的确，身份是指社会关系中的人的地位的高低，所以，从一般的语义来看，必须以继续性为要件。但是，身份之所以在刑法上成为问题，是由于人的要素和是否成立犯罪以及刑罚轻重有关，所以，虽说目的是暂时性的东西，但由于是和犯罪行为相关的人的关系的特殊状态，所以，应当说，不仅和是否成立犯罪相关的"目的"，过去被判例所否定

---

[1] 最判昭 27、9、19 刑集 6、8、1083。
[2] 木村，426 页；团藤，419 页；平野，372 页；西田，389 页；川端，583 页；山口，283 页。
[3] 福田，283 页；大塚，312 页；前田，467 页；山中，181 页。

第二编 犯 罪

的、与刑罚轻重有关的"营利目的"[1]也应包含在身份当中[2]，另外，在身份成为行为的违法性要素的场合，该身份就是违法身份；身份成为行为的责任要素的场合，该身份就是责任身份。

身份犯有真正身份犯和不真正身份犯之分。所谓真正身份犯，正如受贿罪，行为人不具有公务员、仲裁人的身份的话，就不成立一样，是行为人由于具有一定身份才具有可罚性的犯罪，也称为构成的身份犯。伪证罪中的"已经宣誓的证人"、侵占罪中的"占有人"、背信罪中的"处理事务的人"都是真正身份犯。所谓不真正身份犯，正如惯犯赌博罪中的惯犯一样，是即便没有身份也成立犯罪，但由于行为人具有一定身份，所以，同一般情况相比，其法定刑或者较轻、或者较重的情况，也叫加减的身份犯。业务堕胎罪就是不真正身份犯。

判例中的身份 （1）第1款的身份有：①制作虚假公文罪（第156条）中的公务员[3]，②伪证罪（第169条）中的证人[4]，③受贿罪（第197条以下）中的公务员[5]，④强奸罪（第177条）中的男子[6]，⑤事后抢劫罪（第238条）中的盗窃犯人[7]，⑥侵占罪（第252条）中的他人财物的占有者[8]，⑦业务侵占罪（第253条）中的业务上的占有人，⑧背信罪（第247条）中的处理他人事务的人。[9]（2）第2款的身份有：①惯犯赌博罪（第186条第1款）中的惯犯[10]，②业务堕胎罪（第214条）中的医生。[11]

判例认为，营利诱拐罪（第225条）中的"营利目的"不是身

1　大判大14、1、28刑集4、14。
2　最判昭42、3、7刑集21、2、417。十河，判例讲义Ⅰ，143页。东京高判平10、3、25判时1672、157。
3　大判明44、4、17刑录17、605。
4　大判昭9、11、20刑集13、1514。
5　大判大3、6、24刑录20、1329。
6　最决昭40、3、30刑集19、2、125。泉，百选Ⅰ（第5版），182页；十河，判例讲义Ⅰ，144页。
7　大阪高判昭62、7、17判时1253、141。另外，东京地判昭60、3、19判时1172、155（2款身份）。曾根，百选Ⅰ（第4版），188页。
8　最判昭27、9、19刑集6、8、1083。
9　大判昭4、4、30刑集8、207。
10　大判大2、3、18刑录19、353。
11　大判大9、6、3刑录26、382。

份。[1] 学说中，认为成为身份，多少必须具有继续性，因此，一时的心理状态即目的不是身份的见解很有力。[2] 但是，不仅在将目的作为犯罪成立要件的真正目的犯的场合，即便在将目的作为加重刑罚事由的不真正目的犯的场合，也应当将目的理解为犯人的"特殊地位或者状态"[3]，从此意义上讲，将《麻药取缔法》第64条第2款中的"营利目的"作为身份的最高法院1967年3月7日的判决是妥当的。[4]

(2) 共犯和身份　没有身份的人（无身份者）实施身份犯的时候，该怎样处理？这就是共犯和身份的问题。关于共犯和身份的问题，刑法第65条规定："实施由于犯人的身份而构成的犯罪行为的时候，即便是没有身份的人，也是共犯。"（第1款），"由于身份而特别影响刑罚的轻重时，没有身份的人按照通常的刑处罚。"（第2款）。但是，这一规定，在同样是共犯和身份的关系的处理上，第1款表明，单独实施的场合，不能作为身份犯处罚，但是作为共犯实施的场合就成为身份犯，可以处罚，即认可了身份的连带作用；相反地，在第2款即有无身份成为影响量刑轻重的要素的场合，是根据共犯有无身份来个别地决定刑罚的，即承认了身份的个别作用。这些情况从和共犯理论的关系来看，第1款是符合共犯从属性说、第2款是符合共犯独立性说的，因此，有学说认为，第1款和第2款是互相矛盾的。

2. 第65条的宗旨

因此，刑法第65条的解释就成为问题。学说很多，但主要是以下三种。

(1) 学说　第一说认为，第65条第1款在真正身份犯上规定了身份的连带作用，第2款在不真正身份犯上规定了身份的个别作用。[5] 第二说认为，第65条是根据"违法性是连带的、责任是个别的"原理所作的规定，第1款是在身份成为规制行为的违法性的要素（违法身份）场

1　大判大14、1、28刑集4、14。
2　福田，283页；大塚，312页。
3　福田，380页。
4　福山，百选Ⅰ（第4版），182页。
5　小野，214页；木村，424页；香川，406页；西原，285页；内田，319页；曾根，299页；川端，584页；前田，479页。大判大2、3、18刑录19、353；最判昭31、5、24刑集10、5、734。

合的违法连带性的规定，第 2 款是在身份成为规制行为的责任的要素（责任身份）场合的责任个别性的规定。[1] 第三说认为，第 65 条第 1 款是有关通过真正身份犯和不真正身份犯而成立身份犯中的共犯的规定，第 2 款是有关不真正身份犯的科刑的个别作用的规定。[2]

（2）学说的讨论　从第 65 条的规定来看，第 1 款规定"由于犯人的身份而构成的犯罪"。因为是规定"由于身份而构成"，所以，可以将其解释为是有关构成的身份犯的犯罪，但是，惯犯赌博罪如果不是由惯犯人实施的话，就不构成；业务侵占罪，如果不是业务人实施的话也不构成，所以，并不一定能断定这一规定是有关构成的身份犯即真正身份犯的规定。与此相对，第 2 款规定"由于身份而对刑罚的轻重有影响"，显然这是加减的身份犯即不真正身份犯的规定。

从此观点出发，第三说认为，第 1 款是有关通过真正身份犯、不真正身份犯来规定共犯的成立问题的规定，第 2 款是有关不真正身份犯的科刑问题的规定。但是，按照这种说法的话，如没有身份的人在教唆业务堕胎罪的场合，按照第 1 款的话，就成立业务堕胎罪的教唆犯，但是，刑罚却按同意堕胎罪来处理，即成立犯罪和科处刑罚是分开进行的。明明是成立刑法第 214 条的犯罪却适用刑法第 213 条的刑罚，这怎么说也是不妥当的解释。

第二说认为，第 1 款是有关违法身份的规定，第 2 款是有关责任身份的规定。这是因为，作为对法益的侵害的违法性在共犯人之间可以是连带的，没有身份的人和有违法身份的人能够成为共犯，但责任必须是一个人一个人地进行评价的，具有个别性，所以，"没有身份的人处以通常的刑罚"，责任身份人和没有身份的人则按照各自的犯罪的法定刑进行处罚。但是，对违法身份犯和责任身份犯的区分相当困难（如刑法第 212 条的业务堕胎罪），另外，还具有违法身份和责任身份相混合的身份犯（刑法第 202 条规定的同意杀人罪），所以，将这种学说作为对第 65 条的解释也相当困难。

第一说把握住第 65 条第 1 款"由于身份而构成的犯罪行为"以及同条第 2 款的"由于身份而加减其刑的时候"的一点，认为第 1 款是有关真正身份犯（构成的身份犯）的规定，第 2 款是不真正身份犯

---

1 泷川，254 页；平野，366 页；中山，493 页；西田，379 页；山口，281 页。
2 团藤，418 页；福田，284 页；大塚，314 页；佐久间，404 页；十河太郎："有关共犯和身份的考察"，刑法杂志 38 卷 2 号 31 页。

（加减的身份犯）的规定，在文言上，这种解释似乎是符合条文的自然解释。[1] 但是，前面已经说道，说第 1 款是有关真正身份犯的规定并不一定是自明之理。另外，为什么真正身份犯对没有身份的人具有连带作用，而不真正身份犯却不具有连带作用呢？对这一点也没有做充分的说明。因此，一般认为，这种见解同样在共犯和身份的处理上，充满矛盾。

（3）第 65 条第 1 款和第 2 款的关系　那么，第 1 款和第 2 款处于什么样的关系呢？从共犯中有身份的人和没有身份的人的关系来看，没有身份的人和有身份的人共同实现身份犯，或者没有身份的人教唆、帮助有身份的人共同实现身份犯的时候，由于均是在共犯关系之下实施身份犯的情况，所以，进行教唆、帮助的人当然应作为身份犯的共犯受到处罚。如，公务员和非公务员共同实施受贿罪的时候，由于二者是处于不可分的关系上实现受贿罪的，所以，非公务员也实施了公务员的受贿罪。另外，没有身份的人教唆实施业务侵占罪的时候，没有身份的人成为业务侵占罪的教唆犯，这是当然的。因此，在真正身份犯和不真正身份犯中，在参与实施身份犯时，"即便是没有身份的人，也是共犯"。

另一方面，在由于身份而加减其刑的不真正身份犯的场合，有身份的人的犯罪和没有身份的人的犯罪，即便在行为上是一致的，但构成要件上是不同的，如赌博罪和惯犯赌博罪，由于在刑法第 185 条和第 186 条中是作为不同的构成要件加以规定的，所以，赌博罪的共犯就应当按照赌博罪的法定刑加以处罚，惯犯赌博罪就应当按照惯犯赌博罪的法定刑加以处罚。第 65 条第 2 款，是为了明确这一点而规定"科处通常的刑罚"。

这样，第 65 条第 2 款是关于不真正身份犯的共犯成立和科刑的规定，但是，这样的话，作为其当然结果，第 1 款是在身份犯中除去了第 2 款的不真正身份犯的情况，即是关于真正身份犯的规定。第 65 条第 1 款为了明确这一点，规定"参与实施由于犯人的身份而构成的犯罪行为"，明确说明是关于真正身份犯的规定。所以说，应当按照前面所说的共犯和身份的本来面目，认为"即便是没有身份的人，也是共犯"。这样考虑，就可以消除第 1 款和第 2 款的矛盾，第 1 款是关于真正身份

---

[1] 前田，469 页。

犯的规定，第2款是关于不真正身份犯的规定，所以，判例和通说的立场是妥当的。

第65条第2款的共犯 有见解认为，不同犯罪的共犯，只有主张行为共同说的立场才能成立。[1] 但是，所谓部分犯罪共同说，是主张实行行为共同的见解，由于赌博和惯犯赌博在实行行为的一点上可以是共同的，所以，在此范围内可以认可共犯关系。如银行的收款员A和酒肉朋友B共同携带A从客户那里收来的钱潜逃的时候，判例认为，根据第1款规定业务占有人A和非占有人B都成立业务侵占罪，根据第2款，B按照侵占罪的刑罚加以处罚，但这是严格贯彻犯罪共同说，对没有身份的人也适用有身份的人的犯罪的罪名的所谓罪名从属性的结果。[2] 按照这种正犯的罪名和共犯的罪名必须一致的罪名从属性的考虑，就会产生罪名和科刑分离的问题。

二、真正身份犯和共犯

1. 学说

采用上述解释的话，对于真正身份犯，当没有身份的人参与实施有身份的人的行为的时候，根据第65条第1款，即便是没有身份的人，也作为共犯进行处罚。关于第65条第1款中所说的"共犯"的意义，有①没有身份的人的教唆行为以及帮助行为从属于有身份的人的实行行为，即便没有法律的明文规定，也当然成立共犯，所以，"共犯"只是指共同正犯[3]；②第1款是有关共犯成立的规定，由于没有理由将教唆犯和帮助犯的成立排除在外，所以，"共犯"包括共同正犯、教唆犯和帮助犯在内[4]；③在真正身份犯中，由于不可能认可没有身份的人的实

---

1 前田，475页。
2 最判昭32、11、19刑集11、12、3073。泉，百选Ⅰ（第5版），182页；十河，判例讲义Ⅰ，146页。
3 井上，240页；内田，319页。大判明44、10、9刑录17、1652。
4 牧野，（下）742页；宫本，206页；木村，425页；植松，387页；佐伯，367页；平野，370页；庄子，458页；西原，358页；藤木，303页；川端，587页；前田，473页；山中，871页；井田，402页。大判大4、3、2刑录21、194；最决昭40、3、30刑集19、2、125。

行行为，所以"共犯"中不可能包括共同正犯，而只限于教唆犯和帮助犯[1]；④从第1款中也包含有不真正身份犯的立场出发，认为真正身份犯中，只限于狭义的共犯，但不真正身份犯中则包含了共同正犯[2]等不同的观点。

判例的态度 判例虽然最初认为，刑法第65条是为共同正犯而规定的，但是，以后，大审院认为："刑法第65条第2款的规定不仅对共同正犯适用，对教唆犯以及从犯也适用"[3]。另外，关于帮助犯，判例也认为适用刑法第65条第1款[4]，还认为刑法第65条第1款也适用于教唆犯、帮助犯。[5]

2. 第65条第1款的宗旨

由于没有身份的人也可以通过参与有身份的人的实行行为来实现真正身份犯，所以，没有身份的人和有身份的人共同参与实施犯罪的话，就成立共同正犯，所以，在第1款中，没有理由将共同正犯除外。如，"没有身份的人，也可以通过利用有身份的人的行为，侵害强奸罪的保护利益，所以，没有身份的人和有身份的人共谋，参与实施有身份的人的犯罪行为的话，就成为强奸罪的共同正犯"[6]。另外，由于也没有在第1款中除去成立教唆犯和帮助犯的理由，所以②说妥当。因此，非公务人员教唆或帮助公务人员受贿的话，非公务人员就承担受贿罪的教唆犯或帮助犯的罪责。当然，同有身份的人相比，没有身份的人的处罚可能较轻，所以，尽管没有特殊规定，但是，即便在真正身份犯的场合，对没有身份的人也可以减轻处罚。

有身份的人对没有身份的人的行为加功的场合 如公务员利用非公务员的妻子收受贿赂的场合，即有身份的人对没有身份的人的

---

1 小野，215页；泷川，254页；平场，168页；吉川，267页；香川，405页；中山，489页。
2 团藤，420页；福田，285页；大塚，315页。
3 大判大 3、5、18 刑录 20、932。
4 大判昭 3、5、24 刑集 7、396。
5 前揭大判昭 9、11、20。另外，前揭最判昭 40、3、30。泉，百选Ⅰ（第5版），182页。
6 前揭最决昭 40、3、30。

行为加功的场合,该如何处理,刑法第 65 条没有做任何规定。学说上,有成立间接正犯的见解,成立共同正犯的见解,以及成立教唆犯的见解之分。在视为利用工具的场合,有身份的人就应当是间接正犯,而无身份的人就应当是帮助犯;在认定为具有共同实行的意思的场合,就应当看作为共同正犯。当然,只要没有正犯的实行行为,就不成立教唆犯。

三、不真正身份犯和共犯

1. 第 65 条第 2 款的宗旨

关于不真正身份犯,在没有身份的人影响有身份的人的行为时,根据第 65 条第 2 款,对没有身份的人科处通常的刑罚。关于"科处通常的刑罚"的意义,有①成立通常的犯罪,并科处该种罪的刑罚的见解[1],②就犯罪而言,成立身份犯,但是量刑则按照通常的刑罚处理的见解[2]之间的对立。前面已经说过,关于不真正身份犯,刑法规定各个共犯人在各自的行为上所成立的犯罪是不同的,所以,有身份的人成立身份犯的共同正犯;另外,没有身份的人成立通常的犯罪的共同正犯。因此,即便是在犯罪的成立上,也应当将没有身份的人从有身份的人中独立出来的。罪名应该和刑罚是一致的,在共同正犯中,有身份的人和没有身份的人的场合,只有有身份的人才成立不真正身份犯的共同正犯,而没有身份的人成立通常犯罪的共同正犯。

如,基于业务关系的占有人 X 和非基于业务关系的占有人 Y 共同侵占的场合,Y 成立侵占罪的共同正犯,而 X 成立业务侵占罪的共同正犯。在没有身份的人教唆、帮助有身份的人的场合,例如,在上例中,Y 教唆 X 犯侵占罪的场合,X 就是业务侵占罪的正犯,Y 就是侵占罪的教唆犯。

业务占有人 A 和非占有人 B 共同侵占他人财物的时候,根据第 65 条第 1 款,B 成立侵占罪的共同正犯,根据第 65 条第 2 款,A 成立业务侵占罪,对 A 就按业务侵占罪的刑罚进行处罚。非业务人 A 教唆业务人 B 实施侵占行为的时候,B 成立业务侵占罪,A 成立侵占罪的教唆犯。

---

[1] 平野,371 页;吉川,269 页;中山,492 页;西原,360 页;川端,591 页;前田,474 页;西田,209 页。
[2] 植松,387 页;团藤,423 页;福田,287 页;大塚,319 页;佐久间,406 页。

判例的态度 关于"科处通常的刑罚"的意义，判例的态度，并不一惯。(1) 前揭大审院 1913 年 3 月 18 日对于帮助赌博惯犯的赌博行为的非惯犯人的罪责，认为："按照刑法第 65 条第 2 款的规定，符合刑法第 185 条、第 63 条、第 68 条的规定"，采纳了所成立罪名是通常罪名的观点。相反地，(2) 大审院 1918 年 7 月 2 日（《新闻》第 1460 号第 23 页）在对儿子 B 的杀害尊亲属的行为加功的 A 的罪责的认定上，认为 A 的行为"尽管符合刑法第 60 条、第 200 条（修改前法），但按照刑法第 65 条第 2 款的规定，适用刑法第 199 条"，采用了仅仅在"刑罚"上按照"通常"处理的立场，(1) 说妥当。[1]

同时，判例就业务人和非业务人共同实施侵占罪的案件，认为根据第 65 条第 1 款，非业务人也成立业务侵占罪的共同正犯，但按照第 65 条第 2 款的规定，对非业务人仅按一般侵占罪的刑罚处理。[2] 这大约是因为，本判决从业务占有人的身份在对非占有人的关系上整体作为构成身份和加减身份合并一体的见解出发，主张就非身份者而言，按照第 65 条第 1 款，成立业务侵占罪，但按照 2 款的规定，以侵占罪的刑罚加以处罚。[3] 但是，应当说，侵占罪是根据占有者的身份而成立的真正身份犯，而业务侵占罪是单纯侵占罪之外，加上业务人这种身份而加重刑罚的不真正身份犯。因此，按照第 65 条第 1 款，首先应当成立单纯侵占罪的共同正犯，其次适用第 2 款规定，仅仅业务者成立业务侵占罪。

2. 有身份的人对没有身份的人加功的场合

关于不真正身份犯，有身份的人加功没有身份的人的行为的场合，是否适用第 65 条第 2 款的规定，存在争议。如，惯犯赌博人教唆、帮助非惯犯人进行赌博的场合，成为问题。关于这一问题的解决，有①适用第 65 条第 2 款，成立惯犯赌博罪的教唆、帮助犯的见解[4] 和②第 65 条第 2 款的适用，仅在共犯独立性说的立场上才有可能，如果按照共犯

---

[1] 同旨，最判昭 31、5、24 刑集 10、5、734。
[2] 前揭最判昭 32、11、19。
[3] 裁职研，360 页。
[4] 小野，216 页；平野，371 页；庄子，461 页；中山，494 页；西原，361 页；藤木，306 页；曾根，299 页；前田，474 页。

第二编 犯 罪

从属性说的话,不过是成立赌博罪的教唆、帮助犯而已的见解[1]之间的对立。但是,第65条第2款,是有关在不真正身份犯的共犯方面,有身份的人成立与其身份相应的犯罪并进行处罚的规定,所以,①说妥当。另外,这种场合下也当然是以共犯从属于符合构成要件的行为为前提的,所以,认为其违反共犯从属性说的②说的批判并不妥当。

判例的变迁 判例最初认为不适用第65条第2款,在赌博惯犯帮助非惯犯赌博的案件中,虽说认定成立赌博罪[2](大审院1914年3月10日《刑录》第20辑第266页),但是,之后,同样的案件中,在惯犯性被看作为教唆或者帮助的体现的场合,就根据刑法第65条第2款而适用刑法第186条了[3](大审院1914年5月8日《刑录》第20辑第932页)。另外,大审院1923年3月23日(《刑集》第2卷第254页)在教唆第三者杀害自己的父亲的子女的罪责问题上,认为由于符合刑法第61条第1款以及第200条的规定,所以,根据刑法第65条第2款,认定成立尊亲属杀人罪的教唆犯。[4]但是,惯犯赌博罪的场合,在赌博惯犯的教唆、帮助行为没有被作为惯犯性的体现的时候,是不应当适用刑法第65条第2款的。

3. 第65条第2款的宗旨

本款当然适用于共同正犯、教唆犯以及帮助犯的全部情形,这是理所当然的。关于"科处通常的刑罚"的意义,有①成立通常犯罪,科处该刑罚的见解和②作为犯罪成立身份犯,但是,就刑罚而言,科处通常的刑罚的见解之间的对立。但是,正如前面已经说到的,第65条第2款,是就不真正身份犯的共犯,对于有身份者,成立对应该身份的犯罪并加以处罚的宗旨的犯罪而作出的规定,因此,①说妥当。②说虽然是基于共犯必须从属于正犯的"罪名从属性"的规定,但罪名和刑罚还是必须一致。另外,虽说②说的立场认为①说是共犯独立性说的结论而加以谴责,但①说也是以共犯从属于符合构成要件的行为即实行行为为前

---

1 团藤,423页;大塚,318页;佐久间,406页。
2 大判大3、3、10刑录20、266。
3 大判大3、5、18刑录20、932。
4 内藤,注释(2)Ⅱ,849页。

提,因此,违反共犯从属说的批判,并不妥当。

第六款 共犯的相关问题

一、不作为和共犯

1. 概说

不作为犯和共犯的问题,历来没有被单独探讨过。但是,战后的德国,有一种学说认为,作为和不作为在存在结构上不同,所以,以作为犯为基础而建立起来的共犯理论不能原样照搬于不作为犯,于是,在我国,也开始对这一问题单独探讨起来。[1] 不作为和共犯的问题,可以分为对不作为犯的共犯和以不作为实施的共犯的情况。关于这些问题,已经在共同正犯、教唆犯以及帮助犯的部分分别作了讨论,为加深理解,在此再做探讨。

2. 对不作为犯的共犯

所谓对不作为犯的共犯,是指对不作为犯(真正不作为犯、不真正不作为犯)的共同正犯、教唆犯以及帮助犯。关于共同正犯,有①不作为犯中,既不可能具有共同实行的意思,也不可能有共同实施实行行为的具体事实,所以,不可能具有不作为的共同正犯的见解(威尔泽尔);②不作为犯只能由具有作为义务的人实施,所以,只有二个以上的具有作为义务的人共同实施实行行为的场合,才成立共同正犯的见解;③由于具有作为义务的人和不具有作为义务的人可以共同实行不作为犯,所以,和作为犯中一样,他们二者之间能够成立共同正犯的见解[2],等等。

如同母亲甲和其情人乙共谋,用不给婴儿食物的方法饿死甲的幼子的场合一样,即便在不作为犯中,有作为义务的人和没有作为义务的人也能够通过相互利用、相互补充来引起结果的发生,因此,应当和作为犯的场合一样,认定成立不作为犯的共同正犯,即③说妥当。

关于帮助犯、教唆犯。由于只有具有作为义务的人的场合才能成立不作为犯,所以,德国的学说认为,只有在有作为义务的人教唆、帮助不作为犯的场合,才成立不作为犯的教唆犯、帮助犯。这种学说认为,

---

[1] 神山敏雄:《有关不作为犯的共犯》(1994年),302页。
[2] 平野,396页;前田,476页;山中,811页;山口,309页;大塚,286页。

第二编 犯　罪

没有作为义务的人对具有作为义务的人进行教唆、帮助的时候，就成为作为犯的正犯。但是，在没有作为义务的甲，教唆母亲乙不给婴儿喂食的场合，可以说是"教唆他人实施犯罪"，所以，该行为并不是缺乏教唆犯的成立要件的情况。

不作为犯的共犯，只有对有作为义务的人（真正身份犯）的不作为施加影响的时候才成立共犯，因此，第65条第1款的适用就成问题。有力见解认为，有无作为义务是不作为犯的构成要件要素，不是特别身份犯的构成要素，因此，对不作为犯的共犯，不适用刑法第65条第1款。[1] 但是，不作为犯是具有作为义务的人才能成立的真正身份犯，所以，应当适用第65条第1款。[2]

3. 不作为的共犯

不作为的共犯，是指以不作为的形式实施作为修正的构成要件的共犯，包括不作为的共同正犯、教唆犯以及帮助犯的情况。第一，关于共同正犯，二个以上具有作为义务的人，经过共谋，不为所期待的行为的时候，就可以说是具有不作为犯的共同实行，所以，能够成立实行共同正犯或共谋共同正犯。有作为义务的人（有身份的人）和没有身份的人（无身份的人）共同实行不作为犯的时候，应当适用刑法第65条第1款的规定。第二，关于教唆犯，有肯定说和否定说的对立，但是，具有阻止他人产生实行犯罪的决意的法律上的义务的人，几乎不可能通过不作为的方式使没有犯罪意思的人产生犯罪意思，所以，否定说妥当。第三，关于帮助犯，具有阻止正犯的犯罪行为防止结果发生的法律上的义务的人，在违反该义务，使正犯的实行行为易于实施的时候就满足帮助的要件，所以，不作为的行为能够成立帮助犯。[3]

认可不作为的帮助的判例　有：大审院1928年3月9日的判决（《刑集》第7卷第172页［选举委员会的委员长目睹干涉投票行为但不予以制止］）；最高法院1954年3月2日的判决（《裁判集刑》第93号第59页［剧场的责任人目睹在剧场内的脱衣舞表演但不予以制止，使表演继续进行］）；大阪高等法院1990年1月23日

1　平野，396页；大塚，318页。
2　内田，310页；川端，559页。
3　大阪高判昭62、10、2判时675、246。堀内，百选Ⅰ（第4版），169页；十河，判例讲义Ⅰ，148页。

的判决（《判例时报》第 731 号第 244 页［不作为的帮助卖淫行为］）。关于不作为的帮助犯和不作为的正犯的区别，在①父亲为了杀人而不救助落水的孩子的行为，②父亲在自己的孩子将被第三者杀害的时候，不予制止的不作为，③父亲对于自己所监护的小孩意图实施杀幼的行为不予制止的场合成为问题，但问题在于，各个不作为是不是引起了和作为犯相同程度的发生结果的现实危险的行为，在此意义上讲，②③应当是帮助犯。否定的判例，是东京高等法院 1999 年 1 月 29 日（《判例时报》第 1683 号第 153 页［没有防止犯罪的义务］）。

二、共犯的错误

1. 概说

所谓共犯的错误，是指共犯所认识到的犯罪事实和正犯所实施的犯罪事实之间的不一致。如教唆盗窃，但正犯决意实施抢劫并付诸实施的场合，该如何处理？在共同正犯中，共犯人各自的共同实行的意思就成为要件，另外，在帮助犯、教唆犯中，各自必须具有教唆的故意和帮助的故意，所以，在正犯实施上述和共犯故意不同的犯罪事实的场合，共犯人在什么限度内承担罪责就成为问题。还有，如共犯人教唆伤害，正犯却实施了杀人的场合，在实施了超出共犯人的意思内容的行为的场合（这种情况被称为共犯过限），也是和共犯的错误有关的问题。

不用说，不论是共犯的错误还是单独正犯的错误，都应当根据法定符合说来解决。

2. 同一共犯形式之内的错误

同一共犯形式之内的错误分为①共同正犯的错误，②教唆犯的错误，③帮助犯的错误，④直接正犯和间接正犯之间的错误。

（1）共同正犯的错误　所谓共同正犯的错误，是指共谋的内容和基于该共谋而实行的犯罪事实之间的不一致，包括三种形态：第一是具体的事实错误（同一构成要件之内的错误），这种场合，共同人全部都成立共同正犯。如杀人罪的共同人之中，有人将被害人认错而将其杀害的场合，共同人全部都成立杀人罪的共同正犯。[1] 第二是抽象的事实错误

---

[1] 大判昭 6、7、8 刑集 10、312。

(不同构成要件之间的错误),这种场合,在构成要件重合的限度内,成立较轻的罪的共同正犯。如 X 等 7 名暴力团成员共谋对 A 施加暴行,X 为 A 的态度所激怒,出于间接故意将 A 杀死的场合,X 成立杀人罪,其他 6 人成立伤害致死罪的共同正犯。[1] 第三是结果加重犯的场合,只要在基本行为上具有共犯关系,就对重结果的发生具有共同的注意义务,所以,对于所发生的重结果,成立共同正犯。如共谋抢劫的场合,共同人中的某一个人实施了抢劫致伤罪的时候,所有的共犯人都成立抢劫致伤罪的共同正犯。[2]

(2) 教唆犯、帮助犯内的错误 所谓教唆犯以及帮助犯内的错误,是指教唆人、帮助人的故意认识内容和被教唆人、被帮助人所引起的事实之间的不一致,它和共同正犯的错误同样处理。

[1] 具体事实错误的场合 教唆犯的错误如果是属于同一构成要件范围内的错误的话,就不排除教唆犯的故意而成立教唆犯。如教唆某人杀甲,被教唆人误将乙当成某甲而予以杀害的时候,就成立杀人罪的教唆犯。又如,教唆进入甲家盗窃钱财,但被教唆人错误地进入到了乙家盗窃衣服的时候,也成立盗窃罪的教唆犯。[3]

共犯的错误和具体符合说 有一种观点认为,共犯的错误特别是教唆犯的错误,都是方法错误,所以,在根据所谓具体符合说进行判断的时候,构成要件内的共犯的错误,都排除教唆的故意。因此,即便在"A 教唆 B '将 X 干掉!',并说明了 X 的相貌特征,B 在寻找 X 的时候,将与 X 相似的 Y 杀死的场合",也不成立共犯。[4] 但是,B 杀 Y 的行为,明显是由于 A 的教唆行为而引起的,因此,将 A 无罪处理明显是违反一般的法感情的,所以,这个结论不当。

[2] 抽象事实错误的场合 共犯人所认识的实行行为的内容和正犯所实施的犯罪事实,横跨不同构成要件的场合,在构成要件实质重合的

---

1 最决昭 54、4、13 刑集 33、3、179。关,百选Ⅰ(第 5 版),178 页;十河,判例讲义Ⅰ,151 页。
2 最判昭 22、11、5 刑集 1、1、1。另外,最判昭 24、7、12 刑集 3、8、1237(强奸致伤)。
3 大判大 9、3、16 刑录 26、185。
4 西田典之:"共犯的错误",团藤古稀 3 卷,103 页。

范围内，成立轻罪的教唆犯。如教唆他人杀人，而被教唆人只实施了杀人预备或杀人未遂的场合，就成立杀人预备、未遂罪的教唆犯。相反地，在实施了比教唆的内容更重的罪的场合（教唆过限），如，教唆盗窃但实际上实施了抢劫的场合，则仅在盗窃的限度内成立教唆犯。

判例的态度 （1）教唆制作虚假公文罪的场合。最高法院1958年10月23日（《刑集》第2卷第11号第1386页）在就教唆A制作虚假文书一事曾与X（本案被告人）共谋的Y，没有与X商量，就教唆A制作虚假文书，实现了当初的目的的案件中，认为："在有关场合下，就Y对A的教唆伪造公文书的行为，是否要让被告人（X）承担故意责任，这是一个问题，但是，本案中故意的内容是刑法第156条所规定的犯罪的教唆，因此，即便两者在犯罪的构成要件上不同，但其罪质是一样的，而且法定刑也相同。因此，上述两者的动机目的完全是一样的……仍然是以共谋为基础的，只是变更了其具体手段而已，因此，二者之间具有相当因果关系。所以，被告人……对该结果必须承担责任，即被告人在法律上，对于本案中的教唆伪造公文的行为，必须承担故意责任"。（2）共犯过限的场合。如出于胁迫的意思而加功，结果导致其他共同正犯实施了抢劫的时候，在敲诈勒索的范围内[1]；教唆他人入室盗窃，结果他人入室抢劫的时候，在入室盗窃的范围内[2]；出于帮助伤害的意思而借给他人匕首，结果他人拿去杀人的时候，在伤害致死的范围内[3]，分别成立共犯。

[3] **结果加重犯的场合** 如教唆伤害而正犯引起了伤害致死的结果的场合，有①教唆行为不是实行行为，所以，教唆犯对于正犯的重结果即便具有预见的可能，也不成为结果加重犯的教唆犯，只成立基本犯罪的教唆犯的见解[4]，②只要发生了重结果就成立结果加重犯的教唆犯的见解[5]，③只要被教唆人对于其实行行为所引起的重结果具有过失，就

---

1 大判大元、11、28刑录18、1445。
2 最判昭25、7、11刑集4、7、1261。齐野，百选Ⅰ（第4版），178页；十河，判例讲义Ⅰ，149页。
3 最判昭25、10、10刑集4、10、1965。
4 团藤，428页；福田，291页。
5 木村，416页；藤木，300页；前田，483页。大判大13、4、29刑集3、387。

成立结果加重犯的教唆犯的见解[1]之间的对立。但是，只要是教唆实施基本犯罪，教唆人对于所发生的重结果就具有了特别的注意义务，因此，只要重结果不是由于不可抗力或偶然情况而造成的，那么，教唆人对于重结果就具有责任，所以，③说妥当。另外，对结果加重犯的教唆犯，是基于结果加重犯的特别性质而加以认定的，因此，它和否定对过失犯的教唆犯以及过失教唆的立场并不矛盾。

（3）帮助犯的错误　指在帮助犯中，帮助人的认识内容和被帮助人的实行事实之间的不一致，在以下三个场合存在问题。第一，同一构成要件范围内的错误不影响帮助犯的故意，成立帮助犯。如 A 在相信 B 进入甲的家里实施盗窃而在外面望风，B 实际上进入到了乙家盗窃的场合，并不影响成立侵入住宅盗窃罪的成立。[2]第二，在有不同构成要件间的帮助犯的错误的时候，在构成要件实质重合的限度内成立轻罪的帮助犯。如出于帮助盗窃行为的故意而实施了帮助，但是，被帮助人犯了抢劫罪的场合，成立盗窃罪的帮助犯。[3]第三，关于结果加重犯的帮助犯，只要对被帮助人即正犯引起重结果的行为具有过失，就成立帮助犯。[4]

（4）直接共犯和间接共犯间的错误　是直接教唆犯、帮助犯和间接教唆犯、帮助犯之间的错误。第一，出于教唆的意思而实施了间接教唆或连锁教唆的场合，即教唆实行犯罪，而被教唆人教唆第三者实行的场合，由于不过是修正的构成要件内的错误而已，所以，不影响教唆的故意，成立间接教唆犯。[5]第二，出于帮助的意思实施了间接帮助的场合，也成立间接帮助犯。

3. 不同共犯形式间的错误

如本来是想实施教唆，结果只是实施了精神上的帮助，或者相反的场合，就是这种情况。在这种不同共犯形式间的错误的场合，构成要件符合说是否被认可成为问题，但是，教唆和帮助都是通过正犯间接地侵害法益的行为，是从该种角度出发的构成要件的修正形式，所以，只要认可构成要件上的重合，就应当成立较轻的一方的修正形式。

---

1 大塚，324 页。
2 最判昭 23、5、1 刑集 2、5、435。
3 前揭最判昭 25、10、10（与正犯是杀人罪相反，成立伤害致死罪的帮助）。
4 最判昭 28、6、12 刑集 7、6、1278。
5 反对，大塚，325 页。

4. 间接正犯和共犯之间的错误

是间接正犯和教唆犯或帮助犯之间的错误。如 A 利用不知事实真相的 B 往甲的饭碗里放毒，意图杀害甲，B 看破了 A 的意图，但认为这是难得的机会，就将甲毒杀死了的场合，即，虽然是出于间接正犯的故意，但是，客观上发生了教唆的事实，或者相反的场合，就是这种情况。

（1）学说　关于间接正犯和共犯之间的错误的处理，有①A 是杀人罪的间接正犯，B 是直接正犯的见解[1]，②只要客观上产生了教唆的事实，A 就成立教唆犯、B 成立直接正犯的见解[2]，③A 是杀人的实行的着手，同时也是对 B 的教唆犯的法条竞合的见解[3]之间的对立。

（2）学说的检讨　首先，实施杀人行为的是 B，A 不是将 B 作为工具一样进行支配，另外，他是根据 B 的行为开始实行行为的，A 还没有实行的着手，所以认为 A 是杀人罪的间接正犯的①说是不妥当的。其次，②说认为，在基于间接正犯的故意产生教唆的事实的场合，应当成立教唆犯，与此相关，有一种见解认为，间接正犯的故意，是将他人像道具一样利用即直接实现犯罪的意思，相反地，教唆犯的故意，是通过他人的意思，即间接地实现犯罪的意思，二者之间不可能重合。但是，间接正犯的故意是将他人作为道具加以利用，实现特定犯罪的意思，另一方面，教唆犯的故意也是利用他人实现犯罪的意思，在"利用他人"一点上，从广泛意义上讲，间接正犯的故意包含了教唆的故意，所以，这种场合下的错误，也可以说具有法定符合的特征。因此，出于间接正犯的故意而引起了教唆结果的场合，由于同教唆的场合相比，间接正犯的罪责更重一些，所以按照第 38 条第 2 款成立较轻的教唆犯，相反地，出于教唆的故意而实施了间接正犯的场合，也成立教唆犯，因此，②说妥当。另外，间接正犯和帮助犯之间的错误，也应和上述同样处理。

三、共犯和未遂

1. 共犯的障碍未遂

共同正犯的未遂，在共同人开始实施实行行为，但尚未发生结果时

---

[1]　团藤，429 页；内田，334 页。
[2]　福田，293 页；大塚，326 页；西原，367 页；川端，600 页；前田，484 页。
[3]　平野，390 页。

第二编　犯　罪

认可。如 A 和 B 意图共同杀甲而举刀砍人,但是都被警察制服而未实现目的的场合,就是共犯的障碍未遂,都按杀人未遂处罚。与此相对,A 被制服而 B 杀死了甲的场合,就是共同正犯的既遂。

对未遂犯的教唆犯、帮助犯,是指教唆行为、帮助行为的结果是,被教唆、被帮助的人着手实施了正犯的实行行为,但仅止于未遂的场合。这种场合,不用说,成立教唆犯、帮助犯。与此相对,按照共犯独立说的话,只要共犯人实施了教唆行为或帮助行为,就不考虑正犯的情况,直接作为教唆犯以及帮助犯的未遂处理。从共犯从属性说的立场出发,共犯的未遂是不可罚的,但是,在共犯独立性说中,教唆行为、帮助行为自身是实行行为,所以,作为未遂,成立犯罪。

2. 共犯的中止犯

共犯也是由于自己的实行行为以及结果而被追究刑事责任的,所以,根据自己的意思而中止与共犯有关的实行行为,或防止结果发生的场合,就适用刑法第 43 条但书的规定。

(1) 共同正犯的中止　共同正犯的中止,在下列场合下成立:即所有的共同人自愿中止犯罪的时候,或共同人中的一部分人,自愿阻止其他共同人的共同实行,或防止结果发生的时候。在由于共同人中的一部分人的中止行为而中止了犯罪的场合,或防止了结果发生的场合,当然只有该中止者本人成立中止犯,而其他不具有任意性的共同人在实现了犯罪的场合,就不成立中止犯。[1] 因此,成立共同正犯的中止犯,必须是 ①共同人的一部分已经着手实施犯罪,②共同人的一部分决定任意中止,③基于该决意,阻止了其他共同人的实行行为,或防止了结果的发生。

(2) 教唆犯、帮助犯的场合　帮助人、教唆人在阻止了正犯的完成的时候,成立中止犯。即便实施了教唆和帮助,但正犯没有实施实行行为的场合,由于教唆行为、帮助行为是不可罚的,所以便不成立中止犯的问题。正犯的障碍未遂,是由于教唆人、帮助人的中止行为而引起的场合,成立共犯的中止犯。与此相反,正犯的中止未遂不是由于教唆人、帮助人的中止行为而引起的场合,成立共犯的障碍未遂。

(3) 中止效果的范围　正犯的中止效果,不及于共犯。因为,中止必须亲自实施。[2] 同样,共犯人的中止效果也不及于正犯。另外,在由

---

[1] 大判大 12、7、2 刑集 2、610;最判昭 24、12、17 刑集 3、12、2028。原田,百选 I (第 4 版), 196 页。

[2] 大判大 2、11、18 刑集 10、1212。

于共同正犯中的一部分人的中止而没有发生结果的场合,中止犯的效果不及于其他共同人。

3. 共犯关系的脱离

应当和共犯的中止相区别的是,共犯关系的脱离。

(1) 脱离的意义　所谓共犯关系的脱离,是指共犯关系成立之后,完成犯罪之前,部分处于共犯关系的人切断与共犯的关系而从该共犯关系中解脱出来,其他共犯人基于共犯关系实施实行行为,引起了犯罪结果的场合。其中,包括①共谋实行犯罪的部分人,在其他共谋者着手实行之前脱离共谋关系的场合,和②在具有共犯关系的场合,部分人在着手实行之后,放弃犯意,没有参与之后的犯罪行为的场合。前者是着手前的脱离,后者是着手后的脱离。

脱离,是在犯罪完成之前,为阻止结果发生而实施的,过去曾被作为是否能够适用中止犯的情况而被讨论。如,A等五人共谋强奸甲女,被告人A由于甲的哀求而没有实施强奸的案件中,法院认为:"和其他的共犯人共谋强奸甲女,只要其他共犯人实施了强奸,并且在强奸之际,对甲女造成了伤害,那么,就和其他共犯者一样,不能免除其共同正犯的责任,所以,不发生中止犯的问题"[1]。但是,脱离,本来就只在具有基于共犯关系的共犯结果的场合才成为问题,所以,和以阻止结果发生为要件的中止犯不同。

(2) 问题的所在　那么,共犯关系的脱离,为什么会成为问题呢?其原因在于,发生了犯罪结果。即便按照历来的想法不能适用中止犯的规定,但是,在为了阻止犯罪结果而对其他共犯人做工作,劝他们不要再继续实施犯罪的场合,还让其承担共犯既遂的责任,这妥当吗?

因此,首先,把握住从共犯关系中脱离出来的一点,判断脱离人的行为在该时刻是否可以说是没有发生结果而终了?换句话说,考虑是否可以作为预备犯或未遂犯处罚。其次,即便追究作为预备犯或未遂犯的罪责,那么,是成为预备罪或障碍未遂吗?特别是在未遂的场合,是否仅裁量减轻处罚呢?成为问题。脱离必须是基于行为人本人的真诚的努力,但是,在受到"不脱离就杀死你!"的威胁而脱离的场合,是否应当和出于自愿而脱离的场合同样看待,尚有讨论的余地。换句话说,对于这种情况准用中止犯的规定,作为必要的刑罚减轻事由,是否妥当,

---

[1] 最判昭 24、7、12 刑集 3、8、1237。同旨,最判昭 24、12、17 刑集 3、12、2028。

成为问题。

（3）学说　脱离的根据，学说上大致分为两种。

第一说是对拼命阻止犯罪发生的一点进行评价，对脱离后由其他共犯人所引起的犯罪结果，不追究脱离人的既遂犯的罪责，而仅在预备犯或障碍未遂的限度内进行处罚的立场[1]；第二说是否定和所发生的结果之间具有因果关系，承认作为预备罪、未遂罪的犯罪，适用中止犯的规定，减免刑罚的立场。[2]

我认为，第一说的前提是，既然成立共犯关系，并基于此而实施了实行行为，从"部分实行全部责任"的观点出发，就不能否认脱离人脱离前的行为和犯罪结果之间具有因果关系，所以，不可能仅成立预备罪或未遂犯。但是，"部分实行全部责任"的原则，仅在成立共犯关系的范围内适用，正因为共同正犯是在共同实行的意思之下，相互利用、相互补充而实行的犯罪，所以，这一原则才有意义。因此，在有共同关系的场合，部分人表示了从共同关系中脱离的意思，其他剩下的共犯人也知道这一情况，而仍实施了犯罪行为的场合，就成立除了脱离人以外的新的共犯关系，脱离人在共犯关系中的影响力就消失了。在此意义上讲，第二说是妥当的。但是，在脱离中，重要的是，是否根据脱离解除前的共犯关系而建立了新的共犯关系？在此意义上讲，重视物理的、心理的因果关系的立场是不妥当的。在将因果性作为问题时，几乎所有的场合都难以认定为脱离。

脱离和解除　判例用的是"脱离或解除"一词，但两者实际上是在作为同一概念被使用（东京高判1988年7月13日《高刑集》第42卷第2号第259页）。关于这一点，有一种见解认为，"脱离"是指，即便在脱离后，共同正犯关系由其他的共同人仍然得以存续的场合；相反地，"解除"是指共同正犯关系不存在的场合。的确，由于脱离，共犯关系被解除，所以，两者在语义上不同，但正如本文所说，重要的是是否根据脱离而形成了新的共犯关系，从法的观点来看，承认脱离就意味着共犯关系的解除，所以，二者即便作为同一概念也不一定有错。

---

[1]　大塚，330页；佐久间，396页。
[2]　平野，385页；福田，295页；山中，508页；川端，608页；前田，487页；福田，295页。

(4) 脱离的要件　脱离，必须是解除已经成立的共犯关系。为了成立共犯关系的脱离或者解除，必须是在具有共犯关系的人脱离之后，脱离人的影响力消除，而形成了新的共犯关系或者犯意。因此，首先，脱离人必须表达脱离的意思；其次，其他剩下的具有共犯关系的人必须知道脱离人的脱离。剩下的人实施犯罪的时候，是基于新的共犯关系、在新的犯意的基础上实施的行为，脱离者对该行为和结果不承担责任。

[1] 从共同正犯关系中的脱离　共同正犯关系中的脱离，是共同（谋）人中的一部分在犯罪完成以前，放弃共同实行的意思，向其他共同人表明自己脱离共同（谋）关系，其他的共同人也了解到这一点，从而解除了自己和其他的共同人之间的共同关系，脱离后，由其他的共同人完成犯罪的场合。脱离，分为共同人的一部分于着手实行以前的脱离（着手前的脱离）和着手以后的脱离（着手后的脱离）。

[2] 着手前的脱离　在着手前的脱离中，向其他的共谋人作出脱离共谋关系的意思表示，其余的共谋人如果知悉该脱离的话，就可以说当初的共谋关系被解除，所以，这种情况原则上可以认为是脱离。但是，重要的是解除相互利用、相互补充，以实现犯罪的共犯关系，所以，正如在共谋的时候提供凶器，而没有使对方返还一样，在共犯关系依然存在的场合，就不能说已经脱离。如果认可脱离的话，其他的共谋人所实施的犯行，应当看成是除脱离人之外的其他人基于新的共谋所实施的。脱离的意思表示，不论是明示的还是暗示的都可。[1]

[3] 着手后的脱离　着手后的脱离，原则上难以认定。但是，在①实行行为的途中，共谋人中的某人对其他共谋人表明了脱离的意思，②其他的共谋人也了解这一点，③脱离人采取积极的防止结果行为来阻止其他的人实施实行行为，使当初共谋实施的实行行为未能得以实现的场合，可以认为，共犯关系被解除。因此，即便其他的人继续实施该实行行为，引起了结果，但是，在自己亲自切断和自己行为之间的心理关系上，可以认可"脱离"。着手后的脱离，通常是指到既遂为止的阶段起意脱离的情况，但是，正如在伤害结果发生之后，致死结果发生以前的脱离的场合一样，出现既遂之后的脱离也包括在内。

有关脱离的判例　(1) 着手前的脱离　这种场合的脱离被称

---

[1] 松江地判昭51、11、2刑月8、11＝12、495。原田，百选Ⅰ（第5版），187页；十河，判例讲义Ⅰ，153页。

第二编 犯 罪

为和共谋关系的脱离。东京高等法院1950年9月14日（《高刑集》第3卷第3号第407页）认为："在向其他的共谋人表示中止的意思，其他的人也知道这一点，只实施了其他人等共谋的犯罪行为的场合，可以说，以前的共谋和脱离人完全没有关系"，因此，判定盗窃着手前脱离的无罪。若是实行着手前的话，就可以切断物理的、心理的影响力，所以，比较容易认定脱离。[1]（2）着手后的脱离 这种场合下，认定脱离的判例没有。这是由于实行着手之后，很多场合下，难以切断其和以前的行为的因果关系。但是，最高法院1988年6月26日（《刑集》第43卷第6号第567页）在伤害致死罪上使用了"共犯关系的解除"一语，首次承认即便在着手后也可以脱离。它可以说是和本文的宗旨一样的判例。[2]

（5）脱离的效果 脱离就意味着解除共犯关系，所以脱离人只对到脱离为止的行为负责。因此，从共谋中脱离即着手前的脱离的场合，就成立预备罪的共同正犯。另外，关于着手后的脱离，由于是到脱离为止的共同关系所产生的实行行为的共同正犯，所以，原则上适用未遂犯。关于这一点，如前所说，否认有关脱离的未遂的观念的见解认为，在障碍未遂的限度之内，考虑脱离人为阻止犯罪所付出的努力。[3]

但是，既然由于脱离而解除了共犯关系，那么，在该时刻，共同实行的事实就终了，所以，如果不是到此为止的行为引起了犯罪结果的话，就当然成立未遂。只要成立未遂，就应该适用刑法第43条但书规定的中止犯。因为，脱离在使违法性的效果减少的同时，也使刑罚必须减免，这也是和阻止完成犯罪的刑事政策相适应的。另外，在成立预备罪时，就是预备的中止。[4]

（6）帮助犯、教唆犯的脱离 教唆犯中，在被教唆人着手实行以前，如果教唆人表示了脱离的意思，能够消除被教唆人的犯罪意思的话，对于以后的被教唆人的实行行为和结果，当初的教唆效果就消失，由于教唆行为而使被教唆人形成犯意的共犯关系就因此消灭，之后，被

---

[1] 福冈高判昭28、1、12高刑集6、1、1（只要有脱离的意思表示，即便是默示的也可以）；大阪高判昭41、6、24高刑集19、4、375（共谋强奸关系中的脱离）；松江地判昭51、11、2（共谋杀人关系中的脱离）。

[2] 川口，百选Ⅰ（第5版），188页；十河，判例讲义Ⅰ，894页。

[3] 大塚，330页；佐久间，396页。

[4] 平野，385页；前田，492页；山口，301页；山中，894页。

教唆人即便形成了同样的犯意，实施了犯罪行为，对于教唆人也只能适用教唆未遂，不予处罚。

被教唆人在着手实行之后，教唆人对被教唆人表示了脱离的意思，并用尽了各种方法来阻止其实行行为，结果是正犯一时中止了实行，但日后又实行了犯罪的场合，该如何处理，有：①主张应当比照"教唆犯的障碍未遂"（未遂犯的教唆）处理的观点[1]，和②主张对于被教唆人已经实施的实行行为，应当认定为教唆犯的中止犯的见解[2]之间的对立。之所以将正犯实施的脱离前的行为认定为未遂，就是考虑到了教唆犯是自愿脱离的，所以，应当认定为教唆犯的中止犯，即②说妥当。这一见解，也适用于帮助关系中的脱离。

四、共犯的竞合、罪数

1. 共犯的竞合

所谓共犯的竞合，就是实施一个基本的构成要件行为，同时出现了共同正犯、教唆犯、帮助犯这样三种共犯形式。在共犯竞合的场合，上述共犯形式作为实现一个基本的构成要件而实施的行为，具有共同性，因此，较轻的共犯形式被较重的共犯形式所吸收，只成立较重的共犯形式。而且，教唆人、帮助人进而分担了实行行为的时候，就只负担共同正犯的罪责[3]，教唆犯帮助正犯的时候，作为教唆犯，从重处罚。

2. 共犯的罪数

共犯行为自身也是一个实行行为，其罪数是有关共犯行为的问题，关于这一点，在罪数论部分探讨。

---

[1] 大塚，332页。
[2] 平野，385页。
[3] 大判大12、7、12刑集2、718；袖珍，201页。

第二编 犯 罪

第五章
罪 数

第一节 犯罪的个数

一、概说

1. 罪数论的意义

犯罪,是符合构成要件、违法且有责的行为。因此,只要某一行为符合构成要件、具有违法性和责任,就大致成立犯罪。但是,作为犯罪论的最后课题是,在行为人引起了某种犯罪事实的场合,将这些事实是作为一罪处理还是作为数罪来处理呢?另外,在作为数罪处理的场合,一个行为人同时具有数个犯罪,产生犯罪的竞合,这时候,必须解决对行为人处以什么样的刑罚的问题。解决这两个问题的理论就是罪数论。

罪数论的任务 在罪数论中,主要有两个任务。一是决定应当适用的法条以及决定处断刑、宣告刑。但是,实际上,即便在罪数的判断上有失误,也并不一定能说在对判决具有影响的法令适用上也有失误。因为,实际量刑集中在法定刑的下限上,是作为一罪处断,还是作为数罪加重处断,在宣告刑方面,多数场合下并不具有决定性的重要意义。二是程序方面。罪数论,正如某种犯罪被评价为科刑一罪的话,就具有了一事不再理的效力,不得将其作为余罪起诉;相反地,如果被评价为并合罪或者单纯数罪的话,则分别有可能作为余罪起诉一样,在程序方面也发挥着重要作用。

2. 决定罪数的标准

有关决定罪数的标准,历来有多种学说。

(1) 学说 学术界目前有,①以行为人的犯罪意思的个数为罪数标准的犯意标准说[1]，②以犯罪行为的个数为罪数标准的行为标准说[2]，③以被侵害的法益或结果的个数为罪数标准的法益标准说[3]，④以行为符合构成要件的次数为标准的构成要件标准说[4]，⑤根据罪数的种类，其标准也不同的个别化说[5]，等等，虽然判例上在主张构成要件标准说，但在学说上，现在能够说是通说的见解则还没有。

（2）学说的讨论　按照①说的话，如在出于一次杀死两个人的意思，同时杀死两个人的场合，就是一罪，相反地，杀死一个人之后，又决心杀死另一个人的场合，就成为两个罪，这样，就会出现：只要是出于一个犯罪意思，即便犯罪行为和侵害法益有数个，但也只能作为一罪处罚，这显然是不合理的；②说，正如一个开枪行为即便打死两人也只成立一罪一样，在忽视作为犯罪的本质要素的侵害法益的一点上，会导致不当的结果；对于③说，由于犯罪的本质是侵害法益，所以，根据侵害法益的个数来决定罪数的方法，基本上是妥当的，但是，在成立犯罪上，行为以及构成要件也是不可缺少的，所以在忽视这些情况方面，本学说有其不妥之处；④说实际上是综合了①、②、③说的见解，认为，由于各个构成要件实际上是包含了故意、行为以及结果或侵害法益的要素的类型，所以，在考虑各要素的同时，认为在构成要件的评价上，行为只要一次符合构成要件，就成立一罪；数次符合构成要件，就成立数罪。犯罪是以构成要件符合性为基准而成立的，在决定成立几个犯罪的场合，只能以构成要件符合性为标准，所以，构成要件标准说是妥当的。因此，试图离开构成要件来决定罪数的⑤说也是不妥的。但是，由于构成要件包含有①行为，②行为的对象，③行为的状况，④行为的结果，⑤对法益的侵害，⑥犯意，等等，所以，在以构成要件为标准决定罪数的场合，应以哪一种要素为中心，就成问题。

（3）解决的基准　构成要件是为保护法益而设计的，在决定是一罪还是数罪时，应以该构成要件所预定的被害法益的单一性为中心，综合考虑①指向侵害该法益的犯意的单一性或连续性，②实行行为的单一性或连续性，③被害利益的同一性等，判断几次符合了构成要件。这样，

1　大判明41、6、22刑录14、688。
2　大判明44、11、16刑录17、1989。
3　大判明41、11、16刑录17、1989。
4　最大判昭24、5、19刑集3、6、796；最判昭28、3、20刑集7、3、606。
5　平野，408页；西原，371页；前田，495页；山口，312页。

某种犯罪事实,根据一个构成要件被评价为一次符合的话,就构成一罪,这就是本来的一罪;某种犯罪事实被评价为数次符合一个构成要件,或分别符合数个构成要件的话,就是数罪。数罪分为①作为科刑一罪的观念竞合和牵连犯,②并合罪,③单纯数罪。

二、本来一罪

本来一罪,是指犯罪成立上的一罪,即被评价为一次符合构成要件的事实。本来一罪,分为单纯一罪和包括一罪。

1. 单纯一罪

所谓单纯一罪,是指在形式上一次符合一个构成要件,不需要特地进行构成要件上的评价的犯罪,也叫认识一罪,有以下类型。

(1) 只有一个法条成为问题的场合　正如 A 用枪将在游泳中的甲打死的场合,指实现只有一个行为、结果或被害法益以及犯意的构成要件的场合。

(2) 法条竞合的场合　所谓法条竞合,是指对一个犯罪事实,存在数个可能适用的法条的情况。有人认为,法条竞合,不是单纯一罪,而是评价一罪[1],但是,法条竞合是根据各个法条之间的理论关系,不用进行罪数判断而作为一罪的情况,不是犯罪的单复问题,所以,无非是单纯一罪。[2] 法条竞合中有,①特别关系,②补充关系,③择一关系。另外,通说将吸收关系也理解为法条竞合的一种,但是,吸收关系是包含在包括一罪之中的。[3]

[1]特别关系　所谓特别关系,是指相竞合的两个以上的法条之间存在一般法和特别法的关系的场合。这种场合下,适用相当于特别法的法条,如保护责任人遗弃要扶助者的场合,就只成立保护责任人遗弃罪(第 218 条),而不成立遗弃罪(第 217 条)。作为特别关系,有杀人罪(第 199 条)和同意杀人罪(第 202 条)、过失致死罪(第 210 条)和业务过失致死罪(第 210 条)、侵占罪(第 252 条)和业务侵占罪(第 253 条)、背信罪(第 247 条)和特别背信罪(《公司法》第 960 条、第 961 条、第 486 条),等等。

[2]补充关系　所谓补充关系,是指相竞合的两个以上的法条之间

1　前田,497 页;铃木茂嗣:"罪数论",现代刑法讲座 3 卷,287 页。
2　平野,409 页。
3　平野,411 页;前田,498 页;铃木,前揭 289 页。

处于基本法和补充法之间的关系的场合。在这种场合，只有不适用基本法的场合才适用补充法。相竞合的法条之间是否具有补充关系，应当根据保护某种利益，是不是仅有基本法还不够，还必须设计作为其补充的法条为根据来判断。如伤害罪是基本法、暴行罪是补充法。预备、未遂等所谓发展犯是不是补充法，有①即便成立杀人罪，但也并不消灭杀人预备罪，所以是包括一罪的见解[1]，和②因为具有侵害法益的同一性，所以，应当认可补充关系的见解[2]之间的对立。补充关系，在保护法益的独立补充规定方面应当被认可，如在杀人未遂中发生了伤害的结果时，应当说存在伤害罪的事实，所以，应当说在外形上符合数个构成要件，因此，将预备、未遂作为后述的吸收一罪的①说是妥当的。另外，只要认可被害利益的同一性，就应当认可侵害犯和危险犯之间的补充关系。补充关系，在法条上有"从一重处断"之类的明确规定的场合，当然存在，但是，没有明示的场合，也能认可。

[3]择一关系　所谓择一关系，是指竞合的法条之间处于排他性关系的场合。在这种场合，只要适用其中一个法条，就不再适用其他的法条，例如，适用诡计妨害业务罪的话，就不适用威力妨害业务罪。关于择一关系，有①应当适用哪一个法条是事实认定的问题，而不是法条竞合的见解[3]，和②正如诱骗未成年人罪和营利诱骗罪的关系一样，在两罪的构成要件交错的场合，就能认可择一关系的见解[4]之间的对立。之所以将择一关系作为问题，是因为只要能认定这种关系，就能认可单纯一罪，所以，只有在不能认可特别关系、补充关系的场合，将择一关系当作问题才有意义，所以，②说妥当。

（3）结合犯　是指将分别独立成罪的两个以上的行为结合成一个犯罪的情况，如抢劫犯人在实施抢劫之际杀人的场合，就不单独成立抢劫罪和杀人罪，仅仅成立抢劫杀人罪而已。关于结合犯，有①是包括一罪[5]、②是单纯一罪[6]、③是法条竞合[7]的见解之间的对立，但是，应当

1　平野，410 页。
2　前田，498 页；铃木，前揭 288 页。
3　高田，注释（2）Ⅱ，562 页；大塚，476 页；山火正则："法条竞合的诸问题"，神奈川法学 7 卷 2 号 32 页。
4　平野，411 页；铃木，前揭 289 页；前田，498 页。
5　庄子，461 页；福田，298 页；大塚，472 页；吉川，275 页。
6　前田，496 页。
7　山火，判例刑法研究 4，271 页。

看成是规定两个以上犯罪相结合的普通法和特别法之间的规定,是特别关系的亚型,所以,③说妥当。

2. 包括一罪

所谓包括一罪,是指某种犯罪事实在外形上看起来似乎数次符合构成要件,但是,应当包括在一次符合构成要件评价中的犯罪。作为包括一罪的形态,有①行为在外形上数次符合同一构成要件的场合,②行为在外形上符合不同构成要件的场合。在①的场合,是将在外形上符合同一构成要件的事实一次性地评价为一罪,所以,将这种场合称为构成要件评价上的同质的包括性[1],②的场合是将外形上符合不同构成要件的事实一次性地评价为一罪,所以,将这种场合称为构成要件评价上的异质的包括性。

(1) 同质的包括一罪　所谓同质的包括一罪,是指行为在外形上似乎数次符合相同的构成要件,但在构成要件的评价上,概括性地只认定为一次符合构成要件而已的犯罪。

[1] 集合犯　所谓集合犯,是指在构成要件行为中,预定有数个同种类的行为的犯罪,包括惯犯、职业犯和营业犯在内。所谓惯犯,是指以有惯犯习性的行为人反复实施的行为为内容的犯罪,例如,即便赌博的惯犯进行了数次赌博,对这些行为都不过是根据惯犯赌博罪(第186条第1款)的构成要件,概括性地概括为一罪而已。[2] 所谓职业犯,是指以反复实施一定犯罪为职业的犯罪,如即便对数人实施散布、贩卖淫秽物的行为,也只成立散布、贩卖淫秽物罪(第175条)的包括一罪。[3] 所谓营业犯,是指出于营利目的而反复实施犯罪的情况,如没有资格的人出于营利目的而对数人实施的医疗行为(《医师法》第17条,第31条第1款第1号),也只是包括一罪。[4]

[2] 狭义的包括一罪　所谓狭义的包括一罪,是指实施数个符合同一构成要件的行为,在这些行为之间具有密切联系,应当看作为指向同一法益的、在单一意思支配下的实行行为的场合,就是概括地服从于一次构成要件性评价的犯罪。

1　团藤,438页;大塚,470页。
2　最判昭26、4、10刑集5、5、825。
3　最判昭26、4、10刑集5、5、825。
4　最判昭53、7、7刑集32、5、1011(数罪)。

有关包括一罪的规定　《刑法准备草案》第71条（包括一罪）中虽然规定："即便是触犯同一罪名的数个行为，由于在时间、场所上接近，方法上类似，机会上同一，意思上连续以及各个行为之间具有密切关系，整体上可以评价为一个行为的时候，将其包括性地作为一个犯罪处断"，但是，《修改刑法草案》中没有这一规定。

第一是构成要件上的包括。在一个构成要件中，规定了数个指向同一法益的行为形态，它们之间相互具有手段与目的或原因与结果关系，各个行为能够看作为行为人的一个实现犯意的行为时，就受到一次构成要件评价，概括性地成立一罪。如隐匿同一犯人、在继续性地隐匿时，也只成立一个隐匿犯人罪[1]；对同一人索要并收受贿赂时，成立一个贿赂罪[2]；限制某人的自由并对其持续性地实施监禁的行为，也只成立一个非法拘禁罪[3]；为了有偿处分而对同一赃物进行搬运、处分时，只成立一个收购赃物罪。[4]

第二是接续犯。所谓接续犯，是指基于同一的犯意，在时间、场所接近的条件下，所实施的数个同种行为。如，在同一时间、地点，同一人继续实施同种赌博时，数个赌博行为只受一次构成要件的评价，成立一个赌博罪。[5]基于一个欺骗行为数次从同一人那里骗取财物时，成立一个诈骗罪。[6]夜里大约在两个小时之内，从同一仓库中分3次、每次盗窃3袋米的场合，成立一个盗窃罪（第235条）。[7]

第三是连续犯。所谓连续犯，是指即便在时间、场所上不接近，但连续性地实施符合同一构成要件的行为，指向同一利益侵害、基于单一犯意的场合，上述行为被称为包括一罪。[8]

和旧连续犯规定的关系　1947年修改刑法以前，刑法中规定

1　第103条。最判昭35、3、17刑集14、3、351。
2　第197条第1款。大判昭10、10、23刑集14、1052。
3　第220条。大判大6、10、25刑录23、1131。
4　第256条第2款。仙台高判昭28、11、16判特35、75。
5　第256条第2款。仙台高判昭28、11、16判特35、75。
6　第246条。大判明43、1、28刑录16、46。
7　最判昭24、7、23刑集3、8、1373。虫明，百选Ⅰ（第4版）；200页；十河，判例讲义Ⅰ，155页；最决平5、10、29刑集47、8、98（违反限速罪）。
8　最判昭31、8、3刑集10、8、1202。

第二编 犯 罪

有"连续的数个行为触犯同一罪名的时候,作为一罪处断"(第 55 条)。本来的连续犯,就是指这种场合。本来的连续犯是数罪,是科刑一罪。但是,判例不当扩大了"同一罪名"的意义,在盗窃罪和抢劫罪之间也承认了连续犯[1](大判 1914 年 2 月 3 日《刑录》第 20 辑第 101 页),因而在和诉讼法上的既判力的关系上,产生了弊害。这大概是因为在对较轻的盗窃罪确定轻刑之后,又发现了和盗窃行为有连续关系的抢劫罪的场合,不能将其放置不管的缘故。而且根据战后的刑事诉讼法的修改,调查权受到了限制,难以待连续犯的所有行为都被发现之后再一次起诉。因此,不可能保留判例一样的连续犯,所以,删除了刑法第 55 条的规定。但是,将以前作为连续犯所处理的情况都作为数罪处理,这不仅在程序上繁杂,而且实际上作为一罪处理也更为合适一些,因此,在学界,又重提连续犯的概念,判例[2] 对此也持肯定态度(最判 1957 年 7 月 23 日《刑集》第 12 卷第 7 号第 2018 页)。

(2) 异质的包括一罪　　所谓异质的包括一罪,是指行为外形上似乎分别符合不同构成要件,但从被害法益来看,将其整体概括为一罪的情况。其中,特地将轻罪被重罪的刑所吸收,在重罪的构成要件上概括性地评价为一罪的场合,称为吸收犯。

[1] 共罚的事前行为(不可罚的事前行为)　　指向同一法益的数个行为,由于具有目的和手段、原因和结果上的密切关系,所以将轻罪和重罪放在一起,仅作为重罪一罪处断的场合,也被称为不可罚的事前行为,但其自身是可罚的。只是,由于被主要犯罪所包括加以处罚,所以,不是单独的处罚对象,称为"共罚"是合适的。如无钱饮食(1 款诈骗——第 246 条第 1 款)之后,在被要求支付费用的时候,以暴力、胁迫手段加以免除的时候,1 款诈骗就被 2 款抢劫(第 236 条第 2 款)所包括,应当以 2 款抢劫罪加以处罚的场合,就是如此。[3] 还有,如实施杀人预备行为的人在杀人既遂的场合,杀人预备罪就被与此不同的杀人罪的构成要件所评价。因为它是指向同一法益的侵害行为。

[2] 共罚的事后行为(不可罚的事后行为)　　是指由于是完成犯罪

1　大判大 3、2、3 刑录 20、101。
2　最判昭 32、7、23 刑集 11、7、2018。
3　西田,392 页。

之后，在与该犯罪相随而继续存在的违法状态中通常所包含的行为，所以，是被该犯罪的构成要件所评价完毕的行为。共罚的事后行为，不受处罚。如盗窃犯人在保管、搬运、有偿处分被盗物品的场合[1]，不构成有关赃物的犯罪或侵占罪。

关于共罚的事后行为的意义，有①是法条竞合中的吸收关系的学说[2]，②本来就不可罚，所以，在外形上也不符合其他处罚规定的见解[3]，③行为的违法性被事前的行为所吸收的见解[4]，④事后行为成立犯罪，但被重罪的刑所吸收的见解[5]之间的对立。共罚的事后行为自身也是可罚的，应当适用罚条，但在违法状态下实施的行为通常是包含在违法状态之中的，应当说它已被状态犯的构成要件所评价殆尽，所以，④说妥当。因此，为成立共罚的事后行为，必须是①通常被事前的状态犯所包含的行为，②不存在新的侵害法益的情况。

这样，第一，盗窃犯人持有、使用、消费被盗物品之类的事实上的处分，本来就不是符合构成要件的行为，不具有可罚性，所以，不是共罚的事后行为。第二，为成立共罚的事后行为，必须是该事后行为虽然符合构成要件且违法，但事后行为通常包含在与事前的状态犯所伴随的违法状态之中，所以，该违法性已被事前的状态犯所评价。状态犯的犯人所实施的符合赃物罪的行为或赃物犯所实施的对赃物的事后处分行为[6]，就是共罚的事后行为。第三，通常不为事前的状态犯所包含。伴有对新的法益侵害的状态犯的构成要件所评价不了的可罚行为，不是共罚的事后行为。例如，使用所盗窃的存折提取他人存款的行为，就不是盗窃罪所能包含得了的，所以，另外成立诈骗罪。

共罚的事后行为的界限　共罚的事后行为的界限，应根据其是否是不被事前的状态犯所通常包含的、引起新的利益侵害的行为来决定。判例认为①向供应店出示骗取的供应票证骗取大米的场合，是新的侵害法益的行为，所以，另外成立诈骗罪[7]；②向银行职员

1　最判昭 24、10、1 刑集 3、10、1629。
2　团藤，446 页；福田，301 页；大塚，477 页；藤木，341 页；山中，919 页。
3　佐伯，373 页。
4　正田满三郎：《责任和处罚的连带》（1968 年），84 页。
5　平野，416 页；内田，347 页；前田，502 页。
6　大判大 11、7、12 刑集 1、393。
7　最判昭 23、4、7 刑集 2、4、298。

出示骗取来的支票骗取金钱的场合，是新的侵害法益的行为，所以，另外成立诈骗罪[1]；③无钱饮食的犯人，在两个半小时以后，对请求付账的被害人进行殴打，意图免除债务的时候，从手段方面来看，和诈骗罪中所保护的利益不同，所以，成立抢劫致伤罪。[2] 最高法院 2003 年 4 月 23 日（《刑集》第 57 卷第 4 号第 467 页）在占有他人不动产的人即便在擅自将该物设定抵押、登记之后，该不动产还是他人的物，受托人对该不动产根据出售等进行转移所有权的行为，在进行该种宗旨的登记的时候，还是成立侵占罪，不是共罚的事后行为。这是认为"先前的抵押权设定行为的存在，并不妨害后行的有关转移所有权行为成立犯罪"的新判例。

[3] **法益侵害的一体性** 存在数个利益侵害的时候，原则上成立数罪。因此，一个行为杀害数个人的场合，成立数罪，是观念竞合。相反地，在规定了数种利益侵害的犯罪中，即便同时侵害数个利益，也只成立一罪。

如放火罪将公共安全作为主要保护利益、个人财产作为次要保护利益，即保护两个利益。由于放火行为侵害了两个利益，所以，似乎符合破坏建筑物罪（刑法第 206 条）等不同构成要件。但是，放火罪本来是将两个利益一体保护而加以设计的构成要件，所以，是一次符合构成要件，不用进行罪数上的评价就成立一罪。

与此相对，一个行为侵犯不可分且成为一体的数个不同利益的场合，如杀人行为导致了撕破被害人衣服的损坏财物的结果时，由于同时侵犯了人的生命和财产所有权，所以，在事实上成立杀人罪和损坏财物罪两个罪名，但是，对这两个利益的侵害在犯罪性质上是不可分割地一体引起的，所以，较轻的损坏财物罪就被较重的杀人罪所吸收。使用假币罪和诈骗罪中也存在同样的关系。但是，行使伪造公文书罪（第 158 条）和诈骗罪之类的法定刑的上限相同（都是 10 年以下徒刑）的犯罪，就不是吸收的一罪，而是观念竞合。[3]

异质的包括一罪的判例 东京高等法院 1995 年 9 月 26 日[4] 对在施

---

1 最决昭 38、5、17 刑集 17、4、336。
2 札幌高判昭 32、6、25 高刑集 10、5、423。
3 反对，平野，415 页（作为吸收一罪）。
4 判时 1560、145。

加暴行之后进行胁迫的被害人,认为在暴行和胁迫的场合,法定刑是一样的,在类型上,暴行被包括在胁迫当中,因此,以暴行罪一个罪评价就足够了。另外,作为同样宗旨的,还有东京地判 1995 年 1 月 31 日的判决(《判时》第 1559 号第 152 页 [伤害和损坏器物])。

[4] 被害法益的同一性 在时间、场所上接近、机会同一、意思继续以及各行为之间有密切关系、被害利益实质上同一的场合,即便是在外形上符合数个构成要件的行为,也应认为是包括一罪。例如,以一个欺骗行为取得让人交付货款的权利,又基于该权利而让对方支付金钱的时候,由于被害利益在实质上是同一的,所以包括性地成立第 1 款诈骗罪。对于同一被害人、在同一机会,最初是实施盗窃,之后出于抢劫的故意而施加暴行、胁迫取得财物的场合,盗窃就被抢劫所包括,成立一罪。[1]

第二节 科刑一罪

一、概说

所谓科刑一罪,是指①一个行为触犯两个以上的罪名,和②犯罪的手段行为或结果行为触犯其他罪名的情况,是按照"从一重处罚"原则处罚的犯罪。①被称为观念竞合,②被称为牵连犯。关于科刑一罪,有作为犯罪不过是一罪而已,但属于法条竞合的见解[2],和成立数罪是实在的犯罪的竞合,但在刑罚的适用上,作为一罪处理的见解(通说)[3]之间的对立。

观念竞合,例如,一发子弹打死两个人的场合,虽然只有一个行为,但是却数次符合构成要件,还有牵连犯,正如入室盗窃的场合一样,行为有数个,可以数次认定符合构成要件。上述场合下,不管哪一种情况在构成要件评价上都是数罪,所以,认为是数罪实在竞合的犯罪的通说立场是妥当的。这样,科刑一罪虽然在犯罪的成立上是数罪,但在刑罚适用上可以看作为一罪,因此,是科刑一罪,其实质是刑罚适用上的问题,属于刑罚论的范畴。但是,是否能成为科刑一罪的问题是根据罪数论来解决的,在此范围内,应该说,科刑一罪也是属于罪数论的

---

1 高松高判昭 28、7、27 高刑集 6、11、1442;最决昭 61、11、18 刑集 40、7、523。
2 木村,431 页。
3 最判昭 23、5、29 刑集 2、5、521;最大判昭 24、12、21 刑集 3、12、2048。

问题。另外，科刑一罪也是诉讼法上的一罪，对其中部分的一事不再理效力也及于其他部分。

实在竞合 实在竞合，是指一个行为人实际上成立数个犯罪的场合。实在竞合中，包括科刑一罪、并合罪以及单纯数罪。因此，在对数个犯罪的刑罚的处理上，预定有三个原则。第一是按照数罪之中最重的罪的刑罚进行处断的吸收原则，科刑一罪就是按照这种原则处理的；第二是以数罪中最重的刑罚为基础，加重刑罚的加重原则，并合罪（第45条以下）就是根据这种原则处理的；第三是按照犯罪的个数，合并处刑的并科原则，单纯数罪就是按照这一原则处理的。[1]

二、观念竞合

1. 意义

所谓观念竞合，是指一个行为触犯二个以上罪名的场合，又称"一行为数罪"。所谓触犯两个以上的罪名，是指一行为触犯数个法条，数次接受构成要件评价。因此，观念竞合实际上是数罪，是数个犯罪实在竞合的场合，但刑法着眼于行为是一个这一点，将其作为科刑一罪，准作为本来一罪。另外，观念竞合与前述的法条竞合不同，所以必须严格区分。在观念竞合的成立范围上，有①一个行为触犯数个罪名的场合，通常应看作为观念竞合的见解，②只有数个犯罪之间相互有关联性的场合，才成立观念竞合的见解之间的对立，但是，因为法条上只规定为"一个行为"，所以，对其不应该附加任何限制，这样说来，①说妥当。

2. 要件

成立观念竞合，必须是：①一个行为，②一个行为触犯数个罪名。

（1）一个行为 行为，是指触犯罪名以前的、作为前法犯罪基础的事实行为。

［1］一个行为 一个行为，必须是在自然观察上、为社会观念所认同的一个行为。[2] 一个行为可以是不作为。[3] 数个行为，即便是在同一机

---

[1] 中山善房，判例刑法研究4，311页。

[2] 最大判昭49、5、29刑集29、4、114。长井，百选Ⅰ（第5版），202页；川崎，判例讲义Ⅰ，158页。

[3] 最大判昭51、9、22刑集30、8、1640。

会实施的，也不是一个行为。如在同一的时间和场所，没有驾驶执照并且醉酒状态下驾驶汽车的场合，从自然观察的角度来看是一个行为，因此，是无照驾驶罪和酒后驾驶罪的观念竞合。在同一机会实施违反《公职选举法》所规定的户别访问罪（《公职选举法》第138条第1款）和散发法外文书罪（《公职选举法》第142条第1款）的行为的案件中，以上述行为是在同一机会实施的为由而认定其为一个行为的判决[1]，是不妥当的。[2] 与此相对，放火烧毁尸体的行为是放火罪和损坏尸体罪的观念竞合的判例[3]；具有杀人意图的人勒住妇女的脖子强奸，使妇女窒息死的场合，是杀人罪和强奸致死罪的观念竞合的判例[4]，作为满足一个行为的判例，都是妥当的。

有关一个行为的学说、判例 学说上，有（1）以自然观察来判断的见解[5]，（2）根据社会见解来判断的见解[6]，（3）以构成要件为基准的见解[7]，等等。但是，最高法院大法庭1974年5月29日的判决变更了迄至当时为止的、关于行为个数判决的意见[8]，认为："上述规定中所谓的一个行为，应当是在撇开法律评价、抛弃构成要件的自然观察的基础上，认为行为人的动态在社会见解上被评价为一个行为的场合"。因此，①酒后驾车和业务过失致人死亡的关系就从观念竞合变成了并合罪，②无照驾车和酒后驾车的关系就从并合罪变成了观念竞合，③无照驾车和驾驶超过检查期限的车辆之间的关系，就从并合罪变成了观念竞合。另外，④最高法院大法庭在1976年9月22日按照上述判例见解，将"交通肇事后逃逸"场合下的违反救护义务和违反报告义务的关系，从并合罪变成了观念竞合。[9] 另外，最高法院2003年11月14日（《刑集》第57卷第10号第1031页）在被告人将消防钩在乘车人当中进行隐藏的同

---

1 最判昭43、12、24刑集22、13、1567。
2 平野，424页；中山（善），前揭339页。
3 大判大12、8、21刑集2、681。
4 最判昭31、10、25刑集10、10、1455。
5 小野，273页。
6 吉川，278页；福田，304页。
7 高田，注释（2）Ⅱ，619页。
8 最决昭33、4、10刑集12、5、877。
9 山火，百选Ⅰ（第5版），204页；川崎，判例讲义Ⅰ，162页。

第二编 犯 罪

时，在手包当中装入兴奋剂放置在助手席上的案件中，认为不能将其看作为《轻犯罪法》第1条第2款的携带危险器具罪和持有兴奋剂罪而认定为刑法第54条第1款前段的"一个行为"，而是数罪。

[2] **重合的场合** 即便分别符合犯罪的行为有两个以上，在该行为重合时，由于该重合的部分是一个行为，所以，成立观念竞合。例如，无照且酒后驾车的场合，无照驾驶行为和酒后驾驶行为，在自然的观察上看是不同的，但在社会观察上看，二者是重合的，所以，在此范围内是一个行为，是《道路交通法》上的无照驾驶罪（第118条第1款第7号）和酒后驾驶罪（第117条之2第1号）的观念竞合。因此，对于行使伪造文书进行欺诈的行为，由于使用伪造文书是欺诈的手段而不是欺诈行为自身，所以，认为它是行使伪造公文书罪（第158条）和诈骗罪（第246条）的牵连犯的判决[1]并不妥当，应看成是观念竞合。

那么，具有什么样的重合的时候可以看成是一个行为呢？学说上有①必须是数个符合构成要件的自然行为的主要部分重合的主要部分重合说[2]，②各个自然行为只要在某一点上有重合就够了的部分重合说[3]，③在实行着手阶段上，各自然行为必须重合的着手重合说[4]，④必须是不得不将一方的行为当作为另一方的行为的分割不能说[5]之间的对立。

我认为，是否是一个行为，应当基于自然观察，以社会见解为基础进行评价决定，但是，尽管观念竞合作为实在竞合，是并合罪的一种，但刑法将观念竞合从并合罪中区分开来，作为科刑一罪的理由在于：观念竞合虽然是数罪，但在处罚上可以看作为一罪。这么说来，将只存在一个犯罪的实行的场合，也就是实行的着手重合的时候，评价为一罪的见解是妥当的，所以说，③说值得支持。

在这种观点看来，在继续犯和即成犯、状态犯的各个行为交错的场合，如不法持有枪炮刀剑[6]，并用该枪炮刀剑来杀人或抢劫的场合，就

1　山火，百选Ⅰ（第5版），204页；川崎，判例讲义Ⅰ，162页。
2　福田，303页；大塚，479页。
3　伊达秋雄：《刑法入门》（1960年），168页。
4　植松，430页。
5　中野次雄："共犯的罪数"，齐藤还历，363页。
6　最判昭26、2、27刑集5、3、466；最判昭24、12、8刑集3、12、1915。

不是观念竞合而是并合罪的判例见解[1]是妥当的。又如，在开始不法持有枪炮刀剑是杀人等的实行行为的着手的场合，能被看作为观念竞合。

另一方面，判例在过去曾认可了未经许可经营古物罪和有偿收受赃物罪等之间的观念竞合，这一判决是根据部分重合说而作出的，一般认为，它对观念竞合的认定范围过于广泛。与此相对，最高法院曾认可了由于打瞌睡的过失运输罪和业务过失致死罪之间的观念竞合[2]，但之后又将此改为酒后驾车罪和业务过失致死罪的并合罪。[3] 开始酒后驾驶只要不是过失的实行行为，就不应该作为观念竞合，所以，上述判决是妥当的。另外，无照驾驶和酒后驾车、无照驾驶和驾驶没有经过年检的车辆的犯罪，都被认定为观念竞合[4]，由于上述各个行为之间都有重合，所以，应当说，是合适的判断。

（2）数个罪名　成立观念竞合，必须是一个行为触犯数个罪名。所谓"触犯数个罪名"，是指在构成要件的评价上，实质性地符合数个构成要件，成立数罪。只是外形上符合数个罪名的场合，是法条竞合，而不是观念竞合。

关于数个罪名，有①指不同罪名的见解[5]，和②是不同罪名的同时，也包括相同罪名的见解（判例、通说）[6]之间的对立。①说是以犯意标准说为基础的，不妥；另外，犯罪个数是由符合构成要件的次数所决定的，所以，只要一个行为受到数个构成要件上的评价，即便是相同的构成要件，也应看成是"一个行为触犯两个以上罪名"的情况，所以，判例、通说的见解是对的。而不管是异种类的观念竞合（一个投石行为造成了人员伤害和器物损坏的结果的场合）还是同种类的观念竞合（一个开枪行为造成了两个人被杀），在所不问。

如，在①将数份伪造文书一次使用的场合[7]，②同时向数人行贿的场合[8]，③一个毒杀手段而致数人被杀害的场合[9]，都是观念竞合。另

---

[1] 大判大 14、5、26 刑集 4、342。
[2] 前揭最决昭 33、4、10。
[3] 前揭最大判昭 49、5、29。
[4] 前揭最大判昭 49、5、29。
[5] 牧野，上 507 页。
[6] 大判大 6、11、9 录 23、1261。
[7] 大判明 43、3、11 刑录 16、429。
[8] 大判大 5、6、21 刑录 22、1146。
[9] 大判大 6、11、9 刑录 23、1261。

外，由于只要有一个行为就够了，所以，并不一定要有数个故意，如出于杀死甲一个人的故意而发射霰弹枪，结果，除了甲以外，乙、丙也中弹身亡的场合，成立三个杀人罪，各罪之间是同种类的观念竞合。

3. 处分

观念竞合，按照"从一重处罚"的原则处理。观念竞合，本来是数罪，但由于是一个行为所造成的，所以，数罪就被科刑上最重的刑所包括，作为一罪处断。

"最重的刑"的意义，有①指数个罪名中，规定最重的法定刑的法条的判例意见[1]，和②指所规定的上限和下限都是最重的法定刑的法条的判例意见[2]之间的对立。所谓最重的法定刑，应该是指上限最重、下限也是最重的刑，所以②说妥当。由于观念竞合作为数罪实在性地竞合的场合，应当比照数罪处理，因此，在第72条的适用上应当比照数罪加重进行处理，因此，所谓"最重的刑罚"，是指各个罚条中所规定的法定刑经过再犯加重和法律上的减轻之后，上限、下限都最重的情形。[3]

"处罚"，是仅对于处断刑而言的，数罪不管在哪一种情况下都成立犯罪，对所符合的罚条都应适用。因此，在所成立的其他罪的选择刑或并科刑中，有罚金的场合，可以选择罚金，同时，在重罪没有规定没收而轻罪规定有没收的时候，可以附加。有二个以上的没收，就并罚处理。在量刑的时候，当然应当考虑数罪的情况。

三、牵连犯

1. 意义

所谓牵连犯，是指数个行为中，"犯罪的手段行为或结果行为触犯其他罪名"时的情况。数个行为分别符合构成要件、形成数罪，但各行为之间，具有一个行为是另一个行为的手段，或另一方是这一方的结果的关系，和观念竞合一样，按照数罪中最重的刑处罚。如，侵入住宅盗

---

[1] 大判大3、11、10刑录20、2079。
[2] 最判昭28、4、15刑集7、4、850。
[3] 团藤，461页；福田，330页；大塚，482页；中山，538页。反对，前揭大判大3、11、10（以法定刑为标准）。

窃中,盗窃罪和侵入住宅罪之间就是目的和手段的关系;伪造私文书罪和行使伪造私文书罪之间是原因和结果关系,上述情况都是牵连犯。

关于数个行为中的手段和结果的关系,有①某种犯罪和手段或结果之间必须具有通常关系的客观说[1]、②行为人具有将数罪作为手段或结果进行牵连的意思的主观说[2]、③数个行为在其性质上,通常来说,具有手段和结果的关系,并且行为人主观上也具有牵连意思的折中说[3]之间的对立。牵连犯在性质上是并合罪,刑法上之所以将其作为科刑一罪,是由于在经验法则上,通常伴随有作为某种犯罪的手段或结果的情况,所以,没有必要作为并合罪独立地进行刑法上的评价[4],因此,①说妥当。

判例的态度 判例认为:"所谓犯罪手段,是指某种犯罪在其性质或者手段上所通常采用的行为,犯罪结果是指某一犯罪所产生的当然结果,因此,成立牵连犯,犯罪和成为手段或者结果的犯罪之间,必须具有密切的因果关系"[5]。另外,判例认为,在侵入住宅之后产生杀意的场合,成立侵入住宅罪和杀人罪的牵连犯[6],出于会情人的目的进入他人住宅,盗窃他人财物的场合,也成立侵入住宅罪和盗窃罪的牵连犯[7],因此,可以说,其主流是采用了客观说。但是,最高法院大法庭1969年6月18日(《刑集》第23卷第7号第950页)认为:"牵连犯的数罪之间,在罪质上,通常其一方是另一方的手段或者结果,而且具体来说,犯人在有关关系上,实施了数罪的场合,在科刑上特别要作为一罪处理",因此,也可以说是采取了折中说的立场。另外,即便采用本文的立场,也难说牵连犯有合理根据,其存在理由值得怀疑,因此,应当废除牵连犯,将认定为牵连犯的犯罪以包括一罪或者并合罪处理。《修改刑法草案》中没有规定牵连犯,外国的立法中也没有

---

1 大判明42、12、20刑录15、2012。小野,227页;植松,436页;团藤,461页;中,274页;福田,305页;大塚,483页;川端,641页;山中,932页。
2 牧野,上513页;木村,413页。
3 青柳,437页;西原,380页;最大判昭24、12、21刑集3、12、2048。
4 植松,436页;平野,427页。
5 最判昭24、7、12刑集3、9、1237。
6 大判昭5、1、27刑集9、16。
7 大判大6、2、26刑录23、134。

第二编 犯 罪

看到这种规定。

2. 要件

成立牵连犯，必须是：①是犯罪的手段行为或结果行为，②触犯其他罪名。

(1) 手段、结果　成立牵连犯，必须是①在某种犯罪的性质上，通常是作为其手段所使用的行为，另外，②某种犯罪，在其性质上，通常是作为结果而必须实施的行为。什么是"通常"，意义不一定明确，一般认为，"牵连犯是判例所认定的牵连犯"，所以，以下根据判例来说明牵连犯。

[1] "手段"的场合　判例在手段上认可牵连关系的主要情况有，侵入住宅罪和放火罪[1]，侵入住宅罪和强奸罪[2]，侵入住宅罪和杀人罪[3]，侵入住宅罪和盗窃、抢劫罪[4]，逮捕罪和敲诈勒索罪[5]，等等。没有认可牵连关系的主要有，放火罪和保险金诈骗罪[6]，监禁罪和强奸致伤罪[7]，监禁罪和伤害罪[8]，非法使用公印罪和受贿罪[9]，等等。另外，最高法院2005年4月14日（《刑集》第59卷第3号第283页）认为："即便是作为敲诈勒索的手段而实施了监禁的场合，也不能说两罪具有作为犯罪通常形态的手段和结果之间的关系，因此，认为不是牵连关系的理解是妥当的"。

[2] "结果"的场合　判例在结果上认可了牵连关系的情况有：伪造公文罪和使用公文罪[10]；公证书原本不实记载罪和使用该公证书罪[11]；伪造公文罪和诈骗罪[12]；伪造私文书罪和使用该私文书罪，等

1　大判昭7、5、25刑集11、680。
2　大判昭7、5、12刑集11、621。
3　大判明43、6、17刑集16、1220。
4　大判明45、6、17刑录18、653。
5　大判明43、10、10刑集16、1651。
6　大判昭5、12、12刑集9、893。
7　前揭最判昭24、7、12。
8　最决昭43、9、17刑集22、9、853。
9　最判昭27、2、7刑集6、2、208。
10　大判明42、7、27刑录15、1048。
11　最判昭42、8、28刑集21、7、863。
12　大判明44、11、10刑录17、1871。

等。没有认可牵连关系的判例有：抢劫杀人罪和为毁灭罪迹的放火罪[1]，抢劫杀人罪和遗弃尸体罪[2]，杀人罪和损坏尸体罪[3]，杀人罪和遗弃尸体罪[4]，等等。

（2）触犯其他罪名　所谓触犯其他罪名，是数个行为分别符合不同的构成要件，成立犯罪。因此，犯罪的手段行为或结果行为作为不可罚的事前行为或不可罚的事后行为，被主要犯罪所吸收的场合，就不是牵连犯。[5]关于"其他罪名"，有①必须是和某种犯罪不同的犯罪的判例[6]，②和某种犯罪相同的犯罪也包括在内的判例[7]的见解上的对立，但是和观念竞合的场合一样，应当同时认可不同种类的牵连犯和相同种类的牵连犯。相同种类的牵连犯，是如作为伪造文书手段的伪造文书的场合，只要是分别独立地构成犯罪，就必须和包括一罪或观念竞合区别开来。

3. 处分

对牵连犯，按"从一重处罚"的原则处理。其意义和观念竞合的场合完全一样。如一次使用数份伪造文书的行为，就是同种类的观念竞合，在其成为欺骗手段引起牵连犯的结果时，就按照观念竞合或牵连犯，依照刑法第 72 条第 3 款所规定的并合罪加重处罚。[8]

四、有关科刑一罪的诸问题

1. 共犯和罪数

共犯行为也是实行行为的一种形态，所以，罪数在共犯行为中也成问题。

（1）共同正犯的场合　判例过去在 A 和 B 共谋，同时在同一场所，A 将被害人甲、B 将被害人乙分别杀死之后，夺取财物的案件中，认为："将共犯的行为也作为自己行为的一部分，将同时实施的共犯行为和自己的意思活动相结合，组成一个行为的判断是适当的"，认可了杀

1　大判明 42、10、8 刑录 15、1293。
2　大判昭 13、6、17 刑集 17、475。
3　大判昭 9、2、2 刑集 13、41。
4　大判明 44、7、6 刑录 17、1388。
5　大塚，485 页。
6　大判昭 17、9、8 新闻 4798、9；香川，463 页。
7　大判明 43、11、15 刑录 16、1941。高田，注释（2）Ⅱ，648 页；大塚，485 页。
8　香川，464 页。

第二编 犯罪

人罪和抢劫致死罪的观念竞合[1]，但是，A 的行为和 B 的行为，在离开法律评价、舍去构成要件的评价来进行观察的话，应看作为独立个别的东西，所以，共同人各自的行为，在自然观察上，只要在社会见解上不被评价为一个行为，就应认为是并合罪。因此，出于杀害数人的共同意思，各自在同一机会分别将人杀死的场合，判定成立并合罪的判例[2]，以及数人共同向数名被害人施加暴行，使部分人受伤的场合，判定成立并合罪的判例[3]，都是妥当的。

（2）教唆犯、帮助犯的场合　根据共犯独立性说的话，共犯只对共犯行为自身才成立，所以，罪数也应以共犯行为为基础来确定；即便在共犯从属性的立场上，共犯行为自身是实行行为，所以，必须和正犯的罪数区别开来加以确定。例如，同时教唆数人，三名被教唆人各自杀死一名被害人，共杀死了三名被害人的场合，只要是一个行为，就应认为是三个教唆罪的观念竞合。[4] 帮助犯的场合也一样。

判例的主流历来坚持共犯的罪数根据实行行为的罪数来决定这一罪数从属性说的立场[5]，但是，最高法院在 1982 年 2 月 17 日的判决[6]中表露出"共犯的罪数应着眼于共犯行为自身来决定"的态度。应当说，这是个妥当的态度。另外，即便在由于复数的共犯行为而成立正犯一罪的场合，在应当评价为属于实现一个正犯的一连串的行为的时候，就成为包括一罪。在教唆数人实施作为共同正犯而成立的一罪时，也同样处理。[7] 在教唆之后，亲自参与实行行为的场合，教唆就成为正犯的不可罚的事前行为。

2. 不作为的罪数

一个违反作为义务的不作为引起了数个不作为犯的结果时，有①各个违反义务的不作为，在社会见解上，应看作为一个态度，所以是观念竞合的见解[8]，②只要不是根据一个作为就能实现其他作为义务的场合，

1　大判大 5、11、8 刑录 22、1693。
2　最判昭 25、8、9 刑集 4、8、1562。
3　最决招 53、2、16 刑集 32、1、47。
4　大判大 2、10、21 刑录 19、1000。反对，大判明 44、11、10 刑录 17、1865（作为数罪）。
5　大判大 5、6、30 刑录 22、1210；大判大 12、3、15 刑集 2、18，等多数。
6　刑集 36、2、206。岛冈，百选Ⅰ（第 5 版），208 页；十河，判例讲义Ⅰ，159 页。
7　山火，百选Ⅰ（第 4 版），212 页。
8　最大判昭 51、9、22 刑集 30、8、1640。团藤，459 页；中山，530 页。

就不能说是一个行为，所以，原则上不成为观念竞合的见解[1]之间的对立。

我认为，按照前述着手重合说的立场，必须是一个不作为犯的实行行为同时也能成为其他不作为犯的实行行为，如交通肇事中，违反救护义务和违反报告义务的场合，逃走不救护的话，就同时违反了救护义务和报告义务，而这两个不作为应当看作为一个行为，所以①说妥当。按照②的见解，在这一场合是并合罪，但这显然是违反法感情的。

3. "插销"现象

本来应当成为并合罪的数罪，根据其分别和某个犯罪之间处于观念竞合或者牵连关系的情况，将全体数罪作为科刑一罪，这就是"插销"现象。判例在侵入他人住宅，依次杀死三人的场合，由于各个杀人行为和侵入住宅之间具有牵连关系，所以，三个杀人应当是并合罪，但是，由于三个杀人罪分别和一个侵入住宅罪之间具有牵连关系，因此，根据侵入住宅罪而将它们结合在一起，整体上作为科刑一罪加以处罚，肯定了"插销"现象。[2]这种场合，侵入住宅罪就发挥了"插销"的作用，将成为并合罪的数罪连接在一起成为牵连犯，因此，被喻称为"插销"现象。在上例中，虽说在杀人一罪上，和侵入住宅罪之间具有牵连关系，而其他两个杀人罪可以和侵入住宅罪分开考虑，成为并合罪，但是，这样就难以说明为什么牵连关系不及于其他两个犯罪。另一方面，认为成立三个牵连犯，分别作为并合罪处理的话，成为"插销"的罪就会被使用三次，进行数罪评价，这在理论上是不可能的。承认插销效果的话，虽说会有从轻处罚的不当，但是，在现行刑法之下，不得不承认它。[3]另外，刑法典所规定的法定刑的范围很广，在实际的处理上，也并不会有太大的麻烦。

不均衡的纠正 如在室外杀死三人的话，要分别作为并合罪处理而加重其刑罚，但是伴随有侵犯住宅的场合，则只是作为杀人一罪处理，这无论如何是不公平的。[4]为了纠正这种不公平现象，在

---

1 平野，429页；小松，百选Ⅰ（第4版），208页。
2 最决昭29、5、27刑集8、5、741。川出，百选Ⅰ（第5版），206页；谷，判例讲义Ⅰ，160页。
3 平野，430页；内田，339页；川端，641页；前田，508页。
4 中野次雄："数罪和科刑一罪的竞合"，刑法杂志23卷1＝2号27页。

德国，认为在观念竞合上，仅在和与起插销作用的犯罪相关的犯罪一样重，或者比该罪更重的场合才认可插销效果，而在上例中的、比成为插销的犯罪轻的场合，就不应当认可，而应当是单纯的三个杀人罪的并合罪的见解很有力，但是，这种观点在忽视成为插销的犯罪的一点上不妥。但是，判例在未经许可，经营古董买卖，数十次有偿购入被盗物品的场合，认为成立触犯未经许可经营古董买卖罪和有偿受让罪一个行为。由于过于广泛地理解了一个行为的范围，因此，造成了过于广泛地认定插销现象的结果。[1]这种场合，倒不如说，各个行为均成立一个行为，分别成立观念竞合。[2]

第三节 并合罪

一、意义、要件

1. 意义

所谓并合罪，是指没有经过裁判的数罪。单个行为人，成立数个犯罪的，是犯罪的竞合。并合罪也被称为和观念竞合相对的实在竞合。并合罪，在以下场合成立：①数罪的犯罪事实均没有经过确定的裁判的场合，②数罪的犯罪事实之中，具有已经经过确定裁判的犯罪的场合。在并合罪的场合，刑法对各个犯罪不作个别处理而是一并处理，或者根据加重原则而不进行算术性地加重刑罚。其根据在于①各个罪处于可以同时进行裁判的状况，因此，将这些犯罪一并处理，在程序上更方便一些；②没有经过确定裁判的数罪，和裁判的威吓或谴责无关地重叠在一起，对各个犯罪进行个别处罚并不妥当，所以，对上述两个要件都必须要求。[3]

2. 要件

成立并合罪，必须是①数个犯罪尚未经过确定裁判，②数个犯罪事实之中具有经过确定裁判处以禁锢以上刑罚的罪的场合，在该确定裁判之前还犯有他罪即余罪。

（1）没有经过确定裁判的数罪的竞合 所谓"确定裁判"，是指具

---

1 大判大14、5、26刑集4、342。
2 中山（善），前揭337页；田宫，百选Ⅰ（第4版），210页。
3 植松，425页；西原，382页；团藤，449页。

有一事不再理效力的有罪、无罪以及免诉的判决、简易命令、针对交通事件的即决裁判。"没有经过",是指该罪的裁判尚未确定。如在一年之内犯了盗窃、杀人、抢劫三个犯罪的场合,上述三种犯罪均没有经过审判的话,三个罪就成为并合罪,而不管上述三个罪现在是否正在审理之中。

(2) 确定判决前后的犯罪的并合 所谓"处监禁以上刑罚的确定裁判",是指判处死刑、徒刑、监禁三者之一的确定判决。所谓"裁判确定之前"是指,在对该犯罪事实的判决确定以前。[1]

在实施继续犯、集合犯以及包括一罪的过程中,由于其他犯罪而被判处监禁以上刑罚的场合,有①应当将它们作为本来的一罪,从整体上进行把握,因此,不适用刑法第45条的规定的见解[2],和②只要能够同时审判,就应当适用刑法第45条的规定的见解[3]之间的对立。[4]因为继续犯、集合犯以及包括一罪,从整体上看,只是评价为一回符合构成要件,不可能将这些行为分开进行评价,因此,①的见解妥当。[5]如以某个行为人具有5个成立犯罪的事实为例。其中,从时间上来看,如果第三个犯罪事实在第四个犯罪事实实施以前,就被确定的裁判处以监禁以上的刑罚的话,以第一个到第三个的犯罪就构成一个并合罪,另外第四个和第五个犯罪构成一个并合罪,对这两个并合罪,分别科处作为并合罪的刑罚。[6]

二、处分

1. 并合罪的处分形式

关于并合罪的处分方法,有吸收原则、加重原则和并科原则。①吸收原则,是指按照数罪中最重的罪的法定刑进行处断的原则,②加重原则,是指以其中最重的罪的法定刑为标准,再进行一定加重,予以处罚的原则,③并科原则,是指对各个罪分别量刑,然后将各个刑合并执行的原则。我国刑法中,采用了原则上以加重原则为基础,并根据刑罚的

---

[1] 东京高判昭31、7、19高刑集9、7、804。
[2] 大塚,488页。名古屋高判昭26、3、16高刑集4、4、322。
[3] 高田,注释(2)Ⅱ,586页。大阪高判昭32、1、30高刑集10、1、17。
[4] 高洼,判例刑法研究4,351页。
[5] 最判昭35、2、9刑集14、1、82。
[6] 植松,424页。

种类的不同，并用吸收原则、并科原则的限制加重原则。

2. 同时审理并合罪的时候

并合罪中，某一个罪被处以死刑的场合，就不再处以其他刑罚，但是，可以判处没收（第46条第1款［吸收原则］）。在其中一个罪应当处以无期徒刑或者监禁的时候，也不能科处其他刑罚，当然，可以判处罚金、罚款以及没收（同条第2款［吸收原则］）。因为，在处以死刑或无期徒刑的场合，再处以死刑或自由刑，没有任何意义。并合罪中，有两个以上的应当处以有期徒刑或监禁的罪的时候，将其中最重的罪的法定刑的上限，再加上相当于该上限的一半（1.5倍）的刑期所得之和作为上限。但是，不得超过各个罪的法定刑的上限之和（第47条［加重原则］）。关于下限，有①是最重的罪的法定刑的下限的见解，和②与其他犯罪的法定刑的下限相比，根据最重的下限来确定的见解之间的对立。因为，没有理由要和其他场合的上限、下限的意义相区别，因此，②说妥当。被加重的上限不得超过30年（第14条）。

适用的例子 如盗窃罪（10年以下有期徒刑）和损坏器物罪（3年以下有期徒刑）之间成为并合罪，应当判处有期徒刑的时候，尽管其选择范围是1个月以上15年以下的有期徒刑，但是，根据刑法第47条的但书规定，不得超过13年。在较重的有期徒刑和较轻的监禁刑的场合，也同样处理。[1] 其宗旨是，"并合罪当中，在两个以上的犯罪被判处有期徒刑或者监禁的时候，按照该条的规定，将对构成并合罪各罪整体的统一刑作为处断刑，在被修正的法定刑即处断刑的范围之内，决定构成对并合罪整体的具体刑罚，在处断刑的范围之内决定具体刑罚的时候，就并合罪的构成单位即各个罪而言，在事先进行个别量刑判断的基础上，然后加以合计的做法，在法律上不允许"[2]。另外，参见最决1983年9月27日《刑集》第37卷第7号第1078页。

并合罪之中，有两个以上的罪被科处罚金的时候，在各个犯罪所规定的罚金额的上限的总和以下决定。关于下限，根据各个罪的法定刑的下限中的最高的额度来决定。但是，在并合罪中，其中有一罪被判处死

---

[1] 最判平15、7、10刑集57、7、903（新潟监禁致伤事件）。
[2] 宫野，百选Ⅰ（第4版），204页。

刑的场合，就不能实行并科。两个以上的拘留、罚款，实行并科。并合罪中，对于重罪即便没有科处没收，对于其他犯罪，有没收事由的场合，可以将其附加。两个以上的没收，并科处理。

3. 已经裁判的犯罪和尚未裁判的犯罪（余罪）并存的时候

并科罪中，有经过了裁判的犯罪和没有裁判的犯罪（余罪）的时候，对该余罪进行处断。这样，有两个以上的裁判的时候，原则上，将两个以上的裁判所确定的刑合并执行。但是，为了消除和同时接受裁判场合之间的不平衡，就作了以下修正：①应当执行死刑的场合，除了没收之外，不再执行其他刑罚；②应当执行无期徒刑或无期监禁场合，除罚金、罚款以及没收之外，就不再执行其他刑罚；③执行有期徒刑和有期监禁的时候，最长不得超过其中最重的罪的法定刑的上限和该上限的半数之和。

4. 有的罪被大赦的场合

被并合处罚者，在其中的一部分犯罪接受了大赦的时候，对其他犯罪要重新量刑（刑法第25条）。本规定对接受大赦之罪和未接受大赦之罪一并处理，被判处一个刑的场合适用。

三、单纯数罪

所谓单纯数罪，即在犯罪实在竞合的场合，不成为并合罪的数罪情况。单纯数罪的场合，根据各个犯罪的情况成立犯罪，并分别按照各个犯罪的法定刑处理。

刑法讲义总论

第三编

刑罚和保安处分

- 第一章 刑罚的体系
- 第二章 刑罚的适用
- 第三章 刑罚的执行和缓期执行
- 第四章 刑罚的消灭
- 第五章 保安处分

第三编　刑罚和保安处分

第一章
刑罚的体系

第一节　刑罚和刑罚权

一、刑罚的本质和机能

所谓刑罚，在形式上，就是对犯罪的法律效果，是国家对犯人所科处的法益剥夺；在实质上，是对犯罪的报应，以痛苦、恶害为内容。但是，刑罚并不是以其自身为理由的存在，而是为了实现一定目的所采用的国家制度。刑罚具有各种伴随机能，但其目的在于通过保护法益来维持社会秩序。即，第一，刑罚具有通过对已经实施法益侵害行为的犯人进行谴责、施加痛苦来满足社会的报应感情，缓和社会一般人的义愤，满足被害人的报复感情的机能；第二，具有通过刑罚，表明法律的要求，并根据其威吓作用对一般人的心理产生震撼，以实现抑制犯罪的一般预防机能或者说是抑制犯罪的机能；第三，对于行为人本人，具有通过宣告刑罚说明犯罪的规范意义，并改造犯罪人，以防止其再犯的特别预防机能。这三种机能，从维持社会秩序的角度来看，成为一体，并在刑罚的适用中反映出来，关于其详细情况，在前面已经说明。

二、刑罚权

1. 刑罚权的意义

为了维持社会秩序，对于国家来说，刑罚是绝对必要的。国家作为维持社会秩序的目的，必须具有对犯人科处刑罚的权限。这种权限就是刑罚权。日本国宪法第31条规定："任何人，未经法定程序，其生命或者自由不受剥夺，也不得科处其他刑罚"，第36条规定："绝对禁止公务员的刑讯逼供以及残酷刑",间接地规定了国家具有刑罚权。但是,国家不得随意行使刑罚权,也不得滥用刑罚权。为了防止不当行使刑罚权,有必要将刑罚权的行使看作为国家和犯人之间的权利、义务关系。一旦犯罪,国家就取得对犯人科处刑罚的权利,犯人则由于违反刑法、实施犯罪而具有了接受刑罚处罚的义务。这里,就具体地有了个别的、国家和犯人之间权利义务关系,这种关系就是刑罚法律关系。

2. 客观处罚条件

有犯罪,原则上对该犯人就有了刑罚权,但是,除了犯罪事实之外,有时候,刑罚权的行使,例外地还以其他外部事实为条件。这种事实就是客观处罚条件。破产犯罪中的破产宣告的确定(《破产法》第374~376条)、事前受贿罪中的成为公务员或者仲裁人(第197条第2款)等,就属于此。关于客观处罚条件,学说上有①以一定的政策性理由为基础的见解(通说)和②客观处罚条件是实体法上的刑罚请求权的发生条件,因此,可以还原为犯罪成立条件的违法性或者责任的见解[1]之间的对立。由于处罚条件是成立犯罪的前提,所以,该事实不可能还原为犯罪成立条件,而只能理解为根据一定的政策性理由所设计的,因此,①说妥当。

应当和客观处罚条件区别开来的还有排除处罚事由。所谓排除处罚事由,如亲属之间的盗窃,是指由于存在一定事实而不发生刑罚权的场合,通常情况下,犯人的一定身份关系成为排除处罚事由,因此,它也被称为人的排除处罚事由。

3. 现实的法律关系

根据刑罚法律关系,国家取得行使刑罚权所必要的、展开审判程序的权利,同时,犯人被赋予犯罪嫌疑人、被告人的地位,获得法律上的保障。在根据法院的判决确定宣告刑的时候,国家就取得了现实行刑的权利,犯人就有了接受行刑的义务,国家和受刑人之间就有了行刑上的法律关系。行刑也可以看作为法律关系,国家在取得对受刑人的处遇权的同时,犯人作为受刑人,其法律地位也受到保障。

---

[1] 泷川,61页;佐伯,137页;平野,163页;中,93页;中山,245页。

第二节 刑罚的种类

一、概说

刑罚,根据其所剥夺的法益的种类,可以分为生命刑、身体刑、自由刑、财产刑、名誉刑。所谓生命刑,就是剥夺人的生命的刑罚,死刑就属于此。所谓身体刑,就是伤害人的身体的刑罚,以杖刑、鞭刑等为内容。所谓财产刑,就是剥夺财产的刑罚,以罚金、罚款、没收等为内容。所谓名誉刑,就是剥夺人的名誉的刑罚,剥夺公权就属于此。我国现行刑法中,规定了属于生命刑的死刑,属于自由刑的徒刑、监禁、拘留(不是扣留),属于财产刑的罚金、罚款、没收这样七种。

作为刑罚的分类,有主刑和附加刑的区别。所谓主刑,就是可以独立科处的刑罚,现行法上的死刑、徒刑、监禁、罚金、拘留以及罚款,就是主刑。所谓附加刑,就是只能在宣告主刑的时候科处的刑罚,现行法上的没收(第9条),就是附加刑。另外,在宣告刑罚的同时,对犯人所进行的限制资格,是行政处分,不是刑罚。

二、死刑

1. 死刑的意义

死刑就是生命刑,即剥夺犯罪人的生命的刑罚,作为古代刑罚的中心曾被广泛使用,种类繁多,包括火烤、用石块砸死、车裂等,执行方法残忍。但是,在现代各文明国家,从人道的立场出发,废除了残忍的执行方法,而改为绞刑、电刑、枪毙、煤气刑、注射刑等。我国现行刑法中,死刑是最重的刑罚(第10条第1款,第11条),共有18种犯罪(其中,特别法规定有6种)规定有死刑。

可以判处死刑的犯罪 刑法犯——(1)内乱罪(第77条第1款),(2)外患诱致罪(第81条),(3)援助外患罪(第82条),(4)对有人居住建筑物等放火罪(第108条),(5)爆炸罪(第117条),(6)水淹有人居住建筑物等罪(第119条),(7)颠覆火车致人死亡罪(第126条第3款),(8)威胁交通罪的结果加重犯(第127条),(9)水道投毒致人死亡罪(第146条后段),(10)杀人罪（第199条），(11)抢劫致死罪（第240条后段），(12)抢劫强奸致死罪（第241条后段），共12种。特别刑法犯——(1)使用爆炸物罪（《取缔爆炸物罚则》第1条），(2)决斗致死罪（《有关决斗的法律》第3条），(3)劫持航空器等致人死亡罪（《有关劫持航空器罪等的法律》第2条），(4)使航空器坠落致人死亡罪（《处罚有关威胁航空器行为的法律》第2条第3款），(5)杀害人质罪（《有关处罚劫持人质等行为的法律》第4条），(6)有组织的杀人罪（《有关对有组织犯罪的处罚以及规制犯罪收益等的法律》第3条），共6种。另外，外患诱致罪中规定的死刑是绝对法定刑，而其他犯罪中，死刑都是可以选择适用的刑罚。另外，根据《少年法》第51条的规定，犯罪时候，未满18周岁的人，不得判处死刑。

2. 死刑存废论

由于死刑是剥夺人的生命的严厉刑罚，所以，自贝卡利亚以来，死刑废止论和死刑保存论之间展开了争论。死刑存废论争论的角度各不相同，就我国而言，主要问题点是：①国家是否有权剥夺犯罪人的生命（法哲学的观点）？②死刑是否具有一般预防的机能（刑事政策的观点）？③死刑是不是宪法第36条所规定的"残酷刑"（宪法的观点）？④既然存在误判的可能，那么，宣告没有补救措施的死刑是否违反正当程序（正当程序的观点）？

(1) 死刑废止论　死刑废止论对上述观点的全部或者部分持肯定态度，主张将死刑从刑罚制度中予以废除。即，第一，在法哲学的观点来看，国家以生命具有绝对价值为前提，将杀人行为作为犯罪，但同时又剥夺犯人的生命，这是互相矛盾的；第二，在刑事政策的观点上，死刑是否具有威慑力，现在还不明确，因此，至少应当采取"存疑则不用"[1]的态度；第三，在宪法论的观点上，从目前的文明观念来看，死刑明显是属于残酷刑；第四，在正当程序的观点上，死刑一旦执行，就会造成无可挽回的后果，既然具有误判的可能性，那么，宣告死刑就是违反正当程序原则。[2] 根据上述理由，许多国家废除了死刑。

已废止死刑的主要国家和州（数字为废止年份）　葡萄牙

---

[1] 田宫裕（庄子、大塚、平林编）：《刑罚的理论和现实》（1972年），143页。
[2] 团藤，486页。

(1867)，荷兰（1870），瑞士（1874），挪威（1905），墨西哥（1929），瑞典（1921），丹麦（1930），西班牙（1932），新西兰（1941），意大利（1944），德国（1949），芬兰（1949），奥地利（1950），英国（1965），法国（1981）。在美国，密歇根州最早废止死刑（1846），之后有西弗吉尼亚（1965）等11个州。我国平安初期的弘仁9年（818年）的太政官符以后的39年间，对朝臣废除了死刑。另外，1989年12月15日所召开的第4届联合国大会上，通过了《有关实现废止死刑的公民权利及政治权利的国际公约的第二选择议定书》，规定"当事国应当采取各种必要措施，废止死刑"。

（2）保存论 保存论的观点也各不相同，主要是：①对于杀人犯等凶恶罪犯，应当处以死刑，这是国民道义和法律上的信念，或者说是国民感情（报应的观点）；②死刑具有威慑力，为了防止凶恶的罪犯侵害社会，维持法律秩序，必须对其威慑力寄予希望（一般预防的观点）；③有必要剥夺罪大恶极的罪犯的生命，把他们和社会完全隔离（特别预防的观点），等等。但是，近年来，强调死刑的威慑力或者防止犯罪的效果，主张死刑是不可缺的刑法手段的见解逐渐成为少数主张，主张以国民感情为根据的死刑废止尚早论成为有力观点。

3. 死刑的未来

从历史发展的角度来看，随着文明的发展，死刑逐渐受到限制，另外，已经废止死刑的国家也不少，因此，可以预测，死刑会在世界各国的刑罚制度中消失。在我国，从宣告（自2000年以来，每年为10件以下）以及执行死刑的情况来看（自1988年以来，每年为0到3件），可以说，死刑的存在意义也极为有限。同时，保存论作为理由而提倡的死刑的抑制力，也不能作为应当保留死刑的积极根据。第一，关于死刑的威慑力，虽说只要死刑所特有的威慑力没有被证实就不能作为抑制犯罪的正当手段，但是，它是不可能被证实的；第二，虽说对危险罪犯处以死刑的话，就可以完全消灭其再犯的可能性，这是死刑的特别预防效果的明显体现，但是，消灭再犯可能性的方法另外还存在，死刑并不是唯一绝对的方法。另外，还有观点主张死刑没有威慑力，但是，如此的话，就等于说，一般刑罚都没有威慑力。因此，关键在于死刑是否具有特有的威慑力。

这样，即便从犯罪对策的角度来看，也难以发现保存死刑的积极理由，但是，之所以将一般刑罚作为正当手段，其目的在于通过实现抑制犯罪的目的，最终达到维持社会秩序的效果。刑罚在维持社会秩序，满足该社会中的一般人的报应感情，保证国民对法秩序的信赖感方面，有着极为重要的作用。这样说来，作为国民的一般法律信仰，对于一定的罪大恶极的犯人应当科处死刑的见解占支配地位的话，无视这种现实是极为不当的。我国在第二次世界大战之后，以个人尊严为基调的人道主义的思想逐渐深入人心，同时，随着和平时代的到来，社会意识也在发生变化，与此相应，死刑的适用也在逐渐减少。但是，作为国民的一般法律感情，应当说尚未达到肯定废止死刑的地步，目前，在国会中，也没有真正讨论过废除死刑的问题。即便在宪法中，第13条、第31条等中也在容允死刑，最高法院也认为，现行刑法上的死刑，不属于宪法第36条所说的残酷刑。因此，在我国的国民感情变化到认为死刑冲击正常人的感情，是残酷刑的时候，就应当废除死刑。作为死刑的替代刑，无非是终身关押，或者比一般的无期刑更重的特别无期刑。

死刑的残暴性 "虽说是死刑，但从人道的立场来看，当认为其执行方法在该时代和环境之下，具有一般所说的残忍性时，当然应认为其属残酷刑"[1]。另外，1972年，美国联邦最高法院的判决也认为，死刑属于宪法修正案第8条中所说的"残酷、异常的刑罚"，违反宪法。但这一判断与其说是说死刑自身残忍，倒不如说，将死刑判决的判断完全委诸陪审员或法官的裁量，其适用具有任意性和歧视性。之后，在1976年的判决中，又认为谋杀罪中的死刑不属于残忍、异常的刑罚。顺便说一句，即便在已废除死刑的国家，由于犯罪形势的恶化等而展开恢复死刑运动的情况也并不少见。另外，最高法院1983年7月8日（载于《刑集》第37卷第6号第609页。参见川本，判例讲义Ⅰ，164页）作出了令人注目的判决，即："在保存有死刑的现行法制之下，在综合考察了犯罪性质、动机、形态、特别是杀害手段方法的执拗性、残忍性、结果的重大性，尤其是被杀害的被害人的人数、遗属的被害感情、社会影响、犯人年龄、前科、犯罪后的表现等各种情节后，在认为其罪责确属重大，无论从罪刑均衡的立场还是从一般预防的立场来看，不得不处以极刑时，不得不说允许选择死刑"。实践中所判处的死刑，

---

[1] 最大判昭23、3、12刑集2、3、191。

最多的是抢劫致人死亡罪（第 240 条），其次是杀人罪（第 199 条）。

三、自由刑

1. 自由刑的意义和种类

所谓自由刑，就是关押受刑人，剥夺其自由的刑罚。其种类，各国皆不相同，我国现行法中规定有徒刑、监禁、拘留三种。徒刑和监禁在都是关押在监狱中执行的一点上相同，其差别在于，徒刑除了接受关押之外，还要从事"所规定的工作（作业）"，而后者则没有这一要求。从刑法典来看，有关内乱的犯罪，仅以监禁作为法定刑，对于过失犯，有选择地规定了监禁。这主要是考虑到，对于因为鲜廉寡耻的动机而犯罪的人以及过失犯，应当对其科处和一般的罪犯不同的处遇。就像对政治犯，必须采取注重名誉的处遇方法进行关押的名誉关押一样。但是，在受监禁刑的人请求参加工作（作业）时，可以允许。这就是请求工作（作业）。另外，被允许请求工作的人，没有正当理由的话，不能停止，实质上是和服徒刑者接受同样的对待。

徒刑和监禁之中，均有无期和有期的场合，有期徒刑和监禁为 1 个月以上 20 年以下，加重的话，可以达到 30 年；减轻的话，可以降到 1 个月以下（第 12 条第 1 款、第 13 条第 1 款、第 14 条）。拘留，是比徒刑和监禁轻的自由刑，主要规定在《轻犯罪法》之中，刑法典中，只有公然猥亵罪（第 174 条）、暴行罪（第 208 条）、侮辱罪（第 231 条）中有规定而已。刑期为 1 日以上 30 日以下，受刑人被关押在留置场所执行。它在刑期短，关押场所不是监狱而是留置场的一点上，与徒刑、监禁不同，但在不从事工作（作业）的一点上，和监禁相同。

2. 自由刑的机能

首先，自由刑是现代刑罚体系的中心，自由刑中，被特别期待的是，其执行中所具有的防止再犯的机能。防止再犯机能，通过隔离和改造犯人的处遇来实现。即，执行自由刑就是实现设施关押，同时，它还伴有将犯人与社会隔离的作用，在此之间，使社会免受犯人的社会危险性的侵害，因此，这种由于隔离而具有的无害化（＝除害）作用，对于抑制犯罪来说，是极为重要的。其次，既然自由刑的受刑人最终一定要回到社会中来，那么，改造受刑人，使其成为不再犯罪的公民重返社会，这也是执行自由刑的重要目的。

四、财产刑

1. 概说

所谓财产刑,就是剥夺犯罪人的财产性利益的刑罚,现行刑法中,规定有罚金、罚款、没收三种。其中,罚款相当于自由刑中的拘留,是对违反《轻犯罪法》等轻微犯罪的处罚,数额为1 000日元以上,1万日元以下。罚金和罚款只有金额上的差别,因此,在此用罚金对其二者进行概括。没收是附加刑。没收,一方面具有保安处分的性质,但是在剥夺犯罪所得财物的一点上,具有刑罚的性质,是财产刑的一种。在应当没收的财物不能被没收的时候,作为替代,有命令对方向国库交纳一定数量的金钱的追征制度。

2. 罚金、罚款

所谓罚金、罚款,就是命令向国库交纳一定数额的金钱的刑罚。罚金,作为避免短期自由刑的弊端的手段,在许多国家被大量使用。

(1) 现行法上的罚金 刑法规定,罚金为1万日元以上,但是,没有规定上限(第15条)。另外,在减轻罚金的场合,可以是1万日元以下(第15条但书)。罚款为1 000日元以上1万日元以下(第17条)。

(2) 劳役场留置 不能完全缴纳罚金、罚款的人,可以在劳役场留置。留置的期间,罚金的场合为1日以上2年以下,罚款的场合为1日以上30日以下。并科的场合,在并科罚金或者并科罚金、罚款的时候,不能超过3年;并科罚款的时候,不能超过60日。在上述范围内,由法官具体确定留置期间,在判处罚金或者罚款的同时宣告。在判处罚金的时候,以"判处被告人罚金……日元。但是,在不能完全缴纳上述罚金的时候,让被告人在劳役场留置,期限为以……日元折抵1日所换算出来的期间"的形式进行。

3. 没收、追征

没收,在现行刑法上被看作为财产刑的一种。

(1) 没收的意义 所谓没收,就是剥夺对财物的所有权,将其收归国库的处分。虽然在制度上,没收可以说是和有罪相独立的处分,但是,我国刑法将其作为附加刑,规定在判处主刑的时候附加判处。因此,在现行刑法上,虽说没收是一种刑罚,但刑法第19条第2款所规定的第三者没收则难以说是刑罚,在此意义上讲,现行刑法上的没收,兼有刑罚和保安处分两方面的性质。顺便说一下,尽管有关没收的一般

第三编 刑罚和保安处分

规定,作为由法官自由裁量的任意没收而规定在刑法总则(第19条)之中,但是,刑法分则(第197条之5)以及特别法(如《海关法》第118条,《酒税法》第54条第4款,《取缔兴奋剂法》第41条之8的第1款)中,规定有必要没收。

(2)没收的对象 成为没收对象的物,有以下四种(第19条第1款)。对于同一物,具有数个没收理由的时候,只要根据其中一个理由加以没收就够了。[1]

[1]组成物 所谓组成物,就是组成犯罪行为的物。作为保安处分性质的没收,主要是为了预防犯罪而将其作为没收对象。所谓"组成之物"即组成物件,是指准备伪造货币罪中的器械、原料[2]、赌博罪中的赌资赌物[3]、提供贿赂罪中的贿赂[4],等等。

[2]供用物 所谓供用物,是指供犯罪行为使用或者意图供犯罪行为使用之物,作为保安处分性质的没收,主要是为了预防犯罪而将其作为没收对象。所谓"供犯罪行为使用的物"即供用物件,是指杀人用的凶器,设立赌局者借给赌客的金钱[5],供伪造文书用的伪造印章[6],等等。

[3]产出物、取得物、报酬物 所谓产出物,就是根据犯罪行为所制造出的物,如伪造犯罪中的伪造货币[7]、文书[8]以及有价证券[9]等,就属于此。所谓取得物,就是实现犯罪时已经存在的物,也称为根据行为所取得的物,如有偿受让的盗窃物品[10]、赌博赢来的物品等[11],就属于此。所谓报酬物,如作为杀人行为的报酬所支付的佣金,实施堕胎手术的酬谢而获得的金钱等,就属于此。之所以没收上述物品,主要是因为上述物品都是根据犯罪行为所得的不当利益,不能留在犯人手中。

[4]对价物 所谓对价物,就是作为产出物、取得物以及报酬物的

---

1 大判明43、5、6刑录16、800;大判明45、4、2刑录18、389。
2 前揭大判明45、4、2。
3 大判大3、4、21刑录20、596。
4 最判昭24、12、6刑集3、12、1884。
5 名古屋高金泽支判昭45、11、17高刑集23、4、776。
6 大判大7、7、20刑集11、1113。
7 大判明42、4、19刑录15、458。
8 大判明42、6、11刑录15、763。
9 大判明44、10、19刑录17、1726。
10 大判明44、10、19刑录17、1726。
11 大判大13、6、25刑集3、542。

对价而获得的物,即作为[3]中所列物品的对价而取得的物,如将盗窃物品出卖之后所得的对价,就属于此。[1] 没收这种物品的宗旨,与[3]中的情况相同。

(3) 没收的要件　没收被没收的对象物,第一,作为对象的物现在必须存在。在该物品因为消费、丢失、破坏等而不存在的时候,或者由于混同、加工等导致该物的同一性丧失,不能被没收的时候,就成为后述的追征的问题。第二,该物必须为犯人所占有。但是,在犯罪后,犯人以外的人明知事实真相而取得该物的时候,可以没收(第19条第2款但书)。对于法定刑只有拘留和罚款的犯罪,不能实行没收(第20条)。

(4) 追征　所谓追征,就是在应当被没收的物不能被没收的场合,作为其替代,命令向国库缴纳一定数额的金钱的处分。它虽然不是刑罚,但是,作为不能执行没收判决场合的一种换刑处分,具有准刑罚的性质。在应当被没收的物的全部或者一部分不能被没收的场合,法院可以宣告等价额的追征(第19条之2)。

所谓"不能没收的时候",是指由于犯人的消费、丢失、毁坏、混同、加工而使原物丧失了其同一性,或者由于转让给善意第三人等[2],因而在判决当时,处于事实上或者法律上不能被没收的状态。追征的价额,就是在不能没收的场合,将其折抵为金钱所换算出来的金额,其换算标准,必须只能是行为时即接受、取得该物当时的金额。因为,在此之后,该物的价值的增减,是和行为无关的原因造成的。[3]

特别法上的没收、追征　1991年制定的所谓《麻药特别规定法》,将药物犯罪所得到的财产以及报酬作为"药物犯罪收益",将其果实、对价等作为"由来于药物犯罪的财产",作为没收的对象。另外,1999年制定的所谓《有组织犯罪处罚法》将"出于获得财产上的不当利益的目的而实施的另表所列举的犯罪的犯罪行为所产生的场合,或者根据该犯罪行为所获得的财产以及作为该犯罪行为所得报酬的财产",都作为犯罪收益以及来自犯罪收益的财产,作为洗钱罪的对象,和《麻药特别规定法》并列,当作没收、追征的对象。

---

[1] 前揭最判昭23、11、18。
[2] 最大判昭33、6、2刑集12、9、1935。
[3] 最大判昭43、9、25刑集22、9、871。

第三编 刑罚和保安处分

第二章
刑罚的适用

第一节 法定刑及其加减

一、法定刑与其轻重

1. 意义

一旦成立犯罪，就要适用刑罚。对犯人适用刑罚的主体是法官。在刑罚适用方面，有①将对各个犯罪的刑罚的种类、轻重严格法定，不允许法官有裁量权的绝对法定原则；②将刑罚适用完全委托给法官的绝对专断刑原则；③在采用法定刑原则的同时，在该范围内承认法官有有限的裁量权的相对法定刑原则，等见解。采用绝对法定刑原则的话，就会丧失刑罚的具体妥当性，因此，不管哪一种立法中，原则上，都是采用了相对的法定刑原则（另外，参见第81条诱致外患罪）。

2. 刑罚适用的阶段

刑罚适用，经过以下阶段。[1] 第一，法院对于根据证据所确定的犯罪事实，通过具体适用刑罚法规各条的规定，推导出法定刑，因此，刑罚适用的出发点是法定刑。所谓法定刑，就是刑罚法规各个分则条款中所规定的刑罚。如第199条规定的"死刑、无期徒刑或者5年以上的徒刑"就是法定刑。法定刑的上限被称为长期，下限被称为短期；财产刑的上限被称为多额，下限被称为少额（第10条、第68条）。第二，就法定刑而言，经过科刑一罪的处理、刑种的选择、刑的加重减免等修正，法院最终确定刑罚幅度，这个阶段所得到的刑罚是处断刑。第三，在处断刑的范围之内确定对被告人宣告的刑罚。这个阶段上所得到的就

---

[1] 裁职研，396页。

是宣告刑。

裁判员 裁判员制度是为了推进国民对司法的信赖和理解而引进的，是由从具有选举众议院议员资格的国民当中所选举出来的裁判员，和法官一道共同参与刑事诉讼程序的制度。在一定的重大犯罪当中，3 名法官和 6 名裁判员组成合议庭，法官担任审判长，裁判员不仅参与事实的认定，也参与法律的适用、量刑判断等。

3. 法定刑的轻重

现行刑法中，作为法定刑规定了 6 种主刑，刑法第 10 条设置了以下轻重基准。①主刑的轻重，按照死刑、徒刑、监禁、罚金、拘留、罚款的顺序排列。但是，无期监禁和有期徒刑之间，监禁为重刑，有期监禁的上限超过了有期徒刑的上限的 2 倍的时候，监禁为重刑（第 10 条第 1 款）。②同种刑罚，刑期长的、数额高的为重刑；上限（包括刑期和金额）相同的刑罚，以下限长者或者金额高者为重刑（第 10 条第 2 款）。③两个以上的均挂有死刑或者上限和下限都完全相同的同种刑罚，根据情节决定其轻重。

二、法定刑的加重、减轻

法定刑，在其具体适用之际，具有由于存在一定事由而要修正的场合。该事由被称为刑罚的加重、减轻事由。刑罚的加重、减轻事由，分为法律上的事由和裁判上的事由。经过适用刑罚加重、减轻事由，对法定刑进行调整之后所得的刑罚，被称为处断刑。

1. 法律上的刑罚加重、减轻事由

法律上的加重事由，分为并合罪加重和累犯加重两种。法律上的减轻事由，分为①必要减轻事由，②任意减轻事由。作为①的情况，有如由于是心神耗弱（第 39 条第 2 款）、中止犯（第 43 条但书）、帮助犯（第 63 条）而减轻的场合；作为②的情况，有如由于具有防卫过当（第 36 条第 2 款）、避险过当（第 37 条第 1 款但书）、障碍未遂（第 43 条）、自首（第 42 条）等而减轻的场合。在必要减轻的场合，通常采用"减轻刑罚"的规定方式，相反地，在任意减轻的场合，采用"可以减轻刑罚"的规定方式。

2. 裁判上的刑罚加重、减轻事由

裁判上的刑罚加重事由不被认可，但是，裁判上的减轻事由作为裁量减轻事由则被认可（第66条）。

三、累犯、惯犯

1. 累犯的意义

累犯一语，有广、狭二义。所谓广义累犯，是指和经过确定裁判的犯罪（前犯）相对的、在此之后的犯罪（后犯）。所谓狭义累犯，是指广义累犯，由于满足一定要件而加重其刑的情况。在我国，①被判处徒刑的人或者与此类似的人，②在执行终了或者免除执行之日起，5年之内，又犯新罪，③应当判处有期徒刑的时候，就是再犯，只要是再犯以上的犯罪，统统都称累犯。对累犯必须加重其刑（上限的2倍以下）（第56～59条）。

关于对累犯加重刑罚的根据，有①曾经被科处刑罚，但是不吸取教训，又重新犯罪，因此，对其应当予以比对初犯者更加严厉的谴责，负担更重的责任的见解[1]和②比初犯责任更重，以及在性格或者人格上特别危险的见解[2]之间的对立。现行刑法作为累犯加重的要件，规定有对前犯有无科刑以及刑罚已经执行完毕，如果将行为人的危险性考虑进来的话，就等于是放弃了上述要件，而且，危险性自身并不是加重刑罚的理由，因此，①说妥当。

2. 累犯加重的条件

成为累犯，第一，行为人的前犯必须是"被处以徒刑"、"由于和要被处以徒刑之罪同质的犯罪而被判处死刑"或者"被作为并合罪处理"的犯罪。第二，前犯必须受到刑罚宣告，并且，该刑罚已经实际执行完毕或者已经免除执行。因此，在因为脱逃而没有执行刑罚期间的犯罪、在服刑期间的犯罪，都不是累犯。第三，自前犯的刑罚执行完毕，或者得以免除之日起，5年之内，重新犯罪。第四，成为再犯，必须是前犯被处有期徒刑以上刑罚，后犯又要被处以有期徒刑以上刑罚。后犯的法定刑中，可以挂有徒刑以外刑罚。另外，"三次以上犯罪的，也按照再犯的规定处理"。

3. 处分

---

[1] 植松，428页；团藤，532页；西原，447页；田宫，注释（2）Ⅱ，666页。
[2] 佐伯，417页；大塚，519页。

再犯的刑罚,是该罪所规定的徒刑的上限的2倍以下(第57条)。但是,按照第14条的规定,不得超过20年。加重只能是加重上限,下限不得加重。如盗窃罪(1个月以上10年以下有期徒刑)的再犯的刑罚,是1个月以上20年以下的徒刑。即便是累犯,也不一定情节严重,因此,下限维持原状不变。

4. 惯犯

累犯有普通累犯和惯犯之分。所谓惯犯,是指累犯人对于其所犯之罪具有惯犯性的场合。所谓"惯犯性",是指反复实施一定种类的犯罪的习性、习惯。

(1) 赌博惯犯 作为习惯而实施赌博的人,处3年以下的刑(第186条第1款)。由于其对赌博罪具有惯犯性,即是作为其危险性格的体现而实施赌博行为的,为了追究其较重的责任,所以,法定刑也比较重。

(2) 盗窃惯犯、抢劫惯犯 根据《盗犯等防止法》第3条的规定,盗窃惯犯、抢劫惯犯是法律上的刑罚加重事由。即作为习惯而实施刑法第235条(盗窃)、第236条(抢劫)、第238条(事后抢劫)、第239条(昏睡抢劫)所规定的各罪,以及上述犯罪的未遂犯的时候,在实施行为前的10年以内,因为上述犯罪或者上述犯罪和其他犯罪的并合罪而3次以上受到执行6个月以上的徒刑,或者免除其执行的人,应当科处刑罚的时候,在判处盗窃罪的时候,应当处以3年以上,在判处抢劫罪的时候,应当判处7年以上有期徒刑。所谓"接受刑罚执行",不是执行完毕,只要是着手执行就够了。[1] 符合本条规定的犯人的犯罪,同时具备刑法第56条所规定的累犯要件的时候,还要进行累犯加重。[2]

四、自首、坦白、自白

1. 自首 所谓自首,是指罪犯在被调查机关发现之前,主动报告自己的犯罪事实,进行请求处分的意思表示。它是任意减轻处罚情节(第42条第1款)。之所以将自首作为任意减轻事由,是考虑到使犯罪调查容易进行的政策性理由以及由于改悔而减少了其责任的缘故。所谓"发现之前",是指调查机关对于犯罪事实完全一无所知的场合,以及尽

---

[1] 东京高判昭27、2、21高刑集5、3、344。
[2] 大判昭14、7、14刑集18、411;大塚,523页。

管知道有犯罪事实但是对犯罪人一无所知的场合。如果查清了犯罪人以及犯罪事实的话，即便调查机关不知道犯人身在何地，也看作为已经发现。[1] 自首，必须对调查官即检察官以及司法警察进行。成立自首，必须是犯人向调查机关报告自己的犯罪事实，并作出请求处分的意思表示。因此，在接受调查官的讯问的时候，被动地作出回答，即便供述了犯罪事实，也不是自首。[2]

虚假陈述和自首 最高法院2001年2月9日（《刑集》第55卷第1号第76页）判定："在调查机关发觉之前，已经向调查机关陈述自己的犯罪事实，即便在当时对于所使用的枪支作了虚假陈述，也并不妨害成立刑法第42条第1款的自首"。这是因为考虑到对犯罪事实的陈述自身上并没有虚假的缘故。

2. 坦白　所谓坦白，就是亲告罪的犯人，在调查机关发现以前，向有告诉权的人告知自己是犯人，并让其告发。它也是任意减轻刑罚的情节（第42条第2款）。坦白，是否必须是在被有告诉权的人发现之前实施，存在争议，由于坦白制度是基于和自首同样的宗旨而建立的，所以，只要是在被调查机关发现之前，就可以了。

3. 自白　所谓自白，就是犯人向调查机关交代自己的犯罪事实，包括接受调查官的调查，承认全部或者部分犯罪事实（第170条、第173条）。

五、酌量减轻

所谓酌量减轻，就是在"犯罪情节中有必须酌量考虑的因素时"，斟酌这些因素，任意减轻刑罚，它是审判上的减轻事由（第66条）。所谓"犯罪情节中有必须酌量考虑的因素时"，是指参照犯罪的具体情况，即便判处法定刑或者处断刑的最下限，仍然有失过重的场合。[3] 所谓"犯罪情节"，是指犯罪轻微之类的犯罪的客观事实，以及犯罪的动机、平常的表现、犯罪后的改悔等犯人的主观事实。即便在加重

---

[1] 最判昭24、5、14刑集3、6、721。
[2] 袖珍，65页。
[3] 大判昭7、6、6刑集11、756。草案52条1款。

或者减轻法律上的刑罚的场合，也可以酌量减轻（第67条）。是否酌量减轻是法官自由裁量的权限，当然，其实施必须以合目的性和社会相当性为基础。[1]

六、加减规定

1. 法律上的减轻方法

所谓加减规定，就是有关加重、减轻刑罚的方法以及顺序的规定（第68～72条）。在法律上有一个或数个减轻刑罚的事由（情节）的时候，按照以下规定处理（第68条）。当然，在法律上有数个减轻事由的场合，不应当重复数次减轻，法律上的减轻以一次为限。[2] ①死刑减轻的时候，为无期徒刑或者10年以上的徒刑、监禁。是判徒刑还是监禁，根据犯罪的性质决定。如对内乱罪的首谋者处以监禁、对杀人罪的犯人处以徒刑，各个犯罪的法定刑中对此有明确规定。②无期徒刑或者无期监禁减轻的时候，处7年以上的有期徒刑或者监禁。减轻可以是减轻刑期，但不得减轻刑种。③有期徒刑、有期监禁减轻的时候，可以减轻处罚期的二分之一。④罚金减轻的时候，上限、下限均减轻二分之一。⑤拘留减轻的时候，其上限减轻二分之一，下限不减。⑥罚款减轻的时候，其上限减轻二分之一，下限不减。

2. 具有数个刑名的场合

在法律上应当减轻的场合，正如"徒刑或者监禁"，即有两个以上刑罚供选择的时候，首先，确定应当适用的刑种，然后减轻刑罚（第69条）。所谓"刑名"，是指刑法第9条所规定的"主刑"被有选择地规定场合的刑罚种类（如第204条）。因此，在分则各条文中，规定并科两个主刑的场合，对于各个刑罚都应当减轻。

3. 小数的切除

在减轻徒刑、监禁、拘留，因此而产生不满一日的小数的时候，舍除该小数（刑法第70条）。

4. 酌量减轻的方法

在应当酌量减轻的场合，按照刑法第68条以及第70条的规定进行。之所以除开第69条，是因为在酌量减轻以前，先进行法律上的加

---

[1] 袖珍，210页。
[2] 最判昭24、3、29裁判集刑8、455。

重减轻，此时，应当适用的罪名已经被确定。

5. 加减的顺序

应当同时加重、减轻刑罚的时候，按照①再犯加重，②法律上减轻，③并合罪加重，④酌量减轻的顺序进行（第72条）。刑法上，刑罚的加重减轻中，具有各种场合，因此，不规定其加重减轻顺序的话，就会产生刑罚适用上的差别，因此，法律规定了加减的顺序。规定加减顺序的宗旨是，首先进行最重的再犯加重，其次考虑法律上的减轻，之后进行并合罪的加重，最后在所得的处断刑的范围内确定宣告刑，根据情节，在认为仍然偏重的时候，进行酌量减轻。

第二节　刑罚的裁量、宣告、免除

一、量刑

1. 法定刑、处断刑、宣告刑

法院在应当适用的刑罚法规所规定的法定刑（如第199条所规定的"死刑、无期徒刑或者3年以上的有期徒刑"）或者加重、减轻之后的处断刑的范围内，根据自己的裁量，决定刑罚的种类和刑期。这种具体决定应当宣告的刑罚的种类和刑期的活动，就是裁量刑罚。首先，作为法定刑，有两种以上的刑被有选择地规定的场合（如第95条规定有徒刑和监禁、第96条规定有徒刑和罚金），就选择刑种。其次，在有加重、减轻事由的场合，进行加重和减轻。其顺序是：再犯加重、法律上减轻、并合罪加重、酌量减轻（第72条）。加重刑罚的场合，再犯加重只限于有期徒刑的场合，在满足累犯要件的时候（第56条），上限加重1倍（第57条。但是，最高为20年［刑法第14条］）。并合罪加重针对有期徒刑、有期监禁以及罚金进行，其上限分别加重1.5倍（第47条。但是，最高为20年［刑法第14条］）或者是上限的相加数额（第48条）。减轻，对所有的刑种实施（第76条、第80条）。

对法定刑进行加重、减轻之后，得到的就是处断刑。法院对被告人所宣判的刑罚是宣告刑。处断刑如果是死刑、无期徒刑或者无期监禁的话，其就是宣告刑。因此，这种场合下没有量刑的问题，但是，其他场合下，因为处断刑有幅度，所以，要在该幅度内宣告一定期间的自由刑（如10年徒刑、5年监禁。但是，《少年法》第52条规定有例外情况或者一定数额的财产刑（如 10 万日元罚金，1 000 日元罚款）。法院根据自己的判断，决定选择刑种、任意的法定减轻、酌量减轻、宣告刑、是否缓期执行、是否保护观察、是否要有附随处分以及其程度。这就是广义的裁量刑罚，其裁量基准就是刑罚的量定基准或者量刑基准。

2. 量刑标准

在量刑上，最重要的问题是，按照什么标准来决定量刑？这个问题和刑罚论是互为表里的，随着对刑罚本质、目的的理解的不同，见解也不一致。在欧洲的立法中，如规定"法官按照犯人的责任量刑。法官要考虑犯人的动机、经历以及个人关系"（《瑞士刑法》第 63 条），强调以行为责任为主，同时也考虑其他因素。

我国刑法中，正如"根据情节"（第 25 条第 1 款）或者"情节中有需要酌量的因素的时候"（第 66 条）一样，只是零碎地规定了一些标准，而没有设置有关量刑的概括性规定。因此，在全面修改刑法的时候，有人提出增设量刑标准，《修改刑法草案》在将有关量刑的一般标准的"犯人责任"作为最重要问题的同时，还明确说明，其中应当考虑"抑制犯罪以及改造犯人"即一般预防和特殊预防的刑事政策上的目的。

在追求刑罚目的的场合，最为重要的是，该目的的追求，必须以刑罚的本质即报应原理为基础。因此，为了说明刑罚是报应，就要求确保犯罪和刑罚的均衡，即宣告刑和该犯罪的具体轻重，特别是和谴责的程度必须均衡。刑罚这种痛苦之所以能够被正当化，最终无非是因为能够对行为人进行谴责。但是，科处刑罚不应当是为了报应而报应，而是通过对犯人施加痛苦来实现刑罚的各种目的，以为维持社会秩序作贡献，因此，不允许科处对实现该目的来说不必要的刑罚。有责必罚的见解（积极的责任原则）是不妥的。另一方面，为了实现刑罚的各种目的，即便是必要的刑罚，但超越行为责任而科处刑罚的话，就会违反均衡原则。结果，刑罚目的应当在责任的限度之内追求，量刑的一般指针是犯人的行为责任（量刑中的责任原则）。

这样，法官应当以行为责任为标准，考虑一般预防和特别预防，根据自己的判断量刑。作为量刑基础的事实是情节。情节中，有属于犯罪事实的情节（犯情）和不属于犯罪事实的情节（狭义的情节）之分。前者是"犯罪的动机、方法、结果以及社会影响"，主要是从犯人的责任以及一般预防的角度来看，比较重要的事项。后者是"犯人的年龄、性格、经历、环境"以及"犯人犯罪后的态度"，是判断犯人的社会危险性以及改造可能性的事实，主要是从特殊预防的角度来看，比较重要的事实。犯人犯罪后的态度，如是否悔悟、是否努力赔偿被害，等等，是涉及责任评价以及刑事政策考虑两方面的事实。另外，由于法官应当将能够合法获知的情节都在量刑上加以考虑，所以，犯罪后的社会形势的变化等不能计入上述两个方面的"其他事实"也当然应当考虑在内。

即便弄清楚了量刑标准和情节，但实际上进行量刑的还是各个法院，因此，根据法院以及法官的见解的不同，产生量刑上差异，这是完全可以想象得到的。情节类似但量刑差别显著的话，不用说在法律平等原则方面不妥，就是在刑事政策上也会有不好影响。在我国，根据检察官的求刑、上诉审等而形成"量刑常规"，以求量刑的标准化。另外，正如量刑的地区差别一样，量刑的不统一也成为问题，有必要通过量刑的计量化来加以改善。

求刑 检察官在陈述意见时所阐明的有关量刑的意见被称为求刑。求刑在给法官提供量刑时参考的方面，有其意义。基于检察官的同心协力原则的求刑已经统一化，因此，对量刑的统一化也能发挥其作用，正如"求刑减三成"的说法，求刑对形成量刑常规也极为有益。

量刑计量化 是指针对某一案件，事先计算出一般的法官的量刑。例如，对于一般法官来说，在 X 的伤害事件中，考虑的是，是判处罚金还是徒刑，是否得判处实刑，如果是判处实刑的话，会判处多长期限的徒刑及多少金额的罚金。其方法是从已生效的判决中，选择出适当的调查对象，对一定数量的事例，进行 K 测试，选择和量刑有密切关系的因子，求出其得分。另外，在美国，随着重返社会思潮的衰退，不定期刑便受到了批判。在报应模式之下，为实现公正量刑，导入了所谓量刑指南（sentencing guidelines）。[1]

3. 量刑资料

法院在量刑的时候所要具体考虑的情节，就是量刑资料。量刑资料中，检察官方面提出来的有，如被告人供述中所包含的经历、家产、家庭状况、生活状态、交友情况、有关前科经历的记载、前科调查、有关

---

[1] J. 里斯（宫泽、川本译）："美国的量刑政策和实践"，法学家 834 号 75 页。

逮捕的指纹以及询问笔录、被害人等证人情况；被告人方面提出来的有，调解书、请求书、上诉书等。被告人在诉讼中的态度，特别是自白和反驳是否可以作为量刑资料，在刑事诉讼法上成为问题，但是，自白多半是基于被告人的反省或者悔悟而进行的，将此作为对被告人有利的情节考虑，当然应当允许。另外，尽管犯罪事实已经被查明，但是仍然抵赖的场合，由于难说行为人有改悔的表现，所以，是对被告人不利的情节。

二、刑罚的宣告、免除

1. 宣告刑

法官在判断有犯罪的时候，除了免除刑罚的场合以外，必须以判决的形式宣告刑罚。应当对犯人宣告的刑罚就是宣告刑。关于宣告刑，有①法院确定刑罚的种类和数量，然后宣告的确定宣告原则，和②对刑罚的种类、数量的全部和部分不予确定，而在执行阶段确定的不确定宣告原则。在自由刑的宣告上，①的场合被称为定期刑，②的场合被称为不定期刑。不定期刑分为绝对不定期刑和相对不定期刑。所谓绝对不定期刑，就是法官完全不确定刑期的宣告自由刑的制度，所谓相对不定期刑，如"处1年以上5年以下的徒刑"一样，是宣告具有一定的长期和短期的刑罚，根据其执行状况，在刑期的范围之内，确定释放日期的制度。绝对不定期刑，由于会在宣告刑的阶段泯灭罪刑法定原则的宗旨，所以，禁止绝对不定期刑就成为罪刑法定原则的派生原则。

在我国，刑法采用定期刑原则（第28条第2款、第28条等），正如"判处被告人有期徒刑3年"一样，由法院决定刑期，予以宣告。但是，《少年法》第52条采用了相对不定期刑原则，在规定"对少年应当判处长期为3年以上的有期徒刑或者监禁的时候，在该刑罚的范围之内，确定长期和短期，予以宣告。但是，在应当判处短期为5年以上的刑罚的时候，短期缩短为5年"（第1款）的同时，规定"根据前款规定应当判处的刑罚，短期不得超过5年，长期不得超过10年"，另外，第3款中还规定"在宣告缓期执行的场合，不适用前二款规定"。这主要是考虑到少年的可塑性较大，具有教育的可能，因此，必须贯彻对少年的教育，以实现少年的健康成长。

2. 刑罚的宣告和免除

法院在"对于被告事件判定为有罪的时候"，宣告有罪判决。有罪

第三编 刑罚和保安处分

判决分为宣告刑罚判决和免除刑罚判决。

（1）宣告刑罚及效果　宣告刑罚判决，在主文中，以"判处被告人有期徒刑 10 年"的形式进行。在宣告刑罚的同时，还宣告刑罚的缓期执行以及附加保护观察的时候，必须以判决的形式实施。随着宣告刑罚，根据刑法以外的法令，犯人还要受到资格限制。如①判处监禁以上刑罚的时候，执行已经完毕或者不受刑罚执行的人（包括被判处缓期执行的情形在内），不能担任国家公务员、地方公务员、法官、检察官、律师、公证人等（必要的失格事由）；②被判处监禁以上刑罚的时候，即便已经执行完毕或者已经不受执行，在一定期限之内，仍有可能不能担任某些职务。如 3 年之内不得担任起草司法文书的专门工作，3 年之内不得担任会计师。另外，受到罚金以上刑罚处罚的场合，根据判断，可能不能担任医生、药剂师等（裁量的失格事由）。之外，还有丧失选举权和被选举权的停止公民权的制度。

（2）刑罚的免除　对于被告事件，即便判断为有罪，在有免除刑罚事由的时候，法官可以不宣告刑罚而免除刑罚。免除刑罚事由，只限于法律有规定的场合。该种场合下，只要以判决表示有罪来作为刑事上的制裁就够了。免除刑罚事由，有必要的免除事由和任意的免除事由，而且，减轻刑罚有选择性的情形和非选择性的情形两种。

第三章
刑罚的执行和缓期执行

第一节 刑罚的执行

一、概说

随着宣告刑罚的裁判的确定，国家刑罚权就成为现实，国家和犯人之间就产生了现实的刑罚法律关系，国家取得将犯人作为受刑人进行处遇的权利，受刑人也被赋予了受刑人的法律地位。国家实现刑罚权的过程就是刑罚的执行。执行刑罚，应当以实现刑罚的目的为直接效果来实施，要求根据合目的性的理念适当地展开，执行刑罚不得不当侵害受刑人的人权。因此，刑罚的执行也应当看作为法律关系，对于被宣告的确定的刑罚，应当按照刑事诉讼法所规定的程序执行。其中，特别是自由刑，为了达到通过行刑改造、教育受刑人，实现特别预防的目的，行刑必须按照有关教育、改造的法规所规定的方法进行。

二、死刑的执行

死刑在监狱内以绞首的方式执行（第11条第1款）。执行必须有法务大臣的命令。该命令，自判决确定之日起，原则上在6个月之内必须发出（刑事诉讼法第475条）。之所以限定为6个月以内，是因为，已经确定的刑罚不执行的话，宣告死刑就会失去其意义，同时，从避免残酷刑的角度出发，也应当避免不当地使犯人长时间地面临死亡的恐惧。一旦收到法务大臣的命令，就必须在5日之内执行死刑。但是，在大的庆典日期、1月1日、2日以及12月31日不执行死刑。执行的时候，检察官、检察事务官以及监狱长或者其代理人必须到场，在执行之后，必须验尸，另外，不经过5分钟，不得解开绞绳。任何人，未经检察官或者监狱长的许可，不得进入刑场。因为，执行死刑采用非公开制（秘密行刑原则）（刑事诉讼法第 77 条、第 478 条）。

具体规定死刑的执行方法的法律是，1904 年发布的太政官布告第 65 号《绞罪布告图式》，其中所图示的绞首架是屋上式绞架。相反地，现在作为死刑的执行方法所使用的是，人站在绞架的踏板上，脖子上绕上绳子，踩一下踏板，人就掉下去的地下式绞架。由于没有法律规定死刑执行是用地下式绞架，所以，死刑的执行是否违反宪法第 31 条的规定，成为问题。最高法院认为，①没有法律根据表明，上述太政官布告第 65 号制定之后，现在已经被废止或者失效；②地下式绞架并不和上述布告所规定的死刑执行方法的关键之处冲突（"凡是执行绞刑……两手绑在背后……绳索系在脖子上……踏板突然开启……囚犯身悬半空"），因此，认定该执行方法合乎宪法。[1] 另外，刑法所规定的执行方法是"绞首"，但是，现在所使用的方法是"上吊"，这是否违反刑法，也成为问题，但是，东京地方法院认为，"绞首"是指"将绳索系在被告人的脖子上，通过收紧绳索，使其窒息而死的方法"，因此，上吊也是绞首的方法之一。[2]

三、自由刑的执行

被判处徒刑、监禁、拘留的人未被关押的时候，检察官为了执行可以对他们传唤，在不听从的时候，可以根据收监令将他们收监。另外，在以下场合，停止执行。一是必要的停止执行。在心神丧失的场合，检察官必须将其交付监护人或者地方公共团体的长官，送入医院或者其他合适地方。二是任意的停止执行。即，①行刑明显有损健康，或者有难保生命之虞的时候；②年满 70 周岁的时候；③怀胎 150 天以上的时候；④出生之后不满 60 天的时候；⑤由于行刑有难以挽回的不利的时候；⑥祖父母、父母年满 70 周岁以上，或者身患重病或者残疾，身边没有其他可以照顾的亲属的时候；⑦子孙年幼，身边没有其他可以照顾的亲属的时候；⑧有其他重大事情的时候，根据检察官的命令，可以停止执行。

徒刑以及监禁在监狱执行，拘留在拘留场执行。

---

1 最大判昭 36、7、19 刑集 15、7、1106。
2 东京地判昭 35、9、28 刑集 11、9、2753。

四、财产刑的执行

罚金、罚款、没收、追征的判决,根据检察官的命令执行。"执行"的命令和具有执行效力的债务具有同一效力,对于该执行,原则上准用有关民事执行的法令。由于违反税法或者专卖法等而判处的罚金,接受判决者在判决生效后死亡的场合,作为例外,可以以其遗产执行(刑事诉讼法第491条)。在对法人判处罚金、罚款、没收或者追征的场合,该法人在判决生效后由于合并而消灭的时候,可以对合并之后存在的法人,或者根据合并而新设的法人执行。这是根据法人财产的特殊性而设立的特殊规定。

第二节 刑罚的缓期执行

一、刑罚缓期执行的意义

所谓刑罚的缓期执行(以下简称"缓期执行"),就是在宣告刑罚的场合,根据情节,在一定期限内暂缓执行,在此期间内,如果没有发生什么问题的话,所宣告刑罚就失去效力,刑罚权归于消灭的制度。缓期执行制度的宗旨在于,既避免由于科刑而产生的弊端,同时,根据违反条件的话,就要执行刑罚的心理强制力,实现以犯人的自觉醒悟为基础的改造教育,在维持判刑的报应效果的同时,避免没有意义的行刑,合理追求刑罚的目的特别是促使罪犯的自我改悔的特别预防。

二、宣判缓期执行的条件

1. 首次缓期执行的条件

判处缓期执行,必须是①"以前没有被判处过监禁以上刑罚的人",②"即便以前被判处过监禁以上刑罚,在其执行终了之日或者免除执行之日起,5年以内,没有被判处过监禁以上刑罚的人"(第25条第1款)。

符合①和②项条件的人,只有在被判处3年以下徒刑、监禁或者50万日元以下罚金的时候,才可以根据情节,宣告缓期执行。所谓

"情节",不一定限于犯罪本身的情节,还要综合犯罪后的情况,认为犯罪情节轻微,判处缓期执行,也能够期待罪犯自动改悔。对于拘留、罚款,不能判处缓期执行。

2. 再次缓期执行

在以前由于被判监禁以上的刑罚而被缓期执行,或者是正在执行中的人,再犯新罪的场合,其要件就要严格一些(第25条第2款)。第一,只限于被判处1年以下的徒刑、监禁的场合。对于罚金,不得再次缓期执行。第二,必须是情节特别值得斟酌。第三,根据刑法第25条之2的第1款的规定被附加保护观察的人,在此期间内再次犯罪的时候,不得缓期执行。但是,即便是在保护观察期间内,在被暂时解除保护观察的时候,到被取消为止,都视为没有附加保护观察。

3. 缓期执行的期间

缓期执行的期间,是从判决确定之日起,1年以上5年以下的期间(第25条第1款)。在此范围之内,根据法院的裁量,确定具体期间。其长短,不要求和所判刑罚之间呈比例。[1] 缓期执行,在判刑的同时,根据判决或者简易命令宣告。

4. 附保护观察的缓期执行

刑法第25条之2规定,对于初次缓期执行的人,根据法院的裁量,附加保护观察;对于被允许再次缓期执行的人,必须附加保护观察。所谓保护观察,就是通过对对象人进行监督指导、辅导帮助,在一般社会中,使其改造自新的制度。保护观察之中,有①作为终局处分的保护观察,②伴随缓期执行而实施的保护观察,③伴随从矫正设施中的假释而实施的保护观察,等等,这里所说的保护观察相当于②的情况。

附保护观察的缓期执行制度,是将缓期执行和保护观察结合起来的个别处遇,是为了通过改造自新实现特别预防效果的制度。另外,在保护观察的方法等方面,制定有《缓期执行者保护观察法》,规定犯罪人有本来的自我改造责任,国家在对其进行辅导帮助的同时,还通过指导监督其遵守应当遵守的事项,保证其完成自我改造。虽然规定保护观察由保护观察官负责,但实际上,大部分是由从民间的志愿者中选拔出来的保护司担任的。

---

[1] 大判昭7、9、13刑集11、1238。

三、缓期执行的撤销

1. 必要撤销

下列情况下，必须撤销缓期执行的宣告：①缓期执行期间，再犯新罪，被判处监禁以上的刑罚，而且该刑罚没有被缓期执行的时候；②宣告缓期执行以前犯有其他罪，被判监禁以上刑罚，对于该刑没有宣告缓期执行的时候；③宣告缓期执行以前，发现由于其他罪而被判处监禁以上刑罚的时候。

2. 裁量撤销

下列情况下，可以撤销缓期执行：①缓期执行期间，重新犯罪，被判处罚金的时候；②被附保护观察者不遵守应当遵守事项，情节严重的时候；③在宣告缓期执行以前，发现其由于其他罪而被判处监禁以上刑罚，缓期执行的时候。

3. 撤销缓期执行的程序

撤销，由检察官提出申请，由法院决定。在以被附加保护观察者违反应当遵守的事项为理由而撤销的时候，没有保护观察所的所长的请求，检察官不得提出上述申请。撤销缓期执行，在撤销缓期执行的决定生效之日起执行。

四、缓期执行的效力

1. 缓期执行的效果

满足缓期执行的要件，就缓期执行刑罚。所谓"缓期"，就是在一定期间内不执行刑罚。在缓期执行的场合，只要是宣告刑罚生效，就是国家行使了刑罚权，因此，这种场合下，还是"被判处了刑罚"。

2. 缓期执行期间经过的效力

在缓期执行的宣告没有取消，缓刑期间经过的场合，刑罚宣告失效（第27条）。所谓"缓刑期间经过"，就是在缓刑期间届满之前，没有被取消。因此，在缓刑期间，即便有取消决定，在缓刑期间内，该决定没有发生执行效力的时候，也是已经"经过"。所谓"刑罚宣告失效"，不仅仅是免除刑罚执行，对将来有影响的宣告刑罚的效果也归于消灭。法令上的限制资格也因此而归于消灭。

第三节　假释

一、假释的意义

所谓假释，就是泛指将在改造设施中收容的人，在收容期限届满以前予以假释，给其提供回归社会的机会的措施。假释是通过在假释之际规定条件，违反该条件的时候，就撤销假释，重新收容的心理强制力，来实现改造、回归社会的制度。假释分为四种：①对徒刑或者监禁受刑人的假释（假出狱），②对拘留或者在劳役场留置的人的假释（假出场），③对少年院中收容的人的假释（假退院），④对在妇女辅导院中收容的人的假释（假退院）。

对假释者附加保护观察，并接受保护观察官以及保护司的指导监督、辅导援助。假释制度的宗旨在于，给在矫正设施中的人以将来的希望，促进其改造，使其在释放后能够顺利地回归社会，因此，实施保护观察，希望其改造，从而防止再犯。其在刑法上的法律性质，应当是自由刑的一种执行形态。

二、假出狱

1. 假出狱的条件

被判处徒刑或者监禁的人，具有改悔的表现（而不是"心情"）的时候，在有期刑的场合，经过刑期的三分之一，无期刑的场合，经过10年以后，根据行政机关的意见，可以假出狱（第28条）。所谓"改悔的表现"，是良好的行为中表现出来的、能够证明其已经改悔的情形。具体来说，包括①改造愿望，②悔改之行，③没有再犯之虞，④社会舆论认为其已经可以出狱（1974年《有关假释以及保护观察的规则》）。所谓"行政机关"，是指地方改造保护委员会。对于已经被允许假出狱的人，必须附加保护观察，并且使其遵守应当遵守的一般规定以及地方改造保护委员会所规定的特别遵守事项。

2. 假出狱的撤销

在以下场合，可以撤销假出狱：①在假出狱期间再犯新罪，应当判处罚金以上刑罚的时候，②假出狱以前所犯他罪，被判处罚金以上刑罚的时候，③对因为假出狱以前所犯他罪被判处罚金以上刑罚的人，应当执行该刑罚的时候,④没有遵守假出狱期间应当遵守的事项的。

3. 撤销假出狱的程序

撤销假出狱,由地方改造保护委员会决定。在作出撤销假出狱的处分的时候,出狱期间的天数不计算在刑期之内。在撤销的时候,对象人的残余刑期,仍然必须执行。

4. 残余刑期经过后的效力

假出狱之后,未被撤销,残余刑期届满的,视为执行终了,免除执行。这就是期间经过的效力。现行刑法中尽管没有明文规定,但是,现行刑法规定,无论有无关押,都视为刑期的进行,因此,当然承认期间届满的效力。但是,由于是仅仅免除刑罚的执行,所以,在缓期执行期间届满之后的场合,不是刑罚宣告失效。

三、假出场

被处拘留的人以及由于不能全部缴纳罚金、罚款而留置在劳役场的人,根据情节,任何时候,都可以根据行政机关的决定而假出场(第30条)。作为"情节"而言,不要求是改悔情节,而且,"任何时候",也不要求经过刑期的三分之一,执行的当天就可以。所谓"行政机关",是地方改造保护委员会。

第四章
刑罚的消灭

一、消灭刑罚权的事由

基于成立具体犯罪而发生的具体刑罚权,虽然由于刑罚执行终了、假释期间届满、缓期执行期间届满等而消灭,但是,另外,还由于①犯人死亡、法人消灭,②时效,等而归于消灭。

二、犯人死亡、法人消灭

刑罚具有人身专属性,不得对犯人以外的人实施,因此,在作为自然人的犯人死亡,或者作为犯人的法人消灭的话,已经宣告的刑罚就不可能执行,当然,国家的刑罚权就归于消灭。而且,在提起公诉以前"死亡"或者"消灭"的话,不得提起公诉(刑事诉讼法第339条第1款第4项)。提起公诉的时候,必须撤销。

三、恩赦

1. 意义

所谓恩赦,就是以行政权消灭刑罚权的全部或者一部分,削弱其效果的制度。恩赦制度,作为表示国家庆典或者出于政治目的的需要,自古以来,不分东西,一直存在,但是,其宗旨在于,避免法律的整齐划一所引起的弊端,通过保持刑罚执行的具体妥当性,达到改造犯罪人、使其重返社会和维持社会秩序的目的。

2. 种类、程序

恩赦,根据其所具有的法律上的效果的不同,分为大赦、特赦、减刑、免除刑罚执行以及复权。①所谓大赦，就是对所有特定的犯罪人，普遍消灭其刑罚权。②所谓特赦，是使特定的接受有罪宣告的犯罪人的有罪宣告的效力归于无效。③减刑，分为一般减刑和个别减刑。个别减刑又可以分为减轻刑罚和减轻刑罚执行。④免除执行刑罚，针对特定的被宣告刑罚的人适用，主要是对被判处无期刑的假出狱者，结束对其保护观察，减轻其精神负担，促使其重返社会。⑤所谓复权，就是恢复由于被判刑而广泛丧失的资格或者权利，减轻其精神负担，促使其重返社会的制度。复权之中，有一般复权和特别复权两种。复权不是消灭刑罚的问题，而是和消灭前科具有共同性质的制度。

消灭前科 前科并不是法律上的用语，一般来说，其在(1)受过刑罚宣告，(2)执行过自由刑，(3)在市镇村的政府机关备案的犯人名单中记录被判过刑，这样三种意义上使用。所谓消灭前科，就是从犯人名册中删除有前科者的名字。消灭前科在判刑效力归于消灭时进行。

恩赦，根据其所实施的方法上的差别，有根据政令一律实施的政令恩赦（一般恩赦），和对特别人个别实施的个别恩赦（特赦）两种。个别恩赦又可以分为常时恩赦和特别恩赦。常时恩赦可以随时实施，而特别恩赦只有在实行政令恩赦之际等，以被该种恩赦所遗漏的人为对象，根据内阁所制定的一定标准，在一定期间内实施。恩赦是内阁的权限，根据内阁的决定，经天皇确认之后实施。

3. 效力

恩赦的效力不溯及既往。恩赦以实施时为基准，只是面向未来有效。因此，已经缴纳的罚金不予返还。另外，恩赦具有强制性，其对象不得抗拒适用。

四、时效

1. 意义

刑事上的时效，有公诉时效和行刑时效两种。时效制度，是将长时间存在的一定事实状态在法律上加以确认的制度，其宗旨在于，由于尊重上述状态，维持该种状态对于稳定法律关系具有意义，进而对刑法的终极目的即维持社会秩序来说，也是必要的一点。

第三编 刑罚和保安处分

行刑时效的宗旨 关于行刑时效的宗旨,有根据时效推测犯人已经改造好的改造推测说,随着时效的经过犯罪证据归于消失的证据消灭说,长时间的逃亡已经使犯人饱尝痛苦的痛苦说等各种学说。通说的立场是,认为对于犯罪的社会规范感情,随着时间的经过,逐渐缓和,现实的处罚感情也逐渐消失的规范感情缓和说。[1] 我认为,通说的观点是基本妥当的[2],但是,随着社会秩序的恢复,在犯人方面,也产生了和一般人同样的社会生活关系,因此,尊重由此而形成的事实状态,应当是行刑时效制度的本来目的(事实状态尊重说)。

2. 公诉时效

所谓公诉时效,就是以一定期间的经过为条件,使判决尚未确定的事件的公诉权归于消灭,进而消灭刑罚权。在公诉时效完成的时候,即便提起公诉,法院也必须宣告免诉(刑事诉讼法第337条第4号)。

(1) 时效期间 ①犯死刑之罪的,为15年;②犯无期徒刑、无期监禁之罪的,为10年;③犯上限为10年以上的徒刑、监禁之罪的,为7年;④犯上限为不满10年的徒刑、监禁之罪的,为5年;⑤犯上限为5年以下的徒刑、监禁或者罚金之罪的,为3年;⑥犯拘留、罚款之罪的,为1年(刑事诉讼法第250条)。

(2) 公诉时效的停止 公诉时效,在对该事件提起公诉的时候,停止进行,在管辖错误、撤回公诉的判决确定之时开始进行。犯人在国外或者因为逃匿,而不能送达有效的起诉书的副本或者不能以简易命令告知的时候,在国外或者逃匿期间,时效停止进行。

3. 行刑时效

所谓行刑时效,就是在一定期间经过之后,刑罚权归于消灭,行刑时效一旦完成,就免除刑罚执行。①死刑的行刑时效为30年。②无期徒刑或者无期监禁的行刑时效为20年。③10年以上的有期徒刑或者有期监禁的场合,行刑时效为15年;3年以上10年以下的有期徒刑或者有期监禁的场合,行刑时效为10年;3年未满的有期徒刑或者有期监禁的场合,行刑时效为5年。④罚金的场合,行刑时效为3年。⑤拘留、罚款以及没收在1年之内未执行的话,行刑时效即告完成(第32

---

1 大塚仁,注释(1),20页。
2 大谷实:"论死刑的时效",判时552号14页。

条）。时效期间的计算按照公历进行（第 22 条）。初日不管时间长短，以 1 日计算（第 24 条第 1 款）。

死刑的时效　刑法第 32 条中所说的"其执行"中的"其"，是指刑罚本身，还是指已经生效的判决即确定裁判，在死刑的时效方面，成为问题。因为，在过了 30 年还没有执行死刑的场合，如果说"其"是指刑罚自身的话，则就应当看作为时效已经完成。这一点在条文规定上不明确，从第 11 条第 2 款、第 34 条的宗旨以及先前所述的时效宗旨来看，"其"应当看作为判处刑罚的内容，因此，只要根据刑法第 12 条第 2 款的规定而被"关押"，就应当看作为是在接受执行，时效就尚未开始。[1] 最高法院 1985 年 7 月 19 日的判决（《判例时报》第 1158 号第 28 页）也是坚持这种观点。

（1）行刑时效的停止、中断　依法缓期执行或者停止执行刑罚期间，时效停止进行。行刑时效由于犯人的逮捕而中断。财产刑的时效由于执行而中断。中断事由一旦消失，时效重新开始进行。

（2）行刑时效的效果　宣告受刑者，根据时效，免除执行。因此，刑罚宣告自身并不丧失效力，仅仅是刑罚权消灭而已。随着时效的完成，当然发生免除刑罚执行的效力，因此，不需要经过裁判等行为。

五、刑罚的消灭

1. 意义

虽然刑罚权的消灭事由是免除刑罚执行的理由，但是，多数场合下，伴随宣告刑罚而具有的限制资格等其他法律上的效果，依然存在。因此，在 1947 年部分修改刑法的时候，设置了在法律上，随着一定期间的经过，判刑的效果自身归于消失的制度。刑法上虽然规定为"刑罚的消灭"，但它倒不如说是"刑罚的事后效果的消灭"[2]。一般将其称为"前科的消灭"，其宗旨和前述的《恩赦法》中的复权制度相同，也被称为法律上的复权。

2. 要件、效果

---

[1]　大谷，前揭 13 页。
[2]　西原，488 页。

第三编 刑罚和保安处分

监禁以上的刑罚执行终了,或者被免除执行的人,10年以内再没有被判处罚金以上的刑罚的时候,宣告刑罚的效力归于消失。罚金以下的刑罚执行终了,或者被免除执行的人,在5年之内再没有被处以罚金以上刑罚的时候,与上相同。在缓期执行未被取消,缓期执行期间届满等场合,宣告的效力丧失的话,就不属于被判处了罚金以上的刑罚。判处刑罚的效力归于消失的结果,就是与判刑相伴随的所有法律效果都消灭,而且,还必须从犯人名册中划去其名字。所谓"刑罚宣告失效",就是判刑的法律上效果,对于将来的影响归于消灭,而对已经造成的效果没有影响。因此,在审理犯罪的时候,即便审问有无前科,将其作为量刑材料,也不违法。[1] 被判处免除刑罚的人,在宣告确定之后,2年以内没有受罚金以上刑罚处罚的时候,免除刑罚的宣告归于失效。

犯人名册　犯人名册制度不是法律上的制度,而是作为行政措施,在被告人的户籍所在地的户籍管理机关所设置的,记载检察机关每年所送来的生效判决等事实。

---

[1] 最判昭29、3、11刑集8、3、270。

第五章
保安处分

一、保安处分的意义和沿革

1. 意义

所谓保安处分，广义上讲，就是以行为人的危险性为基础，所实施的以特殊预防为目的的国家处分（广义的保安处分）。

（1）刑罚和保安处分　其中，特地将刑法上的保安处分称为一般保安处分（狭义的保安处分）。虽说对于犯罪，可以期待通过科处刑罚来达到抑制犯罪的效果，但是，有时候，仅仅依靠刑罚难以达到抑制效果。如没有责任能力的人无论怎么危险，如果不能追究其行为责任的话，就必须将其从刑法的规制范围中除外，对于限制责任能力人，即便减轻处罚，但也不能对付其反复犯罪的危险的时候。因此，补充或者代替刑罚的保安处分就成为必要，许多国家的刑法已经将保安处分制度化。

（2）一元主义　关于保安处分的意义，其和刑罚的关系成为问题。主张分别看待的二元主义从将刑罚看作为报应的报应刑论的立场出发，认为刑罚是作为对过去的犯罪的谴责的恶害，而保安处分是对将来的危险的预防措施，将刑罚和保安处分看作为两种性质不同的制度。相反地，一元主义从特别预防和改造刑的立场出发，认为保安处分也无非是以防卫社会为目的的、改造危险者的制度，和刑罚具有共性。即便在刑罚中，特别预防也是重要的机能之一，这是没有疑问的，在此限度之内，刑罚和保安处分具有共同性质，但是，这种机能最终也是以报应为基础的，因此，将完全以预防将来的犯罪为目的的保安处分和以报应为基础的刑罚看作为性质相同的制度的一元主义是不妥的。

（3）刑罚和保安处分的差别　从以上观点来看，刑罚和保安处分之

第三编 刑罚和保安处分

间,有以下差别:①刑罚是作为对犯罪的责任谴责而科处的,而保安处分不以责任谴责为要素;②刑罚以犯罪行为为前提,是作为对犯罪行为的法律效果而科处的,相反地,保安处分并不一定以犯罪行为为前提,它以行为人将来的危险性为处分的要件;③刑罚是对过去犯罪的报应,而保安处分是为了消除行为人将来的危险性而科处的。

2. 沿革

保安处分的必要性,早已为18世纪末的德国学者克莱因(Ernst Ferdinant Klein,1743—1810)所主张,但作为具体制度而提出来的,则是瑞士的施妥斯(Carl Stoos,1849—1934)。他为了对付19世纪末期日益增加的犯罪,意识到必须有对报应主义的刑罚进行补充的制度,并在世界上首次起草了将保安处分和刑罚并列规定的1893年《瑞士刑法预备草案》(即所谓"施妥斯草案")。这种在刑法中将刑罚和保安处分分别并列规定的立法原则成为二元主义的基础。

施妥斯草案公布之后,对许多国家的立法产生了影响。二元主义为1930年的意大利刑法、1932年的波兰刑法、1933年的德国修改刑法、1937年的瑞士刑法等所采用,并逐渐一般化。另外,有些国家,如比利时、西班牙等则在刑法典以外的特别法(如比利时1930年的《社会防卫法》、西班牙1933年的《流浪者以及行为不良者法》)中规定了保安处分,采用了二元主义。相反地,抛弃刑罚观念,站在保安处分一元论的立场,采用一元主义的则有1921年的《意大利刑法草案》(菲利草案)以及1926年的《俄罗斯苏维埃刑法典》,作为刑罚的替代,前者使用了"制裁",而后者使用了"社会防卫处分"的观念。另外,《意大利刑法草案》最终没有成为法律,《俄罗斯苏维埃刑法》在1960年采用了二元主义,因此,现在二元主义成为世界性的倾向,但是,瑞典刑法典仍然采用了刑罚和保安处分一体化的制裁观念的一元主义。

同时,有观点认为,我国现行刑法规定,没有责任能力的行为人的行为不可罚,限定责任能力人的行为应当减轻处罚,这些是以报应刑论为基础的规定,它体现了刑罚和保安处分是不同性质的制度为前提的二元主义的见解,但是,刑法上并没有将保安处分立法化,在刑法典中还是坚持了刑罚一元主义的见解。

英美刑法和保安处分 在英美法系的国家里,虽没有保安处分的观念,但是其刑法也是以二元主义的刑罚观念为依据的。即,在英国,有作为刑罚的替代,法院可以对由于精神病而宣告无罪的人，命令其进入精神病院等的制度；在美国，也有对由于精神病障碍而应判处无罪的人，法院在认为其有人身危险性时，可以将他送入保安设施内收容的制度（如纽约州便如此）。

二、保安处分的基础

1. 反复犯罪的危险性

保安处分，是以防止危险者侵害社会为目的的，因此，广义上的保安处分，只要能认定对象具有社会危险性就够了。相反地，刑法上的保安处分，是在行为人实施了符合构成要件的违法行为的场合，在行为人将来可能再犯罪的时候，对其危险性所采取的特别预防措施，因此，保安处分的基础，是行为人将来的犯罪之虞，即对象人的反复犯罪的危险性。所以，即便被处分者是精神病人，有必要予以治疗，但只要行为人没有反复犯罪的危险，就不允许实施保安处分。保安处分以反复犯罪的危险为要件，因此，该危险消失的话，就必须停止实施保安处分，相反地，只要危险性继续存在，在其性质上有必要继续实施保安处分的话，原则上，必然要实施不定期的保安处分。

保安处分和治疗·改造　保安处分，本是针对被处分者的危险性，为防卫社会而采取的措施，但在第二次世界大战以后，与保安相比，倒不如说更加注重在被处分人的治疗·改造上下工夫。这是因为，担心在预测了危险性之后所采取的预防性措施会侵犯人权。因此，一般都是试图从积极的治疗·改造，而不是保安方面来寻求其正当化的根据。尤其在我国，从治疗的立场出发，试图将狭义的保安处分作为治疗处分的见解具有代表性，但是，如果将治疗的必要性作为保安处分的要件的话，便应当说是偏离了作为刑事政策的保安处分的范围的。将保安处分正当化的根据，说到底，应当是被处分者的社会危险性。

2. 保安处分的法定

保安处分的基础无非是反复犯罪的危险，该危险以对将来犯罪的预测为基础，因此，并不一定能够客观地加以判断。由于保安处分的内容是剥夺、限制对象人的人权，侵害人权的可能性很大，和刑罚一样，在这一点上必须给以适当的考虑。特别是，在刑罚的场合，罪刑均衡的原

第三编　刑罚和保安处分

则在起作用，其自身具有保证人权的意义，而保安处分尽管是以剥夺自由为内容的强制处分，但是，作为其基础的危险性则是基于对将来的预测，同时，保安处分和刑罚不同，其在性质上不得不是不定期的，在本质上包含有侵犯人权的可能性。因此，为了保护对象人的人权，有必要将保安处分用法律加以规定，以和防卫社会的目的相调和。这就是保安处分法定原则。在将保安处分法定化的时候，必须规定和对象人的人权有关的反复犯罪的危险性、保安处分的种类、内容、期间等内容。而且，宣告保安处分，也不应当由行政机关进行，而应当由法院进行。现在，保安处分是由刑事法院宣告的、以隔离、治疗、教育等为目的的限制、剥夺自由的处分以及对物处分（没收、关闭营业场所、解散法人等）的见解成为通说。

三、保安处分和刑罚的关系

1. 并科原则

立足于二元主义的场合，刑罚和保安处分是并列规定的，正如对限制责任能力人减轻处罚的同时，对于其将来再犯的危险，必须采取设施收容的保安处分一样，对同一个人必须同时并科自由刑和狭义的保安处分。从认为刑罚和保安处分是不同性质的制度的二元主义的立场来看的话，和责任有关的是刑罚，和危险性有关的是保安处分，二者应当实施并科。这就是刑罚和保安处分的并科原则。这种场合下，理论上应当先执行刑罚的刑罚先行原则（《意大利刑法》第211条第1款）也是可能的，相反地，先执行保安处分的保安处分先行原则（《德国刑法》第67条）也是可能的。

2. 替代原则

由于先行执行了被并科的刑罚和保安处分的某一方，所以，如果没有必要再执行另一方的话，就免除执行另一方。这种制度，就是替代原则。其中有自由替代的任意替代原则和必须替代的必要替代原则（《瑞士刑法》第42条第1款）。替代原则，在刑法规定以及宣告的阶段上采取二元主义的同时，在执行阶段采取一元主义，从正面认可了刑罚和保安处分在特别预防的一点以及剥夺自由的一点上具有类似性，在实际适用上不仅方便，而且在将对被置于设施中的犯罪人的处遇而言，将刑罚和保安处分在目的上并没有什么不同的观念具体化的一点上具有意义。因此，为了避免不必要地剥夺被处分者的自由，有必要采用必要替代原则。

3. 择一原则

择一原则，就是在宣告阶段，就选择一方的原则，也称为宣告上的替代原则。实际上，在作为刑罚的替代而宣告了保安处分的场合，最初，就没有宣告执行刑罚，因此，它是以保安处分代替刑罚的制度。

四、现行法上的保安处分

1. 辅导处分

刑法典中没有规定保安处分，现行法上唯一伴有剥夺自由的保安处分是对卖淫妇女的辅导处分。它是由《卖淫防止法》所规定的，对于犯有劝诱卖淫等罪的20周岁以上的女子，在缓期执行徒刑以及监禁的时候，可以附加辅导处分的制度（《卖淫防止法》第17条第1款）。辅导处分是将对象人在妇女辅导院中收容，进行改造所必要的生活指导和职业训练，对妨害其改造等的身心障碍进行医疗。辅导处分的期间为6个月，经地方改造保护委员会的许可，可以假释，在假释期间，附加保护观察。

2. 保护观察

接受缓期执行宣告，正在缓期执行中的人，有特别必要者，附加保护观察，这种保护观察就是伴有限制自由的保安处分。由于假出狱而附加的保护观察，是根据《犯罪人预防改造法》所规定的伴有限制自由的保安处分。保护观察，是为了避免不必要的刑罚执行，实现在社会上的积极改造教育而附加的，其方法由《犯罪人预防改造法》等加以规定，认可犯罪人本来的自我改造责任，在对其辅导帮助的同时，指导监督其遵守有关应当遵守的事项。保护观察虽说是由保护观察官实施，但实际上绝大部分是由从民间选任的志愿者担任。

3. 改造紧急保护

改造紧急保护，是以①自由刑执行终了，或者免除执行的人，②宣告缓期执行自由刑，但判决尚未生效的人，③被宣告缓期执行自由刑，但没有附加保护观察的人，④从妇女辅导院中出来的人以及辅导处分执行终了者，为对象而实施的。另外，⑤接受暂缓起诉处分的人，在根据刑事程序解除对人身的限制之后，为了防止其再犯罪的危险，也必须对其采取改造保护措施。通过实施安排居住等暂时性的保护，以及收容在一定设施中，调整改善环境等继续保护措施，帮助其成为守法的善良公民，以更快地实现改造目的。紧急改造保护是国家的责任，由保护观察所的所长亲自实施，或者委托改造保护法人实施。

4. 对精神病人的强制入院

都道府县的知事，在认为不使精神病人入院进行治疗或者保护的话，便会因精神病而可能伤害自己或者他人，经两名以上的指定医生诊断并且结果一致的时候，即便本人及其保护人不同意，也可以采取措施让其进入指定医院。

5. 对团体的规制处分

《破坏活动防止法》第 7 条规定，对实行暴力活动的团体，公安审查委员会有充分的理由认定，该团体明显地具有在将来反复实施作为团体活动的暴力主义的破坏活动之虞时，可以禁止该团体的活动，并且指定该团体解散。

其他处分 对特定外国人所采取的拒绝入境及强制出境（《出入国管理法》第 5 条）、吊销·暂时没收驾驶执照（《道路交通法》第 10 条）、停止·禁止营业（《食品卫生法》第 22 条）等处分在实质上，也是保安处分，但由于它是直接服务于各个行政目的的，所以和保安处分的宗旨不一致。

五、我国的保安处分问题

1. 修改刑法和保安处分

我国现行法中并无狭义的保安处分规定，因此，自大正 15 年（1926 年）的"修改刑法纲要"颁布以来，一直在讨论导入保安处分。无论是在刑法修改假案、《刑法修改准备草案》，还是在《修改刑法草案》中，虽然在处分的内容上存在差异，但一直在提倡创设保安处分。

《修改刑法草案》中设计了治疗处分及戒治[*]处分两种保安处分，并规定由法院判决实施。治疗处分，是无责任能力人及限制责任能力人，"在实施了法定刑为徒刑以上刑罚的行为的场合，若不对其加以治疗和看护，将来有可能再实施徒刑以上刑罚的行为之虞，保安上存有必要时"科处；戒治处分则是，"具有过度饮酒或使用麻醉药、兴奋剂及

---

[*] 原文为"禁绝"。——译者注

其他药物恶习,将来有再犯徒刑以上刑罚的行为之虞,保安上存有必要时"科处。刑罚和保安处分原则上并科(并科主义),但一定限度内的替代也予认可。在设施中收容的期限,治疗处分的场合,原则上为3年,一定条件下可以变更;戒治处分的场合,原则上为1年,可以变更2次。退出设施后,在一定期限内,得附加保护观察。另外,即使在行为人未被追究刑事责任的场合,也可以根据独立的程序(保安处分程序)进行科处。

以上便是《修改刑法草案》中的保安处分的概要。对此,有如下批判意见,即,①强调保安上的必要性而无视治疗、改造;②危险性能预测吗?又,科学发展到了允许以治疗、改造的名义剥夺自由的程度吗?③关押于保安设施中的治疗可能吗?这难道不是政治迫害的手段吗?④导入保安处分会加大对精神病人的歧视和人权侵害,等等。

2. 创设制度的视角

我认为,狭义的保安处分的对象,在我国主要是精神病犯罪人,其原因虽然是这种人难于重返社会,但主要原因是精神病这一精神医学上的问题,既然如此,则只要是由于精神上的障碍而不幸成为犯罪人,不能重返社会时,便应在以保安处分的形式使其成为刑事司法的对象之前,从医疗保护的角度来争取其重返社会,即从精神保健福祉方面来解决问题才是本来的方向。因此,在防止精神病人的再犯方面,应当从精神保健福祉行政的角度来研究其对策。目前,当务之急是从什么样的角度出发,解明精神病人的再犯原因,而不能草率地导入保安处分。但是,由于存在在现代精神医疗的范围内难于处遇的精神病犯人,如果说实际情况是,我国现行精神医疗体系中容纳不下这些人,他们正在成为再犯的话,则应当考虑仅依《精神保健福祉法》上的对策能否解决问题的问题。

只有在不可能的情况下,才应开始考虑要不要保安处分的问题。此时,第一,应当注意的是,对象人原本是要接受医疗保护的人,即以医疗观点为中心,调和其同刑事政策之间的关系;第二,如前所述,保安处分在性质上具有侵犯人权的可能性,因此,有必要采取能够确立鉴定制度,保障对象人人权的判决程序和收容程序,完善设施和医疗体制,对医疗期间进行限定等消除侵犯人权的危险,使医疗处遇变得可能的措施。从此立场来看,《修改刑法草案》中所规定的保安处分,仍有讨论的余地。法务省也提出了新的修改方案,将保安处分的对象限定为精神病人和犯罪人,将他们收容于医疗设施中,采取为治疗、看护及除去恶习所必要的措施，对治疗期间也进行了限定。

保安处分制度（刑事局案）的主要内容（1981年12月26日）
第一，将名称由保安处分改为治疗处分；第二，其对象为因为精神病而精神失常或精神耗弱，犯放火、杀人、伤害、强奸、强制猥亵、抢劫的人；第三，收容期间原则上为1年，通常不超过7年；第四，在设施方面，尽可能使用国立精神病院等。

六、对心神丧失者等的医疗观察

1. 从《精神保健福祉法》到《心神丧失者等医疗观察法》

如前所述，犯了罪的精神病人，按照《精神保健福祉法》的规定，成为强制医疗的对象，但由于入院和出院的程序不完善，设施内的处遇和出院后的处遇不充分，所以，不仅存在人权上的问题，而且出院后陷入再犯的精神病人也为数不少。为了解决这个问题，过去就有人提议保安处分，特别是近年来，对在心神丧失状态下实施杀人、放火等重大、凶恶犯罪的精神病人，必要设立新的处遇决定程序，完善处遇设施的观点受人注目，这样，规定了一种新的保安处分的《有关在心神丧失状态下实施重大伤害行为的人的医疗以及观察的法律》（简称"心神丧失者等医疗观察法"，2003年法律第110号）在2003年7月10日被通过，并于同月16日公布了。

2. 审判程序

（1）对象　本法的对象是①在心神丧失或者心神耗弱的状态下，实施杀人、放火、抢劫、强奸、强制猥亵以及伤害行为的人，②受到不提起公诉处分行为的人，因为心神丧失而受到无罪判决的人以及因为心神耗弱而被减轻处罚的人。

（2）检察官的要求　检察官对上述对象，就是否要处遇以及处遇的内容，必须对地方法院提出要求。当然，在①对象的精神病已经好转，不会再实施同样的行为，为促进其回归社会而进行该法所规定的医疗措施已经明显不存在的场合，②对象因为行刑或者执行保护处分而必须继续在监狱、少年监狱、拘留所或者少年院收容或者必须重新收容的场合，③对仅仅实施了伤害行为的人，在伤害程度轻微，考虑到该行为的内容、该对象者现在的病情状况等，认为没有必要申明的场合，就不用要求（第33条）。

(3) 法院的审理、决定　接受要求的法院，在由一名法官以及精神保健审判员（医生）组成的合议庭当中，进行审理，决定是不是要给予处遇以及处遇的内容。

法院在审理之前，除了依法没有必要接受治疗的场合以外，从鉴定和其他医疗观察的角度出发，首先必须命令将对象人送入病院（第34条第1款）。法院就是不是要进行医疗处遇，原则上必须命令精神保健审判员和其他医生进行鉴定（第37条）。在认为有必要调取事实的时候，能够进行询问证人、鉴定、检查、扣押、搜查等强制处分（第24条第3款）。

法院在对象人没有辩护人即陪护人的时候，必须指定（第35条，必要的陪护人）。法院在审理的时候，对对象人必须说明，不准强要供述，而且必须告知其要求的内容，倾听对象人及其陪护人的意见。另外，法院就处遇的必要与否以及内容，由于必须倾听精神保健参与人的意见，所以，必须让他们参与审理（第36条）。

法院在对象人既没有实施对象行为也不是心神丧失者或者心神耗弱者的场合，必须作出驳回要求的决定（第40条）。对此，在认定对象人在对象行为时的精神病状态没有好转，还会再在该种状态下实施同样的行为，有必要进行回归社会所必要的入院措施的时候，作出"入院决定"，另外，在必须有入院决定以外的医疗的时候，必须作出不用入院的医疗即"通院医疗"（第42条）。

(4) 期间　被判入院决定的人，必须在指定的入院医疗机构接受治疗。指定医疗机构的管理者，在认为入院患者没有必要继续入院的时候，必须立即对法院提出出院要求。在认定有继续入院必要的时候，原则上，每6个月一次，向地方法院提出继续住院的要求。另外，入院患者的保护人以及陪护人，能够向地方法院提出允许出院的要求（第49条、第50条）。法院就该要求，在认为有必要继续住院的时候，必须作出继续住院的决定。在认为没有必要进行住院医疗或者其他医疗的时候，允许出院，同时作出不用住院治疗而是到指定通院医疗机构进行通院治疗的决定。通院期间，以3年为限。但是，法院能够在不超过2年的范围内，决定延长（第44条）。在没有必要医疗的场合，作出"医疗终了"的决定（第51条第1款）。

(5) 抗诉　检察官对①认定对象没有实施对象行为，或者不是心神丧失而作出的驳回要求决定，②入院、通院决定，③不用医疗的决定，可以以有对决定具有影响的法令违反、重大的事实错误或者处分明显不当为由，在 2 周之内，进行抗诉（第 64 条）。接受抗诉的法院，在抗诉的程序违法，或者抗诉理由不成立的时候，裁定驳回抗诉，在有理由的时候，作出取消原判，将案件发回重审的决定（第 68 条）。对于抗诉法院的裁定，具有抗诉权的人，可以违反宪法或者解释宪法有误或者违反判例为由，两周之内再次提出抗诉（第 70 条）。

3. 对象人的处遇

(1) 在指定医疗机构中的医疗　厚生劳动大臣，对决定入院者，承担按照精神病的性质，促使其顺利回归社会的必要医疗职责。这种医疗，在符合一定标准的医院当中，在征得开设者的同意之后，由厚生劳动大臣所指定的指定入院医疗机构委托实施（第 16 条第 1 款、第 81 条）。指定医疗机构的管理者，能够按照病人的情况，作出患者外出、外宿的决定；工作人员在入院患者擅自离开时，能够将其强行带回（第 99 条、第 100 条）。

(2) 地域社会中的处遇　被判通院决定以及允许出院的人，必须在指定通院机构接受医疗。指定医疗机构，是从符合一定标准的医院当中，由厚生劳动大臣指定（第 16 条第 2 款）。通院期间，必须接受保管观察所的社会回归调整官的精神保健观察。"精神保健观察"，就是为了让其继续接受医疗而采取的必要指导以及其他措施。

地域社会中的处遇，由保护观察所进行，保护观察所长在和指定通院医疗机构的管理者以及通院患者的居住地的知事等商量之后，制定有关通院患者的处遇实施计划，有关通院患者的医疗、精神保健观察以及帮助也必须按照该计划实施（第 105 条）。保护观察所长在认为入院患者没有必要医疗的时候，必须向地方法院提出终止医疗的要求。

七、保护处分

1. 保护处分的法律性质

从德国法的立场来看，保护处分是保安处分的一种，这在我国也是通说。的确，保护处分，在剥夺·限制自由时，也以对对象人本人的改造自新为目的；从其期待达到防卫社会的效果及处遇期间的不确定性等来看，似乎也可以将其纳入保安处分的框架之内。但是，保护处分是以保护少年的必要性即要保护性为核心的，其来源并非社会防卫的思想而是保护少年免受对成年人适用的刑罚或社会谴责的少年防卫思想。[1] 而且，若对犯罪少年一旦选用保护处分，便具有一事不再理的效力，之后不再受刑罚处罚，即对少年采用保护处分优先主义。保护处分在以下方面同保安处分不同。第一，保安处分、保护处分尽管都是以社会危险性为基础，但前者是基于保安的要求，后者是基于福祉的要求；第二，保安处分是刑罚的补充替代手段，而保护处分则是为回避以刑罚的方式追究刑事责任而设立的；第三，保安处分完全是以清除社会危害性为目的而采用的，而保护处分则是从少年的健康成长的角度出发所采取的必要保护。

2. 保护处分的对象

保护处分的对象是：①犯了罪的少年（犯罪少年）；②实施了触犯刑罚法令行为的不满14岁的少年（违法少年）；③根据其性格及所处环境来判断，将来有犯罪及触犯刑罚法令之虞的少年（虞犯少年）。对上述少年的保护处分有：①移送保护观察所进行保护观察；②移送教养院或保育设施；③移送少年院；④没收成为刑法上没收对象的物件；⑤认定有必要实施保护处分时，决定在相当期间内，附加家庭法院调查官的观察，规定遵守事项并令其履行，也可以附条件地交付给其保护人，或适当设施、团体及个人，委托其进行辅导。

3. 程序

保护处分的审理由家庭法院进行。家庭法院在接到应当予以审理的少年的有关通知、报告及移送时，便就该事件展开调查，实施保护处分。在认为应当科处刑事处分时，便移送给检察官处理。

---

1 柳本正春：《刑事政策读本》（2000年），178页。

图书在版编目（CIP）数据

刑法讲义总论 新版第 2 版 / [日] 大谷实著；黎宏译.
北京：中国人民大学出版社，2008
（当代世界学术名著/法学译丛·刑法系列）
ISBN 978-7-300-08922-5

Ⅰ. 刑…
Ⅱ. ①大…②黎…
Ⅲ. 刑法-研究-日本
Ⅳ. D931.34

中国版本图书馆 CIP 数据核字（2008）第 009403 号

刑法讲义总论 新版第 2 版/大谷实
ISBN：978-4-7923-1756-0 C3032
© 2007 M. Ohya

当代世界学术名著
法学译丛·刑法系列

刑法讲义总论
新版第 2 版
[日] 大谷实　著
黎　宏　译

出版发行	中国人民大学出版社			
社　　址	北京中关村大街 31 号	邮政编码	100080	
电　　话	010－62511242（总编室）	010－62511398（质管部）		
	010－82501766（邮购部）	010－62514148（门市部）		
	010－62515195（发行公司）	010－62515275（盗版举报）		
网　　址	http://www.crup.com.cn			
	http://www.ttrnet.com（人大教研网）			
经　　销	新华书店			
印　　刷	北京新丰印刷厂			
规　　格	155 mm×235 mm　16 开本	版　次	2008 年 1 月第 1 版	
印　　张	33 插页 2	印　次	2008 年 1 月第 1 次印刷	
字　　数	545 000	定　价	52.00 元	

版权所有　　侵权必究　　印装差错　　负责调换